上海检察文库·专题研究 ⑧

# 检察实务前沿问题研究(七)

RESEARCH ON FRONTIER ISSUES OF PROCURATORIAL PRACTICE (VOL.7)

张本才 主编

中国检察出版社

# 上海检察文库系列丛书

# 序　言

　　实践为本，调研先行。注重围绕法律监督热点和检察实务前沿问题开展检察理论研究，是上海市检察机关的优良传统，也是上海市检察机关谋划检察工作创新发展，推进检察队伍革命化、正规化、专业化、职业化建设的重要举措。近年来，上海市检察机关强调理论研究与实务探索的良性互动，以课题制、年会制、论坛制等制度机制，不断创新检察理论研究的载体和平台，充分发挥检察理论研究理论先导和智力支持作用。

　　随着党的十九大精神的贯彻落实，中国特色社会主义进入新时代，社会主要矛盾转化，人民群众在民治、法治、公平、正义、安全、环境等方面的要求日益增长。检察机关经历国家监察体制改革、反贪转隶、宪法和人民检察院组织法修改，检察职责发生重大转变。在这样一个改革力度不断加大、发展变化更加深刻的历史背景下，检察机关迎来新的发展机遇，同时也面临前所未有的挑战。新时代检察机关坚持"讲政治、顾大局、谋发展、重自强"的检察工作总体要求，实现刑事、民事、行政、公益诉讼"四大检察"全面协调充分发展，迫切需要检察机关以理论研究为先导，深入总结经验，不断深化对检察工作发展规律的认识，为经济持续健康发展和社会大局稳定提供有力司法保障，增强人民群众的获得感、幸福感和安全感。

　　"上海检察文库·专题研究"系列丛书，旨在为上海市检察机关构建更为广阔的研究交流平台，主要对历年来上海市检察机关、上海市检察官协会重点研究课题成果、重大调研成果等进行汇编出版。在编制方向上旨在体现以下特色：一是注重检察实践。坚持立足上海检察实践开展检察理论研究，研究成果从实践中来、到实践中去，融入实践、服务实践、指导实践。二是体现上海特色。针对当前上海建设"五个中心"和卓越的全球城市、具有世界影响力的社会主义现代化国际大都市，汇集、展现、推广上海市检察机关在金融、知识产权、自贸区建设、跨行政区划检察院改革等领域对实务热点、难点问题研究成果，推动上海检察工作逐步走向专业化、规范化的发展道路。三是打造精品成果。在开展检察理论研究中注重发现、归纳和分析典型情况、问题，促进研究成果转化为行之有效的工作措施，努力实现理论研究和司法实践的良性互动。

　　本书的编制离不开上海检察官们的辛勤努力，在此衷心期盼"上海检察文库·专题研究"系列丛书充分展现上海检察官们的法律智慧和风采，成为上海市检察机关理论和实务研究的一大品牌，为上海检察事业的科学发展提供不竭动力！

编　者

2019 年 1 月

# 目　录

认罪认罚从宽制度中的量刑建议研究…………上海市人民检察院第一检察部、

上海市虹口区人民检察院、上海市嘉定区人民检察院联合课题组／1

检察委员会规范化工作流程指引研究……上海市人民检察院法律政策研究室、

上海市徐汇区人民检察院联合课题组／34

食品药品、环境资源犯罪法律适用问题研究

……………………………上海市人民检察院第三分院课题组／70

产权司法保护与司法政策研究

——以检察监督促进实现平等保护为视角

……………………………上海市静安区人民检察院课题组／100

网络犯罪实证研究…………………上海市长宁区人民检察院课题组／128

法律监督案件化研究…………………上海市宝山区人民检察院课题组／156

生态保护检察理念与工作机制研究

……………………………上海市崇明区人民检察院课题组／185

涉自贸区、科创中心犯罪与法律政策适用研究

……………………………上海市浦东新区人民检察院课题组／207

检察办案数据科学量化问题研究………………上海市杨浦区人民检察院、

上海市人民检察院第九检察部联合课题组／227

电信诈骗犯罪实证研究

——以刑事法律适用为视角

……………………………上海市人民检察院第二分院课题组／249

轻刑案件非羁押诉讼实证研究 ……… 上海市宝山区人民检察院课题组／285

社区检察工作的理论与实践研究 ……… 上海市奉贤区人民检察院课题组／318

暴力恐怖犯罪刑事案件法律适用问题研究

　　……………………………… 上海市人民检察院第一分院课题组／346

检察机关提起公益诉讼制度研究 ……… 上海市青浦区人民检察院课题组／378

检察环节认罪认罚从宽处理制度研究

　　……………………………… 上海市黄浦区人民检察院课题组／400

未成年人犯罪法律适用及保护处分机制研究

　　……………………………… 上海市长宁区人民检察院课题组／422

互联网易发金融、证券、知识产权犯罪研究

　　……………………………… 上海市浦东新区人民检察院课题组／454

司法改革背景下民行检察监督工作研究

　　——民行检察监督权的困境与出路

　　…… 上海市人民检察院第六检察部、上海市杨浦区人民检察院联合课题组／478

# 认罪认罚从宽制度中的量刑建议研究<sup>*</sup>

上海市人民检察院第一检察部、
上海市虹口区人民检察院、上海市嘉定区人民检察院
联合课题组<sup>**</sup>

## 一、认罪认罚从宽制度中量刑建议的价值与特性分析

### (一) 认罪认罚从宽制度中量刑建议的价值

#### 1. 中国特色司法协商的集中体现

认罪认罚从宽制度最大亮点在于"协商性司法",即犯罪嫌疑人、被告人认罪认罚后与检察机关达成协议,法院根据协议依法从宽量刑。由于犯罪嫌疑人、被告人已经认罪认罚,激烈的控辩对抗已不复存在,因此协商性司法便具有了适用空间。认罪认罚从宽制度的核心即是具有中国特色的认罪协商程序。在认罪认罚从宽制度设计中,"从宽"与"认罪认罚"处于天平的两端,检察机关的量刑建议则是体现"从宽"程度和幅度的具体载体之一,是检察机关基于犯罪嫌疑人认罪认罚、综合全案的情况作出的一种具有司法公信力性质的承诺,是控辩双方协商成果与成效的最集中体现。从实践情况看,大部分案件中犯罪嫌疑人是认罪的,其关心的与其说是定何罪,不如说是判多少刑。从这点上说,检察机关的量刑建议才是犯罪嫌疑人最为关心的问题,是协商中的最大关切。

#### 2. 宽严相济刑事政策的具体落实

认罪认罚从宽制度与宽严相济刑事政策具有内在同一性,都是要求区分不同的犯罪情况,实行区别对待,做到该宽则宽、当严则严、宽严相济、罚当其罪。认罪认罚从宽制度将宽严相济刑事政策真正地付诸实践,是自首、坦白等实体制度程序化的表现,能够保证刑事政策精神落到实处。通过犯罪嫌疑人、

---

\* 上海市检察机关 2017 年重点研究课题。

\*\* 课题组负责人:顾晓敏;课题组成员:肖友广、皇甫长城、顾静薇、王强、陈荔、刘强、孙娟、梁春程、周健、解璇、任轶琴。

被告人认罪认罚，控辩双方达成相对一致的量刑建议，法院对此量刑建议的充分尊重，能够使犯罪嫌疑人、被告人对迅速审判的程序性收益和从宽处理的实体性收益形成确定的心理预期，在大幅提升诉讼效率的同时，不仅避免被追诉人审前羁押期限超过实际被判处刑期的情况，遏制押判倒挂现象的同时，更有助于尽可能减少社会对立面、修复社会关系、促进社会和谐稳定。从这个层面来讲，宽严相济是认罪认罚从宽制度的精神内核，量刑建议的协商和实现是宽严相济的具体化和确定化。

3. 当事人诉讼主体地位的充分展现

诉讼主体地位的集中表现是对诉讼的实质参与性，即能参与到诉讼结果的形成过程中，对结果产生实质性的影响。与传统刑事诉讼中量刑建议由检察机关单方提出不同，在认罪认罚制度下，量刑建议的形成过程，主要是控辩双方的协商。当事人特别是犯罪嫌疑人，通过自愿选择接受或不接受检方的量刑建议，与检方进行相对平等的交涉、协商，在这过程中，其意见的发表更为充分，对最终结果的影响也更为突出。

4. 实现庭审繁简分流的有力推动

以犯罪嫌疑人、被告人是否认罪认罚为标准对诉讼程序进行划分，意味着只要被告人认罪认罚，案件就可以不适用普通程序，这对于大幅提高诉讼效率、避免司法资源浪费有着积极意义。更为关键的是犯罪嫌疑人在诉前即选择既认罪又认罚，剔除诉讼主要争点，在后续的审判环节，庭审程序将因此在传统的简易程序基础上，对判处 3 年以下有期徒刑案件作进一步简化，形成更为明显的案件繁简分流层次，有助于推动程序分流理念在我国刑事诉讼中得到更为科学合理的运用，有助于更好地满足群众对司法公正和效率的实际需求。通过繁简程序分流，在公正基础上提高诉讼效率，正是认罪从宽制度设计的重要意义之一。

（二）认罪认罚从宽制度中量刑建议的特性

在保有诉权的本质属性和固有功能基础上，认罪认罚从宽制度中的量刑建议又呈现出不同于传统量刑建议的三个特性：

1. 形成过程趋向合意化

认罪认罚从宽制度作为中国特色的司法协商制度，制度本身内涵了"协商性司法"等元素，"协商的结果"即为"合意"。认罪认罚从宽制度中量刑建议的形成是基于犯罪嫌疑人、被告人认罪认罚，检察机关结合其认罪认罚情况，综合考虑全案给予"从宽"，体现了对当事人诉讼权利的最大限度尊重，当事人可以"同意"或者"不同意"适用该项制度，在"同意"适用的情形下，对是否认罪及量刑问题都可以进行协商，从这个角度来讲，认罪认罚从宽制度中的量刑建议在形成过程中趋向于合意化。

2. 精准程度趋向确定化

由于"从宽"是检察机关基于犯罪嫌疑人"认罪认罚"所允诺的"对价",那么这种"对价"的明确性和确定性在该项制度当中具有极其重要且特殊的地位和意义。"两高三部"《关于在部分地区开展刑事案件认罪认罚从宽制度试点工作的办法》(以下简称《试点办法》)第 11 条第 2 款规定,量刑建议一般应当包括主刑、附加刑,并明确刑罚执行方式。可以提出相对明确的量刑幅度,也可以根据案件具体情况,提出确定刑期的量刑建议。建议判处财产刑的,一般应当提出确定的数额。由此,精准量刑建议是认罪认罚从宽制度背景下量刑建议的要求和趋势。在认罪认罚从宽制度中,审判机关能否采纳检察机关的量刑建议及采纳的程度,关系到检察机关对被告人的允诺是否真正得以实现,从长远来看,亦关涉到认罪认罚从宽制度试点的效果。

3. 诉讼效力趋向实质化

认罪认罚从宽制度试点中,检察机关承担与犯罪嫌疑人进行谈判协商的主要职能,其在犯罪嫌疑人认罪认罚并综合全案情况得出的量刑建议,在一定程度上可以说是其对犯罪嫌疑人的一种承诺,这种承诺是否得以实现和实现的程度关涉到检察机关的公信力,也关系到认罪认罚从宽试点能够取得多大的成效。然而,最终作出案件裁判决定的主体是审判机关,而非检察机关,那么实现检察机关量刑建议与审判机关量刑决定一致性的最大化成为摆在当前的严峻问题。关于认罪认罚从宽制度试点的相关规范性文件,一般都规定法院以采纳检察机关指控的罪名和量刑建议为基本原则,如《试点办法》第 20 条规定,对于认罪认罚案件,人民法院依法作出判决时,一般应当采纳人民检察院指控的罪名和量刑建议。《上海实施细则》中也规定,人民法院作出判决时,一般应当采纳检察机关的量刑建议。在认罪认罚从宽制度适用过程中,量刑建议相较于传统的量刑建议,呈现出诉讼效力上趋向实质化的特征。

## 二、认罪认罚从宽制度中量刑建议的运行机制

认罪认罚从宽制度要求检察机关立足于诉讼全局的角度,通过积极完善相关工作机制和配套机制,确保量刑建议能够有效运行,以"盘活存量"来"消化增量",合理配置司法资源,提高办理刑事案件的质量和效率。

(一)认罪认罚从宽制度中量刑建议的工作机制

1. 量刑协商

认罪认罚从宽制度最大的创新之处在于突破传统的对抗式司法模式,借鉴和吸收协商式司法的合理要素,犯罪嫌疑人、被告人认罪认罚后与检察机关就量刑进行协商、达成协议,控辩双方的关系从对抗转为合作,有利于检察机关

周全量刑信息，在兼听基础上提出更为准确和公正的量刑建议，也有利于使犯罪嫌疑人、被告人产生较为稳定、明确的量刑预期，更加激励其自愿认罪认罚、真正服判服法。

（1）协商的范围控制。刑事诉讼法明确要求司法机关要忠于事实真相、不轻信口供。基于此，协商范围应当受到以下方面的限制：其一，协商的前提应当是案件事实清楚、证据确实充分。其二，协商的内容应当限于认罪基础上的具体刑罚适用，事实、证据问题不容谈判，罪名、罪数问题不能协商，只能由检察机关依据证据和法律审查认定。其三，协商的空间应当在法定刑限度内，否则应当报请最高人民法院核准，这是认罪认罚从宽制度中协商不可逾越的红线和底线。

（2）协商的法律效力。《试点办法》明确对于认罪认罚案件，人民法院依法作出判决，一般应当采纳人民检察院的量刑建议。这就容易引起关于检察机关量刑建议剥夺法官量刑裁量权的问题。有观点指出："归根结底，量刑建议是法院形成量刑裁决的依据和参考，但不是启动法院量刑程序的依据，也不是法院进行量刑裁判的唯一信息来源。"[①] 课题组认为，之所以规定法院一般应当采纳量刑建议，原因是犯罪嫌疑人、被告人认罪并同意量刑建议，签署具结书，法院在开庭审理过程中着重审理被告人认罪认罚的自愿性和就量刑展开调查。如果没有新的量刑情节或不予采纳特殊情形，法院采纳量刑建议可以节约司法资源，提高司法效率，并不是量刑裁量权被剥夺。法院对量刑结果仍然具有最终的决定权，量刑建议只有经过法院的采纳，才具有终局性。

2. 量刑建议的提出

提出准确、公正的量刑建议，是认罪认罚从宽制度得以顺利推行的关键环节，直接关系到犯罪嫌疑人、被告人能否接受量刑建议以及选择适用怎样的诉讼程序。

（1）量刑建议提出的时机和形式。该问题一直存有争议，实务中的做法也不统一，有的是在起诉书中提出；有的是单独制作，随案移送；有的是在庭审中发表的公诉意见中提出。在刑事案件速裁程序试点中多数地区试行在提起公诉时，在起诉书中提出量刑建议，该做法在认罪认罚从宽制度中得到延续，《试点办法》第11条第1款明确规定在起诉书中提出量刑建议，统一了司法实践。课题组认为，在认罪认罚案件中，公诉人对指控的犯罪事实、情节、被告人的态度和证据的证明力等已有充分全面的了解，对于定罪量刑已有充分的把握，在起诉书中提出较为明确的量刑建议是妥当的。

（2）量刑建议提出的方式和内容。认罪认罚从宽制度中，一方面，量刑

---

① 陈瑞华：《论量刑建议》，载《政法论坛》2011年第2期。

建议应具有适当性，适当率越高，认可度就越大，公信性也就越强，对认罪认罚的激励作用越显著。这就要求改变"重定罪、轻量刑"传统思维模式，全面掌握诉前量刑情节，确保量刑信息的完整性，为量刑建议提供全面可靠的依据，防止诉后审判中出现反复和变化。另一方面，量刑建议应具有确定性，量刑建议实质上是对犯罪嫌疑人、被告人量刑激励的具体兑现，这种兑现越具体、明确，越有助于犯罪嫌疑人、被告人形成合理预期、决定是否认罪认罚。传统司法中的"坦白从宽"由于只是一种政策，犯罪嫌疑人、被告人并不能从中得到确定的认识和保障，经常出现认罪后因量刑超出预期而反悔或者上诉，从而使得实践效果大打折扣。因此，认罪认罚从宽制度中的量刑建议应当以确定刑期的量刑建议为主，判处财产刑的一般要求提出确定的数额，不再允许提出概括型量刑建议。上海市取得的探索经验是，对于四类案件，在各种量刑情节已经充分显现、定型，检察机关可以提出确定刑期的量刑建议。①

3. 量刑建议的调整及权限配置

实务中，犯罪嫌疑人、被告人在审查起诉、审判阶段都存在反悔的可能性，如犯罪嫌疑人在审查起诉阶段自愿认罪认罚，起诉后在庭审阶段既不认罪也不认罚或者认罪但不接受量刑建议等。刑事速裁的试点经验表明，犯罪嫌疑人、被告人唯有保留反悔的权利，才能拥有对审判程序和诉讼结果的自由选择权，并对最终的裁判结果不产生抵触情绪。② 因此在认罪认罚从宽制度中，由于量刑建议是在提起公诉时在起诉书中提出的，如果发生犯罪嫌疑人、被告人撤回《认罪认罚具结书》，当庭翻供、拒不认罪，人民法院建议调整量刑建议等情况，应当赋予检察机关变更量刑建议的权力，在需要调整量刑建议情形发生时，调整变更量刑建议。

目前司法责任制改革已经在全国范围内展开，检察官权力清单在各地探索。认罪认罚制度中检察机关量刑建议在起诉书中提出，而起诉书是公诉权的体现，是以检察院的名义制作，那么量刑建议提出和变更的权力是否赋予检察官？以往各地做法不一致，有的是主诉检察官负责，有的是走内部审批，由承办人提出，经部门负责人审批，甚至对有些案件的量刑建议要经检察长审批。课题组认为，恰如《上海市各级人民检察院检察官权力清单（2017 年版）》

---

① 《上海实施细则》中规定，对符合下列情形之一，各种量刑情节已经充分显现、定型，人民检察院可提出确定刑期的量刑建议：（1）案件事实清楚，法律关系简单，以犯罪数额或数量作为量刑主要依据的；（2）侵害公民人身或者民主权利案件中，被告人与被害人达成和解协议且已履行完毕的；（3）侵害公民财产权利案件中，被告人已全额退赔被害人经济损失的；（4）其他案件中，被告人作出赔偿、补偿，使社会关系获得社会公众普遍认同的有效修复的。

② 陈瑞华：《认罪认罚从宽制度的若干争议问题》，载《中国法学》2017 年第 1 期。

已经明确赋予检察官决定提起公诉并提出量刑建议的职权，司法责任制的本质是"谁办案，谁决定，谁负责"，在认罪认罚从宽制度中，除检察长决定起诉案件外，将提出和变更量刑建议的权力赋予检察官，由其对量刑建议负责，一方面体现出司法的亲历性，另一方面赋予检察官提出、变更量刑建议权力也有利于提高司法效率。

4. 对量刑建议采纳的监督

为兼顾认罪认罚从宽案件处理的效率和公正，保障司法权威，控辩双方应当享有上诉或者抗诉的权利，这既是为认罪认罚制度的运行提供救济和纠错的渠道，也是司法公正和程序正义的内在要求。已有学者强调对于认罪认罚从宽制度正确实施的保障作用，如顾永忠教授指出"如果被告人与检察机关达成的认罪量刑协议不被审判机关接受，依法做出其他程序安排和实体处理，对此检察机关应当尊重审判机关的审判，如果认为程序违法或者裁判错误，可依法进行诉讼监督包括依法提出抗诉"。①

从实践情况看，由于认罪认罚制度刚刚起步，案件数量有限，故无论是针对认罪认罚案件的上诉监督还是抗诉监督都没有足够的重视。并且量刑抗诉始终还是抗诉工作的难点，尤其是在量刑从宽没有明确的规则指引的情况下，检察机关想要论证量刑的不合理缺乏依据和抓手。课题组认为，检察机关应当重视对量刑建议采纳的监督，并与诉讼监督方式相衔接，完善相关的程序机制。在收到法院判决后，审查判决事实、定性的同时，加强对量刑建议采纳情况的审查，将量刑建议与法院判决进行比对，分析量刑建议和法院判决的准确性，对两者之间的误差进行说明。该说明作为评估量刑建议准确率的依据，也作为启动量刑建议后续保障程序的依据。对于符合抗诉条件的，及时提出抗诉；未达到抗诉标准的，通过口头或者一类问题通报、公函、检察建议书等方式向法院提出，切实履行法律监督职能，促进司法公正。当然，检察机关不能单纯以量刑建议未被采纳作为抗诉的理由，如果法院不予采纳并无不当之处，应当做好当事人的释法说理和解释工作。

(二) 认罪认罚从宽制度中量刑建议的配套机制

1. 自愿性保障机制

犯罪嫌疑人、被告人认罪认罚是适用认罪认罚从宽制度的前提，且这种认罪认罚必须是"自愿"的。供述的自愿性对公平审判是如此重要，因此不得

---

① 摘自顾永忠教授在"检察认罪认罚从宽制度的适用与程序完善"研讨会发言内容，载《人民检察》2016 年第 9 期。

忽视对自愿性规则的任何侵犯。① 自愿性的成立以认识的明智性为前提，即犯罪嫌疑人、被告人对选择可能产生的法律后果，特别是对于自己不利的后果已经充分认知，并在此基础上经过理智的利益权衡后作出选择。保障犯罪嫌疑人、被告人认罪认罚的自愿性，最主要的就是保障其诉讼知悉权和法律保障权。

（1）切实保障诉讼知悉权。所谓知悉权，是指犯罪嫌疑人、被告人有权知晓其在刑事诉讼中所处的诉讼地位、享有的诉讼权利以及相关信息，否则很难作出正确的判断，其认罪认罚的自愿性也会受到影响。而知悉权与告知义务相对应，即由被告人的知悉权衍生出司法机关的告知义务，这对于帮助被追诉人正确行使权利义务、实现程序正义等具有重要意义。正如德国学者威尔弗莱德·勃特克所言："公正的诉讼程序为被告提供及时的、可理解的、与其诉讼权利有关的特殊信息。它们能使被告预先知道其供述或其他可能的行为引起的所有诉讼上的后果，并在其满意的情况下使它们平衡。"②

关于告知的内容，根据《试点办法》第8、10、15条的规定，在侦查、审查起诉及审判阶段，公检法机关应当告知犯罪嫌疑人、被告人享有的诉讼权利和认罪认罚可能导致的法律后果。课题组认为，除了在侦查阶段可以作概括性告知外，在审查起诉阶段以及审理阶段，应作具体、明确的告知。同时注重对量刑建议的释法说理，提出的量刑建议结论所依据的案件事实和相关规定予以明确，做到充分论理、有法有据。为保证认罪认罚的自愿性、明智性，犯罪嫌疑人、被告人需要在具结书上签名确认。

（2）充分保障法律帮助权。在英美法德等国家，被告人获得律师帮助是适用答辩的前提之一。由于大多数被告人的法律知识相对匮乏，对自己犯罪行为的法律后果以及认罪认罚后可能受到的处罚缺少法律性的理解和预测，而律师相对具有专业的法律知识和丰富的诉讼经验，能够对被告人给予释明和指导，从而有利于被告人在知情、自愿并且充分权衡得失的基础上作出认罪认罚选择。

根据《试点办法》第5、8、10条的规定，首先，明确提出了"有效法律帮助"的原则要求。有效法律帮助的根本要求是使法律帮助具有及时性、充分性、持续性，对诉讼的开展产生实质的作用和意义。其次，明确了诉讼帮助在认罪认罚从宽程序中不可或缺。法律帮助在认罪认罚从宽制度中具有强制的效力，犯罪嫌疑人、被告人通过委托辩护、法律援助辩护、通知辩护等得到辩

---

① ［美］乔恩·R. 华尔兹：《刑事证据大全》，何家弘等译，中国人民公安大学出版社2004年版，第331—332页。

② 江礼华等主编：《外国刑事诉讼法制度探微》，法律出版社2000年版，第47页。

护人的诉讼帮助，或者通过司法机关通知值班律师为其提供法律帮助，除非其自愿书面明确放弃法律帮助。其中，建立值班律师制度有助于为没有委托辩护人的犯罪嫌疑人、被告人提供法律帮助，帮助他们正确行使诉讼权利。但值班律师并不具备"辩护人"的身份和地位，故其提供的法律帮助的作用有限，是否需要对值班律师的角色和职能进行重新定位，是否需要适度扩大强制辩护的适用范围等问题值得思考。

2. 量刑参照标准

在认罪认罚从宽制度中，《试点办法》明确要求检察机关提出的量刑建议一般应当包括主刑、附加刑，并明确刑罚执行方式；量刑幅度要相对明确，建议判处财产刑的，一般应当提出确定的数额。可见，《试点办法》对量刑建议提出了精准化的高标准和高要求，统一明确的量刑标准是量刑建议精准化的重要前提。

目前检察机关还未形成相对统一明确的量刑标准，量刑标准主要由法院制定，最高人民法院和上海市高级人民法院制定的有关量刑建议的规范性文件（即量刑指南）对量刑的基本方法、常见量刑情节的适用以及交通肇事、故意伤害等23种常见多发犯罪的基准刑等作了规定，形成了较为统一明确的标准。但是相对纷繁复杂的案件来说，量刑指南还是相对比较原则，无法面面俱到。虽然现行的量刑指南无法满足量刑精准化的要求，相信随着量刑指南的不断完善，量刑经验的不断积累，量刑机制的不断健全，精准量刑的难度会逐步减小。

课题组认为，以认罪认罚从宽制度为契机，各级检察机关应立足不同的角色定位，统一细化量刑指南。一是对省级以上检察机关而言，要加强与同级法院的沟通、协调，着力完善量刑指南。对于原来有量刑标准基础的罪名，要借助现代科学技术，引进智能辅助系统，通过对本省、市某类犯罪判决情况的数据分析，修订完善本省、市的量刑指导意见的实施细则。对于最高人民法院提到的23种犯罪之外同时本省、市以前没有量刑标准的罪名，要协调法院积极探索、调研，在条件成熟的情况下制定量刑标准，指导基层检察机关的量刑建议。量刑指南中应进一步明确从宽量刑指导原则，设计科学的量刑基本方法。从宽处理幅度的设置体现在最低限度和最高限度两个方面，细化不同限度的具体标准和适用情形。如果存在数个从宽量刑情节的，则应当结合案件中可适用从宽规定的各类情形，仍需坚持"同向相加、逆向相减"的方法，同时提高可能获得最大从宽的幅度，便于区别适用于不同类型的复杂案件中。① 二是对基层检察机关而言，要着重立足于本区域的实际情况，通过召开联席会议等方

---

① 陈卫东：《认罪认罚从宽制度研究》，载《中国法学》2016 年第 2 期。

式与同级法院加强沟通，在上级机关量刑指导意见的基础上，对本区域常见犯罪或者常见的犯罪情节如何量刑进一步细化标准，指导检法办案人员的量刑建议或量刑。对于不便明确量刑标准或不常见的犯罪，可以通过共同制定参考案例的方式，为量刑建议及判决量刑提供指导。

3. 量刑证据规则

根据《试点办法》第 4 条的规定，办理认罪认罚案件应当"坚持证据裁判，依照法律规定收集、固定、审查和认定证据"，并未免除控诉机关的证明责任，证明标准和证据规则便成了不可回避的研究命题。

（1）从重量刑应坚持一般证明标准。经过多年的量刑规范化改革，我国法学理论界和司法实务界普遍认为量刑程序与定罪程序的证明标准有所不同。[①] 对于从重量刑的证明标准，最高人民法院《关于适用〈中华人民共和国刑事诉讼法〉的解释》第 64 条第 2 款规定"认定被告人有罪和对被告人从重处罚，应当适用证据确实、充分的证明标准"，该解释对被告人从重处罚适用与认定被告人有罪相同的证明标准。课题组认为，从重量刑是不利于被告人的量刑事实，应当坚持一般证明标准，守住公正的底线，这也符合我国的诉讼模式以及无罪推定、实质真实的原则要求，否则存在揠苗助长的嫌疑，可能引发冤假错案。

（2）从宽量刑适用"盖然性占优势"证明标准。从规范层面上，对于从宽量刑采用何种证明标准未作规定，导致实务中做法存在不确定性。从宽具体包括从轻、减轻或者免除处罚等，是对被告人有利的事实和情节，该量刑证明标准是否可以比照一般证明标准予以降低？有观点认为，在量刑事实的证明问题上，一方面检察官和被告方可以就量刑幅度进行必要的协商和交易，降低量刑幅度可以达到 30% 左右；另一方面检察官在特定量刑情节上享有一定程度的自由裁量权，而不必严格遵守法律所设定的标准和幅度。因此检察官对量刑事实的证明不需要达到法定的最高证明标准。[②] 课题组认为，从宽量刑证明标准的降低，如考虑适用"盖然性占优势"证明标准等，体现了检察官量刑自由裁量权的行使，不会破坏无罪推定和实质真实的原则，也不会造成冤假错案，使得案件可以得到有效处理，节约了司法资源，优化了资源配置。

（3）适度简化证据规则与证明程序。我国一直以来存在"重定罪、轻量刑"的习惯理念，对于量刑证据的收集缺乏主动性和积极性。认罪认罚从宽制度要求控诉机关依照法定程序全面收集能够证明犯罪嫌疑人有罪或者无罪、

---

① 简乐伟：《量刑的证明对象及证明标准——美国量刑实践的启示》，载《证据科学》2015 年第 4 期。

② 陈瑞华：《认罪认罚从宽制度的若干争议问题》，载《中国法学》2017 年第 1 期。

犯罪情节轻重的各种证据，因此检察机关需要加强量刑证据的收集和使用，加强对公安机关证据的规范和引导。根据认罪认罚从宽制度"实体从轻、程序从简"的原则性要求，可以对认罪认罚从宽案件的相应程序进行一定程度的简化，是合理且必要的。与此同时，应当明确"诉讼程序—证据制度"是相通且统一的，即认罪认罚从宽制度在适当简化相应程序后不应导致案件事实认定的错误，对证明规则与程序的相应简化也不应导致证明标准的降低。具体而言，若控辩双方对案件的证据和事实没有争议和异议等情况，法庭审判则可以直接围绕罪名认定和量刑问题展开；但也要体现相应证据规则和程序简化的适度性，例如对于可能判处无期徒刑、死刑等案件，对于关键证据应当有所把控，做到细致审查和谨慎认定，进而在保障刑事诉讼公正这一核心价值前提下，提高诉讼效率。

4. 监督评价机制

根据最高人民检察院《关于完善人民检察院司法责任制的若干意见》的规定，要完善司法办案责任体系，突出检察官办案主体地位与加强监督制约相结合，坚持权责明晰，权责相当，严格落实"谁办案，谁决定，谁负责"的要求，从而保证案件质量与防止司法腐败。在全面贯彻落实司法责任制背景下，为避免认罪认罚从宽制度中量刑建议权力可能被滥用，构建"多位一体"的监督评价机制，对作为主导方的检察机关进行全方位、全过程的监督，将权力真正关进笼子里。

（1）遵循监督权行使模式，强化检察机关内部监督。一是加强案件动态管理。在作出认罪、量刑协商后，案管部门可以通过统一业务应用系统实时加强对案件的流程监控，对在流程中发现的情况及时汇报、及时解决。二是加强案件质量评查。可以制定量刑建议案件质量评查标准，对已办结的认罪认罚从宽案件，从实体、程序以及办案效果等方面进行评查，对案件质量评查中发现的问题，可以要求检察人员说明理由，制作案件质量评查通报，并限期整改，进一步保障案件的实体和程序公正。三是加强业务考评。将认罪认罚案件纳入业务考核体系，以量刑建议被法院的采纳情况作为参考指标，特别是对重大偏差的量刑建议进行分析，加大责任追究力度、严肃问责。四是加强纪检监察监督。纪检监察部门应定期对本院达成的量刑协商过程的书面记录等材料进行审查核实，一旦发现有违法或者失实情况及时提出，并追究有关检察人员的责任。

（2）完善司法公开机制，强化检察机关外部监督。一是自愿接受党委、人大监督。积极向党委、人大及其常委会汇报认罪认罚案件办理情况，依法独立公正行使检察权，确保案件的实体和程序公正，提升司法公信力，不断提高人民群众的认同感和满意度。二是将认罪认罚案件纳入人民监督员监督范围，可以由人民监督员直接参与见证认罪、量刑协商过程，对案件进行追踪回访、全程监督等。三是加强认罪认罚案件信息公开。除依法不公开案件以外，应及时公开认罪认罚案件相关法律文书，广泛接受新闻媒体、人民群众、社会各界对认罪认罚案件的监督，保障制度的良性运行。

## 三、认罪认罚从宽制度试点中量刑建议的实证分析

上海检察机关积极落实试点要求，在制发《上海实施细则》和《上海指导意见》的基础上，对完善认罪认罚从宽制度中的量刑建议进行了有益探索，取得了一定实效。2017 年 1 月 23 日至 10 月 31 日，上海检察机关共计审查起诉案件 20817 件 28954 人，其中认罪认罚案件起诉数为 6897 件 7855 人，认罪认罚案件数量和案件人数占比分别为 33.1% 和 27.1%（见图一），其中长宁、虹口、青浦区院位居全市前列，案件适用比例超过 50%。从提出量刑建议的类型来看，其中提出确定量刑建议 2819 件 3172 人，占适用认罪认罚案件总数的 40.9%，幅度量刑建议 4078 件 4683 人，占适用认罪认罚案件总数的 59.1%（见图二）。从诉判一致的程度来看，其中判决符合检察机关提出量刑建议的 5481 人，占适用认罪认罚已判决人数的 95.4%，判决不符合检察机关提出的量刑建议的 267 人，占适用认罪认罚已判决总人数的 4.6%（见图三）。

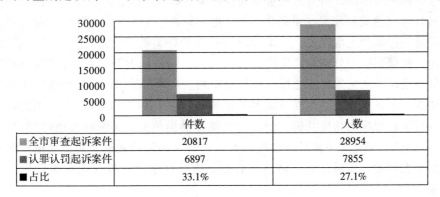

| | 件数 | 人数 |
|---|---|---|
| 全市审查起诉案件 | 20817 | 28954 |
| 认罪认罚起诉案件 | 6897 | 7855 |
| 占比 | 33.1% | 27.1% |

**图一：认罪认罚案件在全市审查起诉案件占比**

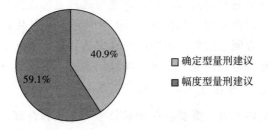

40.9% 确定型量刑建议
59.1% 幅度型量刑建议

**图二：认罪认罚案件提出量刑建议的类型**

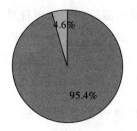

图三：认罪认罚案件诉判一致的程度

各级院结合自身特点进行探索，积极创设有益的机制和工作方法，主要经验包括：一是完善值班律师制度。长宁区院与区法院、公安分局、司法局会签《关于法律援助值班律师参与刑事案件认罪认罚从宽制度试点工作办法》，明确值班律师可以旁听承办检察官提审，在具结过程中为犯罪嫌疑人提供法律帮助，提出量刑相关建议等，完善值班律师转任指定辩护人机制，保障被告人诉讼权利。二是提升量刑建议精准化水平。金山区院汇总近三年来区法院刑事案件判决内容，梳理盗窃、危险驾驶、容留他人吸毒等常见案件量刑标准，尝试建立数据平台，设置关键词抓取功能，提高量刑建议精确化。松江区院以危险驾驶罪为试点，通过汇总历年来适用速裁程序办理的该类案件，构建包含20余项指标的数据库，努力形成量刑建议模型。虹口区院会同区公安、法院、司法局签署《速裁程序案件量刑指引》，进一步细化危险驾驶、毒品、盗窃类犯罪的量刑标准和量刑幅度。三是加强沟通提升办案效率。普陀、青浦、嘉定、杨浦、虹口区院等分别与区法院、公安分局、司法局召开试点工作联席会议，就量刑建议和从宽限度的把握、集约化审判、法律援助值班律师制度等事宜进行协商，形成工作机制，提升试点工作效率。松江区院与区法院在文书的种类整合与流转程序上达成共识，创设《法律帮助拒绝书》《听取值班律师/辩护人意见书》《被告人审前社会情况调查表》等9种法律文书。四是规范程序保障当事人权益。杨浦区院严格落实告知制度，探索建立被告人反悔程序回转机制。

为进一步掌握全市检察机关关于认罪认罚从宽制度中量刑建议的实践情况，深入研究试点中遇到的突出问题，课题组通过上海检信平台向全市检察机关公诉部门发放了调查问卷，具体涉及30项问题。全市共有185名办案人员参与调查，综合调查问卷结果，课题组对认罪认罚从宽制度中的量刑建议整体正当性问题、过程规范性问题、结果恰当性问题三个方面展开实证分析：

（一）量刑建议整体正当性问题

量刑建议从整体上看，需要确保相对公平、公正和合理，就需要从制度和程序上提升量刑建议的正当性。在认罪认罚从宽制度试点中，值班律师和控辩协商是确保量刑建议整体正当性不可或缺的配套制度和程序机制，也是认罪认罚从宽制度试点的核心问题。

1. 值班律师法律帮助的效果分析

值班律师制度并非认罪认罚案件的首创，它是部分刑事速裁制度试点地区推行的一种法律援助制度，并被认罪认罚从宽的试点所吸收。但从值班律师提供法律帮助的试点效果来看，与预期还存在较大差距。在关于"您所办理的认罪认罚案件中，值班律师的法律帮助效果如何?"的问卷调查中，认为"效果不明显，仅在程序上见证具结书签署的自愿性，实质性的法律帮助较少，试点要求中列明的其他法律帮助内容基本没能得到实现"的，占37%；认为"效果一般，无法全面了解案件事实和证据，仅能提供有限的法律政策解读"的，占34%；仅有18%的检察人员认为，值班律师能够为犯罪嫌疑人或被告人提供全面的法律帮助（见图四）。

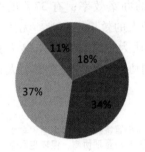

■ 非常有效，能够为犯罪嫌疑人或被告人提供全面的法律帮助

■ 效果一般，无法全面了解案件事实和证据，仅能提供有限的法律政策解读

■ 效果不明显，仅在程序上见证具结书签署的自愿性，实质性的法律帮助较少，试点要求中列明的其他法律帮助内容基本没能得到实现

■ 效果不好，法律帮助流于形式，中立性还不够

图四：值班律师的法律帮助效果

课题组认为，当前值班律师提供法律帮助主要存在以下两大问题：

（1）值班律师法律帮助的范围问题。《试点办法》第5条第3款明确了犯罪嫌疑人、被告人自愿认罪认罚，没有辩护人的，人民法院、人民检察院、公安机关应当通知值班律师为其提供法律咨询、程序选择、申请变更强制措施等法律帮助。上海市人民检察院与上海市司法局会签的《关于审查起诉阶段律师参与认罪认罚从宽制度试点工作的指导意见》，进一步扩充了值班律师提供法律帮助的范围，包括羁押必要性审查，对刑讯逼供、非法取证情形代理申诉、控告等法律帮助，见证具结书的签署等。但一些使犯罪嫌疑人、被告人获得实质性法律帮助的权利，包括值班律师的阅卷权、调查取证权等，则规定得相对较为保守，这与当初将值班律师"非辩护人化"有着直接关联。无论是刑事速裁试点还是认罪认罚从宽试点，值班律师都不享有阅卷权和调查取证权，"无论是嫌疑人还是被告人，在刑事诉讼中既不享有阅卷权，也无法亲自向有关单位或个人调查核实有关证据。这样，在被告方不熟悉检察官掌握的证据情况、不了解指控的根据和理由的情况下，就选择了认罪认罚从宽程序，其认罪认罚的自愿性、明智性无法得到保障，公诉方是否有确实、充分的证据证明其指控的案件事实，这也是难以得到确认的。"①

（2）法律援助全覆盖的问题。《试点办法》对于认罪认罚案件是否实行法律援助全覆盖并没有明确规定，但还是明确要求办理认罪认罚案件必须确保犯罪嫌疑人、被告人获得有效法律帮助。上海市人民检察院与上海市司法局会签的《关于审查起诉阶段律师参与认罪认罚从宽制度试点工作的指导意见》则明确指出，有条件的地区，检察机关可以与法律援助中心共同试点认罪认罚案件法律援助律师全覆盖，即对所办理的认罪认罚案件，在犯罪嫌疑人、被告人没有辩护人并征得其同意的情况下，均通知法律援助中心指派律师为其提供辩护。在关于"目前本市部分区院在试点法律援助全覆盖，您认为是否合理？"的问卷调查中，有36%的受调查人员认为不太合理，全部指定辩护人司法成本较高，程序的烦琐也一定程度上妨碍轻微案件的办案效率；有37%的受调查人员认为较为合理，但同时也指出目前指定辩护人的效果也一般，无法为犯罪嫌疑人提供有效的辩护；有27%的受调查人员认为非常合理，能够为犯罪嫌疑人提供全面、实质的辩护，更加全面参与量刑协商，保障犯罪嫌疑人认罪认罚的自愿性（见图五）。

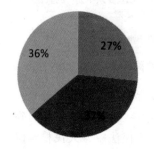

■ 非常合理，能够为犯罪嫌疑人提供全面、实质的辩护，更加全面参与量刑协商，保障犯罪嫌疑人认罪认罚的自愿性

■ 较为合理，但是目前指定辩护人的效果也一般，无法为犯罪嫌疑人提供有效的辩护

■ 不太合理，全部指定辩护人司法成本较高，程序的烦琐也一定程度上妨碍轻微案件的办案效率

**图五："法律援助全覆盖"的合理性**

在理论界，关于法律援助是实现全覆盖还是部分覆盖，存在不同的观点，陈瑞华教授认为，"在嫌疑人、被告人明确表达认罪认罚的意愿时，侦查机关、公诉机关和法院都应当及时为其指定法律援助律师。该法律援助律师一经得到嫌疑人、被告人的确认，即应具有辩护人的身份。"② 陈光中教授则认为，"应当将可能判处徒刑以上刑罚的认罪认罚案件纳入法律援助范围。徒刑以上

---

① 陈瑞华：《认罪认罚从宽制度的若干争议问题》，载《中国法学》2017年第1期。

② 陈瑞华：《认罪认罚从宽制度的若干争议问题》，载《中国法学》2017年第1期。

刑罚涉及被追诉人的人身自由剥夺，覆盖了认罪认罚的绝大部分案件。在这一范围内实行法律援助可以促进认罪协商程序的顺利进行，维护被追诉人的合法权益。"① 法律援助是实现全覆盖还是部分覆盖，需要结合司法实践，进行深入研究。

2. 量刑协商程序运作机制的效果分析

构建符合我国法律制度和司法实践的控辩量刑协商机制是认罪认罚从宽制度的一项重要的改革配套设施，有利于检察机关提出更为准确和公正的量刑建议。《试点办法》和《上海实施细则》都没有对这种控辩量刑协商机制作出明确的制度安排。

从控辩量刑协商的试点效果来看，量刑协商的效果并不好，没有协商或者选择性协商还占据较大比重。根据问卷调查结果显示，有 45% 的受调查人员认为，目前基本没有协商，主要是检察官就案件事实和量刑情节提出量刑意见，犯罪嫌疑人及其辩护人或值班律师予以认可；有 28% 的认为，部分案件探索协商，主要涉及刑事案件的民事赔偿部分，对于一般刑事案件协商成分较少；另有 27% 的认为，有较为充分的协商，辩护人和值班律师为犯罪嫌疑人提出更充分有效的量刑意见（见图六）。

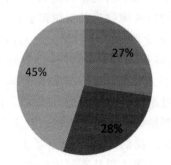

■ 有较为充分的协商，辩护人和值班律师为犯罪嫌疑人提出更充分有效的量刑意见

■ 部分案件探索协商，主要涉及刑事案件的民事赔偿部分，对于一般刑事案件协商成分较少

■ 基本没有协商，主要是检察官就案件事实和量刑情节提出量刑意见，犯罪嫌疑人及其辩护人或值班律师予以认可

图六：控辩量刑协商的试点效果

控辩双方具体如何进行量刑，《试点办法》并没有明确，这就涉及实践中如何操作和推进的问题。比如，检察官根据犯罪嫌疑人、被告人认罪认罚的情况，结合指控的罪名，提出了量刑种类和幅度，适当降低量刑是对犯罪嫌疑人、被告人选择认罪认罚程序的一种量刑奖励。从刑事速裁的试点来看，一般是在基准刑以下减少 10%—30% 的量刑幅度。有观点认为，各地试点刑事速裁程序过程中所承诺的降低量刑幅度仍然有些保守，建议在量刑幅度的优惠上

---

① 陈光中、马康：《认罪认罚从宽制度若干重要问题探讨》，载《法学》2016 年第8 期。

加大力度，以增强这一特别程序对被告人的吸引力。① 在认罪认罚案件中，量刑幅度是否可以在刑事速裁量刑幅度上再作优惠，优惠后的幅度是多少较为合理？对于检察官提出的量刑种类和幅度，犯罪嫌疑人、被告人及其辩护律师如何对量刑种类和幅度进行回应，是否应给予其一定的考量时间？量刑协商一般需要经过几轮，如何设定相对合理的协商周期？对于量刑协商的结果，是否要进行书面记录以全面反映协商的过程和控辩双方的意见？对符合一定条件的认罪认罚案件，是否可以考虑引入公开听证程序，以公开促公正？这些问题都有待进一步研究。

（二）量刑建议过程规范性问题

1. 告知义务履行效果分析

犯罪嫌疑人和被告人认罪认罚的自愿性是认罪认罚从宽制度的正当性基础，因此保障犯罪嫌疑人或被告人充分了解自身的诉讼权利、认罪认罚从宽制度的内容、认罪认罚的法律后果尤其重要。从本市试点实践看，检察机关在量刑协商中的权利义务告知还存在重形式轻实质的现象。

（1）告知义务的途径分析。《试点办法》对于审查起诉阶段的告知义务规定主要体现在两方面：一是告知犯罪嫌疑人、被告人申请法律援助的权利，符合应当通知辩护条件的，依法通知法律援助机构指派律师为其提供辩护；二是告知犯罪嫌疑人享有的诉讼权利和认罪认罚可能导致的法律后果。针对前者，实践中主要通过格式文书《审查起诉阶段委托辩护人/申请法律援助告知书》进行告知；针对后者，试点中主要通过格式文书《认罪认罚从宽制度告知书》进行告知。在试点中，本市还有部分区院，通过制作宣传单页的方式向看守所在押人员介绍认罪认罚从宽制度的内容以及犯罪嫌疑人和被告人的权利义务。

（2）告知义务的实际效果。在试点实践中，我们发现不少犯罪嫌疑人、被告人、被害人，乃至值班律师和辩护律师对于认罪认罚从宽制度的内容、诉讼参与人的权利义务、诉讼程序等重要内容都存在模糊认识，有的甚至存在误解。为查清原因，课题组通过问卷调研发现，这与检察人员履行告知义务不到位存在一定的关系。经问卷调查显示，69%的检察官在按照规定通过格式文书告知外，仍会主动向其解释认罪认罚从宽制度的内容及签署具结书的法律后果；22%的检察官主要通过格式文书告知，另外通过解答犯罪嫌疑人的疑问加以说明，或者通过值班律师对犯罪嫌疑人进行解释；9%的检察官纯粹通过格式文书加以告知，并不关注犯罪嫌疑人是否真正了解认罪认罚从宽制度的内容及签署具结书的法律后果（见图七）。

---

① 陈瑞华：《认罪认罚从宽制度的若干争议问题》，载《中国法学》2017年第1期。

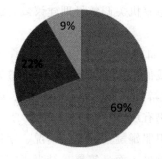

■ 除让犯罪嫌疑人签署告知文书外，仍会主动向其解释这项制度的内容及其诉讼权利义务

■ 一般将权利义务告知书交犯罪嫌疑人阅看，犯罪嫌疑人提出疑问会详细说明，或者由值班律师进行解释

■ 依照办案程序，将认罪认罚制度及权利义务告知书交犯罪嫌疑人签字，但不能保证其是否完全了解这项制度的内容及其诉讼权利义务

**图七：办案时说明认罪认罚从宽制度的内容及犯罪嫌疑人的权利义务的情况**

除此之外，通过对值班律师的问卷调研，还发现与值班律师本身对于认罪认罚从宽制度的价值、内涵、内容及诉讼参与人的权利义务知之不深有一定的关系。

（3）履行告知义务存在的问题。首先，检察官在履行告知义务过程中存在重形式轻实质的倾向。部分检察官在告知认罪认罚从宽制度时，简单要求犯罪嫌疑人在告知文书上签字确认，却忽视对制度内容的解释。犯罪嫌疑人往往关注量刑结果，对制度本身和诉讼程序关注较少，如不充分解释，一旦量刑与其心理预期不一致就会反悔或者上诉，浪费司法资源。

其次，检察官在签署具结书中存在重结果轻解释的倾向。部分检察官在签署具结书过程中，仅是简单告知犯罪嫌疑人量刑建议，较少对犯罪嫌疑人解释量刑建议产生的过程。部分犯罪嫌疑人在具结书签署之后，在与其他同类案件犯罪嫌疑人的量刑情况进行比较过程中，不太关注不同犯罪嫌疑人之间犯罪情节和量刑情节的差异，只要发现量刑有差异就容易出现反悔或者上诉，造成司法资源的浪费。

2. 听取诉讼参与人意见分析

（1）听取犯罪嫌疑人意见的效果分析。犯罪嫌疑人自愿如实供述自己的罪行，对指控的犯罪事实没有异议，同意量刑建议，是适用认罪认罚从宽制度的前提，作为量刑协商中的一方，犯罪嫌疑人的意见占据重要地位。由于《试点办法》规定了更为严格的办案期限，为了提高办案效率，检察官一般将权利义务告知、讯问、听取意见和签署具结书集中在一次提审中完成。

由于这类案件大部分是案件事实清楚、定案证据确实充分，提审节奏相对较快，一般来说，检察官在确认犯罪嫌疑人认罪的前提下，根据事先拟定的量刑意见询问犯罪嫌疑人的意见，如果犯罪嫌疑人同意的，由值班律师或者辩护人见证具结书的签署。在这样的背景下，检察官更关注犯罪嫌疑人对量刑建议的意见，而容易忽视认真听取犯罪嫌疑人可能存在的酌定量刑情节，可能导致忽视其他可能影响刑罚执行方式（主要是能否适用缓刑）的意见。这也导致部分案件在提起公诉后，法院经过审查认为这些被忽视的量刑情节可能影响最终的刑罚，而不同意检察机关的量刑建议，建议检察机关调整量刑建议或者退出适用认罪认罚从宽制度。

（2）听取辩护人或值班律师意见的分析。正如前述，辩护人或值班律师的帮助是构建量刑协商的重要制度安排，辩护人或值班律师见证具结书的签署也是《试点办法》的硬性规定。总的来看，听取辩护人的意见更为充分，听取值班律师的意见相对较少，与制度设计的初衷仍有所差距。

由于辩护人具有充分的阅卷和会见权，对于犯罪嫌疑人的个人情况、案件事实均比较熟悉，往往能够提出相对明确的量刑意见，而且签署具结书也需辩护人在场见证，因此辩护人的合理意见一般都会得到采纳。当然，实践中也存在检察官无法明确具体辩护人而未能听取意见的情形。

值班律师在实践中的定位较为模糊，从上海的试点实践来看，值班律师没有阅卷权，会见犯罪嫌疑人的权利目前也较难实现。尽管目前允许值班律师旁听检察官的提审，可以一定程度上了解案件情况，但由于在没有充分阅卷的背景下，值班律师往往极少发表意见，纯粹履行见证具结书签署的职责。

（3）听取被害人意见的效果分析。被害人在我国刑事诉讼中享有当事人的地位，依法享有参与刑事诉讼的广泛权利。《试点办法》强调刑事被害人的有效参与，明确司法机关应当听取被害人及其代理人的意见，犯罪嫌疑人与被害人是否达成谅解协议也是量刑建议的重要考量因素。在试点实践中，听取被害人意见的方式也存在不同的做法，经过问卷调研发现，30%的检察官会主动联系被害人，听取其对事实、证据及量刑建议的意见，并记录在案；37%的检察官会主动联系被害人，主要听取其对事实、证据及退赔退赃等量刑情节的意见，并记录在案，但不涉及量刑建议；26%的检察官则主要依托邮寄法律文书告知被害人及其诉讼代理人相关诉讼权利，对于可能涉及附带民事诉讼的，会主动联系被害人并听取意见；7%的检察官主要通过邮寄法律文书方式告知被害人及其诉讼代理人相关诉讼权利，除需要证据复核外，不会主动联系被害人并听取意见（见图八）。

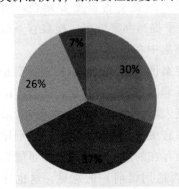

图八：听取被害人及其诉讼代理人意见的方式

对于被害人意见如何采纳在实践中有较大的争议，甚至有观点主张在量刑协商时应当征得被害人的同意。目前基本达成共识，也即被害人的意见仅仅是适用认罪认罚从宽的重要因素之一，而非适用条件之一，为确保认罪认罚制度适用的效率性，防止因被害人主观情感的变化而导致协商过程随意变更损害诉讼程序的确定性，被害人意见不宜对案件协商过程产生实质影响。①

3. 犯罪嫌疑人、被告人对量刑建议反悔情况分析

（1）犯罪嫌疑人、被告人反悔情况分析。为充分保障犯罪嫌疑人、被告人的权益，允许在具结书签署以后犯罪嫌疑人、被告人提出反悔意见，检察机关可以重新与犯罪嫌疑人、被告人达成量刑协商意见，重新签署具结书。从全市适用认罪认罚从宽制度的案件来看，犯罪嫌疑人或者被告人提出反悔意见集中在法院审理阶段，共计98件，尚没有在审查起诉阶段提出反悔意见。反悔的理由多样，有的对犯罪事实和证据提出新的意见；有的对量刑建议提出新的意见；有的在签署具结书后委托辩护人，辩护人提出异议；有的并没有明确反悔的理由。

（2）犯罪嫌疑人、被告人反悔情形的处理。在法院审理阶段被告人对具结书提出反悔意见的，检察机关仍可以与被告人重新进行量刑协商，达成一致意见的，可以重新签署具结书，达不成一致意见的，则应当建议法院退出认罪认罚程序，适用普通程序或简易程序审理。从全市适用认罪认罚从宽制度的案件来看，被告人提出反悔意见后，主要存在以下几种处理方式：一是重新进行量刑协商、重新签署具结书，共计7件；二是退出认罪认罚程序，共计87件；三是庭审中直接变更量刑建议，共计4件。

（三）量刑建议结果恰当性问题

1. 量刑证据收集周全性分析

关于认罪认罚从宽制度中的证明标准，虽然有不同意见，但具主流的学术观点认为，应当坚持"事实清楚、证据确实充分"这一严格的要求。② 全面细致的量刑证据是准确的量刑建议的必要前提。虽然绝大多数案件量刑证据收集较完全、准确、全面，量刑建议能够获得法院认可，但量刑证据收集方面尚存在如下问题：

（1）重视定罪证据，轻视量刑证据的收集。刑事诉讼法及相关司法解释均明确量刑证据与定罪证据具有同等重要的地位。但是在实践中，为了确保案件能够正确立案并移送审查起诉，侦查机关对于定罪方面的证据都能充分收集，而对于量刑证据的收集，则缺乏主动性和积极性，移送审查起诉的案件中的量刑证据有时只是涉及自首、立功等个别量刑情节，个别案件甚至出现零量

---

① 陈卫东：《认罪认罚从宽制度研究》，载《中国法学》2016年第2期；陈光中：《认罪认罚从宽制度实施问题研究》，载《法律适用》2016年第11期。

② 王敏远：《认罪认罚从宽制度疑难问题研究》，载《中国法学》2017年第1期。

刑证据的情形,"重定罪、轻量刑"的习惯理念依旧存在。

(2)重视法定证据,轻视酌定证据及情节的收集。实践中侦查机关和检察机关对于法定量刑证据的收集、运用较为充分,当存在自首、坦白、主从犯等法定量刑情节时,往往在证据中有所体现,而家庭情况、采取强制措施期间的表现、被害人情况、认罪认罚态度等酌定量刑情节的相应证据缺失。以社会调查评估为例,在调查问卷中,针对其在量刑建议中的必要性,只有51%的受调查人选择了"有必要",49%的受调查人认为社会调查评估本身不是提出非监禁刑建议以及决定适用非监禁刑的必要前提,因而选择了"没有必要"(见图九)。相对而言,检察官对被害人意见更为重视,83%的被调查者会给予充分考虑,并综合被害人的损失、犯罪嫌疑人的退赔退赃等情节,提出适当的量刑建议(见图十)。然而,在另一问题中37%的受调查人坦陈虽主动联系被害人听取意见并记录在案,但不涉及量刑建议,比涉及的选择人数多出13人。

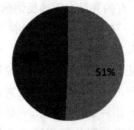

■有必要,是提出非监禁刑建议以及决定适用非监禁刑的重要依据,在审查起诉阶段委托社会调查评估,可以节省法院委托社会调查评估的时间

■没有必要,社会调查评估本身也不是提出非监禁刑建议以及决定适用非监禁刑的必要前提

图九:社会调查评估在检察机关量刑建议工作中的必要性

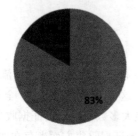

■给予充分考虑,并综合被害人的损失、犯罪嫌疑人的退赔退赃等情节,提出适当的量刑建议

■对于事实和证据部分的意见较为重视,对于量刑建议的意见一般不太重视

图十:对被害人意见的处理方式

(3)针对量刑情节的变化缺乏有效调整机制。检察机关公诉部门审结案件移送法院之后,在审判阶段量刑情节可能发生变化,新的及之前未发现的量刑证据可能出现,基于审查起诉阶段收集到的证据制作的量刑建议书就不再适当。目前此问题尚缺乏有效的沟通和调整机制,面对量刑情节的变化,检察机关处于被动地位。

2.量刑建议采纳和偏差原因分析

根据调查问卷结果,认罪认罚案件检察量刑建议在法院的采纳率较高,超过7成受调查公诉人表示自己承办的多数案件得到法院判决的认可,极少案件未得到认可。这与实际统计数据相符。虹口区院 2017 年 1 月至 9 月起诉的认罪认罚案件量刑建议采纳率达到 94.8%。嘉定区院量刑建议采纳率达到 98.2%。课题组结合对 34 件量刑建议未被采纳案件的分析研判和问卷调研结果后发现，量刑建议存在偏差的主要原因为（见图十一）：

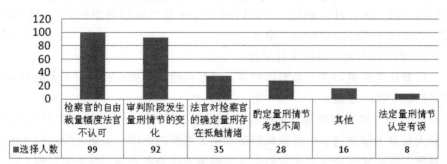

| | 检察官的自由裁量幅度法官不认可 | 审判阶段发生量刑情节的变化 | 法官对检察官的确定量刑存在抵触情绪 | 酌定量刑情节考虑不周 | 其他 | 法定量刑情节认定有误 |
|---|---|---|---|---|---|---|
| ■选择人数 | 99 | 92 | 35 | 28 | 16 | 8 |

图十一：量刑建议未能得到法院认可的原因（多选）

（1）法官不认可检察官的自由裁量幅度。法官不认可检察官的自由裁量幅度，约占受调查人员的 54%，一方面因为检法之间的量刑指引不一致，另一方面是检察官本身的自由裁量不被认可。25% 的被调查者提到少部分案件没有量刑情节增减或变化，法官仍要求调整量刑建议，反映了检法之间量刑标准不统一。实践中超半数的被调查公诉人在提出量刑建议时的首要依据为"两高三部"关于量刑的指导意见，本市法院关于量刑的指引也在公诉机关起着重要的依据作用，但据此提出的量刑建议仍有不被认可的情况，说明检察官在规定的调整量刑幅度范围内选定的数值并不一定被法官认可。如对于被告人认罪认罚的情况，检察官给予适当减轻刑的建议，但未获法官积极评价，则可能导致分歧。

（2）审判阶段发生量刑情节的变化。有 50% 的受调查人员认为是审判阶段发生了量刑情节的变化，由于缺乏有效的沟通调整机制，当审判阶段发生量刑情节变化，检察机关不能及时掌握并修正量刑建议，不被采纳的情况因此发生。比如犯罪嫌疑人在审查起诉阶段对犯罪事实供认不讳，开庭时却当庭翻供，无法适用坦白情节，量刑建议未进行更改，则会发生量刑建议不当，最终不被采纳。

（3）法官对检察官的确定量刑存在一定抵触情绪。法官对检察官的确定量刑存在抵触情绪的约占 19%。受调查人员对于试点工作要求检察机关尽量提出确定的量刑建议的合理性看法不一，43% 的受调查人认为较为合理，25% 的受调查人认为不太合理，非常合理和不合理的选择人数分别为 18% 和 14%。这一定程度上也反映了检察官对法官不认可自己提出确定量刑的担忧。检察官提出确定的量刑建议而非幅度量刑时更有可能与法官的自由裁量产生分歧。例如，上海市高级人民法院《关于常见犯罪的量刑指导意见实施细则》规定自首情节可减少基准刑的 20%—40%，检察官对此情节提出确定量刑，很难与法官的自由裁量达成一致，法官感到自己的自由裁量权受到侵犯，难免产生抵触心理。因而尽管确定的量刑建议有利于和被告人及辩护人进行量刑协商，也仅有13%的被调查者倾向于提出确定量刑。

其他原因主要包括酌定量刑情节考虑不周、法定量刑情节认定有误、实刑缓刑的适用、法官自由裁量、法院内部另有量刑实施细则却不为检察机关掌握、法院同类案件需要量刑平衡等。

3. 量刑智能辅助系统运行分析

认罪认罚从宽制度下办案周期短，对量刑建议的要求高，引入大数据分析工具的必要性凸显出来。

（1）需要解决智能量刑系统的定位问题。量刑建议并非纯粹的数学问题，检察人员对于量刑情节的经验判断起着至关重要的作用，个案差异需要人的介入判断，因此完全依靠智能量刑系统的模型算法并不可靠。域外对量刑系统的开发和应用，早在20世纪70年代就已经开始，不过量刑系统一般并不直接提供量刑结果，而是提供类似案件的宣告刑上下幅度。课题组发现，72%的被调查者赞同将智能量刑软件作为量刑的参考和类似案例检索，44%和41%的被调查者分别将智能量刑系统视为查询一类案件量刑标准和尺度的工具和检索一类案件相关法律、法规、司法解释的工具，28%的被调查者会通过智能量刑软件来检验量刑是否恰当，仅19%的人把它作为量刑工作的主要依据（见图十二）。

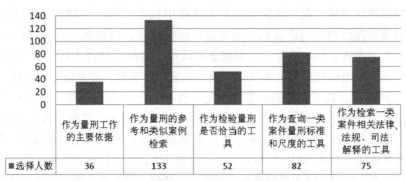

图十二：智能量刑软件系统的定位（多选）

（2）用大数据辅助量刑的可行性问题。以2017年4月起虹口区院陆续试用的两款量刑智能辅助系统为例，现阶段开发的智能量刑软件优缺点均十分明显。

①量刑智能辅助系统的优势。一是极高的效率。人工智能量刑的突出优势在于效率，这种高效不仅体现在输入法律文书到输出量刑结果的过程极短，而且体现在从法律文书中提取量刑情节并从历史判例库中匹配相似案件予以推送的速度极快。二是客观性强。量刑智能辅助系统不受人为因素干扰，独立运行，局限了司法人员的主观随意性，可以杜绝人情案、关系案。大数据量刑能

提高得出量刑建议过程的透明度，更容易让被告人和辩护律师接受，从而有利于认罪认罚从宽制度的规范透明运行。三是大数据支撑。通过智能量刑软件，从海量历史判决中获得高关联度信息成为可能，检察机关在提出量刑建议时有例可循、有据可循（见图十三）。

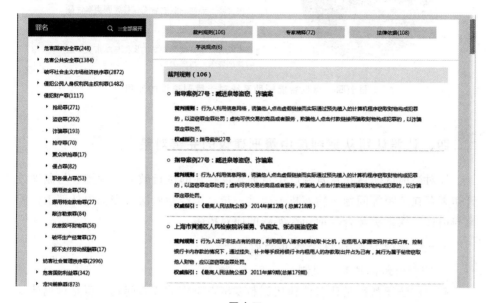

图十三

②量刑智能辅助系统的局限。一是无法体现个案差异。每一个案件本身都是存在差异的，智能量刑系统没有人类的思维与情感，处理案件时一视同仁，忽视了数据无法反映的因素。统计学结果可以提供特定时间内某地区量刑模式、甚至权重分配参考，但不能提供精准结论。就本课题而言，量刑智能辅助系统也无法反映认罪认罚从宽制度下量刑建议与非本制度下案件的区别。司法判断需要保持适当的弹性，以适应类案的复杂性。[1] 标准化、数据化的量刑结果输出会削弱依法享有的自由裁量空间。二是量刑模型数据与实务案件存在地区差异。对量刑模型的验证发现，智能量刑软件为达到客观准确，选作人工智能学习素材或训练数据的历史判例样本很大，由于部分案由地区量刑差异明显，系统提出的量刑建议和参考案例有时与本地区实务操作中的标准差别较大，与调查问卷中公诉部门承办人感受类似。23%的被调查者认为量刑智能辅助系统对于公诉人提出量刑建议基本没有作用，原因是辅助系统的案例与本市及本区的量刑标准、尺度不同（见图十四）。

---

① 黄京平：《刑事司法人工智能的负面清单》，载《探索与争鸣》2017年第10期。

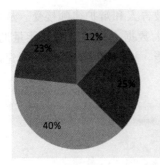

- ■ 有很大的作用，辅助系统的意见可以作为提出量刑建议的重要参考
- ■ 有较大的作用，辅助系统的意见可以修正不恰当的量刑建议
- ■ 作用有限，辅助系统的意见仅作为同类案件量刑的查询作用
- ■ 基本没有作用，辅助系统的案例与本市及本区的量刑标准、尺度不同

图十四：量刑智能辅助系统对于量刑建议的作用

## 四、认罪认罚从宽制度中量刑建议的完善对策

针对当前认罪认罚从宽制度中量刑建议存在的试行效果不理想、与制度设计初衷存在差距等问题，检察机关应进一步总结经验做法，完善内外部工作配套与衔接，探索更契合当前司法实践的应对措施。

（一）保障量刑建议整体正当性

1. 完善值班律师参与机制

有效的法律帮助是认罪认罚从宽制度试点工作的核心问题，也是量刑建议获得公平性和真实性的重要制度保障。当前阶段，鉴于刑事辩护律师资源尚不足以完全满足司法需求的实际状况，应进一步完善值班律师参与机制，以值班律师制度推动我国刑事司法中辩护制度的深入发展。

（1）推动值班律师从形式帮助向实质援助转变。由于值班律师并无阅卷、调查取证等权利，实践中只能被动接受检察机关对量刑的提议，在量刑具结过程中通过在场见证，只能形式化审查犯罪嫌疑人认罪认罚的自愿性，而难以通过有效把握案件情节对犯罪嫌疑人认罪认罚的自愿性和明智性进行实质化审查。课题组认为，值班律师应进一步从法律帮助向法律援助转变，即值班律师不仅能见证签署具结书，还能见证检察机关讯问犯罪嫌疑人的过程，具有讯问在场权，并赋予其阅卷权和调查取证权，这样，值班律师通过阅卷，可以更为了解案情，在量刑具结过程中对检察机关的量刑建议更能提出高质量的意见，真正实现认罪认罚犯罪嫌疑人权利的实质保障。这种意见不仅为理论界所主张，也得到了实务界的认同，在关于"对目前试点的值班律师制度有何好的建议"的问卷调查中，就有38%的受调查人员认为，应进一步完善值班律师的权利，特别是阅卷权，增强值班律师法律帮助权的有效性（见图十五）。

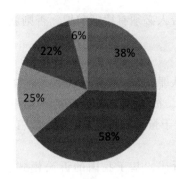

- 完善值班律师的权利，特别是阅卷权，增强值班律师法律帮助权的有效性
- 建立以案和人为中心的值班律师工作机制，增强值班律师法律帮助的针对性
- 鼓励值班律师在侦查阶段介入，充分保障其会见权，切实保障犯罪嫌疑人的诉讼权益
- 逐步从值班律师制度向强制辩护制度转变，全面保障犯罪嫌疑人的辩护权
- 其他

**图十五：对试点的值班律师制度的建议（多选）**

课题组建议，可以在看守所或者检察机关设立的值班律师办公室配备专用电脑，供值班律师现场阅卷，值班律师可以在电脑内调阅与其承办案件相关的电子卷宗材料。

（2）推动法律援助从部分覆盖向全部覆盖延伸。《试点办法》第5条规定："人民法院、人民检察院、公安机关应当告知犯罪嫌疑人、被告人申请法律援助的权利。符合应当通知辩护条件的，依法通知法律援助机构指派律师为其提供辩护。"由于在一般案件办理过程中，司法机关亦应当履行上述义务，因此该项规定表明，我国认罪认罚制度中并未确立独立的强制辩护制度，这也在一定程度上掣肘认罪认罚从宽制度的工作实效。但当前如果强行推行强制辩护也同样存在一定的问题，正如实务界人士指出的，目前法律援助律师较难预约，能力水平有限、责任心不强，与认罪认罚从宽制度要求不匹配，强行推行容易流于形式和走过场。无论制度规定还是实践现状，推行强制辩护还需要有个过程，但法律援助从部分覆盖向全部覆盖是未来发展方向，公、检、法三机关中，法院似乎更注重法律援助的全覆盖，2017年10月13日，最高人民法院、司法部共同会签了《关于开展刑事案件律师辩护全覆盖试点工作的办法》，明确为推进以审判为中心的刑事诉讼制度改革，加强人权司法保障，促进司法公正，充分发挥律师在刑事案件审判中的辩护作用，开展刑事案件审判阶段律师辩护全覆盖试点工作。对此，课题组认为，"在未来推行认罪认罚从宽制度时，应当全面扩大法律援助的适用范围，将那些自愿认罪认罚的嫌疑人、被告人，纳入法律援助的适用对象"。① 课题组建议，财政应创造有利条件，试行认罪认罚案件法律援助全覆盖，参考强制辩护制度，对犯罪嫌疑人未委托辩护人的，指定法律援助中心为其指派援助律师提供辩护。以后甚至可以

---

① 陈瑞华：《"认罪认罚从宽"改革的理论反思——基于刑事速裁程序运行经验的考察》，载《当代法学》2016年第4期。

考虑明确要求认罪认罚从宽案件犯罪嫌疑人、被告人必须有律师辩护，否则就不能启动认罪认罚从宽程序。

2. 健全量刑协商的程序运作机制

量刑协商并由此形成比较确定的量刑建议是认罪认罚从宽制度最核心的工作内容。通过充分的量刑协商，给予犯罪嫌疑人、被告人一定幅度的"量刑优惠"，可以促进其自愿作出认罪认罚的选择。对于量刑协商程序，可以从以下两个方面进一步完善：

（1）适度控制量刑从宽的范围幅度。如前所述，基于我国的诉讼模式、诉讼目的观和犯罪构成原理，我国的量刑协商应当在法定刑限度内，否则应当报请最高人民法院核准。在这种范围控制之下，《上海实施细则》明确规定，审理认罪认罚案件，应当综合案件情况，统筹把握从宽幅度，防止各量刑情节的简单加减，兼有多个从轻、从宽情节的，从宽的刑罚量一般不得多于基准刑的1/2；对于积极赔偿被害人损失、取得被害人谅解且已履行完毕的案件，从宽的刑罚量可适当增加。有学者认为，在严格贯彻罪刑法定、罪责刑相适应和实质真实原则的前提下，应当对那些自愿认罪的被告人加大减轻处罚的力度，以便吸引更多的被告人做出自愿认罪的选择。具体说来，可以考虑赋予检察机关突破法定刑种限制的裁量权，如将死刑立即执行改为死刑缓期二年执行，将死刑改为无期徒刑，将无期徒刑改为有期徒刑，将有期徒刑改为拘役等。同时，在确定适当的刑罚种类之后，也可以在正常量刑幅度的基础上作出更为宽大的减轻，如将减刑的最高幅度增加到50%，尤其是对那些在自愿认罪的基础上，有积极退赃、积极退赔，达成刑事和解的案件，更应该将量刑减轻幅度作出较大的减轻，以体现罪责刑相适应的基本原则。[①] 课题组认为，综合各类从轻和从宽情节，量刑的优惠幅度一般应控制在基准刑以下减少50%较为合理。同时，无论是《上海实施意见》还是学者观点，也都认为，积极赔偿被害人损失、取得被害人谅解且已履行完毕的案件，从宽的刑罚量还可适当增加，超过50%。

（2）细化量刑协商的程序细则。控辩双方具体如何进行量刑协商，《试点办法》和《上海实施意见》都没有明确规定。在一些较为重大、复杂的案件或者刑罚较重的案件中，对于检察官提出的量刑种类和幅度，应给予犯罪嫌疑人、被告人及其辩护律师一定的考量时间，课题组认为以3天为宜，由辩方对检察机关提出的量刑种类和幅度进行权衡考量，并以书面或口头形式向检察机关反馈是否同意，如若不同意该量刑种类和幅度，可以提出自己对量刑的主

---

① 陈瑞华：《"认罪认罚从宽"改革的理论反思——基于刑事速裁程序运行经验的考察》，载《当代法学》2016年第4期。

张，检察机关在收到辩方的反馈意见后进行审查，一般以2—3轮量刑协商为宜，且整个协商周期应控制在审查起诉时间内，如果最终达成协商结果的，由检察机关进行书面记录以全面反映协商的过程和控辩双方的意见。如果辩方最终不同意检察机关的量刑种类和幅度的，则不适用认罪认罚从宽制度。对于被害人人数众多、社会影响大、涉及民生、环境、食品等社会关注度高的案件，还可以考虑引入量刑证据开示和公开听证程序，由检察官主持，犯罪嫌疑人、被害人、辩护人或者值班律师同时在场进行公开的量刑协商和听证，参照检察机关公开审查、公开听证的程序进行量刑证据的开示和公开听证。

（二）规范量刑建议的形成过程

1. 有效落实量刑告知机制

（1）突出告知实质。首先，检察机关应当在收到移送审查起诉的案件材料之日起3日内，在告知犯罪嫌疑人有权委托辩护人的同时，告知犯罪嫌疑人认罪认罚从宽制度的权利义务，而不应该限于犯罪嫌疑人认罪的情形。因为，认罪认罚从宽是每个犯罪嫌疑人享有的诉讼权益，犯罪嫌疑人是否选择认罪认罚是其本人的意志，通过告知也可以促使怀有侥幸心理的犯罪嫌疑人最终认罪认罚，也可以节约司法资源。除了形式上要求犯罪嫌疑人已经阅看相关权利告知文书，而且要通过答疑释明的方式，确保犯罪嫌疑人完全理解认罪认罚从宽制度的内容。

其次，检察机关应当着重告知犯罪嫌疑人可以获得法律帮助的权利，告知其符合条件的可以申请法律援助，不符合法律援助条件的，可以获得值班律师的帮助。同时需要告知值班律师的值班时间和联系渠道，告知值班律师可以提供的法律帮助活动。最大限度地促使犯罪嫌疑人了解认罪认罚的性质和法律后果，最大限度地保护犯罪嫌疑人的权利，避免其因经济上的弱势、法律知识的欠缺而作出虚假供述，影响后续诉讼程序的进行。

最后，应当告知检察机关量刑建议的主要依据和考虑因素，确保犯罪嫌疑人对量刑协商的每一个条款内容和结果都明知。明知量刑的具体刑期、罚金以及执行方式，明知如果法院同意适用认罪认罚的，意味着法院极有可能在量刑协商范围内作出判决，除非法院在宣判前认为量刑协商结果违反法律规定或存在畸轻畸重情形。

（2）丰富告知形式。常见的权利义务告知均采用格式文书的方式要求犯罪嫌疑人签字确认，但对于认罪认罚从宽制度这项试点制度还远远不够。常见的比如委托辩护人、申请法律援助、申请重新鉴定等权利，具备一定法律知识的犯罪嫌疑人均能通过格式文书的阅看而知晓并理解。但对于尚在试点的认罪认罚从宽制度，本身没有在法律中明确，不少内容实践中还有争议，简单的格式文书已经无法满足告知的需求。

除了格式文书外还需要通过其他形式或途径向犯罪嫌疑人解读认罪认罚从宽制度，只有犯罪嫌疑人切实理解了认罪认罚从宽制度的内容，才可能积极认罪认罚，才可能起到试点的初衷。建议在监管场所通过宣传单页、动画、视频等方式详细介绍认罪认罚从宽制度的主要内容、诉讼权利义务及办案程序等。同时要充分发挥值班律师会见的作用，由值班律师向其解读认罪认罚从宽制度的内容。另外建议在侦查阶段就加强认罪认罚从宽制度的告知，要求侦查人员在讯问中告知犯罪嫌疑人认罪认罚的法律后果和相关权利义务，使犯罪嫌疑人尽早认罪，提高诉讼效率。

（3）加强释法说理。在告知和量刑协商过程中检察官除了向犯罪嫌疑人解释法律规定外，还必须加强说理，只有做好释法说理工作，才能真正让犯罪嫌疑人接受检察机关的量刑建议，把犯罪嫌疑人内心的顾虑解决在审查起诉阶段。应当说，传统的刑事诉讼活动中，检察机关注重定罪忽视量刑，注重法律宣教忽视情理教育，释法说理的工作往往由法官在法庭审理中完成。随着认罪认罚从宽制度的推进，庭审的抗辩和教育意义大大减弱，其主要作用是审查被告人认罪认罚的自愿性、签署具结书的自愿性，因此，释法说理的重任就落在庭前占主导地位的检察官身上。

检察官应当将原先可能在法庭上的证据展示、法律适用的阐明、社会危害性的揭发、量刑建议的说理、法庭教育等内容前移至量刑协商过程中，因此，释法说理在告知和量刑协商中显得尤为重要，对于促使犯罪嫌疑人真正认罪悔罪，促使社会关系修复，有着积极的作用。

2. 细化听取意见机制

（1）完善听取被害人意见机制。按照正当程序的要求，与程序结果有利害关系的人有权参加该程序并得到提出有利于自己的主张的机会。[①] 被害人作为当事人和认罪认罚从宽制度的主要利害关系人之一，理应参与其中，应当赋予被害人在认罪认罚从宽制度中发表意见的权利。

首先，应当明确认罪认罚案件的处理，在量刑具结前必须听取被害人的意见，听取意见的方式可以是多样的，除了通过《委托诉讼代理人告知书》和《被害人权利义务告知书》等格式文本，还可以通过电话、短信、邮件、办案场所询问等途径了解被害人对案件事实和证据的意见。当然，被害人及其诉讼代理人提出书面意见的，都应当附卷。

其次，认罪认罚案件听取被害人意见的范围宜局限于事实、证据以及犯罪嫌疑人的退赔、赔偿情况。"重新赋予被害人权利，可以采取恢复被害人自主

---

① ［日］谷口安平：《程序的正义与诉讼》（增补本），王亚新译，中国政法大学出版社 2002 年版，第 11 页。

感的形式，而恢复被害人自主感最有效的一种方法便是邀请他或她参与决定过程，从而使其内心不安或物质损失得到很好的恢复"。① 但对于从宽处理的意见，在特定的案件中可以告知被害人，比如一些达成刑事和解的案件，被害人已经得到全额赔偿或退赔的案件，对于量刑建议或者处理意见可以告知被害人，征求被害人意见。其他案件办理中，不宜将量刑意见告知被害人或者征求被害人的意见。但检察官完全可以将被害人的受损利益获得弥补作为认定被告人认罚、积极退赃退赔的合理条件之一，将被害人获得赔偿的程度与犯罪嫌疑人可能获得的从宽幅度挂钩，调动被告人积极赔偿被害人的主动性。

（2）完善听取辩护人和值班律师意见机制。在认罪认罚从宽制度中，法律援助和帮助对于保障犯罪嫌疑人的合法权益尤为重要。美国学者在研究认罪案件时指出，虽然被追诉人名义上享有认罪或不认罪的绝对权利，但是他们经常会发现，在没有辩护人的情况下自己根本不享有任何保护。② 因为法律认知是犯罪嫌疑人、被告人自愿认罪认罚的前提，而犯罪嫌疑人、被告人最为缺乏的就是对法律的认知，以提高法律认知为目的的法律帮助是确保犯罪嫌疑人、被告人认罪认罚的彻底性、自愿性的最好途径。

首先，必须确保量刑协商前犯罪嫌疑人、被告人与辩护人或值班律师的充分接触，确保辩护人和值班律师对案件事实、证据的充分掌握。对于辩护人问题不大，但是值班律师目前的定位较为模糊，尽管《试点办法》规定认罪认罚的犯罪嫌疑人和被告人可以会见值班律师，但目前在值班律师与办案范围、羁押场所的衔接不畅，导致会见困难，同时值班律师并不享有辩护人相应的阅卷权，这些都导致值班律师无法充分了解案件的事实、证据，无法发表意见。建议探索值班律师的逐步辩护律师化，适当扩大值班律师的诉讼参与权，比如阅卷权和会见权，只有这样才能使得值班律师和犯罪嫌疑人、被告人有充分的沟通，能够充分发表意见。

其次，必须确保辩护人或值班律师参与量刑协商的过程。从理论上说，量刑协商是控辩双方就检察官提出何种量刑建议所进行的对话、协商过程，其中包含着一定程度的交易和讨价还价的成分。这种协商要保持最低限度的平等性，协商双方就必须具有大体平衡的信息来源、相同的知识和技能以及相互尊重对方选择的可能性。③ 只有确保犯罪嫌疑人、被告人有专业人士的帮助，检

---

① ［英］詹姆斯·迪南：《解读被害人与恢复性司法》，刘仁文、林俊辉等译，中国人民公安大学出版社 2009 年版，第 221 页。

② ［美］乔治·费希尔：《辩诉交易的胜利——美国辩诉交易史》，郭志媛译，中国政法大学出版社 2012 年版，第 6 页。

③ 陈瑞华：《认罪认罚从宽制度的若干争议问题》，载《中国法学》2017 年第 1 期。

察官才不会利用信息不对称的优势，来引诱或欺骗辩护方接受某种不公平的方案，堵住引诱认罪和威慑认罪的制度疏漏也是认罪认罚从宽制度必须解决的难题。① 目前值班律师仅仅给犯罪嫌疑人、被告人提供法律咨询，无法阅卷，对检察机关的证据情况无法知悉，他们给予犯罪嫌疑人、被告人的咨询和建议其实是十分有限的。即使《上海实施细则》明确值班律师可以旁听提审，但其帮助作用仍然极其有限，最终沦落为检察官和犯罪嫌疑人量刑协商的见证人，这与值班律师制度的初衷是相背离的。为解决这一问题，除了需要增加值班律师的诉讼权利，还必须明确值班律师参与量刑协商的机制，确保被告人获得真正意义上的法律援助，听取意见不是简单的征询意见，而是控辩双方就案件事实、证据，特别是量刑情节、量刑证据展开的充分协商。

3. 构建犯罪嫌疑人、被告人反悔回转机制

（1）明确犯罪嫌疑人、被告人反悔的法律后果。只要犯罪嫌疑人、被告人认为前期的认罪认罚具结有损其利益，则可行使反悔权，主张撤回认罪认罚的自白供述，赋予犯罪嫌疑人、被告人不设限的反悔权，是因为控辩双方力量对比的客观不平等，唯有不设限才能确保犯罪嫌疑人、被告人的权益不会受到公权力的任意侵害。② 当然，犯罪嫌疑人和被告人的撤回应当在一审法院判决作出前提出，过分迟延可能会造成刑事诉讼资源的浪费。

对于犯罪嫌疑人、被告人撤回具结书的效果，实践中有所争议，特别是在撤回具结书后，在量刑协商中犯罪嫌疑人的有罪供述的效力应当如何认定，存在较大争议。高检院制定的《认罪认罚从宽制度告知书》第7条规定，犯罪嫌疑人、被告人撤回《认罪认罚具结书》，犯罪嫌疑人、被告人已签署过的《认罪认罚具结书》不能作为本人认罪认罚的依据，但仍可能作为其曾作有罪供述的证据，由人民法院结合其他证据对本案事实进行认定。言下之意，量刑协商中的有罪供述在撤回具结后仍然有效，可以作为不利于犯罪嫌疑人、被告人的证据使用。为防范检察官采用不恰当的方式威胁、引诱犯罪嫌疑人作出有罪供述达成具结，应当否定量刑协商中的有罪供述的证据能力，量刑协商与一般的讯问活动有所区别，量刑协商带有一定的利诱性，如果将量协商中的有罪供述作为定案证据使用，加大了检察官利用较大量刑优惠引诱犯罪嫌疑人作出有罪供述的风险。因此，犯罪嫌疑人、被告人撤回具结书达成的协议的，既不可以依此加重犯罪嫌疑人、被告人的处罚，也不得将有罪供述作为定案的依据，当然在协商中的量刑优惠也同样失效。

（2）犯罪嫌疑人、被告人反悔后的程序切换。首先，在犯罪嫌疑人、被

---

① 王戬：《认罪认罚从宽的程序性推进》，载《华东政法大学学报》2017 年第 4 期。

② 陈卫东：《认罪认罚从宽制度研究》，载《中国法学》2016 年第 2 期。

告人提出反悔意见后，在一审判决前仍可以由控辩双方协商重新达成具结，也允许犯罪嫌疑人、被告人纠正反悔意见，原先的具结书仍有效。

其次，在犯罪嫌疑人、被告人提出反悔意见后，应当按照犯罪嫌疑人、被告人的辩解意见，选择恰当的审判程序，比如简易程序或者普通程序。被告人当庭提出反悔意见的，为节约司法资源，条件允许的，可以当庭变换适当的诉讼程序，比如被告人仅对量刑提出异议，对事实、证据没有异议的，可以当庭切换为简易程序审理。被告人对事实和证据提出异议，影响定罪量刑的，则应退出庭审程序，依照刑事诉讼法的规定，依法选择合适的庭审程序。

（三）提升量刑建议结果恰当性

1. 保持量刑证据收集的完整度

认罪认罚从宽制度下，检察机关证据收集、固定、审查、移送的法定责任并未减轻。总体而言，控方仍需移送下列证据材料以达到定罪量刑的证明标准，主要包括：能够证明被告人有罪的各种证据；被告人承担刑事责任的各种量刑证据；被告人自愿认罪、认罚的证明文件；其他应当证明的内容。[①] 针对认罪认罚案件，检察机关应发挥法定职能，监督侦查机关全面收集能够影响犯罪嫌疑人量刑情节的各种证据，必要时自行收集、固定相关证据，保持并不断提升量刑证据收集的周全度、细致度和完整度。

（1）探索量刑证据收集模板。2017 年 1—9 月虹口区院适用认罪认罚从宽制度案件 518 件，其中贩卖毒品案件占比 28%，危险驾驶案件占比 23%，盗窃案件占比 22%，妨害公务案件占比 6%，这四类案件总占比即达到 79%；同时期嘉定区院适用认罪认罚从宽制度案件 560 件，占比最高的四类案由分别为危险驾驶 44%、盗窃 23%、虚开增值税专用发票 11%、故意伤害 7%，四类案件总占比为 85%，认罪认罚案件呈现案由集中的特点。首先尝试为贩毒、危险驾驶、盗窃等常见罪名建立量刑证据收集模板，引导证据收集工作，及时发现证据链缺陷，规范收集过程，提升量刑准确度。在条件成熟时，可引入大数据系统智能获取个案的量刑证据收集模板。目前在现有智能系统中，从法律文书中自动抓取法律情节和根据案情提供证据收集建议的功能均已分别实现。对两者功能完善后进行整合，将可做到根据个案案件信息差异智能生成定制化证据收集建议，保障检察机关对量刑证据的高效审查和及时补证收集。

（2）完善诉前量刑情节信息周全定型机制。对量刑证据收集的重视贯彻办案各阶段，在侦查阶段引导和规范公安机关对量刑证据的收集，要建立检察机关与公安机关的定期沟通协调制度，对于一些常见量刑问题及时达成共识。

---

① 陈卫东：《认罪认罚从宽制度研究》，载《中国法学》2016 年第 2 期。

对于提前介入的案件，不仅局限于对公安机关的定罪证据收集进行引导，更要加强对于量刑证据收集的引导，要坚持早发现、早收集。在审查逮捕阶段对于量刑证据缺失的，检察机关可以通过补查提纲的方式引导公安机关收集证据。对于公安机关忽视量刑证据或者怠于收集量刑证据的，可以通过制发检察建议、纠正违法通知等方式确保量刑证据的充分收集。在审查起诉阶段，将应当听取犯罪嫌疑人、被害人及其诉讼代理人的意见纳入常规工作机制，综合评估对被告人有利和不利的情节，全面重视自首、立功等法定情节以及和解、赔偿、被害人过错等酌定情节，为量刑建议提供全面可靠的依据，防止诉后审判中出现反复和变化。

2. 建立量刑建议采纳效果分析机制

在检察机关建立量刑建议采纳效果分析机制，于逐步确立量刑建议提出过程留痕可追溯的基础上，将认罪认罚案件量刑建议采纳情况纳入报表分析，重点关注量刑建议和裁判结果偏离度超出合理范围的案件，要求承办检察人员说明理由，并对未采纳原因进行收集统计，定期排查影响量刑建议采纳率的主要因素，对可改进的部分进行完善。在检察官联席会议探讨前阶段量刑建议采纳效果，提出完善建议。对法院确有量刑不当的案件，积极进行抗诉。加强检法沟通协作，及时跟进诉后审前的量刑情节变化，积极作出调整。

3. 引进量刑智能辅助系统

随着技术不断进步，量刑智能辅助系统的成熟度正在跳跃式上升，在找准定位的情况下，引入大数据辅助办案将有效提升认罪认罚案件办理效率，也有助于收集办案数据，为归纳总结制度试点结果提供依据，可得到良好的法律效果和社会效果。应当明确现阶段引进定罪量刑建议系统，发挥的是人工智能辅助检察官办案的作用，对人工智能介入办案的深度加以限制，是抑制智能量刑系统前述弊端的必要措施和有效手段。

（1）引入多功能量刑智能辅助。一方面借助大数据系统的智能预判功能，通过计算案件中已有的法律要素，依据内置模型智能预测判决结果，对认罪认罚案件尤其是常见罪名案件的量刑建议高效化、精确化提供参考。辅助司法官决策判断的系统，必须以海量数据为基础，以类型化案件为突破口，通过提炼裁判规则、研发最优算法、归纳既有经验，在类型化案件中实现以裁判规则、司法经验归纳为基础的有限智能化。[①] 针对认罪认罚案件的办理特点，优先考虑支持调整量刑情节各参数权重、允许检察官对特殊案件情节权重进行赋予的系统软件，弥补现有人工智能量刑无法反映案件多样性和地区差异的缺陷。另一方面充分发挥量刑智能辅助系统的类案智推和其他辅助功能。现存系统已经

---

① 黄京平：《刑事司法人工智能的负面清单》，载《探索与争鸣》2017 年第 10 期。

可以实现从案件中自行提取法律要素并智能推荐相似案例，将法律法规、司法解释、司法观点、指导意见进行知识碎片化整理加以呈现，图形化展示刑期分布、刑期与数额关系、证据收集建议等。大数据智能筛选嵌入办案，将全面节省办案人员在资料翻阅查询上所耗费的时间，减轻案多人少的压力。

（2）探索大数据辅助精确量刑。在引入人工智能辅助量刑的同时，可探索在既有量刑标准基础上，通过市院统筹，各试点区院分罪名统计分析，借助检法协作合力和大数据技术平台，科学完善量刑标准和量刑幅度。大数据量刑辅助系统可以成为量刑规范化的补充和继续，既可以为现有的指导意见提供更多的实证支持和验证，又可以为指导意见以外的刑种和罪名提供尚为欠缺的有效参考。当我们不仅关注人工智能给出的量刑结果，而且逆向回溯至判断过程的上游，取得大数据系统由海量认罪认罚案件中习得的量刑模型和参数权重，对这些参数进行人工解读分析，存合理纠偏差，将提升内部透明度，利于总结归纳试行制度成果，进一步完善量刑规则，逐步实现精准化量刑的常态化、全覆盖。

# 检察委员会规范化工作流程指引研究[*]

上海市人民检察院法律政策研究室、
上海市徐汇区人民检察院联合课题组[**]

## 一、检察委员会制度及工作的现状探讨

### （一）检察委员会制度的价值导向

我们党和国家经过长期的探索，在汲取我国历史上政治法律制度精华、借鉴人类司法文明成果的基础上，创设了一整套具有鲜明中国特色，适合我国国情的检察制度，检察委员会制度就是其重要组成部分和鲜明特色。

1. 创设目的：贯彻保障人权的法律精神

从发展历程看，检察委员会制度的创设目的在于充分发挥检察制度职能作用，贯彻法律保障人权之精神，加强领导和推动各级检察工作，与我国社会主义法制建设的历程高度一致，是中国社会主义法制建设的实践成果。

2. 制度设计：确保检察体系有效运行的内在需求

从制度设计看，我国《宪法》规定，检察机关是国家的法律监督机关，负责对法律的执行与遵守进行专门监督，确保社会主义法律体系有效运行。同时，我国不是将检察官个体作为检察权行使的应然主体，而是将检察权赋予检察机关，在检察机关内部实行检察长负责制与检察委员会集体领导相结合的内部领导体制。这与资本主义国家以及旧中国的检察制度有着天壤之别，是合乎中国人民民主专政国家需要的一种人民检察制度。[①] 作为我国检察机关的业务决策机构，检察委员会是中国特色社会主义检察制度的重要内容和鲜明特色。

3. 职能作用：实现科学、民主、依法的决策

从职能作用看，检察委员会适用民主集中制原则，充分发挥了检察委员会委员的集体智慧，实现了科学决策、民主决策、依法决策。通过发挥业务指

---

\* 上海市检察机关 2017 年重点研究课题。

\*\* 课题组负责人：曾国东；课题组成员：王立华、陆静、华维。

① 陈启育：《新中国检察制度概论》（修订本），人民出版社 1950 年版，第 33 页。

导、内部监督等职能，有效提高了决策质量，防止了权力滥用和腐败，抵御了外部干预，是检察权依法独立行使的重要保证。

（二）检察委员会制度的重要特点

1. 民主集中制原则保障了检察委员会制度的民主性、科学性

民主集中制原则作为无产阶级政党活动原则和国家机构组织原则最早由列宁提出，并被中国共产党所继承，我国宪法将其确定为国家机构组织原则。① 《人民检察院组织法》规定："检察委员会实行民主集中制。"检察机关贯彻民主集中制，最重要的体现就是在检察委员会决策过程中遵循少数服从多数原则。② 根据这一原则要求，一方面，检察委员会作出决策需要遵循"两个过半数"的原则，即"检察委员会会议必须有全体组成人员过半数出席，才能召开；必须有全体组成人员过半数同意，才能作出决定"；另一方面，检察长可以不同意检察委员会多数委员意见，但是其不具有一票否决权，只能就相关案件或事项提请上级检察机关或者同级人大常委会决定。检察委员会实行民主集中制，既通过集体决策弥补了个人决策可能出现的偏差或不足，又通过少数服从多数的最终决定原则解决了可能发生的效率和腐败问题，保障了检察委员会决策的科学性和民主性。实践中，检察委员会研究的多是重大疑难复杂案件以及对检察业务宏观部署的重大事项，须审慎处理。民主集中制一方面集中检察委员会集体智慧，产生大量综合性的知识和信息为群体决策所用，从而能使群体决定更加集思广益③，弥补个人知识和经验的不足，防止单一首长制的独断专行，避免在重大决策上的思虑不周和盲目片面④；另一方面帮助检察官抵御外界干扰，减少阻力以保证检察权的行使不受外来势力，特别是来自现实的政治权力的不当影响，不受检察部门以外任何人的指挥命令⑤。同时也对检察官执法办案活动进行监督制约，防止检察官滥权⑥，导致司法腐败，有效防止冤错案件的发生，保证司法公正，增强司法公信，使重大问题、重大案件的决策

①《宪法》规定，中华人民共和国的国家机构实行民主集中制的原则。

②《人民检察院检察委员会组织条例》第 11 条规定，检察委员会实行民主集中制，遵循少数服从多数的原则。检察委员会会议必须有全体组成人员过半数出席，才能召开；必须有全体组成人员过半数同意，才能作出决定。委员意见分歧较大的，检察长可以决定不付表决，另行审议。

③［德］哈马贝斯：《在事实与规范之间：关于法律和民主法治国的商谈理论》，童世骏译，生活·读书·新知三联书店 2003 年版，第 8 页。

④ 孙谦主编：《中国检察制度论纲》，中国检察出版社 2004 年版，第 116 页。

⑤［日］法务省刑事局编：《日本检察讲义》，杨磊等译，中国检察出版社 1990 年版，第 6 页。

⑥ 邓思清：《论我国检察委员会制度改革》，载《法学》2010 年第 1 期。

能够正确、有效实施。

2. 议题范围的确定和细化确保了检察委员会工作的可操作性

依据《人民检察院组织法》的规定，各级人民检察院"检察委员会实行民主集中制，在检察长的主持下，讨论决定重大案件和其他重大问题"。2008年修订的《人民检察院检察委员会组织条例》在"讨论决定重大案件和其他重大问题"的基础上，把检察委员会的职能细化成八项，其中，除第六项"审议、决定重大、疑难、复杂的案件"外，其他均属于"重大问题"范畴。2009年《人民检察院检察委员会议事和工作规则》从议题范围的角度将检察委员会职能进一步细化为十项，不仅对"重大、疑难、复杂"作了进一步的解释，还丰富了议事的范围，具体包括：在检察工作中贯彻执行国家法律、政策的重大问题；贯彻执行本级人民代表大会及其常务委员会决议，拟提交本级人民代表大会及其常务委员会的工作报告、专项工作报告和议案；检察工作中具体应用法律问题的解释以及有关检察工作的条例、规定、规则、办法，检察业务、管理等规范性文件；贯彻执行上级人民检察院工作部署、决定的重大问题，总结检察工作经验，研究检察工作中的新情况、新问题；重大专项工作和重大业务工作部署；有重大社会影响或者重大意见分歧的案件；请示的重大事项、提请抗诉的刑事案件和民事、行政案件，提请复议的事项或者案件；本院检察长、公安机关负责人的回避等。上述规定对检察委员会的职能进行了确定和细化，使得检察机关在把握检察委员会审议议题范围的时候有法可依。同时，上述规定中还确定了检察委员会议题会前审查机制，业务部门拟提请检察委员会审议决定的案件或事项，一方面需要经过本部门的审批流程，另一方面需要提交检察委员会办事机构以及专职委员进行审查，保证上会议题符合议题范围、质量要求和格式规范，提高了检察委员会工作的可操作性。

3. 审议程序的规范体现了检察委员会制度的法治性

为确保民主集中制原则在检察委员会审议过程中得以充分体现，高检院《人民检察院检察委员会议事和工作规则》对检察委员会审议程序作出了详细规定。一方面将检察委员会会上审议程序划分为"汇报—提问、讨论—发表意见—表决并决定"几个阶段；另一方面对委员发表意见的顺序也作出了限制，要求按照"检察委员会专职委员—未担任院领导职务的委员—担任院领导职务的委员—主持人（检察长）"的顺序进行。检察委员会审议程序的规范，使得检察委员会决策全过程都有据可依、有序进行，确保了检察委员会委员能够不受干扰、畅所欲言，最终使得检察委员会在民主集中制原则的主导下作出科学、正确的决策，体现了检察委员会制度的法治性。

4. 委员组成结构凸显了检察委员会制度的权威性和专业性

《人民检察院检察委员会组织条例》规定，各级人民检察院检察委员会由本院检察长、副检察长、检察委员会专职委员以及有关内设机构负责人组成。《关于完善人民检察院司法责任制的若干意见》中将其规定为"检察委员会由检察长、副检察长、专职委员和部分资深检察员组成"。从检察委员会的委员组成要求来看,检察委员会的组成兼顾了权威性和专业性。一方面,检察长负责制的行政领导体制,必然要求检察委员会这一检察机关内部最高业务决策机构与之相协调,检察长、副检察长等院领导担任检察委员会委员是其参与本院宏观指导、业务决策和内部监督过程的有效途径,体现了检察委员会决策的权威性;另一方面,检察委员会的基本职能要求委员具备相关领域的专业知识,以避免决策时出现偏差,而检察委员会专职委员、资深检察官,均具有一定的专业水平,由其担任检察委员会委员,体现了检察委员会的专业属性。

5. 决策辅助机制强化了检察委员会制度的科学性和专业性

《关于完善人民检察院司法责任制的若干意见》要求,建立健全专家咨询委员会、专业研究小组等检察委员会决策辅助机构。检察委员会委员固然是检察机关内部业务能力突出者,但是其专业知识多局限于法律专业尤其是刑法专业领域,而在金融、知识产权、食品药品安全、环境资源保护等领域出现的新型犯罪及涉及的专业问题,往往会超出检察委员会委员的知识范围,这就需要相关领域的专家和专门型人才来答疑解惑、借脑问计,提高决策科学化水平,避免决策瑕疵甚至决策错误。实践中一些地方检察院通过成立检察委员会决策咨询机构、检察委员会专业研究小组、专家列席检察委员会等方式来辅助检察委员会决策,例如,北京、河南、江西等地检察机关建立了专家咨询委员会并制定了相关工作规则,上海、天津等地检察机关依托检察委员会成立了金融、知识产权、未成年人等犯罪专业研究小组,对辅助检察委员会正确决策发挥了很好的作用。同时,全国检察机关统一业务应用系统(以下简称统一业务系统)及检察委员会议事议案子系统(以下简称子系统)也实现了检察委员会会议的记录可查、全程留痕,便利了文书制作及数据统计,提升了检察委员会的工作质效。统一业务系统以及子系统对检察委员会业务流程进行了统一的规范化设计,实现了对所有上会议题进行统一受理、全程管理、动态监督以及对重要环节的节点控制。[①]

(三) 当前检察委员会工作中存在的主要问题

实践中,检察委员会在议事议案方面取得了较大成效,但因受制于制度执行层面的各种问题,检察委员会在运行过程中尚存在机构不健全、履职不全

---

① 杨丽苹:《以"三大转变"促检察委员会工作规范化》,载《方圆》2014 年第18 期。

面、责任不明晰、操作不规范等现象，一定程度上限制了检察委员会职能作用的发挥。

1. 检察委员会组织建设相对滞后

（1）办事机构建设有待加强。一方面，办事机构工作人员配备不齐，流动频繁，业务不熟。尤其是检察委员会秘书主要为兼职，大量时间和精力集中在统计报表和其他服务性工作上，对于政策法规特别是司法解释等业务资料较少收集、积累，知识储备不足，很难接受业务部门的咨询。对于检察委员会讨论过的案件，缺乏及时的研究、总结，未能发挥业务指导作用。① 另一方面，检察委员会办事机构设置缺乏统一，设置混乱，不少地方都没有单独设立检察委员会办事机构，大都由法律政策研究室担负其职，这与《人民检察院检察委员会组织条例》第 16 条要求的"设立检察委员会办事机构或者配备专职人员负责检察委员会日常工作"的规定存在差距，降低了检察委员会审议事项的质效。

（2）检察委员会人员构成有待完善。一方面部分检察委员会委员人数不规范，存在超编、缺编等现象；另一方面大多委员身兼机关重要领导职务，导致参与决策研究的时间、精力必然有限②，不利于决策质量的提升。

2. 检察委员会会议制度缺乏规范

（1）检察委员会责任有待明确。一方面，司法责任制后，检察委员会与检察官权限产生交叉，在放权检察官和发挥检察委员会职能间如何平衡等问题有待解决。如果相关责任无法明确，容易造成承办人与委员免责的"双赢"局面。③ 另一方面，《检察人员执法过错责任追究条例》中对责任承担的规定较为原则，缺乏明确可行的责任追究机制，对决策过程难以有效制约，部分委员的主动性、积极性、独立性不够，对基本案情把握不够、个人意见不够清晰、表决易受他人影响是检察委员会委员在检察委员会讨论决策中存在的突出现象④，影响了决策质量。同时，目前对委员履职缺乏科学的考核、奖惩机制，委员任期无限制、更新机制欠缺。由此导致部分委员履职责任心和学习积极性淡化，缺乏足够的压力和约束，业务知识不能及时有效跟进，对现代社会

---

① 杨波、金石：《甘肃省检察机关检察委员会工作情况调研分析》，载《国家检察官学院学报》2006 年第 1 期。

② 陈聪：《试论检察委员会职能行使方式的改革》，载《人民检察》2003 年第 5 期。

③ 杜国伟：《系统论视角下检察委员会专业化研究》，载《中国检察官》2016 年第 3 期（总第 239 期）。

④ 郭烈琦：《会前初审制度带来检察委员会工作"四个转变"》，载《人民检察》2005 年第 9 期。

背景下的各种复杂疑难案件和其他重大事项缺乏足够应对①，影响了决策的科学、严谨及质效。

（2）检察委员会定位有待厘清。实践中，部分基层院对检察委员会重视不够，存在与党组会、检察长办公会、院务会混淆的情形，导致检察委员会对检察工作的重大决策和处理上往往被党组会、院务会替代，削弱了检察委员会业务决策、指导的职能。

（3）议题范围有待规范。虽然如前所述，最高人民检察院在《人民检察院检察委员会议事和工作规则》中对于"重大、疑难、复杂"的内涵进行了拓展，然而，由于缺乏法律法规的明确界定，检察委员会的议题范围仍比较模糊，部分院检察委员会的召开具有随意性和盲目性，存在为规避风险、转移责任将不该提请检察委员会讨论的议题提请的情形以及应当提请检察委员会讨论的议题疏于提请的问题，这既不利于案件及时有效地得到处理，也是对司法资源的一种浪费②。从检察实践看，不同层级检察委员会审议的议题差异明显，议事议案比重较为失衡，存在"重议案轻议事""重个案研究轻业务指导"的情形。详言之，高检院和省级院因系高位运行，着重审议宏观业务问题和涉及贯彻执行国家法律、政策的重大事项；市分院、基层院因紧连属地，审议的则更多是存有重大意见分歧或拟提请抗诉等法律适用问题的案件。但检察委员会议事议案比重不均衡，重议案轻议事、重个案研究轻业务指导等问题在一定范围内普遍存在，需着力加以解决。

（4）例会制度落实有待到位。实践中各级院检察委员会由于议题范围和职能划分各有侧重，召开时间难以用"一刀切"的方式进行机械规定，部分检察院半月一次的例会制度难以得到有效落实。

3. 检察委员会运行程序较为混乱

（1）会前程序缺乏规范。由于对议题提交时间、提交材料要求及前置程序缺乏统一，实践中检察委员会成为办案部门的"服务机构"，临时上会、批量上会情况时有发生，造成检察委员会决策被案件到期"绑架"等问题③。这使得委员在上会前缺少调查研究和深入思考，影响了检察委员会决策质量。此外，临时上会、批量上会的议题由于时间紧张，往往在程序审查和文书制作方

---

① 天津市东丽区人民检察院课题组：《进一步强化检察委员会司法属性刍议》，载《天津法学》2016 年第 3 期。

② 天津市东丽区人民检察院课题组：《进一步强化检察委员会司法属性刍议》，载《天津法学》2016 年第 3 期。

③ 王珍祥：《办案责任制视角下的基层院检察委员会改革》，载《中国检察官》2015 年第 8 期。

面不尽规范，间接导致文书的超时流转，削弱了检察委员会的严谨性。

（2）会中程序缺乏规范。检察委员会委员个人意见的独立性是实现检察委员会民主审议和决策的前提。然而，委员大多没有亲自办案，其审议意见往往受承办人的汇报所限，容易造成片面认识。① 实践中承办人往往直接将之前提交检察委员会的议题报告重新宣读一遍，汇报内容针对性不强、缺少对证据的分析论证，导致会议拖沓，效率较低。

（3）会后程序缺乏规范。一方面，实践中部分检察机关对于检察委员会决定的内容或久拖不决，或执行不力、流于形式，缺乏有关各方对检察委员会决定的意见、建议等深度反馈，反映出检察委员会在会后跟踪督办力度上的薄弱。另一方面，实践中对会议纪要的撰写过于简单，对结论获得依据涉及较少，甚至不进行说明，说理性有待突出。且检察委员会对实践的指导以及成果转化效果有限，对个案、类案的理论研究和总结有待进一步提升。

4. 检察委员会决策辅助程序有待完善

（1）信息化建设有待提高。目前推行的检察委员会子系统尚存在部分材料无法在系统内流转、系统中没有检察委员会学习项目模块等操作问题，在审批流转程序、权限等方面的要求也不甚明晰。且当前线上线下"双轨制"并存，既要书面报批文件、电话沟通议程，又要线上操作运行，导致工作重复。

（2）疑难案件专家咨询机制的落实有待加强。实践中，检察委员会决议往往是在一个相对比较封闭的系统内作出，缺乏其他的智力来源与支持②，面对金融、知识产权、食品药品安全、环境资源保护等领域的新兴疑难问题时专业性不足，决策质量较难保证。

（四）司法责任制改革背景下规范检察委员会工作的基本原则

司法责任制改革是本轮司法改革的重心所在，以检察官办案责任制为核心的检察机关司法责任制改革已进入攻坚阶段，其本质是对检察权的内部运行进行合理优化配置，建立起权责统一、权责明晰、权力制约的检察权运行机制，通过加强检察官的权力和责任、突出检察官的主体地位，取消内设机构审批职能，从而确立符合检察权运行规律的体制以确保检察权的公正行使。在此背景下，如何规范检察委员会制度，使其适应司法责任制要求，确保检察官办案责任制落到实处，是检察机关的一大课题。课题组认为，应当坚持以下几项原则：

---

① 郭烈琦：《会前初审制度带来检察委员会工作"四个转变"》，载《人民检察》2005 年第 9 期。

② 天津市东丽区人民检察院课题组：《进一步强化检察委员会司法属性刍议》，载《天津法学》2016 年第 3 期。

1. 对检察官的放权不能减弱检察委员会的宏观业务指导作用

司法责任制以落实和强化检察官的办案责任为重点，在法律规定的框架内，合理授予检察官职责权限，并按照"谁办案，谁决定""谁决定，谁负责"原则，实现责权一致。需要明确的是，授予检察官办案职权，其本质是在检察机关内部对检察权进行二次分配和细化，检察官根据检察长的授权办理案件，应当以检察长的授权范围为权力边界，而不能超出授权范围擅自处理案件。落实检察官办案责任制并非简单的放权，对检察官的合理放权也并不会减弱检察委员会的宏观业务指导作用。我们既要遵循司法活动的一般规律，又要体现检察权运行的特殊规律，既要确立突出检察官办案主体地位的改革取向，又要坚持检察一体原则，加强检察委员会对司法办案工作的领导和监督。高检院《关于完善人民检察院司法责任制的若干意见》中对检察长、主任检察官、检察官的职权进行了明确规定。在此基础上，上海市院结合本地实际情况，制定了《上海检察机关落实司法责任制工作细则》和《上海检察机关业务部门权力清单》，并于 2017 年修改制定了《上海市各级人民检察院检察官权力清单（2017 年版）》，对市院、分院、区院各业务部门检察官权限按照"检察长（副检察长）或检察委员会决定的职权""检察官决定（行使），但需提请检察长（副检察长）审核的职权""检察官决定（行使）的职权"进行了细致划分，使得检察权的分配合理有序、有据可查。

2. 继续坚持检察长负责制与检察委员会集体领导相结合的内部领导体制

根据《人民检察院组织法》的规定，我国实行检察机关检察长负责制与检察委员会集体领导相结合的内部领导体制。检察机关作为兼具行政属性和司法属性的国家法律监督机关，既要坚持检察长负责制，保证相对集中的决策权，亦要坚持检察委员会集体决策，以民主的力量和智慧来办理疑难复杂案件和决策重大事项。检察长负责制意味着检察长对于本院办理的案件负总责，检察委员会的集体领导意味着检察委员会对重大案件和其他重大问题具有讨论决定权。因此，检察官虽然在司法责任制改革中被赋予了更多的办案权限，但始终无法改变其系代理检察长行使权力、对办案享有有限决定权并对检察长负责的法律地位。同时，检察长对于检察官有权独立作出决定的案件，如果认为有必要，也可以提交检察委员会讨论决定。检察委员会作为检察机关最高业务决策机构，其集体决策的特点相对于个人决策而言，在处理重大、疑难、复杂案件以及重大问题方面具有天然的优势。正如曹建明检察长在"十四检"会议上指出的，"实行检察委员会制度，保证了检察机关重大决策的民主性和科学性"。同时，借助检察委员会专职委员实体审核、检察委员会委员远程提讯、议题承办人多媒体汇报等手段也有助于提高检察委员会审议案件的司法亲历性。

3. 检察委员会必须回归议大事大案的职能本位

司法责任制改革意味着检察官将对自己承办并作出决定的案件承担终生责任，在此压力之下，学界担心改革后检察官会将应由本人决定的案件提请上会，以分散或规避责任。检察委员会在检察长的主持下讨论决定重大案件和其他重大问题，这是检察委员会的职能本位。高检院《关于完善人民检察院司法责任制的若干意见》第13条赋予了检察官就承办案件提出提请检察委员会讨论的请求权，目的是突出检察官办案主体地位，检察官既是办案主体，更是责任主体。因此，有效落实检察官办案责任制，一方面要严格执行高检院以及各省级检察机关在权力清单中对检察长、检察官、检察委员会的职责权限所做的分配，做到谁办案谁负责、谁决定谁负责；另一方面，在司法责任制改革背景下，检察委员会应当凸显其宏观决策和业务指导以及监督职能，而不应过度陷于个案事实和证据的审查之中。应当切实加强检察委员会规范化建设，严格执行检察委员会工作程序要求，建立上会议题过滤机制，回归检察委员会议大事大案的职能本位，从而使其符合我国现有检察制度体系和司法责任制改革要求。

综上，检察委员会制度根植于我国社会主义建设特别是社会主义法治建设的实践，与西方国家在"三权分立"政治体制下形成的检察决策机制有着本质区别，具有明显的合理性和优越性，是中国特色社会主义法律体系有效运行的重要保证。检察委员会制度经历曲折发展，目前已经形成了较为全面、系统的规范体系，且与当前的司法责任制改革要求相适应，作为检察机关业务工作的权威议事和决策机构，在检察权的依法公正行使、检察工作的科学发展方面发挥了重要作用。当前检察委员会制度中出现的问题，大多是执行层面的问题，解决这些问题的关键在于严格执行检察委员会各项程序规定和制度规范，切实强化检察委员会的规范化建设，确保检察委员会的各项职能得到正确、充分、有效发挥，从而使其符合我国现有检察制度体系和司法责任制改革要求。

## 二、检察委员会工作规范化研究

### （一）检察委员会组织的规范化

组织建设是检察委员会规范化建设的前提和基础。根据《宪法》和《人民检察院组织法》等有关法律规定，检察委员会应当发挥"对重大案件和其他重大问题的决策、指导和监督功能"，其职能既包括对重大案件的处理（议案）、对涉及检察业务的重大事项的决策（议事），也涉及业务指导和内部监督。

1. 规范检察委员会的组成

检察委员会由检察委员会委员组成，委员人选应当兼顾行政性和专业性。一方面，院领导应当是检察委员会委员，这既是《人民检察院检察委员会组织条例》等法律的明确规定，也有利于贯彻落实党委和上级院的工作要求，保证行政组织结构的权威化。同时，重大事项的审议也需由担任检察委员会委员的院领导来把控。另一方面，主要业务部门负责人和资深检察官也应当选任为检察委员会委员，特别强调选任法律专业知识与实践经验丰富的业务人才。综合部门负责人则一般不予担任检察委员会委员。一是主要业务部门负责人进入检察委员会，可以胜任重大疑难复杂案件的审议。二是吸收少量不担任内设机构负责人的检察业务专家、资深检察官为检察委员会委员，将具有较高的政治素质和良好的品性，熟悉法律知识、办案经验丰富的、分析判断能力较强的年富力强的同志吸收到检察委员会中。三是探索检察委员会非常任委员的竞选制、任期制和退出机制。检察长、副检察长、检察委员会专职委员和主要业务部门负责人为常任委员，其他委员为非常任委员。资深检察官通过竞选方式担任非常任委员，每届任期五年，健全完善履职考评机制，届满后经考评合格可连任，不合格或无法、不愿继续履职的，则根据组织程序提请人大免职。通过部分委员任职动态管理机制，增强委员履职责任，优化委员知识结构，提升检察委员会委员整体的业务能力和专业水平。

2. 强化检察委员会作用发挥

检察机关以执法办案为中心，检察委员会作为一级检察机关最高业务决策机构，理应着力于提高本院的执法办案水平。检察改革后，检察官执法办案的主体地位更加凸显，指导示范办案是检察委员会的重要职责，通过检察委员会指导示范作用的发挥，提升检察官的整体办案水平，也将形成确保上会议题质量、助力检察委员会作用充分发挥的良性循环。

检察委员会应当在检察委员会议事议案决策的基础上，在日常办案和业务工作中发挥指导示范作用，方式包括但不限于以下几种：

（1）坚持并完善委员直接或指导办案制度。检察委员会委员尤其是检察长带头办案，在审查逮捕、审查起诉、控告申诉检察、民事和行政检察、公益诉讼等环节，选择部分重大、疑难复杂、新类型案件，直接办理、带领专案组办理或者指导办理，充分发挥检察委员会委员示范引领作用。

（2）坚持委员学习、带教、授课制度。坚持学习例会制，创新学习方式，探索"一会一课"等多样化的学习形式，必要时扩大学习范围。检察委员会委员要加强学习，全面掌握和熟练运用检察业务发展所涉及的大政方针、法律法规、司法解释等。同时，通过课程开发、讲座、授课、带教等方式，将自己的办案思路、工作经验等传承下去。由检察委员会委员带头，在整个检察机关营造钻研业务的良好氛围。

（3）坚持委员听庭评议、主持或旁听听证活动。检察委员会委员对本院办理的重大、疑难复杂或者有重大社会影响的案件进行听庭评议，有利于深入了解公诉队伍状况，有助于提高公诉人驾驭庭审的能力，促进出庭公诉水平及执法办案水平的提高。要建立委员听庭评议制度，要求委员听庭覆盖至所有检察委员会讨论的案件、所有公诉人。检察委员会委员主持或旁听听证活动，对内可起到组织指导作用，对外也能提高检察听证的权威性。

（4）坚持委员调研、研修、业务指导制度。建立委员课题研究、实务研修等一系列制度，总结检察工作经验，研究检察工作中的新情况、新问题，分析办案难点、发案规律，提出相应对策。通报一系列典型案例及具有指导意义的决议，使之成为处理同类案件的指导和参考，有效地弥补成文法的局限性。

3. 强化专职委员作用发挥

高检院早在 1999 年 6 月下发的《关于加强和改进检察委员会工作的通知》即明确规定，"各级人民检察院可以选拔一些具有良好的政治素质、法律政策水平高、业务熟悉、经验丰富、议事能力强的资深检察官和优秀检察官担任专职委员"。2008 年 2 月修订后的《人民检察院检察委员会组织条例》也把专职委员专门规定在检察委员会的组成人员之中。2010 年 12 月，高检院又下发《人民检察院检察委员会专职委员选任及职责暂行规定》，明确了专委的任职条件、工作职责等。其中将专委的职责划分为七项，围绕检察业务工作开展。① 从本质上讲，专职委员应当是检察长和检察委员会的秘书长、检察长的法律政策顾问和参谋助手。② 但是在实践中，存在专委不专、行政化、待遇化、荣誉化现象，或仅分管检委办工作，或分管非业务，或仅出席一些会议，基本无事可干③等非正常现象，亟须解决。

专职委员工作经验丰富，是检察机关的宝贵财富，要合理分工，让专职委员有"职"有"权"，明确职责，切实发挥作用。检察委员会专职委员除履行一般委员应履行的职责外，还应当履行好专职委员的专属职责，包括但不限于

---

① 《人民检察院检察委员会专职委员选任及职责暂行规定》第 6 条规定："检察委员会专职委员履行以下职责：（一）党组或者检察长分配的检察业务工作；（二）指导下级人民检察院的检察业务工作；（三）协助办理重大疑难案件，对有关检察工作的重大问题进行协调、研究并提出意见和建议；（四）开展检察调研、总结检察工作经验；（五）代表本院出席院外有关会议；（六）分管检察委员会办事机构工作；（七）负责其他检察业务工作。"

② 参见郭彦、王艳阳、符尔加：《检察一体化下检察委员会专职委员的职能定位》，载《人民检察》2010 年第 13 期。

③ 刘昌强：《检察委员会制度研究》，中国检察出版社 2013 年版，第 161 页。

以下几项：

（1）强化专委的专属管理职能。专职委员必须分管检察委员会办事机构工作，领导、带领检察委员会办事机构工作人员一起切实履行会议服务、议题审核、参谋助手、检查督促和组织协调等职能。

（2）强化专委会前审查、过滤把关职能。专职委员应当对提请检察委员会研究审议的案件、事项进行程序性和实体性的审核把关，通过听取汇报、参与讨论、阅卷的形式，提出指导性意见和适用法律依据。指导检察委员会办公室加强对检察委员会决定执行情况的督办，定期督促检察委员会办事机构对检察委员会决定执行情况进行检查，并将检查情况及时总结反馈。

（3）强化专委业务办理、指导和协调职能。专职委员多为资深检察官，长期在办案一线和中层领导岗位任职，不仅积累了大量的工作经验，且办案水平、协调能力都很强，具有较高的威信，故应当办理或协助检察长办理辖区内的重大疑难案件，对涉及的问题进行研究、调处。

（4）强化专委总结业务经验职能。专职委员要对检察工作中带有规律性和倾向性的问题进行系统的调查分析，并将涉及检察工作重大问题的调研及时转化为议题，提交检察委员会讨论，及时解决检察业务中的新情况、新问题。对类案办理进行细化梳理，提炼出带有规律性和倾向性的法律政策和司法实践操作指导性意见。

（5）强化专委案件管理、质量监督职能。组织落实案件质量督察、考评、错案及办案瑕疵评鉴等工作，通过组织开展案件质量重点评查、专项评查、随机评查和办案全流程同步监控等形式，加强对检察执法办案行为的监督管控，提高办案质量。

（6）强化专委对下业务指导职能。市级院以上专职委员负有指导下级院检察工作的职责，通过经常性调研、会议、听取汇报等形式，掌握基层院的业务工作情况，帮助下属院找准问题的症结，不断固强补弱。

4. 规范检察委员会办事机构建设

检察委员会办事机构作为检察委员会制度运转的协调中心，是连接检察委员会和相关部门的桥梁和纽带[①]，但实践中，尚未统一检察委员会办事机构的设置、未能配齐配强检委办工作人员、检委办作用发挥以会务服务保障为主等问题还较为突出，必须尽快解决。

（1）统一检委办设置。在目前情况下，由研究室履行检察委员会办事机构的职责是较为合理和可行的模式。一方面可以人尽其用，研究室的职责与检

---

① 参见胡泽君常务副检察长 2014 年 2 月 27 日在全国检察机关检察委员会工作座谈会上的讲话。

察委员会办事机构的职责有相似性，如调研检察业务、研究法律适用问题等，对人员要求也大致相同。另一方面可以资源共享，检察委员会办事机构在议题审查、议题讨论中及时发现案件存在的问题，由研究室依托其拥有案件资源、信息资源的优势和密切接触业务的特点，集中分析研究，提出意见对策，以服务检察业务决策。因此，在现阶段未独立设置检察委员会办公室的，可以将检察委员会办事机构统一设在研究室。

（2）配齐配强检委办工作人员。在确定一名专职委员主管检委办工作的基础上，要精选政治坚定、业务精通、作风优良、工作细致、善于沟通的检察官从事检察委员会办事机构的工作，并适当配备检察官助理、书记员等检察辅助人员，确保检委办能够正常高效运转。

（3）推动检委办全面履职。在做好会务服务保障、议题审核和检查督促等基本职能的基础上，强化检察委员会的参谋助手和组织协调功能，对于提请检察委员会审议的案件和事项，检委办应出具明确的审查意见，供检察长参考；同时，要在发挥会前审查过滤功能的基础上，主动关注本院办理的重大疑难复杂案件和重大业务事项，确保重大案件和事项提请检察委员会审议；及时、主动了解本院检察业务工作中面临的新情况新问题，组织相关部门开展研究，提出对策建议，供检察委员会决策参考；协调专家咨询委员会、专业研究小组、法院审委办等，落实检察委员会专业咨询工作、检察长列席审委会工作相关事宜。

（二）检察委员会会议的规范化

规范建设检察委员会会议是检察委员会规范化建设的核心目标，也是确保检察委员会权力依法、有序运行的关键。根据高检院相关文件要求，检察委员会会议需着重规范运行原则、例会制度、会议形式、议题范围和信息化建设，以发挥检察委员会凝聚集体智慧、科学民主决策、维护公平正义的积极作用。

1. 检察委员会运行原则的规范化

作为最高业务决策机构，检察委员会决策是检察执法办案行为的重要组成部分，也是对检察业务宏观指导和对执法办案微观监督的重要途径。要维护决策的权威性和公信力，就要促进决策过程的科学与民主。当下，在全面推进依法治国的进程中，我们要继续坚持民主集中制这一基本原则不动摇，赋予检察长和检察委员会其他委员同等票决权，遵照"两个过半数"的原则进行决策，保证检察权的依法公正行使。故规范检察委员会会议的前提和关键是严格贯彻落实民主集中制原则各项要求，坚决防止检察长"一言堂"，独断专行，确保委员在充分民主的基础上审议表决，并按照多数委员意见作出决议。

2. 检察委员会例会制度的规范化

例会制是检察委员会规范化运行的保障，既能有效防止长期不开会，虚置检察委员会，检察长放弃对业务工作的领导；又能有效防止将检察委员会开成案件讨论会，虚置检察长、检察官的决定权，还可以有效避免临时动议，减少因办事机构缺乏足够审查时间、委员无法提前研究分析而导致提请上会的议题瑕疵较多，检察委员会难以全面分析、正确决策的情形。① 《人民检察院检察委员会组织条例》第 9 条规定，"检察委员会实行例会制度，定期开会。有特殊情况时，可以提前或者推迟召开"。《人民检察院检察委员会议事和工作规则》第 4 条规定，"检察委员会会议一般每半个月举行一次；必要时可以临时召开会议"。鉴于高检院、省级院、市分院和基层院检察委员会工作的实际，对例会制既应有统一要求，保证检察委员会会议正常化；又应兼顾实际差异，进行分层量化规定。高检院检察委员会除研究重大案件外，还承担大量的审议司法解释、检察工作规范性文件、重大专项业务工作部署、指导性案例等宏观指导功能，应坚持每半个月举行一次检察委员会、必要时可以临时召开检察委员会的例会制要求；省级院、市分院和基层院可以采用每个月举行一次检察委员会的例会制要求，必要时可以临时召开检察委员会。因检察委员会学习形式多样，既可能是单独组织的委员集体学习，也可能是在会前或会中就某专题开展学习，难以统一标准，故可以作为例会制的内容，但不宜单独作为例会制的会议形式。

3. 检察委员会会议形式的规范化

开会是检察委员会工作的法定方式，是发挥检察委员会集体决策的有效途径。通过开会，委员们充分进行商谈和对话，避免书面审的信息误差，增加决策的过程收益，在观点的碰撞交流中深入了解案情，分析重大问题，在理性思考的基础上作出司法决断，进一步提高检察委员会决策水平。一方面，在检察委员会负责审议重大案件和重大问题的背景下，高检院并未对繁简分流适用书面审作出规定；另一方面，坚持开会审议也能避免实践中对一些非重大疑难的程序性案件采用不开会书面议决、不讨论直接表决的不规范行为，而导致检察委员会流于形式②。当前，随着科学技术在司法活动中的运用，司法亲历性的时间、空间和方式是可以拓展的。③ 检察委员会在坚持开会审议的同时，可借助信息技术，丰富汇报方式，将书面文字汇报同多媒体技术结合，通过音像资料示证、借助远程视频传输和讯（询）问技术直接参与或旁听重大案件提讯、

---

① 林伟、吕焕玉：《对构建检察委员会科学决策机制之路径的探讨》，载《法制与经济》2012 年 10 月（总第 326 期）。

② 项谷、张菁：《检察委员会议案功能的审视与重构》，载《人民检察》2012 年第 6 期。

③ 朱孝清：《与司法亲历性有关的两个问题》，载《人民检察》2015 年第 19 期。

观看同步直播等方式,增强委员对案件的直观了解,提升检察委员会议事议案质量。

### 4. 检察委员会议题范围的规范化

检察委员会的议题范围是决定检察委员会启动议事议案程序的前提和关键,直接影响到检察委员会的工作职权和决策成效。① 在深入推进司法改革的背景下,针对检察工作中出现的新情况新问题,各级院要加强对检察业务工作部署、同类法律政策适用、典型案例等宏观性指导性问题的研究,突出检察委员会决策检察业务重大问题的职能作用,保证委员能够集中精力研究重大疑难案件和重大问题,实现检察委员会的科学、合理运行,真正发挥在业务决策流程中"最后一道关口"的作用。② 同时,也要避免检察委员会沦为前述办案责任分担和风险转移的"避难所",增加检察委员会的压力和负担,致使真正需要检察委员会讨论的议题无法得到及时有效的审议与决策。因此,就目前情况看,各级院检察委员会尤其是地方各级院检察委员会应着重加强检察委员会的宏观指导功能和内部监督制约功能。一方面划清检察委员会与党组会、检察长办公会之间的职能范围,对检察委员会的议题范围进行规范和细化,明确法定应当上会和可以上会的案件及事项范围,增强议题范围对各级院的适用性;另一方面要合理利用司法资源,提高司法效率,充分发挥分管副检察长和检委办的审前功能,确保提请检察委员会审议决定的系重大案件与事项,有效过滤为推卸责任而上会的案件,确保检察委员会保持议大案大事的本质定位。

### (三) 检察委员会会议程序的规范化

"程序是法律赖以表现的生命形式,无程序便无权力"的法治定律对检察委员会的运作模式提出了要求。③ 作为检察机关的最高业务决策机构,检察委员会的工作机制必须实现规范化,才能保证其决策过程的科学、严谨以及决策结论的正确、权威。近年来,高检院就规范检察委员会会议程序出台了一系列规范,检察委员会工作基本做到了有制度可依。④《人民检察院检察委员会议事和工作规则》《人民检察院检察委员会组织条例》《人民检察院检察委员会议题标准(试行)》以及《关于认真做好最高人民检察院检察委员会决定事项

---

① 梁保年:《检察委员会决策制度新探》,载《人民检察》2013 年第 13 期。

② 金石:《甘肃:着力推进检察委员会工作规范化建设》,载《人民检察》2016 年第 16 期。

③ 中共中央马克思恩格斯列宁斯大林著作编译局编译:《马克思恩格斯全集》(第 1 卷),人民出版社 1956 年版,第 178 页。

④ 参见最高人民检察院党组副书记、常务副检察长胡泽君 2010 年 11 月 23 日在全国检察机关检察委员会工作会议上的讲话。

督办落实工作的通知》对检察委员会全会议流程均作出了明确规定。

1. 会前程序

检察委员会会前程序，与检察委员会决策的效率和质量直接相关，应分步骤实现检察委员会会前程序的规范化。

（1）议题审查程序

①会前程序性审查。检察委员会办事机构对提交检察委员会讨论的议题在报检察长决定前要进行程序性审查，严把会前审查"门槛"关，实现检察委员会办事机构"把关过滤"功能。主要审查以下事项：其一，审查拟讨论的案件或事项是否属于检察委员会的议题范围。检委办要对照检察委员会有关规范性文件和各地"权力清单"，审查拟上会案件、事项是否属于应当由检察委员会审议决定的重大案件和重大事项。对经审查认为不属于检察委员会议事议案范围或者不需要提请检察委员会审议的案件或者事项，检察委员会办事机构应当发挥过滤机制作用，及时提出不予提请检察委员会审议的审查意见和建议，经分管副检察长审核后，报检察长决定。其二，审查拟讨论的事项或案件是否符合上会议题标准。检委办要逐项审查拟上会议题是否具备《人民检察院检察委员会议题标准（试行）》所要求的形式，分管副检察长、检察长是否签署明确的上会意见。经审查后认为提请审议的程序不符合有关规定、书面报告或者说明的内容和形式不符合规定或者欠缺有关材料的，检察委员会办事机构应当及时提出审核意见，经分管检察长同意，退回案件承办部门，承办人在补充或者修改相关材料后，重新提请检察委员会审议。通过发挥检察委员会办事机构的"过滤""把关""辅助"作用，将不属于检察委员会审议的议题范围以及程序或内容方面不符合上会条件的议题前置性地排除在检察委员会之外，有效保障检察委员会议事议案的质量和效率。

②会前实体性审查。为确保提请检察委员会审议的案件或者事项材料全面、客观、充分，保证检察委员会决策建立在完整的事实、证据和材料等基础上，进而保证检察委员会科学决策。各级检察机关可以借助统一业务应用系统、检察委员会议事议案子系统、办案辅助系统、办公自动化系统等，由检察长指定检察委员会专职委员等开展检察委员会议事议案的会前实体审查工作。《人民检察院检察委员会专职委员选任及职责暂行规定》规定，专委必须"具有较深厚的法学理论功底、丰富的司法实践经验和办理复杂疑难案件的能力"；"协助办理重大疑难案件"是专委的职责之一。因此，指定专委组织开展上会议题的会前实体审查既有可操作性，又能取得实效。专职委员在会前进行实体审查，一方面有助于增强检察委员会议案的直接性和亲历性，保证检察委员会讨论案件具有更客观、扎实的事实依据，避免因过度依赖汇报人的汇报而产生误判；另一方面在检察委员会会议时间有限的情况下，专职委员的会前

审查有利于发现问题,使检察委员会委员更加全面地了解案件信息。

(2)会务准备程序

①提出会议议程建议。拟上会事项和案件经审查符合上检察委员会议事要求后,检察委员会办事机构应根据审议议题的需要,提出会议议程建议和列席会议人员名单,提请检察长审批。检委办应做好上会议题统筹协调工作,为确保检察委员会委员能够充分发表意见,一次检察委员会安排议题不宜过多或过少,以2—3个议题为宜;议题本身过于复杂的,一次会议也可以只安排1个议题。

②审核、上传、印制、分送会议材料。会议议程确定后,检察委员会办事机构应对上会议题材料进行最后的核稿、统一格式,确保行文规范。定稿后在会议举行三日以前将拟审议的议题、举行会议的时间和地点及会议材料以线下或者线上的方式分送检察委员会委员和列席人员。

③统计出席会议人数。分送会议通知、会议材料后,检察委员会办事机构应逐人确认与会情况,在开会前一日将出(列)席情况书面报告主持会议的检察长。委员、列席人员因故不能参加检察委员会的,应向主持会议的检察长请假,并通知检察委员会办事机构。确定出席会议的委员人数未超过全体委员半数的,及时报请主持会议的检察长决定调整会议时间。

④根据出席情况调整上会议题。分管副检察长(A、B角均不能参会)因故不能参加检察委员会的,原则上其分管处室的议题不再提请本次会议审议;若时间紧迫必须审议的,分管副检察长应出具明确的书面意见。

⑤准备会议备选方案。因检察委员会均在统一业务应用系统检察委员会议事议案子系统召开,为防止系统运行故障影响会议正常进行,在运行无纸化检察委员会会议的同时,检委办应周密准备替代会议方案。协调运维人员全程保障会议的同时,要确保随时可以采用纸质替代会议正常进行。

⑥协助提请部门做好汇报准备。为确保议题提请部门汇报质量和效果,在根据议题难易程度安排好会议议程的基础上,检委办应事先和汇报人沟通、商量汇报方案、形式,必要时进行汇报演练,确保开会时汇报人能够精准、客观、有效地汇报议题情况。防止照本宣科、语焉不详等低效、无效汇报。

2. 会中程序

会中程序,即会中议决程序,是指检察委员会召开会议讨论重大案件和其他重大事项时,在检察长主持下,讨论、决定重大案件和其他重大问题的程序。会中程序须严格遵循民主集中制原则议事、决策,从制度设计上保障检察委员会委员充分发表意见和自主表决,充分发挥集体决策优势,保证重大案件、重大问题决策的民主、正确和有效实施。

（1）及时开始会议并组织委员完成会议签到

检委办应在会前反复确认检察委员会议事议案子系统可以正常运行，并在会议正式开始十分钟前点击开始会议，邀请委员加入会议，完成会议签到（书面签到可以同步进行）。系统经对签到委员到会人数统计，确认与会委员人数超过全体委员半数的，检委办再次报告检察长，到会人数符合法定要求，可以开会。

（2）规范审议

①按规定顺序汇报。检察长宣布会议正式开始后，汇报程序按照承办检察官（案件议题）或提请部门负责人（事项议题）主汇报→议题关联单位负责人（如提请抗诉的下级院）→提请部门负责人→分管提请部门的副检察长补充汇报→专职委员报告会前实体审查情况的顺序，向会议汇报提请决定的问题和议题具体情况。汇报可以根据议题需要采取多媒体示证系统等进行。

②充分提问、讨论。委员根据事先阅看议题材料、电子卷宗等情况，结合承办人（部门）的汇报，就案件事实和证据情况、事项背景情况、分歧意见和讼争要点情况等向承办人（部门）提问，就议题相关问题进行深入讨论。经主持会议的检察长同意，列席人员可以参与提问、讨论。

③按规定顺序发表意见。在充分审议讨论后，在主持人的组织下，委员应当对议题发表意见。发表意见按照研究室主任→专职委员→未担任院领导职务的委员→担任院领导职务的委员→主持会议的检察长的顺序进行。委员应当发表明确的决定意见并阐述理由和依据，杜绝沉默委员、跟风委员现象。必要时，主持人可以邀请列席人员发表意见，但不计入表决票数。

④主持人总结审议情况并宣布表决结果。主持人在委员发言结束并表明个人意见后，应对议题审议情况进行总结，明确检察委员会讨论决定意见，或根据需要明确下一步工作要求。

（3）规范决策

①规范表决方式。无论采取传统会议方式，还是采取无纸化会议系统，在表决过程中，检察长、副检察长和其他委员一样，享有平等的票决权，且按行政级别由低到高发表意见、检察长不得在讨论中先作表态性发言的规定，一定程度上消除了行政权威对表决结果的潜在影响，充分体现了检察委员会决策的民主原则。对于采取无纸化会议系统召开的检察委员会，检察委员会议事议案子系统提供了表决系统，检委办应根据议题审议情况精准选择议题表决项，并及时发起表决，供委员选择决策。对于采取纸质会议材料形式召开检察委员会的，《人民检察院检察委员会议事和工作规则》第22条规定，检察委员会表决议题，"可以采用口头或者举手表决方式，按照少数服从多数的原则，由全体检察委员会委员的过半数通过"。

②规范表决结果。检察委员会表决严格执行"两个过半数"原则。《人民检察院检察委员会组织条例》和《人民检察院检察委员会议事和工作规则》同时对决策过程中出现的特殊情况作出了规定。一是当出现委员意见分歧较大，无法形成多数意见的情况时，检察长可以决定暂不作出决议，另行审议。二是当出现检察长不同意多数委员意见时，对案件可以报请上一级人民检察院决定；对事项可以报请上一级人民检察院或本级人民代表大会常务委员会决定。报请本级人民代表大会常务委员会决定，应当同时抄报上一级人民检察院。这一规定合理协调了检察长负责制与检察委员会民主集中制之间的关系，体现了检察委员会集体决策与检察长负责制是相辅相成、有机统一的关系，使检察长负责制和检察委员会民主集中制原则在不同的层面上得到了贯彻执行。三是当检察长缺席检察委员会时，受委托主持会议的副检察长应当在会后将会议审议的情况和决定意见及时报告检察长。检察长同意的，决定方可执行。

3. 会后程序

检察委员会作为检察机关的最高业务决策机构，其所作决定具有法律效力，必须坚决贯彻执行，而检察委员会决策内容的执行和督办是保障检察委员会决策落地的重要手段。《人民检察院检察委员会组织条例》《人民检察院检察委员会议事和工作规则》明确了检察委员会决定的执行督办主体、执行反馈流程、复议复核救济程序、追责制度等内容，基本确立了检察委员会决定执行反馈、督办模式。

（1）一决策一督办一报告

检察委员会会议作出决定后，由检委办监督会议决议的执行和落实情况，保证检察委员会决定得到切实执行。

①及时开具《人民检察院检察委员会决定事项通知书》。检察委员会会议结束后，由检委办依据《检察委员会会议纪要》决议内容，制作《人民检察院检察委员会决定事项通知书》，经检委办负责人审核后，送议题提请部门执行检察委员会决议。无论是案件议题还是事项议题，检委办均应按照检察委员会决策内容开具《人民检察院检察委员会决定事项通知书》，明确检察委员会决定意见和下一步工作要求。

②及时督办承办部门反馈执行情况。检委办在向议题提请部门送达《人民检察院检察委员会决定事项通知书》的同时，应明确告知议题提请部门应在决定执行完毕后五日内填写《检察委员会决定执行情况反馈表》，由部门负责人签字并加盖提请部门印章后，连同反映执行情况的相关材料，通过统一业务应用系统移交检委办存档备查。因特殊原因不能及时执行检察委员会决定的，承办部门应提出书面报告，说明有关情况和理由，经分管副检察长审核后

报检察长决定；并在接到《人民检察院检察委员会决定事项通知书》一个月内填写《检察委员会决定执行情况反馈表》，说明原因及解决措施。议题所涉事项或者案件由下级人民检察院具体承办的，下级人民检察院有关部门须将执行情况层报上级人民检察院议题提请部门，再由议题提请部门填写《检察委员会决定执行情况反馈表》，送本院检察委员会办事机构。检委办对于超过一个月仍未反馈执行情况的，应制发催办通知书；对擅自改变检察委员会决议或者故意拖延、拒不执行的，检委办应层报检察长决定，按照有关规定追究主要负责人员的法律、纪律责任。

③下次会议专门报告上次会议执行情况。为确保检察委员会决议得到及时有效执行，切实发挥检察委员会决策作用，建立一案（事）一汇报制度，即在下次检察委员会开会时，检委办应向会议专门报告上次会议决议执行情况，必要时随时向检察委员会委员书面报告检察委员会决议执行情况。对检察委员会决议执行督办中存在的问题，应提出对策建议，经检察委员会审议决定后，组织实施。

（2）规范检察委员会决定的复议救济工作

在检察委员会决策可能存在重大错误时，设置必要的复议救济程序是保障检察委员会决策科学性的需要。《人民检察院检察委员会组织条例》第 15 条及《人民检察院检察委员会议事和工作规则》第 29 条均规定了下级人民检察院认为上级人民检察院的决定有错误时的救济程序，"下级人民检察院对上一级人民检察院检察委员会的决定如有不同意见，可以请求复议"。这一复议程序的设置是为了避免决策失误的发生，充分体现了检察委员会决策的司法属性，有效提升了检察委员会决策的准确性和公信力。

①规范复议主体。根据规定，提请复议的主体是下级人民检察院，承办检察官、承办部门认为上级院检察委员会决定错误的，应报请分管副检察长审核后报请检察长决定是否提请上级院检察委员会复议。复议申请应当经本院检察委员会审议决定后，以院的名义作出。

②规范复议程序。下级院提请上级院检察委员会复议的，由提请检察官、部门撰写复议提请报告，经分管检察长审核、检察长审签后，案管部门通过统一业务应用系统以下级院的名义报请上级院。上级院案管部门接到复议申请后，经初审认为符合复议申请条件的，根据申请内容，分送相关部门办理。相关部门接到案管部门移送的复议申请报告后，应指派专人进行办理，提出明确处理意见后，报分管检察长审核、检察长决定。检察长决定提请检察委员会复议的，应当在接到复议申请后的一个月内召开检察委员会复议并作出决定。

③规范复议执行。申请复议期间，上级院检察委员会决定不停止执行。上级院经复议认为原决定确有错误的，应当及时予以纠正。对上级院检察委员会

的复议决定,承办部门和下级院应当立即执行。复议决定由承办部门制作相关文书,交案管部门通过统一业务应用系统送达下级院执行。

### (四) 检察委员会决策辅助程序的规范化

检察委员会规范化建设包含了人员组织的完备规范、工作方式的合法规范、会议程序的有序规范,但检察委员会规范化建设根本目的是通过检察委员会组织和程序的规范来保障检察委员会决策结果的最优化。为了提升检察委员会决策的质量和效率,可以在合理范围内,有序建立一些检察委员会决策的辅助程序。之所以提出要在合理、有序的前提下建立决策辅助程序,是希望检察委员会决策辅助程序对检察委员会决策切实起到支持、帮助、参谋作用,而又不干涉、扰乱、妨碍检察委员会决策的质量和效率。在确保了检察委员会组织、会议和程序规范化的前提下,建立辅助检察委员会决策的有效机制和程序是完善检察委员会配套机制的一项重要命题。

#### 1. 专家咨询制度的建立和运行

完善检察委员会决策咨询机制是高检院《关于完善人民检察院司法责任制的若干意见》明确的五项检察委员会运行机制改革任务之一,《意见》明确要"完善检察委员会决策咨询机制。建立健全专家咨询委员会、专业研究小组等检察委员会决策辅助机构。检察委员会讨论案件,可以邀请有关专家到场发表咨询意见。"建立专家咨询制度、大力推进检察智库建设,对弥补检察委员会专业性不足、提高决策科学化水平是十分有益的。

(1)精选咨询专家。专家咨询团队的建立应当兼顾权威性和广泛性,从学科内容来看,既要包括法学方面的专家,涵盖刑事法学、民事法学、行政法学、诉讼法学等多个领域,全面对标检察业务开展的现实和发展的方向;又要根据检察工作需要,涵盖其他一些专业领域,如金融、知识产权、税务、环保、医学等。从研究专长来看,既要包括理论研究类专家,如高校法学教授;也要包括实务类专家,如检察业务专家等。前者可以提供最新的司法理念和换位思考,以其独立、公平、严谨的学术品格,为检察委员会决策提供理论支持;后者熟悉司法实务,有丰富的司法经验,能够为检察委员会如何决策提供可行的路径。上级检察院专家咨询委员信息库可以和下级检察院共享。对一些不具备建立专家咨询委员会条件的基层检察院,可以向上级检察院提出申请,从上级检察院专家咨询委员会委员中聘请专家提供决策咨询。

(2)规范决策咨询范围。专家咨询委员会可以在以下方面提供决策辅助:一是适用法律和专业问题把关;二是法律政策咨询;三是宏观业务决策指导;四是疑难案例研究;五是指导或合作开展检察重大理论和实务课题研究;六是人才培养和教育培训。

(3)规范专家咨询方式。专家咨询委员会的工作方式,我们倾向在检察委员会会议前，由承办部门或研究室牵头，通过集中研讨或个别征询方式听取有关专家学者的意见，并在检察委员会议题报告以及会议报告时说明专家学者的意见和理由。一般情况下，不主张系统外专家列席检察委员会会议，尤其是讨论个案的检察委员会会议，列席检察委员会会议的专家仅限于系统内的检察业务专家。开展专家咨询工作必须遵守保密规定和工作纪律。

2. 检察委员会信息化建设的加强与推进

现代社会全面进入信息化时代，各行各业都在进行信息化转型升级，检察工作也不能例外。作为提高检察委员会工作效率和会议管理的有效方式，各级院应利用好统一业务应用系统以及子系统，全面规范检察委员会网上运行的工作制度和操作流程，以信息化建设助推检察委员会工作的规范运行，为提升检察委员会议案议事决策效能提供快捷可靠的保障。

（1）加大检察委员会信息化软硬件建设力度，确保检察委员会议事议案子系统能够正常运行

①设立检察委员会会议室。为了确保检察委员会能够正常开会，各级院都应有专门的检察委员会会议室。无法实现检察委员会专用的，可以与其他会议合用会议室，但要确保检察委员会会议正常使用。

②配备检察委员会会议设备。检察委员会议事议案子系统的运行需要必要的设备支持，故各级院检察委员会会议室均应配备必要的设备，供检察委员会议事议案子系统正常运行。检委办应协调行政装备、信息技术、案件管理等部门做好系统维护和保障工作，确保系统能够正常运行。

③尽快实现镜头下的检察委员会会议。有条件的院应对检察委员会会议进行全程同步录音录像并归档，并利用检察委员会议事议案子系统提供的语音翻译外接端口实现同步记录、整理会议记录。一方面可以全面、客观、完整记录会议情况；另一方面可以督促委员认真履职。

（2）深化信息化运用，最大发挥信息化在辅助检察委员会会议和检察委员会会议管理方面的重要作用

①善于运用信息化手段辅助审议。运用多媒体技术的优势和辅助作用，采取多媒体等直观型、形象化方式汇报与审议案件，探索由承办人在检察委员会上播放犯罪工具、犯罪现场的图片或录像及案件调查取证、提审等全程同步录像等，或由委员阅看电子化案件卷宗，直接参与或旁听重大案件远程提讯或观看同步直播，增强检察委员会议案的直观性和亲历性。

②优化外接系统功能。检察委员会议事议案子系统已经预留了系统外接端口，在统一业务应用系统接入法律法规库、案例库、裁判文书库等辅助决策系统时，应优化外接系统功能，根据关键词自动分析、推送相关材料，供委员决策参考。

③运用信息化手段加强会议管理。尽快实现全院乃至更大范围案件信息个性化查询，便于检察委员会全面掌握所有案件，加强内部监督制约，加大对重大、疑难、复杂案件的把关，加强类案比较监督和法律适用指导，加强对检察委员会决策的执行监督。

（3）加强对检察委员会委员、检委办工作人员信息化工作培训

检察委员会信息化工作发展迅猛，工作载体、手段、形式都在不断地更新优化过程中，要及时对委员、检委办工作人员以及其他相关工作人员进行信息化工作培训。一方面，不断提高各方对检察委员会信息化建设重要意义的认识，督促其主动拥抱高科技；另一方面，不断提高委员、检委办工作人员信息化工具的使用能力，主动运用已有的信息化手段提高检察委员会会议效能。

3. 检察委员会列席、旁听工作的拓展与深化

（1）规范旁听检察委员会工作。《关于加强上级人民检察院对下级人民检察院工作领导的意见》第18条规定："上级人民检察院可以通过派员旁听下级人民检察院检察委员会会议、审查会议记录等形式，加强对下级人民检察院检察委员会工作的指导和监督。"上级检察院领导、检察委员会委员和有关检察人员旁听下级检察院检察委员会会议，既有利于加大对下级的业务指导和监督，又可以发挥检察机关的体制优势，凝聚上下级检察机关合力攻坚。上级院检察委员会委员、检委办工作人员可以定期或不定期旁听下级院检察委员会。旁听人员不参与下级院检察委员会具体审议工作，对旁听中发现的一般问题，可以在会后反馈给下级院检察长或者检委办工作人员；对于发现的重大问题，应在会后报告本院检察长处置。

（2）规范列席检察委员会工作。《关于列席最高人民检察院检察委员会会议若干问题的意见》第6条规定，最高人民检察院检察委员会是内部议事决策机构，不邀请系统外人员列席会议。《关于完善人民检察院司法责任制的若干意见》明确"检察委员会讨论案件，可以邀请有关专家到场发表咨询意见"。

①规范列席主体。根据《人民检察院检察委员会议事和工作规则》第8条"经检察长决定，未担任检察委员会的院领导和内设机构负责人可以列席会议"和《人民检察院监察工作条例》第10条"监察部门的正职领导人员应当参加检察委员会，不是检察委员会委员的，可以列席检察委员会会议"规定，非担任检察委员会委员的院领导和内设机构负责人、监察部门正职领导人员可以列席检察委员会。《人民检察院检察委员会议事和工作规则》第8条规定，"经检察长决定……必要时，可以通知本院或者下一级检察院的相关人员列席会议"。故在讨论有重大意见分歧案件时，可以邀请案件不同阶段的办案人员列席，便于全面掌握案情，防止因信息不对称造成偏听偏信，确保检察委

员会决策质量。检察委员会也可根据讨论的案件类型或疑难复杂问题，有针对性地安排本院业务骨干、高层次培养人才或其他检察人员列席旁听，促使他们对讨论的案件或事项进行深入研究，提升业务水平。原则上不邀请系统外人员列席检察委员会；邀请专家列席检察委员会的，应邀请系统内专家。

②规范列席程序。检委办在提出检察委员会议程建议时，应商议题提请部门拟定列席人员名单，报检察长决定。检察长决定后，检委办应商议题提请部门通知列席人员并分送相关会议材料。列席人员仅列席相关议题的审议，经检察长同意，列席人员可以就相关议题发表意见，但不享有表决权。列席人员需严格遵守保密规定和工作纪律。

4. 检察长列席审委会工作的规范与完善

建立完善检察长列席审委会会议制度是我国司法体制改革的重要内容，也是检察机关进一步加强法律监督职能的重要途径。实践中应严格按照《关于人民检察院检察长列席人民法院审判委员会会议的实施意见》规定的人员、范围、方式等加强列席工作，切实发挥检察长列席审委会工作在加强法律监督工作方面的重要作用。

(1) 规范列席人员。审判委员会作为法院内部最高层次的审判组织，法律监督机关的监督者列席审委会，其身份和水平应当和审委会委员相当，才能使被监督者认可，起到应有的监督效果。检察长应当是主要的列席主体，检察长不能亲自列席而委托其他人员列席的，必须经过严格的自上而下的授权程序，即必须由检察长亲自统一委托授权。被委托人的范围也要严格限定为副检察长。部门负责人或案件承办人可以作为助手陪同检察长、受委托的副检察长列席审委会，但不具有发言权，作用主要是提供案件相关材料，帮助检察长做好发言准备工作。

(2) 规范列席议题的范围。虽然《关于人民检察院检察长列席人民法院审判委员会会议的实施意见》规定列席的案件一般是可能判无罪案件、可能判死刑案件、检察机关抗诉案件，但因《关于改革和完善人民法院审判委员会制度的实施意见》明确审委会讨论疑难、复杂、重大案件，故审委会讨论的所有案件检察长都应当列席。同时，列席议题范围不限于案件，根据规定，与检察工作有关的其他事项类议题也应列席。

(3) 规范列席程序。检委办应与同级法院审委会办事机构建立工作联系制度，沟通协调检察长列席审委会相关事宜。检委办收到审委办的列席邀请后，应及时向检察长汇报，确定列席人员。检委办应当将会议议程、会议时间通知列席人员，同时送交会议材料。

## 三、检察委员会会议流程操作指引

（一）会前阶段流程操作指引

会前阶段包括议题统筹、议题核稿、议程建议、会议通知、会场申请、分送材料等工作流程，做好议题事前审查和会议服务保障，确保检察委员会会议顺利召开。

1. 议题统筹操作指引

（1）议题的提请。上会议题的来源主要包括检察委员会委员提出、业务部门提请以及检委办主动收集等。

检察委员会讨论的议题，由承办人提出办理意见，承办部门讨论，经分管副检察长同意后，提交检察委员会办事机构。检察长、副检察长直接办理的案件提请检察委员会审议的，可以将议题报告及其他相关材料直接送交检委办。检察委员会委员提出议题的，经检察长同意后可以提请检察委员会审议。① 提出议题采用文稿形式，议题材料包括议题审批表、议题报告以及其他与议题有关的材料组成的附件。议题材料内容要求应依照《人民检察院检察委员会议题标准（试行）》执行。承办人应同时在统一业务应用软件中将议题材料移送检委办。

（2）议题的统筹。检委办应做好议题数量的统筹，原则上每次会议审议议题在3—5件。限制为单一议题召开检察委员会会议，但审查批准逮捕案件、对同级人民法院一审判决提出抗诉案件等需要紧急召开检察委员会才能符合办案期限的除外。限制上会议题数量的原因：一是通过集中安排议题上会，尽量提高会议效率，减少会议次数，减轻检察委员会委员的参会任务；二是通过控制上会议题数的上限，充分审议议题。

议题统筹工作是检察委员会会议非常重要的环节，检委办作为检察委员会的办事机构，应当做好议题内容的统筹，发挥参谋助手作用，如结合业务工作需要和阶段性工作安排，主动收集议题，及时将需要上会的议题纳入计划，有选择地突出审议工作重点，切实加强对重大业务问题的研究决策，从宏观上加强对执法办案工作的业务指导。

2. 议题核稿操作指引

（1）材料提交的节点。拟提请检察委员会审议的议题材料，应当在会议

---

① 《人民检察院检察委员会议事和工作规则》第9条规定："承办部门提请检察委员会审议事项或者案件，应当符合本规则第三条规定的范围。检察委员会委员提出议题的，经检察长同意后可以提请检察委员会审议。"

召开五日前提交。拟提请审议审查批准逮捕案件、对同级人民法院一审判决提出抗诉案件，应当在会议召开三日（不包含会议当天）前提交议题材料。因特殊原因不能在以上时限内提交的，应当向检察长报告，并将相关情况通知检委办。

（2）检委办的审查职能。① 承办部门将议题材料送检委办后，检委办负责议题的形式审查，即对该议题是否属于检察委员会审议范围、请示报告是否符合格式要求、上报材料是否齐全等进行审查，确保议题格式统一、行文规范，指导承办部门提高议题报告质量。提请检察委员会审议的事项，应当主题明确，内容清楚，经过全面研究论证，议题材料齐备；提请检察委员会审议的案件，应当事实清楚，证据确实、充分，或者符合规定的条件，议题材料齐备。承办部门提交的议题报告，应当标明密级。② 经审查，检委办认为承办部门的议题和提请审议的程序不符合有关规定、书面报告或者说明的内容和形式不符合规定或者欠缺有关材料的，应当提出意见后由承办部门修改、补充。必要时，检委办可以对议题的有关法律问题提出研究意见。③

（3）专职委员的审查职能。④ 专职委员的实体审查在检察委员会办事机构的程序审查的基础上进行，主要围绕认定事实是否清楚、提请理由或证据是否充分、适用法律是否正确、处理事项或案件的方案是否合法可行等实体问题进行审查把关，并提出适用法律意见或建议，为检察长、检察委员会科学决策提

---

① 《人民检察院检察委员会组织条例》第17条规定："检察委员会办事机构的职责是：（一）对提交检察委员会讨论的案件或者事项材料是否符合要求进行审核；（二）对提交讨论的案件或者事项提出法律意见……"

② 《人民检察院检察委员会议事和工作规则》第11条规定："提出议题采用书面形式，详细说明或者报告有关问题，附有关法律文书和法律、法规、司法解释等文件，并符合下列内容和格式要求：（一）提请检察委员会审议报告、司法解释、规范性文件或者其他事项，应当有文件草案及起草情况说明。起草情况说明的主要内容包括：事项缘由及背景，文件起草过程，征求意见情况，对有关问题的研究意见及理由。必要时，对文件的主要条文应当逐条说明。（二）提请检察委员会审议案件，应当有书面报告，报告的主要内容包括：提请讨论决定的问题；案件来源，当事人、其他诉讼参与人的基本情况，诉讼过程，案件事实和证据，分歧意见或者诉争要点，承办部门工作情况、审查意见及法律依据，其他有关部门或者专家意见。对主要问题存在分歧意见的，承办部门应当予以说明。"

③ 《人民检察院检察委员会议题标准（试行）》第11条规定："检察委员会办事机构依据《人民检察院检察委员会议事和工作规则》和本标准对议题材料进行审查，不符合标准的，应当提出意见并退回承办部门修改、补充。承办部门提交的议题报告，应当标明密级。"

④ 《关于加强和改进最高人民检察院检察委员会工作的意见》指出：专职委员要加强对检察委员会议案的研究、审查和把关，承担起检察委员会工作的专门职责。

供参考。专职委员在审查过程中，应亲自审阅案卷材料，必要时可采取询问证人或讯问犯罪嫌疑人、查看审讯录像等方法。检察委员会开会时，承办人汇报后，专委首先发表实体审查意见。专委的实体审查意见仅具参考借鉴意义，与承办部门、承办人意见不同的，不能改变承办部门、承办人的意见。

3. 议程建议操作指引

受理 3 个左右议题后，检委办应根据专职委员审查情况，提出会议议程建议及列席人员、汇报人员，由专职委员、分管检察长分别签署意见后报检察长决定。① 同时在统一业务应用系统中制作《检察委员会会议议程建议》，层报专职委员、分管副检察长、检察长审批。

汇报人员由议题提请部门提出。列席人员是旁听检察委员会会议的人员，在主持人允许的情况下，可以对议题进行补充发言。第一，应严格控制列席人员范围，检察委员会属于内部决策机构，不宜邀请系统外人员列席会议。第二，不是检察委员会委员的监察部门正职领导，可以列席会议②，监督检察委员会是否依法履职，检察委员会会议出席人数是否合法和讨论表决是否符合规定，但不应对议题发表意见；审议重要业务规范性文件或者重大案件时，未担任检察委员会委员的提请部门负责人可以列席会议；不担任检察委员会委员的检委办负责人可以列席会议。第三，讨论有重大意见分歧案件时，应当邀请案件不同阶段的承办人列席，便于检察委员会委员全面掌握案情。第四，上级院检察委员会委员可以列席下级院检察委员会会议，每年应当不少于两次③，对下级院业务进行指导和监督；也可以邀请下级院的相关人员列席会议，相互推动检察委员会工作的发展。第五，检察委员会可以根据工作需要，每次会议安排青年干警等列席人员，旁听检察委员会审议疑难复杂案件或院重大事项，督促列席人员对审议的案件或事项进行深入研究，提升业务水准，树立检察工作的全局意识。

4. 会议通知操作指引

（1）通知的节点。会议议程确定后，检委办一般应当在会议举行三日前，将审议的议题、举行会议的时间和地点通知检察委员会委员、承办部门、会议

---

① 《人民检察院检察委员会议事和工作规则》第 13 条规定："检察委员会办事机构提出检察委员会会议议程建议，报请检察长决定。"

② 《人民检察院监察工作条例》第 10 条规定："监察部门的正职领导人员应当参加检察委员会，不是检察委员会委员的，可以列席检察委员会会议。"

③ 《上海市检察机关关于进一步改进和加强检察委员会工作的意见》第 15 条规定："坚持市院检察委员会委员列席下级人民检察院检察委员会会议制度。市院检察委员会委员列席下级人民检察院检察委员会会议，每年不应当少于两次。"

列席人员或下级院。①

（2）通知的方式。除口头通知外，检委办还应在统一业务应用系统中发送通知，具体操作如下：进入拟召开的检察委员会会议业务，填写案卡的会议时间、会议地点、主持人、出席委员、列席人员等信息后，使用"会议通知"功能发送至检察委员会委员、承办部门、会议列席人员或下级院。目前，会议通知功能预留了短信通知接口，为今后短信通知会议议程提供了可能。有条件的院还可以使用移动办公系统等方式完成与会通知、出席统计等。

检察委员会委员、汇报人员、列席人员收到会议通知后，应当准时参加会议，可以从统一业务应用系统的"检察委员会事项"进入"待召开会议列表"界面进行参会确认及会议信息查看。若被通知人员不能出席会议的，应当向检察长或者受委托主持会议的副检察长请假，并及时通知检委办②，遇到本人是审议案件的当事人或者当事人的近亲属、本人或其近亲属与案件有利害关系等情形时，应当主动向检察长或者受委托主持会议的副检察长提请回避。③

5. 会场申请、会务保障操作指引

检委办应在检察委员会会议召开前完成会场申请和会场布置等工作，准备好会议所需的视听设备，也可以通过办公系统申请会场。有条件的院应当设立专门的检察委员会会议室，运用信息化手段实现检察委员会传统线下工作的网上处理和会议文书的网上处理，以提高检察委员会议事议案质量和效率。

（1）司法化配置。检察委员会是检察机关最高业务决策机构，其作出的决定具有法律效力，因此可以在会议室墙面悬挂国徽，强调检察委员会的司法属性和严肃性、权威性。

（2）多功能配置。将检察委员会会议室作为多功能会议室，实现检察委员会委员远程听庭评议、远程视频讯问等功能。

（3）无纸化办公。在检察委员会会议室为每位委员配置一台计算机，以网上查阅、批注卷宗和会议材料的方式，实现检察委员会议事议案工作的网上

---

① 《人民检察院检察委员会议事和工作规则》第 14 条规定："检察委员会会议议程确定后，检察委员会办事机构一般应当在会议举行三日以前，将拟审议的议题、举行会议的时间和地点通知检察委员会委员、列席会议的人员和有关承办部门，并分送会议相关材料。"

② 《人民检察院检察委员会议事和工作规则》第 7 条规定："检察委员会举行会议，检察委员会委员应当出席。检察委员会委员因特殊原因不能出席的，应当向检察长或者受委托主持会议的副检察长请假，并通知检察委员会办事机构。"

③ 《人民检察院检察委员会组织条例》第 13 条规定："检察委员会在讨论决定案件时，检察委员会委员具有法律规定的应当回避的情形的，应当申请回避并由检察长决定；本人没有申请回避的，检察长应当决定其回避。"

处理和电子数据的信息共享。

（4）对接统一业务应用系统。借助统一业务应用系统的"检察委员会事项"模块，实现议题材料标注、调阅电子卷宗、查阅相关案例和法律规定、委员签到、主持人发言、承办部门汇报、委员发言、议题讨论、议题总结、议题表决、会议记录和纪要等业务功能，有利于提高检察委员会议事议案质量和效率，提升检察委员会工作的规范化水平。

（5）多媒体示证。可以在检察委员会会议室安装电子显示屏，汇报案件时借助多媒体示证系统，形象地展示勘查笔录、现场照片、电子数据等证据，使汇报方式更具直观性，提高检察委员会议题汇报质量和效率，加强检察委员会委员对于案件的亲历性。

（6）全程录音录像。可以启用全程录音录像系统，保存会议原始影像资料，实现检察委员会会议的电子归档备查，真实反映会议讨论情况。

6. 分送会议材料操作指引

（1）分送的节点。检察委员会会议议程确定后，检委办一般应当在会议举行三日前，向出席会议的委员、承办部门、列席人员或下级院分送会议相关材料。① 如遇拟提请审议审查批准逮捕案件、对同级人民法院一审判决提出抗诉案件等需紧急召开检察委员会会议的，可以适当推迟会议材料分送时间，但应当为检察委员会委员研究会议材料预留充分时间。因此类案件的办案期限较短，若要求承办部门提前三日提交会议材料并完成其他提请检察委员会审议的程序，可能会影响审查的质量。出席检察委员会会议的人员在收到会议材料后，应当认真研究，做好会议准备。

（2）分送的方式。检委办应当根据议题标明的密级确定材料分送方式，绝密级材料不能无纸化传输。可以使用统一业务应用系统实现无纸化传输，进入上会议题后点击"议题推送"，选择需要分送会议材料的委员名单，将议题案件信息推送给委员。委员在登录统一业务应用系统后，即可在"检察委员会事项"→"推送议题查询"对推送的议题进行审阅和批注。

---

① 《人民检察院检察委员会议事和工作规则》第14条规定："检察委员会会议议程确定后，检察委员会办事机构一般应当在会议举行三日以前，将拟审议的议题、举行会议的时间和地点通知检察委员会委员、列席会议的人员和有关承办部门，并分送会议相关材料。"

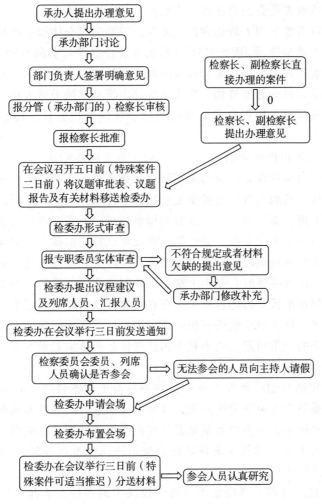

**会前阶段流程图**

（二）会中阶段流程操作指引

会中阶段包括会议签到、承办人汇报、委员提问、委员发表意见、会议表决、检察长总结会议、临时增减议题等工作流程，检察委员会办事机构工作人员要做好会中服务保障工作，客观、如实记录委员所发表意见。

1. 会议签到操作指引

检察委员会会议开始前，进入会议系统后，可以由出席检察委员会会议的检察委员会委员自行点击签到，也可以由检察委员会办事机构工作人员代理签到，出席会议的检察委员会委员和列席人员要分别签到，以便统计到会检察委员会委员人数，作为判断检察委员会"两个过半数"的依据。

为确保检察委员会的合法性、有效性，每次检察委员会召开，要求出席会议的检察委员会委员的人数达到最低要求，即必须有全体检察委员会委员的过半数出席，方能举行。① 因特殊原因不能出席检察委员会的检察委员会委员，须提前向检察长或者受委托主持会议的副检察长请假，并通知检察委员会办事机构，由检察委员会办事机构工作人员统计出席会议的委员人数，人数达不到规定数额，及时报告检察长或受委托主持会议的副检察长，检察委员会改期举行。

2. 承办人汇报操作指引

检察委员会审议议题，应当全面听取承办人员的汇报。② 检察委员会作为业务决策机构，获取案件信息的重要途径是案件承办人员的汇报，议案要求承办检察官主汇报，部门负责人、分管副检察长可以补充汇报；议事要求承办检察官或者部门负责人主汇报，分管副检察长可以补充汇报。但如何向检察委员会汇报，并无相应的规范、标准予以明确。实践中，承办人员在向检察委员会汇报规范性文件等事项时，基本上都能围绕制定背景、目的、意义及整体框架结构展开，但在汇报案件的过程中，存在提请审议决定的问题不明确、汇报内容针对性不强、缺少对证据的分析论证、逻辑性不强等问题，一定程度上影响到检察委员会的决策质量，也不利于司法责任制的落实。承办人员向检察委员会汇报案件，应从以下几方面予以规范：

（1）汇报的目的。承办人员向检察委员会汇报案件时，要开门见山，明确提请检察委员会讨论决定的问题，以及争议焦点。例如提出或提请抗诉的案件，不能仅笼统地表述为拟对某某案件提出或提请抗诉，而应当将抗诉理由明确化，具体表述为"对某某案件法院判决适用法律有误导致量刑畸轻或畸重的问题提出或提请抗诉"。

（2）汇报的内容。经检察委员会审议决定的案件，承办人员要对案件的事实和证据负责，鉴于此，承办人员在汇报案件时要针对争议焦点，围绕以下内容展开：一是案由、案件来源及发案、侦破的简要过程。应明确移送案件部门认定的涉嫌罪名，是同级公安机关或本院自侦部门侦查终结后移送，还是移送管辖、指定管辖，并简明扼要地汇报案发或侦破及立案时间，让检察委员会委员充分了解案件程序方面的信息及案件整体背景，对管辖等程序上是否合法进行判断。二是部分案件中犯罪嫌疑人的基本情况。比如贪污贿赂犯罪案件，犯罪嫌疑人是否具备相应主体身份，是能否构成贪污贿赂犯罪必要要件，承办人员汇报时应予明确。再比如未成年人犯罪案件，承办人员汇报时应讲清楚犯

---

① 《人民检察院检察委员会议事和工作规则》第6条。
② 《人民检察院检察委员会议事和工作规则》第17条第1款。

罪嫌疑人作案时的出生日期。三是案件的事实和证据。作为检察委员会委员重点关注的内容，承办人要重点汇报，对于事实部分，要汇报清楚侦查机关认定的事实与审查起诉认定的事实是否一致，有差异的，要围绕全部构成要件介绍审查认定的事实。对于证据部分，要全面汇报各种类、各形式的证据，并围绕证据的客观性、合法性、关联性，对证据进行分析判断，阐述采信或不采信某个证据的理由。对拟作存疑不起诉的案件，要围绕有利于定罪的证据和不利于定罪的证据，全面、客观反映全案证据情况，为接下来分析作存疑不起诉的理由做好铺垫。民事行政监督案件的证据，还要详细介绍推翻原生效判决、裁定的新证据等。四是需要说明的问题。这部分内容对案件的处理有一定影响，对检察委员会委员判断案件起到参考作用，一般包括涉案赃款、赃物追缴及处理情况，自首、立功的认定，当事人、辩护人意见及提供的证据情况，是否需要启动执法办案风险评估机制等。五是案件处理意见。承办部门提请检察委员会审议事项或者案件，由承办检察官提出办理意见，承办部门讨论，部门主要负责人签署明确意见，经分管检察长审核后报检察长决定。提请审议的重大事项，承办部门应当深入调查研究，充分听取有关上级人民检察院和本院内设机构的意见，必要时可以征求有关部门的意见。① 这就要求审议案件时，承办人员要明确汇报个人对案件处理的意见，不能模棱两可，承办部门负责人要明确其本人对案件处理的意见，同时说明案件经部门集体讨论的情况，有无意见分歧，以及最终形成的意见，分管副检察长明确其本人的意见。审议事项时，要明确事项形成的过程中，听取有关上级人民检察院和本院内设机构意见的情况，以及征求有关部门意见的情况。以上汇报内容，承办人员可以根据案件不同的性质、案件的疑难复杂程度、拟办意见的类型，在汇报时有所侧重。

（3）汇报的方式。承办人员向检察委员会汇报案件时采取何种方式，没有具体规定，实践中，承办人员普遍采取口头汇报的方式，即根据案件审查报告、检察委员会报告的内容口头向检察委员会汇报。这种汇报方式对事实简单、处理意见一致的案件，确实提高了决策效率，但检察委员会的职能是审议疑难复杂案件，这种汇报方式不能全面、具体地反映案件全貌，也存在不生动、不直观的缺陷，有违司法亲历性原则，因此备受学界争议。司法实践中应以口头汇报为基础，并辅之以必要的多媒体演示方式或图表方式，提高汇报质量、效率和效果。疑难复杂案件、犯罪嫌疑人供述反复的案件，应制作审讯同步录音录像，在汇报案件时播放，让检察委员会委员对犯罪嫌疑人的供述和辩解有直观感受，增强司法亲历性，通过对犯罪嫌疑人面部表情及肢体动作的观察，增强内心确信，为理解、把握所要决定的问题提供参考。

---

① 《人民检察院检察委员会议事和工作规则》第10条。

**3. 委员提问操作指引**

承办人汇报后，检察委员会委员可以就相关问题提问，承办人应当进行说明。① 承办人应包括承办部门负责人和承办人员，以承办人员进行说明为主。实践中，检察委员会委员主要是围绕案件事实、证据和法律适用方面进行，就承办人员汇报的情况向承办人员提问，承办人员对检察委员会委员提出的问题要做好记录，有针对性地作出回答，也可以简要列出要点，回答时围绕所列要点展开。回答检察委员会委员提问要客观、清晰、切中要害，切忌拖泥带水、答非所问。

**4. 委员发表意见操作指引**

（1）发表意见的顺序。承办部门汇报后，在主持人的组织下，检察委员会委员应当对议题发表意见。发表意见一般按照以下顺序进行：①检察委员会专职委员发表意见；②未担任院领导职务的委员发表意见；③担任院领导职务的委员发表意见。② 会议主持人在委员发言结束后可以发表个人意见，并对审议的情况进行总结。③ 为保障检察委员会委员在审议案件时不受职务、资历等影响，独立发表个人意见，确保正确履职，高检院对检察委员会委员发表意见的顺序作出上述明确规定，在审议案件时要予以贯彻执行。检察委员会审议议题时，必要时，会议主持人可以在委员讨论后、总结前请有关列席人员发表意见。④ 有关列席人员可以就案件的处理发表个人意见，但仅供检察委员会决策时参考。此外，可吸纳其他案件办理环节的承办人员参会，并充分发表对案件处理的意见，这样既有利于检察委员会委员客观全面地了解案件证据以及各方面的意见，又有利于提高检察委员会的决策质量和水平。

（2）多名检察委员会专职委员的发言顺序。各级人民检察院根据工作需要，可以选任二名左右检察委员会专职委员。⑤ 检察委员会专职委员履行以下七项职责：党组或者检察长分配的检察业务工作；分管检察委员会办事机构工作……⑥实践中，分管检察委员会办事机构工作的检察委员会专职委员因履行议题程序审查和实体审查职责，应首先发言，履行其他职责的检察委员会专职委员再发言。

（3）委员发言的要求。检察委员会委员发言应当围绕会议审议的议题进

---

① 《人民检察院检察委员会议事和工作规则》第17条第2款。
② 《人民检察院检察委员会议事和工作规则》第18条第1款。
③ 《人民检察院检察委员会议事和工作规则》第21条。
④ 《人民检察院检察委员会议事和工作规则》第18条第2款。
⑤ 《人民检察院检察委员会专职委员选任及职责暂行规定》第2条第1款。
⑥ 《人民检察院检察委员会专职委员选任及职责暂行规定》第6条。

行，重点就审议的主要问题和内容发表明确的意见，并提出理由和依据。① 首先，发言应紧扣承办部门提请审议的问题。为保障检察委员会决策的质量和效率，高检院的上述规定将检察委员会委员的发言限定在承办部门提请审议的问题，也就是承办部门提请检察委员会讨论决定的问题，重点围绕审议的主要问题和内容，除此之外，因不属于检察委员会决策的范围，检察委员会委员发言时应当不予涉及。比如承办部门提请审议的问题为是否对涉嫌某某罪名的犯罪嫌疑人某某作存疑不起诉，检察委员会委员应当依据事实、证据、法律，围绕在案证据能否认定犯罪嫌疑人的行为构成犯罪展开，分析判断在案证据证实犯罪嫌疑人构成犯罪是确实、充分，还是处于存疑状态，对犯罪嫌疑人的辩解能否排除合理怀疑，进而发表定罪或作存疑不起诉的意见。其次，发言时观点要明确。检察委员会委员发表意见时，观点要鲜明，不得模棱两可，更不能发表易引起误解的观点。再次，发言要提出理由和依据。为确保检察委员会决策质量，上述规定要求检察委员会委员在明确自己观点的同时，应说明理由和依据，可以详细、具体说明，也可以简明扼要、提纲挈领。最后，检察委员会委员均应发表意见，不得做沉默委员，也不能只做举手委员。

5. 会议表决操作指引

（1）会议表决的方式。检察委员会表决议题，可以采用口头方式或者举手方式。② 针对案件疑难复杂的程度及有无分歧意见等，可以在上述两种表决方式中进行选择，对于案情清楚、无分歧意见的案件，可以采取举手表决方式形成检察委员会决议，切实提高议案效率；对于案件疑难复杂、意见分歧较大的案件，则应采取口头表决方式，检察委员会委员应明确观点，阐明理由和依据，检察委员会办事机构工作人员应详细、客观记录检察委员会委员发表意见情况。

（2）检察委员会形成决议的原则。检察委员会审议议题、作出决定，实行民主集中制原则。③ 检察委员会表决议题，按照少数服从多数的原则，由检察委员会全体委员的过半数通过。少数委员的意见保留并记录在卷。必要时，在会议结束后可以就审议的事项和案件征求未出席会议的委员的意见。表决结果由会议主持人当场宣布。④ 检察委员会在审议议题时，为确保决策质量，要严格坚持少数服从多数的民主集中制原则，即全体委员的过半数达成一致意见时，才能形成检察委员会决议，少数委员的不同意见由检察委员会办事机构工作人员记录在案，留档备查。对于重大疑难复杂或在本地区有重大社会影响的

---

① 《人民检察院检察委员会议事和工作规则》第 19 条。
② 《人民检察院检察委员会议事和工作规则》第 22 条。
③ 《人民检察院检察委员会议事和工作规则》第 2 条。
④ 《人民检察院检察委员会议事和工作规则》第 22 条。

案件，以及影响本院检察工作全局的事项，检察长认为必要的，可以在会后征求未出席会议的检察委员会委员的意见，但根据上述规定，未出席会议委员的意见不影响已形成的检察委员会决议的合法性、有效性，检察委员会决议仍应执行。关于多数意见与少数意见的区分，既要考虑检察委员会委员对案件处理的意见，也要考虑所依据的理由，即案件处理意见和依据的理由均应作为统计多数少数的依据。比如是否提出抗诉的案件，检察委员会委员一致意见提出抗诉，但在具体依据理由上，有的检察委员会委员认为原裁判适用法律错误，有的认为抗诉是为了表明检察机关的态度，要根据理由确定多数意见和少数意见。

（3）检察长委托副检察长主持检察委员会时的决议形成。检察委员会会议由检察长主持。检察长因特殊事由可以委托副检察长主持会议。① 受委托主持会议的副检察长应当在会后将会议审议的情况和决定意见及时报告检察长。检察长同意的，决定方可执行。② 一般情况下，检察委员会由检察长主持，只有在检察长有特殊事由，比如出差在外等原因，又有急于检察委员会决定的案件，比如提出抗诉的案件，检察长才可以委托副检察长主持会议，副检察长应于会后及时将会议审议情况及决议情况向检察长报告，听取检察长意见，检察长同意检察委员会决议的，检察委员会办事机构才可在会议纪要经主持会议的副检察长签发后，通知承办部门执行。如果检察长不同意检察委员会决议，则不得通知执行。之后启动相应程序，报相关部门决定。

（4）检察长不同意多数委员意见的处理。检察长不同意多数检察委员会委员意见的，对案件可以报请上一级人民检察院决定；对事项可以报请上一级人民检察院或者本级人民代表大会常务委员会决定。报请本级人民代表大会常务委员会决定的，应当同时抄报上一级人民检察院。③ 该规定适用于检察长主持会议时不同意多数委员意见的情况，也适用于检察长委托副检察长主持检察委员会时，已按少数服从多数原则形成检察委员会决议的情况，均要启动相应程序，报相关部门决定，以贯彻执行民主集中制原则。

（5）检察委员会不作决定或暂不作决定的几种情况。经委员提议或者会议主持人决定，对于审议中的议题，如果认为不需要检察委员会作出决定的，可以责成承办部门处理；认为需要进一步研究的，可以责成承办部门补充进行相关工作后，再提请检察委员会审议。④ 委员意见分歧较大的，会议主持人可

---

① 《人民检察院检察委员会议事和工作规则》第 5 条。
② 《人民检察院检察委员会议事和工作规则》第 23 条。
③ 《人民检察院检察委员会议事和工作规则》第 24 条。
④ 《人民检察院检察委员会议事和工作规则》第 20 条。

以决定暂不作出决定，另行审议。① 根据以上规定，检察委员会不需要作决定有检察委员会委员提议或会议主持人决定两种情况。检察委员会不作决定的情况，应当是指议题不属于检察委员会审议范围的情形。检察委员会暂不作决定的两种情况：一是议题属于检察委员会审议范围，但检察委员会经审议认为，有些案件事实尚未查清，检察委员会难以依据案件事实、证据作出决定，需要进一步补充证据，检察委员会暂不作出决定，可以责成承办部门进一步补充完善证据后，再提请检察委员会审议。二是议题审议过程中，检察委员会委员的意见分歧较大，慎重起见，检察委员会暂不作决定，另行审议后再作决定。

（6）建议完善检察委员会议事规则和决策程序。检察委员会传统的议案议事方式是封闭式的会议，以听承办人汇报、看材料的形式为主，对所审议案件缺乏亲历性，决策程序也是传统的"少数服从多数"的行政化命令方式。为防止信息不对称导致的决策偏差，建议探索引入第三方独立审查机制，由检察长指定专委等对部分案件阅卷审查，审查意见于会前报告检察长；探索建立决策咨询机制，建立各类专业研究小组，为检察委员会决策提供会前论证、参谋咨询等服务。

6. 检察长总结会议操作指引

会议主持人在检察委员会委员发言结束后可以发表个人意见，并对审议的情况进行总结。② 据此，检察长或受检察长委托主持会议的副检察长在其他委员发表意见结束后，发表个人对案件处理的意见及理由、依据。之后再对检察委员会审议议题情况进行总结，明确检察委员会决定意见和下一步工作要求，检察委员会委员对案件的处理意见一致的，简要说明审议意见一致的情况，并宣布审议结果；有意见分歧的，梳理持各种意见的检察委员会委员的人数，简要说明持多数意见的委员人数、持少数意见的委员人数，最后按少数服从多数的原则，形成检察委员会决议。检察委员会不作出决议的，按相关程序办理。

7. 临时增减议题操作指引

为保障检察委员会委员有充分的时间审阅议题材料，确保检察委员会委员正确履职及检察委员会决策质量，会中阶段原则上不允许临时增加议题，否则会导致检察委员会委员无法充分准备，只有遇到承办部门拟对法院的一审判决提出抗诉，时间紧迫的情况等，才可临时增加议题。会中阶段可以临时减少议题，但应在统一业务应用系统案卡内备注说明原因。

---

① 《人民检察院检察委员会议事和工作规则》第 21 条。
② 《人民检察院检察委员会议事和工作规则》第 21 条。

# 食品药品、环境资源犯罪法律适用问题研究[*]

上海市人民检察院第三分院课题组[**]

## 上篇：食品药品犯罪法律适用问题研究

本课题中的"食品药品犯罪"，是指生产、销售假药、劣药、不符合安全标准的食品、有毒、有害食品以及其他不符合产品质量标准的食品、药品或者未取得相关经营许可证，生产、销售上述食品、药品的犯罪行为。

目前，食品药品犯罪中的主观明知的认定、危害结果的认定以及犯罪停止形态的认定，是司法机关面临的主要疑难问题。课题组结合具体案例以及相关原理，分别对其中较有争议的问题进行分析。

### 一、食品药品犯罪主观明知的认定分析

食品药品犯罪触犯的罪名都有特定的犯罪对象，例如，假药、劣药、不符合安全标准的食品、有毒、有害食品以及其他不符合产品质量标准的食品药品等。司法机关在认定这类犯罪时通常须证明涉案人员对特定的犯罪对象具有主观明知。司法实务中，很多涉案人员到案后都会对其主观明知作出辩解。因而，如何根据在案证据及案件具体情况认定涉案人员的主观明知，无疑是司法机关办理食品药品犯罪案件所面临的问题。

（一）食品药品犯罪主观明知认定存在的问题

司法实务中，涉案人员一般都会对其主观明知作出辩解。课题组以甲公司销售伪劣产品案以及甲医院销售假药案为例，分别对食品犯罪及药品犯罪中主观明知认定问题进行分析。

---

* 上海市检察机关 2017 年重点研究课题。

** 课题组负责人：高孝义；课题组成员：吉永华、蒋德海、孙秀丽、陆锋、韩东成、金华捷、赵德亮。

1. 甲公司销售伪劣产品案的案情与分析

2016 年 1 月，时任甲公司法定代表人、总经理的刘某在得知公司有一批奶粉、奶酪已经过期后，经与乙公司负责人联系，约定以从乙公司走账的形式，将一批奶粉和奶酪通过乙公司销售给丙公司。当月 15 日，甲公司将超过保质期的新西兰恒天然全脂奶粉 8330 袋，以及超过保质期的新西兰切达奶酪 269 箱移库至丙公司，上述两种过期乳制品合计销售金额达人民币 2950660 元（销售单价低于市场价格）。案发时，部分奶粉已由丙公司法定代表人尚某予以销售，部分奶粉、所有奶酪均被执法部门查获。经侦查，公安机关于 2016 年 6 月 2 日将刘某抓获。

刘某、尚某归案后，辩解其知悉涉案的奶粉、奶酪已经临近保质期，但不知所销售的是过期的奶粉、奶酪。

显然证明刘某明知涉案物品系过期奶粉、奶酪，是认定其成立生产、销售伪劣产品罪的前提和基础。在这类案件中，奶粉、奶酪等食品是否已经超过保质期很难从涉案物品的外观上予以判断。因此，司法机关在大多数同类案件中，只能通过涉案人员的供述来证实其主观罪过。但是，涉案人员为逃避法律责任，通常会对其主观明知作出辩解。尤其是涉案单位的主管人员，往往会以"不实际经手管理涉案物品"或"遗忘涉案物品的保质期"等理由进行辩解。因此，如何认定涉案人员的主观明知是司法机关犯罪认定中的疑难问题。

2. 甲医院销售假药案的案情与分析

从 2014 年 3 月至案发，甲医院在开展美容整形项目过程中，安排市场咨询人员与美容院进行洽谈，拓展客源；安排仓库保管员被告人蒋某甲进行管理并收发药品；安排咨询师被告人孟某、袁某人为客户进行咨询介绍，确定微整形具体项目和方案，并引导客户在医院前台确认付款；此后，在医院院长蒋某乙及其他医生给客户确定具体用药后，由护士长胡某通知蒋某甲将所需药品从仓库送至医院，分别由蒋某乙等医生或护士戴某、许某、李某等人给客户提供微整形注射。甲医院通过上述方式，在给客户提供微整形治疗中销售假药牟利。经审计，销售数额达人民币 230 万元。

2015 年 11 月 18 日，徐汇区市场监督管理局在甲医院查扣大量涉案药品，经上海市徐汇区市场监督管理局认定，查扣的复合维他命 B 注射液等 28 种药品属于《药品管理法》规定的未经国家批准而销售的进口药品，应当按假药论处。

同日，侦查机关将上述涉案人员抓获。到案后，甲医院主管人员蒋某乙、仓库保管员蒋某甲、护士长胡某、护士戴某、许某、李某及咨询员孟某、袁某等人均对其主观明知作出辩解。

在案件审查过程中，如何认定上述涉案人员的主观明知是该案办理的难点。与食品犯罪相比，药品犯罪中主观明知的认定更为困难。这是因为，药品犯罪中的假药、劣药既包括药品质量存在缺陷的药品，也包括按假药、劣药论处的情形。后者一般是指未取得相关部门批准而生产、销售的药品，其成分、品质方面通常是符合法律规定和行业标准的。因此，当涉案人员在供述中提出辩解的情况下，司法机关确实很难对其主观明知作出判断。

（二）主观明知的认定机制

行为人对犯罪对象的"明知"包括"确实知道"以及"应当知道"。"应当知道"，是指行为人虽然对其主观明知的事实拒不供述，但是，司法机关根据其他证据或是行为人的客观举动推定行为人对犯罪对象具有"明知"。事实上，"明知"认定的难题主要集中在司法机关如何认定"明知"中的"应当知道"。因此，如何确立"明知"中"应当知道"的认定机制，无疑是我们首先需要研究的问题。①

课题组认为，司法机关可以通过推定的方式，对行为人是否对犯罪对象具有"明知"作出认定。所谓推定，是指根据两个事实之间的常态联系，当某一事实存在时就可以认定另外一个事实的存在，即从已知的事实推导出未知的事实的逻辑思维活动。②

司法实务中，在行为人符合基础事实的情况下，行为人通常会对基础事实作出解释。如果该解释确有合理性，司法机关能否推翻所推定的事实？对此问题，司法实务中看法不一。意见分歧源于相关司法解释的规定，有的司法解释在规定相关推定制度时为行为人预留了"作出合理解释"的空间，而有些司法解释则没有这一规定。例如，2009 年最高院《关于审理洗钱等刑事案件具体应用法律若干问题的解释》第 1 条第 2 款规定，"具有下列情形之一的，可以认定被告人明知系犯罪所得及其收益，但有证据证明确实不知道的除外……"这则司法解释就为行为人作出合理解释留出了空间。2003 年"两高"、公安部、国家烟草专卖局《关于办理假冒伪劣烟草制品等刑事案件适用法律问题座谈会纪要》第 2 条具有闭合性，没有为行为人的解释留出空间。

课题组认为，虽然司法解释对"作出合理解释"的规定确实存在差异，但是，在推定过程中，司法机关应当允许行为人作出合理解释。

---

① 由于"明知"认定的难题主要集中在对"应当知道"的认定，"确实知道"的认定并不存在问题，因此，下文中的"明知"特指"应当知道"。

② 李明：《诈骗罪中"非法占有目的"的推定规则》，载《法学杂志》2013 年第 10 期。

正如前述，推定中基础事实和待证事实的因果联系源于经验法则。而经验法则也可能存在例外情况。如果司法机关将例外情况作为推定成立的依据，显然违背了推定制度赖以成立的逻辑基础。基于此，在推定制度中，并非只要符合基础事实，司法机关就能对待证事实的真实性加以证实。只要行为人对基础事实作出了合理解释，即便先前的推定行为符合经验法则和客观规律，待证事实也能被推翻。

值得注意的是，行为人作出解释必须具有合理性，否则，行为人作出的解释就不能推翻先前推定的事实。课题组认为，行为人作出的解释须遵循经验法则或得到相关证据证实。在司法机关对推定中基础事实已经完成举证的情况下，行为人提出的辩解也应达到一定的证明标准。如果行为人能够提交相应的证据，与其辩解相互印证，辩解的事实就能得到证实，司法机关也应当采信其辩解。如果行为人的辩解本身遵循经验法则，辩解的证明力得到补强，即便行为人没有提交相关证据，司法机关也可以采信其辩解。

### （三）食品药品犯罪主观明知的推定

结合司法实务中具体情形，课题组对一些较为常见且可以作为基础事实的情形进行归纳和分析，以期为司法机关认定涉案人员的主观明知提供借鉴思路。

#### 1. 药品犯罪中"主观明知"的推定

在药品犯罪中，如果案件中有以下几种情形，涉案人员无法作出合理辩解的，司法机关可以推定其具有主观明知：

（1）药品的包装上没有批号的。药品的生产、销售须经过相关部门的批准。获得批准的药品在包装上都会标注相应的批号。如果涉案的药品包装上没有批号，司法机关可以推定涉案人员具有主观明知。

（2）仓储场地明显不符合行业要求的。药品的仓储一般需要具备相应的卫生、温度、湿度、技术等条件和要求。如果案件中仓储药品的场地明显不符合上述条件的，司法机关可以推定涉案人员具有主观明知。

（3）涉案药品与其他合格药品分开仓储的。在正常药品经营活动中，为便于销售、提取、运输，同类药品一般都会集中仓储。如果涉案的药品与同类合格药品分开存储的，司法机关可以推定涉案人员具有主观明知。

（4）涉案药品的销售价格明显低于合格药品的。正常的经营销售活动一般不会无故出现以明显低价出售商品的情形。如果案件中存在以明显低价出售涉案药品的异常情形，司法机关可以据此推定涉案人员具有主观明知。

（5）负责单位经营业务的主管人员。这类人员对于药品的生产、销售的环节、申请报批的程序以及质量、成分标准、来源因素通常具有决定和审批的职责。如果涉案人员具有上述职责或身份的，司法机关可以推定其具有主观明知。

当然，课题组归纳的上述基础事实无法囊括所有推定情形。司法实务中，司法机关还可以结合在案证据，通过仓储管理人的证言、同案犯的指证等角度，认定涉案人员的主观明知。

2. 食品犯罪中"主观明知"的推定

在食品犯罪中，如果案件中有以下几种情形，涉案人员无法作出合理辩解的，司法机关可以推定其具有主观明知：

（1）涉案食品的外形与合格食品存在明显差异。严重变质的食品通常在质地、色泽、气味上会与合格产品存在明显差异。如果涉案食品存在上述异常特征，司法机关可以推定涉案人员具有主观明知。

（2）涉案食品的销售价格明显低于同类合格食品的。正常的经营销售活动一般不会出现以明显低价出售商品的情形。如果案件中存在以明显低价出售涉案食品的异常情形，司法机关可以推定涉案人员具有主观明知。

（3）涉案食品的包装不符合规范要求、没有标注保质期或者涉案食品已超过包装上注明的保质期。诸如食盐等部分食品的包装有固定的行业标准。如果涉案人员使用的包装明显不符合行业的规范要求，司法机关可以推定其具有主观明知。同时，食品包装一般都会标注保质期，食品行业的经管人员通常都会对食品的保质期进行核查。如果涉案食品包装上没有保质期或者已经明显超过保质期的，司法机关可以推定涉案人员具有主观明知。

（4）仓储时间明显超过正常情形的。诸如海鲜、牛肉等食品的保质期较短，正常情况下无法长时间仓储。如果涉案食品属于这类时鲜食品且仓储时间明显超过正常情形的，司法机关可以推定涉案人员具有主观明知。

（5）未对涉案食品作检验、检疫。通常情况下，流入市场的食品都要经过检验、检疫。如果涉案的食品未经检验、检疫即由涉案人员予以销售，涉案人员对于食品犯罪往往具有概括故意。司法机关可以据此推定其具有主观明知。

（6）生产、仓储场地明显不符合行业要求的。食品的生产、仓储一般需要具备相应的卫生、温度、湿度、技术等条件和要求。如果案件中生产、仓储食品的场地明显不符合上述条件的，司法机关可以推定涉案人员具有主观明知。

（7）涉案食品与同类合格食品分开仓储的。在正常食品经营活动中，为便于销售、提取、运输，同类食品一般都会集中仓储。如果涉案的食品与同类合格食品分开存储的，司法机关可以推定涉案人员具有主观明知。

（8）负责单位经营业务的主管人员。这类人员对于食品的生产、销售、检验检疫的环节以及质量、成分标准、来源因素通常具有决定和审批的职责。如果涉案人员具有上述职责或身份的，司法机关可以推定其具有主观明知。

## 二、食品药品犯罪危害结果的认定分析

食品药品犯罪中的危害结果是司法机关对涉案人员定罪量刑的依据。刑法条文中，这类犯罪的危害结果表述为"对人体健康造成严重危害""后果特别严重""有其他严重情节"等。"两高"《关于办理危害药品安全刑事案件适用法律若干问题的解释》（以下简称《药品犯罪司法解释》）和最高法《关于办理危害食品安全刑事案件适用法律若干问题的解释》（以下简称《食品犯罪司法解释》）均对上述危害结果的含义作出了解释，主要包括造成严重人身伤亡、造成安全事故、销售金额较大等。

司法实务中，法检机关对于危害结果认定的争议主要集中在销售金额的认定。其中既有法律适用方面的争议，也有证明标准方面的分歧。鉴于此，课题组先对食品药品犯罪销售金额的认定方式进行梳理，再结合实际案例，分别对食品犯罪和药品犯罪中危害结果认定方面的争议进行分析。

（一）药品犯罪危害结果认定的争议问题分析

结合所办理的案件，药品犯罪中有两类情形在危害结果认定上存在争议。下面课题组将对基本案情进行梳理，并依据刑法原理对其中的争议问题进行分析。

1. "赠送情节"情形中销售金额的认定

某些药品犯罪案件中，涉案人员在销售假药、劣药的同时，存在赠送同种型号药品的情节。如果赠送情节查证属实，如何认定这类案件中的销售金额，司法实务中存在不同意见。课题组以查某生产、销售假药案为例，对上述问题进行分析。

2014 年起，查某在外采购各种中药材、白酒等原材料，在其租住地自行泡制药酒，并且定制酒瓶进行分装，对外以"药王酒"的名义进行销售，同时宣称该"药王酒"具有治疗颈椎肥大、痔疮、关节疼痛、风湿关节炎、性无力、排血液毒素等效果。至案发，查某共计销售所得近人民币3 万元。

2017 年 4 月，查某被抓获，公安机关在其暂住地内查扣分装待售的"药王酒"406 瓶。经相关市场监督管理局认定，上述"药王酒"应依法认定为按假药论处的假药。查某到案后对上述犯罪事实供认不讳。在案证据中，司法机关查扣的记账本显示大量赠送"药王酒"的情况存在。查某也在供述中反映，为促销"药王酒"，其在销售药酒的过程中存在赠送的情况。两者能够相互印

证，证实"赠送情节"真实存在。

在查扣的涉案物品销售金额计算方面，辩护人指出，在销售"药王酒"的过程中，其很多时候都是赠送，查扣的"药王酒"中也有部分会用于增送，因而在计算涉案数额时，不应将查扣的406瓶"药王酒"均计入涉案数额，应当扣除用于赠送的部分。课题组认为，辩护人的主张于法无据。假药犯罪案件中的销售金额包括已得的销售金额与可得的销售金额。在销售"药王酒"过程中，已经实际赠送的"药王酒"当然不能作为计算已得的销售金额的基数。司法机关应当结合涉案人员的供述以及扣押的记账本，将赠送的"药王酒"予以排除。然而，可得的销售金额通常是以查扣的未销售的涉案物品为基数予以计算的，无须由涉案人员实际获取。案件中，司法机关查扣的406瓶"药王酒"显然属于未销售的涉案物品。因此，以查扣的406瓶"药王酒"为基数，计算可得的销售金额符合《药品犯罪司法解释》的精神。确定未销售涉案物品的单价，应当优先以实物证据为依据。案件中，查扣的记账本显示，"药王酒"的最低销售价格为300元。而涉案人员供述，最低单价为200元。课题组认为，司法机关原则上应当根据记账本上记载的销售价格确定单价。如果涉案人员在供述中能够作出合理解释或提供合理依据，证实其供述的最低单价属实的，司法机关可根据供述中的最低价格确定单价。最终，法院未采纳辩护人的意见，将全部查扣"药王酒"认定为"待销售"的涉案物品，一并计算销售金额。

2. 涉案物品无法估价情形中危害结果的认定

某些药品犯罪案件中，司法机关查扣的部分药品系涉案人员从境外进口，国内没有对应的同种类药品，无法鉴定估价。同时，涉案人员的供述及查扣的记账本均无法证实该药品的销售价格。那么，如何对这类案件进行量刑，无疑是需要研究的问题。课题组以胡某销售假药罪为例，对上述问题进行分析。

胡某为非法牟利，自2014年下半年起，在没有药品经营资格的情况下，从非法渠道购得国产以及大量未经国家食药监部门批准注册的境外药品（肉毒素等），分别销售给曹某、金某、王某、陈某等人。

经上海市食品药品监督管理局对胡某被扣押药品进行鉴定，57盒"BU-TOX"、29盒"BOTULAX"、4盒"HUONS"、50支"遁必利"共计140盒（支）被认定为假药，"衡力"牌肉毒素属于药品。其中，57盒"BUTOX"、29盒"BOTULAX"、4盒"HUONS"系境外药品，无法予以估价，在案证据也无法确定这几种药品的销售价格。

案件审理过程中，司法机关对于如何认定涉案数额存在争议。课题组认为，在犯罪行为尚未造成人员伤亡、安全事故且涉案物品无法估价的情况下以药品的数量作为量刑依据较为妥当。从查明犯罪事实的角度分析，通过境外取证方式确定境外药品的价格，并据此折算出查扣药品的销售金额，无疑是犯罪认定的理想模式。但是，境外取证需要相关外交部门的认证，程序烦琐、周期较长，司法成本过高。根据《药品犯罪司法解释》，生产、销售假药罪中的"其他严重情节"以及"其他特别严重情节"均包含涉案药品的数量。但是，该司法解释没有对药品的数量作具体规定，司法机关根据涉案物品的数量定罪量刑仍然困难。

课题组认为，结合《药品犯罪司法解释》的规定以及存疑有利于被告人的精神，司法实务中对这类问题可作如下处理：

一是司法机关无法查证实际销售数额只能根据查扣的涉案物品的数量确定量刑幅度的情况下，原则上以 3 年以下有期徒刑或者拘役作为涉案人员的基础量刑幅度；如果查扣的涉案药品数量巨大，根据生活常识，其价值明显超过50 万元的，司法机关处 10 年以上有期徒刑、无期徒刑或者死刑作为涉案人员的基础量刑幅度；根据生活常识，如果查扣的涉案药品的价值明显超过 20 万元但无法确定是否超过 50 万元的，司法机关以 3 年以上 10 年以下有期徒刑作为基础量刑幅度。

二是司法机关可以查实实际销售数额同时也查扣了涉案物品（销售的药品与查扣的药品不属于同种药品）的情况下，如果已经查实的实际销售金额不满 20 万元，查扣的涉案物品数量不大的，司法机关原则上以 3 年以下有期徒刑或者拘役作为涉案人员的基础量刑幅度；如果已经查实的实际销售金额在20 万元以上不满 50 万元的，查扣的涉案物品数量不大的，司法机关原则上以3 年以上 10 年以下有期徒刑作为基础量刑幅度；如果已经查实的实际销售金额在 50 万元以上的，司法机关应当以 10 年以上有期徒刑、无期徒刑或者死刑作为基准量刑幅度；如果已经查实的实际销售金额不满 20 万元，查扣的涉案物品数量较大，根据生活常识，其价值与查实的销售金额累加明显超过 20 万元的，司法机关可以 3 年以上 10 年以下有期徒刑作为基础量刑幅度；如果已经查实的实际销售金额不满 20 万元，查扣的涉案物品数量巨大，根据生活常识，其价值与查实的销售金额累加明显超过 50 万元的，司法机关可以 10 年以上有期徒刑、无期徒刑或者死刑作为基础量刑幅度；如果已经查实的实际销售金额在 20 万元以上，查扣的涉案物品数量较大，根据生活常识，其价值与查实的销售金额累加明显超过 50 万元的，司法机关可以 10 年以上有期徒刑、无期徒刑或者死刑作为基础量刑幅度。

（二）食品犯罪危害结果认定的争议分析

司法实务中，食品犯罪中危害结果认定的争议问题主要集中在证据审查方面。其中，有两类问题分歧较大：一是在实物证据反映事实不一致情形中如何采信证据并认定相应的销售金额；二是在认定危害结果过程中如何判断证据中"存疑"的情形。课题组结合两则典型案例，对上述两类问题进行分析。

1. 实物证据反映事实不一致情形中销售金额的认定

田某销售不符合安全标准的食品案销售金额认定中，不同的实物证据所反映的事实不完全一致。司法机关对于如何认定案件中涉案人员的销售金额分歧较大。课题组以该案为例，对销售金额的认定进行分析。

2013 年 6 月，石某（另案处理）多批次将日本牛肉非法进口至中国境内交由田某进行非法销售。2013 年 8 月至 2015 年 3 月，田某明知中国政府明令禁止进口源自日本疫区的牛肉，仍伙同陈某接运、仓储涉案牛肉，并分别销售给杨某、范某、游某等人。2013 年 8 月至 2015 年 3 月，杨某为非法销售牟利，在明知田某销售的是日本疫区牛肉的情况下，以销售为目的，先后多次从田某处购进日本牛肉，共计支付货款 1200 余万元，并对外销售。

案件办理过程中，司法机关对于田某、杨某销售金额的认定存在分歧。检察机关认定田某销售金额 3600 万余元，认定杨某销售金额 1200 万余元；法院认定田某销售金额 1300 万余元，认定杨某销售金额 759 万余元。两种意见的分歧主要源于对在案证据审查认定存在不同认识。

检察机关认定田某销售金额达 3600 万余元的证据主要有：（1）田某制作的销售记录（2013 年 8 月至 2015 年 3 月），总计金额 3600 万余元。其中，最低销售单价为每千克 400 元。（2）田某供称，销售记录真实，其与陈某共同负责所有到上海牛肉的接货及仓储。但表格中不是所有的销售均由其完成，其曾销售给杨某、范某、游某，表格中都有对应记载，其中对游某的销售即是表格中的"上海游"，总计有 500 余万元。（3）陈某供述，田某与其共同负责所有到上海的牛肉的接货及仓储，以及对杨某、范某等人的销售。（4）销售下家的书证印证。杨某的助理丁某与田某之间的对账单（2013 年 12 月至 2014 年 7 月），总计 780 余万元，能对应到田某销售记录中的相应部分。杨某所掌握的 3 张个人银行卡与田某所在犯罪团伙对应银行账号之间的流水金额（2013 年 1 月至 2015 年 3 月），总计 800 余万元。（5）销售下家的言词证据。丁某的证言，称与田某的对账真实，但只包括部分采购牛肉的记录，结账方式有现金，也有通过 3 张银行卡结算。杨某供述，从未向寺田润购买过日本牛肉。游某第一份证言辩称从未向寺田润购买过日本牛肉，后两份证言改称只向寺田购买过 500 公斤的日本牛肉，但只支付了共计 132000 元。

认定杨某销售金额达 1200 万余元的主要证据有：（1）田某制作的销售记录中记载向杨某销售的日本牛肉总计 1280 余万元（2013 年 8 月至 2015 年 3

月）。（2）杨某员工的证言证实杨某向田某购买日本牛肉用于销售。（3）丁某的对账单（2013年12月至2014年7月）总计780余万元，及其证言证实为销售采购日本牛肉，有现金及银行卡结算两种方式。（4）杨某所掌握的3张个人银行卡与田某公司对应银行卡的流水明细（2013年1月至2015年3月），总计800余万元。（5）仓库制单员于某制作的涉案牛肉到库登记明细，总计724万余元＋1300余公斤（2014年4月至2015年2月）。（6）仓库制单员朱某制作的涉案牛肉到库登记明细，总计为13340.7公斤（2014年3月至9月，时间及记账方式等，与于某的记录在时间上不重叠）。（7）于某制作的"客户销售单价汇总表"，案发前制作，案发时提取，未做修改处理，销售单价从650—1450元不等。

法院认为，田某的销售金额应以查实的对杨某、游某、范某的实际金额，及在其他涉案人员处的扣押牛肉折算（400元每公斤）后总量计算为1330余万元。其中，与第一种意见的认定存在较大分歧的主要有两处：一是杨某处查实的销售应当计算为759万元结合现有证据；二是应认定游某购买了500公斤，折算后销售金额为20万元。

课题组认为，第一种意见更符合刑事诉讼证据标准，具体理由如下：

首先，在认定田某涉案数额环节中，只要田某的销售明细表真实有效，除非在案证据中有其他和该书证存在冲突、矛盾的证据，司法机关原则上应根据销售明细表中记载的金额，认定田某的销售金额。该案中，陈某的供述能够与田某的销售明细表相互印证，证实田某销售、仓储、接运疫区牛肉的事实。丁某的对账单，于某、朱某的到库登记明细及杨某3张银行卡的流水明细能够与田某的销售明细表反映的事实虽然不完全重合，但并不存在冲突，且两者之间相互印证，证实田某向杨某销售疫区牛肉的事实。游某的证言与田某的销售明细表所反映的事实确实存在较大差异，但是，游某并未作出合理解释或提供合理依据。因此，根据销售明细表记载的金额3600万余元认定田某的涉案数额，并无不妥。

其次，在认定杨某涉案数额环节中，司法机关也应当以田某销售明细表中记载的1200余万元认定其涉案数额。丁某制作的对账单能够与田某的销售明细表相对应，虽然对账单记载的金额只有780万余元，但是，丁某的证言证实，对账单仅记载了部分牛肉采购记录。据此，丁某制作的对账单与其证言与田某的销售明细表所反映的事实并不冲突。杨某的3张银行卡在涉案期间的流水明细证实，其与田某的银行账户之间有800万余元资金往来。尽管流水明细记载800万余元确实少于销售明细表中记载的1200万元，但是，丁某的证言证实，杨某与田某货款结算有现金支付与银行卡转账。因此，杨某银行卡的流水明细与田某销售明细表并不冲突。事实上，以销售明细表中记载的1200万余元认定杨某的销售金额已经作出了有利于杨某的认定。于某的"销售单价汇总表"能够与杨某员工的证言相互印证，证实杨某向田某采购牛肉系用于对外销售，且销售单价明显高于采购价格。据此，以杨某的采购价格 1200 万余元认定其销售金额，已经体现了就低认定的思想。

课题组认为，实物证据的客观性较强，其证明效力通常高于言词证据。因此，在实物证据与言词证据存在冲突的情况下，除非涉案人员或证人能够作出合理解释或提供合理依据，否则司法机关原则应当采信实物证据，并据此认定相应的犯罪事实。同时，一个案件中可能会存在多项实物证据。这些实物证据所反映的事实可能并不完全重合，甚至会存在一些出入。在此情形下，司法机关应根据实物证据所反映事实的特点，采信相应的实物证据，并形成内心确信。应该看到，有些实物证据能够反映案件中全部的犯罪事实；有些实物证据只能反映部分犯罪事实。在两种实物证据均具备真实性、关联性、合法性的情况下，只要反映部分犯罪事实的实物证据与反映全部犯罪事实的实物证据不存在冲突，司法机关原则上应当采信后者。除非涉案人员能够对所认定的犯罪事实作出合理辩解或提供与之相反的依据，形成合理怀疑。

在食品犯罪案件中，能够证实涉案人员销售金额的证据通常包括查扣的账册、涉案人员的供述及证人的证言。课题组认为，田某销售不符合安全标准的食品案在销售金额认定环节对类案处理具有借鉴意义。该案中，不同实物证据所反映的事实之间的差异、实物证据与言词证据所反映的事实之间也存在差异。司法机关可以参照课题组归纳的证明标准，认定类似案件中的销售金额。

2. 危害结果认定中排除合理怀疑问题的分析

林某销售不符合安全标准的食品案中，司法机关对于危害结果认定的分歧主要在两个方面：一是涉案的牛肉是否来自疫区。这关系到涉案行为是否符合《食品犯罪司法解释》中"足以造成严重食物中毒事故或者其他严重食源性疾病"的情节。二是销售金额如何认定。这两个问题均涉及如何排除合理怀疑的问题。课题组以该案为例，对相关问题进行分析。

2015 年至 2016 年 3 月间，林某为牟取非法利益，在上海租赁冷库，从广东等地购进大量无食品质量合格证明、检验检疫证明的来自英国、美国等疫区的牛肉冻品，并非法销售给他人。黄某、甄某在明知林某销售的是我国明令禁止的来自英国、美国等疫区的牛肉冻品，为非法销售牟利，仍各自从林某处购进并向他人销售。

经国家食品质量监督检验中心（上海）检测，上述涉案牛肉冻品中，从林某处查扣的美国牛仔骨三支骨、黄某处查扣的美国去骨牛小排和美国牛仔骨三支骨、从甄某处分别查扣的美国牛肋排、美国去骨牛小排均含有莱克多巴胺成分。

该案办理过程中，司法机关的争议焦点主要集中在两个方面：一是涉案的牛肉是否属于来自疫区的牛肉。这关系到该案中销售涉案牛肉的行为是否能以销售不符合食品安全标准的食品罪定性。二是林某涉案数额认定。

在涉案牛肉来源的事实认定上，法检机关有以下两种不同意见：

第一种意见，检察机关认定涉案牛肉来自美国、英国等疫区。主要证据有：（1）涉案牛肉的"刑事摄影照片"，该证据客观反映了涉案牛肉外文包装、外文标签、生产国家等包装情况，证实涉案牛肉来自英国、美国、爱尔兰等国家的事实。（2）林某的供述称，涉案牛肉系广东深圳一自称"郑某"的人向其销售走私牛肉，并介绍说走私牛肉的产地是美国、乌拉圭、英国、巴西等地。正规进口的牛肉需要有报关证、检验检疫等证明，而郑某向其销售的美国、英国等国牛肉没有任何证明材料（郑某查无所踪）。（3）牛肉冻品中检出莱克多巴胺，此类物质在美国允许在饲养中添加，但为我国所禁止。

第二种意见，则是法院认为涉案牛肉来自英国、爱尔兰、美国等疫区的事实存在合理怀疑。本案各被告人的供述及证人证言证实，涉案牛肉买家关于牛肉来源的说法均是林某听上家"郑某"所述。在案证据证实林某本人并未参与涉案牛肉从国外偷运入境的相关犯罪活动，且案件在审查过程中并未获取"郑某"的言词证据。虽然涉案牛肉的外包装上有国家、工厂注册号、牛肉品种、重量等内容，但无法确定该外包装是否系出厂原装，流转过程中有无被更换过。

课题组认为，在"刑事摄影照片"可以证实该牛肉来自美国、英国等疫区的情况下，除非有在案证据与涉案"刑事摄影照片"反映的事实相冲突或者有相关依据可以反映涉案的牛肉确实在中途被更换包装，司法机关原则上应当认定涉案牛肉来自美国、英国等疫区。在案证据中，与涉案牛肉来源地有关联的证据，只有反映涉案牛肉的包装、外观的"刑事摄影照片"及林某的供述。林某的供述虽未在证明效力上起到补强作用，但是，也并未削弱"刑事摄影照片"的证明效力。同时，第二种意见对于"更换包装"的怀疑本身也不具有合理性。由于更换包装的经济成本较高，销售商除非有特殊需要，一般不会轻易更换包装。除此之外，涉案牛肉中被检测出莱克多巴胺的成分。此类物质在美国允许添加，但为我国所禁止。在认定涉案牛肉来自疫区方面，该检测结果无疑可以加强内心确信。据此，认定涉案牛肉来自美国、英国等疫区已经可以排除合理怀疑。

在林某销售金额认定方面，法检机关对侦查机关从林某处查扣的涉案牛肉

的销售金额认定存在以下不同意见:

检察机关认为,侦查机关于2016年3月从林某处查扣的含有莱克多巴胺的牛肉(美国牛仔骨三支骨)的销售金额认定,应以林某的2016年"现金日记账"中记载的最接近案发时间段的2016年1月的销售金额(每千克64元)来认定同种类牛肉的销售金额(同种型号牛仔骨历史最低价格为每千克61元)。这种意见依据的证据主要是:(1)林某的"现金日记账"记载其销售牛肉的金额、林某的供述均能证实"现金日记账"的真实性;(2)被告人黄某供述称其所购买的美国走私牛肉均系从林某处购买,且侦查机关从黄某处查扣的牛肉的型号、重量能够与"现金日记账"上的记录相对应。

法院认为,林某销售不符合食品安全标准的食品的犯罪金额包括在其租用的仓库内查扣的牛肉金额,以及其销售给黄某、甄某的牛肉金额。其中,侦查机关在林某租用的仓库内查获尚未实际销售的牛仔骨三支骨7554千克。根据"现金日记账"记载,被告人林某在2016年1月销售过相同品种的牛肉,但因未查扣到牛肉实物并送检,故无法认定2016年1月林某销售的是不符合食品安全标准的食品,亦无法以"现金日记账"上记载的价格认定查扣在案的涉案牛肉价格。结合林某到案后稳定的供述,以其供述的每千克52.3元的购入价认定被查扣的牛肉金额。

课题组认为,最接近案犯时间段的单价确实较能反映案发时期同种型号牛肉的市场价格。但是,林某除销售涉案的不符合食品安全标准的牛肉外,也销售来自巴西等地区的合格牛肉,因此,无法排除2016年1月林某销售合格牛肉的可能性。第二种意见没有认定64元每千克作为查扣牛仔骨三支骨的单价,确有合理性。然而,第二种意见以林某供述的每千克52.3元采购价认定为查扣牛肉的销售单价也有欠妥之处。首先,该价格不能客观反映查扣牛仔骨的销售价格。林某的供述属于言词证据,且每千克52.3元的单价系采购价格。如果没有其他实物证据可以认定涉案牛肉的销售单价,司法机关以林某供述的采购单价作为认定销售单价的依据尚有合理之处。但是,在林某销售不符合食品安全标准的食品案中,司法机关完全可以根据"现金日记账"中的历史最低价确定查扣牛肉的涉案单价。事实上,以"现金日记账"中同种型号牛仔骨历史最低单价(每千克61元)作为查扣的牛仔骨销售单价,不仅在证明效力上高于林某的供述,而且每千克61元的单价已经体现了有利于被告人的精神,并能够排除该价格系合格产品的销售价格的可能性。同时,稳定的供述并不意味着供述的内容必然具有真实性。司法实务中,司法机关一般会通过稳定性来判断言词证据的真实性。在大多数场合下,言词证据具有稳定性通常就能反映其真实性。但是,两者并非必然对应关系。在涉案人员故意隐瞒事实真相、逃避法律责任的情况下,言词证据的稳定性与真实性之间是呈反比关系的。如果没有其他在案证据可以证实相应的犯罪事实，司法机关在不突破"孤证不能定案"的前提下，可以采信稳定的言词证据作为认定相应犯罪事实的依据。

课题组认为，刑事诉讼中"合理怀疑"的成立不宜随意扩张。这是因为，我国刑事诉讼证明标准的客观性较强。在入罪环节，司法机关原则上是以证据之间形成印证关系，作为证据确实、充分的标准。那么，在出罪环节，司法机关不能仅仅根据涉案人员单方面的辩解或者存在其他可能性，就一概认定存在合理怀疑。如果涉案人员的辩解或者案件中存在的其他可能性本身就属于主观臆断，缺乏客观依据，这当然不属于刑事诉讼中合理怀疑的范畴。结合我国刑事诉讼的证明标准，只有在涉案人员的辩解、案件的客观情况确有合理性或者涉案人员提供合理依据的情形下，我们才能认为案件事实存在"合理怀疑"。

## 三、食品药品犯罪停止形态的认定分析

犯罪停止形态的认定是司法机关犯罪认定中必不可少的环节。在司法实务中，由于食品药品犯罪的行为方式及这类案件的案发情况具有一定的特殊性，这类犯罪的停止形态认定问题也存在不同意见。

应该看到，食品药品犯罪的行为方式分为两种，即生产和销售。从教义学角度分析，两种行为方式都存在既未遂的认定问题。由于司法实务中这类犯罪的案发形式通常表现为现场查获涉案物品，即在现场调查过程中，侦查机关或行政执法机关在涉案人员的销售或仓储场所查获大量存在质量问题或者缺少审批手续的食品药品。这类案件中，有些涉案人员已经销售了部分涉案物品；有些涉案人员尚未销售涉案物品即被有关部门查获，在案证据也无法证实涉案物品系由涉案人员自行生产。因而，在实际办案过程中，食品药品犯罪既未遂方面的疑难问题主要集中在销售环节。对于这类尚未销售或尚未全部完成销售涉案物品的情形，应如何认定其犯罪停止形态，显然是需要研究的问题。课题组在梳理和分析争议焦点的基础上，结合刑法理论，对这类问题进行论述，并从应然角度对这类犯罪停止形态的认定机制进行适度探索。

### （一）食品药品犯罪停止形态的认定标准

课题组认为，犯罪既遂的成立须以存在销售行为为前提。如果在案证据可以证实涉案人员实施了销售行为，即认定成立犯罪既遂，所有查扣的涉案物品均计入涉案数额；如果在案证据不能证实案件中存在销售行为，即认定成立犯罪未遂。

事实上,这种观点结合了相关司法解释的规定、犯罪既未遂的刑法理论以及司法实务中的实际现状。《药品犯罪司法解释》第15条规定,本解释所称"生产、销售金额",是指生产、销售假药、劣药所得和可得的全部违法收入。其中"所得"针对的是已销售,"可得"针对的是未销售。因此,将未销售的涉案物品计入涉案数额是有法律依据的。同时,这种处理方式并未突破既未遂理论的底线,也兼顾了司法实务中大量案件由侦查机关现场查获的实际情况。

从理论角度分析,这种处理意见事实上也突破了犯罪既未遂的理论。但是,课题组认为,食品药品犯罪在行为方式及行为对象上具有特殊性,理论上的突破确有其必要性。

食品药品犯罪的行为对象具有可分割性的特点,而其危害行为却具有持续性,须由司法机关整体评价。食品药品犯罪案件中,涉案物品的计量都有其固有的单位,例如涉案的药品通常是以支、盒等单位计量的;涉案的食品一般是以千克、包、盒、罐等单位计量的。涉案物品也是由若干单位的食品药品组成,且相互之间具有独立性。据此,涉案的物品从其内部组成角度分析,具有可分割性的特点。司法实务中一般不存在单次销售行为就能将库存的涉案物品售罄的情形,涉案物品的销售也有一个由少到多、逐步罄空库存的过程。同时,实践中的食品药品犯罪通常表现为一种具有销售性质的经营行为。涉案人员着手实施犯罪后,其行为就持续处于销售状态下。在这种销售状态持续过程中,涉案人员根据不同的市场需求,分别针对不同的购买者实施独立的销售行为。换言之,涉案人员具体实施的销售行为以及犯罪着手以后持续存在的销售状态是同时存在的。课题组认为,在犯罪认定中,这些已经实施完成的销售行为以及客观存在的销售状态需要整体评价。详言之,在办理食品药品犯罪案件中,司法机关不能仅对每一个已经实施完成的销售行为予以评价,而是将具有销售性质的经营活动视为整体予以评价,即既要对已经实施的具体销售行为进行认定,也要评价持续存在的销售状态。从行为对象角度分析,已经实施的具体销售行为所对应的对象即是"已销售"的涉案物品;由于这类犯罪中的涉案物品具有可分割性的特点,持续存在的销售状态所对应的对象即是剩余的"未销售"的涉案物品。正是因为上述两种特点,食品药品犯罪案件才会出现这种特殊情形:在同一犯罪行为过程中,具体的销售行为与持续的销售状态同时存在,并分别与"已销售""未销售"的涉案物品相对应。在此情形下,司法机关应对这两种状态作整体评价。

课题组认为,由于食品药品犯罪在行为对象及行为手段上与其他普通刑事犯罪存在差异,因此,在犯罪既未遂认定上对于犯罪停止形态的理论作出突破确有必要性，否则很多食品药品犯罪案件在处理环节都会遇到障碍。

（二）销售行为实施完毕的认定

司法机关应如何认定"销售行为实施完毕"？司法实务中存在以下几种观点：一是将涉案物品摆上货柜，正式对外销售；二是与购买人存在议价行为；三是支付对价；四是完成交付。上述四种认定标准代表着销售行为的四个阶段。从文义解释角度分析，四种意见都具有一定的合理性。课题组认为，判断销售行为是否实施完毕，还是要从犯罪客体的角度予以分析。

随着犯罪活动行为阶段的不断推进和深入，社会关系受侵害的程度会逐渐提高。因而，犯罪停止形态与犯罪客体受侵害的程度实际上存在某种联系。具体而言，成立不同犯罪停止形态的犯罪行为对犯罪客体造成的侵害程度是不同的。犯罪既遂是犯罪完成形态，成立犯罪既遂时，行为人实施的危害行为已经齐备了全部的构成要件。犯罪未遂、犯罪中止和犯罪预备属于犯罪未完成形态，成立这三种犯罪停止形态时，行为人实施的危害行为并未齐备全部的构成要件。因而，成立犯罪既遂时，犯罪行为对犯罪客体的侵害程度显然重于其他三种犯罪停止形态。课题组认为，成立犯罪既遂时，犯罪行为对犯罪客体的侵害程度已经达到了"峰值"。同时，传统理论认为，犯罪构成的各个要件从不同角度说明行为的社会危害性。据此，当行为人实施的危害行为齐备全部构成要件时，危害行为的社会危害性程度必然达到了"峰值"，危害行为对犯罪客体的侵害程度也随之达到了"峰值"。根据这一特性，以危害行为对犯罪客体的侵害程度是否达到"峰值"作为犯罪既遂的判断标准符合刑法原理，也与"构成要件齐备说"一脉相承。

食品药品犯罪侵犯的主要客体是市场管理秩序。我国的经济制度虽然主要以市场需求为导向，但是，国家对于产品的市场准入、产品的质量等都会实行相应的监管，只有符合市场准入且质量达到相应标准的产品才能在市场上流通。刑法分则第三章第一节规定的生产、销售伪劣商品罪无疑会对上述的市场管理秩序造成侵害。

从侵犯市场管理秩序的视角分析，上述第三种观点，即以支付对价为成立既遂的标准较为合理。无论是第一种观点还是第二种观点，涉案物品尚未正式进入流通市场，危害行为对于市场管理秩序的侵害程度处于逐渐提高阶段，尚未达到顶点。第三、第四种观点在大多数零售场合下是重合的，购买人支付对价的同时通常销售人会实际完成交付。但是，在一些批量销售的场合下，两者可能会出现分离。例如，在一些销售疫区牛肉的案件中，由于销售数量较大，涉案牛肉无法当场完成交付，而是事后由购买人自行提取或销售人运送货物到指定地点。有些案件中，涉案物品可能出现分批交付的情形。课题组认为，以实际交付作为认定既遂的标准可能过于严苛，以支付对价作为认定销售行为实施完毕较为合理。事实上，购买人完成对价支付后，涉案物品已经处于购买人的支配之下，可以视为进入流通市场。在此情形下，销售行为对于市场管理秩序的侵害已经达到"峰值"，后续的交付涉案物品行为只影响购买人对涉案物品的使用、占有状态，而不影响销售行为对市场管理秩序的侵害程度。某些情况下，购买人支付货款后即将涉案货物另行销售给他人。由此可见，将成立既遂的节点设定在实际交付并不合理。因此，以对价支付作为食品药品犯罪行为成立犯罪既遂不违背刑法原理，也符合"销售"本身的文义。

# 下篇：环境资源犯罪法律适用问题研究

具体而言，我国刑法上的环境资源犯罪是指我国刑法分则第六章第六节"破坏环境资源保护罪"的四类犯罪：一是污染环境犯罪，包括污染环境罪、非法处置进口的固体废物罪和擅自进口固体废物罪；二是破坏动物资源犯罪，包括非法捕捞水产品罪，非法捕猎、杀害珍贵、濒危野生动物罪，非法收购、运输、出售珍贵、濒危野生动物、珍贵、濒危野生动物制品罪和非法狩猎罪；三是破坏国土资源犯罪，包括非法占用农用地罪、非法采矿罪和破坏性采矿罪；四是破坏植物资源犯罪，包括非法采伐、毁坏国家重点保护植物罪，非法收购、运输、加工、出售国家重点保护植物、国家重点保护植物制品罪，盗伐林木罪，非法收购、运输盗伐、滥伐的林木罪。

目前，环境犯罪中的主观罪过、主观明知、违法性认识、因果关系、情节认定、停止形态等问题，是司法认定中争议较多的问题。课题组结合具体案例，对上述问题进行分析。

## 一、环境资源犯罪主观方面要件疑难问题分析

（一）环境资源犯罪的罪过问题

环境资源犯罪中，罪名不同，其犯罪主观方面也有所不同。比较有争议的是污染环境罪。2011 年《刑法修正案（八）》将"重大污染环境事故罪"修改为"污染环境罪"，条文本身也进行了修正，但该罪的主观罪过一直颇有争议。"故意说"观点认为，本罪的构成要求行为人能够通过其专业领域认识到其行为会产生污染环境的后果，并且主动追求或者放任污染结果的发生，主观心态应该是故意。而"过失说"的观点认为，本罪的构成要求行

为人能够通过其专业领域认识到其行为会产生污染环境的后果，因疏忽大意或过于自信的过失，导致了污染结果的发生。"过失说"认为污染环境的行为人，主观上追求的是经济利益，其对造成污染的结果是过失的。① 另外一种观点就是"双重罪过说"，该观点主张污染环境罪的主观罪过形式，既包含故意也包含过失，即行为人主观上积极追求污染结果的发生，或者过失造成污染结果的发生，都可以构成污染环境罪，其理由主要是综合了"故意说"和"过失说"的观点。

本文支持"双重罪过说"。首先，设立污染环境罪的目的就是通过刑事司法来加大对环境污染犯罪的打击。从实践情况来看，行为人在实施污染环境行为时，大多持有故意的心态，如偷倒危险废物、私设暗管排放污染物等；也有部分系因疏忽大意的过失导致环境污染的结果，如管理疏忽或操作失误，导致污染物泄漏事故，严重损害环境。两者都属于刑法所打击的对象，只有坚持双重罪过，才能完整实现对环境法益的保护。故意的犯罪心态不难理解，而过失心态在实际判例中也有运用，如"紫金山金铜矿重大环境污染事故案"，判决认定"被告单位紫金山金铜矿违反国家规定，未采取有效措施解决存在的环保隐患，继而发生了危险废物泄漏至汀江，致使汀江河水域水质受到污染"，该案中，危害结果的产生是由于污水池防渗膜破裂导致，被告人主观上属于轻信能避免的过失。显然，该判例运用的就是"过失说"。

在实际案件中，虽然使用"双重罪过说"，但并不意味着追究污染环境罪不需要考虑行为人的主观故意。在具体认定上，要个案分析。基本上有两种情况，一种是对于企业、个人为了低成本排污，违反国家相关禁止性规定，使污染物直接与外界环境相接触致使环境受破坏，此种情况行为人至少是放任污染后果的发生，其罪过形式属于故意。另一种是行为人因违反国家相关强制性规定，造成污染物在生产、储存、运输过程中发生泄漏事故，且造成了污染环境的实害结果。在该种情形下，行为人对污染物污染环境的结果并不存在积极追求或放任的故意，其罪过形式应属于过失。

另外值得注意的是非法占用农用地罪中的罪过认定。需要明确，非法占用农用地罪在主观方面不存在过失，表现为故意，即明知非法占用并擅自变更土地用途的行为违反土地管理法规，且实施该行为会造成大量农用地被毁坏的结果，而希望或放任危害结果的发生。② 如果行为人确因客观原因不知道是法

---

① 赵秉志：《刑法修正案（八）理解与适用》，中国法制出版社 2011 年版，第 405 页。

② 徐平：《环境刑法研究》，中国法制出版社 2007 年版，第 84 页。

律、法规规定的禁止占用的农用地而过失地加以占用，则不成立非法占用农用地罪。直接故意和间接故意都可能成为非法占用农用地罪的罪过形式，在司法实践中，行为人在主观态度上有的表现为间接故意，即行为人明知自己非法占用农用地的行为可能造成农用地的大量毁坏，但为了实现非法目的，而放任这一危害结果的发生。

（二）环境资源犯罪主观明知的认定

我国刑法对故意犯罪释义为："明知自己的行为会发生危害社会的结果，并且希望或者放任这种结果发生"。"明知"是故意犯罪的认识因素，无"明知"，则无故意，也就无所谓故意犯罪，所以，"明知"是判断故意犯罪的基础。因此，对于环境资源犯罪的犯罪故意判断也应以"主观明知"为基础。

司法实际中，面对犯罪嫌疑人的辩解，难点是如何证明其"应当知道"。为了解决实践中的难题，我国司法中普遍采用行为推断的方法。例如，"两高一部"《办理毒品犯罪案件适用法律若干问题的意见》中规定，犯罪嫌疑人、被告人具有某些情形，并且不能作出合理解释的，可以认定其"应当知道"，通过列举具体事实行为的方式作为判断依据。课题组认为，环境资源犯罪中的主观明知同样可以使用这种方式认定"应当知道"，依据事实行为进行推断。本文结合以下司法中常见问题进行阐释。

1. 污染环境行为中的主观明知判断

在案件办理中，有的犯罪嫌疑人、被告人提出不知道是污染物的辩解。对于此种情况的"明知"，课题组认为，行为反映心理状况，通过生活常识和行为细节推断行为人主观心理是可行的。可以考虑以下七个方面，通过事实行为推断其"应当知道"：（1）排放、倾倒、处置物品的状况。如污染物有刺激的气味或上面有醒目的标识，则一般可以认定行为人的"明知"状态。（2）行为人的从业经历。如行为人有污染物处理等相关从业经历，对污染物的认识自然比较深刻，则一般也能认定。（3）教育培训背景。如行为人有相关教育培训背景，有了解污染物情况的能力，则一般可以认定。（4）交易价格。如倾倒、处置的价格明显高于倾倒、处置一般废物的价格，且无合理解释的，则一般可以认定。（5）行为的具体情形，包括行为的时间、地点以及行为的方式等。如刻意选择行为的时间、地点，行为的方式十分隐蔽，则可推断"应当知道"。（6）对生产单位的认知情况。如有证据证明知晓处置的废物生产单位具有污染性等，则一般可以认定。（7）相关参与人员的情况。如果其他参与人员均知道倾倒、处置的物品系危险废物，在没有合理解释的情况下，自然也可推断行为人"应当知道"。

2. 涉及野生动物资源类犯罪中的主观明知

全国人民代表大会常务委员会《关于〈中华人民共和国刑法〉第三百四十一条、第三百一十二条的解释》规定："知道或者应当知道是国家重点保护的珍贵、濒危野生动物及其制品，为食用或者其他目的而非法购买的，属于刑法第三百四十一条第一款规定的非法收购国家重点保护的珍贵、濒危野生动物及其制品的行为。"虽然该条解释针对的是非法购买情况，但完全可以认为，最高立法机关对非法收购、运输、出售等行为的主观明知判断是支持"知道或应当知道"标准的。

在此类犯罪司法实务中，课题组认为，考虑到此类犯罪的特点，具体判断行为人"知道或者应当知道"，应根据犯罪行为过程、涉案物品被查获时的情形等证据，结合行为人供述及其认知等情况进行综合判断。具体来讲，可以根据以下几个方面来把握：（1）执法人员在检查时，要求行为人申报携带的物品和其他疑似涉罪物品，并告知其法律责任，而行为人未如实申报，在其携带的物品中查获涉罪物品的；（2）以伪报、藏匿、伪装等蒙蔽手段逃避检查，或以高度隐蔽的方式携带、运输物品，或以虚假身份或者地址办理托运手续，在其携带、运输、邮寄、托运的物品中查获涉罪物品的；（3）执法人员检查时，有逃跑、丢弃携带物品或者逃避、抗拒检查等行为，在其携带或者丢弃的物品中查获涉罪物品的；（4）为获取不同寻常的高额、不等值报酬为他人携带、运输物品，从中查获涉罪物品的；（5）采用高度隐蔽的方式交接物品，明显违背合法物品惯常交接方式，从中查获涉罪物品的；（6）行程路线故意绕开检查站点，在其携带、运输的物品中查获涉罪物品的。

（三）环境资源犯罪违法性认识的分析

目前，对违法性认识问题，一般采用"违法性认识不要说"，即否认成立犯罪需要认定违法性认识，这样做主要考虑的是担忧行为人以不知法为理由逃避罪责。所以"违法性认识不是我国司法机关认定犯罪所必须考虑的因素。在司法实践中，只要行为人的行为产生了危害社会的结果，排除违法阻却事由的影响，无论行为人是否对其行为具有违法性认识，法院一般都会追究行为人的违法责任"。[①] 但这种做法也可能带来社会公众一般认知和刑法"违法性认识不要说"存在反差的问题。河南"大学生掏鸟案"就是典型的例子。2015年5月，河南省某高校学生闫某某因犯非法猎捕珍贵、濒危野生动物罪，非法收购珍贵、濒危野生动物罪，被河南省辉县市人民法院一审判处有期徒刑10年6个月，并处罚金1万元。2015年8月，河南省新乡市中级人民法院驳回

---

① 陈兴良：《本体刑法学》，商务印书馆2001年版，第173页。

上诉，维持原判。案件被报道后，众多民众认为"掏鸟窝"十分平常的行为，为何会引起刑事处罚，而且还规定了如此之高的刑罚。按照法律的规定，本案对猎捕隼科动物16只的行为人以"情节特别严重"定罪量刑并无不当之处，但如果面对民众的质疑无法有效说服，则对法律权威也是损伤。课题组认为，对于非法猎捕野生动物、非法捕捞水产品等野生资源犯罪来说，如果民众意识不到此类犯罪的存在，那么其存在对于民众行为的实施就难以产生影响，就得不到民众普遍而自然的接受，其正当性就会大打折扣。

课题组认为，对此类案件中违法性是否认识需要一定证据证明，如果能够证明行为人有违法认识、有足够数量的宣传标志告知、在网站报纸上已公布使大众知晓、有一定的长期社会宣传、往年惯例等，则一般可以推断认定；如果没有证据证明，则不能直接推定行为人有违法性认识。如"大学生掏鸟案"中，行为人曾经加入过"河南鹰猎交流群"，关注过与猎捕相关的贴吧，在网上售卖猎物时将其信息标注为"阿穆尔隼"。这些都证明其具有一定专业知识，具有违法性认识，法院依此定罪是正确的。但对于有些案件，没有明确证据证明行为人有违法性认识而定罪，往往无法使民众信服。比如媒体报道的某案例①，年近半百的汪某因逮了87只蟾蜍被逮捕，并因犯非法狩猎罪被判处拘役3个月。从其年龄、文化程度、生活习惯和当地社会认知，很难有证据证明其认识到"抓蟾蜍"是违法的，此案虽然定罪判罚是依据法律而行，但受到质疑也并不奇怪。因此，课题组认为，赋予抗辩权非常重要，不能排除行为人生活闭塞、法规突然颁布而无法知悉等可能的现实原因导致行为人确实没有认识到行为的违法性。如果行为人的抗辩能够达到产生合理怀疑，则可以基于疑罪从无原则，认定无违法性认识而出罪。

另外，非法占用农用地案件的办理也要注意社会认知的实际情况。我国土地资源相对短缺，国家提出18亿亩耕地红线，并对违法使用土地的各种行为予以严厉打击，在刑法上表现为非法占用农用地罪的设置。对于城市周边发生的此类案件，深究深层次原因，可以说是社会经济现实的驱动。农户的土地承包经营权流转有着众多限制，特别在城市周边，相较于农业收入，农户出租土地是相对容易并有着不错收益的实现利益方式。农户普遍不了解土地法律法规，首先考虑的是自己的生计发展，对于出租土地认为合情合理。而对于承租方，大多是个人或小企业经营使用，这些经营者承租土地后觉得自主使用理所当然。此类案件往往还牵涉到出租土地的村委，承担责任的村委负责人一般被认定为共犯，然而，村委出租土地的背后是众多的村民，此时的村委负责人实

---

① 《河南：农民逮87只癞蛤蟆 被逮捕判刑3个月》，载 http://news.cngold.org/c/2014-12-01/c2906370.html，最后访问时间：2017年11月3日。

际上是村民的代理人，而且出租土地往往是村民的集体要求，村民不追责却由"村长"担罪，法律的公平正义难免受到质疑。另外，非法占用农用地并不是隐蔽犯罪，特别对于类似建厂房等经营破坏行为，犯罪时间普遍较长，但实际生活中，政府相关管理部门一定程度的默认或放纵，事实上也是一种变相鼓励，政府的行为对社会公众的认识也造成影响。因此，此类案件的发生有着深层次的社会原因，反映出个体发展和国家宏观利益的冲突，已不仅仅是一味依法严惩能够解决的，办案时要注意一方面准确适用法律，另一方面也要深刻理解现实环境，并反馈于法律，求得法律效果和社会效果的统一。

## 二、环境资源犯罪客观方面要件疑难问题分析

### （一）环境资源犯罪中的因果关系

刑法理论认为，刑法中的因果关系是指我国刑法规定的，客观上符合犯罪构成要件的，危害行为与危害结果之间存在的能够决定或者影响刑事责任的引起与被引起的关系。[①] 一般而言，有关水产品、森林、耕地、矿产等掠夺破坏犯罪，其危害行为与危害结果之间的因果关系比较容易查明。但对于污染大气、水体、土壤等犯罪行为与其危害结果之间的因果关系，鉴于环境污染所具有的科学性和隐蔽性特点，此类犯罪因果关系的证明存在很多的困难。具体而言，其因果关系比较特殊，也比较复杂。具体表现为：一是多因性，即造成环境污染的原因是复杂多样的，同一危害后果可能是由数个不同行为主体排放的污染物所引起；二是复杂性，即各种污染物排入环境以后，它们相互之间以及它们与各种污染环境要素之间会发生化学、物理、生物的反应和作用，从而可能产生各种出人意料之外的危害结果；三是长期性，即在一般情况下，各种环境污染行为往往是危害后果的发生与环境污染违法行为的实施之间有一个持续时间。[②] 目前在刑事诉讼过程中，检察机关在认定和证明行为人的危害行为与损害事实之间存在刑法上的因果关系时比较困难。鉴于此，在污染环境行为方面，本文主要研究属于结果犯的污染环境罪与非法处置进口的固体废物罪的因果关系。

污染环境犯罪因果关系是指行为人所实施的排放、倾倒和释放行为与自然生态环境和人类生存环境被破坏的结果之间的引起与被引起的关系。[③] 我国的

---

① 张绍谦：《刑法因果关系研究》，中国检察出版社 2004 年版，第 137 页。

② 李永升：《破坏环境资源保护罪的构成特征探究》，载《现代法学》2005 年第 2 期。

③ 蒋兰香：《污染型环境犯罪因果关系证明研究》，中国政法大学出版社 2014 年版，第 2 页。

刑法因果关系深受苏联的必然、偶然因果关系理论的影响。"必然因果关系说"认为，当危害行为中包含危害结果产生的根据，并合乎规律地产生了危害后果时，危害行为与危害结果之间就是必然因果关系，但囿于存在行为导致结果合乎规律的难以判断，这种学说也存在可操作性受限制的缺陷。而"偶然因果关系说"则认为，当危害行为本身并不包含产生危害结果的根据，但在其发展过程中，偶然介入其他因素，由介入因素合乎规律地引起危害结果时，危害行为与危害结果之间就是偶然因果关系，介入因素与危害结果之间是必然因果关系，两者都是刑法上的因果关系。① 一般情况下，许多污染环境案件运用必然、偶然因果关系认定能够解决，但对部分案件就会遇到困难。一是多个污染主体共同向同一区域排放污染物，对于各个排污行为导致的共同的实害结果之间的因果关系难以认定。二是某些污染物质是否会导致某种危害结果的产生难以证实。依据传统的因果关系理论，强调因果相当，必然将导致大量的环境污染案件无法处理。② 例如，如果认定化工企业造成附近村民罹患癌症，就需要认定其排污行为与村民罹患癌症之间存在因果关系，这对目前现有的技术水平来说具有相当大的难度，意味着运用传统的因果关系理论已然不能满足目前复杂的环境污染犯罪。为此，疫学因果关系理论应时而生。

疫学，即用以研究疾病流行、群体性疾病发生的原因和特征，制定预防对策的医学科学。疫学理论本来是用以查究流行病中的发病原因，解决流行病学因果关系的证明问题，但因为环境污染犯罪的后果是致死致伤或致财产遭受损害，这种相似性为疫学理论运用到因果关系中创造了条件。具体来说，是运用统计学上统计数据的方法，在查找明确导致某疾病发生的原因时，调查构成原因的各个因子与某疾病之间的关系，当在没有 A 因子就不会产生 B 结果的高度盖然性的情况下，就可认定 A 因子与 B 结果之间具有一种引起与被引起的关系。③ 实践中，在发生不特定多数人的生命、健康受到环境污染的威胁或损害，又无法直接证明污染物质与罹患疾病之间存在事实因果关系时，可以根据疫病学原理，运用统计学方法反映污染物质因子的变化规律结合动物实验加以对比分析，如果达到预期的医学标准，就可认定污染物质与疾病之间存在事实因果关系。例如，日本的水俣病事件，是日本首次运用疫学因果关系理论。1953 年以来，日本熊本县的水俣湾周围的居民相继出现步态不稳、麻痹等症

---

① 张明楷：《刑法学》，法律出版社 2011 年版，第 180—181 页。

② 蒋兰香：《污染型环境犯罪因果关系证明研究》，中国政法大学出版社 2014 年版，第 30 页。

③ 张汀：《试析环境犯罪的因果关系》，载《山东审判》2005 年第 3 期。

状，发病的原因自该类症状出现后的很长一段时期无法判断，因而被称为"水俣病"。但是可以肯定的是附近的居民都食用了被含汞的工业废水污染了的水域捕捞的鱼类和贝类水产品，食用了鱼类、贝类水产品而罹患了该疾病，在这一点上存在高度的盖然性。因而认为，该企业工作人员排放有害工业废水的行为与当地居民罹患疾病之间具有疫学因果关系。1979年3月一审法院判决该企业的主管人员成立业务上过失致死致伤罪，被告不服提起上诉，1982年9月二审法院的判决承认了一审法院对案件中因果关系存在的认定。最高裁判所于1988年驳回了被告企业的上诉，在结论中仍然对一审法院对因果关系存在的判定予以肯定。

当前，我国运用刑法惩治的案件大部分局限于运用传统的刑法因果关系理论可以证明的案件，否则，一般不作为犯罪予以处理。但在环境污染日益严重的今天，应当重视运用疫学因果关系理论。事实上，疫学因果关系理论运用了统计规律和疫病学原理，不执着于形成过程，只对是否存在因果关系进行判定，是相对比较合理的解决方式。环境污染犯罪作为既具有新颖性又具有复杂性和隐蔽性的犯罪，如果实务中仍然要求具有严密的科学因果关系的证明，达到证据确实、充分（排除合理怀疑）的证明程度，则现实中很可能陷入科学裁判的泥沼之中，成为救济受害者的障碍。①

（二）对环境资源犯罪中犯罪情节的理解

情节犯，是指在刑法条文表述中，将"情节严重""情节恶劣"等情节作为犯罪成立要件的犯罪。结果犯，是将法定的犯罪结果发生作为犯罪成立要件的犯罪。环境资源犯罪中，有的将"情节严重"等情节要求规定为构成要件，如非法捕捞水产品、非法狩猎等，可以称之为情节犯。有的将"严重污染环境""造成重大环境污染事故""造成农用地大量毁坏"等严重后果内容规定为构成要件，如污染环境罪、擅自进口固体废物罪、非法占用农用地罪等，可以称之为结果犯。课题组认为，两者只是表述上的不同，所谓的"后果"也是"情节"，是为了表达上的方便理解，都是强调违法行为的程度以及构罪的条件，不必过于拘泥对"情节"和"结果"的区分。

为了容易理解，本文将环境资源犯罪均作为情节犯来看待，并就具体情节的不同，分为危害行为情节和实害结果情节。危害行为的情节，是只要行为人实施了所规定的手段行为，不论是否产生了实害结果，均构罪；而于实害结果的情节，行为人的行为造成了所规定的结果方构罪。例如，2017年1月1日

① 蒋兰香：《污染型环境犯罪因果关系证明研究》，中国政法大学出版社2014年版，第184页。

起施行的《关于办理环境污染刑事案件适用法律若干问题的解释》对"严重污染环境"的解释中,规定"在饮用水水源一级保护区、自然保护区核心区排放、倾倒、处置有放射性的废物、含传染病病原体的废物、有毒物质的""通过暗管、渗井、渗坑、裂隙、溶洞、灌注等逃避监管的方式排放、倾倒、处置有放射性的废物、含传染病病原体的废物、有毒物质的"等内容,可以看作是危害行为情节,而"非法排放、倾倒、处置危险废物三吨以上的""致使基本农田、防护林地、特种用途林地五亩以上,其他农用地十亩以上,其他土地二十亩以上基本功能丧失或者遭受永久性破坏的"等规定,有明确的数量判断标准,可视为实害结果情节。又如最高人民法院《关于审理破坏野生动物资源刑事案件具体应用法律若干问题的解释》中对非法狩猎"情节严重"的解释中,"非法狩猎野生动物二十只以上的"即为实害结果情节,而"违反狩猎法规,在禁猎区或者禁猎期使用禁用的工具、方法狩猎的"可视为危害行为情节。

需要注意的是非法占用农用地罪的实害结果情节的理解。非法占用农用地罪要求实施了非法占用农用地的行为,并达到了一定程度的危害后果。危害后果首先表现在占用或破坏农用地的数量标准,根据最高人民法院《关于审理破坏土地资源刑事案件具体应用法律若干问题的解释》第 3 条第 (一) 项规定,非法占用耕地"数量较大",是指非法占用基本农田 5 亩以上或者非法占用基本农田以外的耕地 10 亩以上;其次是表现在危害的程度上,该条第(二)项规定,非法占用耕地"造成耕地大量毁坏",是指行为人非法占用耕地建窑、建坟、建房、挖沙、采石、采矿、取土、堆放固体废弃物或者进行其他非农业建设,造成基本农田 5 亩以上或者基本农田以外的耕地 10 亩以上种植条件严重毁坏或者严重污染。所以,非法占用的农田必须被严重破坏才能成立本罪,单纯对农用地的占用并不一定构成对农用地的破坏,或者破坏较轻,不影响种植条件,完全可以恢复农用地的原用途,其社会危害性较小,不宜认定为犯罪。此处必须明确的是,"数量较大"中的"量"和"大量毁坏"中的"量"的关系,课题组认为是包含关系,即前者的"量"包含后者的"量",而不是等同关系。可以这样理解,占用达到"数量较大"的农用地,其中有"大量"被毁坏,至于"大量"到多少比例,应结合实际案件,以造成整体被占用农用地种植条件严重毁坏或者严重污染为标准认定。例如,某非法占用农用地案,土地管理部门认定其非法占用基本农田的面积为 5.6 亩,达到了数量较大的标准,在其所占用的 5.6 亩农用地中,被建筑物破坏的面积只有 4 亩左右,其他为绿化用地。此案之所以认定其"非法占用农用地数量较大,造成农用地大量毁坏",因为本案中的绿化用地已经不再用于农业用途，是被占用破坏的 5.6 亩的整体的一部分。① 又如，在占用基本农田时占用量远超 5 亩，但是造成不可复耕的破坏量低于 5 亩基本农田的数量，"大量毁坏"占比较少，此时，课题组认为应严格适用定罪标准，不宜认定为犯罪。

另外需要注意实害结果中的"财产损失"问题。财产损失也是环境污染犯罪及环境监管失职罪实害结果的判断标准，有些污染行为看似范围小、手段轻，但经济损失巨大，虽然必须加以严惩，但需要设定一定的数额标准并规定计算的内容。《关于办理环境污染刑事案件适用法律若干问题的解释》中规定，"致使公私财产损失三十万元以上"为达到实害结果情节，又规定"本解释所称公私财产损失，包括实施刑法第三百三十八条、第三百三十九条规定的行为直接造成财产损毁、减少的实际价值，为防止污染扩大、消除污染而采取必要合理措施所产生的费用，以及处置突发环境事件的应急监测费用"。这些具体数额可以由国务院环境保护部门指定机构出具的检验报告、环境生态损失评估报告等予以确认。但在司法实践中，要注意以下问题：

一是对"防止污染扩大"的理解。2011 年环保部发布的《环境污染损害数额计算推荐方法（第 1 版）》对此的界定是"当污染物等有害物质向环境排放，为防止污染扩散所采取的应急处置措施"。课题组认为，刑法意义上的"防止污染扩大"可以参照《环境污染损害数额计算推荐方法（第 1 版）》，实际上是指在污染发生后防止污染物进一步排放到尚未受到污染的环境所采取的必要合理措施所产生的费用。② 然而实践中如何判断"必要合理措施"是一大难题。如在防止排放至水体的污染物污染扩大时，采用应急处置时的材料选择问题，选择生石灰还是活性炭，费用直接影响到是否构成污染环境罪。课题组认为，为了不随意扩大解释，"必要合理措施"所产生的费用，主要指污染控制费用，即在最低限度控制污染处于不再扩大状态所产生的费用，至于"必要合理"的程度应依靠社会一般认知和常识来理解。

二是对"消除污染"的理解。行为人实施污染环境行为后，若要完全恢复原状，通常要采取以下三种措施：对污染物进行物理隔离，防止污染继续扩大；对污染物及被污染物进行无公害化处理；对环境进行修复，包括制定修复方案和监测、监管等。逻辑上，行为人污染行为致使环境污染、致使人身伤害而导致的修复和医疗费用是污染行为直接导致，行为人行为与危害结果之间有

---

① 张红良、彭子游：《非法占用农用地犯罪的司法认定及其反映出的法治问题研究》，载《西南政法大学学报》2012 年第 2 期。

② 胡云腾主编：《最高人民法院、最高人民检察院环境污染刑事司法解释理解与适用（释解·案例·文书）》，人民法院出版社 2014 年版，第 78—79 页。

明确的因果关系，均应当计入"消除污染费用"，但实践中，消除污染采取的必要措施一般只包括对污染物进行物理隔离手段，对于其他如污染物的无公害化处理、污染物已经导致的环境污染修复费用、受害人员医疗费用等一般认为属于消除污染后的后续行为，不属于直接危害结果范畴，而且环境污染修复费用、受害人员医疗费用往往数额巨大，如土地污染修复费用一般都在几百万元乃至上千万元/亩，考虑到罪责刑相当的刑法原则，因此作不计入财产损失数额处理。这是尊重司法实际的做法，但从理论上和责任上，该费用仍应当向行为人进行追缴，至于通过何种方式追缴值得探索。

至于调查评估的花费是否应纳入"必要合理措施"费用问题，考虑到调查评估费用是"对环境污染损害评估所支出的费用，按实际评估发生的费用计算，包括现场预调查、勘查检测、污染场地调查、风险评估、损害评估费用"①。实践中该项费用通常比较高昂，通常做法是不纳入计算，避免相关解释适用过于严苛。

## 三、环境资源犯罪的犯罪形态问题分析

### (一) 环境资源犯罪共犯形态分析

共同犯罪问题在污染环境犯罪中比较突出，据统计，上海地区2014—2016年污染环境犯罪案件中共同犯罪占比60%以上。在污染环境犯罪中，常见的共同犯罪问题主要有以下几种：

1. 雇佣工人问题

污染环境行为的实施者通常都有帮助实施的雇佣工人，如上海地区常见的小金属加工作坊中的"小工"，是被雇佣从事生产活动的工人。通常"小工"或者普通工人是被雇佣从事生产活动而并非污染物处置，由于污染物处置的方式由经营者决定等多方面因素，在司法实践中对被雇佣从事生产活动的工人一般不作为污染环境的共犯处理。但对于污染行为中的雇佣人员，处理存在分歧意见。有观点认为，污染行为实施者，如污染物的倾倒者，在污染环境犯罪中是直接行为人，为污染环境罪的正犯，应予以处罚。是否为雇佣关系，获利多少，不影响犯罪构成；也有观点认为此类被雇佣的工人情节轻微，不应认为是犯罪。目前针对此问题还没有统一的认定标准，具体如何认定一般根据案件酌情处理。如青浦区院办理的李某等5人案中，现场实施将污泥从运输船抽取倾倒的贾某某、周某某，系被李某等雇佣，收取每天130元报酬，主观上明知污泥有污染。青浦区院认为构成犯罪，认定为从犯，予以逮捕，后被判决。

---

① 参见《环境污染损害数额计算推荐方法》(第1版)。

但在相似案件中，金山区院认为此类被雇佣小工情节轻微，基本不做刑事犯罪处理。

之所以存在上述区别，主要在于司法实践中情况比较复杂。污染行为中的雇佣人员系直接处置污染物人员，其实施了污染行为，显然，此类雇佣人员应属于帮助犯。尽管司法实践千差万别，但必须承认的是，此类人员一般有多人，即使均在实施污染行为中起到了作用，但所起作用还是有差别的，特别是在雇佣人员众多的情况下，存在犯罪作用轻重有别的空间。例如，有的人员行为积极，实施污染处置中的关键行为，作用明显，而有的人员仅系随从、帮手，作用不大。因此，司法实践中需要根据其在共同犯罪当中所起的作用，同时结合犯罪情节然后再确定是从轻、减轻还是免除处罚或者不起诉。综上，对于此类雇佣人员的刑事责任认定，最终是要根据其在犯罪中所起作用大小，再结合其他犯罪情节综合认定，不能机械地全部追究刑事责任。

2. 委托实施问题分析

实践中，常见的是污染物生产者委托他人倾倒、排放、处置污染物，他人成为污染行为实施者。对于污染物生产者是否以共犯论处，应考察污染物生产者的主观罪过。如果污染物生产者指使、委托他人运输、处置污染物时明知他人是随意倾倒、排放、处置污染物的；或者直接伙同他人共同随意倾倒、排放、处置污染物的，具有共同犯意，显然应当以共同犯罪论处。如果无法认定主观明知被委托人非法处置行为的，不应以共同犯罪论处。如 2015 河北十大环境污染犯罪案例——河北蠡县污染环境致人死亡案。中国石油化工股份有限公司北京燕山分公司与河北一家有危险废物再利用资质的某化工有限公司签订过废液处理合同。而该化工有限公司负责人董某指挥未将废碱液进行处理，而将 2800 余吨废碱液运至蠡县附近交专人倾倒。运输和倾倒者每吨获利 120 元和 40 元，董某等每吨净赚 440 元。倾倒过程中，2015 年 5 月 18 日中午致附近的某驴肉店老板吸入有毒气体死亡。此案对于燕山分公司并未进行刑事追究。

委托处置污染物的主观明知应当从污染物性质、正常处理渠道、被委托人资质、处理费用、处理书证以及言词证据综合考虑。实践中，主观明知的证明是办案难点。为了更好地实现证明要求，司法解释将对"被委托人资质"是否明知作为主要标准。2017 年 1 月 1 日起施行的《关于办理环境污染刑事案件适用法律若干问题的解释》第 7 条规定，明知他人无危险废物经营许可证，向其提供或者委托其收集、贮存、利用、处置危险废物，严重污染环境的，以共同犯罪论处。这是对危险废物的生产者或合法处置者在委托处置时的强调性规定，事实上也具有较强可操作性。

（二）环境资源犯罪的犯罪停止形态问题分析

上文中把环境资源犯罪情节分为危害行为情节和实害结果情节两种，对于危害行为情节，犯罪行为有预备、未遂和中止，相对比较容易理解。但对实害结果情节构罪的，其犯罪是否存在未完成形态比较有争议。

有观点认为，实害结果情节犯成立的条件行为本身必须"情节严重"或"情节恶劣"，只有达到该种程度才可能成立犯罪，比如"非法排放、倾倒、处置危险废物三吨以上""非法狩猎野生动物二十只以上""在内陆水域非法捕捞水产品五百公斤以上或者价值五千元以上，或者在海洋水域非法捕捞水产品二千公斤以上或者价值二万元以上的"等，也就是说成立犯罪要达到规定的犯罪后果，不达到标准就不是犯罪，所以只可能成立既遂，而不可能出现未遂、中止、预备的停止形态。

本文同意达到实害结果标准才能定罪，但实害结果标准应当认为是"情节严重"的价值判断，是基于社会一般观念的认识，可以看作构罪标准，却不能简单等同于既遂标准。事实上，对于实害结果情节犯而言，行为人同样会经历从准备到完成的过程，其危害行为发展到一定阶段可能停止时，就会形成一定的停止状态，此时即便该危害行为没有最终完成，也可以以犯罪未遂或者其他犯罪形态来追究。这种认定方式适用于污染环境、非法捕捞水产品、非法狩猎、非法占用农用地等犯罪，以污染环境罪中排放、倾倒、处置危险废物为例，不论何种行为状态，如果未达到"三吨"标准，行为人就不作为犯罪处理；如果达到"三吨"标准，则可以考虑其犯罪形态，因为排放、倾倒、处置行为是一个过程，有着准备到实施的发展阶段，从而就有行为停止的认定空间。具体以倾倒危险废物为例，在达到构罪标准"三吨"前提下，如果行为人已倾倒危险废物且未能及时清除污染情况，以既遂处理；如果已倾倒但在造成环境不利改变前及时清除的，则可成立犯罪中止；如果部分已倾倒，尚有部分未完成倾倒时被查获，整个行为可认定为未遂（也存在部分既遂和部分未遂并存情况）；如果正开始着手倾倒时全部危险废物即被查获，也认定成立未遂；如果准备倾倒而在运输途中被查获的，可认定为预备行为。如青浦区院办理的钱某某等人污染环境案中，涉案人驾驶车辆装载48桶废水、3桶污泥至作案处准备倾倒被民警查获，被法院认定为已经着手实行犯罪，由于意志以外的原因而未得逞，系犯罪未遂。

涉及非法收购、运输、出售珍贵、濒危野生动物（制品）的案件中，行为人在运输途中被查获，此时针对运输行为来讲，不管查获的野生动物（制品）是否收购得到还是用于出售，运输行为已既遂，不存在犯罪未遂，直接可以非法运输珍贵、濒危野生动物（制品）罪认定。但对于非运输途中查获的案件，例如在仓库、酒店等处查获的，课题组认为，要区分对待。如果是收购自用目的，显然是非法收购珍贵、濒危野生动物（制品）罪的既遂；如果是收购后准备出售，由于是选择性罪名，其中有一行为（收购）已经既遂，那么整个收购、出售行为就不能认定为未遂，应构成非法收购、出售珍贵、濒危野生动物（制品）罪的既遂；如果无法查明收购的行为，确系代人出售等情况，则只是单一的出售行为，可以认定是非法出售珍贵、濒危野生动物（制品）罪的未遂。

# 产权司法保护与司法政策研究[*]

## ——以检察监督促进实现平等保护为视角

上海市静安区人民检察院课题组[**]

## 一、导论

### （一）产权司法保护相关文件出台背景和主要要求

洛克认为，产权是个人自由和权利的保障。从经济史的角度分析，西方社会的政治变革确立的产权保护制度是投资和资本积累的前提条件。而"产权"概念近年来才逐渐进入我国公众的视野。主要原因在于随着改革开放的深入推进，我国公有制为主体、多种所有制经济共同发展的基本经济制度不断完善，而产权保护方面重公有、轻私有的情况不同程度地存在。为此，2004 年《宪法修正案》明确"公民的合法的私有财产不受侵犯"；2007 年出台的《物权法》以民事基本法的形式对物权法律制度做了安排，构建了产权制度基本框架，并再次确认平等保护物权的基本原则。此后，公司法、证券法、侵权责任法等法律从制度层面对各类产权进行了确认和保护。

党的十八大以来，尤其是党的十八届三中、四中、五中全会提出，国家保护各种所有制经济产权和合法利益，强调要健全以公平为核心原则的产权保护制度，推进产权保护法治化。中共中央、国务院《关于完善产权保护制度依法保护产权的意见》（以下简称《产权保护意见》）是对现有法律体系的强调和完善，在重申公有制经济财产权不可侵犯的同时，强调创新保护各种所有制经济产权和合法权益的方法、措施、法律和制度，明确产权保护的基本原则是"平等保护、全面保护、依法保护、共同参与、标本兼治"。为此，最高人民检察院出台《关于充分履行检察职能加强产权司法保护的意见》《关于充分发

---

  [*] 上海市检察官协会 2017 年重点研究课题。

  [**] 课题组负责人：杨恒进；课题组成员：吕颢、顾文、蒋凡、金霞、王冠、陈泽赟、叶子祥。

挥检察职能依法保障和促进非公有制经济健康发展的意见》《关于充分发挥检察职能依法保障和促进科技创新的意见》等，要求检察机关充分认识依法保护产权是完善中国特色社会主义市场经济体制的内在要求，通过积极履职为促进经济平稳健康发展和社会和谐稳定提供优质的司法服务。此后，高检院民事行政检察、控告申诉检察等职能部门和上海、浙江、北京等地检察机关也相继出台了相关文件。① 与此同时，最高人民法院也出台了《关于充分发挥审判职能作用切实加强产权司法保护的意见》《关于依法妥善处理历史形成的产权案件工作实施意见》《关于为改善营商环境提供司法保障的意见》等文件，显示了司法机关共同完善现代产权制度、推进产权保护法治化的决心。党的十九大报告将产权保护提升到了经济体制改革、经济创新驱动、保障人权等全局性、战略性的层面考量，为产权司法保护及相关司法政策制定指明方向，并提出了新的要求。

从上述法律、政策的演绎脉络而言，平等原则是一项重要的原则，公平和平等置于产权保护的核心地位。尤其是在产权保护法律体系逐渐健全的基础上，必须在实践中严格落实"平等保护"的要求，增强拥有产权的安全感和获得感。

### （二）产权平等保护的内涵

"平等是一种神圣的法律，一种先于所有法律的法律，一种派生出各种法律的法律。"② "财产权平等保护"是现代法律的一项基本原则。课题组认为，就我国当前实践而言，随着对私权、少数人权益和新类型产权的日益关注，平等保护主要包括两个方面：一是不同权利主体的平等，主要是不同所有制经济产权权利平等、机会平等、规则平等，以及不同规模主体的权利平等、机会平等、规则平等；二是不同权利类型的平等保护，主要是既要保护传统的物权、债权、股权，也要保护各种无形财产权如知识产权，以及新类型的产权如互联网金融消费者权益。

但不同权利主体、权利类型在保护上并非绝对平等。研究中可以分为两个层面：一个是法律层面，另一个是现实层面。法律层面是指在我们的宪法、诉讼法中是否作出一些关于权利主体、权利类型平等保护方面的规定，这是产权平等问题在法律上有没有得到解决的标志。如前所述，在我国的宪法和法律层面，权利主体和权利类型的平等保护问题基本得到了解决，但是还存在一些需

---

① 《关于在刑事申诉检察工作中加强产权司法保护进一步加大办案力度的通知》（高检刑申〔2017〕4号）、《上海检察机关服务保障科创中心建设的意见》、《浙江省检察院关于依法保障和促进非公有制企业健康发展的意见》（浙检发字〔2016〕6号）等。

② ［法］皮埃尔·勒鲁：《论平等》，商务印书馆1988年版，第20页。

要关注的问题。如刑法对不同所有制经济采取区别对待的态度,而且整体上偏向于对具有公有制属性的企业财产权利的重点保护。另一个层面,即现实中权利平等问题有没有得到解决?课题组认为,在现实层面,权利平等保护的任务更艰巨,突出表现为利用公权力侵害私有产权、违法查封扣押冻结民营企业财产等现象时有发生;中小股东权益受到侵害后获得司法救济困难;知识产权保护不力,侵权易发多发;互联网金融发展过程中,部分机构、业态以"金融创新"为幌子,扰乱金融安全、侵犯投资人合法权益等。① 因此,本课题主要立足于实践中存在的典型问题,探讨如何发挥检察监督职能,从现实层面实现产权的平等保护。

1. 对不同权利主体的平等保护

(1) 不同性质主体:公有制经济与非公有制经济的平等保护。公有制经济和非公有制经济都是社会主义市场经济的重要组成部分,都是我国经济社会发展的重要基础。改革开放30多年来,非公经济已经成为我国国民经济最具活力的部分之一,是促进我国社会生产力发展的重要力量。以上海市为例,2016年民营科技企业数占全市科技企业的比重达94%,有近50%的专利授权由民营企业获得。从我国市场经济发展的现状和趋势来看,非公经济组织在国民经济发展、保障税收、扩大就业、维护社会稳定等方面,发挥着重要作用。但是在一个国家中,静态的物质财富总额和动态的营业机会或营业活动总是有限的,因此公有制经济与非公有制经济所占有的财产份额、营业机会以及所获取的利益之间会长期呈现为竞争关系。由于公有制经济是国家调节经济运行和弥补市场缺陷的必要途径,其先占优势决定了许多重要的资源和话语权都掌握在其手中。例如,同样是非法经营同类营业的行为,如果侵犯的是国有公司的利益,就要按犯罪处罚;而如果侵犯的是私营企业的利益,则不按犯罪处理等。实践中,国家财产的保护也一直优先于私有财产保护,长期以来非公有制企业在刑法定罪量刑、刑事诉讼传唤、拘传、查封、扣押、冻结涉案企业财产等措施中未能获得与国企平等的法律地位,在罪与非罪、此罪与彼罪、追诉标准、刑罚设置等方面存在差别。如2017年1月22日被最高人民法院第二巡回法庭改判的孙某国、孙某东等16人故意杀人、组织领导和参与黑社会性质组织案,其中9人改判无罪,另外7人实际服刑刑期超过改判刑期,被告人"钢材生意人"的身份引人注目,因涉黑案件被连带剥夺财产凸显了依法纠正经

---

① 参见《关于完善产权保护制度依法保护产权的意见》、最高人民检察院《关于办理涉互联网金融犯罪案件有关问题座谈会纪要》等。

济案件中冤假错案的重要性。① 《产权保护意见》强调，加强各种所有制经济的产权保护，废除对非公有制经济形式的不合理规定，保证各种所有制经济平等使用生产要素、公开公平参与市场竞争、同等受到法律保护、共同履行社会责任。

（2）不同规模主体：中小股东与大股东的平等保护。随着市场经济的深化落实，国有企业混合所有制改革，公司规模日益增加。数据显示，中国有1亿多投资者，其中8000万是中小投资者。② 但近年来中小股东权益受损的现象时有发生，主要表现为中小股东利润分配请求权缺乏保障，以及公司收购过程中中小股东权益缺乏保障。究其原因，在于中小股东虽然人数众多，但在资本多数原则下，由于资产总量和所占股权比例较少，因此在公司经营决策中缺乏话语权，且表决权相当分散，往往受到上市公司虚假陈述和内部交易等方面的影响，导致自身权益被侵害。此外，股利分配法定条件的模糊性、公司管理层在收购过程中的操作隐秘性和大股东能够直接迅速获取企业信息具备的经营决策权等，使得对中小股东的影响越发严重，尤其是民众反映强烈的监管机关与融资者勾结的恶劣行为，大股东滥用控制权等情况仍有发生。2014年12月证监会为了维护中小股东权益，专门成立从事投资者权益保护的公益性机构——中证中小投资者服务中心有限责任公司，开展了有益的探索和实践。③ 对此，《产权保护意见》强调，支持混合所有制企业实行员工持股，坚持同股同权、同股同利，同时推动金融创新，鼓励创造更多支持实体经济发展、使民众分享增值收益的金融产品，增加民众投资渠道。

2. 对不同权利形态的平等保护

（1）有形产权与无形产权——经济新常态下知识产权的保护。理论界对于无形财产、无形财产权等概念的内涵和外延并无统一的认识。具体来说，"无形财产"在实际运用中主要有以下三种解释：第一，无形财产指不具备一定形状，但占有一定空间或能为人们所支配的物。这主要是基于物理学上的物质存在形式而言。第二，无形财产特指知识产权，这主要是基于知识产品的非物质性而作出的界定。第三，无形财产沿袭罗马法的定义和模式，将有形物的

---

① 该案办理时被吉林省公安厅列为督查案件，要求办成"铁案"，但是高检院认为此案"诉讼程序严重违反法律规定，并因此导致定罪量刑明显不当，显示公平"。

② 赤天：《让持股行权成为维护投资者权益的"标配"》，载《中国审计报》2017年5月3日。

③ 其职能主要包括持有上市公司股票，建立投资者权利代理机制，以股东身份参与上市公司治理；通过调解、和解、仲裁、补偿、诉讼等方式对上市公司违法违规等损害投资者利益行为进行约束；行使股东权利等方面。

所有权之外的任何权利称为"无形财产",知识产权仅是其中一种"无形财产"。① 对于无形财产的具体类型,也存在不同程度的争议②,其中知识产权是最具典型也是毫无争议的无形财产。

从我国以往以及现有的相关法律法规来看,遵循"所有权绝对"原则,对各种有形资产的保护力度较强,例如厂房、设备等,但对各种无形资产的保护力度却相对较弱,重"有形"而轻"无形"的情况比较普遍。主要原因就在于其非物质属性的特征,决定了侵犯知识产权行为具有侵害形式特殊性、侵害行为高度技术性、侵害范围广泛性和侵害类型多样性等特征。虽然国家知识产权局知识产权发展研究中心《2015 年中国知识产权发展状况报告》显示,近年来知识产权案件总体数量保持上升趋势,司法处理案件与行政执法案件保持 2:1,与 2014 年相比分别上涨了约 12%,③ 但是我国对知识产权的保护还处在逐渐起步阶段,司法实践中存在的刑事追究比例不高、民事赔偿数额较低、诉讼周期漫长等突出问题,导致出现司法救济延迟、侵权制裁效果不明显等不良后果,从而影响司法的权威与公信力。检察实践中突出表现为:知识产权犯罪浓厚的跨专业特征使得检察官难以应对自如,"实践中,知识产权的违法行为与犯罪行为互相交织,罪与非罪的界限难以把握,导致案件的立案、侦查工作进程不畅。随着科技的发展,侵犯知识产权犯罪出现智能化犯罪的趋势,侦破难度也就相应增大。同时,对于以普通刑法专业或者刑事诉讼法专业为主的公诉部门案件承办人来说也存在类似问题,相关知识储备普遍感到不足"④;行政执法与刑事司法衔接不畅,以及一些行政执法案件因为行政执法人员刑事法律知识方面欠缺,无法进入刑事诉讼程序,多是"以罚代刑"草草了事,抑或因为对受理的案件是否构成犯罪没有把握,对案件降格处理,未移送公安机关。对此,《产权保护意见》强调,加大知识产权侵权行为惩治力度,将故意侵犯知识产权行为纳入企业和个人信用记录,推进知识产权民事、刑事、行政审判"三审合一",完善涉外知识产权执法机制等。

(2) 传统业态产权保护与新类型业态产权保护——金融改革背景下对金

① 马俊驹、梅夏英:《无形财产的理论及立法问题》,载《中国法学》2001 年第 2 期。

② 如认为有三类,一是知识产权,这是最具典型也是毫无争议的无形财产;二是商业社会的各种无形权利,包括商誉、商号权、商业秘密权、经营特许权等;三是公法意义上的财产等。

③ 韩秀成、谢小勇、王淇:《构建知识产权大保护工作格局的若干思考》,载《知识产权》2017 年第 6 期。

④ 吴巧新、张建国、陈添:《当前侵犯知识产权案件出现的新情况以及对策——以宁波市海曙区人民检察院近五年办理的案件为样本》,载《法制与社会》2015 年第 6 期。

融参与者财产权益的平等保护。目前而言，我国城乡居民财产性收入的渠道并不广泛，与发达国家相比，金融市场仍处于产品结构简单、衍生品市场不发达、杠杆使用受到严格限制的初级阶段。但是，以理财产品为主的交叉性金融产品发展迅速，除此之外，基金管理公司特定客户资产管理业务、证券公司集合理财计划、信托公司集合资金信托计划等个人消费者能够直接获得的交叉性金融产品也迅速发展，一旦运作失败，会直接损害消费者的利益，打击消费者对市场的信心，有可能引发一定范围的恐慌，进而影响金融稳定。其中互联网金融自 2013 年以来异军突起，如由阿里巴巴、腾讯和中国平安保险合作成立的国内首家网络保险公司"众安在线"，出现了互联网企业和金融机构合作提供金融产品和金融服务的情况。但是，由于互联网金融服务中信息不对称和利益冲突，以及服务提供的灵活性和监管者监管范畴的固定性，导致互联网金融企业利用监管空隙，轻易通过概念包装和改名，经营起看似新潮，实则意图实施规避监管，进行套利的 Fintech（金融科技）。① 为此，2015 年《关于促进互联网金融健康发展的指导意见》出台，对互联网金融主要业态进行了明确规定，确立了互联网金融主要业态的监管职责分工。中国人民银行 2016 年 12 月印发的《中国人民银行金融消费者权益保护实施办法》首次在互联网金融领域中引入消费者保护理念，对金融消费者进行了定义②，试图改变互联网金融消费者的弱势地位。但是，互联网金融的普惠性、网络性及信息分布的不均衡性等特征使互联网金融消费者权益保护问题日益严峻，加上消费者的互联网技术和金融知识双重的不足，面临着较传统金融领域中更多的技术风险以及由此引发的金融风险。以上海市为例，2016 年共受理金融审查逮捕案件 1207 件 1853 人，审查起诉案件 1641 件 2811 人，其中涉众型金融案件与 2015 年相比，提请逮捕人数上涨 181%，提请公诉案件数及人数上涨 150%、170%。以静安区检察院为例，仅 2017 年就接待涉众型金融案件集体访 48 批 1903 人，涉及中晋系、快鹿系等一批重特大吸收公众存款案件。如果互联网金融服务提供者及其关键管理层不考虑建立企业诚信文化，不构建公平对待客户、促进企业诚信行为文化的商业运营方式，不仅合规经营和管理升级缺乏基础，经营危机的潜在风险也在所难免。③ 对此，《产权保护意见》强调，深化金融改革，推动

---

① 在互联网金融和 Fintech 的界限上，可以考虑 Fintech 通过与持牌机构合作，但不直接从事金融业务；划定互联网金融可以从事具体金融业务，互联网金融有着金融风险的广泛性、隐蔽性、突发性及传染性等特点，在本质上仍然是金融，互联网不过是形式。

② 指购买、使用金融机构提供的金融产品和服务的自然人。

③ 冯乾、王海军：《互联网金融不当行为风险及其规制政策研究——以市场诚信、公平竞争与消费者保护为核心》，载《中央财经大学学报》2017 年第 2 期。

金融创新，鼓励创造更多支持实体经济发展、使民众分享增值收益的金融产品。

（三）检察环节研究产权司法保护政策应把握的原则

虽然我国产权保护的法律基本完善，但是基于对法律不同视角的解读，得出的结论往往相去甚远。如果说法律以正义为判断标准，司法政策则以合法性为标准。具体到产权保护的司法政策，在具体研究中应把握以下四个原则：

1. 以防控风险、服务发展为指导理念

检察机关要切实把防控风险、服务发展摆在更加突出位置，依法保护各种产权主体的合法权益，依法保护物权、债权、股权、知识产权以及其他各种无形财产权，促进不同所有制经济、不同经济主体共同发展，激发经济活力和创造力。要加强风险防控，做好犯罪预防和法制宣传，主动适应加强各种所有制经济产权保护的司法需求，确立检察机关在产权保护上的权威和公信力，打造良好的产权保护司法环境和舆论氛围。加强与企业联系，注重从非公有制经济界人士、工商联及商会工作人员中选聘特约检察员、人民监督员，通过座谈会、走访企业、在产业园区因地制宜设立产权司法保护检察室等方式广泛了解企业法律服务的需求，认真听取意见和建议，构建支持企业健康发展的长效机制，积极为国有企业、私营企业、创业创新人才开展有针对性的法律服务。

2. 以法律为依据综合发挥检察职能

检察机关要在法律的范围和限度内，综合运用侦查监督、审查起诉、民行检察、诉讼监督等职能，通过打击犯罪、服务发展、加强保护等手段，实现对不同权利主体的平等保护、对不同权利形态的平等保护。具体而言，即根据高检院的要求，依法履行刑事检察职能，加大惩治侵犯产权犯罪力度；加强与监察委员会的衔接，实现职务犯罪侦查和预防工作的平稳过渡，依法惩治侵犯产权职务犯罪；强化刑事诉讼监督，保障涉案产权主体的合法权益；加强民事行政检察工作，形成多元化产权保护格局；加强诉讼监督检察工作，依法化解产权纠纷引发的社会矛盾；加强组织领导和协调配合，确保产权保护措施落到实处等。

3. 以最小干预实现刑事司法目的

检察机关要尊重产业发展规律，深入研究和合理保护新类型权利，科学界定产权保护边界，讲究办案方式方法，慎重选择办案时机、方式和力度。检察机关在作出不捕、不诉等终局性处理决定前，主动听取相关行业主管、监管部门的意见，慎重使用逮捕等人身强制措施，慎重搜查、查封、扣押、冻结涉案财物、慎重发布涉及创业创新企业案件新闻信息，做到既严格依法办案，又努力避免影响经济运行和企业生产经营活动。全面推进认罪认罚从宽制度的试点工作，对轻微案件简化诉讼程序，加快诉讼进程，切实维护产权人合法权益。

4. 以机制建设作为推进产权司法保护的重要保障

一是常态化沟通联络机制。对办案中发现的体制性、政策性等重大问题和事项以及区域内影响特定产业发展的重大案件，及时向党委、人大、政府、政法委报告；加强与监察、审判、公安、行政执法部门的协作配合，加强产权领域行政执法与刑事司法衔接机制建设，建立健全联席会议、定期通报情况的工作机制；加强与各级工商联、相关行业协会和大专院校的密切联系，广泛听取专家学者、律师、企业界人士的意见建议，就产权司法保护的理论问题和实践难点共同开展调研分析。二是风险预警防范机制。结合办案开展风险预警和防范，对办案中发现的容易引发犯罪的法律风险点进行分析评估，为政府引进民营企业、高科技企业提供刑事风险防范建议，为行业监管部门提供职务犯罪预警预测，指导和推动企业依法管理和诚信经营，促进企业健康发展。三是快速处理反馈机制。建立产权案件专案特办、有效衔接、工作协同的内部专项工作机制，刑检、民行和诉讼监督等部门梳理产权案件的特殊性，注重对产权案件提前介入、引导侦查和羁押必要性审查，加快诉讼进程，切实维护各类产权主体的合法权益。以国有资产保护、国有土地使用权出让等产权领域为重点，积极运用诉前程序和提起公益诉讼的方式，维护被民事、行政违法行为侵害的国家和社会公共利益。四是权利救济保护机制。畅通当事人权利救济途径，为当事人寻求法律咨询、权利救济提供更加便捷高效的服务方式，对不属于检察机关主管或管辖的案件，及时移送相关部门处理，依法化解产权纠纷引发的社会矛盾。

## 二、检察机关对不同权利主体平等保护应坚持的司法政策

如前所述，检察机关落实不同权利主体的平等保护，应主要从非公有制经济主体的权益保护和中小股东权益保护入手。

（一）确保不同所有制形式产权的平等保护

"有恒产者有恒心"。结合中共中央、国务院出台的《关于营造企业家健康成长环境弘扬优秀企业家精神更好发挥企业家作用的意见》第3条"在立法、执法、司法、守法等各方面各环节，加快建立依法平等保护各种所有制经济产权的长效机制"的要求，检察机关要通过坚持办案程序、实体处置和法律服务三个方面的平等，保障非公有制企业诉讼地位和诉讼权利的平等性、法律适用和法律责任的平等性、法律保护和法律服务的平等性。

1. 检察机关保障非公有制企业诉讼地位和诉讼权利的平等

法律地位平等是指法律人格在参与同一法律关系及在同一法律关系中占有同一法律位置或充当同一法律角色的机会和条件均等；同时，该法律人格在成

为特定法律关系主体之后，与其他主体享有和承担的权利义务在总量上基本相同或相等。前者我们可以理解为法律地位平等，后者我们可以理解为法律权利平等，具体到诉讼过程中，分别就是诉讼地位、权利的平等，二者相辅相成，司法机关对诉讼地位、权利都要予以平等对待和保障。① 检察机关应将保障非公有制企业诉讼地位、权利平等工作的重点部署在刑事诉讼平等地位和待遇保障中。

（1）依法审慎适用刑事诉讼强制措施。一是案件办理时，应会同有关部门将是否严重影响企业正常生产经营作为重要的评估指标，确保非公有制企业在刑事诉讼传唤、拘传、查封、扣押、冻结涉案企业财产等措施中获得与公有制企业平等的法律地位。二是对非公有制企业较易涉嫌犯罪的案件，如非法吸收公众存款、集资诈骗、逃税、骗取出口退税罪、虚开发票罪等危害税收征管等犯罪案件，注重区分涉案资金是否用于生产经营、是否具有非法占有目的、是否影响社会稳定，区别考虑是否进行程序过滤和追究刑事责任，并尽可能做好涉案资产保全。三是严格规范涉案财物的处置。对于正在投入生产运营或者正在用于科技创新、产品研发的设备和技术资料等，一般不予查封、扣押、冻结，确需提取犯罪证据的，可以采取拍照、复制等方式提取。

（2）妥善把握办理企业内部犯罪案件的时机和力度。对于涉案人员正在承担重大生产经营管理活动、重大科技项目攻关、重大涉外项目实施等职责且不必立即查处的案件，选择办案时机时应最大限度降低对企业正常经营的影响。对于查办非公有制企业经营管理者和关键岗位工作人员确需羁押的案件，主动加强与涉案企业或者当地政府有关部门、行业管理部门协调，合理掌控办案进度，配合制订衔接方案，帮助涉案非公有制企业做好生产经营衔接工作。对于已经羁押的上述人员应及时作出羁押必要性审查，在关键证据获得固定而不影响正常进行的前提下，可以考虑解除或变更拘留、逮捕措施。②

（3）加强对涉及非公有制企业的民事审判执行法律监督。最高人民检察院《关于充分发挥检察职能依法保障和促进非公有制经济健康发展的意见》第14条特别指出要依法履行民事行政检察职责，加强对产权诉讼案件的法律监督。课题组认为，检察机关对涉及非公有制企业的民事审判执行法律监督应当把握的司法政策是：首先，依法保障各类产权主体申请监督权，规范民事行

---

① 参见赵正群：《评"当事人在行政诉讼中的法律地位平等"》，载《辽宁大学学报》1993年第2期。

② 参见《最高人民检察院关于充分发挥检察职能依法保障和促进非公有制经济健康发展的意见》第9条；《浙江省人民检察院关于依法保障和促进非公有制企业健康发展的意见》第6—10条。

政诉讼监督案件的受理和审查程序，倾听意见，畅通渠道。其次，重点监督因不依法履行执行职责及错误采取执行措施、错误处置执行标的物、错误追加被执行人，致使当事人或利害关系人、案外人等财产权受到侵害的案件。最后，着眼于运用较为成熟的抗诉、检察建议等监督手段加强审判监督，保障民营企业产权利益。

2. 检察机关保障非公有制企业法律适用和法律责任的平等

"在适用法律上一律平等"主要归结为"同等情况同等对待"①，尤其是实体处理上的平等。针对非公有制企业在司法实践中遇到的具体情境，课题组认为还应当注意以下三个方面：

（1）依法准确办理新类型案件。在科技创新引领经济社会发展的当下，深入研究企业科技创新融资、科技成果资本化产业化、科研人员成果转化收益中的新问题，对于法律政策界限不明、罪与非罪不清的，慎重处理，必要时认真听取有关行业主管、监管部门的意见。同时，注重维护企业名誉，慎重发布相关新闻信息。

（2）依法办理利用职务便利实施犯罪案件。在目前市场大环境中，以私营企业为代表的非公有制企业相较于央企、国企，面临着政策、资源、人才等方面相对不平等的经营环境，因此企业若需要谋取较高的利润或订单以获得生存空间，就可能采用非法经营方式。检察机关办案中注意保护企业的自主经营权，如对于在生产经营活动中构成行贿及其他经济犯罪的企业经营管理人员，研究适当的处置方式。

（3）依法妥善处理历史积案。中共中央、国务院《关于营造企业家健康成长环境弘扬优秀企业家精神更好发挥企业家作用的意见》要求，"及时甄别纠正社会反映强烈的产权纠纷申诉案件"。改革开放以来存在财产保护历史性问题，其中主要就是有针对性地强调对非公有制企业财产权益的保护问题。因此，检察机关要以发展眼光客观看待和依法妥善处理改革开放以来非公有制企业经营发展过程中存在的不规范问题，坚持有错必纠原则，运用诉讼监督等职能依法纠正过往办理的错案，不能因为案件复杂、久远，耗费司法资源颇多，就拒绝予以纠正和补偿。

3. 检察机关保障非公有制企业法律保护和法律服务的平等

（1）积极促进构建亲清新型政商关系。党的十九大报告要求"构建亲清新型政商关系，促进非公有制经济健康发展和非公有制经济人士健康成长"。"亲"就是亲近，强调真诚交流；"清"就是清白，要求双方光明磊

---

① 参见温辉：《法律适用不平等及其解决之道》，载《西南政法大学学报》2010年第2期。

落。检察机关要加强和监察机关的协作与配合，依法惩治国家工作人员利用市场准入、监管、服务、资金扶持、税务等职务之便，向非公有制企业索要和收受贿赂的犯罪。对发生在非公有制企业行政审批、监管领域国家机关工作人员渎职，或趁非公有制企业经营困难而故意制造障碍，或严重不作为而造成企业重大损失的犯罪行为，从重从快惩处。依法严肃办理非公有制企业资本参股、参与经营能源、电信、交通、市政公用等事业或重大工程建设中遭遇的，在招标投标、公私合营、资金使用拨付过程中发生的职务犯罪，保障企业权益。

（2）积极营造良好营商环境。一是在刑事领域，严厉打击破坏市场秩序、侵犯非公有制企业财产权益的经济犯罪。如侵犯非公有制企业合法权益的商业贿赂等破坏市场经济秩序的犯罪；强揽工程、串通投标、强迫交易、官商勾结垄断经营以及故意损害商业信誉等破坏公平竞争的犯罪等。通过惩治各种经济犯罪，提高非公有制企业投资信心，助力非公有制企业实施创新驱动发展战略获取更多财产利益。二是在民商事领域，加强对涉及非公有制企业债务纠纷、股权分配、知识产权、职工工资、劳动争议、工伤赔偿等案件审判、执行活动的法律监督和涉及市场准入、不正当竞争等问题的法律监督。三是坚持把加强对诉讼活动的法律监督与查处司法腐败结合起来，注重查办执法不严、司法不公背后的虚假诉讼、贪赃枉法等司法人员违法犯罪案件，深入发掘和查处涉及企业财产权的虚假诉讼、恶意诉讼以及背后的司法腐败线索，降低企业正常经营中潜在的法律风险与隐患。

（3）积极开展对企业权益的综合保障。一是及时办理非公有制企业的控告、申诉和举报。充分发挥检察机关视频接访系统、12309举报网络平台等诉求表达渠道的作用，对涉及非公有制企业、非公有制经济人士维护自身合法权益的控告、申诉和举报，检察机关内部要建立工作机制，安排专门人员，依法及时审查，严格按照法律的管辖规定、诉求性质和相应的法律程序办理。二是发挥民行检察职能调处化解企业经济纠纷。对于涉及非公有制企业股权、借款、破产、兼并、重组、转制等案件，积极协助有关部门运用和解、调解等当事人地位平等的法律途径化解矛盾，防止发生因企业资金链断裂而倒闭。三是探索研究对因为法律政策改变而给企业家及其经营的企业造成损失的补偿机制。根据中共中央、国务院《关于营造企业家健康成长环境弘扬优秀企业家精神更好发挥企业家作用的意见》，在政法委牵头下研究建立因政府规划调整、政策变化造成企业合法权益受损的依法依规补偿机制，具体包括：损失范围认定机制、损失与政策变动因果关系认定机制、补偿资金筹措机制、补偿标准确定机制、补偿款项拨付机制、补偿专项资金监督使用机制、金融保险机构参与风险担保与补偿运作机制等。

（二） 确保不同产权规模主体的平等保护

长期以来，中小股东权益维护在司法领域中多被视为审判机关研究的领域，检察机关办理相关案件经验积累相对较少。2016 年 7 月上海第一中级人民法院受理的由中证中小投资者服务中心支持投资者向上市公司及其实际控制人提起证券赔偿诉讼案，是全国法院系统受理的第一例证券支持诉讼。检察机关作为法律监督机关应着眼依法有效维护，通过加强刑事犯罪打击和民事行政法律监督，增强对中小股东权益的维护，兼顾其与公司、大股东利益的平衡，力争实现合法、良性的利益共赢。

1. 检察机关维护中小股东诉讼权益

（1） 督促完善信息披露制度。检察机关会同法院、工商等部门推进公司收购信息披露制度的完善，明确公司管理、经营层的信息披露义务，明确披露的完整性（包括股东持股的情况、公司财务状况及收购意图）、及时性（不得通过拖延或不及时披露信息损害中小股东利益）要求。

此外，对于股东代表诉讼制度、上市公司收购中的反收购制度等加强研究，以发现主要是何种类型的公司管理层利用何种职权开展违法行为，会同法院、证券交易管理部门确立认定标准，明确反收购措施决定权应赋予公司的全部股东，相关决议应由股东会、股东大会通过公开公平的决议程序作出，管理层对股东会、股东大会作出反收购决议只有建议权。同时，对股东会、股东大会决定权须作必要限制，防止对于公司有绝对控制权的大股东利用控股优势侵害中小股东利益。①

（2） 落实证券市场虚假陈述民事赔偿机制。虽然最高法 2003 年就发布《关于审理证券市场因虚假陈述引发的民事赔偿案件的若干规定》，但诉讼成本高、证据获取难、索赔效率低等现实困难，使中小投资者运用诉讼维权的积极性不高。曾有估算，由于信息、地域、成本、信心和信任度等方面的限制，主动提起虚假陈述民事赔偿的投资者，不超过适格投资者的 10%，起诉总标的不会超过可计算损失总值的 5%。受害投资者大多放弃索赔，无形中减轻了违法者的违法成本。② 民事行政检察部门可以会同相关部门加强研究。

---

① 参见陈雨泽：《论上市公司收购中小股东权益保护法律问题研究》，载《河北企业》2016 年第 1 期。

② 张炜：《唤醒中小投资者维权意识》，载《中国经济时报》2017 年 5 月 22 日。2014 年 10 月康达新材公告称被证监会行政处罚，但据其 2015 年年报披露，仅有 3 名受损投资者提起了证券虚假陈述民事赔偿诉讼，诉请金额合计 14.48 万元，且其中有 1 名诉请金额 8.84 万元的投资者撤诉。这与中小投资者受虚假陈述侵害所造成的损失状况明显不符。更多投资者由于种种原因放弃索赔维权，令违法者几乎逃脱民事责任。

同时，检察机关也要注重防止最高人民法院《关于适用〈中华人民共和国公司法〉若干问题的规定（四）》第14、15条赋予了中小股东强制利润分配请求权之诉讼主体资格后，滥用诉权产生的破坏中小股东与公司、大股东利益平衡与信任关系的问题，要通过民事行政检察部门办案，会同法院建立相应的研判机制与调解机制，设置合理、操作性强的股东强制利润分配请求条件认定标准，维系公司正常运作，实现公司、大股东、中小股东利益分配平衡。①

2. 检察机关维护中小股东实体权益

（1）明确中小股东利润分配的范围。我国上市公司普遍存在以多种借口长期不分或者少分股利，以及公司高管违规分配、股东的剩余利润分配权和公司管理人员之间报酬不合理，侵害中小股东权益问题。② 检察机关可以探索加强民事行政检察职能，在监督民事、行政案件过程中，将有限责任公司、股份有限公司中小股东的投资权益也纳入保障范围。

（2）督促控股股东及管理层履行诚信义务。通过会同公安、法院办理公司收购过程中发生的刑事案件，以及通过与工商、金融等部门的大数据分享机制，及时发现收购目标公司大股东、股东经理层实施的侵占、挪用公司资产及通过其他途径有计划、分步骤实施的违背诚信经营义务的欺诈行为。对于公司及其大股东违反法定程序和公平正义原则作出的损害中小股东权益的决议，检察机关亦应通过诉讼监督、民事行政检察等机制建议中小股东通过民事诉讼程序确认其无效。对其他侵犯中小股东知情权和决策权的行为，要通过检察建议等形式要求及时整改纠正。

（3）严厉打击侵害中小股东利润分配权益犯罪。一是办理监管部门涉嫌

---

① 认定标准主要有以下三方面：一是公司确有符合分配条件的盈利可供分配。实践中，中小股东对这一事项难以承担证明该事实的责任，因为只存在未分配的盈余的理由并不充分，还应综合公司的规模、资本和合理的经营需要作出考量，故而此事项应由公司、大股东举证或协助司法机关取证。二是大股东存在违反信义义务，滥用控制权，操控公司作出拒绝分配利润的决议或分配利润不符合法律、公司章程规定，恶意压榨中小股东利益的行为。三是中小股东利润分配请求权穷尽公司内部救济仍无法得到行使。司法干预是对公司自治与公司正义原则的衡平。检察机关首先应当引导中小股东先行向公司董事会等机构反映诉求，要求公司实施利润分配以解决争议。这是司法衡平性、刑法谦抑性的要求。参见蒋学跃：《司法介入公司治理法律问题研究》，人民法院出版社2010年版，第17页。

② 银监会于2012年出台《商业银行稳健薪酬监管指引》对银行高管的薪酬制度严格管控；证监会于2012年出台《关于进一步落实上市公司现金分红有关事项的通知》，对于累计净利润为正、现金流情况较好但连续多年未分红的上市公司，将依法采取必要监管措施并对外公开；上交所于2013年发布《上市公司现金分红指引》要求现金分红比例低于30%的上市公司履行更严格的信息披露义务。但是这些措施并未达到理想效果，难以打击上市公司中的"铁公鸡"。

犯罪案件。针对民众反映强烈、监管机关与融资者勾结的恶劣手段，及时作出回应，加大此类案件的线索发现与移送侦查、案件审查起诉力度，有效敦促监管部门信守监管本位。二是对重点新类型案件加强研究。如"老鼠仓"案件的办理。此类案件往往涉及人数众多，案情相对复杂，检察机关在目前罪刑法定原则的大框架内，加强对此类案件的研究。①

## 三、检察机关对不同形态主体平等保护应坚持的司法政策

产权保护虽然是检察机关新的研究课题，但检察机关在以往法律监督实践中也已有所实践。只是相较于有形产权、传统类型产权而言，检察机关对无形产权如知识产权、新类型产权如互联网金融参与者权益等的政策研究尚未充分、深入，办案经验相对缺乏。没有救济就没有权利。检察机关要像维护物权一样平等维护不同形态主体的权益，立足权利特性基础，实现权利维护的侧重性、衡平性、周延性。

（一）确保有形产权和无形产权的平等保护

如前所述，以客观表现形态划分，产权可以区分为有形产权和无形产权，目前对于前者的保护力度较强，对于后者尤其是以知识产权为代表的无形产权的保护还应当加强研究。

1. 知识产权司法保护的侧重性

（1）司法保护的优先性。司法保护的优先性理念是指在知识产权刑事、民事案件的处理中，司法机关应处于优先地位，发挥主要作用。其一，在侵权、犯罪案件处置的启动阶段，司法机关案件司法管辖权优先。检察机关已经先于权利人向法院提起刑事诉讼，则权利人就不能请求行政机关救济，从案件的启动阶段确立了司法保护的主导地位，防止行政机关与司法机关同时处理同一案件，而处理结果不一致的情形出现。其二，司法机关享有案件裁判的优先性效力。对于案件证据等案件事实的认定不一致时，检察、审判机关认定事实的效力优先。同时，刑事诉讼强制措施优先于行政强制措施的效力，以确保刑事诉讼强制措施对紧急情况下制止侵犯知识产权违法犯罪、防止损失扩大之重

---

① 参见郭宁：《刑法对"老鼠仓"行为的规制》，载《上海政法学院学报：法治论丛》2014 年第 1 期。办案中：一是明确案件危害的认定标准。二是明确界定"未公开信息"范围。在个案识别中，首先要重点考察该信息的公开能否改变对相关金融产品价格的评价。例如 2008 年 4 月中国证监会开出第一张"老鼠仓"罚单的唐建、王黎敏案中涉案股票的股价在短短时间内上涨 40%，其次要重点考察该信息是否具有非公开性。如郑拓、夏伟红案中利用的未公开信息是基金经理的投资决定，就属于基金公司内部的商业秘密，基金公司依法限制其传播、使用。三是确定"情节严重"追诉标准。

要作用。

（2）司法保护的终局性。其一，司法机关经过全面审查，即使出现与行政机关就同一侵权事实是否侵权的认定不一致的情况，仍应依照查明的事实进行裁判。司法裁判后，行政机关拒不纠正与司法裁判不同的行政裁决，在未超过起诉期限的前提下，当事人可对其提起行政复议或行政诉讼；对超过起诉期限的，还可对其以行政不作为方式提起行政诉讼，或者通过检察机关的民事行政、诉讼监督部门开展法律监督。其二，对于拒绝执行司法裁判的行政机关及其工作人员，检察机关有权通过检察建议、办理案件线索等途径开展法律监督维护司法权威，同保障所有权、债权等民事权利一样切实保障知识产权。①

2. 知识产权司法保护的衡平性

检察维权的衡平性要求我们注重司法能动性与刑法谦抑性的平衡，给新型经济形态及新型财产权利预留必要、合理的增长空间，特别是运用刑事手段干预社会经济生活实体上必须慎重，程序上必须严谨，既要杜绝插手经济纠纷的选择性司法，又要避免过度的犯罪化，保持产权维护的动态均衡，促进分配公平和市场诚信，实现共同发展。

在知识产权保护领域，检察机关应会同法院、公安、组织人事部门、专利主管部门、国有资产管理部门准确把握法律政策界限，建立案件性质认定机制，准确把握罪与非罪、违法与合法的界限，维护国家、研发单位、科研人员利益的衡平性，既不能对侵犯专利权、商业秘密权的犯罪行为姑息放纵，也不能过度扩张犯罪圈，将科研开发、经营成果中正常的失败、损失及各类合理消耗行为作为犯罪行为来处理，影响科研主创和参与人员的积极性。此外，应当落实《关于充分发挥检察职能依法保障和促进科技创新的意见》明确的检察机关开展知识产权保护的各领域及相应重点。② 关于科技领域的知识产权司法政策：一是对于创新程度高、研发投入大、对经济增长具有突破、带动效能的

① 吴汉东、锁福涛：《中国知识产权司法保护的理念与政策》，载《当代法学》2013年第6期。知识产权司法保护需要有全面性，将在下文专门论述。

② 最高人民检察院2016年7月7日出台，其中明确规定："依法惩治侵犯知识产权犯罪，加大对科技创新主体合法权益的法律保护。依法惩治侵犯商标权的犯罪，加强对商标权人的平等保护；依法惩治侵犯著作权的犯罪，加大对互联网文学、音乐、影视、游戏、动漫、软件等领域网络侵权盗版犯罪的打击力度；依法惩治假冒专利权的犯罪，加大对涉及国家重大战略需求、重大科研项目和工程、关键核心技术以及优势产业等领域的假冒专利犯罪的打击力度；依法惩治侵犯商业秘密的犯罪，加大对采用盗窃、利诱、胁迫等非法手段侵犯科技创新主体商业秘密犯罪的打击力度。对于涉及高新技术、关键核心技术，事关国家和社会利益，直接关系人民群众生命安全和健康，以及网络侵权、跨地区跨国境有组织侵权等严重侵权假冒犯罪开展重点打击和专项整治。"

首创发明专利及核心、优势产业专利技术，保护强度应相对提高，等同保护范围须拓宽；但对其他专利权的保护也应注意以不妨碍公众对于专利技术的再创新、再利用为限。二是对于营销领域的知识产权司法保护，类似于上述对专利权保护的考量，依法加大对经济增长具有重大突破性带动作用、具有自主知识产权的关键核心技术和知名品牌的保护力度，注重打击犯罪的力度与犯罪社会危害性程度相契合。其中，对驰名商标的保护要拓宽保护范围（即跨类保护），提升保护强度，遏制对驰名商标产品、服务"傍名牌""搭便车"行为。① 三是对商业秘密犯罪中涉及人民生命健康安全等重大公益，或者有组织地利用网络侵犯商业秘密的，亦应从刑事政策的角度加以考量，在遵守罪刑法定原则的前提下强化打击力度。

3. 知识产权司法保护的周延性

司法保护的周延性理念对解决双轨制模式下知识产权保护标准不统一的弊端有重要作用。其一，保护范围的全面性，即司法保护范围涵盖知识产权民事侵权纠纷、行政诉讼与刑事犯罪。探索构建知识产权刑事、民事、行政"三检合一"办案组织，推行知识产权一体化办案模式。② 如上海市也成立了第三分院知识产权检察处，对口衔接上海知识产权法院。课题组认为，结合检察系统现在内设机构的司法改革状况，对于知识产权案件较多的基层检察院，可以设立专门检察官办案组；对于知识产权案件高发区域，可以探索成立专门的派驻检察官工作室。其二，司法审查的全面性，即司法机关可以应知识产权案件当事人的请求，对行政机关业已作出的知识产权授权决定、侵权或未侵权认定、侵权行政处罚等作全面审查。特别是负有法律监督职责的检察机关，在开展法律监督和司法政策制定的过程中应当对行政机关的行政行为进行全面审查。其三，多部门常态协作机制。建立市场监督管理、质检、海关、烟草、公安、检察等多家单位、多部门协作机制，根据现有公安机关的情报平台，向市场监督管理、质检、海关、文化、烟草等行政执法部门开放情报信息备案窗口；建立和细化知识产权行政处罚证据的采信与转化机制，行政执法机关在收集证据时程序要求往往低于刑事侦查程序，因而行政执法证据可能存在诸多不符合刑事诉讼的取证瑕疵。

---

① 吴汉东、锁福涛：《中国知识产权司法保护的理念与政策》，载《当代法学》2013年第 6 期。

② 2010 年，南京市雨花台区检察院知识产权"一站式"服务中心挂牌成立。2012年，南京市检察院知识产权"三检合一"办案中心成立，与南京市中级法院"三审合一"相对接，对涉及知识产权的案件采取"批捕、起诉、民行"三检合一，实行专人办理、专人指导。崔洁、肖水金：《南京：构建知识产权案件检察监督新格局》，载《检察日报》2015 年 10 月 9 日第 001 版。

### （二）确保传统类型产权和新类型产权的平等保护

完善产权司法保护的重要方法就是补齐产权制度中的短板，相较于传统类型的物权、债权而言，新类型的互联网金融参与者的权益保护需要引起关注。

1. 互联网金融维权的侧重性

应当看到，由于互联网金融服务提供者对消费者和监管者的较大优势，使得对其的监管力度不明显。这将导致以下较为严重的后果：首先是互联网金融秩序混乱，冲击消费者对互联网金融的信心。有证据发现，金融不当行为群体效应严重。不当行为危害高发会迅速破坏公众对互联网金融行业的信心。诚然，监管机构可以对违规经营的互联网金融服务提供者课以严厉处罚，但威慑效果如何有待探讨，能否巩固互联网金融市场稳定的基石——消费者信心就更难以定论。其次是互联网金融服务提供者普遍丧失企业生存之本：诚信意识。针对互联网金融近年来发展缺乏诚信、互联网金融消费者维权难的状况，课题组认为检察机关在互联网金融消费者权益方面应有所侧重，特别是在保护主体上，要坚持行政监管与刑事司法相结合的协同保护原则。检察机关要重视互联网金融犯罪具有跨时空、高智能、虚拟性，多属于行政犯的特点，加强行政执法与刑事司法衔接，坚持"资源整合、共享互利、协同作战、合成保护"理念，进一步充分发挥金融监管协调部际联席会议的作用，与"一行三会"、工商、税务、科信部门配合健全行政执法机关和刑事司法机关共同参与的互联网金融安全监管立体化机制。[①]

2. 互联网金融参与者权益保护的衡平性

在互联网金融参与者权益保护领域中，保护消费者权益固然正当、重要，但也不能对之过于强调，动辄滥用刑事手段介入金融创新活动甚至是正常经营活动。刑法对互联网金融的规制应当关注金融安全与金融风险的平衡，将存在严重的虚假以及欺骗而造成恶果的行为犯罪化也并非对刑法谦抑性的违反，如果刑法表述不明确，或在司法实践中遇到新类型案件，借助司法解释对某一类行为予以犯罪化也未尝不可。[②] 在必要的情况下，多数案件可以参照《消费者权益保护法》对网上银行、手机银行等互联网金融业务提出的要求予以处理，对严重违反有关法律强制性规定的行为，方可考虑入罪。检察机关应严格把握入刑尺度，将一些后果并不严重的案件排除出刑案范围，这样处理案件从互联网金融服务提供者的角度看固然是给予了他们充分的发展空间，保障其经营企业的权益，从消费者角度看也是为他们追讨财产损失创造更有利的条件，可谓

---

① 郎俊义、马晓楠：《互联网金融消费者权益刑事保护研究》，载《江西警察学院学报》2016 年第 1 期。

② 郭华：《互联网金融犯罪概说》，法律出版社 2015 年版，第 100 页。

实现了共赢。

3. 互联网金融参与者权益保障的周延性

目前，我国在互联网金融参与者权益保护方面建立了制度框架，但短板效应却制约着检察维权的有效性。检察机关应聚焦损害消费者权益的核心问题，辅之以司法改革中检察机关获得的新职权攻关突破，为将来进一步完善维权措施提供基础。

在从以投资服务为中心向以消费服务为中心转变的互联网金融时代，检察机关可以从加强互联网金融参与者教育、推动行业自律、开展民事行政公益诉讼等环节入手，确保互联网金融参与者权益保障的周延性。其一，针对消费者开展"自享收益、自担风险"理念教育，引导其科学理性地进行投资、消费和决策。其二，会同行政监管部门针对包括资金池监管、跨部门全程监管、信息预警平台建设在内的诸多薄弱环节强化功能性监管，同时，严格监管金融机构的信息披露、捆绑销售，推动行业自律机制建设，既促进互联网金融服务提供者稳健运营，也有助于避免金融消费者财产权利因互联网金融服务提供者出现"人去楼空""挥霍殆尽"而受到严重侵犯。其三，构建民事、行政、刑事三位一体的机构，为充分保护消费者权益和维护金融秩序提供私力救济与公力救济并重的双重救济渠道。① 2015 年 6 月，全国首家互联网金融法庭——辽宁省沈阳市和平区人民法院互联网金融法庭成立，专门审理涉及互联网金融的民商、刑事案件。检察机关中的金融检察部门已经相应成立，可以围绕平等维护互联网金融机构、投资者、借款人等各方权益，妥善处理鼓励金融改革创新与防范化解金融风险之间的关系，进一步扩展该部门的职能配置，强化多角度、多层次的互联网金融参与者权益保护工作力度。其四，探索开展检察机关公益诉讼。互联网金融参与者投资权益的保障涉及面广，数额巨大（有的甚至是消费者终身的积蓄），互联网金融在当下具有进一步扩张的趋势，可以考虑通过对公益诉讼范围进行扩大解释②，将互联网金融投资纠纷列入检察机关公益诉讼的范围。

## 四、检察机关实现产权平等保护重点环节工作机制研究

（一）运用刑事检察职能实现产权平等保护

在产权保护司法工作中，检察机关能够基于其在诉讼中所承担的诸多职

---

① 郎俊义、马晓楠：《互联网金融消费者权益刑事保护研究》，载《江西警察学院学报》2016 年第 1 期。

② 目前对民事公益诉讼、行政公益诉讼范围中"等"的理解，是等内还是等外存在争议。

能，担当多重角色，在诉讼的不同维度、不同阶段都能对产权保护展开多方面的工作。但是无疑，刑事检察职能是检察机关开展产权司法保护工作的最重要的手段，也是检察机关准确把握产权保护、保障不同主体权利的有效手段。一方面，通过对法律规定定罪量刑的准确把握，依法打击各类涉及产权的犯罪，保障公民的合法权益；另一方面，通过引导审前诉讼活动及侦查活动，协调司法机关、其他国家机关与社区、民众之间共同合作，延伸办案效果，能够促进办案工作的系统化、办案资源的整合化、办案效果的最大化，进而切实提高司法公信力，增强民众对司法公正的信仰。

1. 准确把握罪与非罪

刑事检察职能是检察机关的核心职能之一，而准确把握罪与非罪的界限，则是检察机关行使其刑事检察职能的大前提。按照《刑法》第 3 条规定："法律明文规定为犯罪行为的，依照法律定罪处刑；法律没有明文规定为犯罪行为的，不得定罪处刑。"检察机关须对当事人的事实行为加以甄别，确认其是否入刑：对于入刑行为，检察机关行使其刑事检察职能，进入诉讼流程；对于不受刑法约束的其他行为，检察机关行使其法律监督职能，将当事人从"犯罪嫌疑人"的地位中剥离。

在我国，罪与非罪界限的区分采用的是"立法定性、司法定量"的方法。国家通过法律规定犯罪的定义域，当当事人的事实行为在抽象化、特征化之后，符合法律的典型性规定时，才将该事实行为定义为犯罪；其他行为则不将其定义成为犯罪。此外，根据《刑法》第 13 条规定："一切危害国家主权、领土完整和安全，分裂国家、颠覆人民民主专政的政权和推翻社会主义制度，破坏社会秩序和经济秩序，侵犯国有财产或者劳动群众集体所有的财产，侵犯公民私人所有的财产，侵犯公民的人身权利、民主权利和其他权利，以及其他危害社会的行为，依照法律应当受刑罚处罚的，都是犯罪，但是情节显著轻微危害不大的，不认为是犯罪。"对此，即便当事人的事实行为在抽象化、特征化后符合犯罪的典型特征，但情节显著轻微，社会危害性不大，也不以犯罪论处。这些情节需要司法机关根据司法解释对其作出考量。①

但在当前的司法实践中，罪与非罪的界限在典型犯罪中较为明确，在非典型性犯罪中就存在着较大争议：在典型的领域，罪名之成立一般不会发生争议；但在非典型领域，疑难案件也就会因此产生，也就是此罪与彼罪、罪与非

---

① 在刑法分则中没有规定罪量要素的犯罪，并不表示只要行为一经实施就一概构成犯罪。因为刑法总则关于情节显著轻微危害不大不以犯罪论处的规定同样也适用于这些犯罪，因而司法解释对这些犯罪同样规定了罪量要素。参见陈兴良：《作为犯罪构成要件的罪量要素——立足于中国刑法的探讨》，载《环球法律评论》2003 年第 3 期。

罪界限不清。① 例如在经济犯罪中，对于经济纠纷与经济犯罪，司法实践中对于合同纠纷、合同侵权等案件，存在着定罪倾向明显、法律概念混淆、犯罪客体类型化定义域不明确等问题；又如对于涉知识产权保护案件，在诉讼流程中公诉和自诉之间衔接不畅，知识产权罪与非罪区分度偏低，知识产权方面的公益诉讼工作未得到及时、全面的铺开等问题也困扰司法实务界已久。这些问题都有待检察机关进一步研究。

2. 依法惩治各类犯罪

惩治犯罪、保障民众合法权益是检察机关在刑事司法活动中的重要职能，在行使该职能时，检察机关须如实调查、核实证据材料，查明犯罪事实。目前，我国检察机关行使打击、惩治犯罪职能的主要对象除公安机关所移交的经济犯罪之外，就是对国家公职人员利用职务便利或利用职权所实施的犯罪行为；随着国家对产权保护工作的不断推进，检察机关对涉产权类犯罪的依法惩治也得到了法律明确规定的背书。

根据最高人民检察院《关于充分履行检察职能加强产权司法保护的意见》，检察机关需加强审查逮捕、起诉工作，确保依法、准确、及时、有效打击侵犯产权犯罪。对此，《关于充分履行检察职能加强产权司法保护的意见》指出，检察机关须依法惩治破坏市场经济秩序、侵犯各类产权主体财产权的犯罪，对利用公权力严重侵害私有产权，勾结黑恶势力在特定经济领域形成非法控制，受害者人数众多，引发群体性事件等严重侵犯产权的犯罪案件，要实行挂牌督办，第一时间介入侦查，引导侦查机关全面收集固定证据，确保办案效率和质量。在得到政策的背书的情况下，检察机关开展打击、惩治犯罪工作、加强产权司法保护无疑有了更多的依据。

3. 延伸办案效果

切实实现对产权的司法保护工作只是实现办案效果的一部分，对于检察机关而言，通过引导审前诉讼活动及侦查活动，协调司法机关、其他国家机关与社区、民众之间共同合作，延伸办案效果，促进办案工作的系统化、办案资源的整合化、办案效果的最大化，进而切实提高司法公信力，增强民众对司法公正的信仰，这无疑是检察机关更为宏大的司法使命中不可或缺的一部分。

其一，引导审前诉讼活动及侦查活动，协调促使司法机关、其他国家行政机关与社区、民众之间共同合作。在司法活动中，由于有行政执法职能的行政

---

① 对于典型犯罪与非典型犯罪的区别，一个基本的判断原则是非典型与典型特征相比，其区别之处是否足以导致质上的差异。参见董玉庭：《论诉讼诈骗及其刑法评价》，载《中国法学》2004 年第 2 期。

机关众多,其所处理的多种事实行为都可能涉及犯罪、移送司法机关处理,各机关对这些事实行为的处置各有相关规章、规定作为依据,标准并不同一,移送案件有可能存在着适用法律不明确、适用不同法律处置结果也不尽相同、罪与非罪难以甄别等风险;此外,对于同一案件,在特殊情况下,可能需要边检、边防、公安、海关、军队等部门协同合作,但按照当前政法委居间协调、承担组织协调职能的做法,缺乏法律背书从而导致存在风险,协调效果也不理想;再者,侦查机关的侦查工作与检察机关的工作之间尚存在脱节,只有在较少数情况下,检察机关才会对侦查机关正处于侦查中的案件行使提前介入职能,而在绝大多数情况下,检察机关介入尚较少。对此,检察机关可充当司法机关中与其他司法机关、国家行政机关乃至社区、民众之间相衔接的"调节阀"。通过检察机关对侦查行为的适度介入,在尊重侦查自主权的基础上为公安机关工作提供法律指导、进行合理引导,筛选出明显存在瑕疵的案件,能够起到"司法预审"的作用,在一定程度上提升司法效率。此外,由检察机关承担居中协调工作,完善检察职能与各行政职能的对接,也是保证办案效果最大化的良好途径。

其二,通过案件办理发现既有产权保护机制的漏洞与风险点,从源头上减少涉产权类职务犯罪。虽然一方面对漏洞、风险点的提前把握和完善并不能完全杜绝产权保护机制的漏洞、风险点的产生,另一方面也不能授予检察机关以前置性司法(aggressive proactive policing)的权力。[①] 但是无疑,检察机关在这方面工作的加强,必能减少犯罪发生、降低民众受到权益损害的可能性。最高人民检察院《关于充分履行检察职能加强产权司法保护的意见》提出了具体要求,检察机关应结合办案,对产权保护中存在的普遍性问题,组织开展专题预防活动,积极运用检察建议、年度报告、专项报告等方式,督促产权登记、审批、监管、保护等部门完善制度机制,加强改进产权保护工作,增强预防工作整体效果。

其三,通过大案、要案的办理,增强民众对司法公正的信仰,切实提高司法公信力。当前的司法公信力所存在的悖论在于司法公正被民众当作理所当然,司法公正得不到民众的关注,而一旦出现司法不公正的现象,则民众注意力为之吸引、舆论为之哗然,民众对于司法不公正的刻板印象在一次次的司法公正裁判中得不到修正,反而在偶尔出现的司法不公正现象中得以强化,对于司法的否定性评价也是逐步提升,从而导致了司法公信力的持续下降。产权保

---

① President's Task Force on 21st Century Policing, supra note 54, at 16. Tracey L. Meares: *The Path Forward: Improving TheDynamics of Community - police Relationships to Achieve Effective Law Enforcement Policies*, Columbia Law ReviewVol. 117, No. 5.

障的法治化，莫过于通过司法机关对于大案、要案的办理，吸引舆论及民众的注意力，促使其关注到司法的公正一面，确保司法机关良好形象在民众心中得以确证，从而能够增强民众对司法公正的信仰，切实提高司法的公信力。

（二）运用民事行政检察职能实现产权的平等保护

1. 建构"点对点"沟通机制

实践中，因信息不对称、标准不统一致使涉产纠纷案件法律适用及执法标准各异的现象层出不穷，如何从源头上予以遏制对于平等保护不同主体产权至关重要。检察机关作为法律监督机关，在充分履行其民事行政检察监督职能的基础上，应加强与外部机构组织之间的沟通交流，建构"点对点"沟通机制。

首先，畅通与法院之间的沟通平台，促进法律适用的统一。检察机关民事行政检察部门应加强与法院立案职能部门、审判职能部门及执行职能部门的沟通交流，通过定期会商、研讨、联席会议等方式就涉产纠纷案件的立案标准、证明标准及执行标准等相关法律适用问题进行业务沟通，从源头上最大限度避免因立案门槛差异化所致不同主体诉权的不平等保护、避免因证明标准多元化所致同案不同判、避免因执行标准不统一所致同质产权的不平等待遇。

其次，畅通与政府之间的沟通平台，加强对行政权的外部监督。检察机关民事行政检察部门应加强与政府法制部门、行政执法部门及综合治理部门的沟通交流，通过意见建议、协调会议等方式就法规规章解释适用、行政执法标准及综合治理政策进行业务沟通，从源头上最大限度地避免因法规规章适用及执法标准不统一所致不同主体产权的不平等保护，积极配合政府部门关于产权保护的综合治理工作。

最后，畅通与行业协会等组织的沟通平台，促进市场经济利益最大化。检察机关民事行政检察部门应加强与行业协会等组织的沟通交流，通过意见建议、定期调研等方式，一方面充分了解各类经济主体，尤其是非公有制经济主体的市场情况，另一方面加强对检察机关民事行政检察职能的宣传，促使行业协会有效指导各类经济主体，尤其是非公有制经济主体的市场活动，为平等保护不同主体产权提供积极环境。

2. 建构程序保障机制

实践中，因程序保障不到位致使涉产纠纷案件中双方当事人未能充分行使申诉权及辩论权的现象屡见不鲜，如何从制度上规范司法程序，在正当程序的基础上保障辩论原则及处分原则的有效落实对于平等保护不同主体产权至关重要。检察机关应以听证程序为平台强化正当程序，并以检察建议为轴形成多元监督格局。

其一，规范听证程序，平等保障当事人正当权利。首先，检察机关在审查涉产纠纷案件中，应严格按照《人民检察院民事诉讼监督规则（试行）》的有关规定，组织有关当事人进行听证，充分听取申请监督人及其他当事人对于案件事实及法律适用的陈述意见，从程序上为当事人创建平等的沟通平台，在最大限度上保障当事人的申诉权及辩论权。其次，检察机关在合理运用听证程序查明案件事实的基础上，可根据案件的实际情况，邀请与案件没有利害关系的人大代表、政协委员、人民监督员、人民调解员或者当事人所在单位、居住地的居民委员会以及专家、学者等其他社会人士参加听证，有效拓宽释法说理的平台。最后，检察机关在充分听取当事人陈述辩论意见并尊重当事人处分权的前提下，结合社会力量，探索建立多元主体参与下的纠纷化解机制，合理引导申请监督人及其他当事人达成调解或和解，最大限度保障当事人合法的财产权益。

其二，充分发挥检察建议监督职能，形成多元监督格局。检察机关可根据不同的案件类别，通过再审检察建议、改进工作检察建议、督促履职检察建议等方式发挥检察监督职能，与检察机关抗诉职能相辅相成，形成多元监督格局。首先，检察机关应强化再审检察建议监督职能。对于涉产纠纷案件，检察机关对生效判决、裁定及调解书应加强法律监督，对符合法定监督情形的案件，应依据法律规定向同级人民法院提出再审检察建议。尤其对于以调解结案的涉嫌虚假诉讼的涉产纠纷案件，检察机关应充分发挥再审检察建议监督职能，加强法律监督，对严重损害当事人合法财产权益的行为予以法律上的打击。其次，检察机关应强化改进工作检察建议。加强对党政机关、企事业党委、社会团体及其他社会组织工作规范的监督，发现上述单位工作管理制度不够健全，容易发生违法情形需要采取改进措施的，应提出改进工作检察建议。最后，检察机关应强化其他检察建议监督职能。对于涉产纠纷案件中审判程序中审判人员违法行为及执行程序，检察机关应加强法律监督，对符合法定监督情形的案件，应依据法律规定向同级人民法院提出检察建议。尤其对于财产保全违法及混淆个人财产与企业财产违法执行等严重损害当事人财产权益的行为，检察机关应充分发挥检察建议监督职能，监督法院纠正违法行为，保障当事人的合法财产权益。

3. 建构公益诉讼机制

实践中，因国有财产保护不到位致使国有资产流失、食品药品安全监管不到位致使众多消费者合法权益被侵害等现象频发，如何对国有财产、食品药品、环境资源等领域进行有效监管，通过司法途径进行有效监督，对于遏制损害公益的行为从而保护国家和个人的合法财产权益至关重要。2017 年 6 月 27 日，第十二届全国人民代表大会常务委员会第二十八次会议通过了《全国人民代表大会常务委员会关于修改〈中华人民共和国民事诉讼法〉和〈中华人民共和国行政诉讼法〉》的决定，该决定通过增设法律条文的形式明确赋予了检察机关提起公益诉讼的职能，检察机关应充分利用此项职能，建构公益诉讼机制，保障国家和个人的合法财产权益。

其一，加强调查核实，拓展公益诉讼线索发现渠道。首先，对于涉及生态环境和资源保护、食品药品安全、国有财产保护、国有土地使用权等领域的案件，应有针对性地加强审查力度，拓宽审查维度，充分利用法律所赋予检察机关的调查核实权，通过查询相关证据材料、询问当事人、咨询专家意见、委托评估鉴定、勘验现场等措施对上述领域中可能涉及侵害国有财产或众多消费者合法权益的情形进行调查核实，建立公益诉讼线索自我挖掘机制。其次，应与相关政府职能部门或有关社会组织建立衔接机制，就如何有效保护公益从而实质保障国家和个人合法产权进行充分沟通，并拓宽公益诉讼线索发现渠道。最后，应与检察机关其他职能部门建立内部公益诉讼线索双向移送机制，形成网络化布局，建立立体式的公益诉讼线索发现机制。

其二，加强检察监督，积极履行公益诉讼职能。首先，检察机关在履行职责中通过调查核实、有效沟通或线索移送发现公益诉讼线索后，应积极与相关政府职能部门或有关社会组织进行沟通，并通过检察建议的方式督促并支持有关机关或组织履行提起诉讼的职责，督促负有监督管理职责的行政机关依法行使职权，以督促履职的形式保障国家和个人的合法财产权益。其次，对于侵害国有财产、侵害众多消费者合法权益的违法行为，有关机关或组织不提起诉讼或负有监督管理职责的行政机关违法行使职权或不作为，又不采纳督促履职检察建议的，检察机关应积极履行公益诉讼职能，依法向人民法院提起公益诉讼，从而有效保障国家和个人的合法财产权益。

4. 建构行政监督机制

十八届四中全会提出，"完善对涉及公民人身、财产权益的行政强制措施实行司法监督制度""检察机关在履行职责中发现行政机关违法行使职权或者不行使职权的行为，应该督促其纠正"等内容，凸显了检察机关法律监督的新职能，使检察监督挣脱原有诉讼法的限缩，即从行政诉讼监督转向行政检察监督，同时更具体指出了行政检察监督未来的重点是对行政机关违法行使职权或不行使职权的行为以及强制措施等行政活动的监督。这种监督的方式已经不限于诉讼中通过对审判活动的监督而达到对行政主体行使职权活动的监督，而是转变为直接对拥有行政职权的各类主体在公共行政过程中所发生的行政活动的监督。对于我们这样一个具有浓厚行政控制文化和传统的国家，伴随着经济的发展，政府行政权也处于扩张状态，随着产权领域的扩张，行政审批等活动也渗透到各个方面，并且涌现出大量新型的行政活动方式。检察机关对产权领域行政活动的监督应保持广泛性、开放性和适应性，应加强对行政机关的行政行为的监督，对于行政不作为，可向行政机关提出督促履职检察建议，督促其依法履职,依法保障当事人的合法财产权益。

(三) 运用诉讼监督职能实现产权的平等保护

司法具有强制执行的效果,诉讼是产权司法保护的关键手段。通过诉讼,行政机关、司法机关、产权人等可以实现不同的产权保护目的。检察机关是诉讼监督的重要主体,除了批准逮捕、公诉、民事行政检察等诉讼法明确规定的诉讼职能,还承担着立案监督、侦查活动监督、审判监督等其他诉讼监督,以及衍生于刑事诉讼监督的国家赔偿职能。检察机关内设机构改革后,诉讼监督部的成立对更好地履行监督职责、保护各类产权具有重要意义。

1. 厘清各种产权诉讼保护限度

当前社会转型期间,大量争议需要通过刑事诉讼、民事诉讼、行政诉讼三种诉讼程序予以解决。检察机关应加强诉讼监督能力,厘清产权诉讼保护界限。诉讼监督虽然只是检察机关的辅助监督程序,但是一项专业性很强的工作,检察官需要精通法律法规和国家政策,同时具备侦查、调查意识,在处理各类监督案件时,对案件走向要有一定的前瞻性,并积极行使调查权,做好基础工作,为后续部门办案提供良好线索。

在日常工作中,审查涉及产权的财产犯罪类型,除了传统的欺诈型犯罪、侵占型犯罪,还有新型的争夺营利机会的犯罪、破坏型犯罪,以及伴生于产权保护的职务犯罪等。修订后的刑法强化保护新的财产犯罪对象,尤其以非法经营、侵犯商业秘密、商业信誉等为代表的财产犯罪,体现了保护无形产权的立法精神。除了经济犯罪案件追诉标准,诉讼监督部门检察官应密切关注产权形式新变化,以及涉产权犯罪的新动向。受理的案件虽具有合法外表,如齐备的文件和完整的流程,但刑事案件以民事争议的面目出现的,尤其以市场行为掩盖非法目的,特别是涉及公益的案件,需要诉讼监督部门检察官对案件性质有相对全面的调查和审视。

诉讼监督检察要及时启动调查程序,调查权的行使将利于确定案件性质,确保司法保护程序及时、合法启动。传统的静态产权受到侵害,易被发现;在发达的市场经济中,经营权将成为产权的主要表现形式。以交易形式出现的违法行为是否构成犯罪,是今后打击犯罪的难点疑点。经营交易中产生的犯罪或其他类型纠纷,需要诉讼监督部门检察官着力调查产权的动态交易是否存在犯罪行为,以及确认应当启动何种司法程序保护产权。在国家监督权力结构发生重大变化的背景下,检察机关应当强化对公安机关履行刑事司法职能的监督。在今后的产权司法保护中,保障自由、平等、公正的交易环境,监督办理夹杂在经济纠纷中的涉产权刑事案件,将成为检察机关的工作着力点。在切实行使调查权后,涉产权案件如具有刑事司法保护必要性的,调查结果应快速移送公安机关,有启动民事行政监督程序必要性的,移送民事行政检察部门,并要求后者在规定的时间里就调查结果的内容是否立案审查予以回复。包括前述提到的公共利益保护问题，诉讼监督检察官通过行使调查权，确认公共利益受到侵害的，应及时建议提起公益诉讼。

2. 合理监督刑事立案初查行为和立案

伴随检察改革建立诉讼监督新格局，鉴于涉产权经济案件的疑难复杂性，罪与非罪有时存在较大争议，应要求公安机关积极履行刑事初查职能。我国的刑事诉讼程序包含立案、侦查、起诉、审判阶段。从时间跨度出发，立案与侦、诉、审相等同，立案包括受理案件、进行初查、制作《立案决定书》在内的流程。因此，初查将成为立案监督的审查重点。初查是案件决定立案之前开展的初步调查活动，是刑事诉讼活动的题中之义。加强刑事诉讼监督，应当加强刑事立案活动的监督。鉴于经济对损失和风险的天然敏感性，在罪与非罪或此罪与彼罪初步定论前，尤其对于一些产权交易新形式，公安机关应加大初查力度，充分发挥初查对涉产权案件的前期重大核查作用。一旦正式决定立案，对后期财产和人身采取强制措施将有的放矢，在实现由供到证向由证到供转变的同时，有效保护未涉嫌犯罪产权主体的经济利益。由于初查是经济犯罪立案前的一项必要调查活动，而侦查是在刑事立案后启动的正式诉讼程序。刑事初查职能的妥善履行，直接关系到后续立案的科学性以及对产权主体采取人身强制措施的适当性。

正确开展初查既能精准打击犯罪，更能有效保护产权。经济案件中，初查工作究竟限于程序，还是会涉及实质性问题，影响到检察机关通过监督初查的刑事诉讼活动，实施产权保护政策。与传统刑事犯罪侦破中，重在缉拿犯罪嫌疑人归案相比，涉产权刑事案件关键在于厘清产权归属和交易过程中恶意的侵占、欺诈、挪用及窃取等行为是否构成犯罪。在初查中只能采取非强制性的侦查措施收集有关材料。[①] 初查收集材料，侦查进而推进前述材料证据化，量变引发质变的达到事实清楚、证据确实充分的刑事诉讼目的。公安机关通过初查为积极打击犯罪做好准备，又能谨慎对待涉产权案件，合理圈定侦查指向的人身和财产范围，避免司法权力对经济行为的不当干扰。这也是"不破不立，不立不破"现象在涉产权刑事案件中存在的合理性基础。

我国刑事诉讼法未明确规定对初查活动的监督，检察机关的侦查监督部门、审查起诉部门都未受权监督初查活动的合法性、必要性。因此，检察机关目前对立案初查的监督归入立案监督。从保护产权交易的角度出发，初查属于刑事诉讼范畴，对检验公安机关侦查行为介入涉产权案件的必要性、合法性具有重要检验作用。无论后期是否立案，初查活动的非强制性既有利于社会正常

---

① 参见《公安机关办理刑事案件程序规定》第 171 条。

经济活动的继续开展，也有助于公安机关通过开展前期秘密调查，收集相关证据材料。检察机关在后续侦查监督过程中，建立以初查导向的刑事诉讼全流程监督体系，有效控制立案后强制措施强度和侦查活动的推进，全面覆盖公安机关刑事诉讼活动。基于涉产权刑事案件手段更为隐蔽、性质易于多变的特殊性，新型的检察诉讼监督将有效促进包括初查工作在内的刑事诉讼有效开展。

3. 依法疏导处理涉产权国家赔偿案件

纠错防漏是诉讼监督的重要职能，需要以发展的眼光客观看待和依法妥善处置司法机关处理的各类企业，特别是民营企业涉产权案件。对当时的政策性处理与现时的合法性对照，检察机关既要维护当时的政策性做法，又要体现现在产权司法保护的权威。对于确属事实不清、证据不足、适用法律错误的错案冤案，坚决予以纠正。对于社会反映强烈、当事人长期申诉的历史形成的产权案件，要及时组织力量予以调查甄别，对确属错案冤案的，坚决依法纠正并赔偿当事人的损失。

对于没有犯罪事实或者经过补充侦查仍达不到起诉证据标准的，依法不起诉。检察机关"终止追究刑事责任"后，给产权人造成损失的，应当按照合理标准予以赔偿。在确定财产损害赔偿标准时，"两高"《关于办理刑事赔偿案件适用法律若干问题的解释》规定了侵犯财产权的赔偿审查范围，同时还借鉴《侵权责任法》，规定了财产损失按照损失发生时的市场价格或者其他合理方式计算财产损失。[①] 在产权交易高度流转的今天，适度赔偿产权人的财产权益应当成为产权司法保护项下的国家赔偿原则。在部分案件办理过程中，缺乏保护民营企业经营权意识，案子结了，企业完了。与静态的财物价值相比，赔偿范围和标准应客观考量诉讼过程中各方的主观过错，及有效赔偿司法行为对合理预期中的产权流转造成的利益损失，促进司法人员对产权时间价值的认识。《关于办理刑事赔偿案件适用法律若干问题的解释》依据《国家赔偿法》"对财产权造成其他损害的，按照直接损失给予赔偿"的规定，如何确定直接损失的计算时点将严重影响赔偿的具体金额。以损失发生时的金额为依据，很有可能造成显失公平的结果。针对剥夺人身自由的羁押赔偿金按实时标准赔偿，财产权的直接赔偿标准也应根据产权规律予以实时测算。"吉林46公斤黄金被扣18年国家赔偿案"中，赔偿金额的确定一波三折，后经法院组织协商，赔偿被扣黄金价款共计1100万元。虽然黄金价款获得赔偿，但当事人的金矿经营权等损失已不可计量。

在财产犯罪办理过程中，检察机关应当严格监督各办案部门对财产的处置

---

① 最高法、最高检《关于办理刑事赔偿案件适用法律若干问题的解释》第19条第2款。

行为。虽然涉案财物理论上由法院判决一并处理，但经过查封、扣押、冻结的犯罪嫌疑人、被告人名下财产可能也包含其合法财产。无论案件走向如何，在未予判决前，有效监督对产权人财产的处置，既有利于保护产权人的合法利益，也能够平等解决被侵害者财产补偿的后续矛盾。在数起非法吸收公众存款案件中，司法程序主要关注犯罪嫌疑人、被告人的定罪量刑，其名下的财产如何定性，产权主体究竟是谁，刑事程序内可否全部处置，如何保护案外债权人的产权，都应当全盘考量。

　　国家赔偿在保护公私产权领域是特别的救济程序。通过依法认定司法行为侵害公私产权的结果，充分发挥检察机关对职务行为的监督作用，有效制约执法行为的公正性。国家赔偿在产权领域充当了"减压阀"，在司法行为确实损害到公私产权时，检察机关应客观评价公私产权损失，及时弥补损失，有效推进社会矛盾化解。

# 网络犯罪实证研究[*]

上海市长宁区人民检察院课题组[**]

## 一、网络犯罪的概念及其意义

"网络"在今天的世界仿佛已经似空气、阳光、水分一样成为生活不可或缺的媒介。更有人评论说：网络已经成为继海、陆、空、太空四大自然地理空间之后的第五大战略空间。可见，互联网对个人、国家、社会发展的巨大影响。然而，正如一切事物的发展必然是光明与黑暗共生一样，网络世界的各种矛盾和冲突也日益凸显，各种新型犯罪也以超越常规的速度应运而生。解构近三年 CNKI 网络犯罪论文的研究视角发现：我国网络犯罪研究的内容已覆盖实体法、程序法、犯罪学方方面面，几乎无研究死角，但结合司法实践尤其是基层一线办案实践而展开的实证研究尚不多见。从当前可以查阅的各种关于网络犯罪的研究看，数量最多的，是对特殊群体（包括青少年、大学生、未成年人等）的网络犯罪防治问题研究。另外，网络犯罪刑事管辖权、刑事侦查、电子证据等方面的问题也获得了不少关注。网络犯罪的刑事立法和其他实体法问题，也已经有文涉及。

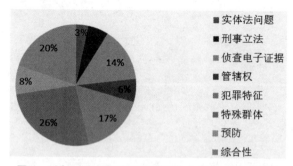

图 1：近年 CNKI 期刊网络犯罪论文视角分类饼状图

*　上海市检察机关 2017 年重点研究课题。

**　课题组负责人：李健；课题组成员：郭晶、王戎、杨于佳、贾慧虹、唐德婷。

与国内的研究不同，国外研究更多关注的是网络犯罪司法协助的特殊性、网络犯罪与恐怖主义犯罪的联系、不同国家的比较研究、网络犯罪的跨国有组织性，可以说与国内研究的切入点稍有不同。

综上，国内外对网络犯罪的研究多从质性研究展开，实证研究数量有限，尤其欠缺从司法裁判的角度对网络犯罪的实证研究。本研究将利用实务经验的优势展开实证研究，旨在提供新的视角，补强现有研究。

（一）网络犯罪立法的基本情况

我国《刑法》对计算机犯罪规定了以下三种分类：

第一类是利用计算机实施有关犯罪的规定。《刑法》第287条规定："利用计算机实施金融诈骗、盗窃、贪污、挪用公款、窃取国家秘密或者其他犯罪的，依照本法有关规定定罪处罚。"这些犯罪都是以计算机作为犯罪工具或者犯罪手段来实施的，因此，可以由《刑法》第192条至第200条（金融诈骗罪）①、第264条（盗窃罪）、第382（贪污罪）、第384条（挪用公款罪）、第111条（为境外窃取、刺探、收买、非法提供国家秘密、情报罪）、第282条第1款（非法获取国家秘密罪）等相关条文规定，不需要在《刑法》上单独设定罪名来作出规定，因为《刑法》分则对相关罪名已经作出了规定。

第二类是破坏计算机系统的犯罪。《刑法》第286条规定："违反国家规定，对计算机信息系统功能进行删除、修改、增加、干扰，造成计算机信息系统不能正常运行，后果严重的，处五年以下有期徒刑或者拘役；后果特别严重的，处五年以上有期徒刑。违反国家规定，对计算机信息系统中存储、处理或者传输的数据和应用程序进行删除、修改、增加的操作，后果严重的，依照前款的规定处罚。故意制作、传播计算机病毒等破坏性程序，影响计算机系统正常运行，后果严重的，依照第一款的规定处罚。"以上条文对三种破坏计算机信息系统的行为规定为犯罪，特征表现为以下三个方面：一是犯罪人违反国家规定对计算机系统实施了破坏行为，有害于计算机信息系统安全；二是犯罪人实施的对计算机信息系统的破坏行为包括破坏计算机信息系统功能，破坏计算机信息系统的数据和应用程序，以及故意制作、传播计算机病毒等破坏性程序，影响计算机系统正常运行；三是犯罪人实施的破坏计算机系统的行为，产生了严重后果。

第三类是非法侵入计算机信息系统的犯罪。我国《刑法》第285条规定："违反国家规定，侵入国家事务、国防建设、尖端科学技术领域的计算机信息

---

① 金融诈骗罪（第192—200条）：第192条集资诈骗罪、第193条贷款诈骗罪、第194条第1款票据诈骗罪、第194条第2款金融凭证诈骗罪、第195条信用证诈骗罪、第196条信用卡诈骗罪、第197条有价证券诈骗罪、第198条保险诈骗罪。

系统的，处三年以下有期徒刑或者拘役。违反国家规定，侵入前款规定以外的计算机信息系统或者采用其他技术手段，获取该计算机信息系统中存储、处理或者传输的数据，或者对该计算机信息系统实施非法控制，情节严重的，处三年以下有期徒刑或者拘役，并处或单处罚金；情节特别严重的，处三年以上七年以下有期徒刑，并处罚金。提供专门用于侵入、非法控制计算机信息系统的程序、工具，或者明知他人实施侵入、非法控制计算机信息系统的违法犯罪行为而为其提供程序、工具，情节严重的，依照前款的规定处罚。"以上条文规定了三种侵入计算机信息系统的犯罪。一是非法侵入计算机信息系统即构成犯罪，由于其犯罪行为对国家计算机信息系统的网络安全构成了严重威胁，因此一旦非法侵入即为犯罪；二是非法获取计算机信息系统数据或者非法控制计算机信息系统的犯罪，这类行为造成了现实的损害，当达到情节严重的程度时即构成犯罪；三是为非法侵入、非法控制计算机信息系统提供程序、工具的犯罪，在明知将用于犯罪而仍为犯罪提供而且情节严重的，依照第二种犯罪的共犯来进行处罚。

2015 年 8 月 29 日，我国颁布《刑法修正案（九）》，其中在刑法第 286 条后增加 1 条，作为第 286 条之一①；第 287 条后增加 2 条，作为第 287 条之一②、第 287 条之二③，对网络犯罪的规定作了修正，主要体现在以下几个方面：

一是将信息网络安全管理义务正犯化。为打击网络犯罪，维护网络安全，《刑法修正案（九）》针对网络服务提供者拒不履行信息网络安全管理义务的行为规定为犯罪，从本质上来看，这种犯罪是一种不作为犯罪，但规定设置了较为严格的门槛，包括违反法律和行政法规、经监管部门责令采取改正措施而

---

① 《刑法修正案（九）》第 286 条之一第 1 款规定："网络服务提供者不履行法律、行政法规规定的信息网络安全管理义务，经监管部门责令采取改正措施而拒不改正，有下列情形之一的，处三年以下有期徒刑、拘役或者管制，并处或者单处罚金：（一）致使违法信息大量传播的；（二）致使用户信息泄露，造成严重后果的；（三）致使刑事案件证据灭失，情节严重的；（四）有其他严重情节的。"

② 《刑法修正案（九）》第 287 条之一第 1 款规定："利用信息网络实施下列行为之一，情节严重的，处三年以下有期徒刑或者拘役，并处或者单处罚金：（一）设立用于实施诈骗、传授犯罪方法、制作或者销售违禁物品、管制物品等违法犯罪活动的网站、通讯群组的；（二）发布有关制作或者销售毒品、枪支、淫秽物品等违禁物品、管制物品或者其他违法犯罪信息的；（三）为实施诈骗等违法犯罪活动发布信息的。"

③ 《刑法修正案（九）》第 287 条之二第 1 款规定："明知他人利用信息网络实施犯罪，为其犯罪提供互联网接入、服务器托管、网络存储、通讯传输等技术支持，或者提供广告推广、支付结算等帮助，情节严重的，处三年以下有期徒刑或者拘役，并处或者单处罚金。"

拒不改正以及情节严重，这类限制条件是为避免打击面过大、处罚过重。

二是将利用信息网络犯罪的预备行为正犯化。预备行为正犯化即将某些网络犯罪的预备行为设为独立罪名。当前我国网络诈骗案件高发，犯罪分子通过电信伪基站，以短信、微信、QQ 等群发形式向群众发送不定向的诈骗信息，内容通常为中奖、配合公检法调查、银行账户信息泄露等，诱使接收信息的群众上当受骗，这种诈骗行为与传统的诈骗案件相比较，被骗的受害人分布范围广、人数多，危害性也更大。因此，若根据原先的法律规定，将此类犯罪预备行为按照预备犯进行处罚，对此种网络诈骗犯罪与传统诈骗犯罪同等对待，处罚相等，明显是不适当的。因此，为了打击和惩治目前形势十分严峻的网络诈骗犯罪，《刑法修正案（九）》将为实施网络犯罪而进行的预备行为单独规定为犯罪。

三是将信息网络犯罪的帮助行为正犯化。帮助行为正犯化即将某些网络犯罪的帮助行为设为独立罪名。在某些网络犯罪中，在正犯未归案的情况下，由于帮助行为与正犯行为之间的连接并不十分紧密，对帮助犯很难入罪。因此，对于那些为他人实施网络犯罪提供技术支持、广告推广、支付结算等帮助，《刑法修正案（九）》对网络犯罪的帮助行为正犯化作出了规定。

（二）网络犯罪与计算机犯罪的区别

网络犯罪指以网络为犯罪工具和犯罪空间的犯罪；计算机犯罪指针对计算机硬件及存储信息进行攻击的犯罪。相应的英文关键词选择 cyber crime 和 computer crime。网络犯罪与计算机犯罪的主要特点基本相同，这也说明网络犯罪与计算机犯罪是有密切联系和关系的。但是，计算机不等于网络，网络犯罪不等于计算机犯罪，除上述所说的概念不同外，两者还有其他区别。

1. 两者的产生不同

20 世纪 70 年代，计算机开始作为一种信息传播工具在我国产生并发展。计算机产生后，就有人以此进行犯罪。互联网是在计算机产生多年以后才出现的，而网络犯罪即随着互联网的出现产生了。

2. 两者的空间不同

计算机犯罪是以计算机为直接攻击对象或直接工具的犯罪，不需要其他额外的空间。而网络犯罪则必须在互联网这一虚拟空间内发生。随着互联网的不断发展，各种智能产品的层出不穷，网络犯罪的空间延伸度已远大于体统的计算机观念，其所涉及的范围几乎遍及了所有的领域。

3. 两者的特点不同

计算机犯罪与网络犯罪的特点有其相似之处，如犯罪手段具有较强的隐蔽性，犯罪波及面可能跨区域甚至跨国等。但是，它们还是具有一定差别的。网络犯罪具有犯罪空间的虚拟性、犯罪对象的广泛性、犯罪手法的复杂性等特征,这使得侦破网络犯罪比一般计算机犯罪难度更大。

（三）对于网络犯罪概念的再认识

随着云计算、大数据、移动互联网等信息网络技术迅猛发展,虚拟的网络空间被违法犯罪者视为恣意妄为的"天堂"。网络服务商为他人提供网络链接、服务器管理、交易结算、业务推广等技术实施恐怖活动、诈骗、销售淫秽物品、诽谤等违法犯罪活动,后者借助信息网络技术形成"代际跃升"效应,社会危害趋重增生。

有学者指出,在刑法的侵犯财产类犯罪中,除了抢劫罪和拒不支付劳动报酬罪似乎与网络犯罪无关,其余所有罪名无一例外地均涉及。同时从刑法章节来看,目前网络犯罪已经不是现有刑法中对于计算机犯罪的意义。1996 年,美国第七巡回上诉法院 Frank H. Easterbrook 法官指出,"我们正处于多学科业余爱好和思想的交叉灭失的风险之中。将我们对网络和法律每个都知之甚少的两个领域放在一起,得到的是最糟糕的两个世界,我正处于业余的风险之中,然而,并不只有我一个人如此"。①

## 二、网络犯罪的实例分析

在作为互联网治理形式法治基础的网络法诞生之初,网络与法的结合是不言自明的。随着互联网经济的蓬勃发展,司法领域中也出现了不少一些与互联网相关的刑事犯罪案件。本文以某基层检察院办理的网络犯罪实际案例为研究对象,对近年来不断上升的网络犯罪案件作一剖析。

（一）网络购物平台为媒界的犯罪

案例 1:犯罪嫌疑人齐某某通过其经营的淘宝网店"长寿养生馆",以人民币 615 元的价格,向被害人出售了名为"本能""肾白金""黄金伟哥""黑金刚"的四种药品共 209 粒。同年 12 月 9 日,民警在本市闵行区南谷路 46 号抓获齐某某,并在该处查获待销售的名为"本能""参茸虫草王""MACA 玛咖"的三种药品共 350 粒。经相关机构部门的检验和研判,上述药品为假药。

案例 2:某犯罪团伙在大众点评、美团、百度糯米上成立小仙女上门按摩服务中心,以人民币 398 元至 998 元不等的团购面向上海、苏州等地的嫖客提供卖淫女上门进行卖淫嫖娼违法行为,至案发共计查证卖淫嫖娼违法事实 15 次。

案例 3:犯罪嫌疑人白某、闻某某等二人经事先预谋、相互勾结,利用其

---

① Frank H. Easterbrook, Cyberspace and the Law of the Horse, 1996 U. Chi. Legal F. 207.

系"小白免税"和"apmstore"两个网店业主的身份便利,伙同他人采取虚构买主、刷单交易的手法,多次骗得"拼多多"购物网站返利优惠券,并陆续从各自银行账户套取现金,白某非法牟利1万余元,闻某某非法牟利5000余元。5月11日,该二人账户内另有余额共计30余万元被"拼多多"购物网站封扣待查。

2015年以来,该院受理涉及互联网购物平台犯罪案件30余件。此类案件主要呈现以下几个特点:一是利用网络的售假犯罪泛滥,社会危害性严重。随着网络购物交易规模日益壮大,假货、水货问题屡见不鲜,利用互联网购物网站销售假保健品、假药、假奢侈品等网络售假类案件频发。二是互联网公司监管不严,团购等新兴互联网购物形式被犯罪分子利用。团购作为一种新兴的电子商务模式,因其物美价廉得到了众多消费者的青睐。然而互联网公司对团购商品或服务缺乏有效监管,使其被犯罪分子利用,沦为犯罪"帮凶"。三是"刷单"现象频频出现,互联网企业遭受损失。互联网企业资金集中,加之公司内部管理尚未完善,滋生诈骗、职务侵占等犯罪,尤其是近年来"刷单"现象愈演愈烈。

（二）网络传播类犯罪

案例4:2015年11月,犯罪嫌疑人孟某某伙同其他犯罪嫌疑人在互联网上开设一名为"短视频~资源库"的QQ群,每名群成员支付人民币10元即可获得会员资格观看群内淫秽视频。截至案发,该群内有会员近800名,发布的淫秽视频近1万部。孟某某等16名犯罪嫌疑人涉嫌传播淫秽物品牟利罪被依法批准逮捕,检察机关建议公安机关追捕49人。

近年来该院先后办理了十多起利用QQ群等发布虚假招聘信息骗取钱财、组织他人冒用身份证妨碍信用卡管理、介绍卖淫嫖娼、组织"酒托"实施诈骗等案件,这些案件人数多、涉面广,严重影响群众的财产安全和社会秩序,亟须引起重视。此类案件主要呈现以下几个特点:一是QQ、微信等即时通讯工具已成为违法犯罪的重要媒介,尤其是各类QQ群等,具有容纳人数多、信息传播速度快、管控难度大等特点,极有可能在内容上朝不利于社会政治稳定方向恶性发展。二是随着网络信息传播规模的扩大,一些违法犯罪活动正逐步形成清晰的组织机制和利益链条,被吸引的网民数量呈几何式增长,危害社会的程度也不断加强。三是QQ软件为深圳市腾讯计算机系统有限公司产品,QQ月活跃用户超过8亿,腾讯等对其产品的日常运营监督和管理存在问题,特别是对用户发布的信息缺少快速高效的甄别、筛选手段。此种情况目前在互联网企业普遍存在,但政府主管部门却缺乏有效的管理和指导措施。

（三）网络技术型犯罪

案例5:2015年3月起,犯罪嫌疑人龙某某、欧某某所在广州米丛网络科技有限公司、广州市乐蟹网络科技有限公司、深圳市中网优讯科技有限公司，制作了"米丛免费WIFI""WIFI热点钥匙"等手机软件，通过非法手段侵入上海掌门科技有限公司核心数据库，并盗取其"WIFI万能钥匙"核心数据资料，供自己的用户使用。经相关部门鉴定，"米丛免费WIFI"与掌门科技公司的"WIFI万能钥匙"无线热点密码库中的数据，有433434条数值完全一致；"WIFI热点钥匙"与掌门科技公司的"WIFI万能钥匙"无线热点密码库中的数据，有51条数值完全一致。

案例6：犯罪嫌疑人赖某某在网络上以每份人民币150元至300元不等的价格，多次向犯罪嫌疑人袁某某出售其编写的扫号软件（俗称"跑号器"），用于针对"携程网""NALA网"等多家网站，批量检测用户名及密码是否存在，从而供他人非法登录后获取用户有效身份认证等信息，赖某某从中获利人民币5700元。犯罪嫌疑人袁某某购买上述扫号软件后，在网络上以人民币200元至1200元不等的价格出售给陆某某等人，陆某某利用针对携程网的"跑号器"，将从网络上收集的包含账号和密码的数据库予以检测、筛选，成功登录后获取携程网用户信息4000余组，并以转账的方式盗取账户内资金共计人民币3300余元。

通过高科技、专业化手段非法获取计算机信息系统数据的犯罪也日益增多，严重危害互联网企业利益，不利于网络坏境的安全。此类案件主要呈现出以下几个特点：一是犯罪分子利用制作的手机软件，非法侵入受害公司核心数据库，盗取核心数据资料，供自己客户使用，犯罪手法相比传统犯罪更具有高科技性、复杂性。二是互联网公司的自身防御机制不够完善，核心数据库易于被不法分子侵入，从而获取核心资料，造成巨大损失。三是相关部门在面对此类网络犯罪案件时往往不够迅速及时，对于犯罪的定性①、管辖②、犯罪主体③、犯

---

① 计算机信息系统，是指具备自动处理数据功能的系统，包括计算机、网络设备、通信设备、自动化控制设备等。能否根据鉴定意见，将犯罪嫌疑人的行为定性为非法获取计算机信息系统数据罪。

② 根据最高检、最高法、公安部《关于办理网络犯罪案件适用刑事诉讼程序若干问题的意见》的规定："网络犯罪案件的犯罪地包括用于实施犯罪行为的网站服务器所在地、网络接入地、网站建立者、管理者所在地、被侵害的计算机信息系统或其管理者所在地、被害人使用的计算机信息系统所在地，被害人被侵害时所在地、以及被害人财产遭受损失地等等。"能否根据规定，确定管辖。

③ 《刑法修正案（九）》在刑法第285条中增加一款作为第4款，即"单位犯前三款罪的，对单位判处罚金，并对其直接负责的主管人员和其他直接责任人员，依照各该款的规定处罚。"《刑法修正案（九）》于2015年11月1日施行，《刑法修正案（九）》之前第285条并没有单位犯罪的规定。能否确定是自然犯罪还是单位犯罪。

罪情节认定①等方面由于经验不足，往往争议较多，办理案件缓慢于其他传统案件。

综上，从目前基层一线中所出现的网络犯罪看，由于网络本身的特殊性和快速扩张，给打击这类犯罪带来了巨大的法律和实践的挑战，主要表现在以下几个方面：

第一，获取直接证据困难。网络犯罪不同于传统犯罪，它发生在虚拟空间，犯罪具有较强的隐蔽性，犯罪分子不轻易露面，并利用加密技术等隐藏其犯罪行为，受害者分布范围广且往往人数众多，跨地域、甚至跨国界网络犯罪也是屡见不鲜，给侦查人员的调查取证工作带来了很多不便，困难度直线上升。

第二，在法律的适用上跨度很大。网络犯罪案件具有复杂性，在法律适用上交织于刑法、民法、知识产权法等，不能单纯用一门法律简单看待。如传统的售假卖假，犯罪分子和受害人具有一对一的性质，销售数量是有限的，非法所得也是有限的，但现在利用网络实施该行为，销售数量和非法所得都会以成千上百倍增加，很难认定售假卖假的数量和金额。

第三，传统犯罪的主观方面有故意和过失，犯罪分子只要具备刑事责任能力，其智商的高低对案件发生不会产生重大影响，即使高智商犯罪，也只不过是手法更具有欺骗性。但网络犯罪的主观方面必须是故意，所表现出来的预谋和策划更为复杂，需要犯罪分子较高的智商来策划、组织犯罪，使得网络犯罪案件表现出智能化和技术化的倾向，这需要办案人员具有较强的办案能力，以拨开云雾看透案件本质。

## 三、网络犯罪定罪中的实体法问题研究

（一）虚拟财产、财产性利益的刑法属性及保护

1. 网络虚拟财产的界定

在我国，网络已经全面嵌入和渗透到人们的生产生活中，网络附着和生成了无数的社会财富。传统刑事立法的不足，导致在处理一系列新型、疑难、复

---

① 根据《关于办理危害计算机信息系统安全刑事案件应用法律若干问题的解释》第1条规定："……具有下列情形之一的，应当认定为刑法第二百八十五条第二款规定的'情节严重'：（一）获取支付结算、证券交易、期货交易等网络金融服务的身份认证信息十组以上的；（二）获取第（一）项以外的身份认证信息五百组以上的……实施前款规定行为，具有下列情形之一的，应当认定为刑法第二百八十五条第二款规定的'情节特别严重'：（一）数量或者数额达到前款第（一）项至第（四）项规定标准五倍以上的；（二）其他情节特别严重的情形。能否根据规定，认定情节严重和情节特别严重。"

杂的涉及网络财产性利益（或虚拟财产）案件时，法律适用时常捉襟见肘，司法效果众说纷纭。当前，通过刑法保护网络财产性利益等网络财富资源是对刑法的新挑战和新课题。[1] 侵犯网络虚拟财产的事件不断发生，对网络虚拟财产进行法律保护乃至刑法保护的呼声也越来越高，似乎利用刑事手段来保护网络虚拟财产已然成为一种迫切的社会需求。[2] 关于网络虚拟财产的界定，对于网络虚拟财产的概念，理论界有着很大的分歧，按照不同表述对网络虚拟财产进行界定的范围和方式，可以将其主要分为泛义说、广义说、狭义说三类，"泛义说"对网络虚拟财产的界定最为广泛，它的一个显著特征就是将虚拟财产与"实物财产""可触摸财产"相并列，只用"无形""非物质化"等特征对其加以限制。广义说则指网络空间中有价值的并能满足人们某种需要的特定服务或无形物，[3] 与"泛义说"相比，"广义说"能够有效地避免虚拟财产与数字化财产的混淆，因为它强调虚拟财产存在的范围"依附于虚拟空间"，而数字化财产作为实物财产在电子空间中的延伸，对虚拟空间并不具有依附性。"狭义说"与"广义说"相比，进一步将网络虚拟财产的存在范围限定在网络游戏的范围中。

网络虚拟财产的自然属性，一方面是客观性，另一方面是虚拟性，网络虚拟财产之所以依附于虚拟空间，是因为它们并非现实生活中的财产在虚拟空间中的延伸，而是以数字化的形式来模拟现实中的事物，一旦离开了虚拟空间，这种电磁记录便不再具有独立存在的价值。虚拟性是网络虚拟财产的本质属性，也是网络虚拟财产之所以引起诸多争论的根本原因。作为法律调整对象的网络虚拟财产与现实世界发生关联体现在两个方面，一是网络虚拟财产能够满足人一定的客观需要，二是具有现实交易的可能性，网络虚拟财产的社会属性是一种财产，因此我们可以将网络虚拟财产的概念界定为：存在于网络空间之中，用数字化的形式模拟现实世界，能够满足人们一定需要并具有交易可能性的电磁记录。[4]

对于网络虚拟财产的民法属性，具有四种不同的观点："物权说"认为网络虚拟财产是一种特殊的物；"债权说"认为网络虚拟财产是债权存在的一种

[1] 孙道萃：《网络财产性利益的刑法保护：司法动向与理论协同》，载《经济刑法》2016年第6期。

[2] 田宏杰、肖鹏、周时雨：《网络虚拟财产的界定及刑法保护》，载《人民检察》2015年第5期。

[3] 赵文胜、梁根林等：《盗窃"流量包"等虚拟财产如何适用法律》，载《人民检察》2014年第4期。

[4] 田宏杰、肖鹏、周时雨：《网络虚拟财产的界定及刑法保护》，载《人民检察》2015年第5期。

凭证；"知识产权说"认为网络虚拟财产属于创造性的智力成果，应当将其作为知识产权来加以保护。① "新型权利说"认为，从法律上来看，网络虚拟财产是一种固化了的权利凭证，性质类似于有价证券，因此网络虚拟财产是一种新型的财产权，它融合了物权和债权。② 网络虚拟财产本质上就是网络服务商为网络用户提供服务的权利凭证。网络用户一旦合法取得对某网络虚拟财产的控制，就应当被视为享有其控制状态下的网络虚拟财产的权利，因此，网络虚拟财产可以被视为具有类似于票据的性质，起到了表明债权债务关系的权利凭证的重要作用，并在某种程度上具有类似无记名的有价证券的性质——代表一定财产权的格式化凭证。③ 在传统理论中这些权利凭证作为货物、权利的象征，该文书的转让也就是其所代表的货物、权利的转让，即实物抽象化；权利凭证被评价的重点在凭证中记载的权利上，且随着权利凭证电子化的发展趋势，权利凭证中物权的特征在逐渐被削弱，因此网络虚拟财产的性质为债权。④

2. 窃取网络虚拟财产行为的定性分歧及其评析

随着计算机科学技术的发展和网络的普遍应用，网络在社会生活中的作用也越来越大。网上娱乐业尤其是网络游戏的繁荣发展，导致网络虚拟财产大量涌现，并诱发了一类新的侵权即侵犯网络虚拟财产现象的发生。特别是窃取网络虚拟财产的案件不仅占其中的绝大多数，而且在定性上目前仍有较大分歧。迫切需要从理论上做深入细致的研究，以便能够形成一致的认识，从而确保执法的统一性。目前，我国刑法理论界对窃取网络虚拟财产行为应如何定罪，也存在认识分歧，主要有以下几种不同观点：第一种观点认为应定非法获取计算机信息系统数据罪，凡是侵入计算机信息系统，非法获取其中储存、处理或者传输的数据且情节严重的，无论该电子数据是否具有财产属性，是否属于值得刑法保护的虚拟财产，都不应再以盗窃罪论处。第二种观点认为应定盗窃罪，该观点认为《刑法修正案（七）》增设非法获取计算机信息系统数据罪，主要针对的是网络安全秩序，所以，非法获取虚拟财产以外的其他计算机信息系统数据的行为，应按此罪处罚，但是，以盗窃方式获取虚拟财产这种类型的电子数据，主要针对的是虚拟财产所有者的财产权益，因此应定盗窃罪。第三种观点认为，行为人实施盗窃虚拟财产的行为，必然要利用计算机网络系统，将不

---

① 石先珏等：《论虚拟财产的法律保护》，载《甘肃政法学院学报》2005 年第 7 期。
② 参见刘惠荣：《虚拟财产法律保护体系的构建》，法律出版社 2005 年版，第 84 页。
③ 陈旭琴、戈壁泉：《论网络虚拟财产的法律属性》，载《浙江学刊》2004 年第 5 期。
④ 徐彰：《盗窃网络虚拟财产不构成盗窃罪的刑民思考》，载《法学论坛》2016 年第 2 期。

可避免地发生牵连犯罪的情况,同时触犯盗窃罪、非法侵入计算机信息系统罪、非法获取计算机信息系统数据罪等罪,一般应从一重罪处罚。众所周知,牵连犯是实质的数罪,即具备数个独立的构成要件,存在数罪并罚的可能性。正因为如此,刑法对有些牵连犯规定实行数罪并罚,对有些牵连犯则从处罚便宜性的需要出发规定从一重罪处罚。①

网络虚拟财产具有现实的经济价值和可支配的动产属性,可以作为盗窃罪的犯罪对象,盗窃网络虚拟财产行为虽具有智力性、虚拟性等特点,但与现实生活中盗窃一般财产行为的本质相同。通过深入分析盗窃网络虚拟财产行为的犯罪构成,可以认定盗窃网络虚拟财产行为是由刑法规范的盗窃罪的性质。盗窃网络虚拟财产行为既遂形态的认定一般情况下可适用"控制说"。盗窃网络虚拟财产行为的完成主要有三个行为阶段,犯罪的手段行为与目的行为分别触犯了不同罪名,可构成牵连犯。当盗窃网络虚拟财产行为发生时,行为人获得了可观的利润,受害人承受着实际经济损失和精神上的痛苦,并造成一定程度的社会危害,这种盗窃行为不是社会道德所能规制的行为,具有刑罚的当罚性。由于盗窃网络虚拟财产行为人呈现低龄化,对情节轻微的行为人应从轻处罚,并可以通过完善法律法规,增加可促进当事人双方和解的条款。对具有特殊身份的人从事盗窃网络虚拟财产的,可以考虑增设资格刑。盗窃网络虚拟财产行为应及时得到刑法的否定性评价。

第一,盗窃网络虚拟财产犯罪的现状与立法。目前在我国大陆地区侵犯网络虚拟财产的案件也时常发生,近年来针对网络犯罪开展的专项行动连续不断,但是仍有大量网民投诉在电子商务中被骗,也有大量网络游戏玩家声称自己的游戏武器装备被盗。此外,网上各种病毒、木马等恶意程序大量传播,对网络实施入侵和破坏等行为也频繁发生。网络犯罪活动确实令人触目惊心。对于法律上已有明文规定的网络淫秽色情、赌博等违法犯罪活动我们已采取了严厉打击措施,但是对于网络攻击、网络盗窃、网络诈骗等一些多发性网络犯罪,由于法律规定上的滞后,打击力度还不是很大,成为公安机关在信息网络领域刑事执法中迫切需要解决的问题。

第二,盗窃网络虚拟财产犯罪化论证。对此刑法理论界对财物属性的理解一直存在争议,概括起来大体上有四种学说:一是"有体性说"。认为刑法上所指的财物必须是有具体形状的物体。二是"效用说"。认为财物无须具备有体性,只要有经济价值,具有效能和用途的物质都可以成为财物。三是"持有可能性说"。认为只要事实上可以支配的财物,都可以成为财物。四是"管理可能性说"。这种学说又进一步分为"有体性管理可能性说"与"一般管理

---

① 刘明祥:《窃取网络虚拟财产行为定性探究》,载《法学》2016年第1期。

可能性说"两种。①"有体性管理可能性说"则认为，只有可以管理的有体物才可作为财物，而"一般管理可能性说"认为，凡是有管理可能性者都是财物。而关于成为中国刑法所规定的盗窃罪的犯罪对象的财物，必须同时具备以下三个特征：一是财物必须具有人力可支配性，如人力所不能支配的"阳光"等财物就不可能成为盗窃罪的对象；二是财物必须具有财产上的价值，但是不能将这种价值局限于市场的金钱交换价值，而应当对财产财值作广义的理解；三是财物被盗时必须正在被他人所控制支配，如"遗弃物"就不能成为盗窃对象。②

（二）网络帮助行为的适法探讨

作为网络服务提供者帮助行为的衍生物，网络帮助行为即为他人实施犯罪活动提供互联网接入、服务器托管、网络存储、通讯传输、网络广告推广、互联网支付与结算等信息网络技术支持和帮助的行为。

1. 网络中立帮助行为的立法概览和司法现状

互联网技术最先起源并发展于美国，因此，美国关于网络中立帮助行为的立法规制情况最具有代表性意义。③ 在联邦通讯委员会上确立了"网络中立管制三原则"：一是透明性，即运营商及时披露网络服务信息，这反映出信息诚信的要求。二是禁止屏蔽，即禁止对 P2P 程序、网络电话等特定用户进行封堵或者截流。三是禁止不当歧视，即禁止运营商出于商业利益需要，对特定群体进行价格歧视。

综观境内外司法实践，网络中立帮助行为的规制较早发生于民商事领域，在网络化的时代背景之下，网络中立帮助行为业已成为中立行为的重要表现形式之一。与传统中立帮助行为不同，网络中立帮助行为可以存在于没有正犯的案件中。但"随着信息泛滥时代的到来，信息通信变得极度地简易化、高速化，也使得存在一般违法行为会给法益侵害带来质和量的扩大化。由于信息时代的便利使得法益侵害变得简单。也正因此，使得我们成为帮助犯被起诉的可能性变得更大。"④

对于帮助犯的认定仍然依赖于传统的理论框架。受共犯从属性的限制，帮助犯成立的前提是必须要有正犯行为的存在。在此前提之下，首先要有帮助行

---

① 李艳：《论盗窃网络虚拟财产行为的定性处理》，四川大学 2006 年硕士学位论文。

② 魏东：《刑法各论若干前沿问题要论》，人民法院出版社 2005 年版，第 210 页。

③ 陈伟、谢可君：《网络中立帮助行为独立可罚性之肯定》，载《山东科技大学学报（社会科学报）》2017 年第 5 期。

④ ［日］西贝吉晃：《中立的行为による帮助における现代的课》，载《东京大学法科大学院ローレビュー》2010 年第 5 卷。

为。帮助行为既可以是有形的，也可以是无形的；既可以是物理上（技术上）的助力，也可以是精神上（心理上）的支持；既可以积极行为为之，亦可以消极不作为之方式为之。① 但是以消极的方式进行，帮助者必须具有保证人地位。其次需要有帮助行为的因果性，也即帮助行为客观上"使已有犯罪实施意思的人（正犯）的实行变得容易。"② 最后必须要具备帮助的故意。理论上一般认为，"帮助的故意，是指决定提供正犯助力，而且决意促使正犯既遂，两者合称'双重帮助故意'。"在我国传统刑法中，包含着帮助的直接故意和帮助的间接故意两种，即明知自己的帮助行为会对正犯行为的实施起到促进作用，仍然希望或者放任这种情况的发生，司法机关往往往往会将"怀疑且无所谓（放任）"纳入"明知且放任"的范围之内。在有正犯的网络中立帮助行为案件中，还存在抓捕正犯是否具有可行性之分。所谓没有正犯的网络中立帮助行为的案件，主要是在网络空间中存在大量匿名的、不特定的人群利用网络实施一般违法行为，提供网络服务的行为人虽然对此有所预料，但是持放任的态度。因此，在网络中立帮助行为的案件中，对于存在正犯但难以抓获的情形以及没有正犯的情形，实务中只能选择避开帮助犯的探讨，而在刑法规范中寻找既有罪名，对其进行扩张解释，直接将网络中立帮助行为作为分则罪名的正犯行为处理。

2. 网络帮助行为犯罪化的刑罚根据

网络中立帮助行为独立成罪的刑法设置备受学者们的质疑与诟病，原因在于：一般而言，预备行为与犯罪参与行为与实行行为相比，在应受谴责程度上具有类型化的差异，除非有特殊的刑事政策需要，不宜将这种原则性的差异做立法上的消除。立法的合理性及必要性是准确适用刑法规定的价值前提，面对学者们的质疑，必须遵循网络中立帮助行为的入罪路径对独立犯罪化原因进行考察分析，以得出理智客观的结论。另外，其又有着不可辩驳的实然性依托，网络中立帮助行为的刑事审判案例寥若晨星，但是该行为客观上助力信息网络犯罪的状况实然存在，并且现有的审判案例对网络中立帮助行为的处罚呈现出刑法适用标准不规范、主从犯认定不统一、刑期裁量不均衡等特点。对于限缩帮助信息网络犯罪活动处罚范围大有裨益，可谓是以小搏大，牺牲罪名以实现"从犯主犯化"之下实质的正义。然而，即使在"从犯主犯化"的现状下，能够判处帮助信息网络犯罪活动罪的法定刑上限也只是三年有期徒刑，这是罪名适用无法逾越的底线。网络中立帮助行为入罪的正当性分析，主要为一般而

---

① 张明楷：《刑法学》（第四版），法律出版社 2011 年版，第 384 页；王皇玉：《刑法总则》，新学林出版股份有限公司 2015 年版，第 465—466 页。

② ［日］川端博：《刑法总论讲义》（第三版），成文堂 2013 年版，第 595 页。

言，犯罪的认定应当具备两个条件：一是违法性，即侵害法益的客观行为事实值得科处刑罚；二是有责性，即行为人对法益侵害事实的发生具有主观上的非难可能性。① 换言之，一个行为能否评价为犯罪，主要取决于该行为是否产生了独立的法益侵害（危险）结果及导致的社会危害性程度、行为人是否具备可责难的主观恶性。

3. 网络帮助行为犯罪化的限缩

网络平台提供者、网络内容提供者等网络服务提供者带有中立性质的正当业务行为，完全可能参与到他人利用信息网络实施的犯罪之中。"所谓中立行为的帮助，是指从外表看通常属于无害的、与犯罪无关的、不追求非法目的的行为，客观上却又对他人的犯罪行为起到了促进作用的情形。"帮助信息网络犯罪活动罪作为"从犯主犯化"的表现，即便刑法对中立的行为进行规制，也必须是源于其在犯罪情境下丧失了中立。因此，网络帮助行为的非犯罪化对于界分帮助信息网络犯罪活动罪与非罪以及纠正"从犯主犯化"可能带来的过度犯罪化问题。为杜绝先刑的观念成为脱缰的野马，刑法的二次性特征强调制裁性规则内部的衔接，考察前规则的存在与效果判断是否应当进行刑罚的发动。探究信息网络帮助行为非罪化的路径，应坚持把握两个方面，一是在发生犯罪结果时，行为人是完全遵守适法规范的前提下产生的，虽然客观上有帮助之实，但如果帮助行为人已经尽了谨慎守法之义务，那么应当承认此时信息网络帮助行为的中立；二是对形式上遵守适法规范的信息网络帮助行为的入罪，需严格按照犯罪构成进行判断，并证明其已失去了中立以避免过度犯罪化情况的出现，同时对于间接正犯被利用者成为利用者工具的情形也应当充分加以考虑，以实现责任上的阻却，限缩刑法的过度使用。在对中立的帮助行为的可罚范围进行界定时，也有学者认为：原则上不应考虑主观方面，应当从客观方面入手，通过对帮助行为与正犯行为之间物理、心理因素关系界定，以限制中立帮助行为的可罚范围。②

日常生活中常会遇到一些外表无害但在客观上能够促进正犯的犯罪行为的中立帮助行为，并对他人及社会造成不良影响。随着社会的发展，中立帮助行为也逐渐需要被重视，只有正确看待中立帮助行为，方可减少危害结果出现。

（三）第三方支付平台的犯罪认定问题

1. 新型支付方式与网络侵财案件的类型划分

随着经济的发展以及网络技术的进步，诸多新型支付方式应运而生，而与

---

① ［日］前田雅英：《刑法总论讲义》，东京大学出版会 2006 年版，第 36 页以下。张明楷：《刑法原理》，商务印书馆 2011 年版，第 67 页。

② 孙万怀、郑梦凌：《中立的帮助行为》，载《法学》2016 年第 1 期。

之相伴相随的还有各种网络侵财案件，当前新型支付方式主要有两类：电子支付方式和网络移动支付方式是当下应用范围最广、涉及资金最多、发展最为迅速的新型支付方式。对于电子支付，目前尚无权威或统一的定义，这主要是因为电子支付所涉及的行业领域非常广泛，既有一般金融机构，还包括发行预付卡的商业机构以及专门代理网络收付款职能的其他机构；与此相对应，电子支付所涵盖的具体支付方式也纷繁复杂，因此，实践中并没有关于电子支付方式的准确概念。所谓网络移动支付，主要是指利用手机等无线通信网络终端转移货币价值以履行对价义务的支付方式。按照网络移动支付过程是否需要经过第三方为标准，可以将目前的网络移动支付划分为手机银行支付和第三方支付。

近年来，以手机银行、支付宝支付、微信支付为代表的移动支付得以迅猛发展，并正在引起全球支付方式的全面革新，全面进入以数字化为最主要特征的网络移动支付时代。同时，其使用方式仍然是通过用户信用卡号和密码的比对进而直接完成支付，深究其本质，无非是以手机银行应用软件为载体，将过去的存折或者信用卡里的财物通过网络予以数字化。因此，不难发现，涉手机银行侵财犯罪的认定较之传统侵财犯罪并无特殊之处。但与此相比，第三方支付则大不相同：首先，其发行主体为非金融机构；其次，用户使用第三方支付的前提是必须将其第三方支付账户与信用卡账户进行绑定，在绑定信用卡之后的实际支付过程中，用户可以通过第三方支付平台的账户和密码完成支付。此种第三方支付平台，也就是支付宝支付以及微信支付和网上银行支付方式会给本来就复杂的网络犯罪带来新的问题。

根据资金来源不同，可以把新型支付方式下网络侵财案件分为两种类型，其中第一种类型是行为人直接窃取第三方支付账户内原有的钱款，不涉及绑定的信用卡。① 由于是通过第三方支付平台进行的侵财案件，司法部门对于直接秘密转移的第三方支付平台账户内资金类案件的定性会存在分歧，会出现同一类案件不同评判方式。第二种类型是通过第三方支付账户来窃取已经绑定的信用卡内资金或者通过已经掌握的他人手机账号重新绑定被害人信用卡，窃取他人信用卡内的资金。此种类型取决于两方面，一方面是被盗人的电话由本人或是亲近的人无意间泄露问题，另一方面是第三方支付平台的保密技术问题，这两点的存在对网络犯罪造成困扰。②

---

① 刘宪权：《论新型支付方式下网络侵财犯罪的定性》，载《法学评论》2017 年第 5 期。

② 刘宪权：《论新型支付方式下网络侵财犯罪的定性》，载《法学评论》2017 年第 5 期。

2. 第三方支付方式与信用卡支付方式的关系厘清

与手机银行支付不同的是，以支付宝为代表的第三方支付的发行主体是非金融机构，该种支付方式在支付之前必须经过与信用卡绑定的过程，在绑定信用卡之后只需要输入第三方支付账户独立对应的密码即可完成支付。新型支付方式下网络侵财犯罪的性质必须首先厘清第三方支付账户的法律属性，这是认定第三方支付侵财犯罪的重要前提和关键依据。在处理与支付宝有关的案件时，应当将此种类型的支付方式列为新型信用卡支付方式，而第三方支付平台支付方式应该视为与新型信用卡支付相关的支付方式。

有观点认为在 2010 年 9 月 1 日起施行的《非金融机构支付服务管理办法》将包括第三方支付在内的第三方支付平台定位为非金融机构。而 2004 年全国人大常委会通过的《关于〈中华人民共和国刑法〉有关信用卡规定的解释》规定："信用卡是指由商业银行或者其他金融机构发行的具有消费支付、信用贷款、转账结算、存取现金等全部功能或者部分功能的电子支付卡。"由于第三方支付平台属于非金融机构，非金融公司发行的第三方支付也就不能视为金融机构发行的信用卡的支付方式。此观点过于机械，首先，同一法律概念在不同部门法的语境中可能存在不同含义。金融法规与刑法对同一概念的理解可以不同。金融法规重在行政许可，但与金融法规功能有所不同的是，刑法注重调整人的犯罪行为，在不违背罪刑法定原则的前提下，刑法重实质的立场应当得以体现，这在民法与刑法中可以充分体现，如民法上的占有包括观念上或者说规范上的占有，而刑法中的占有必须是事实上的占有。除此之外，由于关注角度的差异，不同的法律对相同概念理解也会有所不同。刑法适用过程中，如果忽略这种差异将不可避免地导致对罪与非罪判断的飘忽不定，以及此罪与彼罪界分的模糊不清。因此，仅仅因为金融法规并未承认第三方支付公司为金融机构就将第三方支付方式与信用卡支付方式区别对待，似乎并不具有足够的说服力。其次，虽然第三方支付方式与信用卡支付方式在发行主体上存在差异，但不能忽略二者在功能以及使用方式上的统一性。应当承认，第三方支付方式并无任何物质载体，看似与传统的信用卡支付方式有所区别。随着手机银行的日益普及，信用卡支付方式也可以在无任何物质载体的基础上完成查询、转账、理财等一系列金融业务。从功能上看，第三方支付同样具有消费支付、信用贷款、转账结算、存取现金等全部功能，这一点与信用卡并无任何区别。从使用方式上看，第三方支付方式与信用卡支付方式也基本相同。从功能以及使用方式上分析，二者似乎没有任何差别。

3. 第三方支付账户与信用卡账户中的钱款性质认定

对第三方支付账户与信用卡账户中钱款法律性质的理解有不同说法，主要有"债权凭证说"与"数字化财物说"两种观点。一种观点是"债权凭证说"，是指信用卡、折、第三方支付账户内的金融对应的数额实际上为银行所占有，信用卡、存折仅仅是一种债权凭证，账户记载内容表征着客户对银行、支付宝公司所享有的债权，其实就是客户与银行或者客户与第三方支付平台的债权关系，不能改变第三方支付账户与信用卡账户内钱款的性质。另一种观点是"数字化财物说"，是指类似于第三方支付账户和信用卡账户中的货币，无论在网络虚拟空间还是在现实生活领域均是一般等价物。①

4. 新型支付方式下网络侵财行为性质认定的困惑解析

面对纷繁复杂之新型支付方式下的各种侵财犯罪，在对具体案件进行梳理分析之前，应当先从宏观上把握对该类案件的刑法规制和惩罚的思路。虽然新型支付方式下网络侵财犯罪具有不同于传统侵财犯罪的一些新特点，但这并不意味着对其刑法规制和惩罚需要采用不同的方式。由于网络侵财犯罪并不属于后两种网络犯罪之任何一种，其仅属于与传统犯罪本质无异的网络犯罪，网络不过是网络侵财犯罪的工具而已，而新型支付方式下的侵财犯罪又属于网络侵财犯罪的范畴，因而其与传统侵财犯罪也无本质的差异。从本质上看，此类新型支付方式下网络侵财犯罪与传统侵财犯罪的刑法规制和惩罚的思路并无二致。新型支付方式下网络侵财犯罪的本质仍然是侵财犯罪，其不属于信息散布型网络犯罪，亦非特殊时期、特殊领域内的网络犯罪，对新型支付方式下网络侵财犯罪的刑法规制坚持"从平"处理即可，无须考虑"从重"。

5. 利用新型支付方式侵财行为应以信用卡诈骗罪定性

在基本否认了新型支付方式下网络侵财犯罪行为构成盗窃罪之后，若要论证此类行为构成诈骗类犯罪，还必须解决另一个关键问题，即在行为人输入他人第三方支付账号、密码以取财的情况下，是否存在被骗人以及被骗人是谁的问题。依笔者之见，非法获取他人第三方支付账号、密码并在网络上使用，与非法获取他人信用卡并在 ATM 机上使用没有本质区别。对此类新型支付方式下网络侵财犯罪行为的定性可以比照对后者的定性处理。然而对于后者的定性，理论界和实践中一直争议不断。例如，拾得他人信用卡并在 ATM 机上使用历来存在着盗窃罪与信用卡诈骗罪的认定分歧，其争议的焦点就在于"机器能否被骗"。如果认为机器能够被骗，那么拾得他人信用卡并在 ATM 机上使用行为就构成信用卡诈骗罪；如果认为机器不能被骗，那么该行为便只能构成盗窃罪。从性质上看，第三方支付均不需要自然人对取款人进行面对面的身份核验，只需要通过账号、密码识别客户就可以完成支付。新型支付平台能够被骗的合理性主要表现在以下三个方面：首先，新型支付平台在运作过程中体

① 孟春红、来尧静：《网络虚拟货币对现实金融体系的影响》，载《海峡科学》2007年第 5 期。

现的是设计者赋予其的人脑功能。在新型支付方式尚未发展普及时，诈骗罪的对象较多的是自然人或法人，更确切地说是具有认识能力的人，诸如精神病患者等不能成为诈骗罪的对象。从本质上来说，这是因为具有正常意识的人才能被骗，没有正常意识的人无法因虚构事实或隐瞒真相而陷入错误认识之中。此时，机器根据预设条件代替人实施某些行为符合人的意志。[①] 其次，新型支付平台同样也可能陷入认识错误。最后，从刑事立法规范与刑事司法解释的角度看，诈骗类犯罪的规定和解释即是对新型支付平台能够被骗的一种法律承认。由于新型支付方式下网络侵财行为的方式、手段层出不穷，千差万别，对此类犯罪行为的评价当然也存在很小范围的例外。例如，如果行为人通过技术手段破解了第三方支付的安全防护措施，在不需要冒名使用他人账户和密码的情况下非法占有他人财物的，应当构成盗窃罪。[②] 这是因为，此时行为人本质是利用新型支付平台程序故障而非法占有他人财物，与前文提及的行为人利用机器故障而取财的行为并无二致。将该种行为认定为盗窃罪是完全合理和正确的，这也是许霆案之所以定性为盗窃罪的缘由所在。盗窃信用卡并使用的，其实包含两个行为：一是盗窃信用卡的行为；二是冒用的行为。对于盗窃信用卡的行为，正如笔者在前文提及的，信用卡账户或者第三方支付账户只是记载数字化财物的载体，其本身并非财物，因此，一般而言，盗窃信用卡或者第三方支付账户本身并不构成盗窃罪。

（四）网络知识产权类犯罪的问题

互联网产业的迅猛发展，在为人们的生活带来极大便捷的同时，也给犯罪分子实施犯罪带来极大便捷。由于知识产权其本身的特点，在传统环境下就极易被侵犯，在网络环境下，知识产权更易被侵犯。犯罪分子利用网络资讯发达、沟通不受时空阻碍等特点，更易获取侵权犯罪的新工具和新手段，导致知识产权侵权犯罪活动呈现出新形态。随着我国知识产权保护力度不断加大，去年公安机关共破获侵犯知识产权犯罪案件1.7万起，涉案总价值46.26亿元。鉴于知识产权犯罪的高发态势，网络环境下知识产权犯罪与传统犯罪形态有何不同，对罪与非罪、此罪与彼罪的界限如何把握，以及法律规制路径如何选择等诸多问题，均有待在实践中予以进一步探讨。司法实践中，对于知识产权入罪的构成要件中仅以"情节严重""数额较大"等抽象概念与知识产权的法律制度进行区分，以至于会存在刑民不分的情况。甚至也有学者对于是否要取消"以营利为目的"作为当今互联网知识产权犯罪的一个界定标准提出疑问，这

---

① 高国其：《机器诈骗犯罪浅议》，载《中国刑事法杂志》2010年第3期。
② 刘宪权主编：《刑法学》，上海人民出版社2016年版，第631页。

些问题都需要进一步探讨。

1. 网络环境下的"刷单"行为

网络环境下假冒注册商标犯罪的"非法经营数额"和"违法所得数额",应当综合被告人供述、证人证言、被害人陈述、网络销售电子数据、被告人银行账户往来记录、送货单、快递公司电脑系统记录、被告人等所作记账等证据认定。但客观上,网络销售记录存在"刷信誉"的不真实交易,同时这种状况有时也并不能完全被证据所证明,但无证据证实的,对其不予采纳。湖北省高级人民法院2016年发布的知识产权十大典型案例("周黑鸭"案),就根据刑事诉讼排除合理怀疑的证明标准,排除了网络交易中可能存在由"刷单"而产生的非真实交易数据。

2. "销售金额"的认定

应当不仅包括销售所得的违法收入,也包括应得的违法收入。网络销售假冒注册商标的商品犯罪行为,涉及的环节较多,既要向外发布广告,以此获取订单,还要交付商品并收回货款,案发时往往一部分商品已经售出,而另一部分商品尚未售出,或处于款项尚在第三方支付平台等不确定状态下,因此,应当认清网络销售金额和待销售部分的货值金额之间的关系以及二者各自的认定标准。

3. "以营利为目的"和可期待利益

我国对于知识产权损害赔偿数额的认定主要采用了四种标准,即权利人因被侵权所受到的损失(实际损失)、侵权人因侵权所获得的利润(侵权所得)、许可使用费的合理倍数(许可使用费倍数)以及人民法院依据侵权情节判决的赔偿(法定赔偿)。这四种标准都是基于损害赔偿的价值基础:成本+收益。在司法实践中对损害赔偿的司法定价是以知识产权的"合理价值"裁判为基础的。我国通用的有重置成本法、市场比较法和收益现值法。重置成本法是根据被评估资产本身现在及过去的技术经济资料进行估算。现行市价法是以与被估资产类似的现在的技术经济资料归纳而得出的评估价值。收益现值法属分析法,即对被评估资产未来的适用情况进行分析来确定资产的评估价值。一般而言,对于资产特性比较简单(有形资产),且侧重资产现实可用程度(市场认可)的这类资产,用演绎法比较合适。而对于资产特性比较复杂,强调未来使用效果的一类资产,宜用分析方法。[①] 可见,知识产权评估是对动态性、市场化的社会经济活动进行衡量和预算,不仅是知识产权交易的重要依据,同时也是维护权利人合法权利,确定损害赔偿的客观尺度。且上述认定是

---

① 吴汉东:《知识产权的损害赔偿的市场价值基础与司法裁判规则》,载《中外法学》2016年第6期。

由知识产权的客体类型、使用方式和效果领域的差异性决定的。

从司法实践对被侵权人的赔偿角度来看，对于知识产权期待利益的分析，基本都是通过此种或类似现有产品的经济资料为基础而进行的预算分析。随着互联网的发展，应当需要用更为精确的方法来对知识产权的可期待利益进行系统、数据化的分析；因而落实在具体的刑事案件中，对于传统的以营利为目的的判断和认定则应当具有更为广泛和合理的范畴，换言之，在所谓的以营利为目的中不仅应当包括直接营利目的和间接营利目的，判断是否具有间接营利目的需要进行宏观上的整体考察，不能以某一个别"行为段"存在非营利性而否定整体行为的营利性。2011年，"两高一部"联合出台《关于办理侵犯知识产权刑事案件适用法律若干问题的意见》，进一步明确了非法经营数额、传播他人作品的数量、作品被点击的次数、注册会员人数的具体判定标准。目前，行政执法以及刑事司法实践中容易忽视的是对网络服务提供商的打击、惩治。如前所述，知情的网络服务提供商为侵犯著作权行为人提供相关服务的，也应以该网络知识产权犯罪的维度惩处。

（五）网络犯罪中其他问题研究

网络犯罪的复杂性在于其不是一种单纯的网络行为，而是网络加入传统社会后的复合行为，因而在刑法理论和实践中，对于这些行为的界定，则不是一加一可以得出简单的结论，而是一种有无限可能的排列组合，一个看似相同的行为，在犯罪构成中则可以完全不同，给司法实践带来了诸多问题。

1. 非法获取社交账号

计算机信息系统数据罪中的"采用其他技术手段，获取该计算机信息系统中存储、处理或者传输的数据"，应该认定为非法获取计算机信息系统数据罪。另一种观点认为，此类行为属于侵犯公民个人信息罪中的"窃取或者以其他方法非法获取公民个人信息"，应认定为侵犯公民个人信息罪。非法获取计算机信息系统数据罪是指非法获取他人计算机信息系统中存储、处理或者传输的数据的行为。"获取"包括从他人计算机信息系统中窃取，如直接侵入他人计算机信息系统，秘密复制他人存储的信息，也包括骗取，如设立假冒网站，在受骗者登录时，要求用户输入账号、秘密等信息。"存储""处理"和"传输"这三种形态，涵括了计算机信息系统中所有的数据形态，不论行为人非法获取处于哪种形态的数据，均符合法律的规定。非法获取计算机信息系统罪的犯罪构成又包含两个行为，一是"侵入"计算机信息系统，二是"获取"该系统中的数据。"侵入"的方式有很多，有非法用户侵入，有合法用户越权访问，或者采取破解身份认证信息，或者采取盗窃身份认证信息，或者强行突破安全防火墙等，但其本质是"未经计算机信息系统控制人或者所有者授权的擅入行为"。① 为此，行为人通过钓鱼网站等方式骗取他人的身份认证信息，并运用这些身份认证信息登录到计算机信息系统，从形式上看，行为人是获得信息系统的许可进行登录，但实质上也是一种未经授权的"侵入"行为。尽管一般理论认为侵犯公民个人信息罪中的公民个人信息应具有"识别特定个人"的属性，但是相关法律已将公民个人信息作了适当扩大的规定，特别是针对网络上侵犯公民个人信息的情况，已将公民个人信息的属性规定为"网络服务提供者所收集的公民个人信息""互联网上大肆倒卖的公民个人信息"，而当今社会公民个人的社交账号、密码就属于这类信息。②

2. 破坏计算机信息系统

在办理破坏计算机信息系统犯罪案件中，对于是否对计算机信息系统造成干扰，认定标准并不统一，关于计算机信息系统的"干扰"需要注意以下几点：（1）"干扰"从字面上来理解就是扰乱，使其不能正常工作。一般来说，对计算机信息系统内的功能或数据进行删除、修改、增加，都会对计算机信息系统的正常运行造成影响，这三种方式从本质上说都是"干扰"行为。刑法条文单独将"干扰"作为本罪的一种行为方式，旨在与前三种行为相区别，即行为人未直接对计算机信息系统的功能或数据实施相应的删除、修改、增加行为，而是通过其他方式扰乱计算机信息系统的正常运行。认定"干扰"的标准主要看行为人有没有对计算机信息系统内的功能或数据进行直接侵害或者产生影响。理解何为干扰性质的行为，必须结合干扰行为与计算机信息系统功能之间的关系来判断。干扰应该是与删除、修改和增加行为相当的破坏计算机信息系统功能的行为，因而，干扰也是对计算机信息系统运行机理造成的破坏，如干扰致使计算机系统分析信息时不能按照原来设定的规则进行，导致分析数据不正常。干扰的方式是多种多样的，包括如外挂程序、拦截信号、干扰传输等。如果类似干扰的行为没有导致计算机信息系统运行机理发生重大变化的，就不能认为是刑法所规定的"干扰"。（2）破坏计算机系统罪构成要件的后果。"后果严重"仅指造成严重的实害结果，而不包括"造成实害发生的可能危险"。因为从条文设计上看，刑法设置"后果严重"是为了提升入罪标准，如果将"造成实害发生的可能危险"纳入"后果严重"，那么该罪将首先成为危险犯，如此一来，造成实害与造成危险共用"后果严重"这一用语，共用同一档法定刑，有违罪刑均衡原则。而且，如果后果包括"造成实害的

---

① 方孔强、胡公枢：《网络环境下以骗取方式盗窃 QQ 账号的定性》，载《中国检察官》2017 年第 6 期。

② 方孔强、胡公枢：《网络环境下以骗取方式盗窃 QQ 账号的定性》，载《中国检察官》2017 年第 6 期。

危险"，那么"后果特别严重"在文义上当然也可以包括"造成实害的危险特别严重"，但一旦区分出危险的大小如抽象危险、具体危险，那么作为法定刑加重情节的"后果特别严重"就会使得整个条文中的后果分为"作为入罪标准的危险""作为加重情节的危险"两个层次，最终必然使得入罪门槛大大降低，也将瓦解设置"后果严重"的意义，使"后果严重"形同虚设，成为可以被删除的规定。①

3. 网络谣言入罪的探讨

近年来，随着互联网行业迅猛发展，公众对社会焦点事件的讨论热情不断升温，一旦某事件能吸引眼球，就被迅速扩散，一些人直接捏造谣言，借助网络快速"推广"，网民不自觉地推波助澜，网络谣言呈井喷态势，很多不良网络言论都在社会上引发强烈的恐慌情绪，更有一些网络推手，恶意制造谣言，诋毁他人名誉，损害企业商业信誉，利用网络舆论压力实施敲诈勒索。网络谣言一时成为关注度很高的热点问题。②

一般而言，言论是通过语言表述发挥作用的，而行为则通过身体动作产生影响。考察言论，应该重点关注其思想和内容，而研究行为，则要探讨行为的方式、行为的主观目的和动机、行为产生的影响等。按照这一划分方法，网络谣言属于言论的范畴，不管是谣言的制造者还是传播者，其主观状态往往很难做出理性的断定，而刑法中的定性要求明确界定出故意和过失，作出责任归结。由于网络谣言涉及面广，不少信息在传播过程中都会走样，有的谣言是网络推手有意识捏造出来放到网上用以攻击他人，有的信息在发布时有事实依据，但在传播的过程中被人不断扭曲。网络造谣、传谣行为的刑事立法规制现状，表现为以下几点：第一，规制网络造谣、传谣行为的罪名体系。第二，网络造谣、传谣行为刑事立法之"力有不逮"，规制的行为方式缺乏"广度"。第三，缺乏规制"力度"，其中包括编造并传播证券、期货交易虚假信息罪对网络造谣、传谣行为缺乏规制"力度"，诽谤罪对网络造谣、传谣行为缺乏规制"力度"，损害商业信誉、商品声誉罪对网络造谣、传谣行为缺乏规制"力度"。刑事司法加大了对网络造谣、传谣行为的打击力度。

网络造谣、传谣行为刑法规制的应然路径，对具有严重社会危害性的网络造谣、传谣行为予以刑法规制如今已不再停留于"要不要"规制的问题，应着力解决的应是"如何"规制的问题。网络造谣、传谣行为，本质上是一种

---

① 朱赫等：《破坏计算机信息系统案件法律适用研讨》，载《人民检察》2015 年第 8 期。

② 戴津伟：《网络谣言入罪的认定及其社会危害性》，载《重庆社会科学》2014 年第 11 期。

不纯正网络犯罪行为。不纯正网络犯罪与纯正网络犯罪相对，前者是指以信息网络作为犯罪工具的犯罪，后者是指以信息网络作为犯罪对象的犯罪，目前我国互联网普及率的激增，客观上使谣言的受众达到了前所未有的规模。网络造谣、传谣行为所具有的社会危害已远远超过了线下传统的造谣、传谣行为。当然，治理网络造谣、传谣行为是一项系统工程，不可能由刑法毕其功于一役，刑法在此的谦抑性的考虑也是十分重要的。

## 四、网络犯罪的立法思考和建议

（一）网络犯罪与传统犯罪的划分思考

20 多年来全球互联网的应用遵循了"软件—内容—数据"的发展路线，每一次应用的转变背后都带有深刻的技术推动的特征。人类历史发展到近代，科学技术对人类文明和社会结构的影响超越了以往任何时候，而技术是通过改变人类的能源分配方式来改变人类的文明生态的。信息开始成为对人类社会具有宰制力量的资源形式，谁掌握了信息权，谁就获得了对社会的支配力量，而数据也是信息的一种存在方式。三代互联网的应用侧重点不同，其利益集聚的重点和安全风险也不同。了解这一点，有助于我们更加清晰地认识三代网络环境下网络安全立法的转换策略。互联网进入第三代之后，网络空间中的秩序性犯罪日渐突出，并且涵盖范围几乎遍及传统刑法的各个领域。目前司法实践中出现的执法困惑主要有以下几个方面：

1. 以网络作为载体，产生了一定量变的传统犯罪

网络的无孔不入使社会生活的每个部分都渗入了网络成分，但这种加入并不意味着其实际改变了事物本来的属性，网络犯罪亦然，一部分犯罪看似与网络相关，但其实质就是传统犯罪，网络只是手段，是犯罪分子利用的犯罪工具。这类案件不管是理念上还是犯罪构成上都仍属于传统犯罪的范畴，应当按照传统犯罪的法律条款来进行调整。目前我国虽有法律条款提到此类案件按照有关规定定罪处罚，但给出的边界并不清晰，在认定上也没有给出明确的指导。例如侮辱、诽谤等侵犯人身权益的犯罪和盗窃、诈骗等侵犯财产的犯罪，以及其他危害国家安全、公共安全和扰乱社会管理秩序的犯罪等，没有必要另设罪名，但仍可以在司法解释中做出相关指导，包括金额数额、既遂未遂等的认定。

2. 以网络为基础的新型犯罪

比如虚拟财产，它纯粹因为网络产生，虽对其的犯罪具有传统犯罪的特点，但目前法律上的认定仍是空白，没有确切的认定方法，网络中的游戏工具、Q币货币等是否属于财产，遇到侵害时是否受法律保护，还需法律进一步

出台相关规定；又如对网络本身的犯罪，类似于计算机犯罪，是对网络本身的破坏，这类案件已有立法规定，且比较集中。但由于网络技术的不断发展，虚拟空间的不断扩张，各类新的概念架构层出不穷，带来新的犯罪应运而生，对于这些完全基于新技术而产生的犯罪，只能在传统刑法理论的执导下，厘清其本质，从而加快立法，打击犯罪。

3. 与传统犯罪结合产生定性质变的犯罪

许多网络犯罪行为，看似与普通的犯罪行为没有本质的区别，但这类行为一旦在网络上实施，其侵害的法益以及对其行为的判定上，往往突破了传统刑法的框架，而在实际案件中，办案人员如果简单地往传统犯罪或计算机犯罪靠，则无法解决对这类犯罪的惩治，同时也会造成诸多的执法不平衡问题。没有追究网络犯罪案件的实质，有很大的局限性。比如上文所提到的利用网络群传播淫秽视频，数十名犯罪嫌疑人具有明确分工，有的为管理员，负责定期"踢人"，有的为资源人物，负责发布淫秽视频。此网络群针对的是不特定人，而这类网群的运营公司对其产品的日常运营监督和管理存在问题，特别是对用户发布的信息缺少快速高效的甄别、筛选手段，政府的监管也不到位。这些所谓的共同犯罪中人员的划分，帮助犯是否可以正犯化等都涉及对传统刑法的再认识和对适法的再平衡。又如"刷单"行为，其实质就是诈骗，但它能做到传统犯罪所达不到的速度；App 等的制作，又与知识产权相互交织。在这些犯罪方面，我国法律在确定犯罪数量、犯罪构成上还有欠缺，网络秩序还需要予以法律进一步的保障。

（二）网络犯罪的刑事立法建议

我国目前进入了深度应用的网络发展阶段，三网融合、大数据、云计算、物联网等概念方兴未艾，有的正在从理论走向现实。在网络对社会生活各个角落无孔不入的背景下，网络空间与现实空间由原本虚拟社会与现实社会的对立，变为两者的全面融合。大数据采集、挖掘技术的成熟，不但激发了大数据蕴含的巨大经济利益和社会财富，也使大数据可能成为新的安全危险来源。各种网络虚假信息在网络上的肆虐，更给现实社会秩序造成了严重的威胁。网络安全与国家安全具有了更强的契合度，同时网络安全也超越了以前的信息安全、内容安全等范畴，具有更加丰富的内涵。这个阶段也是安全风险全面提升的阶段，因此相应的法律治理重点也开始转向复合型网络安全。例如，为了打击网络造谣等违法犯罪活动，最高人民法院、最高人民检察院出台了《关于办理利用信息网络实施诽谤等刑事案件适用法律若干问题的解释》，指明了寻衅滋事罪在网络空间中的适用策略，《刑法修正案（九）》（草案）不但对原有的编造、传播虚假信息犯罪体系进行调整，还将利用网络传播极端主义、恐怖主义的视频音频行为作为犯罪处理。2010 年修订的《保守国家秘密法》针对网络泄密行为作了专门性规定，强化了信息系统的保密管理责任，以及增加了"不得将涉密计算机接入互联网"等一些禁止性规定。从当前来看，网络犯罪的刑事立法还应注重以下几个方面的格局转换：

1. 建立预防性立法的思维

在风险社会和网络技术风险相互交织、交替演进的复杂形势下，网络技术风险的不确定性、不可控性以及高度危险性日益加剧，客观导致网络技术危险的客观化、抽象化、早期化，刑法的危险系数持续升高。

为此，网络刑法立法应遵循预防性理念，推行刑法介入的前置化与积极预防的早期化，主动消释传统刑法学启动刑事制裁的过度消极性、过分强调报应性或特殊预防而忽视积极一般预防、结果犯主导地位导致犯罪门槛不当偏高与介入时机偏迟等可能引发的消极效应。易言之，由于刑法目的与任务的变迁，预防性刑法理念在立法技术上更青睐于采取预防性立法举措[1]，主要包括明显提高网络危险犯的数量和地位、刑法提前介入预备行为、未遂行为、共犯行为以及中立的技术支持行为、网络行政违法行为的犯罪化并间接推动降低犯罪门槛等。比如《刑法修正案（九）》增设第 120 条之二、第 287 条之一等条文，都体现了预防性立法技术的痕迹与"秩序价值的优先性"的预防性立法策略。因此，关于网络预防性刑法立法理念的核心内容，其一便可以概括为犯罪门槛下降、网络危险犯的地位不断攀升并有取代结果犯主导地位的趋势圈。但是，网络危险犯作为早期介入的举措，并非毫无节制的犯罪化，反而是坚持理性体认网络技术风险内附高度刑法危险的客观事实，严格、审慎把握网络犯罪化的尺度，遵循密而不严的刑事政策，合理纠偏传统结果犯的主导模式所带来的牵制副作用。因此，尽管网络危险犯当前呈现为犯罪化倾向，却并非断然放弃网络结果犯的立法模式，而是适度增加网络危险犯的数量，以此消除预防性立法理念及技术的正当性隐忧。

2. 转变以实害结果为主的立法技术

通常认为，传统刑法理论确立报应性司法理念，主要包括危害行为是介入前提、危害原则是入罪原理、一般以实害结果为处罚依据、结果犯是主要的立法技术等基本主张。以网络空间中的秩序性犯罪为例，主要包括：（1）危害国家安全型的犯罪。例如，曾供职于辽宁某企业的韩某失业后在网上被境外间谍组织盯上，韩某按照境外间谍组织的要求拍摄了大量某军工项目的照片，2015 年法院判处韩某构成为境外窃取、非法提供国家秘密罪，判处有期徒刑 8 年。（2）涉恐涉爆的危害安全型犯罪。恐怖主义是当今人类社会的共同敌人，

---

[1] 于改之、蒋太珂：《刑事立法：在目的和手段之间——以〈刑法修正案（九）〉为中心》，载《现代法学》2016 年第 2 期。

恐怖主义犯罪也是对国家和民族危害性最大的犯罪类型，并且恐怖主义开始与网络因素结合，出现了网络恐怖主义这一犯罪变种。犯罪分子利用网络传播有宗教极端思想、煽动民族分裂、民族仇恨的音频视频，加剧了恐怖主义思潮的蔓延态势。（3）网络传播虚假信息类犯罪。网络传播虚假信息包括在网络上诋毁他人人格、名誉，对他人商品声誉、商业信誉进行造谣，从事有偿发帖、删帖等"公关"行为。网络诽谤犯罪在传统空间中困难重重，但是在网络空间中却"如鱼得水"。在二代互联网以前，网络犯罪还主要表现在对网络本身的侵害，网络犯罪的现实辐射效应有限，但是在三代互联网时期，"双层社会"已经形成，① 网络空间的风吹草动都会对现实空间产生影响，这无疑加大了国家对网络的治理难度。②

网络刑法学指导下的网络刑法立法具有专属性，立法思维和方式不宜全盘遵循和沿袭传统。究其原因，影响立法的时代背景焕然一新，主要包括：立法的社会背景与物质基础发生了根本性变化，保护法益的立法任务已经实现同步的位移，立法规制的对象是网络技术风险与网络空间社会安全秩序，网络危害行为触发立法基本原则、犯罪概念、犯罪构成、刑事责任、制裁体系的重大变革以及具体罪名设置的重新洗牌。但是，网络刑法立法的专属性究竟为何及其实现途径等基础问题仍有待理论界厘定。综上，尽管从计算机犯罪的立法到信息网络安全的立法是显著的进步，但仍问题重重。网络刑法立法应当遵循"网络刑法学"特有的思维与方式，立足网络空间社会的属性与需要，扬弃传统刑法学及其立法，建构面向未来的知识图景。当前，重述网络刑法立法的理念，明确立法的重心、目标与方向是重中之重。③

3. 提高与技术同步发展的立法知觉

高速发展与高度普及的互联网已经全面进入社会生产生活，然而，立法理念陈旧、立法技术水平不高等因素共同加剧了计算机犯罪的立法漏洞，主要有：（1）非法侵入其他普通的计算机信息系统无法入罪，导致保护范围不完整，而现实中诸如金融、银行等重要网络系统时刻面临恶意网络攻击并遭受严重损害。（2）非法侵入计算机信息系统往往是预备行为，非法控制和获取计算机信息系统数据并实施正犯行为危害更大，诸如窃取银行账号与密码、电话通讯录等并实施诈骗、盗窃等犯罪，但立法仍处于空白状态。（3）网络犯罪已经形成完整的非法利益链条，提供非法侵入、非法控制计算机信息系统的程

---

① 惠志斌：《全球网络空间信息安全战略研究》，中国出版集团 2013 年版，第 7 页。

② 李怀胜：《三代网络环境下网络犯罪的时代演变及其立法展望》，载《法学论坛》2015 年第 7 期。

③ 孙道萃：《网络刑法知识转型与立法回应》，载《现代法学》2017 年第 1 期。

序与工具是利益链条的首端，只有切断技术帮助行为，才能从源头遏制后续的实行行为和防范更严重的危害结果，但立法仍处于真空状态。尽管《刑法修正案（七）》及时增加第 285 条第 2 款、第 3 款，但修改仍显不足，主要表现在：其一，第 285 条第 2 款的修改不足，"非法侵入"已经具有相当的社会危害或危险，但非法侵入普通计算机信息系统并不构成犯罪。其二，未修改第 286 条。首先，第 286 条的三种具体危害行为都可以概括为"破坏"，可以包含任何危害网络安全的行为，但无法与第 285 条规定的危害行为相区别。其次，网络病毒直接危害网络安全，是网络技术危害行为的源头，制造、传播计算机病毒等破坏性程序的行为具有严重的危害和危险，不论是否"后果严重"，都应当作为独立的犯罪处理，可以规定为危险犯或行为犯"后果严重"的，可以加重处罚。其三，未修改第 2 条。当前，利用网络空间实施犯罪正在快速蔓延，大量网络预备行为、网络片面帮助行为、网络中立的（正常网络业务）行为介于罪与非罪的边缘，亟待立法明确介入和规制。①

4. 促进网络刑法学的知识转型

风险社会与网络技术风险相互叠加，网络安全局势愈演愈烈，与当代法律制度的遭遇不期而至。刑事法律体系与网络犯罪的较量和博弈正在升级，通过刑事法治体系保障网络安全法益的艰巨使命始终处于未竟状态，克服刑法规范供给失衡的制度困境首当其冲。网络安全的整体渗透和嵌入样态勾勒网络空间与网络社会的"无知之幕"，网络安全法益的全面覆盖对传统刑法学具有釜底抽薪的效应。传统刑法学的失灵、失效与失真问题接踵而至，网络刑法学呼之欲出，是建构"回应型"刑法规范供给制度的长久之计。尽管网络刑法学的知识转型提供了绝佳的视角之变，却仍应率先从具体的立法理念及其举措出发。在当前阶段，应当以回顾和检讨既往立法为前提，以域外比较和借鉴为重要基础，结合我国网络的发展与网络犯罪的趋势，从刑法立法的基本原理出发，力图从立法理念、法益保护、危害行为类型、预防性立法思维等角度提升立法水平和强化规范供给能力。②

随着互联网在中国的普及率越来越高，盗窃网络虚拟财产的行为日益猖獗，但是由于刑法理论和司法观念的滞后，相应的法律法规的欠缺，使得受害者得不到及时有效的法律救济，实践中针对已发生的盗窃网络虚拟财产的案件做出了不同的刑事处罚，这显然不利于我国刑罚的统一性，我国刑事司法在遵循罪刑法定原则的前提下，应当进一步协调刑法确定性与适应性之间的矛盾。

---

① 孙道萃：《网络刑法知识转型与立法回应》，载《现代法学》2017 年第 1 期。
② 李怀胜：《三代网络环境下网络犯罪的时代演变及其立法展望》，载《法学论坛》2015 年第 7 期。

互联网的飞速发展带给人类社会许多好处，但同时也带来了网络犯罪，且给网络犯罪的侦破加大了难度，网络犯罪有着独特的隐蔽性、无国界性及严重性，加强防范危害网络安全的行为，严厉打击网络犯罪行为，保障互联网的运行安全和信息安全，促进互联网的健康发展，对保障国家正常社会秩序具有重要意义。

# 法律监督案件化研究<sup>*</sup>

上海市宝山区人民检察院课题组<sup>**</sup>

检察权是宪法赋予检察机关行使的一项国家权力，必然要求产生相应的法律效果。目前我国的法律制度在法律规定和制度设置上，为检察权的行使提供了诸多保障。但司法实践中，检察权的行使与法治国家建设的需要还不相适应，以致法律监督的力度不够、效果不佳。因此，建立和完善检察权运行机制，是当前深化检察改革、完备检察机关职权的重要内容。本课题旨在就检察机关法律监督的手段和方式，从案件化角度以及理论和实践的层面作深度研究分析，基此提出完善法律监督案件化运行机制的对策建议。

## 一、法律监督案件化的基本含义和理论基础

### (一) 基本含义

长期以来，检察机关虽然在强化法律监督的进程中，建立健全了各项检察权运行机制。然而，随着司法改革的不断深化和推进，"必须完善司法管理体制和司法权力运行机制，规范司法行为，加强对司法活动的监督"①，已成为重要任务之一并摆上议事日程。最高人民检察院《"十三五"时期检察工作发展规划纲要》也提出了"探索实行重大监督事项案件化，加大监督力度，提升监督实效"的要求。由此，法律监督案件化这一运用性命题需要理论作出及时回应，并作用于司法实践。

目前，关于法律监督案件化的内涵尚无明确定义，还是一个比较新的概念。但从"法律监督"与"案件化"的组合来研究分析，其传递的意思是明确的。一方面，主体内容指的是检察机关的"法律监督"工作；另一方面，

---

　＊ 上海市检察官协会 2017 年重点研究课题。

　＊＊ 课题组负责人：贺卫；课题组成员：肖亮、杨宏亮、孟庆华、胥白、汤微。

　① 参见《中共中央关于全面推进依法治国若干重大问题的决定》，2014 年 10 月 23 日十八届四中全会通过。

主要方向就是要朝"案件"办理方式转变①。基于此，法律监督案件化，应当是指检察机关在行使职权过程中，对于所管辖的监督事项，按照司法办案的基本规律和程序要求，作为独立案件办理，所形成的监督业务事项受理审查、决定立案、调查核实、实施监督、跟踪反馈到结案归档的完整流程。具有以下几个主要特征：

1. 启动办案要有立案程序。立案标志着监督案件办理程序的启动。《辞海》把"事"解释为"事情""事件"，把"案件"解释为"涉及法律问题，须司法机关立案受理的事件"。可见，案件是一种特殊的事件。案件始于司法机关的立案，没有立案就不能称之为案件，而立案有严格的条件，案件办理始于立案，没有立案手续，一切行为都不具有法律效力。而办事的启动要随意得多，不论何时或在哪个环节着手，在所不问②。

2. 案件办理要有证据材料。证据是司法办案作出正确判断的基础。法律监督案件的办理同样要靠证据说话，注重监督事项办理的证据化，是案件化的题中之义和核心问题。判断法律监督事项是否符合规定、存在违法，需要检察官依法收集、调取、审查和判断相关证据材料，按照证明标准和证明力大小，据此作出监督意见。强调监督事项证据化要求，目的是增强检察机关法律监督的合理性，进而增强法律监督的权威性。

3. 办理结束要有监督结论。法律监督事项作为案件进入办理程序后，就有一个案件办理的基本质量标准。对于是否存在违法情况、是否应当提出书面监督意见等，检察机关及其承办检察官均应提出明确的观点和结论，并要有一定的释法说理，提升监督的精细化和准确性，既有利于落实司法办案责任制，又有利于将监督内容和意见落实整改到位。

4. 结案归档要有案卷材料。虽然检察机关面对的监督事项违法轻重程度不同、证明要求也不尽相同，但是作为司法活动和司法案件，必然要求办案过程和行为全程留痕。为此，除获取的相关证据材料外，还应当形成相应的内外部法律文书，并由此建立法律监督案件的监督卷宗。检察机关开展法律监督活动所形成的监督卷宗，既是人民群众评价检察机关工作业绩的重要依据，又是落实司法责任制、实现司法办案终身追责的重要基础。

---

① "化"作为后缀，加在名词或者形容词之后构成动词，表示转变成某种性质或状态。参见中国社会科学院语言研究所词典编辑室编：《现代汉语词典》（增补本），商务印书馆 2002 年版，第 543 页。

② 韩晓峰、陈超然：《诉讼监督事项案件化的思考》，载《人民检察》2016 年第 21 期。

**（二）理论基础**

检察机关履行法律监督职能的基本方式是执法办案，执法办案是检察机关的立身之本①。因此，法律监督案件化是检察制度发展的必然规律。

1. 法律监督案件化是由检察机关的属性决定的。检察制度是近现代废除纠问制诉讼制度，建立体现民主、法治精神的司法制度的产物②，在我国，检察机关的宪法定位是法律监督机关，但也是作为司法机关并行使司法权的国家机关之一。众所周知，司法，又称法的适用，通常是指国家司法机关及其司法人员依照法定职权和法定程序，具体运用法律处理案件的专门活动③，而案件，则是指有关诉讼和违法的事件④。因此，检察权作为司法权，对于涉及法律监督的工作事项按照案件办理的方式处理，既符合理论逻辑，又契合司法要求。

2. 法律监督案件化是由司法活动的规律决定的。正当程序是一切司法活动的基本要求。正当程序不仅能够保证权力行使的形式合法性，而且还能够避免形式合理性所面临的诘难，其与正义的关联保证了权力行使的实质合法性，无论这种权力是司法权、行政权还是立法权乃至一切公共权力，其中当然也包括了检察权⑤。我国目前的检察权监督制约机制存在较大局限性，程序内的监督机制极其不健全，程序外的监督机制难以发挥作用。同时，随着依法治国方略和以审判为中心的刑事诉讼制度改革的深入推进，人民群众对法律监督、公平正义的期望越来越高，对参与司法活动和司法的透明度要求也越来越迫切。为此，通过法律监督案件化，建立健全法律监督正当程序，充分发挥司法权利救济、定止分争的作用，是解决双重难题的必要选择。

3. 法律监督案件化是由司法问责的要求决定的。有权力必有责任，有司法权力就有如影随形的司法责任。唯有真正落实司法责任，才能从制度上倒逼司法人员公正司法⑥。完善司法责任体系，构建公正高效的检察权运行机制，如果没有"案件"为管理基础，不以"案件"为责任载体，这不仅在常理上

---

① 王洪祥：《以执法办案为中心不断推进检察机关公信力建设》，载《人民检察》2009年第20期。

② 樊崇义主编：《检察制度原理》，法律出版社2009年版，第53页。

③ 参见 https://baike.baidu.com/item/司法，访问时间：2017年9月15日。

④ 参见 http://baike.sogou.com/v7769156.htm? fromTitle = 案件，访问时间：2017年9月15日。

⑤ 樊崇义主编：《检察制度原理》，法律出版社2009年版，第353页。

⑥ 刘武俊：《落实司法责任制是司法改革的关键》，载《光明日报》2014年4月24日第11版。

属无稽之谈，而且在法理上更说不通。司法责任制是深化司法体制改革的核心和基石，检察机关要完善并落实司法责任制，首要的任务就是应建立健全以"案件"为量化值的检察业务体系，从而才能真正将"谁办案谁负责、谁决定谁负责"的价值目标，以及司法责任的认定和追究机制落到实处。

## 二、法律监督案件化的现实意义和规制原则

### （一）现实意义

法律监督案件化的提出，标志着对检察机关监督权运行规律的新认识和新要求，对于完善检察机关行使监督权的法律制度和执法规范具有促进作用。

1. 有助于增强监督规范。全面实现法律监督案件化，确保每一项法律监督工作从程序启动，到案结事了，均有一个明确、规范的流程标准，做到既规范操作，又积极有效。同时，更能够将监督案件全面纳入统一业务系统管理，从而实现履行法律监督权的全体检察人员办理的所有案件，从受理、办理、流转、审批、决定、监督、用印到绩效考核，各个环节都在网上操作、全程留痕，对于促进法律监督工作法治化、现代化发展具有重要意义。

2. 有助于增强监督责任。全面实现法律监督案件化，不仅能够使监督案件成为执法办案的重要组成部分，凸显法律监督工作的业务总量和价值分量。而且案件化以后，能够使检察官牢固树立监督也是办案的理念，对检察官的业绩评价有据可依，也更加全面。同时，通过明确检察官权力清单、监督职责和评价标准，建立科学的监督责任认定、追责机制，可以充分调动检察人员的主观能动性，增强监督意识，提高监督品质，强化检察机关法律监督主责主业。

3. 有助于增强监督效能。全面实现法律监督案件化，通过办案流程的设置，证据标准的确定，结案要求的规制，能够切实提升办理法律监督案件的主动性、规范性和有效性。同时，通过依法严格办理法律监督案件，进一步加强与监督案件单位和人员的沟通协调，实现信息互通、工作互动，不仅能够有效及时纠正发现的违法问题，而且也有助于促进诉讼活动和执法工作的依法正确开展，从而促使诉讼办案和监督办案①相得益彰、相辅相成，全面提升法律监督的效能。

---

① 将检察机关办案种类分为诉讼办案和监督办案，也是厘清检察机关职能类别的需要。其中，诉讼办案，是指以实现定罪追责为目的的办案活动；监督办案是指以实现纠正违法为目的的办案活动。虽然，两者在办理程序上都有立案、调查、结案、归档等相同的规范要求，但在实体上有着明显的区别，前者是以追究案件当事人刑事责任为目标的，后者是以纠正案件事项存在的违法行为和结果为目标；前者针对的主要是"人"，后者针对的主要是"事"。

4. 有助于增强监督公信。全面实现法律监督案件化,通过构建确定的办案程序和监督标准,能够克服和防止法律监督的随意性和差异性,使法律监督更加有效地实现其目的,赢得公众包括司法、行政机关等对法律监督的认同和尊重。特别是对于当事人提出的有关监督诉求,将监督事项纳入案件办理的轨道,从程序上对当事人以及社会有关方面作出回应,甚至通过公开审查违法行为、公开核实证据事实或者公开宣告监督决定,切实提升法律监督的严肃性和权威性,增强检察机关的司法公信力。

(二) 规制原则

全面实现法律监督案件化,不仅需要更新执法理念,而且需要具体的原则指引。具体包括以下原则:

1. 系统性原则。在推进法律监督案件化工作过程中,应当立足整体性,注重协同性,把握动态性。整体性是系统最本质的特征,它的核心是整体大于部分之和。法律监督案件化应当由办案程序、证据规则、管理流程、评价标准、奖惩机制等多项要素构成一个完整的系统。为使系统达到整体最优状态,就必须协调好要素与要素的关系,实现各个要素的合理衔接,尤其要处理好统一业务系统操作与网下办案机制运行的高度统一,实现功能和行为上的协调一致,保障工作畅通运行。法律监督工作也是一个开放的、动态的系统,一方面,其内部各要素通过实践运作,不断反作用于法律监督工作本身,另一方面,法律监督案件办理与诉讼案件办理间也具有牵引、导向和制约作用。而且案件化工作应当注重与时俱进,在渐进过程中不断发展、创新和完善。

2. 规范性原则。规范性是司法正当程序的必然要求。规范的价值是以标准规制权力滥用,以规则抑制执法者的私欲,以模式促进执法者照章而行。规范执法,是检察执法实践与时代精神融汇而成的检察执法价值取向,是法律监督职能与法治精神融合而成的检察执法行动指南[1]。为此,法律监督案件化必须符合基本的价值理念和法学原理为前提,符合现行的国家法律法规为基础。当法律没有规定时,必须符合国家的司法政策,以实现制度安排的公正合理性,构建以程序和实体相统一的监督案件办理规则。同时,规范性还包括办案规程的细化、业务流程的完善、办案环节的规范,使每一个办案环节都有章可循。并通过完善立案、证据、证明和结案等相关标准,使法律监督案件办理与法律对检察权设定的目的相一致,即目的应当与法律授权目的相一致,切实提升法律监督的正当性和法治化水平。

3. 能动性原则。全面实现法律监督案件化,应通过制度安排和软件设置,

---

① 参见刘清生:《检察执法新理念的价值取向》,载《人民检察》2010 年第 4 期。

切实借鉴并运用司法办案的基本规律和主要方式，明确调查核实工作规范，把强化证据意识贯穿于整个程序的设计之中，推行差异化证据规则，建立案件简繁分流机制，有效组织检力资源，引导检察人员重点打造优质、高效的"铁案"。应建立健全检察官权力清单、检察办案组织、司法办案责任和办案绩效考评机制，突出办案导向，集聚办案合力。有效增强检察人员发现问题的能力、攻坚克难的能力和监督制约的能力，真正做到敢于监督、善于监督和主动监督的积极性，增强依法规范办案的责任心和自觉性。

4. 长效性原则。公正不仅是一种"精神态度"，还必须是"通过旨在实现正义社会的目标的实际措施和制度性手段来加以实施①。"法律监督是检察机关的立身之本，也是维护社会主义法制统一、尊严、权威的根本途径。因此，法律监督案件化工作的推进要着眼于长远，着眼于我国法治国家建设的需要，着眼于人民群众对司法公平正义的现实期盼。办案机制的构建和规范运行，不仅应当以最少的司法资源投入，获取最大的法律效益，而且应当注重办理节奏，以实现动态和程序意义上的公正。一方面，机制的内容要细致严密，能够应对各种客观现实，体现一定的灵活性；另一方面，机制的形式和办案要求要尽可能简明，这样才有利于理解和接受，以便更好地遵守和执行。同时，要与国家经济、社会改革的宏观方略，与检察改革、队伍建设等长远发展思路相结合，稳步整体推进。应注重总结和必要的理论研究，认真分析现状，深入探寻规律，增加工作的预见性、可行性和科学性。

## 三、法律监督案件化的法律规章和工作现状

### （一）法律规章及存在的问题

在理论界，对法律监督通常有广义和狭义两种理解。广义的法律监督，泛指国家机关、社会组织和公民依法对国家立法、执法、司法和守法进行监督的活动。这是从法制的动态意义上来解释法律监督，即把它作为与立法、执法、司法和守法并列的一个环节即法律监督环节。虽然建立广义的法律监督概念具有一定的理论意义，但是，这一广义的法律监督概念与我国宪法和法律的有关规定是不一致的。狭义的法律监督，是指检察机关依照法律的授权和法定的程序，检察或者督促纠正严重违法行为的专门活动。应当承认，广义的法律监督已经是我国法学理论中约定俗成的一个概念，而狭义的法律监督则是我国宪法

---

① ［美］博登海默：《法理学：法律哲学与法律方法》，邓正来译，中国政法大学出版社 1999 年版，第 265 页。

和法律中具有特定内涵和外延而又未明文界定的概念①。

1. 法律规章的基本状况

法律规章是检察机关行使检察权，实行法律监督案件化办理的法定依据和重要基础，主要有三个部分构成（详见图1）。

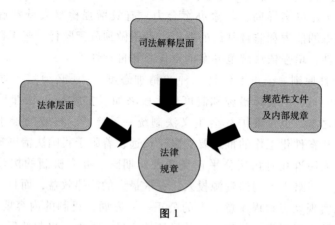

图1

（1）法律层面。我国《宪法》明确规定："中华人民共和国人民检察院是国家的法律监督机关。"宪法条款以国家根本大法的形式规定人民检察院是国家的专门法律监督机关。其含义主要有两点：一是阐明了法律监督制度是我国国家制度中特有的一项重要内容；二是确立了人民检察院在履行法律监督职责中的特定地位。

除《宪法》外，《人民检察院组织法》《刑事诉讼法》《民事诉讼法》《行政诉讼法》等均规定了人民检察院对公安机关、人民法院及其他国家机关正确实施法律负有依法监督的职责。可见，检察机关作为国家的专门法律监督机关的地位是宪法和法律赋予的，是其他任何机关所不能替代的。专门法律监督制度是我国监督体制的重要组成部分，其监督的主体是国家法律监督机关的人民检察院，监督的对象是国家行政机关的行政执法活动、国家司法机关的侦查活动、审判活动等刑事执法活动。

上述法律的特点是，仅就检察机关法律监督工作从定位定向上做出了规定，较为宏观，均未涉及案件化问题。

（2）司法解释层面。最高检的司法解释作为检察职能的组成部分，不但体现了检察机关法律监督的本质属性，而且是实现法律监督职能的重要手段。从多年来的司法实践经验来看，司法解释为处理办案中遇到的具体法律适用问题提供了依据和标准，对建立健全检察机关内部工作程序和工作制度发挥了重

---

① 谢鹏程：《法律监督关系的结构》，载《国家检察官学院学报》2010年第3期。

要作用①。经梳理统计汇总②，在最高检的司法解释中，既有对诉讼职能和监督职能一并制定的综合性司法解释，又有专门针对法律监督工作而制定的单项司法解释。

综合性司法解释，主要有两类：一类是综合性业务，这类司法解释的内容，既有诉讼办案的规定性内容，又有监督办案的有关规定③。另一类是综合性管理，这类司法解释的内容，主要涉及案件综合管理以及与监督办案有关的司法行政业务管理方面的内容④。

专门性司法解释，按照目前检察机关的法律监督职能来划分，主要有以下五类：一是刑事检察监督，主要涉及侦查监督部门、公诉部门和未成年人刑事检察部门的立案监督、侦查活动监督和刑事审判活动监督⑤。二是刑事执行检察监督，主要涉及对人民法院、公安机关和监狱、看守所、社区矫正机构等执行机关执行刑罚活动是否合法实行监督⑥。三是民事行政检察监督，主要涉及民事诉讼活动和行政诉讼活动的法律监督⑦。四是刑事申诉检察监督，主要涉及对人民检察院原处理决定和人民法院生效判决书、裁定的申诉检察监督，以

---

① 孙谦：《最高人民检察院司法解释研究》，载《中国法学》2016年第6期。

② 本课题组依据最高检、上海市检察院网站相关栏目权威发布的法律法规为基础所做的梳理、统计及汇总，可能存在疏漏和不完整的情况。

③ 例如，最高法、最高检《关于人民检察院检察长列席人民法院审判委员会会议的实施意见》（2010年）；最高法、最高检、公安部、国家安全部、司法部、全国人大常委会法制工作委员会《关于实施刑事诉讼法若干问题的规定》（2012年）；《人民检察院刑事诉讼规则（试行）》（2012年）；《人民检察院办理未成年人刑事案件的规定》（2013年）；《人民检察院侦查监督、公诉部门介入职务犯罪案件侦查工作的规定》（2015年）。

④ 例如，《全国检察机关统一业务应用系统使用管理办法（试行）》（2013年）；《人民检察院刑事诉讼涉案财物管理规定》（2014年）；最高检、国家档案局《人民检察院诉讼档案管理办法》和《人民检察院诉讼文书材料立卷归档细则》（2016年）。

⑤ 例如，《关于加强和改进刑事抗诉工作的意见》（2014年）；《关于省级以下人民检察院对直接受理侦查案件作撤销案件、不起诉决定报上一级人民检察院批准的规定（试行）》（2005年）。

⑥ 例如，《人民检察院办理减刑、假释案件规定》（2014年）；《指定居所监视居住实行监督的规定》（2015年）；《关于职务犯罪罪犯减刑、假释、暂予监外执行案件实行备案审查的规定》（2014年）；《关于死刑复核法律监督的意见》（2013年）；《关于加强对监外执行罪犯脱管、漏管检察监督的意见》（2007年）；《人民检察院办理羁押必要性审查案件规定（试行）》（2016年）。

⑦ 例如，《人民检察院民事诉讼监督规则（试行）》（2013年）；《人民检察院行政诉讼监督规则（试行）》（2016年）；最高法、最高检《关于民事执行活动法律监督的意见》（2016年）。

及刑事赔偿和民事行政诉讼赔偿的监督案件①。五是内部检察监督，主要涉及对检察机关内部办案部门间的监督以及综合业务管理部门、司法行政部门对业务办案部门的监督②（见图2）。

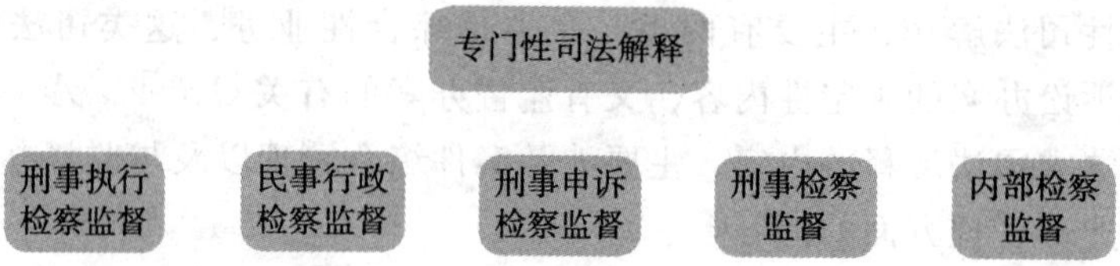

```
                      ┌──────────────┐
                      │  专门性司法解释  │
                      └──────────────┘

┌────────┐  ┌────────┐  ┌────────┐  ┌────────┐  ┌────────┐
│刑事执行  │  │民事行政  │  │刑事申诉  │  │刑事检察  │  │内部检察  │
│检察监督  │  │检察监督  │  │检察监督  │  │监督     │  │监督     │
└────────┘  └────────┘  └────────┘  └────────┘  └────────┘
```

图 2

上述司法解释的特点，从发布的主体来看，以最高检单独发布为主，也有少量与相关单位联合发布的；从涉及的监督内容来看，以专门规定法律监督的程序及要求为主，也有监督职能和诉讼职能一同规定的；从案件化规定具体情况来看，以较粗疏的程序性规定及要求为主，也有少量具体细化的办案性规定；从工作内容的结构来看，以法律监督业务的开展为主体内容，也有少量综合性管理的司法解释；从涉及的监督职能范围来看，基本做到了全覆盖。

（3）规范性文件及内部规章层面。主要有两类：一类是未经过最高检检察委员会讨论通过，但是以最高检（包括与其他相关单位联合署名）名义正式发文的③。另一类是以最高检业务厅名义正式发文的，虽然层级较高，但属于内部业务指导性规章④。

上述规范性文件的特点是，虽然司法效力有限，但在法律监督工作运行中

---

① 例如，《不服人民检察院处理决定刑事申诉案件办理标准》（2005年）；《人民检察院刑事申诉案件公开审查程序规定》（2011年）；《人民检察院办理不服人民法院生效刑事裁判申诉案件工作指南》（2012年）；《人民检察院复查刑事申诉案件规定》（2014年）。

② 例如，《人民检察院执法办案内部监督暂行规定》（2008年）；《关于对检察机关办案部门和办案人员违法行使职权行为纠正、记录、通报及责任追究的规定》（2015年）。

③ 例如，最高检、公安部《关于刑事立案监督有关问题的规定（试行）》（2010年）；最高检《关于印发〈关于省级以下人民检察院立案侦查的案件由上一级人民检察院审查决定逮捕的规定（试行）的补充规定〉的通知》（2011年）；《关于贯彻执行〈中华人民共和国民事诉讼法〉若干问题的通知》（2013年）。

④ 例如，刑事执行检察厅制定的《关于认真贯彻中央政法委通知精神进一步加强对保外就医的法律监督的通知》（2005年）；《人民检察院民事诉讼监督法律文书格式样本（试行）》（2013年）；《人民检察院刑事执行检察部门预防和纠正超期羁押和久押不决案件工作规定（试行）》（2015年）；民事行政检察厅制定的《人民检察院行政诉讼监督法律文书格式样本（试行）》（2016年）；侦查监督厅制定的《关于侦查监督部门调查核实侦查违法行为的意见（试行）》（2013年）；公诉厅制定的《关于在公诉工作中全面加强诉讼监督的意见》（2008年）、《关于加强死刑案件办理和监督工作的指导意见》（2008年）。

起到一定的指导性、补充性和探索性作用。

2. 存在的主要问题

按照前文将检察机关法律监督职能所作的五类界定看，目前具有立案程序的、真正达到案件化标准和要求的，可以说首先就是刑事申诉检察（包括赔偿监督案件），其次是刑事执行检察工作中的羁押必要性审查工作。其中，涉及刑事申诉检察工作的办案规范相对齐全，办案流程较为完整①（见图3）。

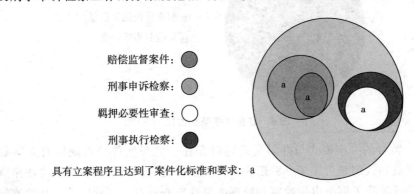

赔偿监督案件：
刑事申诉检察：
羁押必要性审查：
刑事执行检察：

具有立案程序且达到了案件化标准和要求：a

**图3　法律监督案件化的现状**

但从检察机关法律监督案件化的整体状况看，尚存在以下主要问题：

（1）监督程序与诉讼程序交织混同。最典型的就是《人民检察院刑事诉讼规则（试行）》，这一司法解释的标题就反映出其主旨在于规范诉讼活动的一个规则性文本，但在整个条文中又有检察机关法律监督的规定性内容，并且在条文结构上单独形成了"第十四章刑事诉讼法律监督"一章。也就是说，将法律监督视作人民检察院刑事诉讼的一个组成部分②。同时，有些监督事项又附属于诉讼程序。例如，在强制措施章节中的第120条，又规定了"人民检察院监所检察部门依法对指定居所监视居住的执行活动是否合法实行监督。发现下列违法情形的，应当及时提出纠正意见……"此外，从监督程序条文

---

① 即具有相对齐全的办案程序规定，比如《人民检察院办理不服人民法院生效刑事裁判申诉案件工作指南》（2012年）、《人民检察院复查刑事申诉案件规定》（2014年）（对刑事申诉的受理、立案、调查核实、公开审查、终止办理、审查终结等都作了明确规定）；又有办案质量标准规范，比如《不服人民检察院处理决定刑事申诉案件办理标准》（2005年）。

② 再以最高检于2016年10月制定发布的《人民检察院诉讼档案管理办法》和《人民检察院诉讼文书材料立卷归档细则》为例，其中也是将检察机关的法律监督档案纳入诉讼档案管理。档案类别上包括刑事诉讼案卷、控告申诉案卷、民事行政检察案卷和其他类案卷，而刑事诉讼监督案卷被列为刑事诉讼案卷的第三部分。

所占的比重看，第十四章共九节内容总计116条①，仅占该司法解释总条文数的16.38%。所以，没有也无法凸显检察监督的法律地位，法律监督的案件化也受到一定的影响（见图4）。

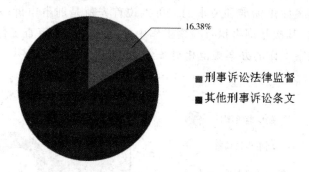

16.38%

■刑事诉讼法律监督
■其他刑事诉讼条文

图4　监督程序条文占比

（2）监督的办事模式与办案模式同时存在。监督案件是否规定有立案程序，是判断和认定是否属于办案模式的重要条件之一。当前，检察机关法律监督工作的开展除了刑事申诉检察和羁押必要性审查具有立案程序外，其他监督业务工作均未规定有立案程序，采取的是一种办事模式。基于此，从检察机关法律监督的业务总量来看，监督工作主要采取的还是办事模式。以办事方式开展的监督，由于证据的收集要求不高，可能会影响对法律监督事项的定性，而监督程序不严，又缺少预防差错出现机制，加上监督过程未留存，因此，对其做出监督的结论是否准确，即时或日后都难以评鉴。这不利于法律监督活动质量的不断提升，也不利于法律监督责任的统一确定和追究。

（3）监督案件的类型范围不明确、未统一。长期以来，由于法律监督事项办理主要采取的是一种办事模式，对于监督案件的类型范围确定尚未引起足够重视。虽然，近年来在强化法律监督工作和统一业务系统建设的过程中，对于一些监督案件的范围已在不断地形成和确定中，但在不同监督案件的名称及其表述等方面，其规范性和确定性还远远不够。因此，目前还没有一部法律规章对此作出过统一明确的规定，还未形成像刑法一样确定的能够包含全部监督案件范围及其名称的司法文本。

（4）监督办案的程序不规范、不明确。在案件启动办理方面，由于法律监督业务较多采取的是办事模式，因此，其工作运行的行政性色彩较为明显。

① "刑事诉讼法律监督"的九节内容分别是：第一节，刑事立案监督；第二节，侦查活动监督；第三节，审判活动监督；第四节，刑事判决、裁定监督；第五节，死刑复核法律监督；第六节，羁押和办案期限监督；第七节，看守所执法活动监督；第八节，刑事判决、裁定执行监督；第九节，强制医疗执行监督。

监督线索发现或者受理后，要启动审查工作，均规定采取领导审批的方式，办理过程中各阶段尤其是立案和结案的标准、程序也不明确、不具体；在调查核实权运用方面，监督工作所依赖的调查核实、审查认定的标准和要求也不规范。虽然，2012 年刑事诉讼法仅在第 55 条规定了检察机关的调查核实权，其适用范围远远不够。从检察机关法律监督工作的整体运行角度看，监督办案过程中尚存在调查核实依据不足、程序缺乏、方式不明、刚性不强的问题，导致调查核实阻力大、违法事实查证困难；在证据方面，目前绝大部分监督案件的证据标准尚处于缺失状态。虽然现在有些监督事项及案件已经纳入统一业务系统，但如果没有采取法律规定的证据标准对办案予以引导，办案人员仍然只能凭各自对证据标准的认识和诉讼办案的经验进行处理，那么办案的质量必将受到影响，"办案化"往往也就会流于形式，也就尚未从实质上规范案件的办理。

（5）监督工作的程序繁简尚未区分并确立。程序化是司法办案活动最重要的外在特征①。由于检察机关法律监督工作涉及的事项类型、环节众多，既有重大、复杂的监督事项，也有一般、简易的监督事项。因此，监督过程中牵涉的调查核实工作量、对证据的要求以及监督事项的疑难程度差异性较大，但是现有法律、司法解释及规范性文件等尚未对不同监督事项的繁简流程作出规定，对于哪些情形可以作为重大监督事项以及应当适用普通程序办理，哪些情形应当采用简易程序办理也没有作出制度安排，不利于提高案件化办理的效率和实效。

（二）工作运行及存在的问题

近年来，随着我国法制建设的推进和法律法规的完善，以及检察机关法律监督意识的增强和法律监督能力的提升，检察机关特别是地方各级检察机关积极投入平安中国、法治中国建设，忠实履行宪法法律赋予的职责，在强化诉讼办案的同时，切实强化各项法律监督工作，尤其是党的十八大以来，法律监督以及案件化办理工作有了长足的发展和进步。

1. 监督办案的基本状况

（1）明确职权和责任。近年来，扎实推进以司法责任制改革为核心和重点的司法体制改革，按照"谁办案谁负责、谁决定谁负责"的要求，改革检察权运行机制，紧扣"选人""授权""明责"三个重点环节，逐步构建起司法办案责任体系。2015 年 9 月，最高检公布了《关于完善人民检察院司法责

---

① 韩晓峰等：《如何深入探索重大监督事项案件化办理》，载《人民检察》2017 年第 15 期。

任制的若干意见》，其中第21条规定，由省级检察院结合本地实际，根据检察业务类别、办案组织形式，制定辖区内各级检察院检察官权力清单。截至2016年年底，全国各个省级检察院都制定了辖区内三级检察院检察官权力清单。在2017年版检察官权力清单中，上海市基层检察院的检察官可独立决定的职权共141项①，检察官或主任检察官决定、需提请检察长审核的职权共66项。2016年以来，各级检察院刑事检察部门检察官独立作出处理决定的案件占案件总数的82%，检察委员会讨论决定的案件同比下降11.5%。在完善办案组织方面，上海市检察机关先后在基层院试点成立了12个以检察官命名的检察官办公室。在检察长授权下，命名检察官依法独立行使办案决定权，独立承担办案责任②。

此外，从2017年10月1日起，最高检机关也正式运行新的司法办案机制。最高检通过制定司法办案权力清单，把检察权划分为10类具体检察业务，明确了每一类检察业务中，哪些可以由独任检察官、检察官办案组作出决定或提出意见，哪些由检察长（副检察长）作出决定，哪些需要提交检察委员会

---

① 其中包含了监督办案职权，如刑事执行检察部门检察官有权决定以下事项：（1）对刑事执行监督案件，决定启动办案程序、自办或转办、组织调查取证、延长办理期限、结案和作出相应处理；（2）对非重大的羁押必要性审查案件，决定启动办案程序、调查取证、延长办理期限、进行公开审查、结案和作出审查结论；决定驳回羁押必要性审查申请或是否提出变更强制措施建议；对重大的羁押必要性审查案件，决定启动办案程序、调查取证、延长办理期限、进行公开审查、结案和作出审查结论；（3）对刑罚变更执行案件，决定受理、立案、延长审查期限、结案；对非重大的刑罚变更执行案件，提出同步监督意见；对刑罚变更执行裁定（决定）案件，决定受理、立案、结案和作出"符合法定变更执行条件"的监督意见；（4）对复议案件，决定受理、立案、延长审查期限、结案和作出维持原监督意见。再如社区检察部门的检察官有权决定以下事项：（1）决定对侦查机关、行政执法机关、审判机关（部门）轻微违法行为以检察官的名义提出口头纠正意见或制发书面通报意见；（2）决定作为监督案件进行立案调查；（3）决定向侦监部门移送立案监督线索；（4）决定向院内其他部门移送监督案件的线索。又如控告申诉检察部门的检察官有权决定以下事项：（1）决定刑事申诉案件的立案；（2）决定对不予立案复查的案件审查结案；（3）对无须改变检察机关处理决定的案件，决定予以维持；（4）对无须监督纠正的人民法院生效刑事裁判，决定不予抗诉或者提出再审检察建议；（5）开展相关调查、核实工作；（6）决定勘验、检查、申请重新鉴定等司法活动的实施；（7）代表检察机关出席法庭；（8）主持刑事申诉案件公开审查；（9）其他应当由主任检察官或独任检察官决定（行使）的职权。

② 徐日丹：《强化司法责任——谁办案谁负责、谁决定谁负责》，载《检察日报》2017年10月29日。

讨论决定①。

（2）注重探索和创新。为满足司法实践的需要和加强法律监督的要求，各级检察机关对法律监督的有关工作和办案模式进行有益探索。近年来，最高检开展评选纠正严重侦查违法的全国优秀侦查活动监督案件，向公安部和全国检察机关通报，发挥了很好的示范作用。针对公安派出所办理刑事案件所占比例越来越大，不少地方已达到80%，完善对公安派出所刑事侦查活动监督机制，在山西、宁夏等10个省份部署开展试点，创设驻所检察官办公室、乡镇检察室、片区检察官等监督模式，实现了事前、事中与事后监督并举，实体监督和程序监督同步②。2015年以来，上海检察机关在充分调研论证的基础上，针对侦查环节存在的共性问题，探索开展类案监督，及时向公安机关通报。制定了《社区检察诉讼监督案件办理工作细则》，在派出所刑事执法监督、社区矫正检察监督工作中率先实行监督事项案件化办理，取得较好效果。湖南省长沙市检察院将建议移送、监督立案、监督撤案、侦查活动监督等工作融合在一起，制定了《重大监督事项"案件化"办理规定（试行）》③。通过监督事项案件化增强了法律监督的刚性和权威，解决了员额检察官的绩效考核问题，调动了办案人员工作积极性。

（3）突出重点和质效。在全面落实司法责任制改革过程中，不仅所有员额检察官走向检察办案一线，而且监督办案也已成为检察官办案的重点。2017年4月12日，广东省检察院副检察长袁古洁出庭支持抗诉的姚某、余某诈骗案由广东省高级法院依法改判。这是司法体制改革后全国首宗省级检察院副检察长直接办理并出庭的再审抗诉案件④。围绕促进公正司法、提高司法公信力，着力健全监督体制机制。探索建立对公安派出所刑事侦查活动监督机制、对限制人身自由司法措施和侦查手段的司法监督机制、重大疑难案件公安机关听取检察机关意见和建议制度，持续推动建立行政执法与刑事司法衔接机制。牢固树立监督者更要接受监督的意识，重视加强对职务犯罪侦查活动的监督。严格实行省级以下检察院直接立案侦查案件由上一级检察院审查决定逮捕制度，改变过去职务犯罪案件立案、逮捕均由同一检察院决定的做法，强化上级

---

① 徐日丹：《强化司法责任——谁办案谁负责、谁决定谁负责》，载《检察日报》2017年10月29日。

② 黄河、赵学武：《侦查监督工作的现状、问题和发展方向》，载《人民检察》2016年第21期。

③ 韩晓峰等：《如何深入探索重大监督事项案件化办理》，载《人民检察》2017年第15期。

④ 徐日丹：《强化司法责任——谁办案谁负责、谁决定谁负责》，载《检察日报》2017年10月29日。

检察院对下级检察院办案工作的监督，严把职务犯罪案件审查逮捕关，职务犯罪嫌疑人不捕率由 2012 年的 6.9% 逐年上升至 2015 年的 9.2%①。上海检察机关深化刑事执行监督，2016 年以来，共开展羁押必要性审查案件 8143 件，提出变更强制措施建议 4747 件，获采纳 4086 件②。

2. 存在的主要问题

（1）监督办案的理念还存在偏差。司法实践中，一些地方和有些干警担心被害方缠访闹访，担心影响与侦查、审判、执行机关的关系，重打击轻保护、重实体轻程序、重口供轻客观证据、重有罪证据轻无罪证据、重配合轻监督等观念仍不同程度地存在。司法实践中，关于何为案件化目前在理念和认识上还存在偏差，往往对于程序设计上是不是一定要有立案程序，启动办案的"审批表"是否应表述为"立案表"，一些干警认为无所谓，总认为办理过程已经审批，手续齐全，而且有证据材料和办结报告，就已经是"案件化"了。

（2）监督办案机制还不够完善。由于立法对于有些监督事项规定的过于原则、单一，操作性不强，有的甚至还没有具体的法律监督规定。例如，侦查监督与公安机关内部执法监督衔接还不够顺畅，侦查监督"信息知情难、调查核实难、纠正处理难"尚未得到有效破解。又如，重大刑事犯罪案件讯问合法性核查工作尚未建立有效机制。由于对"案件化"内涵缺乏统一明确的理解和认识，在推进"案件化"工作过程中所建立的办案机制，有的还缺乏立案程序③；在统一业务系统设计中，存在案卡设置不清晰、功能设置不合理、监督事项不全面、监督流程不完整等问题，对于受理的监督线索，只要采用"提案"的方式，有的就可以进入案件办理程序，尚未设置"立案"程序④。此外，传统封闭式办案、书面式审查模式已不适应法治建设要求，介入侦查、引导取证、非法证据排除尚未完全落实，法律监督工作信息化水平不高。

---

① 《最高人民检察院关于加强侦查监督、维护司法公正情况的报告》，曹建明检察长于 2016 年 11 月 5 日在第十二届全国人民代表大会常务委员会第二十四次会议上的报告。

② 参见《2018 年上海市人民检察院工作报告》，载 http://sh.eastday.com/m/ih2018/u1ai11186427.html.访问时间：2018 年 3 月 5 日。

③ 例如，2017 年，山东省济南市检察院在探索开展重大监督事项案件化办理时，分别制定的《刑事立案监督案件办理细则（试行）》和《侦查活动监督案件办理细则（试行）》中，并没有将立案程序纳入其中，但在介绍做法时，仍然将两项工作称之为"监督事项案件化"办理。

④ 例如目前刑事检察部门办理的立案监督和侦查活动监督案件，在统一业务系统中，仅设置有受案号（如沪宝检立监受［2017］31011300014 号）和统一受案号（如 31011320170075200），由于没有建立立案程序，所以尚没有立案号。

（3）监督办案的综合管理还不适应要求。长期以来，检察机关法律监督事项办理主要采取的是办事模式，因此，在统一业务系统中有很多监督事项还没有作为案件处理，软件在案卡的内容录入以及统计功能的设置上，是以"非案件化"模式设计的。统一业务系统确定的监督案件的范围和种类尚不能满足实际需求①。与此同时，检察机关的检察统计项目也尚未将所有的监督事项作为案件化处理，导致检察统计系统无法直接生成监督业务数据。此外，案卷化是案件化的必然要求，但司法实践中对此重视程度不高。由于目前适用的档案管理办法是 2000 年起实施的，当时还没有提出法律监督案件化的概念和要求，导致监督案件有的卷宗材料内容不齐整，有的甚至根本没有独立的卷宗材料，有的地方则将制发的"纠正违法通知书"、纠正违法类"检察建议"文书，直接按照文书档案编号汇总归档。

（三）原因分析

1. 对于促进监督环境改变还存在畏难情绪

由于法律监督是一种程序性监督，不具有实体性处分权。而且，长期以来检察机关与被监督对象之间存在重配合轻监督、监督不配合、配合不监督的现象，要采取先立案再监督的办案模式开展工作有一定的认识障碍和工作阻力。因此，法律监督存在不敢监督、不善监督的问题，检察机关法律监督的能力和水平也参差不齐，导致检察机关与监督对象的执法协作机制运行不够顺畅，法律监督办案机制运行不规范、不到位。

2. 对于主责主业的认识还存在偏差

虽然检察机关的宪法定位是国家的法律监督机关，但事实上法律监督的绝大部分活动具有附属于诉讼活动的天然特性。与此同时，长期以来检察机关被赋予的主要职能是打击犯罪、维护国家安全和社会稳定。多年来，虽然已经意识到要突出监督职能，但仍然难以摆脱其运行的规律和轨迹，难以突出法律监督这一主责主业。从司法实践来看，由于认识上的偏差，导致法律监督在整个法律规章的架构中始终处于包含和交织状态，无形中形成诉讼和监督业务

---

① 上海市检察机关已于 2017 年 11 月印发了具有探索性意义、适用于全市检察机关的《关于确定上海市检察机关案件种类的意见（试行）》（上海市人民检察院检察委员会 2017 年第 11 次·总第 615 次会议通过），共确定了十四大类 126 种案件：（1）控告申诉检察类，14 种；（2）职务犯罪侦查类，10 种；（3）职务犯罪预防类，3 种；（4）审查逮捕类，7 种；（5）审查起诉类，9 种；（6）未成年人特殊检察类，7 种；（7）刑事执行检察类，19 种；（8）刑事诉讼监督类，24 种；（9）民事检察类，8 种；（10）行政检察类，8种；（11）公益诉讼类，4 种；（12）检委会业务类，2 种；（13）案件管理监督类，4 种；（14）通用类，7 种。据统计，涉及监督案件的共有 9 类、59 种案件。

一重一轻，办案总量上一多一少的状态，人民检察院系法律监督机关的角色和形象仍需加强。

3. 对于监督办案的研究还不够深入

长期以来，由于检察学作为一个学科的发展尚不充分和不成熟，有关法律监督的研究和争论，多局限于从宏观体制上和国家职能上分析其性质、合理性和根据，而对于法律监督是一种什么样的法律关系缺乏系统的理论分析①。由此，尚未能够从法律监督关系的角度，以及法律监督关系的主体、客体和内容等方面展开充分深入的研究，尤其对法律监督关系的内容缺乏足够的理论认识和实践思考。对于法律监督的程序、手段和保障措施的法律化，其中包括法律监督事项的案件化未能够提出科学的理论依据和体系化方案。

## 四、法律监督案件化的制度构建和实践运行

党的十八大以来，我国的司法体制改革推进到了一个新的历史阶段，党的十九大报告又对全面深化新时代司法体制改革作出了部署、提出了要求。建设公正高效权威的社会主义司法制度，是推进国家治理体系和治理能力现代化的重要举措，是促进社会公平正义的必然选择。最高检《"十三五"时期检察工作发展规划纲要》也提出了"探索实行重大监督事项案件化，加大监督力度，提升监督实效"的要求，检察机关四梁八柱的构建需要有新的思路和新的发展。其中，法律监督事项案件化是完善检察机关法律监督体系的重要内容之一。建立符合检察特点和监督规律的办案模式和工作机制，有助于进一步增强检察工作的司法属性，也是增强法律监督权威性和公信力的必然要求。

（一）理念更新及体系构建

坚持全面深化司法改革，坚持和完善中国特色社会主义司法制度，更好地满足人民在执法司法方面日益增长的需要，努力让人民群众在每一个司法案件中感受到公平正义，是新时代检察机关的政治责任。为此，加快推进法律监督案件化体系建设，首先需要在工作及制度设计的理念上适应新形势，符合新要求。

1. 理念的更新和树立

科学完善而有效的法律监督制度，对于一个法治社会来说至关重要，它是

---

① 法律监督关系的内容就是检察机关的权力和责任以及接受法律监督的主体的义务和责任。法律监督的权力和接受法律监督的义务和责任，构成了法律监督关系的主要内容。它们实际上是法律监督的程序、手段和保障措施的法律化。法律监督关系内容是否完整是法律监督的手段、程序和保障措施是否健全的反映。参见谢鹏程：《法律监督关系的结构》，载《国家检察官学院学报》2010年第3期。

法律有序运行的基础架构，也是司法公正的保障。基于法律监督案件化的历史、现状和发展，应当更新和树立以下检察工作理念：

（1）主责主业的理念。全面实现法律监督从"办事"向"办案"转变，切实强化法律监督，是新时代检察机关贯彻党的十九大关于全面深化司法改革、全面推进依法治国方略的重要体现和具体工作，对于促进法律监督工作法治化、现代化发展具有重要意义。检察机关应当通过法律监督工作案件化，切实落实并强化检察机关的宪法定位。通过完善和优化法律规章和工作制度，进一步提升法律监督工作的数量、质量、效果，推动监督职能和诉讼职能齐头并进、协调发展，使监督办案和诉讼办案成为检察工作的一体两翼，并成为检察官履行职权的重要内容和主要责任，进而使检察工作形成新的格局，焕发出新的活力。

（2）依法规范的理念。"着力推进执法规范化建设，力求使各项执法活动、每个执法环节都做到有章可循"①，是近年来检察机关深化检察改革、优化检察管理和强化检察职能的工作重点之一。法律的生命在于实施，执法的生命在于规范②。建立健全法律监督案件化程序，实现检察机关开展法律监督的立案环节具体化、办案要求明确化、结案标准统一化，可以使国家法律得到一体遵循，执法行为不偏离正确的轨道。同时，法律监督案件化还要求检察机关在承办监督案件时，全面确立"案件质量是生命线，细节决定成败"的观念，将执法的每个环节的要求进行细化、量化，加强办案流程控制，实施质量预警监控，切实从源头上减少和杜绝执法办案的随意性，着力加强执法责任体系、考评体系和监督体系建设。

（3）理性谦抑的理念。全面实现法律监督案件化，应当彻底摒弃孤立办案、就案办案、简单办案的观念，按照理性能动的原理，通过受理立案、调查核实等办案程序规定的、客观确定的、具有可预测性的方法及手段，既尊重当事人提出的诉求（包括检察官自己发现的监督事项及意见），又遵循适度监督的规律，把好立案关，避免以法律监督冲击诉讼程序、妨碍司法权威、代替实体处理、损害公民诉权和权益③。同时，通过对提出监督的相关事实及诉求作必要审查，对违法情形不存在、不严重或者不合理的诉求予以适当处理及规制，坚持程序理性的原则，在适度的范围内依法正确统一行使法律监督权，提高监督办案的规范化、法治化水平。

---

① 参见曹建明于 2009 年 2 月在全国基层检察院建设工作会议上的讲话，载《检察日报》2009 年 2 月 12 日第 1 版。

② 庄永康：《谨言慎行立公信》，载《检察日报》2013 年 2 月 18 日第 1 版。

③ 郑青：《诉讼监督规律初探》，载《人民检察》2011 年第 11 期。

2. 体系和制度的构建

全面实现法律监督案件化，必须按照系统性构建的原则，立足完善法律监督体制的高度，建立健全与司法体制改革相匹配的办案模式、运行机制，着力构建具有中国特色"全面、协调"的监督办案体系。

（1）全面。就是所有涉及法律监督的事项都要做到案件化，力争达到全覆盖。同时，要做到监督办案的各个流程环节都要完整，标准基本统一，质量要求一致。

（2）协调。就是要在优化监督办案各个要素综合效能的基础上，协调好要素与要素、要素与系统之间的关系，实现行为和功能上的协调一致，实现各个要素的合理衔接，保障制度畅通有效运行。一是立法与司法的协调。切实做好顶层设计，完善法律规章，提高立法技术和水平，才能从根本上全面实现法律监督案件化。同时，努力确保法律监督机制的科学有效运行，提高监督办案的实效性和权威性。二是内部与外部的协调。检察机关的法律监督是一项开放性的司法活动。法律监督案件化体系和制度的构建，既要加强对检察监督权运行规律和中国法治现状以及发展要求的研究，注重提升法律监督工作的能力和水平，又要注重加强对监督客体及监督对象的研究，善于处理与被监督者的关系，营造良好的法律监督环境。既要注重加强内部监督办案，又要加强外部监督办案。三是网上与网下的协调。信息技术在检察工作中的运用，对于提升法律监督现代化水平具有重要作用，法律监督案件化体系和制度的构建，亟须完善和提升软件开发的质量和效果，积极回应法律监督实践的需求。同时，也要求全体检察人员尤其是检察官严格按照统一业务系统的提示和要求，从案件的受理、立案、办理、流转、审批、监督到用印，各个环节都在网上操作，确保案件在网上全流程运行，确保网上信息资源的准确性、可靠性、可用性，确保网下案卷材料的一致性、完整性、规范性，坚决杜绝网上网下"两张皮"和"双轨制"。

（二）办案流程及机制完善

全面实现法律监督案件化，必须建立健全严密的办案程序和工作机制。从体例上，既要有总体的框架结构，又要与诉讼规则有一定的区分，体现一定的边界。例如在制定完善办案规则时，在表述上应将诉讼规则与监督规则摆在同一个层面。在结构布局上，应将诉讼办案程序与监督办案程序适当分离。在制定的主体上，有的可以采取最高检单独制发，有的可以采取会同最高法、公安部、司法部等有关单位联合制发。在办案程序的内容上，应当包括案件（线索）的受理、立案、调查核实、审查决定、监督实施、跟踪反馈、复议复核和结案归档等。根据当前检察机关法律监督工作的现状，应当重点建立健全以下程序机制：

1. 以事立案的案件办理启动机制

在深化司法改革、注重司法规范和公信的法治环境下，立案程序有着其突出的司法价值和现实基础，而且，"程序型启动"也是司法活动的基本规律。作为国家的法律监督机关，检察机关应当积极吸纳正当程序理念，把握并遵循监督规律，建立健全法律监督启动程序。

长期以来，司法机关在刑事犯罪追诉活动中，往往在初查查明犯罪嫌疑人之后采取"以人立案"的模式，但也有"以事立案"的①。法律监督的主旨在于确保法律的正确统一实施，其重点针对的是法律的实施和违法事实及其行为。基于法律监督工作的这一特点，建议借鉴刑事诉讼中的"以事立案"的模式。应当看到"以事立案"这一立案模式及其在法律监督中的独特优势和巨大价值，运用以事立案，能够使监督工作及时进入办案程序，有利于检察人员依法及时使用法律赋予的相关措施获取并核实证据材料，查明案件事实，防止证据灭失和违法事实进一步扩大。同时，以事立案对事不对人，有利于克服办案阻力和工作被动，提高办案效率。可以根据检察机关开展法律监督的不同事项，实行两种不同的"以事立案"模式。

一种是材料充分的立案模式，即只要受理的案件线索具备法律规章所规定证据材料的要求的，就可以作出立案决定，进入案件办理程序。特别需要指出的是，对于目前采取受理与审理分离模式的监督案件，仍然应当设置立案程序。不能因为受理时作了一定的审查，就自然延续到后一道环节，直接进入办理程序。例如，侦查监督部门对于由控告申诉部门受理的监督线索，在统一业务系统中通过提案后，经过初步审查即应作出立案或者不立案的决定。

另一种是结果充分的立案模式，即对需要监督的事项经过初步调查和事实证据的审查，认为有违反相关法律法规的事实，需要予以纠正并追究相关人员责任的，再作出予以立案或者不立案的决定，对于决定立案的，正式进入监督办案的程序。

对于经审查决定不予立案的，同样应当制作《不立案决定》文书。需要通知有关当事人的，应发送当事人，并做好释法说理等工作。

---

① "以事立案"的法律依据有：《刑事诉讼法》第107条规定："公安机关或者人民检察院发现犯罪事实或者犯罪嫌疑人，应当按照管辖范围，立案侦查。"也就是说，既可以依据犯罪事实立案，也可以依据犯罪嫌疑人立案。《人民检察院刑事诉讼规则（试行）》第176条第1款规定："侦查部门对举报线索初查后，认为有犯罪事实需要追究刑事责任的，应当制作审查报告，提请批准立案侦查，报检察长决定。"2002年10月23日，最高检下发了《关于检察机关职务犯罪侦查部门以犯罪事实立案的暂行规定》（2003年1月1日起施行），为检察机关适用"以事立案"的方式来查办职务犯罪案件提供了直接的法律依据。

2. 监督案件证据标准数据化、模型化机制

善于运用互联网技术和信息化手段助推司法办案，是本轮司法改革的重点和亮点之一。检察机关应当深刻认识科技信息化在检察工作中的战略性、基础性、全局性地位，勇立时代潮头，主动拥抱大数据、人工智能新时代，全面推进智慧检务建设，以信息化引领检察工作创新升级发展，大力推进现代科技在司法改革和法律监督工作中的应用。

"推进检察大数据行动指南、检察人工智能创新指南落地实施，推进跨部门大数据办案平台建设，与相关部门共同运用现代科技实现基本证据标准数据化、模型化。加快推进智能辅助刑事案件办案系统建设，提升司法办案现代化水平"①，是当前以及今后一个时期深化司法改革的重点工作之一，而且有的已经进入具体实施阶段，并取得初步的成果。在着力构建刑事案件办案辅助系统的同时，建议尽快启动法律监督案件办案辅助系统的研究与建设。应全面梳理并系统总结多年来检察机关开展法律监督办案、办事的工作和案例，就开展法律监督案件办理的基本证据材料及证据规格要求，采取数据化、模型化的方式，建立具有基本证据标准指引、单一证据校验、办案风险评估和全案证据审查判断、非法证据审查排除等功能的智能辅助办案系统，力争超前谋划，实现"弯道超车"，为全面提升法律监督事项案件化工作的能力和水平创造条件、提供保障。

3. 监督办案的调查核实工作机制

法律监督权的正常行使必须辅之以必要的措施与手段。而调查核实权的设置，正是保证法律监督工作有效运行的关键要素。调查核实权的设置和行使，有利于确保程序正义与实体公正相协调，有利于避免监督办案的盲目性，有利于维护法律监督的严肃性和权威性，有利于提高办案的效率和质量。

目前司法实务部门对法律监督中调查核实权的行使总体上较为重视，从正面的角度看，检察机关行使调查核实权有了明确的法律依据，实践中由于运用把握得当，在一些案件办理中进一步查清了案件事实、夯实了监督依据，也进一步提升了息诉答复效果，检察干部运用调查核实措施的能力有了提高，但也不同程度地存在一些问题和不足。为此，应建立健全调查核实工作机制。

（1）注重调查核实规则的制定及程序规范。检察机关应当制定最高层级的司法解释，如最高检制定的《人民检察院检察建议工作规定（试行）》一

---

① 王治国、郭洪平：《深化12309平台建设，打造"一站式"检察为民综合服务平台》（摘自最高检曹建明检察长于2017年11月1日在十二届全国人大常委会三十次会议上作的《最高人民检察院关于人民检察院全面深化司法改革情况的报告》），载《检察日报》2017年11月2日第4版。

样，对调查核实权的行使提供有效的司法保障。一是调查核实工作的决定。应当与司法责任制改革的要求相适应，将一般案件的调查核实权交给检察官行使；重大案件由案件承办检察官报经检察业务部门的分管检察长批准为宜。二是调查核实的实施规范。为确保获取证据的合法性，应做到以下几点：调查取证时应当出示相关证件；调查取证应当由两名以上的检察人员进行；调查获取的证据要依法保存；书证、物证等应当制作证据清单，一式两份由当事人签名；证人证言应当当场与证人核对，并由其签名等。三是调查核实的办案期限。一般情况下调查核实期限应为三个月之内，但如存在鉴定、评估、违法行为调查等特殊情况，监督案件无法在规定期限内审结，则应允许由本院检察长批准而适当延长。四是调查核实取得证据的效力和认定。应当明确，检察机关调取的证据当然具有证明案件事实的效力，与其他诉讼主体提供的证据在证明力上没有强弱之分，只是在证明对象方面有所区别，且应当经过双方当事人质证才能作为证据使用。

（2）注重强化调查核实权行使的刚性保障。例如，应当进一步扩大检察机关的调查核实权。由于调查核实是检察机关开展监督认定违法的前提，而刑事诉讼法仅在第55条规定了检察机关的调查核实权，其范围远远不够。为保证检察机关及时有效地发现并核实侦查、审判、执行中存在的违法情形，从检察权的内在含义出发，应当进一步扩大检察机关调查核实权的适用范围，并对调查核实的程序作出具体规定。又如，明确被调查单位和个人的配合义务。检察机关为调查违法而向有关单位和个人借阅、调取相关材料或者询问相关事项的，有关单位和个人应当予以提供或者配合，不得拒绝或者阻碍。同时，应当赋予检察机关建议更换办案人员的权力。检察机关在监督办案过程中，如果发现有关人员在办案过程中存在严重违法行为，不宜继续办理某一案件的，应当有权建议有关机关更换办案人员。

4. 监督办案的流程保障机制

按照落实司法责任制的要求，遵循人员精英化、管理精致化的原则，为保障办理案件的质量和效果，应当建立健全相关保障机制。

（1）明确检察官监督办案责任清单和办案组织。监督事项案件一般由独任检察官决定启动及承办；对于特别重大有影响的监督事项，应规定由检察官办案组承办；对于因案件重大复杂等因素需要延长办案期限的，应规定独任检察官或者检察官办案组的主任检察官需提交上一级审查批准。

（2）建立健全内部协调机制。通过统一的监督流程，重新整合检察机关内部监督资源，侦查监督、公诉、刑事执行、控告申诉等部门结成监督网络，改变以往信息流转不畅、监督合力损耗等问题。可确定法律监督联席会议联系人，由相关部门主要负责人参加，定期分析研究法律监督情势，提出建议对策，确保既各尽其责，又互相配合，互通有无，信息渠道畅通，形成有效的监督工作内部合力。

（3）构建专业化业务机构和运行机制。针对检察机关法律监督中兼顾性监督与专门性监督的现状以及利弊，建议推进专门性监督机构的设置和办案流程的建立。确立诉讼职能和监督职能适当分离的原则，通过内部办案流程的完善与外部办案组织程序的再造相结合，建立相对集中的法律监督业务机构①，理顺监督职能和案件办理的职权配置、发现移送、集中审查办理机制，完善监督案件办理的内部监督制约机制，确保监督资源优化整合，监督工作有序有效运行。

（三）案件类别及程序适用

检察机关开展法律监督涉及的各类事项总体上都属于程序性违法问题，而且类型具有多样性、复杂性特点。各种被监督事项的违法程度及标准不同，证明要求也不尽相同。例如，对于羁押期限违法，无须适用严格的调查程序，一般采用自由证明标准即可。而对于非法证据排除，一般应当采取严格证明标准，必须经过严格的调查核实程序，才能证明侦查行为违法。因此，法律监督事项案件化应当在规范基本程序的基础上，建立健全不同案件类别的办理程序，以合理配置和运用司法资源，提高法律监督的效率和效果。

1. 监督案件的类型

界定案件的类别，有助于认清监督工作的运行现状，进一步把握监督工作的方向，也有助于厘清监督工作的思路，科学构建监督工作的程序机制。目前，检察机关尚未对立案的监督案件的范围和种类全面作出明确界定②，但总结分析检察实践的办案状况，监督案件主要有以下类型：

（1）从案件的关联角度看，可以将监督事项分为交织性案件、独立性个案和复合型类案。其中交织性案件，主要是指依附于刑事诉讼案件而产生的单个监督事项，表现为监督事项作为诉讼内法律监督的有机组成部分。例如，审查逮捕、起诉中的追捕、追诉以及抗诉案件。独立性个案，主要是指因某种事

---

① 例如，湖北省、上海市等一些地方人民检察院探索设置诉讼监督部，将对公安机关的立案活动、侦查活动监督，对行政执法机关移送刑事案件监督，对刑事审判活动、民事审判活动与行政诉讼活动监督，对刑罚执行与监管活动监督，以及法律规定的其他监督工作整合在一起，形成独特的诉讼监督职能范围和部门设置，确立监督职能与诉讼制约职能的分离模式，从而实现诉讼监督的集中化、专门化管理和运行机制。

② 虽然，上海市人民检察院等有些地方对监督案件的范围和种类作出了规定，但还是应从顶层设计和统一规范的角度，由最高司法机关采用司法解释的方式出台适用性规定，以增强法律监督的权威性和严肃性。

由针对某一个案而启动程序的监督案件。检察机关的监督事项，主要表现为个案监督。例如，刑事执行检察工作中的羁押必要性审查案件，也有依犯罪嫌疑人、罪犯、辩护律师提出申诉，要求纠正公安机关侦查活动、人民法院审判活动中违法行为的案件。复合性类案，是指针对一类违法情况开展的监督事项，包括对法律政策适用、执法平衡等一类问题的监督。如公安机关证据收集、强制措施、诉讼权利保障等方面的违法行为；审判机关的违法审判活动，如对一类案件的量刑失衡，或者审理超期、违法请示；刑事执行中的一类违法问题。类案监督事项来源于交织性和独立性案件，又不同于个案，两者密切相关，交织性案件和独立性个案是类案监督的基础。

（2）从案件的启动因素看，可以将监督事项分为依申请启动和依职权启动。依申请启动的案件是指由当事人依法提出申请而办理的监督案件，如刑事申诉案件是由当事人直接提出申请而启动的。依职权启动的案件是指由检察机关提出意见而启动办理程序的监督案件，如检察机关在办理审查逮捕案件中发现的立案监督案件，检察机关可以直接启动监督程序。根据法律规章规定，有些监督事项既可以依申请启动，又可以依职权启动，如羁押必要性审查案件①。

（3）从案件的结案方式看，可以将监督事项分为终结审查、中止审查和终止审查案件。基于法律监督案件在立案后可能遇到的各种难以预见的情形，促使监督案件的办理进程和监督现状发生变更，可以立足监督规律和司法实践，对于法律监督各类案件结案方式作出规范。其中，终结审查一般较易把握，即立案后经过一定的调查取证和核实工作，检察机关认为案件已经满足审查终结的要件，就进入结案环节，并且必须提出相应的监督意见或者作出监督决定。中止审查一般是指办案程序的暂时停止，即立案后出现特殊情形，案件继续审查缺乏条件而作出的临时性决定。中止审查的，应当制作《中止审查决定书》，并发送当事人。中止审查的原因消除后，应当恢复审查。终止审查一般是指案件立案后出现特殊情形，导致监督的条件或者必要性消失，所作出的案件终止性决定②。终止审查的案件不用作出任何的监督决定和意见。但终

---

① 《人民检察院办理羁押必要性审查案件规定（试行）》第 7 条规定"犯罪嫌疑人、被告人及其法定代理人、近亲属、辩护人申请进行羁押必要性审查的，应当说明不需要继续羁押的理由"，同时，第 11 条规定"刑事执行检察部门对本院批准逮捕和同级人民法院决定逮捕的犯罪嫌疑人、被告人，应当依职权对羁押必要性进行初审。"

② 目前，于 2013 年 9 月 23 日由最高人民检察院第十二届检察委员会第十次会议通过的《人民检察院民事诉讼监督规则（试行）》中对于这种情况使用的是"终结审查"概念。但用"终结审查"与司法实践中一般意义上的案件审查终结较容易混淆，还是用"终止审查"较为合理。

止审查的案件，仍应当制作《终止审查决定书》，需要通知当事人的，应当发送当事人。

（4）从案件的危害程度看，可以将监督事项分为重大监督事项案件和一般监督事项案件。目前，尚没有明确的立法和司法解释对重大监督事项作出规定，也没有确定的标准予以界定。但结合司法实践以及各地对重大监督事项案件化办理的探索来看，可以从对诉讼活动的影响、对当事人权益的影响、对民生和社会秩序的影响以及上级机关和人大、政协等有关单位领导关注等多个维度，来界定和把握重大监督事项包含的范围及情形，主要有：①直接涉及犯罪嫌疑人、被告人人身权利的监督事项（包括刑事申诉类案件、羁押必要性审查类案件以及减刑、假释、暂予监外执行类案件）；②严重影响公民财产权利的监督事项；③存在严重违法并产生重大后果的监督事项；④经新闻媒体报道引起网络舆情的监督事项；⑤涉及民生民利，有可能引发上访或已经引发上访的监督事项；⑥上级交办、督办的监督事项；⑦就同类问题展开监督的工作事项；⑧其他认为属于重大事项的监督案件。

除上述确定的重大监督事项外，检察机关在审查监督事项时，都可以作为一般监督事项来认定和办理。

（5）从案件的形成主体看，可以将监督事项分为内部监督案件和外部监督案件。内部监督案件主要是指产生于检察机关内部办案环节的监督事项，如流程监管过程中发现的超过法定办案期限仍未办结的监督案件，查封、扣押、冻结、保管、处理涉案财物不符合有关法律和规定的监督案件。外部监督案件则是指检察机关之外的司法、行政机关行使职权过程中形成的并属于检察机关管辖的监督事项。

基于以上对监督案件类型的研究与认识，建议采取司法解释的方式，就监督案件的范围以刑事检察监督、民事行政检察监督、刑事执行检察监督、刑事申诉检察监督和内部检察监督等五类，分别确定所应办理的案件种类。其中，刑事检察监督案件主要是指立案监督、侦查活动监督和审判活动监督案件①。

---

① 一般应包括立案监督线索受理审查案件、立案监督案件、立案监督复议案件、立案监督复核案件、商请公安机关督促立案监督案件、自侦不立案复议案件；适时介入侦查案件、强制措施违法情形监督案件、专门调查活动违法情形监督案件、追捕案件、追诉案件、报请核准追诉案件、核准追诉案件、证据合法性调查案件、变更强制措施审查案件；二审抗诉案件、审判监督抗诉案件、法院决定再（提）审案件、撤回抗诉复议案件、职务犯罪一审判决监督案件、审判活动违法情形监督案件、没收违法所得启动监督案件、检察前终结诉讼监督案件、刑事执法活动监督案件。

民事行政检察监督案件主要是指民事检察监督和行政检察监督案件①。刑事执行检察监督案件以目前最高检统一业务系统中规定的共有 19 种②。刑事申诉检察监督案件主要是指对于人民法院、人民检察院所作出的决定而提出申诉的案件和赔偿监督类案件③。内部检察监督案件主要是指案件管理过程中办理的流程监督案件④。

2. 程序分类与适用

目前检察机关法律监督事项案件化系统构建尚处于起步探索阶段，为了确保监督办案的质量和效率，确保程序的规范有序运行，既应严格按照法定的程序和规范要求办理各类案件，提升监督的严肃性和权威性，也应结合监督案件的实际，简化必要的工作程序，减少不必要的工作投入，提高工作效率。在程序的设置上，按照实事求是的原则，建议借鉴刑事诉讼中的简繁分流程序，并结合法律监督事项案件化实际，以普通程序为主、以简易程序为辅，形成法律监督事项案件办理的基本格局。对于前文所述的八类案件，原则上应严格按照普通程序办理。而且，特别重大的监督类案件，应当由检察官办案组办理。除此之外的案件，可以简化相应程序和工作方式、内容，具体可在以下工作方式和内容上予以简化：

（1）办案组织。根据履行职能的需要，对于适用简易程序办理的监督案件，规定应当由独任检察官办理。由独任检察官办案的，可以配备必要的检察辅助人员。

---

① 一般应包括生效民事判决、裁定、调解书监督案件、民事执行监督案件、民事审判程序中审判人员违法行为监督案件、民事复查纠正案件、民事跟进监督案件、民事督促履行职责案件、民事支持起诉案件、民事虚假诉讼案件、生效行政判决、裁定、调解书监督案件；生效行政判决、裁定、调解书监督案件、行政执行监督案件、行政审判程序中审判人员违法行为监督案件、行政复查纠正案件、行政跟进监督案件、行政督促履行职责案件、行政支持起诉案件、行政虚假诉讼案件。

② 一般应包括羁押必要性审查案件、羁押期限审查案件、减刑、假释提请中审查案件、减刑、假释提请审查（开庭）案件、法院裁定审查案件、暂予监外执行提请审查案件、暂予监外执行决定审查案件、收监执行提请审查案件、收监执行裁（决）定审查案件、财产刑执行违法（违规）案件、临场监督执行死刑案件、事故检察案件、被监管人死亡检察案件、刑事执行监管活动违法（违规）案件、指定居所监视居住执行违法（违规）案件、强制医疗执行违法（违规）案件、强制医疗启动、解除监督案件、监外执行（社区矫正）执行违法（违规）案件、重大案件侦查终结讯问合法性核查案件。

③ 一般应包括刑事申诉审查案件、刑事申诉指令抗诉案件、刑事申诉提请抗诉案件、刑事申诉发回重审案件以及阻碍依法行使诉讼权利或本院办案行为违法的控告或申诉案件；刑事赔偿及民事行政诉讼赔偿监督案件、行政赔偿监督案件。

④ 一般应包括不予受理案件、流程监控案件。

（2）启动程序。对于适用简易程序办理的监督案件，独任检察官可以直接决定立案以及分案处理。

（3）开展调查核实。独任检察官有权直接启动调查程序，开展取证核实、查阅文件材料、讯问相关人员等工作。

（4）制发监督意见。对于监督案件中轻微的违法问题，可以直接提出纠正意见，对一般的违法问题也可以直接制发相关文书。

（5）审核程序。对于适用简易程序办理的监督案件，一般无须提交上一级审核。以院名义制发有关监督文书的，可以规定由部门负责人审核。

（6）内部法律文书。对于适用简易程序办理的监督案件，可以采取格式化的形式，简化内部立案、结案报告等文书。

（四）业务管理及软件完善

推进法律监督案件化体系建设，离不开规范有效的业务管理和统一业务系统提供保障。

1. 完善监督案件的流程管理

各级检察院案件管理部门应当充分发挥内部监管职能，不仅应运用统一业务系统，强化对监督案件的办案期限、办案流程、文书制作等进行全程、动态、同步监督，对于流程管理过程中发现检察环节司法不规范问题，可以视情况采取口头提醒、网上提醒、发出流程监控通知书、办案质量评查通报、录入检察人员司法档案等方式，及时予以解决和记载。同时，做好立卷归档工作是监督事项案件化管理的题中之义和必然要求，可以倒逼办案人员进一步树立规范办理监督案件的意识，确保办案程序规范、合法。为此，应切实按照2016年发布的相关归档办法①，进一步明确各类监督案件卷宗归档的必备内容、材

---

① 最高检、国家档案局于2016年10月发布的《人民检察院诉讼档案管理办法》和《人民检察院诉讼文书材料立卷归档细则》两个规章，于2018年1月正式实施。两个规章较2000年起实施的《人民检察院诉讼档案管理办法》和《人民检察院诉讼文书立卷归档办法》有了很大的进步。其中，对涉及法律监督事项的案件作了较大范围的规定，其中，刑事诉讼监督案件有16种；刑事申诉审查、复查和赔偿监督类案件7种；民事行政检察监督类案件6种。

料顺序，细化制定具体卷宗归档要求①。司法行政部门应加强档案管理，督促各业务部门及检察官严格执行落实立卷归档的相关规定，以实现对监督案件的全面科学管理。

2. 完善监督案件质量评价体系

在落实司法改革任务要求、突出检察官监督主体地位的同时，必须把握监督工作属性和规律，坚持监督案件数量、质量、效果的有机统一，研究制定监督案件办理标准，以及监督业务考核评价核心指标和司法责任追究管理办法，充分考虑不同类别监督案件的质效，科学评价检察官行使法律监督权的能动性、规范性和公正性，引导检察人员积极开展法律监督工作，以切实强化和落实司法责任制。

3. 完善检察一体内外协调机制

推进法律监督案件化体系建设是检察机关内部程序和外部程序再造的全新工作，必须举检察系统之力予以实现。应坚持顶层设计的原则，加强内部制度的系统性建设和落实。上级检察院应加强业务管理和工作指导，注重监督业务经验的总结和骨干人才队伍的培养。对于重大有影响的监督案件，可以建立必要的提前介入、管辖变更、检察官统一调配等工作机制。同时，应推动建立并优化外部执法监督环境，积极争取各级人大、政协、行政机关以及公安、法院的支持，采取主动报告工作、协调制定司法解释和执法办案细则等方法，构建有效的法律监督权运行机制。尤其应畅通司法和行政执法信息渠道及共享机制，切实解决知情难等问题。

4. 完善统一业务系统软件程序

2012 年 8 月起最高检研发和部署的全国检察机关统一业务应用系统，运用现代科技手段，实现执法信息网上录入、执法流程网上管理、执法活动网上监督、执法质量网上考评，构建了一个纵向贯通、横向集成、互联互通的信息网络平台，并已经过多次修改升级、不断完善。但是，根据法律监督案件化体系构建的新要求，基于以往监督业务流程主要是依据办事模式而设计的，因此，需要在办案模式的框架要求下继续对软件系统的有关程序及流程进行升级改造。主要包括：一是应对目前尚未纳入统一业务系统管理的监督案件种类，

①　由于法律监督案件化的演化发展和认识统一，将有更多的监督事项被纳入案件化管理的范畴。目前，最高检有关档案管理的规定中只涉及29种监督案件，而上海市检察院制定的《关于确定上海市检察机关案件种类的意见（试行）》共涉及各类监督案件59种。此外，监督事项的简繁复杂情况差异较大，有的监督案件形成的证据等所有材料少则几份、多则十几份，导致各种案件卷宗立卷方面必然存在差异和具体操作上的困惑，都需要予以解决。例如，对于有些监督类案件证据材料较少的，是单独立卷，还是合并立卷？即使合并立卷，也必须明确立卷的模式和具体要求。

通过软件模块设计和改造予以解决，做到所有监督案件全部纳入系统管理。二是应对尚未设置立案程序的办理事项全面设置立案或者不立案决定程序。三是应对系统的统计功能以及业务报表内容进行修改、充实和完善，建议在自动生成各类监督案件案号的基础上，再赋予其自动生成监督案件总序列号的功能，为及时全面统计监督业务总量提供便利，从而打造更加契合法律监督事项案件化体系建设要求的信息化平台。

# 生态保护检察理念与工作机制研究[*]

## 上海市崇明区人民检察院课题组[**]

随着新时代中国特色社会主义建设的进行，中国正经历着从站起来到富起来再到强起来的历史性变革。在肯定取得的巨大成就的同时，我们也要看到不当发展对于生态环境的过度索取、污染破坏乃至犯罪。[①] 在此背景下，党的十八届四中全会提出生态文明的建设任务，要求用最严格的法律制度保护生态环境，五中全会提出绿色发展理念，党的十九大报告进一步指出："建设生态文明是中华民族永续发展的千年大计。必须树立和践行绿水青山就是金山银山的理念，坚持节约资源和保护环境的基本国策，像对待生命一样对待生态环境。"

生态环境通常是指影响人类生存与发展的水、土地、生物资源以及气候资源数量与质量的总称。生态保护检察的概念尚无定论，课题组认为生态保护检察是指在相关理念的指导下，检察机关办理各类涉生态环境刑事案件，对侵害生态环境的民事、行政行为依法提起环境公益诉讼，以"两法衔接"平台等为抓手开展生态环境法律监督，结合涉环案件适度延伸开展综合治理等各项工作的总称。2016 年上海市出台《崇明世界级生态岛发展"十三五"规划》，2017 年市人大常委会专门开展上海生态环境立法，制定出台《关于促进和保障崇明世界级生态岛建设的决定》。上海检察机关对破坏生态环境资源案件也实行由上海铁路运输检察院集中管辖。在此背景下，课题组尝试立足检察实践，对上海生态检察工作应秉持的理念和工作机制进行研究，更好地实现上海生态环境保护的共同目标。

---

[*] 上海市检察机关 2017 年重点研究课题。

[**] 课题组负责人：朱庆华；课题组成员：张黎、包强、常加飞、蔡震宇、王琳、吴晓东、聂怀广、程竹松、高松。

[①] 以上海为例，2016 年 12 月 22 日，作为上海四大水源地之一的崇明东风西沙水库附近江面，随长江上流漂流来大量外省市的生活垃圾。因应对及时，未对上海居民供水造成严重影响。相关责任人员被刑事处罚。

## 一、我国生态检察理念与机制存在的问题

### (一) 生态保护检察理念

"理念"一词是由古希腊著名法学家柏拉图首先提出。自古希腊至现代，学者们对"理念"的研究从未停止过，但对于"理念"一词的定义至今尚无定论。《中国大百科全书·哲学》将"理念"解释为"一种理想的、永恒的、精神性的普遍范型"。《辞海》对"理念"一词所作的解释是泛指观念。课题组认为，"理念"是对客观事物本质的一种理性认识。生态保护检察（以下简称生态检察）理念是指人对于生态检察的理性认知、把握和建构。"认识来源于实践并指导实践"，生态检察工作机制的建立完善需要正确的理论体系作为支撑。生态检察理念及其指导下的基本原则，是生态检察工作机制的基础和前提，但总体而言检察机关对生态检察理念的研究还比较欠缺。

#### 1. 共同理念不具体

党的十八大将生态文明建设纳入"五位一体"总体布局，并提出社会发展的"创新、协调、绿色、开放、共享"五大理念，首次将生态文明的绿色理念作为社会发展的五个理念予以明确。此后，绿色理念经过"宁要绿水青山不要金山银山""既要绿水青山又要金山银山"，再到党的十九大报告"必须树立和践行绿水青山就是金山银山的理念"的修正，全社会绿色生态理念正不断地深化和发展。课题组认为"创新、协调、绿色、开放、共享"是社会共同理念。"绿水青山就是金山银山"是绿色理念更进一步的具体化，是其下位理念。从字面上，该理念形象地对绿水青山和"金山银山"进行了比较，但对可能存在的冲突该如何权衡，要坚守的底线又在何处，从字面上找不到明确的答案。此外，"绿水青山就是金山银山"是全社会应当树立的共同理念，涵盖的范围包罗万象，检察机关有必要在其统领下，提出符合自身特点的生态检察理念。

#### 2. 一般理念不突出

一般检察工作理念，主要包括法律监督理念、保障人权理念、程序正义理念、自我监督理念等。这些理念是刑事程序法和刑事实体法的理念，对全部检察工作皆可适用。生态检察工作涉及的是生态环境案件，有其特殊性，其案件往往呈现危害大、取证难、修复慢、损失难以确定等程序上、技术上和法律适用上的难题，更可能面临社会稳定等社会问题。指导生态检察工作的理念应该具有自己的特殊性或特色，而一般的检察理念无法体现生态检察工作的特色。将一般检察工作理念作为生态检察工作的指导理念尚不具体突出。

3. 办案理念不全面

这里的办案理念主要是指恢复性司法理念。2016 年 9 月，高检院制发《关于全面履行检察职能为推进健康中国建设提供有力司法保障的意见》，首次提出在环境案件办案过程中应坚持恢复性司法理念。恢复性司法发端于 20 世纪六七十年代的西方，是对刑事犯罪通过在犯罪方和被害方之间建立一种对话关系，以犯罪人主动承担责任消弭双方冲突，从深层次化解矛盾，并通过社区等有关方面的参与，修复受损的社会关系的一种替代性司法活动。恢复性司法与检察一般理念（如法律监督理念、保障人权等）不同。一般理念是针对全部检察工作的理念，对生态检察工作的指导性不具体，而恢复性司法理念则属于生态检察办案工作的部分，可以归为生态检察工作理念的一部分，用来指导生态检察工作存在不全面的问题。

（二）生态检察工作机制

我国对自然资源的开发利用经历了从粗放到集约的转变，生态环境保护工作也经历了从不受重视到要采取最严格措施加以保护的阶段。生态检察工作机制，也经历着从不凸显到显著加强，从地方探索到总结经验，从地方治理到高层决策的转变历程。在各地探索的基础上，高检院也发文要求各地检察机关找准服务、保障和促进健康中国建设的工作定位和切入点，依法惩治破坏生态环境等犯罪，打造绿色健康环境。各地生态检察工作，在机制探索上取得了一定的成效，但还存在一些不足。

1. "三化"突出

目前，生态检察的探索呈现地方化、碎片化、扩大化的特点。地方化主要体现在缺少上级院的统一协调部署，仅凭基层院单打独斗。课题组认为，生态检察工作机制的构建，离不开上级院（特别是省级院）的统一领导，应当结合当地实际，作为一项系统性工作统一谋划。① 碎片化主要是指在基层检察院内部，工作没有系统安排，措施零碎，或是仅发挥部分职能部门的作用，工作效果有限。扩大化主要指有的基层检察机关"创新"步伐迈得过大，超出了检察机关的职责范围。② 上海生态环境保护工作，对环境资源刑事犯罪，确立由上海铁路运输检察院（以下简称上海铁检院）进行集中管辖，实现了生态环境刑事案件的专业化办理，取得了良好效果。然而，生态环境检察是一项系统工作。目前，上海与生态刑事案件办理集中管辖相配套的制度设计和机制探索仍局限在基层院和上海铁检院自行探索的阶段，市级层面的安排尚未出台。

---

① 如贵州省院、河北省院成立生态环境保护检察处，指导全省范围内生态环境保护工作，效果较好。

② 如有的基层检察院直接派员参与行政机关的生态环境行政执法。

如何加强上海检察一体，清晰界定案发地检察机关与上海铁检院的职能，上海铁检院如何加强与案发地相关部门的沟通协调，缺乏全市统一协调部署。基层检察机关如何配置资源，提升集中管辖外的涉生态环境案件办案质效，构建专业化办案组织，加强人才培养等还需加强探索。

2. 行刑衔接不畅

行政执法和刑事司法的衔接（以下简称"两法衔接"），主要为了解决行政执法机关有案不移、公安机关有案不立，以罚代刑、有罪不究的问题。为了有效推动"两法衔接"工作的顺利开展，高检院会同相关部委下发了多份文件，① 规定了行政机关应当与检察机关分享执法信息，但未确立检察监督原则和法律后果，只有在拒不移送违法犯罪，造成严重后果，构成犯罪的，才能追究其刑事责任。而我国的法律法规对行政执法监督缺乏可操作性规定。行政执法权作为行政权的重要组成部分，如何有效开展"两法衔接"工作，需要清晰界定司法与行政的权力边界，既要防止司法权过度扩张，又要对行政权进行有力监督。从高检院开展的"两个专项立案监督活动"情况看，在环境资源领域还存在涉嫌犯罪案件移送比例低、信息共享平台运用不充分、行政执法监督难度大的情况。

3. 民行机制不全

2017 年 6 月 27 日，全国人大常委会修改《民事诉讼法》和《行政诉讼法》，正式授予检察机关提起公益诉讼权。法律赋予检察机关行政检察与公益诉讼新职能，履行新职能就需要有相关机制来保障。与刑事检察工作不同，行政检察与公益诉讼制度改革包含有检察权对行政权进行监督的深刻内涵，涉及国家权力的重新配置，检察机关开展该项工作难度很大。现在，公益诉讼已正式立法，但是关于公益诉讼工作的相关机制还没有建成或者说尚不完善。如环境公益诉讼线索发现及转化机制不畅，线索发现难、转化难、成案难是各地检察机关开展公益诉讼遇到的共同难题；调查取证机制不完善，行使调查取证权缺乏操作性的指引规范，调查取证是行政公益诉讼的薄弱环节，部分行政机关存在抵触情绪；组织保障等配套机制不健全，检察机关民行部门人力资源配置不足，生态检察专业人才缺乏等。

---

① 主要有：2012 年《关于加强工商行政执法与刑事司法衔接配合工作若干问题的意见》、2014 年《关于加强涉嫌拒不支付劳动报酬犯罪案件查处衔接工作的通知》、2015 年《食药品行政执法与刑事司法衔接工作办法》、2017 年《环境保护行政执法与刑事司法衔接工作办法》的通知；同时，上海市也下发了 2011 年上海检察机关《贯彻中央〈关于加强行政执法与刑事司法衔接工作的意见〉的意见》、2013 年《关于加强工商行政执法与刑事司法衔接配合工作若干问题意见的实施意见》、2016 年《上海市食品药品行政执法与刑事司法衔接工作实施细则》等工作细则。

## 二、域外生态检察理念机制的考察及启示

### (一) 域外理念的演进历程

#### 1. 人类中心主义

随着人类社会的发展，人与自然关系的发展大致经历了两个阶段，形成两种截然不同的理念，分别是人类中心主义理念和生态中心主义理念。人类中心主义将人类作为世界的中心。在人与自然的关系中，人类是统治者，自然是被统治者，自然界各种资源开采利用的出发点和归属都应围绕着人类的利益展开。该理念在早期，为全人类社会积攒了大量的物质财富，但也带来了人与自然的对立，直至遭受大自然无情的报复。特别是经过两次工业革命，西方在19世纪和20世纪爆发了严重的环境危机，[①] 引起西方社会的反思。正视环境问题、保护环境、实现可持续发展成为人们的共识。

#### 2. 生态中心主义

生态中心主义在批判人类中心主义的基础上，提出人与自然应和谐共存，突出体现在各国的环境立法上。如以美国为代表的政策法模式。美国国会在1969年制定了《国家环境政策法》，在该法的指引下，美国国会陆续颁布了大量单行环境保护方面的法律，包括环境法案件判例，[②] 组成了美国的生态环境保护法律体系。又如以日本为代表的基本法模式。1993年，日本国会制定了《环境基本法》作为综合性环境保护基本法。在基本法的指引下，先后陆续制定和完善了生态环境保护的其他法律，形成了以环境基本法为中心，辅以相关的行政法、民法、刑法等部门法的法律体系。[③] 再如以法国为代表的法典化模式。法国在2000年颁布了《环境法典》，将分散的环境保护法律、法规系统化，几乎涵盖了法国所有的环境保护法律领域。

### (二) 域外制度的比较考察

#### 1. 环境刑事诉讼

代表国家对破坏环境的犯罪嫌疑人提起刑事诉讼，检察官被赋予了更多的裁量权。在美国，检察权隶属于行政权，检察官的职责就是在作出是否指控某人、提出何种指控、是否进行辩诉交易的决定时，运用其裁量权，"当今的检

---

① 如英国伦敦烟雾事件、日本熊本水俣病环境污染事件等震惊世界。

② 美国1969年塞拉俱乐部诉莫顿案开启了环境公益诉讼第一案，此后美国的一系列法律赋予了公民提起公益诉讼的权利。

③ 李集合主编：《环境法适用的理论、实践与欧盟经验》，人民法院出版社2015年版，第5页。

察官比十九世纪初获得了更大的权力、独立性和裁量权"。① 在大陆法系国家,"欧洲检察官对他们相信有罪的嫌疑人拥有广泛的案件处置权和刑罚权"。② 在巴西,检察机关行使环境刑事诉讼的起诉权,有权与犯罪嫌疑人达成辩诉交易。如果侵害者采取了必要措施补救了环境损害,检察机关可不予起诉或减少所指控的罪行或量刑幅度。在刑事附带民事诉讼时,贯彻污染者付费原则,用于弥补已经造成的环境损害。③ 需要注意的是,我国的法律制度和司法改革也赋予了检察机关对生态环境刑事犯罪提起诉讼的裁量权,如认罪认罚从宽制度等。需要特别注意的是,我国的认罪认罚从宽不是辩诉交易,从宽需要在严格遵循罪刑法定原则的前提下进行,罪名和罪数不得交易。在检察环节,特别是在检察环节拟作终结性处理的,要谨慎运用好司法赋予的裁量权,在惩罚环境犯罪的同时,积极恢复破坏的生态,并以此作为处理的依据。

2. 环境公益诉讼

在美国,检察官介入公益诉讼的模式主要是以原告身份单独提起诉讼或以支持者身份参与公益诉讼。④ 在德国,检察监督权的启动既可以源于公益代表人自身职权,也可以源于被害人的申诉。在诉讼上,检察机关为维护公共利益可以独立地参加诉讼。为提高检察监督的成效,法律还赋予检察机关案卷查阅权,以便全面掌握案件信息,更好地保护公共利益。⑤ 在巴西,检察机关在公共利益遭受侵害时可以提起公共民事诉讼。检察机构在环境公益诉讼中的监督方式分为诉前的民事调查、行为整改承诺和进行诉讼三种。检察机关可以自己提起公益诉讼,也可以参与到其他团体和个人提起的公益诉讼中。⑥ 各国法律赋予了检察机关提起公益诉讼的权力,诉讼对象既有一般的民事主体也有行政机关。各国关于检察机关提起公益诉讼的具体规定,可以为我国环境公益诉讼细化和完善所借鉴。

3. 监督行政行为

美国在法律层面明确了检察机关对所有行政机关之诉讼行为进行监督。美国检察机关主要通过《司法机关与司法程序法》《政府机构和雇员法》等法案的授权来加强对环境诉讼行为的监督。在与政府的关系中,巴西检察官也表现

---

① [美] 戴维斯:《专横的正义》,中国法制出版社 2012 年版,第 13 页。

② 卢拉主编:《跨国视角下的检察官》,法律出版社 2016 年版,第 76 页。

③ 肖建华:《巴西赋予检察机关提起公益诉讼职能》,载《检察日报》2015 年 4 月 21 日。

④ 曹晓来:《论检察机关提起环境公益诉讼》,载《法制博览》2015 年第 4 期。

⑤ 魏武:《法德检察制度》,中国检察出版社 2008 年版,第 242 页。

⑥ 肖建华:《巴西赋予检察机关提起公益诉讼职能》,载《检察日报》2015 年 4 月 21 日。

出很大的独立性。巴西检察机关将自己视为社会利益的代表，而不是政府利益的代表，可以对具体行政行为进行监督，包括环境行政许可、环境监测检查、环境行政处罚等。① 域外一些国家的检察机关对行政机关行政执法的监督，也可以为我国的法律监督提供思路。

### 三、上海检察机关生态保护检察理念的构建

2016 年底，上海市出台《崇明世界级生态岛发展"十三五"规划》，2017 年 6 月，上海市人大常委会通过上海市人民代表大会常务委员会《关于促进和保障崇明世界级生态岛建设的决定》，指出崇明是上海最为珍贵、不可替代、面向未来的生态战略空间。规划和立法充分体现了上海对生态环境保护的重视。如果没有坚实的理念基石，生态检察工作很可能就犹如昙花一现。生态检察工作应坚持以理念为引领，原则为构架，机制为支撑。课题组拟从生态和检察两个维度进行考察，尝试提出"立足职能，生态为先"的新生态检察理念。

（一）"立足职能，生态为先"新理念

1. 理念基本内涵

"立足职能，生态为先"的生态检察理念，是指检察机关通过严格立足检察职能，保障生态法律制度的贯彻实施，保障生态文明价值的优先地位。"立足职能，生态为先"的生态检察理念，既明确了生态检察的工作目标是保障生态文明价值的优先地位，不能对其他价值作出妥协，又明确了生态检察的工作内容必须立足自身的基本职能，既不能造成生态保护领域的检察权真空，也不能在开展生态保护工作的过程中超越检察权的边界。

2. 理念理论基础

之所以提出"立足职能，生态为先"，主要是基于两个方面的考量：一是生态检察意味着在生态保护领域行使检察权，故这一理念的提出需要符合检察权的基本规律与属性；二是生态检察需要展现其生态特质，故提出的理念又要蕴含生态保护的价值。

一方面，生态检察必须首先要考虑检察权自身的属性和边界问题。检察权运行具有一定边界性和有限性，即检察机关只能根据法律的授权，对于法律规定的对象，运用法律规定的手段，并依照法定程序行使权力，不能任意扩大或缩小权力行使范围。对于生态检察而言，切不可以生态保护之名，越界行使权

---

① 肖建华：《巴西赋予检察机关提起公益诉讼职能》，载《检察日报》2015 年 4 月 21 日。

力,行使了本应由行政机关或其他社会组织的职能,检察机关只能站在最后一道防线之上,并严守这道防线。如以在生态保护领域开展检察公益诉讼为例,并不是要使其成为维护生态的首要选项,而是要将其作为一种补充性的、守护底线的权力,能通过其他途径解决的生态问题,不要随意将其纳入检察公益诉讼的范畴。所以在这一层面,我们提出要"立足职能",即在法律授权的范围内,按照检察权的运行原则来保护生态。

另一方面,生态检察还应当蕴含优先保护生态的价值取向。谈及生态,人类对生态保护的认识并不是一蹴而就的,而是在付出了惨痛的代价之后,才将生态环境保护置于越来越重要的位置,生态立法即是其重要体现①。在我国,随着对生态的认识的不断深入,生态更被提升至文明层面,"生态文明"一词多次出现在党代会报告及相关文件中。检察机关的生态保护职能是整个生态保护制度不可或缺的一部分,将这些共识贯彻到生态检察工作当中,形成了诸多生态检察的理念性思考,如海南省海口市人民检察院检察长李思阳提出以"恢复性司法"作为生态检察工作的指导理念。② 江西省南昌市检察院检察长刘炽提出,"对权力的控制、对生态权利的保护以及构建全体人民共同享有的生态福利,是生态检察工作体系的基石。"③ 这些思考均体现出了生态检察的生态特质,但难以完全涵盖全部的生态检察工作。所以我们提出以"生态为先"作为生态检察工作在生态层面的指导性理念,能涵盖全部的生态检察工作,同时又能展现以检察职能充分保障生态文明价值的优先地位,体现出生态保护优先这一新时期的一个共识。这也在一定程度上回应了上位理念"绿水青山就是金山银山"在字面上"绿水青山"与"金山银山"地位不明的问题。对生态环境实行最严格的保护,我们的理解就是建设任何"金山银山"都不能触碰生态违法犯罪这一底线。

(二)"立足职能"指导下的活动原则

如何将检察职能与生态优先紧密融合起来,在生态检察理念的指引下,使生态检察工作既能体现生态保护的特点,又能符合检察活动的特点,就应当结合生态保护与检察活动的特点,突出二者的内在关联性,从检察权的运作规律分析,专门指导检察权行使的特有原则包含公益原则、检察一体原则和法律监

---

① "生态法"目前还不是一个成熟的法律术语,基本上各国都将环境保护法这一法律部门称之为环境法,但有学者认为"生态法"能更为准确地表述这一法律部门。参见曹明德:《生态法新探》,人民出版社 2007 年版,第 136、189 页。本文无意去深入探讨哪一个概念更为合理,为行文方便使用"生态法"的概念。

② 李思阳:《生态检察工作机制建设路径与方法》,载《人民检察》2016 年第 2 期。

③ 《探索生态检察工作专业化发展之路》,载《检察日报》2016 年 12 月 9 日第 3 版。

督原则等①。上述检察活动原则均体现了检察活动的特点，同时也能够体现生态保护的特点。公益原则反映出检察机关在生态保护法律制度中的通过行使检察职权保护生态、维护公益的使命与任务，检察一体原则反映出检察机关在生态保护法律制度中的一体化运作模式，法律监督原则反映出检察机关与行政机关、公安机关在生态保护法律制度中分工负责、相互配合和监督制约的关系。

### 1. 公共利益原则

检察机关的地位是国家的法律监督机关，检察权的运行应当以保护公共利益为己任。"在现代社会，检察机关或检察官被称为'公共利益的代表'，即检察机关或检察官是以维护公共利益作为自己立身之本的，因而维护公共利益，就成为检察机关或检察官行使检察权的又一项重要原则。"② 检察权维护公共利益主要体现在检察机关通过代表国家提起诉讼。"在现代诉讼中，检察机关和公诉制度存在的基础和正当性在于维护公共利益……公诉活动遵循公共利益原则，是由检察机关的法律地位决定的，与检察机关的法律性质相适应。"③ 传统观念中，检察机关的公诉活动主要存在于刑事案件领域，即由检察机关通过提起刑事公诉追诉犯罪。近年来，随着环境保护、生态保护理念的兴起，检察机关提起公益诉讼的呼声也越来越高，这也意味着检察机关的职能开始向提起民事公诉、行政公诉的方向拓展。检察机关在履行职责中发现污染环境、食品药品安全领域侵害众多消费者合法权益等损害社会公共利益的行为，在没有适格主体或者适格主体不提起诉讼的情况下，可以向人民法院提起民事公益诉讼。检察机关在履行职责中发现生态环境和资源保护、国有资产保护、国有土地使用权出让等领域负有监督管理职责的行政机关违法行使职权或者不作为，造成国家和社会公共利益受到侵害，公民、法人和其他社会组织由于没有直接利害关系，没有也无法提起诉讼的，可以向人民法院提起行政公益诉讼。

### 2. 检察一体原则

检察权一体化原则，是指检察机关在组织体系上为一个共同体，在行使检

---

① 邓思清：《检察权研究》，北京大学出版社 2007 年版，第 127 页。作者认为专门指导检察权行使的特有原则还包括国家起诉原则，从生态检察工作的角度来看，公益原则与国家起诉原则实际上同等重要，前者反映了生态检察工作的出发点，后者反映了生态检察工作的落脚点。两项检察活动原则共同指向了检察机关通过提起公益诉讼履行生态保护职能。本文拟选取公益原则进行重点论述。

② 邓思清：《检察权研究》，北京大学出版社 2007 年版，第 127 页。

③ 王新环：《维护公益是行使检察权的基石》，载《检察日报》2013 年 7 月 22 日第 3 版。

察权活动上必须保持整体的统一性。① 检察一体化应包括组织管理一体化、办案机制一体化、保障机制一体化三方面内容。通常认为,办案机制一体化是指省级院、分院、基层院三级检察院根据法律和高检院相关规定,在省级院统一领导和指导下,依法实行案件分工协作、共同办理的工作机制。② 检察一体化有助于强化检察系统的上下级领导关系,通过检察权的去地方化,打破地方保护主义在生态保护方面形成的天然壁垒。通过全市乃至更大范围内专业人才库参与的专业化办案组建立,将有望实现疑难复杂案件与专业化办案人才之间的对接,从而提高案件办理质量与效率。生态检察与公益诉讼的工作开展影响广、难度大,需要依据检察一体原则,各检察机关上下之间、各职能部门之间开展协作与配合,建立完善纵向一体、横向协作、总体统筹的一体化办案机制,从而在公益诉讼工作中形成合力。

3. 法律监督原则

检察机关作为法律监督机关,在法律运行过程中享有广泛的监督权。在生态法律制度下,检察机关的监督职能主要体现在检察权对行政权、侦查权的监督。国家对环境与自然资源的保护和利用主要包括授权与制裁两个方面。"国家和国家机关在环境法律关系中实际上扮演着双重主体的角色。一方面,为了社会经济的发展,它们可以依法赋予企事业单位、社会组织和公民(自然人)开发利用自然资源、向环境排放一定限度污染物的权利;另一方面,它们又必须制定法律和政策对环境和自然资源实施保护管理,并制裁危害环境和非法利用环境和自然资源的行为,以维护环境质量和功能以及公民的环境权益。"③国家对危害环境和非法利用环境和自然资源的行为的制裁,主要通过立法权、行政权、司法权的运行实现。立法权的职能在于划定合法行为、违法行为、犯罪行为之间的界限及相应的法律责任,行政权的职能在于对行政违法行为进行制裁,司法权的职能在于对刑事犯罪行为进行制裁。生态保护法律制度中的检察监督具体表现为检察机关对行政机关向公安机关移送涉嫌环境犯罪案件进行监督,以及对公安机关的立案和侦查活动进行监督,上述两项监督内容主要通过行政执法制度与刑事司法制度的衔接机制来实现。

(三)"生态为先"指导下的实践取向

坚持"生态为先",意味着在具体的生态检察工作中要坚持一些基本的价值取向。我们知道,每一类法律都有自身的特质与基本精神,通过法律原则的形式展现出来。在生态保护领域,生态法的原则集中体现了生态保护法律制度

---

① 邓思清:《检察权研究》,北京大学出版社 2007 年版,第 112 页。

② 市院何艳敏专家 2016 年课题"改革背景下民行检察工作一体化研究"。

③ 汪劲:《环境法学》,北京大学出版社 2006 年版,第 70 页。

价值取向，是"生态规律、人类环境观、环境经济原理的基本要求等支撑环境法的知识背景与知识内核在环境立法上的反映"。① 在这里，我们就借助生态法的一些原则，进一步展开"生态为先"理念，明确在生态检察工作中应当坚持的价值取向，具体而言，包括坚持保护优先、重视恢复和强调预防。

1. 保护优先

"生态为先"要求我们在生态检察工作中，首先要坚持保护优先。保护优先是指"在处理经济增长与生态环境保护之间的关系问题上，确立生态环境保护优先的法律地位"②。在无数环境污染的反面事件中人类开始吸取教训，先污染后治理代价高昂，人们逐渐明白，环境保护与经济发展如若展现出冲突，环境保护应当成为一个优先选项。"坚持把节约优先、保护优先、自然恢复为主作为基本方针……在环境保护与发展中，把保护放在优先位置，在发展中保护、在保护中发展……"③ 检察机关要服务发展大局，在发展与保护发生冲突时，要有保护优先的理念，发展的需求不应成为查办破坏环境资源类犯罪案件的阻碍。

2. 重视恢复

在生态检察工作领域，要充分体现"生态为先"的考量，重视对生态的恢复。在处理涉及生态犯罪案件时，即使相关人员已经承担了刑事责任，也不能免除其生态恢复和环境整治的责任。生态法也要求"在生产和其他活动中造成环境污染和破坏、损害他人权益或者公共利益的主体，应当承担赔偿损害、污染治理、恢复生态的责任。"④ 这一原则要求在破坏生态环境的情形发生时，应当"谁破坏，谁恢复"。实际上，在各地的生态检察探索中，已经能见到这一原则的体现。最高人民检察院在 2015 年提出把恢复性司法理念运用于生态环境司法保护实践，各地检察机关也不乏这样的实践，如海南省检察机关将恢复性司法引入生态检察，探索实现了惩罚犯罪与保护生态环境的双重目的；福建省检察机关探索建立了林业案件的"补植复绿"机制，在这一机制中，既惩治了环境犯罪行为人，又使生态环境得到了修复。⑤ 当然，将恢复性司法理念引入生态检察，使得损害担责原则在刑事司法领域得以实现，还需要更为精细具体的制度设计。

---

① 吕忠梅主编：《环境法学概要》，法律出版社 2016 年版，第 74 页。

② 曹明德：《生态法新探》，人民出版社 2007 年版，第 227 页。

③ 参见中共中央国务院《关于加快推进生态文明建设的意见》，2015 年 4 月 25 日。

④ 吕忠梅主编：《环境法学概要》，法律出版社 2016 年版，第 92 页。

⑤ 韦文秀：《环境犯罪适用恢复性司法的理性思考》，载《中国环境管理干部学院学报》2017 年第 3 期。

3. 强调预防

"生态为先"还要求我们在生态检察工作的开展过程中，不能仅仅满足于事后性的监督工作，应当更加强调预防，注重事前保护。这在生态法也有明确的原则，在生态法上，预防原则是指"应当采取各种预防措施，防止在开发和建设活动中产生环境污染和破坏"①，其基本目的是通过预防，避免危害生态的情形发生。对于生态检察工作而言，例如可以充分发挥检察建议的作用，对环境保护执法部门存在的执法瑕疵、制度漏洞提出建议，避免因监管不到位而给破坏生态环境事件的发生留下可乘之机。又如，对生态保护领域职务犯罪，尤其是渎职类犯罪，加强查办和职务犯罪预防工作，通过查办职务犯罪斩断破坏生态环境的利益链条，通过职务犯罪预防提高环境执法人员的法律意识，从而防止生态环境污染和破坏的产生。此外，检察机关开展广泛的破坏生态环境的案例宣传，提高民众的生态环境保护意识，也是预防的重要途径。

除了保护优先、重视恢复和强调预防，特别值得一提的是，当下生态保护已经不仅意味着对当代人自身利益的保护，还意味着代际公平。在生态检察工作中，也应充分吸收这些较为前沿的理念，以检察制度切实保护自然环境、保障当代人以及子孙后代的均等权利，展现检察工作的生态人文关怀。

## 四、上海检察机关生态保护检察机制构建

（一）生态检察"两法衔接"工作

1. 定期通报强化共识

这里的定期通报制度与"两法衔接"中规定的信息通报制度不同。"两法衔接"中的通报是指行政执法机关向公安、检察机关通报查处案件情况以及向公安机关移送涉嫌犯罪案件情况；公安机关向行政执法机关、检察机关通报行政执法机关移送案件的受案、立案、追逃、强制措施适用、呈捕、移送起诉以及撤案情况；检察机关向行政执法机关、公安机关通报涉嫌犯罪案件的立案监督、批捕、起诉和判决情况。这种信息通报一定程度上使行政机关、公安机关、检察机关的信息得以流转和共享，使各方行为处于其他两方的监督之下，但是信息通报制度的源头仍然来自行政执法信息，各地案件线索的流转情况也

---

① 吕忠梅主编：《环境法学概要》，法律出版社 2016 年版，第 78 页。

不尽相同,① 如果行政执法机关不愿通报或怠于通报,以上机制就难以发挥效用。我们这里的通报制度主要是检察机关要坚持结合地方重点工作,如生态环境保护等,② 将该重点工作"两法衔接"情况和工作成效定期向地方人大、地方政府法制部门进行通报,对照上级文件要求,指出当前重点工作中存在的薄弱环节和不到位之处,能够引起权力机关和政府法制主管部门的高度重视,增强生态环境保护"两法衔接"的外部动力。待条件成熟后,还可将通报情况作为依法行政工作考核的重要内容之一。

2. 线索双向流动机制

检察机关要与行政执法机关形成常态的线索互通机制,要避免出现检察机关单纯地等、靠、要行政机关的执法线索,也不能仅仅借助上级文件及立案监督专项活动,对行政执法部门执法台账进行倒查,对已作出行政处罚的案件进行查询、调阅,来开展专项督察(查),造成行政执法和刑事司法地位的不对等,容易引起行政执法部门的抵触情绪。对于检察机关在办案中发现的其他涉嫌行政违法的线索,也要第一时间通过平台移送,及时作出行政处罚,使双方都能真正从两法衔接中找到获得感,提升双方线索移送的主动性和积极性。为了使工作更具有双向性和约束力,条件成熟后,这方面也可以作为硬性要求纳入检察机关考核。

3. 畅通二元工作平台

"两法信息平台"是全市统一部署的重点工作,各单位要充分重视并利用好"两法信息平台"。各单位要进一步明确,在信息联络员变动后,由新人自动接替的制度。要加快电脑设备更新,进一步扭转"高速公路没有车"的现象。要积极推进全市"两法衔接"平台升级改造,进一步转变观念,开放互通,充分发挥信息化在"两法衔接"工作中的作用。为克服短期内由于技术保障、人员调整等影响信息平台使用效果的情况,建议检察机关要与相关单位之间建立有效的线下渠道,积极搭建起"小平台",通过定期"小联席"会

---

① 崇明区院采取"后道推动前道"的方法,要求行政执法部门将是否涉嫌犯罪有疑问的案件移送公安机关前,应当通过信息互通渠道联系区检察院联络员,由区检察院对案件初步审查后,书面建议行政执法部门移送公安机关处理,并由区检察院监督公安机关的立、侦、破工作。对于是否构成犯罪没有疑问的,行政执法部门可直接移送公安机关的同时抄送检察机关。

② 例如根据《上海市实施〈中华人民共和国野生动物保护法〉办法》的规定,崇明全区域被划定为野生动物禁猎区,区域内又设立国家级候鸟自然保护区,因此将非法捕杀野生鸟类案件作为重点衔接的案件联合区经委共同牵头,对全区行政执法部门进行全覆盖式的长期主动上门走访,加强两法衔接案件线索收集。三年来共建议行政执法部门移送各类案件线索5件,形成野生鸟类保护典型案例。

议、经常互访沟通等，保障信息互通顺畅有效。

4. 刑事案件及时介入

行政执法具有较强的突发性，如何保证行政执法中发现涉嫌的犯罪能够得到及时妥善地处理。一方面，两法衔接工作机制必须顺畅，行政执法机关在检查或收到举报线索后，查获违法现场或违法行为，第一时间通报公安机关，这对公安机关抓获犯罪分子，采取强制措施，以及及时取证、固证有非常重要的作用；另一方面，由于刑事案件侦查的专业性强，特别是生态环境刑事案件，对证据标准、行为和结果之间的因果关系以及危害结果的鉴定等专业性强。为了保证生态环境案件办理质效，公安机关和检察机关接到行政执法部门通报后，应立即介入，对涉嫌犯罪的执法线索进行跟进处置，对涉嫌生态环境犯罪的，提出证据固定和保全建议，对公安机关下一步的侦查工作提出意见，最大限度地保证生态环境刑事案件立得准、诉得了、判得掉。

5. 案件办理公开审查

对通过"两法衔接"立案的涉生态环境刑事案件，如果犯罪嫌疑人的犯罪情节较轻，对犯罪造成的损失积极补偿，社会危害性和人身危险性大大减小，检察机关可以依法对其不批捕或不起诉。对涉生态环境案件因符合法定条件而不批捕、不起诉，具有公开审查条件的，原则上一律公开审查，听取相关方包括公安机关、行政执法部门、犯罪嫌疑人对不批捕、不起诉处理的意见。确有特殊原因不宜公开审查的，也应及时将不公开审查的理由通报公安机关和行政执法部门，提升检察机关"两法衔接"办案处理的公信力和权威性。对于重大、疑难、复杂①的涉生态环境两法衔接案件；或者检察官、部门负责人、检察长对生态环境"两法衔接"案件处理有不同意见的案件，公开审查后，还应及时提交本院检委会审议决定。

(二) 生态环境公益诉讼工作机制

2017 年 6 月，《民事诉讼法》和《行政诉讼法》修改规定，检察机关可以在生态环境和资源保护领域提起公益诉讼。检察机关提起公益诉讼需要满足以下要求：一要在法定范围内。检察机关提起的民事公益诉讼，要在"破坏生态环境和资源保护、食品药品安全领域侵害众多消费者合法权益等"范围内；提起的行政公益诉讼，要在"生态环境和资源保护、食品药品安全、国有财产保护、国有土地使用权出让等"领域。二要经过诉前程序。检察机关

---

① 这里的重大、疑难、复杂案件，主要包括犯罪嫌疑人可能被判处 10 年以上有期徒刑的案件，新类型案件，有重大社会影响、舆论关注的案件，以及根据检察统一业务应用系统风险评估有一级或二级执法办案风险的案件；其他案件确属重大、疑难、复杂的，也可由检察官提出意见，检察长审核确认。

在提起民事公益诉讼前，要督促法律规定的机关或社会组织提起诉讼；在提起行政公益诉讼之前，要向行政机关提出检察建议，督促其依法履行职责。三要有条件要求。即经过诉前程序，法律规定的机关和有关组织没有提起民事公益诉讼，或者没有适格主体提起诉讼，社会公共利益仍处于受侵害状态的，检察机关才可以提起民事公益诉讼。经过诉前程序，行政机关拒不纠正违法行为或者不履行法定职责，国家和社会公共利益仍处于受侵害状态的，检察机关才可以提起行政公益诉讼。

2015 年全国人大赋予检察机关公益诉讼试点权。在公益诉讼改革试点期间（2015 年 7 月至 2017 年 6 月），检察机关办理的 9053 件公益诉讼案件中，73% 是环境资源类案件。通过办案，检察机关督促恢复被污染、破坏的耕地、林地、湿地、草原 12.9 万公顷，督促治理恢复被污染水源面积 180 平方公里，督促 1700 多家违法企业进行整改，有效维护了公共利益。

1. 公益诉讼领导支持

环境公益诉讼工作开展影响广、难度大，首先需要上级检察机关的支持。现实中，检察机关办理的大都是环境行政公益诉讼案件。由于行政公益诉讼属于检察权对行政权的一种刚性监督，所以各基层检察机关在办理该类案件过程中面临的压力很大。课题组认为，检察机关办理公益诉讼特别是行政公益诉讼案件，除了在立案、撤案工作中加强请示汇报外，还应该充分运用检察一体化优势，强化上下联动，下级检察机关在案件调查、督促履职、提起诉讼等工作中遇到难题时，上级检察机关应及时予以支持；同时，还可以创新办案模式，探索通过统一调配辖区人员办案、跨区划办案、挂牌督办、专案组等方式，集中办理重大公益诉讼案件。

曹建明检察长在全国检察机关公益诉讼电视电话会议上强调，公益诉讼工作要坚持党的领导和服务大局的原则，各级检察机关要增强主动性，加强请示报告，积极争取各级党委领导，主动接受人大监督。公益诉讼全面推开后，各地党委、政府纷纷表态要积极支持检察机关提起公益诉讼工作，有的地方还初步建立相关工作机制。① 为贯彻落实高检院精神，上海市院及时出台了《关于上海检察机关全面开展公益诉讼工作的实施方案》，要求各区院根据市院的统一部署，将检察公益诉讼改革有关情况以及本院拟开展公益诉讼的计划部署积

---

① 如海南省委办公厅、省政府办公厅 2017 年 8 月已联合下发《关于支持检察机关依法开展公益诉讼工作的通知》，要求各有关行政执法单位要向检察机关开放行政执法信息库，要求行政机关收到检察建议后，要对照开展全面自查，积极主动履行职责或纠正违法行为，不应以各种理由推拖、延迟落实和反馈；加强检察机关公益诉讼工作的保障力度，将所需费用纳入财政预算。

极向党委、人大作专题汇报，争取领导支持。市院党组也及时向市委作了公益诉讼工作情况汇报，市委对检察公益诉讼工作高度重视，要求上海市各级党委和政府积极支持检察机关依法履职，积极支持检察机关开展提起公益诉讼工作。课题组认为，检察公益诉讼工作顺利开展离不开地方党委和人大的支持，检察机关在办理公益诉讼案件过程中，要在坚守依法独立行使检察权原则的基础上，适时向所属党委、人大汇报重要工作。

2. 公益诉讼线索发现

发现线索是办理案件的第一步。在实践中，检察机关办理公益诉讼案件面临线索取得难的问题。当前畅通生态环境公益诉讼线索来源渠道，完善线索发现机制，可从以下几个方面着手：一是坚持检察工作"一盘棋"，建立健全检察机关上下之间和部门间的信息共享、线索移送、案件协查、结果反馈等工作机制，形成内部工作合力。二是坚持宽视野、多渠道，注重从开展破坏环境资源犯罪专项立案监督活动中发现线索，注重从群众来信来访、控告申诉中寻找线索。三是加大主动寻找、发现线索的力度，采用走访群众等形式，了解环境污染和资源破坏严重的现象，通过走访环保、水利、林业等重点机关，了解各单位执法难点和盲点，掌握污染环境和破坏资源的违法情形。四是充分利用行政执法与行政检察衔接平台、行政执法与刑事司法衔接信息共享平台，拓宽线索来源渠道。另外，随着国家监察体制改革推进，未来监察委员会在履职过程中所发现的相关线索或将成为检察机关提起行政公益诉讼线索的主要来源之一。

3. 公益诉讼调查取证

调查取证是检察机关办案过程中的主要工作。在环境行政公益诉讼中，由检察机关承担提出初步证据的举证责任，证明被告的行为损害国家利益和社会公共利益的事实，行政机关承担证明自己的行政行为合法性的举证责任。在环境民事公益诉讼中，"因污染环境发生纠纷，污染者应当就法律规定的不承担责任或者减轻责任的情形及其行为与损害之间不存在因果关系承担举证责任"，但检察机关也要就环境公益受到损害的事实进行举证。目前实践中，由于检察公益诉讼的司法解释尚未出台，检察机关不具有查封、扣押、冻结财产等强制权，委托专业鉴定成本高昂、调查取证缺乏程序规范等因素，严重影响了检察机关调查取证的实效。因此需要首先明确调查取证权的性质定位。

课题组认为，在公益诉讼中，检察机关的法律地位是公益诉讼人，既非普通的原告，也不是刑事公诉人，其在公益诉讼中的调查权性质比较特殊，应该介于普通调查取证权和刑事侦查权之间，要有一定的强制性。而且，基于我国检察机关的法律监督地位，关于公益诉讼中检察机关调查权的定位，应在参照诉讼监督中检察机关调查核实权的基础上，更进一步明确。① 如规定检察机关可以查封、扣押、冻结财产，调查过程中有关机关、组织和个人必须要配合，检察机关有权就生态环境损害委托专业鉴定等。

4. 检察机关强行诉讼

法律授予检察机关提起公益诉讼的权力，根据权责相统一的原理，提起诉讼、维护公益也应是检察机关的责任。由于我国检察机关是法律监督机关，且民事与行政两种公益诉讼性质不同，所以法律对检察机关提起民事和行政公益诉讼有不同的规定。《民事诉讼法》规定，在没有法定的机关和组织或者法定的机关和组织不提起诉讼的情况下，检察机关"可以"起诉；法定的机关和组织起诉的，检察机关"可以"支持起诉。《行政诉讼法》则规定，负有监管职责的行政机关违法行为致使公益受到侵害的，检察机关"应当"提出检察建议；行政机关不依法履行职责的，检察机关"依法"起诉。显然，在民事公益诉讼中，检察机关有较大的自由裁量权；而在行政公益诉讼中，无论是提出检察建议还是提起公益诉讼，检察机关都应当依法进行，没有自由选择的余地。

课题组认为在环境行政公益诉讼制度中有必要建立一套强行诉讼机制，即经过诉前程序，环境监管机关还是未依法履职，环境公益仍处于被侵害状态或者处于危险中，检察机关必须要提起诉讼的制度。但是行政公益诉讼的提起，要严格执行诉前程序，把诉前程序和提起诉讼两个阶段、两种方式放到同等重要的位置，尽量通过诉前程序，推动行政机关主动履职纠错，形成严格执法和公正司法的良性互动。同时，检察机关提起环境行政公益诉讼应当要慎重，应考虑是否属于重大违法、违法行为是否严重损害环境公益、纠正违法是否具有紧迫性、诉讼成本与要维护的公共利益是否成比例等问题。现实中，有时通过民事公益诉讼的方式解决问题比行政公益诉讼更有效率。因此，只有当环境公益被侵害，满足行政公益诉讼的条件，且检察机关不宜采取其他法律手段时，才产生强行诉讼的问题。

5. 检察机关外部联动

公益诉讼不是检察机关唱独角戏。检察机关开展生态环境公益诉讼工作时，要正确处理好检察监督权与行政执法权、社会监督权之间的关系，保持与行政机关和环境社会组织的良性互动。首先，环境行政机关是维护环境公益的

① 关于检察机关在诉讼监督中的调查权，民事、行政诉讼法等都有相关规定。如《民事诉讼法》第 210 条规定，"人民检察院因履行法律监督职责提出检察建议或者抗诉的需要，可以向当事人或者案外人调查核实有关情况。"《人民检察院民事诉讼监督规则（试行）》规定，"人民检察院调查核实，有关单位和个人应当配合。"

核心和基础力量，检察机关应尊重其主导地位，监督并支持其依法行政。在行政公益诉讼中，检察机关一方面通过诉前检察建议，督促环境行政机关依法履行职责，增强其依法行政的主动性和积极性；另一方面在环境行政机关不纠正违法或怠于履行职责的情况下，通过提起公益诉讼，督促其依法履行保护公益职责，弥补行政公益诉讼的主体缺位，增强公益保护的刚性。其次，环境社会组织是提起环境民事公益诉讼的重要主体，检察机关应尊重其优先地位。① 在民事公益诉讼中，检察机关应积极与相关社会组织进行沟通，引导、支持、建议符合条件的社会组织及时以原告身份提起公益诉讼，并在法律咨询、证据收集等方面提供专业支持和帮助。

生态环境损害赔偿制度改革是我国生态文明建设的重要举措。与该项改革相配套，党的十九大报告中明确提出，要设立国有资源资产管理和自然生态监管机构。检察机关开展生态检察工作，必须要高度关注这项改革，遵循改革精神，跟上改革步伐。目前，生态环境损害赔偿制度改革只在个别地方进行试点，我们要研究建立一套生态损害赔偿与环境公益诉讼的衔接机制，形成行政机关、社会公益组织、司法机关同心合力保护环境公益的格局，以实现恢复和重建受损生态的价值目标。课题组认为，政府作为生态环境资源的实际管理人，其享有的生态损害索赔权既是一种权力，也是一种职责和义务。若政府怠于或拒绝行使索赔权，检察机关有权提起行政公益诉讼。

（三）环境资源犯罪集中办理机制

生态保护的刑事检察工作有自身的规律。环境资源犯罪是行政犯（或称法定犯），大量规定集中在前置的行政法和刑法的相关司法解释上；相关案件办理存在取证难、鉴定难、认定难、适用难；案件办理具有相当的专业性，需要由专业的技术鉴定报告作为审判实践的证据；一部分环境资源犯罪具有严重的社会性，危害结果具有长期性、潜伏性、不可逆性，受害对象不特定，生态恢复较为困难，对于生态环境具有相当的破坏性。

根据跨行政区域改革要求，2014 年底，上海市人民检察院第三分院成立，下辖上海铁检院，办理跨行政区划案件。2016 年 8 月，上海市公、检、法、司签署实施《关于对上海市破坏环境资源保护刑事案件调整管辖的规定》，探索将全市破坏环境资源保护刑事案件由上海铁检院集中管辖。上海铁检院在内部，实行专业化办案队伍，专司环境资源保护刑事案件的批捕、起诉、监督及

---

① 如 2017 年 3 月 7 日最高人民法院发布十大环境公益诉讼典型案例中，7 例是环保组织提起的公益诉讼，只有 3 例是检察机关提起的（民事公益诉讼、行政公益诉讼、行政附带民事公益诉讼各 1 例）。

综合治理等检察职能，积极探索"捕、诉、监、防"一体化工作机制。① 据统计，"去年（2016 年）上海市试点实施环境资源保护刑事案件集中管辖以来（统计至 2017 年 6 月 5 日），上海铁检院共受理该类审查批准逮捕案件 31 件 63 人，其中已批准逮捕 23 件 46 人，不捕 6 件 15 人；受理移送审查起诉案件 23 件 52 人，其中已提起公诉的 9 件 15 人中，8 件 11 人获得法院有罪判决"。② 可见，集中管辖后，上海铁检院对内加强队伍的专业化建设，对外加强与环保部门、公安部门的联系沟通，生态环境资源保护成效初显。

1. 加强基层院分工协作

环资案件集中管辖有利于加强对破坏环境资源犯罪的打击、提高办案质量，但也存在不利因素，上海铁检院远离案发地，与管辖地行政机关、公安机关日常联系较少，其办理案件存在"发现难、办理难、监督难"等问题。而各区院则有相对专长，较为熟悉当地风土人情、与当地行政机关、公安机关的联系沟通较为快捷的优势，在历年的办案中也积累了一定的办案经验。上海铁检院办理环境资源类案件需要其他区院的协作配合。

以崇明区检察院为例，2017 年 4 月，崇明区院率先与上海铁检院会签了《关于办理破坏环境资源保护刑事案件加强配合协作的工作意见（试行）》，③明确了两院在生态环境案件办理过程中的分工与协作配合。例如在诉讼阶段管辖上规定"对于应当逮捕的破坏环境资源保护刑事案件，在提请批准逮捕受理前，原则上由崇明区院负责侦查活动监督工作；受理后由上海铁检院负责。对于直诉案件，在上海铁检院公诉部门受案前，原则上由崇明区院负责侦查活动监督工作；受理后由上海铁检院负责"；在线索通报方面，"崇明院对受理的破坏环境资源保护立案监督线索，应及时向上海铁检院通报；对符合立案条件的线索，在决定向崇明公安机关移送前，应及时通报上海铁检院"。工作协议签订后，崇明区院对一起污染环境案件通过"两法衔接"进行了立案监督，并依据协议积极与上海铁检院加强分工配合，上海铁检院在崇明区院立案监督的基础上，成功地指控了犯罪，追究了被告人污染环境罪的刑事责任，取得了良好效果。

2. 完善公检法协调配合

环境资源类刑事案件的办理离不开公、检、法和行政执法部门的沟通配

---

① 林中明、张士彬：《"五个一"模式探索跨行政区划检察改革》，载《检察日报》2017 年 6 月 25 日第 1 版。

② 胡蝶飞：《上海市试点环资刑案集中管辖后已批捕 46 人》，载《上海法治报》2017 年 6 月 5 日。

③ 具体内容请参见附件 2。

合。环资案件集中管辖后,三分院、上海铁检院与公安机关建立了专人对口联系、信息通报机制,与市、区两级环保部门建立了个案沟通、协作和提前介入机制,与上海铁路运输法院就相关法律适用和证据要求建立了定期研讨制度,实现了案件集中管辖后的平稳过渡。在此基础上,上海各区相关公安分局和上海铁检院和上海铁路运输法院可以建立生态环境刑事案件"绿色"通道,依法快捕快诉,提高办案效率,上海基层检察院应在当地公安分局和上海铁检院之间发挥好纽带桥梁作用,增强打击环资类犯罪合力。

环资类案件许多属疑难复杂案件,相关法律适用、证据标准等还需要进一步明确。在以审判为中心的诉讼制度改革背景下,不仅在基层院层面,在分院和市院层面,检察机关也应就涉及环境生态资源领域案件中发现的一类案件的证据标准、定性和有关司法解释的理解适用等问题加强沟通,在全市范围内达成统一意见。如上海崇明全区在被划定为禁猎区之后,检察机关可以与公安机关就非法狩猎的入罪标准、证据标准进行进一步明确,从而实现精准惩罚犯罪、保障人权、维护环境公共利益。

### (四) 生态环境检察综合配套机制

#### 1. 检察一体提升合力

上海检察机关实行环境资源类案件集中管辖,对全市生态环境刑事案件的办理有了统一规划,较好地解决了部分省市出现的地方化、碎片化和扩大化的现象。为了进一步提升上海检察机关的合力,市院应加强对分院、上海铁检院的工作指导,加强上海铁检院与其他区院在生态环境案件和监督线索办理之间的统一制度设计,从更高的层级谋划全市生态检察工作,可以成立跨层级、跨部门的专项工作领导小组,将办公室、政治部、侦监科、公诉科、控申科、案管科、民行科、社区检察室等职能纳入其中,落实各部门分工,统筹协调侦查监督、公诉、民事行政检察、控告申诉、宣传等部门的职责作用,打好整体战,相互提供线索、相互支持配合。各基层院也应不等不靠,加强与上海铁检院的相互联系,加强制度探索。

相关基层院可以就生态检察全局工作制定全院性规定。[①] 基层院各内设机构之间同样需要加强沟通协调,提升合力,崇明区院在该方面也进行了相关探索:区院将案管部门作为涉环境资源类普通刑事案件的协调部门,指派专人负责统计分析涉生态环境案件情况,在完成涉环境资源刑事案件受理登记后,将案件分流移送至公诉、侦监、未检部门办理,同时做好后续跟踪研判工作,必

---

① 崇明区院在该方面积极进行探索,制定检察服务保障世界级生态岛建设十条意见,详情请见附件1。

要时从办案效率、程序质量等方面对业务部门予以督促提醒。控申部门为本院受理涉环境资源类职务犯罪线索的协调部门。公诉、侦监、未检等业务部门，应加强与案发单位或上级主管部门沟通，立足职能，参与社会综合治理，必要时共同开展预防调研，针对办案中发现的问题，及时制发修复环境资源、加强生态保护的检察建议书，注重通过办案发现生态治理中的突出问题，及时提出检察建议，协助相关主管监管部门完善内控机制，堵塞管理漏洞促进办案效果延伸。①

2. 拓宽线索收集渠道

当前，检察机关对于生态环境违法犯罪的案件线索来源，多数是通过环境执法部门或者公安机关移送的线索或案件。随着环保力度的不断加大，很多破坏生态环境的行为由地上转入地下，违法犯罪行为的隐蔽性日益增强。同时，公众对于检察机关的印象还停留在传统职能上，一般也不会有意识地向检察机关举报破坏生态环境行为。这些都使得检察机关在涉生态环境破坏类案件线索的发现和来源上存在很大的困难。因此检察机关除了要加强生态检察工作的宣传力度，另外就是要多渠道拓宽相关案件的线索渠道。2017年10月，崇明区院开展了检察服务保障世界级生态岛"金点子"征集活动，部分"金点子"就是有关拓宽线索收集的，包括：开设检察生态热线，让居民能够及时、畅通的将身边遇到的生态问题反馈至检察机关；设立生态保护检察工作站，加强与各生态自然保护区形成工作联系，定期巡视，通过检察官说生态的形式进行生态检察宣传，推广生态理念。对于一些重大案件的线索举报应予以一定奖励，鼓励群众参与其中；在相关乡镇设立生态检察信箱，受理群众的生态环境监督线索，加强完善线索的登记、移送、办理和答复工作制度；与相关部门建立联络员制度，及时了解本地生态环境执法情形，探索生态环境行政执法监督等，对上海检察机关加强线索收集能力有一定的借鉴意义。

3. 生态检察人才培养

生态环境保护工作涉及众多的执法部门和领域，而且对于具体的涉生态环境类案件本身来说，破坏生态环境的行为日益隐蔽，所涉及的专业领域、科技手段等都日益变得复杂，这就要求检察机关在取证、鉴定等工作上都要有很强的专业性，而当前检察机关具有这方面专业知识的人才还比较匮乏。以民行部门提起生态环境公益诉讼为例，传统的民行业务工作主要是以书面的审查为主，干警在线索收集、排查、取证等方面能力相对薄弱，生态保护检察除了对检察干警在相关法律和理论上的要求之外，更重要的是对新的办案方式和流程有更高的要求。

---

① 具体情况请参见附件3、附件4。

因此，要在生态检察工作中加强专业人才的培养，建议借鉴市院相关条线设立人才库的思路，在全市检察系统设立生态检察人才库。一方面，在检察机关内部以民行、公诉、侦监、社区等部门为依托，选拔优秀的检察干警纳入市级层面的生态检察人才库。对入选生态检察人才库的干警，提供涉生态环境检察方面的专题培训，选送人才库干警到高校学习环保、能源等相关专业知识，定向培养一批生态检察领域专业人才。同时市院和基层院也可以通过与高校搭建交流平台，通过和高校成立联合课题组等形式，及时获取生态检察专业知识和前沿热点问题，更好地提高干警生态检察的理论和专业素养。另一方面可以探索与院外相关的高校、科研机构、鉴定机构等建立沟通交流机制，聘请相关领域的专家学者作为顾问，加强全市检察机关在生态检察工作中的专业性，提升工作质效。

### 4. 深化公开扩大宣传

上海检察机关检务公开的力度较大，近年来，在一定范围内形成了"白皮书"的工作制度，如在市院层面有金融检察白皮书、社区检察白皮书等，在基层院层面有《金融检察白皮书》《航空检察白皮书》等。随着生态环境保护检察工作的发展，建议可以在总结市分院、上海铁检院、各基层院的生态检察情况的基础上，及时形成上海《生态环境检察白皮书》制度。同时，与生态检察密切相关的各基层院，也可以先行探索。①

另外，要加大涉生态环境保护重大案件、信息和法律文书的公开力度。对涉生态环境类案件的不起诉、刑事和解、刑事申诉、审查逮捕、不支持监督申请案件等，依法实行公开审查，公开宣告；对于重大环境检察建议、纠正违法通知书实行公开宣告，提升上海检察机关生态环境保护检察工作影响。

此外，检察机关要加强生态检察工作宣传，要树立主动宣传、引导舆论的宣传意识，落实谁执法、谁普法的检察宣传工作要求，要主动加强与主流媒体、重点商业网络和自媒体的协作，要善于利用检察机关宣传主阵地，开发利用微信、微博、门户网站等新媒体平台，通过微视频、微课堂等方式，及时向公众宣传检察机关生态检察工作的新思路、新举措、新成效，加强公众对生态检察工作的了解。完善检察机关新闻发言人制度、推荐生态检察新闻发布制度化、常态化，不断提升生态检察工作的影响力。

---

① 崇明区院生态检察白皮书工作正在推进过程中，目前已形成初稿，具体内容参见附件6。

# 涉自贸区、科创中心犯罪与
# 法律政策适用研究[*]

## 上海市浦东新区人民检察院课题组[**]

### 一、涉自贸区、科创中心犯罪与法律政策适用研究

2013 年 7 月初，国务院会议原则通过《中国（上海）自由贸易试验区总体方案》，同年 8 月 22 日，国务院正式批准设立中国（上海）自由贸易试验区（以下简称自贸区），2014 年 12 月，十二届全国人大常委会十二次会议审议通过上海自贸区扩展至 120.72 平方公里，覆盖陆家嘴、张江和金桥地区，面积为四个自贸试验区之首。在这片广大土地上，"金融创新""一线彻底放开""二线安全高效关注""负面清单管理""改善公司企业投资环境"等系列方针政策[①]得到确立，势必对刑事法律、政策的适用产生深远的影响。

（一）涉自贸区犯罪主要类型及特征

经统计，自贸区 2014—2016 年受理的刑事案件分别为 63 件 78 人、174 件 239 人、182 件 208 人，略有上升趋势，说明自贸区将承担越来越多的刑事审查起诉任务，而其中主要涉及金融税务、知产产权和传统犯罪三大类型。

1. 涉自贸区犯罪的主要类型

（1）金融税务犯罪

2014—2016 年涉金融诈骗、税务、妨害公司企业管理秩序、扰乱市场秩序等经济领域的犯罪分别占到自贸区受理刑案总数的 41%、77% 和 96%，比例大幅上升，绝对数量也有所增加。这一数据客观、真实地展现出自贸区内案件分布比例中涉经济领域犯罪案件占到绝对多数。

---

　* 上海市检察机关 2017 年重点研究课题。

　** 课题组负责人：朱毅敏；课题组成员：严忠华、杜晓丽、朱奇佳、成月华。

　① 参见《中国（上海）自由贸易试验区总体方案》（国发〔2013〕38 号）。

（2）知识产权犯罪

2014—2016 年涉制假、销假等知识产权类犯罪分别占到自贸区受理刑案总数的 10%、21% 和 2%，相对而言属于多数，但是比例不稳定，这在一定程度反映出该类案件手段隐蔽，打击取证难度较大，成案率总体不高。

（3）传统类型犯罪

2014—2016 年涉盗窃、妨害公务、故意伤害等传统型犯罪分别占到自贸区受理刑事案件总数的 49%、2% 和 2% 以下，比例大幅下降到几乎可以忽略不计，体现出目前传统型犯罪较少由自贸区受理承办的格局，故本文将立足涉金融、税务和知产类犯罪讨论刑法及相关刑事政策的适用。

2. 涉自贸区犯罪的主要特征

（1）涉外因素较多，国际化特征明显

自贸区内高发的金融、知产类案件主要涉及罪名有非法经营、金融诈骗、骗汇逃汇、虚开增值税专用发票、假冒注册商标等，这些都极易牵扯涉外因素，如当事人或单位系外籍人员或外籍单位；当事人利用境外注册公司、虚构跨境贸易背景实施犯罪行为；当事人利用离岸账户获取犯罪收益等。案件的涉外因素，加上自贸区本身是中国对外开放的活名片，刑案的处理势必须要慎之又慎。

（2）以自贸区为饵实施犯罪的情况严重

自贸区成立以来，虚构自贸区特惠政策或假借自贸区内特设项目，进行非法吸收公众存款、金融诈骗的案件高发、频发，且体现出金额大、涉及广、后果严重的特点，给自贸区有序发展带来极大的负面影响。

（3）量刑总体较轻，非监禁刑适用较多

金融、知产类犯罪大多为法定犯，即立法者为推行国家政策，将破坏特定秩序的行为规定为犯罪[1]。这类犯罪一般没有特定被害人，一旦行为人退赔违法所得，实际弥补被侵犯的法益，即会得到从轻处罚，并很大概率适用缓刑。由于自贸区内大多数为这类犯罪，所以导致自贸区犯罪总体刑罚较轻，适用缓刑等非监禁刑的情况比较普遍。

3. 涉自贸区犯罪的发展趋势

（1）涉金融、税务、知产类犯罪比例趋高

根据既有数据，自贸区内金融、税务、知产类案件已经从 2014 年度所占 51% 一跃到 2016 年度的 98%，就目前情况看 2017 年度也将维持在 90% 以上，逐步凸显出自贸区受理承办刑事案件以金融、税务、知产为主，且这一趋势短

---

[1] 参见胡业勋、郑浩文：《自然犯与法定犯的区别：法定犯的超常性》，载《中国刑事法杂志》2013 年第 12 期。

期内不会发生根本性改变。

（2）单位名义的犯罪比重大，情节恶劣

自贸区多发罪名大部分可以由单位构成，个别如逃汇罪仅可以由单位构成，这些犯罪往往表现出作案时间长、涉及范围广、犯罪金额大、社会影响恶劣、不良示范作用长期存在。对这类犯罪准确适用单位犯罪条款，正确运用"揭开公司面纱"理论认定犯罪主体，是自贸区刑法适用的重要内容。

（3）作案手段隐蔽，侦查打击难度较大

金融、知产犯罪往往是结伙作案，上下家之间既有分工，也有协作，互相掩护，部分狡猾的行为人还会实时毁灭书证，使得证据锁链无法形成，打击难度非常大，对侦查机关的要求非常高，取证稍有贻误或疏忽，就可能导致证据灭失，或不可弥补的证据瑕疵。

（二）涉自贸区犯罪治理中的司法困境

目前刑法规定未对自贸区留有变通的余地，但自贸区内行政法规、监管制度的不同势必对刑法适用，尤其在行刑衔接方面造成一定影响。

1. 传统的刑法理念面临挑战

"不杀不足以平民愤"是对中国自古以来重刑化思想的深刻写照，时至今日，严厉打击和惩治犯罪仍然是刑事立法、司法的重要理念与原则。然自贸区的成立，是对既有经济体制的变革，是鼓励与倡导创新保生存、创新求突破、创新促发展的高地，故这种"新"与"变"导致对既有规则的"破坏"，不应以强硬态势予以打击，而应以服务与保障的理念，宽容其尝试、调整和确立。立足这一格局，自贸区刑事司法理念势必畅行谦抑与轻缓化，对是否入罪不明确或有争议的留有余地，对主观恶性不深或未造成恶劣社会影响的也可以不作为犯罪处理。

2. 刑法的适用规则面临冲击

自贸区背景下，行政制度不同，对刑法适用势必会产生多重影响。

（1）刑法的空间效力受到质疑

刑法的适用范围包括时间和空间两方面，自贸区对刑法效力的影响主要体现在空间效力上，即在什么地域、对什么人适用的问题[1]。刑法作为全国人大通过的国家基本部门法之一，空间效力是在中国领土及视为中国境内地域平等适用，而自贸区作为中国领土的一部分，当然也应当适用。但是，一些自贸区特有的优惠制度或特别的管理模式，使得部分刑法条款在自贸区的适用受到阻碍，比较典型的是非法经营罪和逃汇罪，将在下文详细论述。

---

① 参见张明楷：《刑法学》，法制出版社 2016 年版，第 69 页。

同时，自贸区多发的金融、税务、知产犯罪往往具有团伙作案，往返于自贸区内外的特点，这也在一定程度上影响了刑法适用。对此主流观点认为：根据我国刑法关于空间效力适用原则的精神，我国采用的是行为、结果择一原则，即犯罪行为或结果有一项发生在我国境内，就认为在我国境内犯罪；由此推论，对于涉自贸区犯罪中，如果刑法适用上区内区外有所不同的话，只要行为或结果有一项发生在自贸区内，就应当以自贸区内的刑法适用标准作为认定的依据。同理，对于跨区行为下的共同犯罪，无论共犯成员均在自贸区还是分别在自贸区内外共同实施，都应以共同犯罪的行为或结果发生地作为选择适用法律的判断标准。① 但是课题组认为，设立自贸区的初衷是改革的先行先试，将好的经验推广，将失败的教训控制在一定区域范围内，故自贸区政策必须严格限制在自贸区范围内适用，这是红线，也是底线。凡是行为或结果有一项发生在自贸区外的，或者共同犯罪中部分成员在自贸区外实施仅在自贸区内不被认为是犯罪行为的，应当按照行为、结果择一原则，选择适用自贸区外行政法规作为前置规定，适用刑法，以确保刑法的权威，严防行为人利用自贸区概念，钻法律漏洞，获取非法利益，破坏自贸区改革。

（2）单位犯罪的认定标准难以把握

新公司法放低了注册成立公司的门槛，除银行、证券、医疗、教育等关系国家经济命脉、百姓民生的行业外，注册资本从实缴制变成认缴制，换言之，极端情况下成立一家公司只需几百元人民币，但根据目前刑法适用，单位犯罪规定的起刑数额和量刑数额相对个人可能是 2—5 倍，这就导致自贸区内金融、税务、知产案件中，超过一半比例系以单位名义实施，并出现两种对立局面。

一个局面是，个人为实施犯罪成立公司，或者成立公司后个人财产与单位财产混同，或者以公司名义实施犯罪后，违法所得归于个人，根据 1999 年最高法关于单位犯罪的司法解释，这类情况下，如果涉及罪名可以由个人构成，认定个人犯罪，适用较严苛的个人定罪量刑数额，当无异议。

另一个局面则比较尴尬，上述相同行为下，涉及的罪名只能由单位构成时，典型的如逃汇罪，则导致个人、单位都不构成犯罪，行为人不需要承担法律责任。结论的荒谬昭示推导逻辑的错误。司法解释严格限定单位犯罪范围的原因是单位犯罪的入罪、量刑宽于个人犯罪，其目的在于防止个人故意模糊单位主体与个人主体的界限，逃避法律制裁或者获取较轻的刑罚。但在只能由单位构成的犯罪中，如果也适用上述解释，则导致个人连较轻的刑罚都不需要承

---

① 参见刘宪权：《中国（上海）自由贸易试验区成立对刑法适用之影响》，载《法学》2013 年第 12 期。

担，显失公平，也显然与解释希望从严打击的原意相悖。所以，课题组认为对于不能由个人构成的犯罪，只要犯罪主体符合单位的形式要件，即应当认定构成单位犯罪。

（3）部分犯罪的适用范围有所限缩

刑法并非完全独立的部门法，相反，刑法作为所有部门法的后盾，无论犯罪圈的划定还是刑事责任的追究，既要在形式上受制于其保障的第一保护性规则，更要在实质上受制于第一保护性规则所共同保障的调整性规则的规定及其确立的调整性法律关系的内容。① 这在以"二次违法性"为基础特征的法定犯上体现得更为淋漓尽致。自贸区的"负面清单管理""先照后证"等制度，可能使得非法经营、逃汇、骗汇等犯罪的前置违法要件缺失，进而导致刑法适用限缩。

①非法经营罪。"负面清单管理"模式是自贸区最具标志性，也是最广为人知的制度之一，其主要内容是对清单所列之外的领域，对外商投资取消股比限制、经营范围限制、投资者资质限制等准入条件，实行国民待遇，对投资项目由核准制改为备案制。据此，很多学者将其定义为投资领域的"黑名单"，进而理解为只要不从事黑名单领域的业务，即无须经过行政批准，也不可能构成非法经营罪，并得出非法经营罪在自贸区适用范围将大幅度限缩的结论。

课题组认为上述观点是对负面清单的误解，负面清单的核心要义是"国民待遇"，即对原本限制外商投资的部分项目开放与内资同等的待遇。换言之，对内资需要审批的投资领域，外资仍未豁免相关审批程序，故目前相关制度对非法经营罪的直接、实质影响仅表现在外商在负面清单领域外，经国家审批后从事特许经营业务，不再构成非法经营罪。可见，自贸区内非法经营罪的适用范围有所限缩，但幅度有限。

②逃汇罪和骗购外汇罪。根据自贸区的外汇制度，在资本项目上可以基本实现人民币与外汇的自由兑换，这使得逃汇、骗购外汇罪的适用空间有所压缩。为加强金融制度创新，加强人民币在全球市场的影响力，自贸区在可预见的将来，可能会实行人民币与外汇的全面自由兑换，届时逃汇罪和骗购外汇罪在自贸区内将失去存在的意义。②

（4）部分犯罪或呈现加剧态势

自贸区推崇自由、创新、高效的理念，可能会导致部分犯罪在自贸区发案

---

① 参见田宏杰：《行政犯的法律属性及其责任——兼及定罪机制的重构》，载《法学家》2013 年第 3 期。

② 参见刘宪权：《中国（上海）自由贸易试验区成立对刑法适用之影响》，载《法学》2013 年第 12 期。

率高、危害性大、影响力深远。

①操纵证券、期货市场犯罪。由于我国未开发人民币与外汇的自由兑换，所以外资无法深入以人民币为交易货币的 A 股市场，即使通过 QFII 平台投资，鉴于 QFII 额度有限、监管严格，实质影响也是微乎其微，故一直以来外资对我国境内的证券、期货市场没有操控的能力和空间。但自贸区在资本项目上实行人民币与外汇自由兑换，即外资可以自由兑换人民币后大举进入 A 股市场，操纵境内证券市场及与证券息息相关的期货市场变得具有可行性。且某些发达资本主义国家设立证券、期货市场的时间久远，如何利用资本规则、规避法律、操纵市场获利的经验丰富，可能对我国尚未完全成熟的证券、期货市场带来巨大冲击，查处相关操纵类犯罪的任务变得迫切且艰巨。

②走私、骗取出口退税犯罪。自贸区海关创新监管制度，实行"境内关外"的管理模式，营造便捷的贸易环境，极大促进外贸交易和自贸区金融的繁盛，但在不法分子眼中却可能是可趁之机。在自贸区"先进区、后报关""区内自行运输"和"批次进出、集中申报"等政策下，自贸区内企业对进出口货物，可以先凭舱单信息提运入区，再办理备案手续；可以在保税区之间的路途中随意调换货物；可以根据自身安排对多批次进口货物自行选择申检时间等，自贸区海关审查难度大、力度弱，基本靠企业自觉。而唯利是图者利用其中一个或几个环节的"便利条件"，便可轻而易举地完成进口违禁品或偷逃关税的行为，这对打击该类犯罪提出新的挑战。

出口退税是我国鼓励出口、减轻出口企业负担的一项优惠税收政策，一直以来都有不法分子虚报出口骗取国家税收补贴，而在自贸区"简化进出境备案清单""简化国家中转、集拼和分拨等业务进出境手续"等宽松的出入境监管政策下，申报与检验之间有较大时间差，申报内容与检验结果之间允许有合理的偏差，使得虚报行为更不易被察觉，骗取退税成功率高、案发率低，从而加剧了相关犯罪的发生。

③洗钱犯罪。洗钱罪的本质是掩饰、隐瞒犯罪所得及其收益的来源和性质，其侵犯的法益包括国家金融管理秩序和上游犯罪侵犯的其他法益，洗钱犯罪得不到有力查处，一定程度上会助长上游犯罪的嚣张气焰，故洗钱犯罪历来是世界范围重点打击的犯罪之一。自贸区内金融自由度高，反洗钱措施又较匮乏，再囿于法律的滞后性，反洗钱法律法规无法紧随最新的洗钱动向适时调整，洗钱犯罪将成为自贸区重点关注的犯罪。① 自贸区内，洗钱可运用的手段隐蔽而多样，利用国际贸易背景、空壳或前台公司及互联网金融等金融体系洗

---

① 参见刘宪权：《中国（上海）自由贸易试验区成立对刑法适用之影响》，载《法学》2013 年第 12 期。

钱；洗钱的国际合作更加方便，基于人民币与外汇自由兑换，即可以将境外资金兑换从人民币在境内漂白，也可以经离岸账户通过转账等结算方式将资金汇往境外逃避查处。应对这一局面，针对自贸区制度完善自贸区内反洗钱法律适用迫在眉睫。

④制假、销假等扰乱市场秩序或知产类犯罪。知识产权的基本属性不因自贸区的设立而有所改变，但在自贸区内处置相关侵权行为的法律适用可能会有所不同。主要体现在下面两个方面：

一是自贸区过境侵权行为。即涉嫌侵犯知产的货物从自贸区流转，可能不会进入境内市场，对此，各国边境执法模式有两种：其一，如美国对国境侵权货物不加区分地采取边境措施；其二，如欧盟有选择地对国境侵权货物采取边境措施，即基于"进入市场可能性论"① 对转运货物采取边境措施。于上海自贸区，目前主流观点是在促进贸易便利化和加强知产保护之间达成适当的平衡，借鉴欧盟的做法，采纳"进入市场可能性论"。② 课题组认为，就目前执法情况看，查实侵权货物具有进入中国境内销售可能的实质性证据认定标准不一、可操作性较差，可能导致但凡自贸区内侵权产品均无法构成侵犯知产类犯罪，这与我国经济发展程度已经达到亟待保护知识产权法益不符。比较折中的做法是，站在自贸区系中国境内领土的立足点上，对自贸区内货物，无论是进出口还是过境货物，一律适用刑法关于侵犯知产犯罪的条款，但如果案发时货物已经离境，并有证据证明货物仅从中国过境，未在中国销售，可以不作为犯罪处理。

二是自贸区内贴牌加工等侵权行为。主流观点认为鉴于"商标性使用"应当系与商品流通相关联的使用，贴牌加工商品不进入我国市场，即不构成商标性使用，故不能认定侵犯我国商标权。③ 课题组认为基于上文论述的行为、结果择一原则和上述保护法益、维护国际形象等相同理由，只要在中国境内，包括自贸区内实施未经授权的贴牌加工行为即侵犯商标等知识产权权益，构成侵犯知产类犯罪。同时需要指出：商标权在注册地受保护，如果定制方具有商标权，且其定制加工商品销往国外，不会使内消费者产生混淆和误认，可以对贴牌加工行为不认定为侵犯我国商标权。

---

① "进入市场可能性论"指只有当涉嫌侵犯知识产权的自贸区运转货物可能流入欧盟市场时，海关才有权限对该货物采取扣押、中止放行等措施。

② 参见上海市人民检察院自贸区检察工作调研课题组：《自贸区金融贸易改革背景下的刑事法律适用》。

③ 参见上海市人民检察院自贸区检察工作调研课题组：《自贸区金融贸易改革背景下的刑事法律适用》。

3. 自贸区概念的正解尚未确立

上文已经论述目前不少观点将自贸区误解为中国境外之土，尤其对"负面清单"误读最甚。但事实上自贸区作为中国境内贸易试验区，创新主要体现在金融相关的行政制度方面，而刑法适用的差异主要体现在涉及"二次违法性"为入罪前提的法定犯和对自贸背景下高发的金融、知产犯罪施以宽严相济的有力打击上。

据此，目前我们需致力为自贸区正名，让民众更为了解自贸区全貌，避免不法分子以自贸区政策为幌子，虚构自贸区交易背景，或者通过离岸账户等实施金融诈骗、非法集资、逃税逃汇等犯罪，保护公民合法财产权益的同时，有效维护自贸区在国内、国际上的正面形象。

（三）涉自贸区法律政策适用路径探析

目前，自贸区法律政策除金融方面行政制度有所创新外，总体上与自贸区外差异不大。

1. 涉自贸区法律政策的特点

（1）自由度高，灵活性、可拓展性强

自贸区的试验性质和创新要求主要体现在与金融配套的行政制度上，外在表现为从事先审批向事后备案过渡，故相关政策和制度具有自由度高、灵活性和可拓展性强的特点。

（2）与非自贸区法律政策区别不明显

目前自贸区内金融创新如火如荼，但其他方面的法律政策，尤其是刑法中关于传统型、职务类犯罪或其他不涉及二次违法性的非金融法定犯，差异并不明显，而且短期内也没有异化的趋势。

2. 涉自贸区法律政策的适用

（1）准确适用现行法律、司法解释

根据自贸区的定位，课题组认为自贸区总体上应当严格适用现行法律、司法解释的规制，尤其对于妄图利用自贸区政策空窗期混淆自贸制度谋取非法利益的行为应当严厉打击，确保自贸试验区的经验具有可推广、可复制意义。当然，也必须强调，对于在自贸区试点期间，先行先试的不具有违法意识、非法牟利意图的行为，入罪应当谨慎，必须入罪时量刑应当轻缓，总体秉持谦抑性的原则。

（2）兼顾自贸区行政犯的认定标准

自贸区改革的重头戏是金融创新，其所导致的行政犯"二次违法性"前置条件的变化，必然对刑事法律政策适应产生直接的、实质性的影响，加之目前我国采用分业监管的模式，需要通过信息共享，强化协作，共同抵御风险，①"两法衔接"平台已经成为最具可靠性和可操纵性的应对措施。事实上，"两法衔接"平台自创建 13 年来，积累了丰富的操作经验，取得了良好实用效果。自贸区挂牌后，将该机制植入自贸区的综合监管和综合执法机制中，相得益彰。

3. 涉自贸区法律政策的建议

（1）加大宣传，增强公众对自贸区的了解

针对目前对自贸区的误解，加强媒体宣传，尤其加强对容易混淆的概念及制度方面的宣传，这要求我们不但要宣传自贸区的"新"和"异"，也要宣传自贸区内与区外保持一致、暂未开放的"传统"，必要时可以通过发布案例指引、法律指南和开展法制讲座等方法，宣传自贸区行政、刑事法律政策，尽可能降低因误解导致的自贸区刑事、行政案件和利用他人对自贸区误解实施的诈骗等恶性刑事案件。

（2）尽快树立轻缓、谦抑的刑法适用理念

时代变迁，"杀人偿命""欠债还钱"已经被赋予新的、更为深刻的内涵，即"轻轻重重""宽严相济"，对于十恶不赦的犯罪，我们严厉打击直至适用死刑，但对于经济领域主观恶性不深、社会危害不大、初犯、偶犯和疏忽性犯罪我们必须自觉树立轻缓、谦抑的刑事司法理念，以保障经济发展，保护民生和社会进步。

（3）针对自贸区特点，完善法律政策配套

自贸区的犯罪具有高智商、高情商、跨领域、跨地域等特点，为应对这类犯罪分子，我们需要有比他们知识面更广、眼界更宽、反应力更为灵敏的专业队伍，需要设想更为周到、设计更具前瞻性、尤其更具执行力的刑事法律政策。这要求我们加强检察人才队伍的培养，要不但专于刑法领域，而且要广泛涉猎国际金融、贸易、知识产权、外语等领域，熟通国际惯例和通行规则；加强立法完善、健全配套制度，不仅在金融创新方面，在知产等其他方面也能有所应对。

（4）提升侦办技能，有力应对跨境犯罪

自贸区内虚构跨境贸易背景实施诈骗或者骗汇、骗取出口退税等案件占比较高，为突破这类案件的难点、要点，准确甄别转口贸易等境外贸易活动的真实性，应着力进一步提升侦办人员取证技巧，尤其是赴境外取证的能力，并利用"两法衔接"平台，形成监管合力，有效应对跨境背景的犯罪。

---

① 参见朱毅敏：《论检察机关在自贸区国家战略中的地位和作用》。

## 二、涉科创中心犯罪与法律政策适用

科技创新中心（简称科创中心）主要依靠科技、知识、人力、文化、体制等创新要素驱动发展，对其他区域具有明显的集聚与辐射作用。科创中心具有创新精神突出、创新要素聚集、创新成果丰富、创新产业发达和创新环境优越等特征。加快建设具有全球影响力的科技创新中心是中央综合分析国内外大势、立足我国发展全局、根据上海具体实际作出的国家战略部署。建设具有全球影响力的科技创新中心，不仅是上海加快创新驱动战略的现实要求，也是利用上海优势带动全国创新发展的要求。2014 年 5 月，习近平总书记在上海视察工作时，希望上海努力在推进科技创新、实施创新驱动发展战略方面走在全国前头，走到世界前列，加快向具有全球影响力的科创中心进军。法治化环境最能聚人聚财、最有利于发展，为此，深入分析涉科创中心犯罪，探析涉科创中心犯罪法律政策适用问题，为建设具有全球影响力的科创中心营造更加良好的法治环境刻不容缓。

### （一）涉科创中心法律政策概况

2015 年 3 月 13 日，《中共中央、国务院关于深化体制机制改革加快实施创新驱动发展战略的若干意见》发布，提出到 2020 年基本形成适应创新驱动发展要求的制度环境和政策法律体系，营造激励创新的公平竞争环境。

2015 年 5 月 27 日，为全面贯彻落实中央关于上海要加快向具有全球影响力的科技创新中心进军的新要求，认真贯彻《中共中央、国务院关于深化体制机制改革加快实施创新驱动发展战略的若干意见》，上海市委、市政府发布《关于加快建设具有全球影响力的科技创新中心的意见》，就本市加快建设科技创新中心提出了 22 条意见，其中第 18 条明确提出要强化法治保障。

2016 年 7 月 7 日，最高人民检察院印发了《关于充分发挥检察职能依法保障和促进科技创新的意见》，为明确建成创新性国家和世界科技强国的奋斗目标，找准检察机关保障、促进和服务科技创新的定位和切入点，善于运用法治思维和法治方式，支持创新探索，宽容创新失误，保护创新成果，为科研机构、研究型大学、创新性企业和科技工作者营造良好创新环境，提供有力司法保障。

2016 年 10 月 17 日，上海市人民检察院发布了《上海市检察机关服务保障科创中心建设的意见》，要求上海市检察机关树立平等保护、鼓励创新的司法理念，积极营造鼓励探索、允许试错、宽容失误的司法氛围，立足检察职能，综合运用打击、预防、监督、教育、保护等手段，为上海建设具有全球影响力的科技创新中心积极提供"一站式、全覆盖"检察服务保障措施。2017

年4月27日，"上海检察机关服务保障科创中心建设统一平台"正式启动，充分体现上海科创检察的专业特色，在国际化和高标准上谋划和推动服务保障科创中心建设工作，为上海科创中心建设提供更优质、更高效的法律服务。

上海检察机关各区院也相继出台意见，如杨浦区院制定了《服务保障杨浦加快建设上海科创中心重要承载区和国家双创示范基地的若干意见》、嘉定区院制定《关于服务保障科创中心重要承载区建设的实施意见》等。作为科创中心核心区域所在的浦东区院更是出台了《关于充分发挥检察职能全力服务保障上海建设具有全球影响力的科创中心的十二条意见》《关于服务保障科技创新中心建设，加强刑事案件办理工作衔接的实施意见》《关于服务保障科创中心建设、保障自贸区建设、加强知识产权保护合作框架协议》《严厉打击涉科创中心建设案件联动工作机制》等一系列制度措施，从营造和谐稳定社会环境、法治化创新环境、公平有序市场经济秩序、廉洁高效政务环境等多方面着手，就检察机关查办科创类刑事犯罪案件、强化涉及知识产权案件诉讼监督等，做出了可操作性规定，进一步为科创中心的建设发展保驾护航。

（二）当前涉科创中心犯罪基本情况及特点

科创中心以张江为核心区域，以紫竹、杨浦、漕河泾、嘉定、临港等为重点区域，承载区域多而分散，尽管涉科创中心犯罪的具体案件数难以统计，但经过梳理不难发现，除传统刑事犯罪之外，涉科创中心犯罪主要包括金融犯罪、知识产权犯罪及计算机犯罪三大类型。通过对部分典型案件的分析研判，涉科创中心犯罪案件主要呈现出以下几方面特点：

1. 犯罪主体的专业性和智能化

涉科创中心犯罪多数为具有一定社会地位的人所实施，这些人员的特点是年轻、知识层次高、文化程度高、工作职务高，犯罪不计后果。如在金融犯罪中，随着资讯科技的发展，在利用互联网金融平台实施的违法犯罪活动的过程中，企业多聘请具有金融、网络、证券、法律等方面专业知识和熟悉互联网金融各种交易运作模式的人员参与，游走于金融创新和法规政策的边缘，专业化、智能化、网络化趋势日趋明显，高科技犯罪手段不断翻新，犯罪主体的专业化、智能化特点日趋明显。

2. 犯罪方法的隐蔽性和高科技化

与突发性激情犯罪相比，涉科创中心犯罪大多是经过精心策划周密安排的预谋犯罪。随着电子通讯技术的快速发展，犯罪者将网络金融与电子商务、通讯技术紧密结合，或是利用互联网盗刷银行卡资金，或是利用黑客软件、通过网络植入病毒盗取银行卡卡号和密码，从而通过网络支付系统盗划卡内资金，又或者设置"钓鱼网页"骗取个人信息，还有的能够利用银行资金系统将骗得的资金在最短的时间内分散转移。如犯罪者通过设置在境外的服务器，架设诈骗网站，用多重代理或者移动上网技术维护诈骗网页，对于骗得的大额资金采取多重划转的方式化整为零，把一个账户扩展到几十个甚至上百个账户，迅速转移出境，犯罪手段越来越高科技化。

3. 犯罪行为的低成本与暴利性

犯罪分子在实施犯罪时必然本能地考虑到成本问题。从犯罪经济学的角度，个体进行犯罪的原因在于"犯罪收益大于犯罪成本"。如果犯罪的预期收益小于犯罪成本，此人一般就不会选择犯罪行为。相比于一般犯罪，涉科创中心犯罪的投入产出比明显要高，如网络金融犯罪的兴起，投入更小、实施更易、风险更低。犯罪分子只需要支付上网费用或者制作网页的费用、购买软件工具和租赁服务器的费用就可以实施犯罪。这几乎不用很大的投入，但是犯罪行为一旦得逞获得的收益却非常巨大，加上犯罪行为皆在网络空间里进行，犯罪分子不需要直接接触人身，犯罪分子只需要在物理上破坏金融网络系统便能顺利达到犯罪目的，既得到了极大的利益又省去了很多顾虑。对犯罪分子来说，几乎是低投入、"零"风险。又如知识产权犯罪，来自被害方的抵抗阻力几乎为零，特别是一些犯罪分子借助于高科技手段，智能性和隐蔽性将更强，查处难度将更大。侵犯知识产权犯罪的成本低、收益大，致使一些不法分子心存侥幸，敢于从事知识产权犯罪活动。

4. 犯罪活动的有组织化与规模化

涉科创中心犯罪具有较强的智能性，涉及的业务比较复杂，多名行为人共同配合使得共同犯罪居多且更容易得逞。因而该类案件往往表现为团伙犯罪，涉及人员众多，呈现出多元化、有组织化、规模化等特点，他们分工配合、密切协作，甚至形成经营网络，装备精良、组织严密，呈现规模化的形态，不仅给权利人造成了巨大的经济损失，而且还严重破坏了社会主义市场经济秩序。此外，知识产权犯罪人与被害人之间往往具有密切的联系，或同属一行业、或属于关联行业、或存在雇佣关系等。

5. 犯罪后果的严重性和扩散化

随着科技的发展和进步，计算机与国民经济生活的紧密结合，被广泛应用于各类行业及社会生活的方方面面，这也导致计算机犯罪随之涉及各行各业，特别是许多重要的国家部门如国防、金融、航空等都实行了网络化管理，对计算机的依赖性较强，但任何一个部门领域的计算机系统只要存在漏洞或者不安全因素，都有可能被犯罪分子利用，造成该部门或该领域出现秩序紊乱、系统瘫痪，后果不堪设想。如金融犯罪的案件，涉案金额动辄几十万元、几百万元。不仅扰乱了金融秩序，而且往往导致国有资产大量流失，影响社会稳定。加上互联网使用范围的广泛性、跨国界、易传播的特征，使得网络犯罪比传统犯罪的犯罪领域更广，犯罪对象更具有不特定性，计算机病毒的扩散性使得犯罪后果更具危害性。

6. 犯罪趋势的涉外性与国际化

随着知识经济和经济全球化深化发展，知识产权已经成为国家发展的战略性资源和国际竞争力的核心要素。知识产权制度为创新成果的转移转化搭建法律桥梁，推动创新资源配置合理高效。随着企业不断"走出去"在国外布局知识产权，涉及海外知识产权法律问题也随之增加，海外维权问题也随之显现。知识产权的跨国性和流动性，经济全球划时代的知识产权也在全球范围内扩张、流动，知识产权犯罪案件的涉外因素也随之增多，犯罪活动呈现国际化趋势。一方面表现为境内不法分子与境外人员相互勾结，共同实施侵犯知识产权犯罪，另一方面表现为被侵权对象多为国外知名商品或商标，知识产权犯罪对象具有全球性。如浦东区院之前办理的销售假冒"佳沛"注册商标标识系列案，则涉及新西兰佳沛公司的知识产权。本案的办理也充分体现了中新双方加强合作，共同加大对侵犯知识产权刑事案件的打击力度，为知识产权保护起到示范作用。

（三）涉科创中心犯罪治理中的司法困境

1. 金融犯罪查办中的难点

（1）金融犯罪与金融创新的边界把握问题

金融是现代经济的核心，而金融创新是金融发展的灵魂。一些不法分子往往打着金融创新的旗号，实施不法行为，同时在经营方式和营利手段上打法律法规的"擦边球"，故意钻监管政策的漏洞。同时，在互联网金融发展的过程中也出现了多种新形式、新情况，案件性质认定和刑事法律适用没有先例。司法实践中，小额贷款公司、"影子银行"等"地下金融"与非法集资的刑民交织问题、个别银行推出的"小微采购卡"、具有贷款性质的信用卡等新型金融创新产品所引起的犯罪认定争议问题，都在法律适用方面形成新的难点。

（2）金融监管部门与金融检察部门的衔接与协调问题

为促进保障科创中心的建设发展，上海检察机关相继出台一系列措施，充分发挥检察机关的法律监督和服务保障作用，对于金融检察介入金融监管方面作了一些有益的尝试和探索，但实践中依然存在诸多困难。如金融犯罪的复杂性和创新性增加了打击犯罪的难度；金融监管的专业性和封闭性遏制了金融检察介入金融监管的途径；法律依据的欠缺和配套制度的空白增加了金融检察与金融监管衔接的难度；检察监督手段的单一和监管部门职能的分散影响了金融检察介入金融监管的深度。因此，如何尽快提高检察人员的金融专业化办案水平、如何把握金融检察介入金融监管的程度、如何在制度层面设置金融检察与金融监管的衔接和协作机制是亟待解决的难题。

（3）当前金融犯罪的基本态势与刑法处置金融犯罪的认定和处理方式问题

如我国刑法规定的金融犯罪大多属结果犯，但一些学者认为针对当前金融犯罪高发态势，在刑法中不应当过多地采用结果犯这种单一的犯罪构成模式，应尽量确保立法技术的多样化，对不同情况下体现的社会危害性分别处理。如合理确定一些行为犯、抽象危险犯来加大对金融犯罪的打击力度。又如在司法机关认定犯罪过程中，对违法向关系人发放贷款罪，对违法票据承兑、付款、保证罪的主观罪过是否包括过失，以及对金融诈骗犯罪中"非法占有目的"认定标准的争议等，在实质上也反映出对金融犯罪的不同处理态度。近年来与非法集资行为有关的犯罪案件呈多发态势，该类案件的处置由于涉众型特点，纯粹给予严刑处置很难取得法律效果和社会效果统一的实效，集资案件被害人对于犯罪化处置结果不予认同已经成为地方政府工作的难题。

（4）金融犯罪处罚方式的完善问题

预防金融犯罪显然并非刑罚越严厉越有效，自由刑也并非能普遍有效适用于所有的金融犯罪案件处理。"惩罚的警戒作用，决不是看处罚得严厉与否，而是看有没有人漏网。重要的不是严惩罪行，而是使所有的一切罪案都真相大白。"[1] 从司法追诉角度看，金融机构和司法机关有重视大案、轻视小案件的倾向，重大案轻小案的处理原则并非能够更有效地预防和减少金融犯罪。金融犯罪不断呈现新的形式，部分已超出刑法条文所涉及的罪网范畴，如有关金融衍生品犯罪形式等，如果仅从违反金融法规角度评价刑事责任，局限于已有金融犯罪的罪名，往往无法认定此类行为构成犯罪。刑法的谦抑性及处罚方式的相对单一性，更使得刑法不能适应金融的创新性，难以有效应对金融犯罪。

2. 知识产权犯罪惩治中的难点

（1）知识产权犯罪与民事侵权行为之间界限模糊

从理论上讲，两者的界限是明显的，但从司法实践角度看，两者的界限难以划清。这种界限上的模糊可能导致以下三个方面的后果：第一，因权利人不知道侵权行为人的行为是构成犯罪还是属于民事侵权，因此难以选择正确的救济途径，不利于其自身权利的及时保护。第二，权利人可能同时采取民事、刑事救济方法，无谓地提高了司法成本，同时导致出现刑、民交叉的冲突，加大了执法上的难度，一旦出现两个对立的诉讼结果，则会影响司法权威。第三，在审判实践中可能会出现两个极端：作为刑事打击的公权如过多地介入私权领域，有可能在一定程度上阻碍知识产权的发展；如将构成犯罪的侵权行为作为民事案件予以处理，则会导致打击不力。

---

① 《列宁选集》（第4卷），人民出版社1967年版，第356页。

（2）刑法规定的侵犯知识产权犯罪特别条款适用较难

实践中往往对部分侵犯知识产权犯罪的行为以生产、销售伪劣产品罪或非法经营罪处理。如对生产、销售假冒知名品牌香烟的行为，以生产、销售伪劣产品罪处理；对销售盗版光盘的行为，以非法经营罪论处。从刑法规定上看，生产、销售伪劣产品罪、非法经营罪与侵犯知识产权罪属于普通条款和特别条款的关系，前两者的法定刑比后者都要高，导致刑法规定的特别条款很难适用，这有悖于知识产权犯罪的立法本意。

（3）民众自诉渠道不畅

一方面，我国程序法对此类犯罪的诉讼标准规定过高，诉讼程序规定过严，造成被害人因证据不足、难以达到立案标准而放弃诉讼的情形时有发生；另一方面，被害人在遭受侵害后由于权利意识薄弱不能及时寻求救济，而公诉机关又难以及时发现而提起公诉，从而导致犯罪人逃脱法律制裁。

3. 计算机犯罪治理中的难点

（1）案件查处难

在网络空间中，地域、疆界的分隔完全不存在，跨地域、跨境犯罪成为计算机犯罪的常态模式。很多计算机犯罪案件涉及人员众多，大部分受害人分布在全国各地，可能每一个都不够立案标准，取证工作量巨大，导致侦查机关在主、客观上都存在一定的畏难情绪；而小额多笔的情形，更导致很多受害者不愿配合。侦查机关在对计算机犯罪案件侦查时，往往通过追踪网站 IP 地址来确定犯罪现场，而计算机违法犯罪为了逃避侦查，通常采用动态网址，不断变换域名，需要和相关代理人联系才能获得网络地址，致使侦查机关难以获得真实的 IP 地址。有些计算机犯罪案件中的网上虚拟人员与网下现实人员无法对应，直接影响调查取证。有的犯罪嫌疑人使用境外服务器建立网站，涉案数据均保存在境外，但通过涉外司法途径获取证据周期较长、难度较大。此类犯罪还往往与洗钱、诈骗等犯罪相互交织，使犯罪行为更加复杂，查处更加困难。如赵某某、万某某非法获取计算机信息系统数据案，在某网游企业注册的商户有 40 余万组账号、密码信息被窃，其中的 1000 余个账户共计被转走价值人民币 100 余万元的虚拟财产，部分虚拟财产在互联网上销赃变现。该案较为完整地体现了案件查处中的困难——涉及 1000 多个商户，分布在全国 6 个省、区、市；金额最小的只有 200 余元，交易次数却高达 2000 余笔；在登录账户转移虚拟财产时，既使用了网络代理方式，也使用了境外中国香港、日本的服务器。

（2）数额认定难

在计算机犯罪中，如何准确确定每一名犯罪嫌疑人的涉案金额以及确定每一名受害者的损失非常复杂。从司法实践来看，最终认定的犯罪数额与其造成的实际损害相比，往往存在较大差异，特别是对于涉及网络虚拟财产的案件，在确定数额方面更为错综复杂。对于网络空间的 QQ 号码、游戏当中的"装备""财物""虚拟角色"等承载着人们一定的精神利益与物质利益的"虚拟财物"如何定性，目前在理论层面和司法操作层面都还未达成统一。虚拟财产价值的难以确定以及缺乏相应的有资质的机构可以对其价值进行评估，行业间缺乏相应的价值判断标准等都成为计算机犯罪数额确定的障碍。如上文所引徐某某盗窃案，按照游戏运营商定价 0.1 元人民币/个"钻石"，则徐某某盗窃金额为 68 万余元，属于数额特别巨大，应处 10 年以上有期徒刑。但是，"钻石"在游戏中有多种赠送情形，包括充值时赠送、每日登录游戏时赠送、游戏内完成一定任务时赠送，而且部分网站还有打折出售，此外，游戏上线运营时间较短，玩家较少，"钻石"还没有形成充分发育的交易市场。由此，游戏运营商定价不能准确反映该虚拟财产的价值。与此同时，根据现行价格认定方法，司法机关也无法给出一个精确的价值。

（3）法律适用难

随着计算机行业的分工越来越精细化，出现了互联网接入商、运营商、信息服务商、搜索引擎商、第三方支付平台等，在此背景下计算机犯罪的过程也被细化，犯罪造成的危害结果是一系列行为交互在一起的结果，既有传统犯罪的互联网化，又有从未出现过的犯罪形态，以传统的刑法理论评价出现障碍。如何界定各个相关行为之间的关系，以共同犯罪来评价，其中缺乏共同的犯罪故意与必要联系；分别评价，一些具有社会危害性的行为又因没有法律规定而无法处罚，造成对犯罪的打击震慑不力。即便通过共同犯罪来处理，主、从犯的关系也与现实空间的犯罪不同，特别是很多犯罪嫌疑人依托第三方专业化平台作案，难以认定犯罪的共同故意，法律适用上存在一定的难度，如何做到罪责刑相适应，还需要进一步探索。上述与传统犯罪的差异在刑事立法层面也有所体现，如刑法第 285 条第 3 款将属于共犯行为的"明知他人实施侵入、非法控制计算机信息系统而向其提供程序、工具的行为"单独入罪，再如"两高"《关于办理危害计算机信息系统安全刑事案件应用法律若干问题的解释》起草者也指出，与传统犯罪不同，网络环境中的帮助犯在共同犯罪中所起的作用具有一定的特殊性和复杂性，并非只起次要和辅助作用，也可能起主要作用。因此，对于行为人帮助他人实施刑法第 285 条、第 286 条规定的行为的，应当根据其在共同犯罪中的作用予以认定，既可以认定为主犯，也可以认定为从犯。①

---

① 喻海松：《关于〈办理危害计算机信息系统安全刑事案件应用法律若干问题的解释〉的理解与适用》，载《刑事审判参考》2011 年第 6 集（总第 83 集）。

（四）涉科创中心犯罪法律政策适用路径探析

1. 金融犯罪法律政策适用分析

（1）金融犯罪的内控机制

①加强内部管理。首先，金融机构需要针对经济犯罪控制的薄弱环节，结合金融机构自身的性质与专业特点，联系金融改革的新情况建立健全内部规章制度。其次，金融机构需要加强对人的管理，对金融系统重要单位、岗位员工实行严格的审查、考核制度，明确落实岗位职责，以实现内部管理的规范化、制度化。再次，对重点部位和重点人员实行重点控制。实施技术监控与纪律监控并举，思想教育与组织措施结合的方式防止金融犯罪的发生。最后，对重点部门实施分权管理，减少权力过于集中的情况，防止金融机构内部人员滥用权力实施犯罪。

②建立安全预警系统，及时发现违法犯罪行为。金融机构业务、稽核等部门应该相互配合与协作，共同组成金融机构的内部安全预警系统，通过对相关信息及时发现与识别，提前发现金融系统的漏洞，对可能发生、正在发生或者已经发生的各种违法犯罪作出及时反应，将使金融犯罪的犯罪机会及其造成的损失减到最小。

③重视员工的职业道德与法制教育。重视员工的思想政治素质，提高员工的职业道德水平，培养员工树立正确的人生观和价值观；同时通过增强员工的法制观念，提高员工的法律意识，使其充分认识到金融犯罪的危害，从而真正达到防止机构内部人员金融犯罪的"治本"之功效。

（2）金融犯罪的外防机制

①完善金融立法，重视法律的主导作用。现行的金融法律法规在与国际接轨过程中暴露出的一些缺点和不足，给违法犯罪留下了活动空间，应该加强金融法治建设，加快金融立法步伐，及时将尚未纳入法制的金融活动予以法律规范。同时，在金融立法特别是金融刑事立法的过程中应该注意宽严相济，注重金融秩序的维护及法律实施的效果。

②完善金融监管制度，提高政府金融监管水平。随着金融市场的不断活跃，新型金融工具、金融业务将不断出现，金融机构的创新能力也将提高，因此有必要完善原有的金融监管制度：改变被动监管方式，强调全程动态监管；加强监管部门之间的信息交流与协作；由行政监管为主向行政监管与行业自律相结合转变；建立健全金融监管部门、行政执法部门以及司法机关之间的网上衔接、信息共享、案件移送机制等。

③研究金融犯罪办案机制，提高公安司法人员专业水平。认定金融犯罪需要相当的金融知识和很高的法律专业水准，因此建立健全金融犯罪案件办案机制、提高公安司法人员的金融知识与法律专业水平十分重要。一是积极组织开

展金融基本知识和法律法规的学习，通过专家授课、金融类案件讲评研究等形式，学习金融专业知识和总结交流办案经验，整体提升了办理金融案件的能力和水平；二是要增加公安、司法队伍的专业素质与科技含量，以充分应对逐渐兴起的网络金融犯罪；三是加强国际合作以打击跨国金融犯罪，共同维护国际金融环境。

④加强法制宣传与社会信用体系建设。一是通过加强法制宣传教育，培养公众投资风险意识和金融机构从业人员的法制意识；通过宣传金融法律政策、揭示犯罪手法、提示犯罪风险来达到预防与减少金融犯罪的目的；二是加强社会信用体系建设，政府与监管部门仍需要进一步加强上海的社会信用体系建设，为科创中心的发展提供一个良好的环境。

2. 知识产权犯罪法律政策适用分析

（1）发挥知识产权司法保护的主导作用

一是依法加大侵权赔偿和制裁力度，探索实施惩罚性赔偿制度。加强对商业秘密的保护，探索适用诉前禁令制度。二是完善权利人维权机制，合理分配知识产权权利人举证责任。三是完善行政执法与刑事司法衔接制度，实现执法部门间的信息共享。

（2）健全知识产权的刑事审判机制

一是推广知识产权民事、刑事、行政审判"三合一"审判模式，研究降低侵权行为追究刑事责任的门槛。二是实行轻微知识产权犯罪案件刑事和解制度。对轻微知识产权犯罪案件，刑事法官要鼓励被告人和被害人和解，促使被告人悔罪，认识其犯罪行为的社会危害性，保证以后不再犯罪。三是强化对被害人的刑事赔偿机制。除了要做好审判环节的追赃、发赃工作外，关键是要对侵犯知识产权犯罪的物品采取特殊的司法行政强制措施，将没收的侵权物品及各种违法所得，交还给侵犯知识产权犯罪的被害人或者权利所有者。

（3）探索知识产权保护体制机制改革

一是探索跨地区知识产权案件异地审理机制，打破对侵权行为的地方保护；二是完善专利、商标、版权等知识产权行政管理和执法体制机制，加强知识产权综合行政执法，探索执法模式。三是支持、推进科创中心知识产权改革试验，探索在货物生产、加工、转运中加强知识产权监管，提高知识产权行政执法和海关保护的协调性和便捷性。

（4）增强权利人的知识产权保护意识

知识产权犯罪中的行为人与被害人具有较强互动性，增强被害人知识产权保护意识实有必要。一是建立完备的知识产权管理制度，知识产权权利人应当将知识产权保护纳入日常科技经营管理范畴，对知识产权的使用、投入市场和废次品销毁等环节进行严格监管；二是事前对知识产权归属加以明确，如企业与员工之间应当签订知识产权保护协议，明确双方权利义务以及违约责任等，在被害人方面加强预防可在一定程度上减少知识产权犯罪。

（5）构建多元化知识产权保护机制

一是探索委托调解、行业调解、专家调解等调解方式，支持服务机构、行业协会开展知识产权纠纷调解工作，健全完善司法保护、行政监管、仲裁、第三方调解等知识产权多元化解决机制。二是建立知识产权信用体系，健全知识产权维权援助体系，将侵犯知识产权行为的信息统一纳入社会信用记录系统，强化对失信行为的惩戒。三是探索建立知识产权权利人司法保护绿色通道，配合上海检察机关开发的"上海科创检察门户网站"和"微信公众号"，建成集具信息查询、法律文书公开、法律咨询、举报申诉、社会评价等功能的专门综合性服务平台，为知识产权权利人提供司法保护绿色通道，更优质、高效地服务上海科技创新中心建设。

3. 计算机犯罪法律政策适用分析

（1）完善法律依据，健全法制保障

一是完善防范惩治计算机犯罪的实体规范。及时完善关涉计算机犯罪的罪名和罪状，将社会危害性严重的涉计算机网络的违法行为及时纳入刑事法律的调整范围。二是完善治理计算机犯罪的程序、证据规定。完善电子数据的审查判断方式，明确规定电子数据真实性的证明标准。三是增强法律的严厉性。适当从严惩治计算机犯罪，限制或者禁止某些计算机犯罪行为人使用计算机网络、进入特定场所等。

（2）加强调查取证能力，提升执法水平

一是提升侦查水平。综合采用多种侦查手段、强化侦查措施，加大对计算机犯罪案件的统计、分析、研判工作，分析并掌握此类案件的特点和规律。二是提高调查取证能力。广泛搜集电子证据，综合运用电子取证分析技术勘查网络现场，确保电子证据全面、真实。三是打造专业化执法队伍。一方面需要对执法机关内部人员进行定期专门培训，另一方面可以聘请实践部门的资深技术专家担任顾问。

（3）强化企业监管，提高技术防范措施

一是要明确计算机网络企业的安全责任义务。必须强化企业监管，建立企业内部的安全监管制度，形成自律机制，从而在源头上控制计算机犯罪。二是要联合企业主体共同参与。要切实联合计算机网络硬件生产商、网络基础服务提供商、网络应用服务提供商、金融、电信等众多企业主体，共同构筑起强大的计算机网络安全防范体系，从根源上剪断计算机犯罪背后的利益链条和技术通道。三是加强技术研究，完善技术管理、堵塞漏洞。要设法限制恶意进入网络程序系统以及对计算机网络的非法操作，加大对提高技术水平和防范设备的投入，有效地应用计算机安全防范措施，使不法分子难以乘虚而入。

（4）建立协作配合机制，加强国际合作

一是建立跨部门执法监督机制。公安机关、检察机关、法院、工信部门、教育部门、宣传部门必须加强配合协作，建立跨部门、多主体的计算机犯罪执法合作机制。二是加强地域间的配合。各地公安机关及相关部门需加强合作，依法联手遏制犯罪，加强和扩大打击计算机犯罪的深度和广度。三是加强国际合作。积极倡导和参与构建应对计算机犯罪行为的国际法律框架，构建国家间信息交流机制，相互借鉴和学习打击计算机犯罪的技术与经验。

（5）加强宣传教育，推动社会参与

一是培育树立正确的网络道德观，形成良好的网络道德环境。必须大力加强思想道德教育，建立科学健康的网络道德观，形成既符合创新发展的要求又合理合法的网络道德环境。二是积极开展教育宣传，提升防范意识。重点强化对金融机构、网络购物平台等计算机犯罪易发、多发领域的监控，让公众充分了解和认识计算机犯罪的社会危害性，提升社会公众防范计算机犯罪的意识和能力。三是拓展社会公众参与计算机犯罪防治的路径，形成多方参与、协作共赢的社会防控机制。调动社会公众参与计算机犯罪治理的积极性，形成防范计算机犯罪的社会合力。

# 检察办案数据科学量化问题研究[*]

上海市杨浦区人民检察院、

上海市人民检察院第九检察部联合课题组[**]

近年来，随着信息技术的发展，检察机关的"大数据"时代已经到来，这势必给检察办案的思维模式和工作方式带来重大变革。如何利用大数据来促进检察办案工作的转型和升级，不仅是检察办案工作面临的机遇和挑战，也是促进检察机关发展的关键之一。在办案数据量化过程中也存在着一些问题，其一，检察机关在履行法律监督方面做了大量工作，但目前上海市人民代表大会上人民检察院工作报告（以下简称"市人代会报告"）中，检察办案数据十分有限，不能全面反映出检察机关的工作情况。其二，当前各地检察机关之间、检察系统内部与外部之间，都在不同程度上对检察办案界定问题认识不统一，这为科学量化办案数据带来了诸多困难。办案数据是检察机关业务工作的一个缩影，如何让这些数据更加真实直观地还原检察办案量，如何全面反映检察机关运行成效等问题亟待解决。

在司法体制改革背景下，科学量化检察办案数据，更是有效落实检察机关司法责任制、突出检察官办案主体地位的必然要求。检察机关司法责任制改革的目标之一是完善司法办案责任体系，做到"谁办案谁负责，谁决定谁负责"，只有以科学的数据量化体系对检察机关各业务部门的案件予以量化，才能有效落实各岗位检察官的司法责任。

本课题即以检察办案数据科学量化为研究对象，在对检察办案及检察办案数据进行定义，对四种不同载体的数据量化现状深入分析的基础上，以本市未检部门办案数据为样本进行实证分析，着力探索检察办案数据科学量化方案，使数据更加直观反映检察工作，更好地向社会公众展示监督属性的业务，推动司法责任制落实，突出检察官办案主体地位，对促进检察办案工作的转型升级

---

* 上海市检察官协会 2017 年重点研究课题。

** 课题组负责人：王洋；课题组成员：吴燕、金翌昀、丁妮、钟颖、邵旻、侯倩倩、龙潭、王丹、王思雅。

有所助益。

## 一、检察办案数据科学量化的意义

### （一）解决长期以来办案界定模糊的必然要求

自我国检察机关成立以来，虽然《宪法》《中央人民政府最高人民检察署试行组织条例》《人民检察院组织法》对不同时期检察机关的职能作了明确规定，但由于检察机关不断完善和拓展履行法律监督职能的手段，历史上长期处于变迁和转型的阶段，以及检察办案具有多样性特征等多方面原因，产生了对检察办案界定问题的困惑，为此，学术界和实务界围绕我国检察办案的界定展开了长期的理论探讨和激烈的争鸣。因此，本课题要解决的首要问题是如何界定案件定义，必须以科学的方法对这一问题加以理论完善和梳理，理顺检察机关办案的界定，摆脱理论模糊带给实践的困惑和矛盾。

### （二）新时期推进办案责任制落地生根的根本保障

党的十八大以来，以习近平同志为核心的党中央针对全面依法治国面临的新形势新任务新要求，从推进政治体制改革、实现国家治理体系和治理能力现代化的高度擘画司法体制改革宏伟蓝图，将司法体制改革提到了前所未有的高度。检察办案数据科学量化，将影响到检察官员额管理，影响到入额检察官的办案绩效测算，甚至影响到司法体制改革的进程，在新时期全面深化司法体制改革的背景下，为确保中央司法改革各项任务精准落地，为制定公平合理的检察官绩效考核办法，为实现检察官员额的合理配置，对检察办案数据科学量化问题的深入研究不容忽视。

### （三）大数据时代以信息化提升法律监督能力的重要抓手

信息化建设是检察机关顺应大数据时代发展潮流的必要手段。检察办案数据科学量化最为信息化建设的一环，就是要实现检察办案数据系统化、数据可视化、辅助领导决策高效化，最终以信息化提升法律监督能力。探索利用大数据分析等科技手段，信息化建设对于强化检察机关上下联动、信息畅通，更加高效、规范有序地开展各项检察业务、履行法律监督职能意义深远，必须把信息化手段作用于法律监督各个领域，渗透到检察机关执法办案的各个环节，通过数据采集、比对、分析、可视化等信息化技术，为检察机关提升法律监督能力提供精确高效的数据支撑。

## 二、检察办案数据量化的现状概述

### (一) 各类载体的办案数据量化情况

#### 1. 统一业务应用系统数据

现行的高检院统一业务应用系统注重对所有办案数据的收集,与其他载体的数据相比,统一业务应用系统的数据最为齐全。尤其是自 2017 年 4 月升级后,统一业务应用系统进一步扩大了办案数据统计项目,基本覆盖检察业务工作的各个环节,并已初步具备决策指导数据分析功能,共包括侦查业务、公诉业务、执检业务、民行业务、控告业务、申诉业务等十大类、九十余项子目录,子目录下又细分具体项目。其利用数字技术将修改后的刑事诉讼法、民事诉讼法、人民检察院刑事诉讼规则、检察机关执法工作基本规范等规范性文件中的检察业务、办案流程均以数据的形式予以固定。据统计,在将重复的案件种类剔除后,统一业务应用系统中包含的案件种类共计 164 种 (项)。

#### 2. 市人代会报告数据

市人代会报告的数据也较为完备,数据体例总体分为服务大局、社会治理及诉讼监督三大块内容,重在体现检察机关防控风险、服务发展、履行检察职能。以 2016 年市人代会工作报告为例,第一部分服务大局数据具体包括:利用虚假跨境贸易逃汇骗汇案件办理数、侵犯知识产权犯罪提起公诉数、非法吸收公共存款、集资诈骗犯罪提起公诉数;第二部分社会治理数据具体包括:批准逮捕数、提起公诉数、严重暴力犯罪提起公诉数、危险驾驶、交通肇事批准逮捕数等 11 项数据;第三部分诉讼监督数据具体包括:侦查监督数据 7 项、刑事审判监督数据 4 项、刑事执行监督数据 7 项、基层执法活动监督 2 项、民事行政审判监督活动 4 项、民事执行监督数据 4 项,具体涉及:起诉金融犯罪案件数、起诉侵犯知识产权案件数、批准和不批准逮捕数、起诉和不起诉数、处理群众信访数、职务犯罪立案侦查数、职务犯罪预防检察建议数、对公安机关立案监督数、羁押必要性审查数、刑事、民事行政抗诉数、再审检察建议数、减刑、假释、暂予监外执行监督数、社区矫正监督数、强制医疗申请数等。

#### 3. 全市案件质量评查报告数据

全市案件质量评查报告紧紧围绕《上海检察机关案件质量评查工作办法》规定的案件展开,该报告涵盖的数据主要是捕后不诉、无罪判决、撤回起诉等 15 类重点评查案件数据,以及类案、程序类、检察文书类等特定范围、特定类型的专项评查案件数据,着重对司法办案质量进行监督管理。与其他报告相比,该报告更侧重于分析说理部分,抓取的数据则较少。

4. 全市检察业务分析报告数据

全市检察业务分析报告的数据在体例上分为核心业务数据、案件质量情况、重点业务三大部分，既有业务数据和监督数据，反映了各条线工作的基本情况、特点，如金融检察业务运用各类罪名不捕率对比表、案件数量前十名罪名对比表、全市受理非法集资案件数量对比图直观反映了发展趋势。总体而言，全市检察业务分析报告与其他工作报告相比，数据更为齐全，数据分析比对较为充分。

（二）司法体制改革中办案数据的统计类别

《上海检察机关落实司法责任制工作细则（试行）》出台后，对检察办案形式作了进一步细化和完善，根据其第 22 条之规定，将检察长办案形式区分为四种类型：

（1）直接办理案件：是指作为案件承办检察官直接办理案件，应当体现司法亲历性的要求，履行检察官办案职责。主要办理的是本地区有重大影响的案件，疑难、复杂案件，首例、新类型案件以及在法律适用或证据运用方面具有指导意义的案件。

（2）审批决定案件：是指直接行使检察权，阅看卷宗和审核证据，必要时听取承办检察官汇报，直接讯问犯罪嫌疑人、被告人等，并对决定的案件承担司法责任。

（3）审核案件：是指对授权检察官在办案职权内作出的决定进行审核，行使监督管理职责，并对作出改变的决定承担司法责任。

（4）签发法律文书：是指审核签发检察长（副检察长）或者检察委员会决定的案件的法律文书，或撰写签发检察长（副检察长）直接办理的案件的法律文书。

此外，2017 年 7 月 6 日，曹建明检察长在全面深化司法改革调研座谈会上指出，审批审核是入额领导干部办案方式之一，领导干部应带头直接办案，同等接受监督考核。7 月 11 日在贵阳会议上进一步指出，可以将在不同诉讼阶段或办案环节实施的所有实体性、程序性办案或审查行为界定为入额领导干部办案形式，具体区分为以下四种形态：直接办理案件；组织、指挥、参与、协调重大疑难复杂案件；审核、讨论重大疑难复杂案件并提出实质性意见；审核、审批决定案件。

## 三、检察办案数据量化存在的主要问题

检察办案数据的量化在数据识别、数据抓取、数据效果展示、数据分析运用等方面主要存在以下几个问题：

（一）办案界定问题

1. 缺少统一、规范的种类界定或标准

在司法责任制背景下，检察官办案主体地位更加突出，要求做到"谁办案谁负责，谁决定谁负责"，而检察机关研究室、案管科等非一线部门与直接办案部门在工作内容上的差异较大，实践中，将审查逮捕、审查起诉等认定为办案一般没有争议，但对诉讼监督以及内部监督指导等工作能否界定为办案，存在较大的分歧。因此，在数据识别时首先应当解决案件的界定问题，只有明确检察机关各业务部门的案件范围及办案行为，才能厘清各岗位检察官的司法责任。

2. 对检察机关办案形式认识不一

法院的办案形式在认定上基本没有争议，主要包括独任审理案件、参加合议庭作为承办人审理案件、参加合议庭担任审判长或作为合议庭成员参与审理案件，而检察机关办案形式仍存在几种不同意见，如有意见认为审批决定和审核案件可能会作出改变，需承担司法责任，应当属于办案，也有意见认为只有直接办案和参与办案才是办案形式，审批审核不属于办案。

（二）数据抓取问题

1. 数据录入不完整、不准确

市人代会报告、全市检察业务工作报告、全市案件质量评查报告中的数据主要依托的是统一业务应用系统，因此应从源头上确保数据的完整性和准确性。然而统一业务应用系统在数据录入时存在以下问题：一是系统栏目设置尚不完善，部分已明确属于本市案件种类清单的案件数据无法录入和提取，例如，目前统一业务应用系统缺少立案监督线索受理审查案件、强制措施违法情形监督案件、追捕案件、追诉案件、变更强制措施审查案件等诉讼监督等栏目；二是系统与业务条线的统计标准不一致，以一案多人的不捕案件为例，系统仅将此类案件中的全案不捕案件计入不捕案件数，而侦监条线以提请批准逮捕书中列明的首个犯罪嫌疑人的批捕情况作为不捕案件统计标准，造成系统中不捕案件数等数据不准确；三是由于承办检察官系统操作不熟练，漏填错填数据，如案卡的"是否为追捕案件"为非必填项，部分追捕案件的承办检察官容易遗漏勾选该项目，造成系统生成的数据不准确。

2. 数据使用不充分

目前各类报告中抓取的案件数据不够翔实，例如，在市人代会报告中，审查逮捕、审查起诉、未成年人检察、控告申诉检察等业务的有关数据较少，不批准逮捕复核复议案件数、不起诉复核复议案件数、强制医疗申请案件数等数据均未纳入报告中。再如全市案件质量评查报告中，仅抓取了可能存在质量隐患的案件，还缺少可能存在信访风险或廉洁风险的案件、当事人反映强烈或舆论关注的案件等。此外，各类报告中关于监督效果的展示不充分。检察监督权的行使客观上是要对行政机关、执法机关产生制约与监督的效果，防止公权力侵犯公民权利，但目前检察监督效果尚未通过数据充分展示，例如市人代会报告中仅抓取了立案监督数、对侦查违法提出纠正意见数、对刑事审判提出监督意见数、对刑事执行提出检察建议书、纠正意见数，但未抓取相应的监督成功数据，无法反映检察机关监督办案质效。

（三）数据效果展示问题

1. 创新工作不突出

以创新破解制约检察工作发展的体制性、机制性问题，是检察机关的普遍愿望，但由于传统的量化数据难以反映检察创新工作，导致在一定时期内无法被纳入办案数据量化体系。当前检察业务与传统的量化数据还有诸多不适应的地方，影响和制约了检察工作创新发展，数据量化体系固化与创新发展之间尚存在着矛盾。例如，检察机关自开展未成年人检察工作30年以来，在实践中不断创新探索，然而，目前未成年人检察工作的部分办案数据，如附条件不起诉监督考察案件数、未成年人不捕、不诉、取保候审观护帮教案件数、未成年人保护处分案件数等，均未进入统一业务应用系统的办案事项，仍需要以部门纸质台账的方式记录。由于系统不完善所导致的数据手动记载，可能会导致办案过程缺少记录或记录不规范，从而进一步造成办案瑕疵等问题。

2. 实际投入工作量不明显

虽然检察机关每年在检察办案和法律监督方面做了大量工作，但相较于法院工作报告中庞大的办案数据量，检察工作成效并未充分展示。如检察机关未检部门，其业务内容具有大量社会化工作，附条件不起诉监督考察、未成年人不捕、不诉跟踪帮教、保护处分、不起诉记录查询、监护权转移等数据，目前均未体现在市人代会工作报告中。并且此类检察工作与心理测试、社会调查等办案事项的性质不同，刑法、刑事诉讼法及相关司法解释等对其作了规定，符合检察办案的要件，具有法定性和可归责性，因此可以也应当作为办案数据在工作报告中予以体现。

（四）数据分析运用问题

1. 信息化、智能化技术支撑较弱

目前检察办案信息化、智能化水平仍处于起步阶段，大数据技术等现代科技对办案和决策的辅助作用有待加强。主要问题体现在：一是统一业务应用系统仍不完善，各办案环节之间的数据信息不畅通，例如审查批捕阶段的承办检察官无法通过系统了解案件的审判情况，执行阶段的承办检察官也无法了解审查批捕情况，各办案环节之间存在的技术性"壁垒"不利于不同承办检察官之间的数据共享和信息互通。二是数据信息较为分散，例如市院搭建的案件管理、监所管理尚未纳入协同工作平台，并且承办检察官的办案工作主要依托于统一业务应用系统，因此在多个平台之间切换使用时较为不便，进而降低了统一业务应用系统以外的平台的利用率。

2. 数据的分析比对不足

目前检察机关对数据的综合分析与运用还不充分，如全市检察业务工作分析报告中专门围绕重点领域、重点办案环节、重要风险节点等内容进行分析的并不多，主要还是本期数据与上期数据之间上升抑或下降的分析比较，没有深入挖掘数据真正的参考价值和背后所反映的社会问题，从而使得业务分析报告服务检察决策的功能未能得到充分有效发挥，其主要原因可能是对数据分析的重视不够，以及缺乏较强的数据敏感度和调研分析能力。

3. 数据量化体系与绩效考核评价机制衔接不充分

办案数量是检察官绩效考核内容之一，然而长期以来，检察机关对不同案由、不同类型案件采取同一标准评判，由于不同部门的检察官在办理不同案件种类时的难易程度、繁简程度均存在较大差异，如何通过权重系数等换算方式将客观办案数量与绩效考核评价机制科学衔接，合理的办案数量计分方式，以达到客观、全面、科学地评价检察官办案数量的目的，应是今后亟须解决的问题。

## 四、检察办案数据科学量化的建议

对于上述检察办案数据量化存在的问题，建议从以下几个方面予以完善：

### （一）合理界定检察办案及办案数据的定义

办案是检察机关的中心工作，是检察权的基本行使方式，明确检察办案是数据科学量化的首要前提。将检察办案和法院办案的内在规律与特点进行适当的比较，有利于更清晰准确地把握何为检察办案、哪些属于检察办案数据。

1. 何为"检察办案"——兼论与"法院办案"的区别

（1）"串联式"案件流转模式。我国刑事诉讼是由侦查、起诉、审判、执行等环节组成的递进式线性结构，检察机关对刑事诉讼进行法律监督，对公安机关的侦查活动、人民法院的审判活动及刑罚执行机关的执行活动都有权监督，参与着刑事诉讼的全过程。检察办案呈现"串联式"和动态化特征，各职能部门的案件环环相扣、相互联结，案件随着诉讼进程的推进，从某一诉讼环节移送至另一诉讼环节，但各职能部门办案又是互相独立的，在各诉讼环节上的检察官依法行使法律监督权，承担相应的司法责任。相较而言，法院办案呈现"并联式"和静态化特征，各审判庭之间相互独立，并且民商案件、行政案件、刑事案件等案件种类之间的差异性较大。因此，这一内在规律的差别也决定了在界定和量化检察办案时的特殊性。

（2）"检察一体化"工作机制。检察机关在行使检察监督之时，上下自成一体，通过横纵协作，统一行使检察监督，各级检察机关作为一个不可分割的整体而存在，上级检察机关和检察官负有监督、指挥下级检察机关的责任。在上级对下级办案的介入方式这一角度，检察院与法院存在明显差异，检察机关的上下级为领导关系，而法院的上下级为指导关系，例如发现原审法院的裁判存在错误，下级检察机关提出抗诉后，由上级决定支持抗诉还是撤回抗诉；而法院上下级各自独立行使审判权，在诉讼程序中上级以提审或指令再审的方式影响下级的裁判结果，并不直接作出决定。因此，上级检察院对下级检察院办理的案件处理决定产生实质性影响的监督指导行为应当属于检察办案。

（3）检察决定权与监督权并存。检察权可分为决定权和监督权。检察机关的决定权，主要包括逮捕权、提起公诉权等权力，具体表现为包括捕与不捕、诉与不诉决定等，与法院的审判权相类似，虽然不具有法院裁判结果的终局性，但也会对犯罪嫌疑人的人身自由等权利产生法律效力，具有鲜明的国家强制性，也是外界最认同的检察办案形式。同时检察官应对所作出的决定承担相应的司法责任。检察机关的监督权，即作为"国家的法律监督机关"通过办案实现对刑事诉讼法的法律监督，主要内容有立案监督权、侦查监督权、审判监督权和执行监督权，其产生的约束力较弱，被监督对象具有采纳或不采纳的选择权。然而监督权的行使同样需要承担司法责任，检察官对于监督有误的案件应承担监督不当的责任，对于负监督职责而未依法有效监督的案件则应承担监督失职的责任。

综上，检察办案与法院办案存在诸多差异，具有横向紧密联系、纵向指挥有力的"一横一纵"基本特点，对"检察办案"的理解，不能简单地理解为"办理具体案件"，而是要紧密结合检察机关的职能和检察权运行机制和规律。检察机关除行使批捕权、公诉权等进行传统意义办案外，还有大量对侦查活动、审判活动、刑事执行活动的诉讼监督办案，以及案管部门、研究室质量评查、检委会议案等监督指导办案。课题组认为，可以将"检察办案"定义为：检察官依据法律规定，行使法律监督职权、履行法律监督职责、承担相应司法责任的活动。

2. 确定"检察办案"的基本原则

明确检察办案及办案方式，应当坚持以下基本原则：

（1）职能法定性原则。我国《宪法》规定，人民检察院是国家的法律监督机关。《人民检察院组织法》对各级人民检察院行使的侦查、逮捕、公诉、刑事执行监督等职权作出了明确的规定。《刑事诉讼法》《民事诉讼法》和《行政诉讼法》对人民检察院参与诉讼、实行监督等职权分别作出了具体的规定。检察办案应当在上述法律规定的检察业务职能范围内进行科学合理地界定，检察官履行法定业务职能以外的工作职能，不属于检察办案。

（2）职权多样性原则。我国检察权具有司法、行政、监督等多重属性。人民检察院办理审查逮捕、审查起诉案件，司法属性明显，检察官独任办案为主，司法亲历性要求高；立案侦查职务犯罪案件，行政属性较强，检察官团队办案，上命下从特点明显；对诉讼活动实行监督，监督属性较强，检察官合议办案，对外以人民检察院名义作出监督决定。检察办案应当体现检察业务职能的多样性特征，进行差异化界定。检察官依法行使不同属性检察权的履职行为，属于检察办案。

（3）职能司法性原则。根据法律规定，我国检察机关属于司法机关。检察办案，应当遵循司法规律，符合司法机关办案的基本要件：一是对案件事实进行认定，收集并审查证据；二是综合案件事实和证据，提出法律适用意见；三是依法行使检察权，提出案件处理意见或作出案件处理决定，并承担相应的司法责任。检察官的履职行为同时符合上述三个要件的，属于检察办案。

（4）检察官负责原则。根据权责相一致原则，有权必有责，司法权运行必然产生对应的司法责任。最高人民检察院《关于完善人民检察院司法责任制的若干意见》规定，检察办案实行"谁办案谁负责、谁决定谁负责"的基本原则，检察官在职责范围内对办案质量终身负责。检察办案属于依法行使检察权的行为，检察官需要对其办案行为承担相应的司法责任。检察官的履职行为，依照规定需要承担司法责任的，属于检察办案。

（5）检察一体化原则。上级人民检察院领导下级人民检察院的工作，检察长统一领导检察院的工作，检察机关不同内设机构之间在刑事诉讼不同阶段、办案不同环节上相互协调配合、监督制约。检察办案，应当符合检察职业特点，遵循检察一体化要求，既要体现上级人民检察院、检察长对办案工作的统一领导、指导，也要兼顾非一线业务部门在办案中起到的配合、监督等业务辅助作用。检察官监督办案、指导办案的履职行为，属于检察办案。

3. 检察官办案的形式

检察官办案，包括以下四种形式：

（1）直接办理案件。是指作为案件承办人，履行检察官办案职责，直接审查案件事实、证据，制作和签发法律文书，独立作出案件处理决定。

（2）组织、指挥、协调办理案件。是指没有参与检察办案组织，但组织、指挥、协调检察官办理审查逮捕、审查起诉重大刑事案件，立案侦查重大职务犯罪案件，办理重大监督事项，对案件重大问题进行指导把关，为检察官办案提供统一指引。

（3）对案件处理提出实质性意见。是指通过案件汇报、请示答复、质量评查等形式，发现案件办理中存在的重大问题，在案件事实认定、证据采信或法律适用方面提出重大实质性意见，对案件处理决定形成实质性影响。

（4）审核、审批决定案件。审核案件，是指根据法律和检察官权力清单，对授权由检察官决定的案件，可以在对外作出处理决定前进行审查把关，行使监督管理职责，确保办案质量。审核的案件，一般限于在案件事实认定、证据采信、法律适用上存在较大争议的案件。检察长、副检察长审核案件，可以直接改变检察官的决定。业务部门负责人经审核对案件处理决定有不同意见的，不能直接改变检察官的决定，但可以提议召开检察官联席会议。经检察官联席会议讨论后仍有分歧意见的，可以提请检察长、副检察长审核。审核案件一般采取书面审查的方式，必要时可以审阅案卷材料。审核意见应当书面明示，归入案件卷宗。审批决定案件，是指检察长、副检察长依法直接行使检察权，根据法律和检察官权力清单，对应当由其决定的案件进行审批并作出案件处理决定。

4. 检察办案数据的梳理

《关于确定上海市检察机关案件种类的意见（试行）》对本市案件种类清单作了详细梳理，在这些案件办理过程中，就会有相应的办案数据产生。检察办案数据应当主要包括：一是案件本身的数据，如审查逮捕案件数、一审公诉数、提出变更强制措施建议数；二是由案件产生的数据，如捕后不诉案件数、无罪判决案件数、提出变更强制措施建议采纳数；三是通过计算得出的反映两个量之间关系的数据，如不捕率、不诉率、采纳率。

实践中对监督管理类是否属于检察办案的理解存在分歧，课题组认为，检察机关的监督管理业务是基于"检察一体化"原则的内部权力制约，类似法院审判监督庭的职责，若不认可其案件属性，将检察机关对外监督管理算作办案，而内部监督管理不算作办案，则会造成内外的不平衡。可以将监督管理类案件大致归为横向监督管理、纵向监督管理两大类。横向监督管理，是指检察机关内部不同职能部门之间的监督管理，如案管部门的案件质量评查、个案评鉴、流程监控，控申部门对自侦立案审查等；纵向监督管理，是指基于检察机关上下级领导关系，上级检察机关对下级检察机关的监督管理，或检委会对检察官个体的监督管理，如审查备案、请示案件、检委会审议案件等。

（1）检委会审议案件。检委会审议案件，是检委会委员集体讨论、集体决策的过程，对审议的具体案件进行实体审查并提出法律适用意见，形成最终处理决定，符合办案的要件。随着司法责任制改革的深入推进，检察官司法办案的主体地位增强，而检委会、检察长审议决定案件范围缩小，在业务指导上的功能逐步增强。对于依法应当由检委会、检察长决定的办案事项，检委会、检察长可以提供专业指导意见，根据"谁办案谁负责，谁决定谁负责"的要求，应当对司法责任承担情形进行区分：检委会决定的案件，根据检委会委员发表意见时有无过错和过错程度，确定其应当承担的司法责任，但检察官向检委会汇报案件时，故意隐瞒、歪曲事实，遗漏重要事实、证据或情节，导致检委会作出错误决定的，由检察官承担责任。

（2）法律、司法解释、业务规定议案的建议案件。法律、司法解释、业务规定议案的建议案件是研究室对法律文件草案研究提出修改意见的工作，会直接并实质性影响司法办案实践，业务属性较强，相应的司法责任主体可由作出决定的集体承担，对照确定案件种类的原则，应当纳入案件种类。

（3）案管部门案件。一是不予接收案件。将案管部门在受理案件时审查后不予接收的案件归类为案件，原因在于对于因管辖权异议、犯罪嫌疑人不在案等导致不符合受理条件的情形，案管部门将作出不予接收的决定，并向案件移送机关出具不予接收案件通知书，类似法院立案庭裁定不予受理的案件。二是流程监控案件。案管部门依法对案件办理进行全程动态监督，以发现办案程序问题，并视情节严重程度向业务部门发出口头通知或者书面流程监控通知书。上述两种案件类别在统一业务应用系统中均有专门的受案号，符合案件的基本特征，应归类为案件。三是个案评鉴。对个案开展质量评鉴工作，体现检察机关的内部监督，与司法责任制的落实紧密相连，对照确定检察办案的要件，应纳入案件种类。

课题组认为，上述各类检察业务中应作为办案数据的还有以下数据：一是检察建议。制发检察建议是检察机关履行法律监督职责的体现，其中对被监督主体具有一定约束力、能够产生一定法律效力的，应将其量化并纳入办案数据。二是指定管辖案件、审查备案案件数等程序性办案。在需要办理文书审批签发法律手续的程序性办案中，既包括了审查行为和审查结果，又能产生一定的法律效力。三是请示案件、听取下级院汇报案件、部门会商案件数等指导性办案。此类案件一般均需要对个案进行程序和实体指导把关，并提出具体意见办理，也能产生一定的法律效力。

在筛选的过程中，以下几类数据需要予以剔除：一是考核备案案件、阅卷审查报备案件。此类案件属于备案工作，对具体案件结果无实质性影响，不具有办案特点，其数据均非办案数据。二是办案程序。刑事和解案件数、不起诉公开宣告案件数、撤回案件数、刑事申诉案件公开审查数等，是具体案件诉讼程序中的数据，不是办案数据。三是办案环节。如未成年人检察业务中的心理测试、心理咨询、社会调查等行为，由于只是案件办理过程中的具体环节，并非独立案件，故不宜单独作为办案数据进行量化。四是类案研究。开展类案研究、撰写专项工作分析情况等检察工作为调研分析工作，虽然对于司法办案具有一定的指导意义，但对具体案件不会产生直接的法律效力。五是综合性事务。犯罪预防宣传工作、开展社会综合治理、案例汇编等属于综合性事务，其数据不宜纳入办案数据。

（二）全面抓取数据

1. 确保数据录入采集质量

（1）科学全面设置统一业务应用系统栏目。《上海市检察机关案件种类清单》已印发试行，附条件不起诉监督考察案件、未成年人不捕不诉跟踪帮教案件、保护处分案件、监护抚养权转移案件、公益诉讼案件均未录入统一业务应用系统，应在全国范围尽快出台统一、规范的文件，并将统一业务应用系统中增加相应的栏目，确保检察办案数据系统化。

（2）校验统一业务应用系统规则。统一业务应用系统直接提取案件信息生成统计数据，因统计工作涉及各项检察业务，技术人员应随时跟进掌握业务部门的统计工作标准，及时更新、校验系统生成数据的规则，使其与业务条线统计标准相一致。

（3）注重系统操作技能培训。实践中，业务部门所反映的统一业务应用系统缺失的数据，主要是由于业务部门不熟悉系统操作所造成的，应发挥案管部门和技术部门对业务部门的指导作用，对业务部门开展有针对性的系统操作专项培训，使承办检察官均能够熟练掌握并运用系统功能，避免因遗漏填录案卡造成统一业务应用系统中的数据不全，从源头上确保原始数据的准确性。同时，应进一步明确填录标准与规范，定期整理、提炼承办检察官反映的系统填录常见问题，将个案问题集中解决。

2. 充分使用所需数据

在对内和对外的检察机关报告中首先应当注重数据的全面性，各类报告尽量做到内容不空泛，用数据说话。同时，由于不同载体的受众和功能都是不同的，因此在使用数据时除了考虑全面性以外，还应根据不同载体自身所要达到的目的和效果，突出重点，有所取舍。如案件质量评查报告和检察业务分析报告面向的是检察机关内部，主要是为了发现问题，提升案件质量，应抓取所有可能存在质量问题的办案数据，而人代会工作报告则面向的是社会公众，用于检察工作和检察职能的对外宣传，抓取的数据也应当是正面的、能够体现检察机关依法履行职能的。

（1）对于市人代会工作报告，首先，应丰富审查逮捕、审查起诉、未成年人检察、控告申诉检察等业务的现有数据，将强制医疗申请案件数、没收违法所得申请案件数、不批准逮捕复核复议案件数、不起诉复核复议案件数、指定管辖案件数、未成年人观护帮教案件数、未成年人保护处分案件数、刑事申诉审查案件数、刑事申诉发回重审案件数、国家司法救助案件数等均纳入报告中。其次，应完善体现法律监督效果的数据，在第三部分即诉讼监督部分，分别对监督公安机关应当立案而不立案数、不应当立案而立案数、对侦查违法行为提出纠正意见数，补充被监督单位落实情况的数据。最后，应统一数据抓取标准，在第二部分即社会治理部分，将各种类型案件在抓取提起公诉数抑或批准逮捕数这一问题上予以统一，建议可以同时抓取两者数据。

（2）对于全市案件质量评查报告，应在原有质量评查案件范围的基础上，进一步扩充评查的案件范围，增加存在廉洁风险的案件、当事人社会反映强烈的案件等方面的相关数据。应加强对检察机关潜在的检察形象风险以及社会稳定风险的管理，不仅要用数据对司法办案的法律效果进行评价，还要用数据对司法办案的政治效果、社会效果进行综合性评价，以此促进检察公信力的提升。建议将取得成效较好的案件纳入检察官绩效考核，发挥正向激励作用，同时建立风险评估倒逼机制，例如对于集资诈骗、非法吸收公众存款等非法集资类犯罪案件，以及其他社会反映强烈的案件，若因以下情况造成严重后果的，检察官应承担相应的司法责任：①应评估案件风险而未评估的；②案件风险评估不当的；③未做好风险评估预警预案的。

（3）对于全市检察业务分析报告，也应完善体现监督效果的数据，增加对侦查违法行为提出纠正意见、对刑事执行提出纠正意见、对刑事审判提出监督意见、对派出所提出监督意见等的被采纳数。

（三）充分体现监督效果

1. 数据量化体系与检察创新工作同步发展

对于传统的量化数据难以反映检察创新工作这一问题，应不断更新数据量化体系，使之与检察工作相适应。例如，应将未成年人检察业务的附条件不起诉监督考察案件数、未成年人观护帮教案件数、未成年人保护处分案件数等纳入统一业务应用系统。必须完善数据量化体系，使其与检察创新工作同步发展，以规范化提升办案质量，以信息化升级工作水平，为检察机关创新之路提供基础保障。

2. 充分反映实际投入工作量

除检察办案数据外，应在人代会报告中借助其他辅助数据，反映检察机关的实际工作量和履行法律监督职责所取得的成效。例如，借助未成年人检察办案过程中的开展心理咨询、社会调查、预防宣传等工作的次数，体现未成年人检察办案的巨大工作量，借助审查逮捕重点监控案件数、重大专案数等，体现检察机关的工作成效。

（四）有效运用数据

1. 加快推进信息化建设

应借助大数据运用进行司法办案，实现科技强检战略目标。一是完善统一业务应用系统，合理设置文书共享、数据共享权限，使承办检察官轻松获取所办案件在其他办案环节的数据信息，打破不同部门之间、各办案环节之间的"壁垒"，实现检察机关内部的数据共享互联。二是建立以统一业务应用系统为核心的一体化综合平台，一方面真正实现信息化、智能化办案，通过研发大数据分析服务系统、案件智能研判系统、政法数据共享平台等应用，加强检察办案数据智能分析，使之具备文书分析、卷宗搜索、热词生成、指标预警等功能，并实现从时间、罪名、嫌疑人、被害人的特征进行关联分析，从数据库中自动提取数据进行运算处理并自动生成分析报告；另一方面深度融合各类数据平台，以内嵌或相互关联的方式将各数据平台与统一业务应用系统予以整合，确保承办检察官操作的便捷性。

2. 注重办案数据的分析比对

应定期分析检察办案数据，以专题调研报告、业务态势分析报告等形式，针对重点领域、重点办案环节、重要风险节点等进行专项分析。同时加强数据比对，一是不同部门、承办检察官之间的横向比对，对差异较大的数据进行重点监督，提升案件质量，并研究各项报表之间的关联性和各项业务之间存在的规律，为科学开展检察官办案绩效考核提供依据。二是各单位之间的横向比对，通过比对发现检察监督中存在的缺项漏项，了解各单位的优势和不足，将缺项漏项予以补齐。三是同类案件的历史纵向比对，通过数据分析比对，总结多发性案件特点、形成原因、处理情况，及时发现具有规律性、倾向性的问题，为检察业务决策提供数据支持。

3. 建立具有可操作性的绩效考核评价机制

检察机关在对检察官办案量进行评价时，应根据不同部门案件种类的差异，设计科学、合理、操作性强的办案数量计分方式。建议采用换算权重法这一计分方式，将职能不同、办案数量不同、考核依据不同的部门以一个相对科学合理公正的标准放在一起进行比较。具体而言，可以先将每个部门的检察官与全市该条线检察官的平均办案数量进行首次折比换算，得出每位检察官的办案数得分，再将全体检察官放在一个平台中进行横向比较，以最高得分的检察官为基准，其他检察官得分依次与其进行二次折比换算，最后根据得分高低进行排序，这一办案计分方式能较好地实现考核的相对客观公平。

综上所述，课题组认为应从三方面做好检察办案数据科学量化工作：一是全面抓取逮捕数、起诉数等与案件本身相关的数据。二是充分运用意见采纳率等能够体现检察监督效果的数据，并以专题调研报告、业务态势分析报告等形式加强对检察监督效果的分析。三是注重检察办案效果，加强数据为化解社会矛盾、降低社会风险的指导作用，并将取得政治效果、社会效果、法律效果较好的案件在检察官绩效考核中予以体现。

## 五、检察办案数据量化实证分析——以未检办案为例

检察办案数据的量化是一个庞大的系统工程，需要在熟悉各项检察业务的基础上，开展大量实证研究方能得出结论。限于篇幅，本文拟以未检业务为剖面，通过对未检办案数据的量化调研，来展示检察办案数据量化的方法和途径。之所以选择未检业务，主要基于其代表性。因未检办案实行"捕、诉、监、防"一体化工作模式，并积极探索涉未成年人民事检察监督，几乎囊括了检察机关最为核心的业务，使得我们在整个检察办案数据的量化问题上得以管中窥豹。

（一）未检办案的特殊性及数据量化的特殊要求

1. 未检办案的特殊性

未成年人刑事诉讼程序在刑事诉讼中属于特别程序，程序理念、适用原则、具体制度都与普通诉讼程序截然不同。这就决定了未成年人检察办案工作也与其他检察办案工作存在明显不同，具体表现为：

（1）办案流程全覆盖。由于实行"捕、诉、监、防"一体化工作模式，且已开展监护权、抚养权民事检察监督探索，未检办案不只是"串联式"案件流转模式中的一环（见图一），而是涵盖了整个流转过程（见图二）。

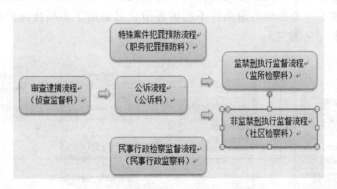

**图一：一般检察办案流程运作示意图**

未检部门受理一起案件，往往需要经历多个独立的办案流程，甚至可能同时处于几个独立的办案流程，呈现交织特点。以监护侵害案件的办理为例，依次要经过审查逮捕（含提前介入）、公诉、执行监督等流程，在公诉流程的进行中，同时又启动了民事检察监督流程。一个完整的案件办理过程，既有串联

式特征，又有并联式特征。

图二：未检办案流程示意图

（2）办案环节、内容复杂化。由于执行未成年人特殊保护政策需要，未检办案内容不仅限于事实、证据审查和法律适用，还需严格落实各项特殊检察事项，以及延伸办案开展大量罪错青少年特殊预防与矫正工作，故办案流程较一般刑事案件办案流程要复杂得多。其复杂性不仅体现在每个基本流程下的办案环节更烦琐，且各个办案环节的工作内容也更丰富。比如，同样是公诉流程，适用未成年人特别程序的案件在"审查起诉"与"不起诉/提起公诉"环节间，增加了一个机动的附条件不起诉环节，且新增了多项特殊检察工作和办案延伸工作（见图三）。

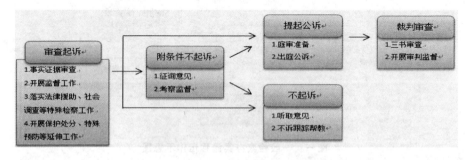

图三：未成年人特别程序案件公诉流程示意图

（3）办案线程长、流转慢。由于未检部门坚持"教育、感化、挽救"理念，以改造人而非办结案为工作目标，故办案过程中融入了大量特色性的帮教考察内容。这些帮教考察内容均设置了一定时间的考察期限，不可避免地延长了办案的线程。比如，被取保候审的未成年人必须经过1—3个月的观护帮教期，如果最终作出不起诉的处理，还要经过1—3个月的不诉跟踪帮教考察。如果是经过了附条件不起诉的监督考察后，再作出不起诉的处理，从受案到案件最终完结，往往需要经过一年半以上的周期。从上海未检部门贯彻"少捕、慎诉、少监禁"司法政策的情况来看，绝大多数的案件办理都呈现出前述线程长、流转慢的特征。

2. 未检办案数据量化的特殊要求

通过上述分析足以判断，未检办案外延广、内涵足，不能简单地以办理批捕案件数或公诉案件数的多少来对比评价。然而目前，无论是办案数据录入、数据抓取还是最终的量化考核评价，既没有反映出未检办案的实际工作量，也没有体现出未检办案的特色。以统一业务应用系统对未检办案的数据采集为例，仅有涉罪未成年人法律援助、社会调查、附条件不起诉三项特殊检察数据被纳入其中，其他大量涉罪未成年人的特殊检察数据、未成年被害人的特殊检察数据及延伸工作数据均处于空白。而这些恰恰是体现未检办案工作量、专业特色的数据内容。

因此，在对未检办案开展数据量化和业务评价时，必须尊重其办案特点。首先，量化数据范畴应当涵盖各个办案流程，且独立抓取、计算。比如，纳入本辖区的社区矫正未成年罪犯，即便系在其他辖区判刑，对其开展的社区矫正监督工作仍应独立评价，计入监督工作数据。其次，量化数据应当充分反映未检办案工作量和工作特色，并将部分办案环节、内容独立量化评价。比如附条件不起诉虽为公诉流程的一个环节，但无论从其工作量和程序价值来看，都应被独立评价。最后，数据量化应当摒弃效率导向数值，不应以案件是否快结快办作为未检办案的评价标准。比如目前的上海市检察机关业务分析系统，仍将办案效率指标作为未检办案的监控指标之一，是缺乏实际意义的。

（二）未检办案数据量化的具体方法

量化是一种形式的转化，是标准化的表达方式，同时也是筛选信息的过程。量化的前提在于明确主体目标任务，基础在于整合一个数据库，关键在于形成一个统一的、同质的量化标准，最终才能科学地应用于管理和评价体系。从这个意义上说，未检办案数据的量化步骤涉及三个层面：一是明确未检办案的主体目标任务；二是厘清未检办案数据范畴，建立数据库；三是形成科学量化标准。

1. 明确未检办案两大职责四项目标任务

课题组认为，检察机关办理涉未成年人案件基于两项基本职责：一是履行法律监督职责，并在此职责的指引下行使审查逮捕权、公诉权、法律监督权

（狭义）等检察权①；二是履行社会管理职责，作为司法保护责任主体参与未成年人权益保护与犯罪预防。

按照这两项职责，我们可以大致将未检办案分为两类性质的工作，即刑事办案工作和未检特色工作。刑事办案工作主要内容是案件审查和法律监督；未检特色工作主要是落实未成年人司法保护制度和开展延伸保护工作。相对应的，又具体可以分解为四大目标任务：（1）基础办案任务，即涉未成年人刑事案件的逮捕审查和公诉审查任务；（2）诉讼监督任务，即涉未成年人刑事案件的立案监督、侦查活动监督、审判监督、执行监督等任务；（3）特殊保护任务，即涉罪未成年人司法保护任务和未成年被害人保护救助任务；（4）特殊预防等延伸工作任务，即开展罪错未成年人的行为矫正与犯罪预防等任务。需要说明的是，由于未检部门探索涉未成年人民事检察监督只是部分地方实践，且范围局限于涉案未成年人的抚养权、监护权救济。对于这类民事案件，因民事诉讼法未赋予检察机关对非公益损害案件的支持起诉权，未检部门的干预手段有限，多为告知、督促责任主体起诉和提供诉前帮助。基于这一考虑，本课题暂不将未检部门的上述探索归入成熟的民事行政检察监督范畴，而定义在办案延伸工作领域。当然，未检部门在工作中并不限于上述四项任务，还承担了一般预防（如开展法治进校园等宣传活动）、综合治理（如开展禁止未成年人出入酒吧、网吧等营利性场所联合执法行动）等任务，但因不属于"办案"概念范畴，不在此列。

## 2. 厘清未检办案数据范畴

未检办案的四大任务目标，框定了未检办案数据的大范围，可以包括四大类别：基础办案数据、诉讼监督数据、特殊检察数据、延伸办案数据。在性质上，基础办案数据与诉讼监督数据属于刑事办案工作数据，特殊检察数据与延伸办案数据属于未检特色工作数据。这四大类别同时也涵盖了未检办案的全部流程，符合未检数据量化的特殊要求。

为进一步体现未检办案内容的丰富性和特殊性，有必要通过筛选提炼，确定每一类别数据的具体范畴。在筛选的过程中，需要剔除以下几类数据：（1）属于基本诉权保障的规范性办案行为，如法律援助、法定代理人或合适成年人到场、分案处理、犯罪记录封存等。这些办案行为是遵循刑事诉讼法的程序性要求，落实对未成年人诉讼权利的保障，如不执行这些程序性规范要求，将属于办案质量问题。（2）属于其他检察业务部门的职能工作内容的

---

① 法律监督权有广义和狭义之分。有学者认为检察机关是宪法赋予的法律监督专门机关，检察权就是法律监督权，公诉权、批捕权均属于法律监督权中的诉讼监督权范畴。而狭义的法律监督权仅指侦查监督、审判监督、执行监督、民事行政监察监督等权力。

办案行为，如司法救助、羁押必要性审查等。根据检察业务部门的职能区分，未检部门在收到上述申请和线索时，将移送控申、监所等部门具体办理。（3）为审查、决策服务的基础行为或办案环节分解动作，如证据复核、阅卷、征询意见、出庭公诉等。这些行为或动作虽不具有独立意义，但均为工作量的组成部分，在累计数量较大的情况下，确有必要通过一定的折算，计入承办检察管的办案评价中。只不过，这些行为和动作的工作量往往与案件疑难复杂程度成正比，故可以通过案件权重系数设计将其折算评价，而无须再提炼作为单独的办案数据类别。按照上述数据筛选原则，本课题汇总归纳了未检办案数据分类与明细。

3. 形成科学量化标准

对未检办案的评价，应当从三个维度进行：（1）工作量维度。虽然办案数量是体现工作量的一个重要指标，但不是唯一指标。尤其是未成年人刑事诉讼程序的特殊性，决定了同样受理一件难易程度相当的公诉案件，未检部门的工作量要大于公诉部门。工作量维度的测算有众多途径，但时间是相对容易形成统一认识的单位。虽然办案工作用时存在个性化差异，但办案流程存在法定期限约束的情况下，这种个性化差异对测算结果的影响是有限的。（2）质量维度。体现在基础办案无实体和程序瑕疵，特殊检察、延伸办案工作体现规范性要求。质量维度的测算依赖于第三方客观的评查，以分数高低来实现。（3）效果维度。是在符合基本规范上的更高要求，与检察官主观能动性的发挥密切相关。比如监督线索的发现、保护处分线索的发现、亲职教育线索的发现等，都依赖于检察官的责任心和专业度。效果测算的途径，可以通过中立第三方评分来实现，也可以将体现效果的诉讼监督、延伸办案等工作"案件化"来进行差异比较。

（三）基于工作量维度的未检办案量化数据特征

三个维度中，工作量维度是相对比较容易测算，能有数据支撑的。为此，我们在全市未检条线开展了一次检察官办案工作量测算调研，根据未检部门办理案件的类型设计相应表格，以统计包含基础办案、诉讼监督、特殊检察、延伸办案在内的各项工作数据。共回收样本 145 份，其中，成年人侵害未成年人案件样本 48 份，未成年人犯罪案件样本 97 份（成年人、未成年人共同犯罪案件样本 49 份）。通过对样本数据的比对分析，可以发现未检办案量化数据的基本特征。

1. 刑事办案工作数据与未检特色工作数据分布情况

目前，上海未检部门已将办案对象扩大，既受理未成年人犯罪（含成年人、未成年人共同犯罪）案件，又受理成年人侵害未成年人的犯罪案件。从统计数据来看，在这两大受案类型中，未检检察官在刑事办案与未检特色工作上的比例分配呈现不同特点。

在未成年人犯罪（含成年人、未成年人共同犯罪）案件中，未检特色工作普遍占比较大，参与度较高。在被害人同样是未成年人的情况下，基于双向保护需要，未检特色工作的参与度会更高。以样本数据为例，对未成年被告人开展未检特色工作平均每案需要耗费的单位时间约为 1481 分钟/人，约占全案工作量的 21.6%。每增加一个未成年被害人需要耗费的单位时间约为 199 分钟/人，约占全案工作量的 3%。

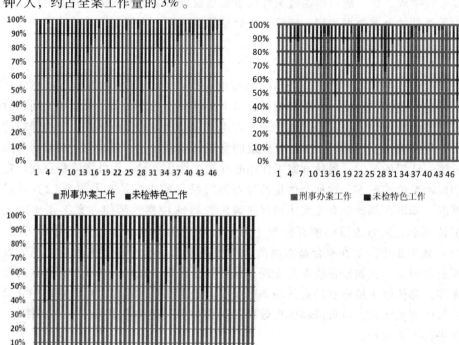

在成年人侵害未成年人案件中，未检特色工作占比普遍较小，参与度较低。以样本数据为例，对未成年被害人开展未检特色工作平均每案需要耗费的单位时间为 647 分钟/人，约占全案工作量的 13.68%。但在监护侵害犯罪等特殊案件中，延伸办案工作占比非常突出，几乎都在 40%—50% 的区间内。

2. 未检办案四大类别数据分布情况

根据样本统计，在成年人侵害未成年人案件中，四大类别办案数据的平均占比分别为：基础办案数据占 76.22%、诉讼监督数据占 5.75%、特殊检察数据占 7.8%、延伸办案数据占 6.07%。在未成年人单独犯罪案件中，上述四类办案数据的平均占比依次为 68.86%、2.15%、27.16% 和 1.03%。在成年人、未成年人共同犯罪案件中，上述四类办案数据的平均占比又依次为 68.89%、1.11%、29.73% 和 0.74%。

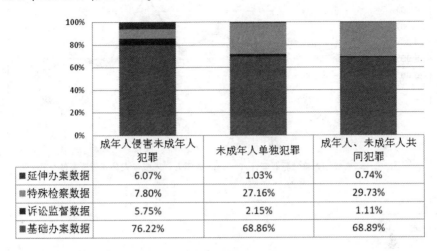

| | 成年人侵害未成年人犯罪 | 未成年人单独犯罪 | 成年人、未成年人共同犯罪 |
|---|---|---|---|
| ■ 延伸办案数据 | 6.07% | 1.03% | 0.74% |
| ■ 特殊检察数据 | 7.80% | 27.16% | 29.73% |
| ■ 诉讼监督数据 | 5.75% | 2.15% | 1.11% |
| ■ 基础办案数据 | 76.22% | 68.86% | 68.89% |

**未检办案四大类别数据分布情况**

3. 未检特色工作数据分布情况

根据样本统计，在成年人侵害未成年人案件中，心理测评与疏导、法律援助、亲职教育的工作量占比在各项未检特色工作数据中位列前三位，分别为 24.95%、17.76% 和 8.61%。

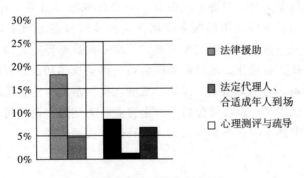

法律援助

法定代理人、合适成年人到场

心理测评与疏导

**成年人侵害未成年人案件**

在未成年人犯罪案件中，无论是否共同犯罪案件，各项未检特色工作的占比都是趋于一致的。其中，附条件不起诉、取保候审观护帮教、心理测评与疏导的工作量占比居于前三。

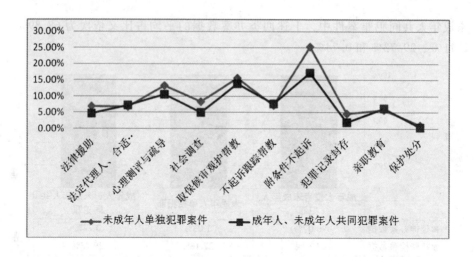

## 结　语

明确检察办案是检察办案数据科学量化的前提和基础。应对检察办案进行科学界定,紧密围绕法律监督这一基本职能,将符合办案特点的检察工作划入检察办案的范畴,进而合理界定办案数据的范围,并将该范围与各种载体中的数据进行比对,完善所缺失的检察办案数据,在数据识别、数据抓取、数据效果展示、数据分析运用等方面对检察办案数据予以科学量化。希望通过合理界定办案及办案数据定义、全面抓取数据、充分体现监督效果、有效运用数据,进一步强化数据对领导决策的服务作用,全面体现检察办案工作量与工作成效,使检察机关法律监督职能更加突出,检察办案数据界定更加科学,检察办案数据体系设计更加优化,最终形成符合司法活动规律和检察权运行规律的科学数据量化体系,为推动检察工作科学发展、贯彻落实司法责任制要求提供有力保障。同时,本文注重实证分析,以未检业务为剖面,通过对未检办案数据的量化调研,来展示检察办案数据量化的具体方法和途径。

# 电信诈骗犯罪实证研究[*]

## ——以刑事法律适用为视角

上海市人民检察院第二分院课题组[**]

近十多年来，伴随着我国金融、通信业的快速发展，以电话欠费、银行卡消费、冒充司法人员等花样多变的虚假信息为饵进行的电信诈骗犯罪日益增多，且呈现出快速高发、愈演愈烈的态势，成为社会热点问题之一，严重危害着人民群众财产的安全和社会的和谐稳定。我国大陆和台湾地区，电信诈骗犯罪已经成为发案量多、社会危害面大的侵财类犯罪。司法机关持续开展打击治理电信违法犯罪专项行动，取得了一定的成效，但由于当前社会管理各个环节还存在不少漏洞和问题，在社会高速发展的大背景下，电信诈骗犯罪在今后一段时间内仍然会处于高发状态，电信诈骗犯罪手法也在不断翻新，呈现出组织化、专业化、职业化的特点，打击难度不断加大，司法机关常常面临破案难、固证难和法律适用难等问题，亟待加强研究并予以有效应对。

## 一、电信诈骗犯罪的定义、现状及社会危害性分析

### （一）电信诈骗犯罪的定义

电信诈骗并非我国现行刑法规定的具体犯罪类型，学界对于电信诈骗的概念认定也更多基于司法机关在实务中针对利用电信手段实施诈骗行为的一种犯罪类型统称，然而对电信诈骗犯罪内涵的理解却不尽一致。要明确何为"电信诈骗"，首先要明确何为"电信"。关于"电信"的内涵，在文义表述上，据《现代汉语词典》所述，"电信"即利用电话、电报或无线电设备传递信息

---

[*] 上海市检察机关 2017 年重点研究课题。

[**] 课题组负责人：顾晓敏；课题组成员：程金华、吴山青、杨志国、梅屹松、孙慧芳、黄翀、马超逸。

的通讯方式，又称为"电讯"。① 全国科学技术名词审定委员会对"电信"也作出了定义，是指在线缆上或经由大气、利用电信号或光学信号发送和接收任何类型信息（包括数据、图形、图像和声音）的通信方式。参照我国 2000 年 9 月 20 日国务院第 31 次常务会议通过且施行的《电信条例》第 2 条之规定，电信是指利用有线、无线的电磁系统或者光电系统，传送、发射或者接收语音、文字、数据、图像以及其他任何形式信息的活动。这种活动表现为电信业务经营者提供各种电信业务的行为，比如电话服务、电报服务、数据服务、图像服务以及多媒体通信服务等。实践中，犯罪嫌疑人利用上述电信服务实施的诈骗犯罪行为，被称为电信诈骗犯罪。进入 21 世纪以来，犯罪分子先后在不同时期利用拨打电话、手机短信、网上聊天等多种方式实施诈骗，我国台湾地区及大陆学界曾出现过诸如电话诈骗、短信诈骗、网上诈骗等多种新型诈骗形式的表述。然而，上述诈骗形式实质均属于利用电信服务内容之一进行诈骗犯罪。课题组认为电信诈骗犯罪的概念应该是指以非法占有为目的，利用固话通信、移动通信、网络通信等电信服务工具和手段，通过传递文字、图像、声音等具有欺诈性的虚假信息内容，非接触地骗取和占有他人公私财物的犯罪行为。因此，电信诈骗犯罪的基本属性是利用人们物理时空间隔和现代通讯技术便捷发达而产生的诈骗犯罪，并非新型犯罪。

（二）电信诈骗犯罪的现状

1. 国内电信诈骗犯罪现状

（1）电信诈骗犯罪发展概况。20 世纪末以来，随着我国金融、通信产业因为互联网提供的新发展条件，得以前所未有的快速发展，电信诈骗迅速在国内发展蔓延，成为近年来发展蔓延最为迅速的侵财型犯罪，给人民群众造成了巨大的财产损失。这种由台湾地区辐射至大陆地区的犯罪形式，最初发端于福建一带，随后逐步向沿海地区乃至全国范围蔓延。此类犯罪的手法更新速度相当迅速，2005 年爆发时还主要以消费短信形式为主，2006 年时演变为冒充熟人骗取汇款，2008 年又出现冒充电信客服或者司法工作人员以电话欠费、账户不安全等欺诈名目，现有发生案件的诈骗手法已达 48 种，新的犯罪手法还在不断出现，让人防不胜防。加之远程的非接触式诈骗方法，较之传统的街头诈骗，受害人往往连骗子的面都没见过，巨额钱款瞬间就被骗走，案件的侦破难度相当之大。

（2）各地案件案发概况。据统计，2008 年，仅北京、上海、广东、福建

① 《现代汉语词典》，商务印书馆 2004 年版，第 283 页。

四省市因电信诈骗被骗资金达 6 亿多元；[1] 2009 年，仅北京市就发生电信诈骗案件 1 万多起，被骗资金 3.2 亿元。2009 年以来，一些地区电信诈骗案件持续高发，诈骗手段不断翻新，当前此类犯罪仍十分猖獗，有增无减，发案、被骗金额逐年上升。如福建省此类诈骗案件从 2009 年度的发案 1.4 万起，被骗 1.7 亿元；2010 年度发案 1.5 万起，被骗 2.9 亿元；持续上升至 2011 年度的的发案 2.2 万起，被骗 3.8 亿元。[2] 据浙江省公安厅案件系统的资料显示，2005 年电信诈骗案件发案数为 556 起，随后该类案件发案数逐年攀升，2009 年以前每年仅发生数千起，2009 年为 7653 起，2010 年飙升至 11172 起，至 2011 年电信诈骗案件发案数已经飙升至 18480 起，2012 年 1 月至 8 月电信诈骗案件发案数为 10458 起。[3] 相较于 2005 年的案件数，七年来电信诈骗犯罪案件数量增加了 32.2 倍，呈逐年几何递增的高发势态。据报道，2013 年，全国电信诈骗案件共发案 30 余万起，群众损失 20 亿余元；2015 年，全国公安机关共立电信诈骗案件 59 万余起，同比上升 32.5%，造成经济损失 30.2 亿元。仅 2016 年 8 月一个月内就发现诈骗电话 4.45 亿次，全国从事电信诈骗的人数达 160 万人以上。

（3）本市案件主要分类及分布情况。2016 年 1 月 1 日至 2017 年 6 月 30 日，全市共接到电信诈骗犯罪报案 54097 起，涉案金额 14.74 亿元；其中立案 28183 起，案值 13.2 亿元，破案 6551 起，抓获犯罪嫌疑人 2435 名。在接报的案件中，超过 100 万元的案件有 167 起，案值最高的 1300 万元，[4] 本市已经成为电信诈骗犯罪的重灾区。根据现有作案手法，本市电信诈骗案件大致可以分为 16 类，其中较为突出的类型主要有下列 7 类：

①假冒公检法类。一般为跨境犯罪团伙实施，利用任意显号软件或境外手机拨打被害人电话，以电话欠费、水电煤欠费、邮件涉毒等为借口，谎称被害人身份信息已泄露或涉嫌重大犯罪，迫使被害人为证明"清白"而将自己的资金转至所谓的"安全账户"接受"审查"，骗取被害人转入该账户中的所有钱款。

②假冒 QQ、微信好友类。犯罪嫌疑人利用黑客技术盗取用户 QQ 或微信，并冒充该用户对其好友、同事等以个人借款、公司汇款等名义实施诈骗，其中

---

① 《北京等四省市 2008 年因电信诈骗被骗逾 6 亿元》，载《都市快报》2012 年 4 月 15 日。

② 郑震、肖宏斌、林世钧：《福建省电信诈骗犯罪研究》，载《福建警察学院学报》2011 年第 5 期。

③ 数据统计源自浙江省公安厅案件信息应用系统，2005 年至 2012 年 8 月间浙江省电信诈骗犯罪案件发案记录情况。

④ 数据统计源自上海市公安局刑事侦查总队。

针对财务人员所实施的诈骗，涉案金额较大。

③假冒客服类电信退款诈骗。通过非法获取被害人在电商平台的注册信息，使用任意显号软件显示电商客服电话，谎称被害人账户出现异常将被定期扣款，指示被害人前往银行 ATM 机进入英文界面输入"解除扣款服务密码"实施诈骗。近年来还出现了谎称商品存在质量问题可予以退款，以"退款链接"非法获取被害人资金账户信息或以"退款二维码"骗取转账的电信诈骗犯罪形态。

④兼职刷信誉类。通过网络媒介发布介绍信息，虚构可以通过帮助某电商店铺、购物网站"刷单"以获得返现，诱使一部分欲图不劳而获的被害人上当，骗取钱款。

⑤冒充熟人、领导类。通过"猜猜我是谁"为典型开场白，诱导被害人主动"回忆"某位熟人，冒充该熟人前来拜访，并在次日中途以遭难为名，诱使被害人向指定账户转帐。近年来，该手法出现升级版，在获取被害人个人信息后，通过报出被害人姓名，冒充领导要求办事，进而骗取被害人的钱款。

⑥盗用邮箱类。又称"尼日利亚式诈骗"。犯罪嫌疑人通过使用木马软件等形式，获取跨国企业间邮件往来内容，注册与卖家相似邮箱地址并在双方交易前向买家发送"催款"邮件，诱导被害公司将钱款转入涉案账户。

⑦网络购物类。以网络电商面目出现，以低于市场价的价格向公众"推销"商品、收藏品甚至走私商品，引诱被害人轻信后，再冠以运费、设备费等名义骗取钱款。

2016 年 1 月以来本市具体案件分类、案值分布如下表：

| 案件类别 | 接报数（起） | 案值（万元） |
| --- | --- | --- |
| 网络购物类 | 9134 | 6104.8 |
| 冒充客服类 | 9069 | 14563.5 |
| 兼职、刷信誉类 | 7718 | 8105.9 |
| 假冒 QQ、微信好友类 | 4054 | 17354.2 |
| 假冒熟人、领导类 | 3753 | 7354.1 |
| 假冒公检法类 | 2993 | 44942.5 |
| 伪基站短信诈骗 | 2394 | 4152.3 |

续表

| 案件类别 | 接报数（起） | 案值（万元） |
|---|---|---|
| 理财、贷款类 | 2019 | 11829.1 |
| 办理信用卡类 | 1049 | 1254.3 |
| 机票退改签类 | 716 | 1164.7 |
| 虚假中奖类 | 702 | 1157.4 |
| 房东短信类 | 619 | 442.7 |
| 盗用账号、邮箱类 | 300 | 8041.4 |
| 冒充黑社会敲诈勒索类 | 257 | 516.6 |
| 重金求子类 | 33 | 93.7 |
| PS 图片类 | 8 | 49.8 |

2. 电信诈骗案件的主要特点

（1）犯罪主体呈现出地域性、年龄轻、学历高、女性多的特点

电信诈骗犯罪主体呈现出鲜明的地域性特点。其地域性体现为，一些人通过电信诈骗犯罪谋取了巨额非法利益，周边人员就会仿效，结果导致该地区从事此类犯罪的人越来越多，并呈现出向外扩散的趋势。地域性尤为显著的地区除台湾籍人员主要从事假冒公检法类诈骗犯罪之外，非精确统计主要有广西壮族自治区宾阳县（假冒QQ好友类）、广东省茂名市电白区（假冒熟人、领导类）、福建省龙岩市新罗区（网络购物类）、湖南省双峰县（PS照片诈骗）、安徽省合肥市（推销假"收藏品、文物"诈骗）、辽宁省鞍山市（生产、销售"黑广播"）、河北省丰宁县（冒充黑社会诈骗）、江西省余干县（重金求子诈骗）、河南省上蔡县（冒充军人采购诈骗）、湖北省仙桃市（冒充公检法诈骗）等。

据统计，在本市 2016 年 1 月 1 日至 2017 年 6 月 30 日抓获的 2435 名电信诈骗犯罪嫌疑人中，21—35 周岁的 1764 名，占 72.4%，35 岁以上的 448 名，占 18.4%，20 岁以下的 186 名，占 9.2%，部分案件甚至出现了 18 岁以下未成年人参与犯罪，犯罪主体的年龄普遍较轻，有向低龄化发展的趋势。犯罪嫌疑人的学历方面，与一般犯罪有所区别，主犯文化程度较高，部分案件的主犯甚至具有大学、大专学历，高中以上文化水平的占 63.1%。在犯罪嫌疑人的性别上，也较其他犯罪类型有所区别，统计中发现，女性犯罪人员比例较高，课题组收集的本市 100 余起典型电信诈骗案例中，女性犯罪人员达 30 余名，

占 20.7%，远高于其他犯罪中女性比例。女性犯罪嫌疑人比例较高与该类犯罪多通过电话等方式实现，而女性拨打电话被接受和被信任的概率较高有关。

（2）犯罪非接触、隐蔽性强、类型多、手法翻新快

电信诈骗如此高发的重要原因之一就在于其作案的隐蔽性极强，其隐蔽性主要由于其无接触性。我国台湾学者认为"电信诈骗犯罪的强大'生命力'，首先源于它的非接触性"，① 均系利用电话、网络及金融汇兑等现代化科技设备作为犯罪工具而进行的远程非接触犯罪，是一种点对点或者多对点的诈骗形式。电信诈骗中的无接触性主要体现在两个方面：一是犯罪人与受害人无接触，二是犯罪团伙各成员间无接触。

诈骗类型从最原始的中奖诈骗、消费信息诈骗发展到现在的电话欠费、汽车退税、涉及案件等，涉及面非常之广，据不完全统计，诈骗类型有近 40 余种。专业化的较大规模的诈骗团伙所采用的诈骗借口大多经过精心设计、策划、分工、导演和表演。与其他诈骗案相比，诈骗分子智商高，编造的诈骗事由富有逻辑，环环相扣，逐步深入，程序设计严谨，细节掌握到位。同时将人的心理弱点挖掘得淋漓尽致，包括人的善良、急于远离案件、对法律惩罚的惧怕等。骗子们还表现出"富有同情心"，"问案"很"专业"，关键时候总能够说出到位的心理诱导和暗示的话，令人防不胜防。

作案手段还随着公安机关打击力度的加强而不断改变，仅仅转移赃款环节，从最早利用银行监管疏漏，使用伪造的身份证、他人身份证办理银行卡用于诈骗，演变为有专人办卡、收卡、卖卡。从某地破获的一起专门卖卡的犯罪团伙看，大部分的卡由进城务工人员办理，后被犯罪团伙由专人以几十元不等的价格收走，其中还有的来自在校大学生，这值得高度关注。由于案件持续高发，银行逐步采取了严格的防范措施，如网银需要认证，银行汇款有人提醒、汇款延迟到账等，但很快犯罪嫌疑人又改变作案手段，通过木马软件直接操作受害人账号、在境外远程操控其账户。当警方加大了对 ATM 机的监控，犯罪嫌疑人取钱很快就转向了中小城市。从目前破获的系列案件看，已经形成一定规模的"专业"转移赃款的犯罪团伙，目前专业化强的跨境犯罪团伙多雇用正式注册的公司为诈骗团伙提供取款、转账、洗钱服务。

作案形式随着科学技术的变化而变化。最初电信诈骗犯罪只是用短信群发器购买用户资料群发短信，而现在已普遍使用伪基站、任意显号软件、显号电台等，成了一种高智慧型犯罪。群发短信的模式也发生了变化，目前已经有专

---

① 邵明仁：《从个案研究论两岸合作共同打击经济犯罪》，台北中山大学中国与亚太区域研究所 2011 年硕士学位论文，第 2 页。

门的群发公司按照"客户"的要求发送信息，并且发送对象按照电信的号段进行。也有专门以不同名义注册的公司用来为多个诈骗团伙同时提供群发短信或者打电话服务，按照诈骗数额进行不同环节利润分成。这样就使得诈骗团伙头目很难被发现，且追赃更难。在刚刚过去的"双11"购物活动中，已经有犯罪分子通过分析电商平台和快递物流数据，有选择性地针对部分人群拨打诈骗电话，谎称被害人"双11"的在途购物包裹中发现伪造的身份证、银行卡等物品，被害人可能涉嫌犯罪，为了帮助被害人洗脱罪名或者配合调查，继而将电话转接至所谓的"公安部门"，以配合调查为名要求被害人在 ATM 机上输入编码，将被害人的卡内资金卷走。

（3）跨地域、集团式、组织化、专业化、职业化运作特征明显

据了解，近年来本市跨境电信诈骗发案量约占电信诈骗总量的 20%、涉及金额约占 40%，且逐年上升。犯罪嫌疑人将电话机房、服务器设在境外，且由境外运营商接入；网银转账在境外实施，且 IP 地址大多为境外；赃款直接于境外提取，或通过国际汇兑、地下钱庄汇往境外。如某区院办理了台湾籍犯罪嫌疑人萧某某特大假冒电商跨境电信诈骗案①，萧某某将机房设置在越南胡志明市，雇用 20 余人在越南冒充京东、淘宝等电商客服人员向大陆被害人实施诈骗，并指使人员在台湾地区通过网银转账，后将赃款汇至越南，整个犯罪行为过程仅被害人受骗转账汇款行为环节发生在境内。即使是国内的电信诈骗团伙，往往也是在一地设立诈骗电话拨打和信息发布点，骗取异地被害人钱款后，再由分散于全国各地的取款人取款，作案地域往往横跨东西南北。

电信诈骗犯罪的组织性越来越高。组织性是有组织犯罪的本质特征②，在全球一体化的今天，各国放宽了出入境管制与高速发展的国际交通、通信和信息技术等因素的结合，一方面方便了各国之间的交往，另一方面也让电信诈骗跨国有组织犯罪集团对成员的选择变得越来越容易，选择范围和组织规模越来越大，成员之间的角色分工越来越明确，组织结构越来越紧密，大量电信诈骗团伙以公司等单位形式出现，甚至出现电信诈骗与"套路贷"犯罪中的小贷

---

① 萧某某诈骗案：2013 年年底起全国范围发现冒充"京东"电商、银行客服人员电信诈骗报案 238 起，总值达人民币 370 余万元，上海自 2014 年年初也发生同样的多起报案，经查发现转账、取款地点均在台湾，遂请台湾警方联合侦查；2014 年 7 月越南胡志明市警方查获电信机房，抓捕涉案成员 26 人，其中大陆 13 人移交北京西城公安分局，台湾 13 人移交台湾警方，台湾警方侦查发现系萧某某为首的电信诈骗团伙；2014 年 11 月，东莞市公安局协助黄浦公安分局在东莞市抓获萧某某等，并查扣萧某某财物价值人民币 50 万元、新台币 1000 余万元。

② 邱瑛琪：《有组织犯罪及其特征》，载《河南省政法管理干部学院学报》2002 年第 4 期。

公司勾结共同实施犯罪的案例，让诈骗行为披上"合法"经营外衣，更加具有迷惑性。诈骗犯罪集团有严密的组织，明确的分工，获取信息、拨打电话、伪造信用卡、网络转账、异地取款，各个阶段相互独立，各司其职；以组长负责制为基础，依业绩进行分成，甚至有些电信诈骗跨国有组织犯罪集团已注重从"长远"利益出发，增强队伍的犯罪能力，吸纳高素质、高技能的黑客"人才"，培训专业化的实施犯罪人员。

电信诈骗犯罪的职业化体现在：组织有序，统一指挥，分工负责，引进公司化管理机制，形成系列性诈骗案件。电信诈骗犯罪的运作模式主要是：诈骗集团的首要分子在幕后组织操纵整个犯罪实施，雇用人员为诈骗窝点搭设网络平台，提供电信服务器及改号服务；雇用人员负责发送诈骗信息，拨打诈骗电话并接听回拨电话；雇用人员赴各城市转款、提现，将赃款转至多个不同账户，最后通过地下钱庄转移，每个环节互不交叉，同一环节的人员之间互不交流，雇员不知道负责人的真实身份。近年高发的大额诈骗基本属于此类形式。此类诈骗主要是境内外勾结实施，从破获的案件看，骨干分子主要是台湾籍，服务器主要在东南亚国家，大量的钱款流向境外。

（三）电信诈骗犯罪具有极大的社会危害性

1. 侵害面广，手段便利，犯罪容易得逞

从发案情况看，电信诈骗犯罪已经由原来沿海高发向内陆大中城市蔓延，目前已经延伸到全国各地。诈骗短信充斥手机屏幕，诈骗电话层出不穷，只要是使用手机和网络的人，几乎都收到过诈骗短信，接到过诈骗电话，其数量之多、频次之繁，令人防不胜防。为了逃避侦查和抓捕，组织者往往将诈骗的话务环节转移到省外、境外甚至国外。从作案条件来看，电信诈骗犯罪的多个任务的可分性，也使得电信诈骗犯罪可以跨省、跨境、跨国进行，加之现今网络技术被广泛应用，使得电信诈骗犯罪呈现多地犯罪、一处受骗的态势。犯罪分子往往在境外向其他某国（地区）实施诈骗，逃避侦查和追诉。如"11·30""3·10"特大电信诈骗案件，犯罪窝点遍布马来西亚、印尼、柬埔寨，受害国（地区）基本为中国大陆、中国台湾、韩国等地。

被害人分布广。被害人群体不断扩大，遍布各社会阶层及年龄阶段。在本市电信诈骗案件的受害人中，年龄最大的60多岁，最小的约30岁。受害人群分为特定人群和不特定人群，绝大多数电信诈骗犯罪所侵害的群体具有很广泛的特点，而且是非特定的为主，既有普通民众也有企业老板、公务员、学校老师等。但也有一些诈骗是针对特定人群。从被骗的对象看，多为城市居住的人，这与城市居住的人易于沟通、多使用银行卡等因素有直接的关系。被侵害对象以女性居多，占发案总数的70%左右，其中年龄为40岁左右的中年女性达60%多。

2. 犯罪成本低、收益高，容易引发不良倾向者加入

从某种程度上来说，电信诈骗犯罪"成本低、收益高、风险小"。一间房间、一部电话、几台电脑，再招募一些低收入人群发发短信、打打电话，就可以轻松骗得几十万、上百万元，犯罪成本与收益之间存在高收入比，且简单易于模仿，容易引发不良倾向者积极加入，家族式、地域式、公司化的犯罪模式，让电信诈骗犯罪不断蔓延。而电信诈骗犯罪内部出现高度职业化、组织化趋向，外部与灰色产业群相互勾连，俨然构成了一条完整的产业链、经济链，各种利益交织牵连，犯罪集团拥有了系统的信息链、技术链、通讯链和资金链，建立起了相对固定的合作关系，形成了犯罪生态链条，这也是电信诈骗犯罪屡禁不绝的主要原因。

3. 引发社会心理不安和社会动荡，破坏诚信体系

实践中，电信诈骗犯罪还使得其他违法犯罪行为有了新的市场和生存土壤，衍生大量违法犯罪地下黑产业链，破坏社会诚信体系。一是电信诈骗犯罪嫌疑人的不断作案，使得制作假证贩子拥有了新兴"市场"，导致制作贩卖假证行为泛滥。二是电信诈骗犯罪嫌疑人为获取部分目标对象的个人信息，不惜向金融机构、电信业、快递公司、补习班、大卖场、书店、杂志社、医院、诊所及其他相关单位购买、贩卖个人信息资料，公民个人信息有了出售的"市场"，也导致部分金融、电信机构、快递物流等企事业单位的职员，利用职务之便窃取单位内部的用户个人信息资料向犯罪嫌疑人转卖。三是部分电信诈骗犯罪需要通过发送短信的方式诱使被害人拨打诈骗电话或者点击虚假网络链接，这又让使用伪基站发送诈骗短信成为一个新兴"产业"。四是随着电信诈骗的猖獗，伪造、贩卖银行卡已经成为一种新的行业。① 除此之外，由于电信诈骗犯罪的涉案金额巨大，犯罪团伙通常通过地下钱庄进行洗钱，并以化整为零的方式通过 ATM 机取款，使得地下钱庄洗钱犯罪和专职通过信用卡和 POS 机刷卡等方式取款等违法犯罪行为有了新的生存土壤。

案发数量大，涉案案值惊人，危害严重。自 2010 年起，公安部先后督办并侦破了"10·1·1""8·10""11·30""3·10""9·28"五起特大电信诈骗案件，成功摧毁了六个跨国跨两岸的电信诈骗集团。其中"10·1·1"专案涉案金额达 3600 余万元；"8·10"专案涉案金额达 4900 余万元；"11·30"专案涉案金额达 1.4 亿元；"3·10"专案涉案金额达 7000 余万元；"9·28"专案涉案金额达 2.2 亿元。而另据不完全统计，仅 2016 年，全国被骗金额达 40 亿以上，其中个案最高值达 2400 万元。2015 年市电信诈骗案件造成损失 15.1 亿元，2016 年为 10.4 亿元，2017 年上半年为 4.3 亿元。2016 年以

① 王纳：《新"行业"：银行卡中介》，载《广州日报》2009 年 12 月 14 日第 21 版。

来，接报案件均值达到了 2.7 万元。与传统的诈骗罪相比，电信诈骗犯罪作案时间迅速，诈骗数额巨大，动辄就是几十万、上百万甚至数千万元，使受害人瞬间蒙受巨大财产损失，严重威胁公民财产安全。大量被害人财产被骗，严重影响社会稳定，甚至出现徐玉玉被骗后死亡的极端案例，引发社会不安和动荡。

任何事物和现象都有一个发生和发展的过程，刑事犯罪是社会各种消极因素的综合反映，电信诈骗犯罪的增多是由经济社会发展和刑事犯罪规律所决定的。当前我国仍处在经济社会转型期，利于刑事犯罪产生和存在的各种消极因素较多。社会管理的各个环节存在不少漏洞和问题，为犯罪的发生提供了可能。电信、金融、电子支付领域，都存在一些监管漏洞和缺位，司法协作机制不健全，跨国跨境跨省的犯罪特点加大了打击犯罪的成本，司法机关面临跨区域侦查和电子证据提取周期长、成本高、难度大，涉案赃款不能及时冻结、无法追回，以及涉及域外国家（地区）等问题，导致电信诈骗犯罪嫌疑人极少受到惩处。这些因素都将导致电信诈骗犯罪在未来很长一段时间内仍然会处于一种高发的状态，将以多种形式、手段继续存在，并且随着社会的发展以及科技的进步，犯罪手段会不断变化升级。

## 二、电信诈骗犯罪刑事司法的难点与困境

### （一）侦查打击方面的问题

#### 1. 抓捕难

电信诈骗犯罪通常在远程、非接触式的情况下完成，犯罪嫌疑人多使用 VOIP 网络电话和任意显号软件，往往难以追踪；且犯罪嫌疑人通常使用虚假的银行卡、手机卡，一旦作案成功就会立即丢弃、销毁，致相关信息难以获取。因此，如何准确锁定和全面追逃犯罪嫌疑人，是困扰侦查机关的一大难点。再加上电信诈骗案件涉及范围广，每侦办一起电信诈骗案件就要耗费大量的时间、人力、物力和财力，很难实现侦查的效益原则，导致办案单位对侦办该类单个案件数额不高、影响不大的案件积极性不高。如本市反电信诈骗中心日均发出电信诈骗违法犯罪嫌疑号码预警 800—1000 次，基层派出所为排除上述嫌疑，日均出警 15 次以上，但能顺利找到疑似"被害人"的不到发出预警数量的一半，其中能顺利破获电信诈骗刑事案件的，更是寥寥无几，极大地挫伤了一线民警的出警积极性。且根据线索抓获的犯罪嫌疑人大多也处于电信诈骗犯罪链条的前端，比如办理并出售银行卡的犯罪嫌疑人、按照犯罪主要组织者布置搭建伪基站、拨打电话、发送诈骗短信的从犯，以及通过网银层层转账后款的犯罪嫌疑人，这些人往往只是整个犯罪的一部分，在主犯不能到案的情

况下，数额认定和定性困难，而侦办机关多为基层公安机关，缺乏足够的侦查能力和侦查资源，难以进一步开展侦查并将主犯顺利抓获，常常发生抓获的犯罪嫌疑人因定性和犯罪数额认定上的困难而无法报捕的情况，一定程度上也加剧了抓捕的难度。抓捕难的第二方面原因，是跨地域的犯罪模式，犯罪的组织者、实施者、赃款取款人等基本不在一地，甚至跨国跨境，住地更换频繁，单靠一地公安机关很难组织跨地域的抓捕，且只要抓获其中一个环节或一部分人，犯罪团伙成员立即作鸟兽散，难以顺藤摸瓜抓获全部团伙成员。跨国跨境抓捕更是涉及国际关系和司法协作，难度更大。在课题组调取的100余件近两年来破获的电信诈骗犯罪案件中，抓获全案犯罪嫌疑人的仅25件，不到全部侦破案件的1/4，抓捕难度之大可见一斑。如2015年1月至6月本市某区公安分局根据被害人报案立案电信诈骗案件555起，侦破仅95起。即使已经被抓获的犯罪嫌疑人，由于现有技术手段的差异，导致犯罪数额认定难，案件整体认定难，以致最终对电信诈骗犯罪的判决均较为轻缓。除主犯外，1年以下有期徒刑、拘役、缓刑、罚金成了电信诈骗犯罪常见的量刑。较低的法律风险，成为电信犯罪高发的重要原因。

2. 取证难

传统意义上的刑事案件强调现场获取直接证据，而电信诈骗犯罪是远程的、非接触式的，取证工作从方法途径到内容都发生了很大的变化。电信诈骗犯罪大量的证据来自网络、电信和金融机构的电子证据，这些证据多存在于程序、数据等无形的信息之中，很容易被更改和删除，再加上部分电子证据具有保存期限、本身容易灭失，公安机关调取相关证据程序烦琐、工作量巨大，使得取证工作困难重重。电信诈骗犯罪案件作案人实施诈骗所使用的网络电话、服务器大都设在境外，发起呼叫产生的网络数据包经过多级跳转接入国内模拟电话网，基于该种技术而生成的电子证据通常很难收集和固定。犯罪分子利用"伪基站"发送诈骗短信，设置专门程序将发送日志即时清零，或者租用境外网络服务器，被发现或查处后即刻关闭服务器，导致公安机关很难提取到系统数据证实发送信息数量。同时被害人报案后提供的犯罪嫌疑人的信息十分有限，电信网络诈骗犯罪的被害人遍布全国甚至全球各地，公安机关要收集全部证言非常困难，也难以将被害人陈述、犯罪嫌疑人供述等证据与待证事实完全一一对应。虽然涉及诈骗电话和涉案账户，但是这些电话和账户基本上是虚假或者一次性使用的，难以据此确定使用人。犯罪团伙成员之间分工明确，彼此之间不沟通、不联系，导致犯罪嫌疑人的供述很难相互印证。此外，涉案的银行卡分级使用，功能明确，很少交叉，使用一定时间后销毁，侦查很难获取全部犯罪证据，从而难以认定犯罪团伙完整、准确的涉案金额。由于调查取证工作中所获取的大都是间接证据，如果嫌疑人拒不供认，则难以形成完整的证据链条,有些案件就因为证据有所欠缺而不得不对犯罪嫌疑人起诉和判决的罪名作降格处理,甚至无法进行诉讼。如犯罪嫌疑人张某等 12 人诈骗案,因无法查证各犯罪嫌疑人实际拨打的诈骗电话数量,只能以犯罪嫌疑人供述每人每天大致拨打的数量及相关业务单据予以就低认定,以此仅能认定每人每天拨打20 次,再按照犯罪嫌疑人工作的实际天数乘以最低拨打数予以认定。而根据大多数犯罪嫌疑人的供述,其每天拨打电话的数量远远不止这一数字。根据这一数字,有两名犯罪嫌疑人,因工作时间为 20 余天,达不到司法解释规定的拨打 500 次的立案标准而不能予以刑事追诉。又如王某等 5 人诈骗案,查实认定的犯罪嫌疑人拨打电话数量达 5 万余次,现场查获的赃款达 49 万余元,但因被害人数量众多,且每名被害人被骗数额仅为 400—500 元,多数被害人的信息无法查证,导致最终认定被害人诈骗数额不到 5 万元,因诈骗未遂的量刑高于既遂部分,只能以诈骗未遂情节严重对被告人予以判决,相关被害人对此十分不解,对打击此类犯罪十分不利。

3. 固证难

此类案件证据固定上主要存在三方面的问题:一是收集、固定、转化证据难。电信诈骗犯罪涉及的电子证据源自电脑主机或笔记本电脑、语音网关、移动存储介质、手机、银行卡等,收集、恢复、固定和转化这些电子证据源中的电子证据需要具备一定的专业知识和设备,而侦查此类案件的基层公安分局和派出所,一般不具有相关技术人员和设备,侦查时往往需要请求专业的技术侦查团队协助,导致收集固定证据成为侦查的难点。二是及时调取难。在此类犯罪中,犯罪嫌疑人往往通过短信、QQ、微信等即时通讯工具进行联络,这些通讯数据对成功办理案件起着重要作用。但因目前调取该类通讯数据均存在一定的滞后性,无法及时调取,致使及时固定证据和深入侦查存在变数。三是鉴定难。个别案件因鉴定部门无法读取扣押设备内的数据,不能提供鉴定意见而无法认定相关犯罪事实。如马某扰乱电信秩序案,马某以使用伪基站的方式发送广告短信,被抓获后,在被扣押的设备送交鉴定后发现,现有鉴定设备不能读取马某使用的伪基站设备的历史记录,只能读取马某被抓获当天的短信发送记录,而马某当天刚刚打开设备不久即出现设备故障,在调试设备时被民警发现抓获,此时其设备的发送记录仅 256 条,而根据马某的供述,此前其已使用该设备发送短信数十万条,但因无法读取相关历史记录,能够认定的短信数量未达到立案标准,只能对马某作不批准逮捕。又如中国银联反欺诈服务中心对被写入境外银行卡信息的伪造银行卡是否具有鉴定资质,检法意见不一:一种意见认为,只要是在境内发行和使用的信用卡,中国银联即具有鉴定资质;另一种意见则相反,认为境外银行发行的信用卡,必须由境外发卡银行的管理机构进行鉴定,而这些机构和组织均位于境外,鉴定手续烦琐，往往导致鉴定经济和时间成本均过高，导致诉讼拖延，不利于对此类犯罪的打击。

4. 追赃难

目前根据公安机关破获的电信诈骗案件来看，追赃工作是电信诈骗案件的一大难题。之所以会出现追赃难，主要是因为赃款转移渠道通畅、赃款转移快捷。作案人诈骗得手后，将所得钱款通过冒用他人身份办理的银行卡或者从"贩卡人"手中所得银行卡设立的多级账户，利用网上银行进行快速、分流转账，短短数分钟就可以把数十万甚至上百万元赃款拆分到很多银行卡上，然后安排专人到不同的银行自助取款机上提现、转移或者通过国际电子汇兑、地下钱庄或其他渠道将赃款转移到境外。电信诈骗案件中的被害人被骗后，公安机关需要及时地对犯罪嫌疑人银行账户进行冻结，才有可能挽回受害人的经济损失。然而当前金融机构对银行卡及银行账户未完全落实"实名制"的严格审查，致大批量代办银行卡开户依旧存在。银行卡网银、U盾业务开办具有随意性，银行系统对多层级转账缺乏限制，对可疑账户资金非正常流转缺乏监控与报警，导致实践中，基层公安机关冻结涉案银行账户、查询银行记录非常不便，要到涉案银行卡归属地的银行提交法律手续后才能冻结涉案账户，至于电话银行和网络银行的记录还要等数星期后才能收到。公安机关很难做到对诸多银行账号的快速查询和冻结，这就给作案人成功、快速转移赃款提供了可乘之机。如本市公安局刑侦总队的反诈中心，虽然汇聚了国内主要的11家大中银行运行席位可以及时止付和追赃，但相对于数百家国内银行和在国内有业务分支机构的数十家国外银行来说，仍是杯水车薪，并不能及时阻断和追回所有电信诈骗犯罪赃款的转移。

（二）刑事法律适用方面的问题

为形成对电信网络诈骗犯罪打击合力，最高人民检察院与最高人民法院、公安部共同制定《关于办理电信网络诈骗等刑事案件适用法律若干问题的意见》（以下简称《电信网络诈骗意见》），该《意见》着眼于信息网络环境下如何对电信网络诈骗犯罪实施全链条、全方位打击，从入罪门槛、刑罚处罚、关联犯罪及帮助犯打击、依法确定案件管辖等方面予以全方位规定，是我国第一个对办理电信网络诈骗及相关刑事案件进行全面指导的刑事司法文件，有助于依法有力打击电信网络诈骗等犯罪活动，切实维护人民群众的合法权益，实现法律效果和社会效果的统一。但是通过分析电信网络诈骗犯罪的特点可以看出，电信网络诈骗犯罪手段花样翻新，侦查技术和司法认识不可避免地存在一定的滞后性，反映在法律适用上就存在犯罪数额确定难、共同犯罪认定难、管辖确定指定难、既遂未遂量刑难、关联犯罪认定难等五大难题。

1. 共同犯罪认定难

电信诈骗犯罪团伙因人数众多、分工负责、层级明确、流水线作业，且多是单线联系等特征，导致在认定共同犯罪的主观故意以及区分主从犯时，变得十分困难。对于电信诈骗犯罪团伙的组织者、指挥者以及主要实行行为人，认定主观故意是比较容易的。实践中不好认定主观明知的主要有两类：一类是刚刚加入诈骗团伙，拨打电话等实施直接诈骗行为时间不长的人；另一类是是实施外围行为的人，主要是实施帮助行为的人，如提供犯罪场所、服务器维护、诈骗网站设计、发送诈骗短信、获取被害人信息、伪造信用卡、手机卡以及取款等行为人，如果不能抓获主犯，这些犯罪只能作为扰乱电信秩序、非法获取公民个人信息、信用卡诈骗等案件处理，而无法作为电信诈骗的共犯处理。这些被告人往往辩解自己主观上并不知道是诈骗，如果没有其他证据予以印证，给案件的最终处理带来了很大的难度。司法实践中，不捕不诉的多为此类案件。在课题组调取的100余件典型案例中，5名不批准逮捕未受到刑事追究的犯罪嫌疑人均属于无法认定共同犯罪，而单独行为又无法予以独立刑法评价的情况。

2. 关联犯罪定性难

围绕电信网络诈骗犯罪已经形成了一条灰色产业链和利益链，其上下游犯罪涉及侵犯公民个人信息犯罪、信用卡犯罪、扰乱无线电通讯秩序犯罪等多个犯罪行为，既可能由多个行为损害多个法益，也可能由一个行为同时损害不同法益，电信诈骗犯罪及其关联犯罪罪数和罪名认定处断难。在案件定性方面，犯罪分子冒充国家机关工作人员在虚假来电显示的掩护下实施诈骗的案件中，行为人既严重损害了国家机关及其工作人员的威信及信誉，又骗取被害人数额较大的财物，造成对被害人财产权利的侵犯，司法实践中对其行为究竟应以招摇撞骗罪还是普通诈骗罪处断认定规则不一，莫衷一是。电信诈骗犯罪案件涉及诈骗罪、信用卡诈骗罪、窃取信用卡信息罪、非法经营罪、非法生产、销售间谍专用器材罪等多种罪名，办案中如何准确适用罪名，做到罪责刑相一致尚需进一步明确。

3. 犯罪数额确定难

诈骗犯罪作为侵财类案件，犯罪数额系定罪与量刑的关键要件要素之一，往往也是争议最大、难点最多的地方。如被害人的认定、既未遂数额的认定与计算，共同犯罪中数额的确定，供证不一致的犯罪数额的认定等，在司法实践中常常会遇到。被害人的确定直接关系到诈骗数额的认定，涉众电信诈骗案件由于采用异地、虚拟电话号码、针对不特定的陌生人实施的犯罪，作案手法较为隐蔽、转移也较为迅速，故即便被害人报案也难以与作案者对应起来，使被害人的认定成为此类案件的难点。以本市闵行区人民检察院近期办理的一起电信诈骗案为例：2013 年 2 月 28 日起，以李某为首的 34 名犯罪嫌疑人共同在本市闵行区金雨路、白樟路等地设立 4 处窝点，使用非法获取的大量台湾公民基本信息，通过拨打电话给台湾地区大量被害人，虚构被害人家属被绑架等事实，索要赎金，先后骗得被害人大量钱财。直至 2013 年 10 月 24 日案发，共计骗得折合人民币 1400 余万元。由于被害人均系台湾人，被害时间 4 个窝点均在实施诈骗，也无法排除其他未被查获的诈骗团伙实施，故难以判断系哪个窝点骗取的，给被害人的认定带来一定的难度。由于电信诈骗采取广撒网、快收割、多转手的手段，被害人被骗转账后，钱款迅速被转账到多个犯罪用的自然人账户中，随即被提现，再加上被害人报案不及时或者部分未报案，故案发后，仅从行为人账户中是难以查清其诈骗的次数、每次的金额与被害人，报案的被害人与嫌疑人诈骗的对象亦可能难以对应。如关某等 10 人诈骗一案，从开始自案发全国各地的被害人达数百人，涉及诈骗金额近百万元，但最终仅认定被害人 21 名，认定诈骗数额 22 万余元。又如于某等 144 人诈骗案，被告人利用虚假电话购物广告诱使被害人购买所谓的"收藏品"，骗得上万名被害人财物共计 3200 余万元。案件审查中，如此庞大的被告人和被害人数据，导致无法对所有被告人和被害人之间一一对应核实，只能根据公司有详细联系方式的订单和去重后的物流数据交叉对比后估算出犯罪数额，显然如此计算所得的数据不一定客观详尽，尤其是未报案部分被害人的被骗数额是否准确成为控辩双方争议的焦点，大大增加了犯罪指控的难度。

4. 既遂未遂量刑难

电信诈骗案件中，经常出现同一起案件中，既有既遂又有未遂的情形，且往往是查实认定了大量的未遂犯罪情节，未遂情节达到严重甚至特别严重；而由于查证的困难，既遂事实查实的情节不多，甚至出现量刑远远低于未遂事实的状况。此种状况下，全案如何认定，量刑如何确定，是刑事司法的突出难点问题之一。如果以既遂认定，则罪责刑严重不匹配，如果以未遂认定，不但会遭受被害人的质疑，量刑时也不能充分实现对既遂部分的评价，行为性质认定和量刑陷入两难境地。

5. 管辖确定指定难

犯罪分子借助网络平台发布诈骗信息，利用网络支付工具转移赃款，犯罪行为发生地和犯罪结果发生地均区别于传统犯罪，容易引起管辖争议。管辖争议主要集中在两个方面：一是争抢管辖。主要针对影响较大、犯罪数额大、犯罪嫌疑人人数众多的案件，或者是涉及跨地区的电信诈骗案件，各地公安机关均积极立案，浪费了大量的侦查资源。二是推诿管辖。对犯罪金额小、侦查难度大、犯罪全貌不甚明晰的案件，各地公安机关又会借故推诿，在考核的压力下，搞"不破不立"，不立案侦查，导致某些案件丧失了侦破机会，致使犯罪集团坐大，引起人民群众不满。此外，部分在侦查阶段经过指定管辖的案件，批捕、起诉和审判是否仍需要另行指定管辖，法律和司法解释的规定亦不明确，各地做法不一，也经常引起公检法三机关之间的争议。在案件管辖方面，地域管辖的有限性与犯罪区域的无限性之间的矛盾在跨国（境）电信诈骗犯罪侦办中表现得尤为突出。有的跨国电信诈骗案件中其他国家和地区因核心犯罪人员居于其境内而主张管辖权，如何合理解决管辖权也是侦查机关面临的棘手问题。

（三）协作机制方面的问题

1. 侦查机关之间协作存在障碍

电信诈骗犯罪侵害对象具有不确定性、人数众多，涉案地域广，往往一起案件涉及多个省市和地区。侦破一起电信诈骗案件的主办侦查机关，往往需要准备好各种法律手续到各地、各部门调查取证，不仅耗费了大量的人力、物力和财力，也不利于案件的及时侦破。虽然《公安机关办理刑事案件程序规定》中对侦查协作的内容作了明确规定，但能否充分发挥公安机关协同作战、整体合力的作用，还取决于各地公安机关是否真正树立了"大侦查"意识，能否积极、认真地配合和执行。另外，司法实践运作中，电信诈骗犯罪案件的管辖权通常是以受害人所在地为标准，由于各种原因公安机关极易对案件的管辖进行相互推诿。这不仅浪费了大量的人力、物力和财力资源，更是延误了案件的最佳侦办时机。个别地区出于地方保护主义，甚至发生被害人所在地及赃款流出地公安机关积极，而犯罪嫌疑人所在地和赃款流入地消极的现象。

2. 侦查机关与电信部门之间的协作存在障碍

当前，电信诈骗犯罪案件侦查中，影响公安机关与金融部门之间协作的主要障碍之一就是公安机关跨地区查询银行账户、查询客户信息以及冻结银行账户等程序复杂，不能及时查询相关信息或不能及时冻结银行账户，为犯罪嫌疑人提供了迅捷转移赃款之机。部分电信部门对数据信息流管理失当，疏于保存和监控，给公安机关的调查取证工作带来诸多不便。在一些跨地区案件中，由于公安机关与电信部门合作不紧密，眼睁睁地看着犯罪嫌疑人作案后逃之夭夭而束手无策。公安部门发出的侦查预警数据得不到电信管理部门的积极响应，对大量拨打诈骗电话、发生诈骗短信的号码不能及时采取有效的溯源和封堵，导致电信诈骗分子愈加猖獗，也是诈骗电话和短信屡禁不止的原因之一。

3. 侦查机关与金融部门的协作存在障碍

市场经济是以营利为目的的经济，凡是进入市场的企业和个人，大多为了赚取利润。部分金融单位面对激烈的市场竞争，为了自身的经济利益，置公共利益而不顾，不能正视自身存在的运营问题及管理漏洞，对日常工作中发现的可疑信息和问题不能及时向公安机关进行通报，缺乏与公安机关信息沟通的责任性。另外，侦查机关和金融部门之间缺乏一种有效的应急磋商处置机制，以至于不能及时地预防和制止电信诈骗犯罪。比如侦查机关在侦办电信诈骗案件时，需要严格按照银行业的相关规定及步骤，提出书面申请然后才能调取相关数据。等到相关数据信息调取完毕，不是犯罪嫌疑人早已潜逃就是犯罪所得资金已被迅速转走。

### 三、电信诈骗犯罪刑事司法对策建议

电信诈骗犯罪猖獗泛滥的原因是多方面的，既有社会管理的缺失，行业失范到监管缺位的沦陷，也有立法司法的滞后，还有利益链到犯罪链的发展。对电信诈骗犯罪的治理和预防，是社会综合治理范畴，需要运用"整体性治理"的理论。[①] 整体性治理理论所倡导的政府部门整体协调以及部门间关系的整合、跨部门跨功能边界的治理等理念，对治理电信诈骗提供了一些解决方案，具有良好的借鉴意义。本文拟从刑事司法法律适用的视角出发，以调整、完善刑事司法制度和法律适用规则入手，讨论治理电信诈骗犯罪的司法对策建议。

（一）集中管辖：构建适用于电信诈骗犯罪的刑事管辖规则体系

在传统刑事管辖原则中，属地管辖是最基础和优先适用的原则。而电信诈骗犯罪典型特点就是跨时空、跨地域、被害人数众多且分散，传统犯罪属地管辖原则已不可能完全适用于电信诈骗犯罪。侦查机关之间，侦查机关与检察机关、审判机关之间常常产生管辖争议，不利于犯罪打击，需要作出调整。对此，虽然《关于办理电信网络诈骗等刑事案件适用法律若干问题的意见》从一般管辖、并案管辖、指定管辖三个层级完整规定了侦查管辖体系，解决了部分管辖问题，但并未能起到实效，因管辖导致的侦查资源浪费和诉讼拖延比比皆是，电信诈骗案件破案率仍然十分低，大量被骗财物无法追回，被骗群众强烈不满。鉴于电信诈骗案件高发，现行侦查体制无法提高破案效率，有必要对现行侦查体制尤其是管辖制度进行大幅调整，以提高整体破案率。为此，课题组建议，根据电信诈骗犯罪跨地域、犯罪嫌疑人、被害人众多且极其分散的特点，可以仿照走私犯罪对电信诈骗犯罪案件实行集中管辖，扩大专业专门侦防

① 韩兆柱、杨洋：《整体性治理力量研究及应用》，载《教学与研究》2013年第6期。整体性治理的概念最早由英国约克大学的安德鲁·邓西尔于1990年提出，1997年英国伦敦国王学院的佩里·希克斯在其《整体性治理：新的改革议程》一书中做了论证，并在1999年和2002年的专著中具体阐述了基本理念与策略。2005年牛津大学经济政治科学学院的帕特里克·登力维探讨了整体性治理的必要性和可行性。它是基于对新公共管理运动带来的碎片化问题予以修正，而提出的一种替代性理论。

队伍，在案件集中高发地区设立专门的电信犯罪侦查局，行使对电信诈骗犯罪案件统一受理、统一侦查、整体预防的职能。下文对其必要性和可行性进行分析

1. 设立电信诈骗报警专线，扩大反诈骗专业机构和专业队伍

公安机关已经在电信诈骗受害严重的地区，学习借鉴台湾地区"165反诈骗咨询专线"的模式，① 成立反电信、网络诈骗中心，建立专门的电信诈骗案件报案、咨询台。对各级公安机关和"110报警服务台"接到重大电信诈骗犯罪报案，集中统一受理案件线索。一但有群众被骗，在第一时间接受报案，指导受害人应对骗局，挽回损失。同时，反诈中心也汇集了国内主要金融机构，可以在案发第一时间对涉案信用卡即时实施冻结止付措施，减少和挽回被害人损失。反诈中心还汇集了主要电信营业商和网络运营商，可以在案发第一时间即时对涉案电信进行溯源侦查。同时建立电信诈骗案件信息库，对受理的报案线索进行分析汇总归类，分析总结案发规律，有针对性地开发防范技术。这些措施，对打击、治理和预防电信诈骗犯罪发挥了重要作用，一些成立反诈中心的城市电信诈骗案件数量出现了逐年下降的趋势，证明了这一综合打击治理平台对电信诈骗犯罪的打击效果。但是，囿于人员编制、经费、技术开发能力等限

---

① 台湾设立"165反诈骗咨询专线"。作为电信诈骗最早出现的地区，台湾在2003年电信诈骗泛滥成灾，2004年4月在"警政署"成立了"0800-018110反诈骗咨询专线"，由"刑事警察局及服务中心"负责，面向民众提供帮助和报案服务。直到2005年7月，正式创建具有综合职能的"165反诈骗咨询专线"，后经不断发展完善，成为一个功能强大的综合应用信息平台，并逐渐形成了拦截不法汇款、监控可疑账户、封停涉案电话、建立庞大数据库等功能。该专线下设接案、查证、业务、网络等4个小组分工运作，职责包括：为民众提供诈骗案件咨询、检举与报案服务；接查群众检举具体犯罪情报；充当警察、电信、金融单位协调枢纽，解决彼此间业务往来之问题与争议；执行诈骗电话查证、停话与复话，并拦阻非法简讯，有效遏止人头电话成长；执行警示账户联防机制作业，联合地方警察与金融单位共同启动被骗款项圈存、止扣，实时拦阻被骗款项及协助被骗款项返还事宜；统计分析诈骗案件，发掘问题症结与趋势，并研究提出解决对策，为跨部门反诈骗联防会议参考；定期汇整犯罪手法，为媒体及教育倡导材料；设立"165"专属网站处理网络案件，协助解决网络交易纠纷及诈骗案件之转介处理等。由于专线有效联合了警察、金融、电信等各方力量，只要将犯罪嫌疑人骗款账户提供给金融机构，该账户涉及的下级账户均被停止相应业务，不仅能使得被害人被骗钱款得到及时追还，而且对于侦破、取证工作都带来极大便捷，打防电信诈骗取得了显著效果。此外，台湾还通过"反诈骗联防会议""电信技术咨询小组会议"，协调"法务部""交通部""财政部""农委会""金管会""行政院金融监督委员会""金融联合信息中心"、各电信运营商及"刑侦局"等科技、研发、通讯、监察、司法等多个单位，构建起一体化打防诈骗犯罪网络，实施"警示账户联防机制"和"电信联合服务平台"。

制，反诈中心一般规模不大，如在本市，仅在刑侦总队九支队合署办公，为支队级建制，编制 30 余人，汇聚的银行也只有 11 家，电信、网络运营商 5 家。如此规模，应对全市年均 6 万余件电信诈骗案件，显然是杯水车薪。为了更好地实现和扩大这一模式的运行效果，亟待扩大机构和队伍规模。

我们的设想是实行集中管辖。所谓集中管辖，是指将以往由各基层公安机关管辖的电信诈骗犯罪案件，集中交由少数受案较多、侦查力量较强的专门侦查机关管辖。具体设想是：在受害较为严重的大城市和发达地区，改变现行电信诈骗案件由各级公安机关分别受理、侦查的机制，成立由刑侦、网安、技术等部门组成的专业反电信诈骗队伍，设立电信犯罪侦查局，建立电信诈骗案件报警专线，集中统一受理、侦查、预防电信诈骗案件，加强长线经营意识，提高打击精确性和彻底性。在基层公安机关（市县区局、分局）设立专门的电信犯罪侦查支队，电信犯罪侦查局和支队不按照地域设立，而是按照集中管辖原则，根据电信诈骗犯罪案件集中程度和地域特点，选择案发集中、侦防力量较强的地区设立，对电线诈骗犯罪案件实行集中管辖。① 对于电信诈骗犯罪案件被害人的报案，所有电信诈骗犯罪侦查局均不能拒绝，对确不属于本机关管辖的，应当先行受理，再根据案件侦查情况并案处理或者移送管辖，以解决对被害人报案推诿的问题。同时，为了便于整体上侦查打击，对于一人犯数案的，共同犯罪的，共同犯罪的犯罪嫌疑人还实施其他犯罪的，以及多个犯罪嫌疑人实施的犯罪存在直接关联，并案处理有利于查明案件事实的，一律并案侦查，以解决同一案件不同侦查机关同时侦查，造成侦查资源浪费的问题，提高打击效率。电信犯罪侦查局和支队的人员、装备，尤其是技术侦查设备的配备要实现专业化，并保持一定的规模。

2. 用指定管辖解决管辖冲突

通过对犯罪行为发生地、犯罪结果发生地的合理解释以及并案处理的运用，实践中，电信网络诈骗犯罪可能会因多个公安机关均有管辖权而产生管辖权冲突，运用指定管辖予以解决。对于因网络交易、技术支持、资金支付结算等关系形成多层级链条、跨区域的电信网络诈骗等犯罪案件，多个公安机关都

---

① 由于最高人民法院、最高人民检察院、公安部《关于办理电信网络诈骗等刑事案件适用法律若干问题的意见》第五部分第 1 条以电信流和网络信息流为两条基本主线对"犯罪行为发生地"，作了完整列举，包括用于电信网络诈骗犯罪的网站服务器所在地，网站建立者、管理者所在地，被侵害的计算机信息系统或其管理者所在地，犯罪嫌疑人、被害人使用的计算机信息系统所在地，诈骗电话、短信息、电子邮件等的拨打地、发送地、到达地、接受地，以及诈骗行为持续发生的实施地、预备地、开始地、途经地、结束地。"犯罪结果发生地"包括被害人被骗时所在地，以及诈骗所得财物的实际取得地、藏匿地、转移地、使用地、销售地等。使得电信诈骗犯罪案件已经几乎可以完全不受地域管辖的限制。

有权立案侦查的电信网络诈骗犯罪案件，管辖有争议的案件，在境外实施的电信网络诈骗犯罪案件，由共同的上级公安机关或公安部按照有利于查清犯罪事实、有利于诉讼的原则，指定具有管辖权的上级公安机关管辖，以利于更好地统筹调动辖区侦查资源，形成打击合力。

3. 对公安机关本没有管辖权因指定获得管辖权的案件，检察机关、审判机关受理后仍需要指定管辖

《关于办理网络犯罪案件适用刑事诉讼程序若干问题的意见》（以下简称《网络犯罪诉讼程序意见》）第9条规定："为保证及时结案，避免超期羁押，人民检察院对于公安机关提请批准逮捕、移送审查起诉的网络犯罪案件，第一审人民法院对于已经受理的网络犯罪案件，经审查发现没有管辖权的，可以依法报请共同上级人民检察院、人民法院指定管辖。"对此《电信网络诈骗意见》第五部分第7条的规定有所不同，该条规定："公安机关立案、并案侦查，或因有争议，由共同上级公安机关指定立案侦查的案件，需要提请批准逮捕、移送审查起诉、提起公诉的，由该公安机关所在地的人民检察院、人民法院受理。"可见，《电信网络诈骗意见》对于经审查发现没有管辖权的，并没有规定是否还需要检察机关、法院报请指定管辖。据此，有观点认为，根据新法优于旧法的原理，应当采用《电信网络诈骗意见》的规定，只要公安机关对电信网络诈骗犯罪立案侦查，无论其所在地的检察机关、审判机关是否对该案具有法定管辖权，都应当对公安机关移送的案件受理、审查起诉和审判。课题组认为，这种看法并不准确。首先，《电信网络诈骗意见》与《网络犯罪诉讼程序意见》并不矛盾。如果新法与旧法的规定有矛盾，按照新法优于旧法原则，应当适用新法，但如果是新法没有规定，则仍然应当适用旧法。从《电信网络诈骗意见》的条文来看，对检察机关、法院是否还需要报请指定管辖没有予以明确，也无法得出无须报请指定管辖的结论，所以应当仍然适用《网络犯罪诉讼程序意见》第8条的规定。其次，适用管辖应当符合刑事诉讼法规定。我国对于犯罪管辖的基本原则是属地管辖和属人管辖，一般情况下，公安机关基于犯罪所在地或者被告人居住地而获得刑事案件管辖权；在特殊情况下，如果没有管辖权的则需要指定管辖，否则既不能立案侦查更不能对其他案件并案侦查。因此，《电信网络诈骗意见》第五部分第7条仅针对公安机关本身具有管辖权的案件，对于公安机关本没有管辖权而通过指定管辖获得管辖权的，在提请审查起诉和审判时，仍然需要根据刑事诉讼法关于审判管辖的规定，由检察机关、法院报请指定管辖为宜。[1]

---

[1] 李占州：《无法定管辖权案件提起公诉仍需指定管辖》，载《检察日报》2017 年 3 月 3 日第 3 版。

（二）合理推定：解决主观"明知"证明难题判定共犯

刑事推定是根据所掌握的基础事实来推定犯罪事实成立的方法，常被用来解决某些特殊刑事案件司法证明的难题，如巨额财产来源不明罪中的财产来源、毒品犯罪中的主观明知等。通过适用推定，由证明待证事实转换为首先证明比较容易的基础事实，然后再从基础事实推定待证事实，以降低证明的难度，打破证明僵局。① 为了解决电信诈骗犯罪中共犯的主观明知证明问题，在不降低证明标准的前提下，可以依赖基础事实，运用经验法则和逻辑法则，形成具有共识性的推定规则。

电信诈骗活动中，发送诈骗短信、提供被害人信息、转移套取诈骗款项等外围帮助行为较多以"购买服务"的方式进行，诈骗核心行为实施者与外围帮助行为实施者关系松散，通谋特征在很多时候并不明显。2016 年最高人民法院、最高人民检察院、公安部发布的《电信网络诈骗意见》规定，以电信诈骗共犯论处需要其主观上"明知他人实施电信网络诈骗犯罪"。"在共同犯罪层面，共谋是双向的交流，而明知则是单方面的知道或者应当知道。"② 实践中的电信诈骗呈现出精密组织、高度分工等特征，社会危害极大，从严密刑事法网、趋严把握刑事政策的角度出发，这里的"明知"宜理解为一种概括性故意认识，即承诺为他人实施相应行为时，对该行为的违法性或异常性有明显认识，一般人根据常理会将该行为与犯罪活动产生高度关联，而不需要知道他人确定无疑地在实施诈骗。结合《电信网络诈骗意见》的规定，可以区分外围帮助行为的种类，分别建立符合认知规律，与行为相适应的"主观明知"推定规则，对其实施者以诈骗罪共犯论处。

1. 极不合常理或不合法，与诈骗活动高度黏合的行为

此类行为普通人根据一般的生活经验即会产生在帮助实施诈骗的合理联想，行为人对行为性质有着明确的认知，除非有合理解释，可直接依据此行为推定行为人具有明知他人实施电信网络诈骗犯罪仍提供帮助的故意。这类可以直接作出推定的行为具体包括以下三种：

（1）明知短信内容涉嫌诈骗仍帮助发送的行为。司法实践中，雇佣他人利用"伪基站"发送诈骗短信是电信诈骗常规且主要的手法。受雇佣的人一般需要先接收短信指令，在控制端按要求输入短信内容，然后在特定区域操作"伪基站"设备进行发送。所以，一般情形下，利用"伪基站"等帮助发送诈骗短信者对短信内容都有明确的认知。此种情形下，只要一般人通过生活经验

---

① 樊崇义主编：《证据法学》，法律出版社 2012 年版，第 388、392 页。

② 张建、俞小海：《电信诈骗犯罪中帮助取款人的刑事责任分析》，载《法学》2016 年第 6 期。

能够认识到短信内容可能涉嫌诈骗，如群发短信冒充银行或通讯公司客服号码、冒充国家机关发布短信等，即可推定受雇发送短信的行为人具有明知他人实施诈骗的主观认识。对短信内容的认知还可结合行为人的过往经历（如是否曾实施类似行为遭受过处罚）、获利情况（与行为不相适应的高收入）、是否有刻意规避调查的行为、与委托人相识程度、相互合作的次数等来综合判定。

（2）提供改号软件、通话线路等技术服务时，发现主叫号码被明显不合理修改仍提供服务的行为。如将主叫号码修改为国内党政机关、司法机关、公共服务号码或者境外用户改为境内号码，即为明显不合常理，且一般人会高度怀疑可能是实施犯罪（包含诈骗）活动，有上述发现仍提供服务的，除非能够提供合理解释，可直接认定行为人具有明知他人实施诈骗仍提供帮助的故意。

（3）接受委托制作或者销售，提供"木马"程序、"钓鱼软件"等恶意程序的行为。此行为带有明显的违法性，上述程序不具有用于正常活动的可能性，且实践中频发的个案已让一般人会将上述恶意程序与诈骗活动高度关联，受委托制作，或者销售、提供给他人等活动可直接推定其主观有明知他人可能实施诈骗活动的认识。

2. 表面上不违法但极不合常理，与诈骗活动强相关，但单独不足以表明主观上明知诈骗的行为

此类行为多次反复实施或者多种异常行为叠加，除有证据证明确实不知道外，可以推定其主观上明知诈骗仍提供帮助。此类行为主要是异常性明显的帮助套现、取现行为，主要包括以下几种：

（1）在短时间内帮助他人将巨额现金散存于多个银行账户，或在不同银行账户之间频繁划转之后，再帮助将其取出的行为。短时间内将巨额现金散存于多个银行账户，或在不同银行账户之间频繁划转，已经带有异常性，如果再叠加将其取出的行为，则无法合理解释前行为。因为以取出钱款为目的，在一个账户取出更为方便，舍易求难显然不是一种正常的取款行为，具有实施犯罪的高度可能性。按照帮助犯的理论通说，帮助行为必须在实行行为完成之前实施，在未通谋情形下，实行行为已经既遂之后不可能存在帮助犯。在电信诈骗行为完成的时间节点上，虽然存在"失控说"和"控制说"的不同理论解说，但主流观点殊途同归地认为，电信诈骗犯罪中，被害人的汇款行为完成后，诈骗行为即已既遂。[①] 以此为标准，若行为人只是在被害人完成汇款后接受他人

---

① 参见李会彬：《电信诈骗帮助取款行为的共犯认定》，载《国家检察官学院学报》2017 年第 1 期；张建、俞小海：《电信诈骗犯罪中帮助取款人的刑事责任分析》，载《法学》2016 年第 6 期。

指示，将巨额现金散存于多个银行账户，或在不同银行账户之间频繁划转并且最终取出，则不是诈骗罪的共犯，而只成立掩饰、隐瞒犯罪所得罪。实践中，电信诈骗者为防止账户冻结和逃避侦查，惯常的操作手法都是在极短的时间内转移资金至多个账户，并迅速取出。行为人接受指令迅速转移资金，并帮助取出，从一般情理和符合逻辑的角度，其应该是在被害人的钱款汇出之前即允诺接受指令。电信诈骗是精心策划的预谋性犯罪，其实施者一般不会在被害人将钱款汇出之后，再临时找人迅速转移并取出。故在被害人汇出钱款之前，允诺转移赃款并将其取出，可以视为实质上在诈骗行为完成之前进行了共谋，① 帮助行为成为整个诈骗行为不可分割的一部分，从而构成诈骗罪共犯而不是掩饰、隐瞒犯罪所得罪。

（2）不合理地为他人提供多个银行账户或者银行卡，并接受指令在特定时间内将银行账户内或者卡内的钱款取出的行为。不合理地为他人提供银行账户或者银行卡的行为，可以表现为行为人之间缺乏信任基础（既往不认识或者不熟悉）却为他人提供，或者提供多张非本人身份开设的银行账户或者银行卡，又或者收取不合理的高额报酬等。此类不合理地为他人提供多个银行账户或者银行卡，再叠加接受指令在特定时间内将银行账户内或者卡内钱款取出的行为，除非有相反证据，可以推定行为人应当知道他人可能实施诈骗犯罪。同样，为他人提供多个银行账户或者银行卡，逻辑上发生在被害人将钱款打入账户之前，实施此类行为再帮助取现、套现，构成诈骗罪共犯。

（3）与他人形成稳定的合作关系，多次接受指令采用遮蔽摄像头、伪装等异常手段，帮助他人转账、套现、取现的。采用遮蔽摄像头、伪装等异常手段，帮助他人转账、套现、取现的，是一种极不合常理，且一般人会产生高度涉嫌犯罪的自然联想的行为。这里的多次接受指令，是指有证据证明其对多个不同被害人的钱款进行了取出，同一被害人的钱款分散到多个账户，行为人以异常手段取出，存在事前未通谋，只是在诈骗既遂后帮助取款从而不构成共犯的可能性，但多个不同被害人的钱款由其取出，证明其与诈骗实施者形成了较为稳定（非一次性、临时性）的合作关系，此时对其行为定性应发生变化。"第一次帮助取款之后，帮助取款者就应当知晓了行为性质，之后再建立长期合作关系，实际上就是事前通谋的帮助取款行为了。"② 此时，帮助者应推定

---

① 这种共谋即便一方并未明确告知其在实施诈骗，但允诺提供帮助的一方叠加了两项异常行为，依据一般的生活经验应该能够判断出其所允诺从事的活动具有帮助犯罪的高度可能性。

② 李会彬：《电信诈骗帮助取款行为的共犯认定》，载《国家检察官学院学报》2017年第1期。

在主观上明知他人实施诈骗，构成诈骗罪共犯。

3. 不合法，与诈骗活动具有一般相关性的行为

实际生活中，该类行为指向具有多种可能性，这类行为不能直接推定实施者具有明知他人实施诈骗的主观认识，但结合行为人既往经历、获利情况、行为次数等其他异常行为，其可单方面认识到对方在实施诈骗，即便双方没有通谋，也可推定其主观上明知。如出售、提供公民个人信息的行为为法律明文禁止，但对应的购买公民个人信息行为具有多种目的，如用于广告推销、加价转售等，故单纯的出售、提供公民个人信息不能直接推定行为人明知他人实施诈骗。与此相类似的还有提供"伪基站"设备（未帮助发送短信）等行为。即便如此，由于此类不合法行为的高度敏感性，对其明知他人实施诈骗的判断不以互相通谋为唯一标准，其通过其他途径获知、或者可以认识到他人在实施诈骗仍然为之的可以推定其主观上的明知故意。如提供"伪基站"设备的行为人虽然没有帮助发送短信，但获知了要发送信息的内容，或辗转从第三人处获知对方要实施诈骗。又如出售、提供公民个人信息的行为人了解到交易对象曾经实施诈骗，或者在长期、固定的合作关系中可以对对方行为作出推断，又或者在电信诈骗盛行的地区此种交易具有不用明说的默契等。易言之，此类行为人对诈骗的主观认识不需要其和电信诈骗者进行明确的商议，只要综合种种异常情形，其单方面可以认识到对方在实施诈骗仍进行提供服务或进行交易，即可成立片面共犯。

（三）综合衡量：诈骗数额及其入罪情节的辩证

电信诈骗数额及其入罪情节的认定是困扰司法实践的难题，这其中一方面固然与犯罪复杂、取证困难相关，另一方面对认定规则本身的机械理解，乃至认定规则相较于实践的某些不适也是重要原因。综合衡量犯罪事实，正确适用认定规则，同时结合实践发展，形成共识以建立新的认定规则是破解此难题的关键。

1. 电信诈骗定罪规制的优化拟定

实践中，在被害人未报案难以印证、犯罪嫌疑人故意隐匿、毁灭证据等多种原因交织下，诈骗数额在很多情况下难以完整清楚地认定。针对诈骗数额难以查清或者诈骗数额未达到较大难以入罪的情况，"两高"的司法解释对可以诈骗未遂定罪处罚的情形作出了规定。根据2011年"两高"《关于办理诈骗刑事案件具体应用法律若干问题的解释》规定，以数额巨大的财物为诈骗目标的，或者具有其他严重情节的，应当以诈骗未遂定罪处罚。对利用发送短信、拨打电话、互联网等电信技术手段对不特定多数人实施诈骗，诈骗数额难以查证，但具有特定情形可以认定构成诈骗罪的"其他严重情节"或者"其他特别严重情节"，以诈骗罪（未遂）定罪处罚。2016年《电信网络诈骗意

见》第二部分的第 4 条对此予以了重申。电信诈骗数额难以查清，构成"其他严重情节"以诈骗罪（未遂）定罪的包括两种情形，一是"发送诈骗短消息 5000 条以上的，或者拨打诈骗电话 500 人次以上的"，二是"在互联网上发布诈骗信息，页面浏览量累计 5000 次以上的"。数量达到上述标准 10 倍以上的，应当认定为刑法第 266 条诈骗罪规定的"其他特别严重情节"。在无法查清具体诈骗数额的情形下，建立以发送诈骗信息、拨打诈骗电话等行为次数与"其他严重情节""其他特别严重情节"的等值联系以诈骗未遂罪处罚能够切实解决实践中的刑事规制疑难。但现在司法实践中一个比较突出的问题值得注意，即诈骗数额未达数额较大（3000 元），同时其有发送诈骗短信、拨打诈骗电话、在互联网上发布诈骗信息等的数量又未达到司法解释给定数额，可以构成"其他严重情节"的情形比较多，一些经验老道的犯罪嫌疑人会特意规避符合犯罪入罪情节，如在发送诈骗短信达到 5000 条时，即彻底删除记录且造成难以恢复的状态。按照既有规范，此时不能以诈骗罪未遂定罪处罚。课题组认为，电信诈骗不同于一般诈骗，那些未达数额较大情形的多是由于查不清，而不是真的未达到，且其造成的社会危害也远大于一般诈骗，结合司法实践，在不违背罪刑法定的原则下，可以考虑通过以下两种方式适当降低入罪标准或者以未遂处置的特定情形要求：一种是以司法解释的形式适当降低电信诈骗中"数额较大"的规定，比照某些地方盗窃罪的入罪标准，数额较大从3000 元下调到 1000 元；另一种方式是降低"其他严重情节"的认定标准，改为发送诈骗短消息 1000 条以上，或者拨打诈骗电话 100 人次以上的；在互联网上发布诈骗信息，页面浏览量累计达 1000 次以上的，可以认定为具有"其他严重情节"，以诈骗罪未遂定罪处罚。

2. 形成适当的犯罪数额拟制认定规则

如果有证据证明银行账户或者银行卡是专门用于诈骗犯罪（排除偶尔使用情形），除非能够进行合理说明，账户或者卡内资金可认定为诈骗所得，全部计入犯罪数额。实践中，存在有证据证明银行账户或者银行卡是专门用于诈骗犯罪，但是因为不能将银行账户或银行卡内的资金与被害人一一对应，从而将不能对应的从犯罪数额中剔除掉的做法，课题组认为此种做法不妥，其导致了轻纵罪犯。在绝大多数情形下，电信诈骗者所使用的银行账户或者银行卡号（尤其是作为快速分散诈骗所得的中间银行账户或者银行卡），都是专门为诈骗犯罪所开设，在其不能对账户或卡内资金来源作出其他合理解释时，将此种账户或者卡内的资金认定为犯罪所得符合经验法则和逻辑法则。此种认定的基础事实是银行账户或者银行卡是专门用于诈骗犯罪，这一事实的判断，应综合被害人（并非所有）陈述、通话记录、银行账户交易记录、第三方支付结算账户交易记录、电信诈骗的实施时间等证据，至少查证 3 笔以上诈骗赃款转入该银行账户或银行卡,再结合被告人的供述和辩解,在其不能作出合理说明的情况下,认定账户或者卡内资金为诈骗所得。以往实践中,遵循普通诈骗的证明要求,银行账户或者银行卡内的资金需与被害人报案、被害人转款记录等一一对应才能认定为诈骗数额。这一证明要求忽略了电信诈骗被害人高度分散,且极其众多的特点,完全遵此办理会导致过低认定诈骗金额。依据刑事处罚的基本原理,多人共同实施的犯罪活动,行为人应对参与期间该共同犯罪的全部行为承担责任,故电信诈骗集团的首要分子及其他主犯的诈骗数额尤其适用于这一推定。

3. 正确适用共犯原理认定诈骗数额

电信诈骗的主犯应对其参与期间该诈骗团伙实施的全部诈骗行为承担刑事责任,这期间的诈骗数额也应当"打包"认定,而不宜分开认定。《电信网络诈骗意见》第四部分第1条第1款规定,"三人以上为实施电信网络诈骗犯罪而组成的较为固定的犯罪组织,应依法认定为诈骗犯罪集团。对组织、领导犯罪集团的首要分子,按照集团所犯的全部罪行处罚。对犯罪集团中组织、指挥、策划者和骨干分子依法从严惩处。"第3款规定:"对犯罪集团首要分子以外的主犯,应当按照其所参与的或者组织、指挥的全部犯罪处罚。全部犯罪包括能够查明具体诈骗数额的事实和能够查明发送诈骗信息条数、拨打诈骗电话人次数、诈骗信息网页浏览次数的事实。"有人据此认为,对"电信网络诈骗集团的首要分子"和"对犯罪集团首要分子以外的主犯"实施不同的处罚规则,前者按照集团所犯的全部罪行处罚,后者应当按照其所参与的或者组织、指挥的全部犯罪处罚,即在分组负责诈骗的情况下,该主犯只对该组实施的诈骗负责。课题组认为此种理解不正确,犯罪集团首要分子以外的主犯,应当按照其所参与的或者组织、指挥的全部犯罪处罚,应理解为对犯罪集团所犯的全部罪行处罚,而不是在存在分工分组实施犯罪的情况下,只对组内或者分工内的犯罪行为负责。其一,在存在分组分工的"平行式"诈骗中,若多个行为人存在事先的共谋,即使在诈骗时各自单独行事,那么也需要对他人的犯罪行为共同承担刑事责任。其二,没有事先的共谋,在分组进行诈骗的活动中,能被认定为主犯的都是在诈骗行为过程中表现积极,且起主要作用的犯罪嫌疑人或被告人。这些人或者对其他人的诈骗行为明确表示赞同或积极参与其中。此时很明显,行为人对其他人实施诈骗行为是知晓的,并进行了积极的支持或参与,二者之间具有共同故意,应共同承担刑事责任。又或者受到共同的指使,虽没有对他人的行为明确表态,但只要对他人与自己共同实施诈骗行为这一事实有明确的认识,在客观上行为人继续实施犯罪行为实际上是对其他人犯罪行为的默许和支持,符合共同犯罪的基本原理,其对其他人实施的诈骗行为也应承担刑事责任。其三,在通谋不明显或者证据难以证明的情况下,虽然实施诈骗行为时是各自单独行事，但事后对赃款共同占有、共同分配，这些人亦显然要认定为主犯，且应当对整体的诈骗行为承担刑事责任。其四，《电信网络诈骗意见》在第四部分第2条第1款规定，"多人共同实施电信网络诈骗，犯罪嫌疑人、被告人应对其参与期间该诈骗团伙实施的全部诈骗行为承担责任。"若普通的电信诈骗共同犯罪人要对该诈骗团伙实施的诈骗行为承担全部的刑事责任，而犯罪集团首要分子以外的主犯，只需对分工分组内的诈骗行为承担刑事责任，显然不公平。电信诈骗的主犯对整体的诈骗行为承担刑事责任，认定的诈骗数额自然不应分拆，而应整体认定。需要注意的是，课题组认为，电信诈骗活动中"部分行为全部责任"的只适用于主犯，而其中的从犯应按照其犯罪行为所涉及的犯罪数额予以认定。如仅提供技术支持而被认定为从犯者，其犯罪数额只能认定为提供技术所实际起作用的数额。

（四）机制突破：完善取证上的对策建议

1. 大力发展信息技术

以科技为引领，信息作支撑，提升大数据时代侦破电信诈骗犯罪案件的能力。针对电信诈骗犯罪，要加强硬件数据恢复，磁盘证据快速提取，手机内存及运营商等数据的准确把握，并将上述电子证据转化为实质可见的刑事案件证据。在办理电信诈骗犯罪案件时，可以借鉴办理非法集资案件的取证思路，只要相关的电子证据、书证等证据足以认定案件事实，即使缺乏被害人陈述也可以定罪。侦查机关在获取电子证据时，面临的主要困难不在于法律规定的限制。根据《刑事诉讼法》的规定："任何单位和个人，有义务按照人民检察院和公安机关的要求，交出可以证明犯罪嫌疑人有罪或者无罪的物证、书证、视听资料等证据。"该条明确了单位和个人协助搜查的义务。虽然法条中没有列举电子证据，但根据法理解释，"等"字包括电子证据。电信诈骗犯罪的证据主要为电信、银行等部门提供的电子证据，而利用境外网络电话犯罪，因证据提取手续更为复杂、录像等视频证据保存时间短暂，导致获取齐全的证据难度大。由此可见，获取电子证据的困难不在于法律规定，而在于机制和技术。为破解这一难题，一方面，侦查机关应与电信公司、银行建立协作机制，便于在办案中获取相关电子证据；另一方面，侦查机关要在技术上有所突破，提高恢复电子证据的能力，在技术成熟的情况下，可以借鉴国外的做法，通过远程镜像获取电子证据。

2. 建立证据协查机制

从国际司法合作的实践及大陆和港澳台地区区际侦查合作的实践经验来看，证据协查机制比较成熟的做法有两种：一是根据国际公约或者双方签订的司法互助协议委托对方代为调查取证；二是执法人员到境外调查取证。具体采用哪一种方式可根据客观情况和国家间、区际间协定来确定。课题组认为单纯地委托调查取证很难适应跨境犯罪日益增多的形势，同时也会增加双方侦查机关的负担。跨境证据协查合作，可采用双方都可接受的直接取证模式，比如合作各方相互派遣侦查人员到对方境内调查取证，另一方给予协助或以组建合作侦查小组形式到各方境内展开调查取证。

3. 充分应用现代科学技术手段

电信诈骗犯罪证据主要有以下几类：（1）受害人的通信设备中的电子证据，如短信、通话信息、电话号码等。（2）作案人的通信设备、电脑及其他网络技术设备中的电子证据，如 VOIP 服务器数据、服务器日志、网银转账记录、电子文档等。（3）电信信息系统中的电子信息；在电信部门的通信数据库中的手机机主信息、手机及手机卡信息、通话信息、资费信息以及手机在各地基站的登录信息、漫游信息等。（4）银行系统中的账户信息、资金流转信息。由于这些证据易被删除、消失，难于提取、固定。所以在侦查的初期，首先要全面、迅速、及时地发现、提取、固定受害人通信设备中的电子信息、电信部门通信运行系统中的电子信息、银行系统中的资金流转信息、账户信息。然后结合案情仔细研究这些信息的产生时间、地点、内容及所涉及的电话或手机之间的联系，并运用现代通信技术手段，确定作案人的手机及作案地点等。在确定嫌疑对象后要及时查扣其通信工具、电脑等重要作案工具，并仔细收集、及时备份、提取相关的通信电子证据，与前期收集的证据比对以确定犯罪事实。

要充分运用电子证据技术，主要包括以下几类：

（1）电子证据恢复技术。利用手机信息恢复软件（如手机及 PDA 取证系统），恢复犯罪嫌疑人和受害人手机中被删除的信息；利用计算机数据恢复系统恢复作案人使用过的电脑、网络服务器及其他存储设备中被删除的电子信息。

（2）电子证据的固定技术。如利用计算机硬盘取证设备（或手机取证系统）无改动拷贝方式，确保数据位对位的准确拷贝，真正实现对嫌疑硬盘的精确复制，包括已删除的文件、空余空间和文件残留空间。

（3）电子定位技术。一是固定电话（包括 IC 卡电话）定位。侦查人员可以利用程控电话的来去电储存、液晶显示功能发现来去电电话号码，确定涉案人。外地拨进的电话，可通过调取长途计费话单发现主、被叫电话号码，确定嫌疑人。二是手机定位。利用通信系统中的手机对自身识别信息的发射，基站对手机登录信息的接收、反馈和传递，机房数据库对手机信息的鉴权、记录和储存等功能，确定持机人的手机通话或开机登录基站时的具体时间和地理位置。三是 IP 地址查寻。电信诈骗犯罪中大多都要运用计算机技术，而整个 Internet 上的每台计算机都依靠各自唯一的 IP 地址来标识，每一个节点都依靠唯一的 IP 地址互相区分和相互联系。基于 IP 的寻址规则和分配标准可对 Internet 上的某一台计算机的 IP 地址进行追踪和定位，如定位上传诈骗语音电话的服务器地址。

（4）电子信息的分析技术。运用电子证据分析软件，快速分析复杂的案件情节，将大量、复杂的信息资料转化成可视平面图，搜寻数据之间的关联，如将电信部门查获的在案发一定时期内从案发地呼出或呼入的电话输入分析软件，可将所有的相同的电话号码都变成一个可视平面图中的一个节点，从而显示不同电话的通话情况及不同电话之间的通话次数、时间等，帮助侦查人员在短暂的时间内厘清大量通话记录之间的关系。又如电信诈骗的一个或多个受害人往往将被骗钱财汇入某一（或多个）账户，侦查人员可从银行系统收集到每一个账号或卡号上的资金流动情况，并将查获的数据输入分析软件中，可手动或自动生成时间图表及证据链图表。这些图表能够形象直观地显示每一个账号或卡号之间的资金互动关系、流向等。从而查明受害人银行账户的资金流向，严密监控涉案大宗资金流入账户并阻止资金流出。

（五）结果加重：既未遂并存的数额认定及量刑标准

电信诈骗犯罪既遂未遂并存时，如何认定和量刑，争议颇大，司法操作亦较困难。

1. 既遂未遂并存数额的具体认定

司法实践中经常会出现多次诈骗既遂和未遂并存的情形，处理时存在较大分歧。第一种意见认为，对于诈骗既有既遂又有未遂的，应当全案以既遂认定，并根据既遂和未遂累计数额确定应适用的法定刑幅度，之后考虑部分未遂，酌情从轻处罚。第二种意见认为，应当根据既遂和未遂的累计数额确定应适用的法定幅度，之后根据既遂和未遂部分的轻重情况，依法从轻或者减轻处罚。第三种意见认为，应当根据既遂数额适用相应的法定刑幅度，并考虑未遂数额酌情从重处罚。课题组认为上述三种意见均有欠妥之处：第一，诈骗既遂与诈骗未遂在性质和社会危害程度上明显不同，不考虑二者差异，将既遂数额和未遂数额累计，并将累计数额一并认定为行为人的犯罪数额，有所不妥。在此点上，以上第一种、第二种意见存在类似缺陷。第二，若按第一种意见，还存在量刑失重问题。针对此类既未遂并存案件，相关司法解释多次予以明确处理方法，如最高人民法院、最高人民检察院《关于办理非法生产、销售烟草专卖品等刑事案件具体应用法律若干问题的解释》第 2 条第 2 款关于生产、销售伪劣烟草专卖品，"销售金额和未销售货值金额分别达到不同的法定刑幅度或者均达到同一法定刑幅度的，在处罚较重的法定刑幅度内酌情从重处罚"的规定；又如最高人民法院、最高人民检察院《关于办理盗窃刑事案件适用法律若干问题的解释》第 12 条第 2 款关于盗窃既未遂并存，"盗窃既有既遂、又有未遂,分别达到不同量刑幅度的,依照处罚较重的规定处罚";达到同一量刑幅度的,以盗窃罪既遂处罚";再如最高人民法院、最高人民检察院《关于办理诈骗刑事案件具体应用法律若干问题的解释》第 6 条关于诈骗既未遂并存,"诈骗既有既遂,又有未遂,分别达到不同量刑幅度的,依照处罚较重的规定处罚;达到同一量刑幅度的,以诈骗罪既遂处罚。"

2. 既未遂并存时的量刑规则

对于数额犯中部分既遂部分未遂并存的情形,司法实践中的处罚原则为"从一重罚,例外并罚",但从刑法教义学的角度分析,此种处罚方式从根本上来说缺乏相应的刑法教义学基础。我们首先应当将该情形区分为同种数罪和单纯一罪两种不同的类型,对于同种数罪的情形,确定"原则并罚,法定一罚"的原则,充分发挥法定刑的并和效应,实现罪刑均衡;对于单纯一罪的情形,应当根据一罪一刑原理和法定性升格条件中的量刑规则原理裁量刑罚。

对于数额犯既未遂并存案件的刑法裁量,有四种不同的观点:第一种观点是以犯罪既遂论处,根据已经实现的犯罪数额来定罪量刑,不考虑未实现的数额。第二种观点是按照同种想象竟合犯的处罚原则处罚。[1] 第三种观点是将案件总体认定为未遂,以既遂与未遂累计的总数额选取对应的刑法幅度。然后再综合考虑案件事实和犯罪未遂情节,再确定一个刑法幅度。在该刑法幅度内,以未遂与既遂的数额比例调节适用具体刑,既遂数额越多,处罚越重,反之则处罚越轻。[2] 第四种观点是择一重罚,重刑吸收轻刑。在既遂数额和未遂数额分别均达到了犯罪构成数额标准的前提下,若未遂犯罪数额大于既遂犯罪数额,应当以未遂吸收既遂。若未遂的犯罪数额与既遂犯罪数额相同或者相近,由于未遂轻于既遂的处罚,应当采取既遂吸收未遂。[3]

课题组认为,以上四种观点均不可取。第一种观点的缺陷在于过于绝对化,完全根据已经实现的犯罪数额作为定罪量刑标准而不考虑未实现的犯罪目标数额,具体量刑时可能会造成罪责刑之间的不均衡。第二种观点的立论前提有待商榷。其一,对于同种想象竟合,我们刑法理论一般持否定态度。马克昌教授指出,只有异种类的数罪名,才能构成想象数罪。数个相同的罪名谈不上想象数罪。研究想象数罪,目的在于解决当行为触犯数罪名时,应按照哪一个罪名定罪量刑的问题。同种数罪名上不发生任何疑问,因而把它作为想象的数

---

[1]　赵丙贵:《想象竟合犯研究》,中国检察出版社 2007 年版,第 396 页。

[2]　梁统:《部分既遂部分未遂应作未遂处理》,载《检察日报》2003 年 1 月 20 日。

[3]　薛进展、刘金泽:《论盗窃犯罪未遂的定罪处罚》,载《犯罪研究》2003 年第 1 期。

罪，对审判工作没有实际意义。[①] 其二，对同一具体犯罪的基本罪名与修正罪名属于异质罪名可以构成想象竞合的观点，我国刑法理论一般也持否定态度。基本罪名与修正罪名之间具有同质和异质两种不同的关系，想象竞合犯的一个行为所触犯的数罪名，不能简单地从罪名个数来理解，关键是要考虑罪名的独立意义。如果基本罪名与修正罪名从罪名的个数来看是两个，但是如果同宗同源于一个行为，就不宜当作两个罪名来看待。第三种观点看似具有操作性，但缺乏合理性。该种做法将整体犯罪认定为未遂不仅缺乏依据，而且还会导致已经实现的部分在定罪过程中无法得到恰当的评价，且自身存在矛盾之处。根据罪刑关系原理，刑因罪生，罪量决定刑量，既然将整体犯罪认定为未遂，不应该也把犯罪实现的数额无端地累加进来，且这一处断原则无法解决既遂数额与未遂数额相当时的量刑问题。第四种观点解决问题的立场不一，如果说数额犯的犯罪既遂是坚持刑法客观主义的话，那么数额犯的犯罪未遂的处罚坚持的其实就是刑法主观主义，或者至少是披着客观主义外衣的刑法主观主义。以既遂犯罪数额为标准量刑，显然倾向于结果无价值的客观主义立场，而以未遂数额为标准量刑，显然又倾向于行为无价值的主观主义立场。通过比较犯罪数额大小来决定究竟是既遂吸收未遂，还是未遂吸收既遂，在主观主义与客观主义、结果无价值与行为无价值之间游走。

课题组认为，对既未遂并存的电信诈骗犯罪，可以适用结果加重的处断方法和量刑规则。在我国刑法分则中，法定刑升格包括加重的犯罪构成和量刑规则两种情形。加重的犯罪构成主要是针对行为、对象、工具、地点等构成要素的特殊性，而使行为类型发生变化，进而使得不法责任升高，据此升格其法定刑。其他只是为了单纯提升法定刑档次，而不改变行为类型的数额巨大或者数额特别巨大均属于量刑规则的范畴。既未遂并存的电信诈骗犯罪，在认定时应当首先认定为既遂，以既遂的结果确定量刑的基准刑，再根据未遂数额部分的情节轻重按照从轻减轻的处罚原则确定法定刑，对未遂部分按照结果加重处理，确定应当判处的法定刑。如此，既解决了定性上的争议，又可以解决量刑上的不均衡。唯一需要确定的是加重幅度，可以根据既未遂情节轻重情况分别确定加重幅度，如既遂数额大于未遂数额或者与未遂数额相近，加重幅度稍大；既遂数额小于未遂数额的，则加重幅度稍小。以实现罪责刑相适应。

（六）首尾相顾：加大上下游关联犯罪的打击力度

电信诈骗犯罪诱发了灰黑产业链，滋生了大量上下游关联犯罪。在打击电

---

① 马克昌：《想象数罪与法规竞合》，载《法学》1982 年第 1 期。

信诈骗犯罪时，应当坚持全面惩处原则，实施全方位的打击，斩断利益输送链条，铲除电信网络违法犯罪滋生、蔓延的环境和土壤，才能有效实现刑罚目的。从司法实践来看，在电信诈骗犯罪中同时针对上下游犯罪定罪处罚的较少，对相关罪名之间的关系还存在较大争议，需要认真研究。

1. 关于非法获取公民个人信息后实施电信诈骗行为的罪数问题

行为人非法获取公民个人信息后，又将这些信息用于实施电信网络诈骗犯罪的情形下，是定一罪还是数罪并罚，理论和实践部门均存在争议。有观点认为，在法无明文规定按照数罪处理的情况下，应当遵循刑法中关于牵连犯的要求，从一重罪进行处罚，即当行为人通过非法获取公民个人信息实施其他犯罪时，获取公民个人信息行为就成为其他犯罪的手段行为，此时虽然行为人实施了两个行为，但是仍应按照从一重罪处罚原则定罪处罚。[①] 这里首先需要解决的问题是，什么情况下构成牵连犯？非法获取公民个人信息后提供给诈骗团伙实施电信网络诈骗，非法获取公民个人信息的行为与诈骗行为之间是否属于牵连关系？一般而言，牵连犯是指数行为之间有手段和目的、原因和结果关系，其中手段行为或者结果行为触犯了其他罪名的场合，成立牵连犯。因此，牵连犯分为手段牵连和结果牵连。如何认定牵连关系，应根据社会相当性的一般标准以及一望而知的普通生活经验中的认识标准来确定（经验上的类型）。[②] 如果只是一种偶然的手段与目的、原因与结果的关系，则不是牵连犯，因此必须对牵连关系类型化。[③] 在非法获取公民个人信息后利用上述信息实施电信诈骗犯罪，由于侵犯公民个人信息与电信网络诈骗之间不具有经验意义上的手段与目的之间的关联，因此不宜认定为牵连犯。同时，目前我国司法实践对侵犯公民个人信息罪进行独立评价有更为积极的意义。侵犯公民个人信息犯罪具有严重的社会危害性，必须从严打击。2013 年 4 月 23 日"两高一部"《关于依法惩处侵害公民个人信息犯罪活动的通知》明确规定，对于窃取或者以购买等方法非法获取公民个人信息数量较大，或者违法所得数额较大，或者造成其他严重后果的，应当依法以非法获取公民个人信息罪[④]追究刑事责任。对使用非法获取的个人信息，实施其他犯罪行为，构成数罪的，应当依法予以并罚。因此，使用非法获取的公民个人信息实施电信网络诈骗犯罪的，依法予以数罪并罚，具有法理依据和实践基础。在杨某、黄某诈骗案中，法院认定杨某、黄某的行为构成侵犯公民个人信息罪、诈骗罪予以数罪并罚。

---

① 李玉萍：《侵犯公民个人信息罪的实践与思考》，载《法律适用》2016 年第 9 期。
② 甘雨沛、何鹏：《外国刑法学》，北京大学出版社 1984 年版，第 452 页。
③ 张明楷：《外国刑法纲要》，清华大学出版社 1999 年版，第 351 页。
④ 现改为侵害公民个人信息罪。

2. 对提供"木马"程序、"钓鱼软件"、"伪基站"等诈骗工具，提供银行卡、支付宝账号帮助转移诈骗资金，金融机构、网络服务提供者、电信业务经营者怠于行使监管职责问题

司法实践中存在三种定罪思路：一是以诈骗罪的帮助犯论处。对明知是电信诈骗犯罪所得及其产生的收益而予以转账、套现、取现，如果行为人与电信诈骗犯罪分子具有事前通谋的，或者明知他人实施电信诈骗犯罪，予以外围支持或者帮助的，除法律和司法解释另有规定的以外，以诈骗罪的共同犯罪论处。以共犯论处解决了大部分帮助行为的定罪问题，但也有其明显的局限性。按照传统刑法理论共犯从属性说，共犯的处断应当以正犯的成立和处罚为基础，如果正犯不构成犯罪或者正犯在逃导致无法认定刑事责任，将导致共犯追究的不可能。此外，有的帮助行为的危害性已经不亚于正犯，如果按照共犯处断可能需要适用从犯的规定予以从轻、减轻处罚，不利于对犯罪的严厉打击。对此类详情，应当采用以正犯定罪处罚和认定其他罪名。二是以诈骗罪正犯定罪处罚。对网络服务提供者构成拒不履行信息网络安全管理义务罪，同时构成诈骗罪的，依照处罚较重的规定定罪处罚，也就是按照想象竞合的处断原则择一重罪处断，但此时应当认定的是诈骗罪不作为的实行犯，而并非诈骗罪不作为的帮助犯，原因如下：其一，诈骗罪不作为的帮助犯与诈骗罪不作为的正犯二者并不必然冲突，可以同时构成，并存在竞合关系；其二，认定诈骗罪帮助犯要依法适用从犯从轻、减轻处罚的规定，而按照不作为的正犯处罚更重，与其社会危害性相匹配；其三，如果认定帮助犯，仍然没有解决主犯不到案情况下帮助犯难以定罪以及罪责刑不适应等难题。此种定罪逻辑是，网站建立者对自己建立的网站具有管理、维护的监管义务，明知他人在自己所有、管理的网站上发布违法电子信息，有能力履行而拒不履行监管义务，即构成不作为的犯罪。三是以其他罪名定罪处罚。与普通的帮助行为相比，网络服务提供者基于其特殊的市场地位和技术能力，提供金融服务、网络支撑、通信支持，对电信网络诈骗犯罪具有不可或缺的作用。网络服务提供者不履行法律、行政法规规定的信息网络安全管理义务，经监管部门责令采取改正措施而拒不改正，致使诈骗信息大量传播，或者用户信息泄露造成严重后果的，依法以拒不履行信息网络安全管理义务罪追究刑事责任。由于该罪名是纯正不作为犯，能避免对于网络服务提供者行为是否属于中立的帮助行为的争论，也能化解作为共犯论处时正犯不到案共犯往往难以定罪处罚的难题。

3. 对帮助取款人的罪名认定问题

对帮助取款人的罪名认定历来是个难点，尤其是在先抓获或者只抓获取款的下家，而诈骗犯罪上家未到案的情况下，对帮助取款人应当如何认定，争议很大。实践中对帮助取款人的罪名适用较为混乱，有的判决认定为诈骗罪的共

犯,有的则认定为掩饰、隐瞒犯罪所得罪。最高人民法院《关于审理掩饰、隐瞒犯罪所得、犯罪所得收益刑事案件适用法律若干问题的解释》第 5 条规定,事前与盗窃、抢劫、诈骗、抢夺等犯罪分子通谋,掩饰、隐瞒犯罪所得及其产生的收益的,以盗窃、抢劫、诈骗、抢夺等犯罪的共犯论处。因此,区分诈骗罪的共犯和掩饰、隐瞒犯罪所得罪的关键在于认定帮助取款人与诈骗团伙之间是否事前有通谋。最高人民法院于 2016 年 3 月 4 日发布的九起电信诈骗典型案例中,有一起是福建省厦门市上官甲等人帮助诈骗团伙转取赃款诈骗案,上官甲经与诈骗团伙联系后,雇用上官乙等人为诈骗团伙提取、转账诈骗款项 890 余万元,即为打击诈骗团伙转取赃款人员的典型案件。厦门中院判决认定上官甲等人构成诈骗罪的共犯。该案是在诈骗团伙成员均未到案的情况下,依照共犯理论先行追究已到案的帮助取款人刑事责任的典型案例。对于如何认定事前通谋,在实践中可以结合帮助取款人与诈骗团伙发生关联的时间点及持续时间、帮助取款人参与程度等综合考察。

(七)加强协作:强化机制建设,完善司法协作

1. 强化部门协作机制

可以进一步借鉴我国台湾地区的成功经验,强化侦查机关与金融、电信部门的合作。我国台湾地区于 2005 年创建具有综合职能的"165 反诈骗咨询专线",后经不断发展完善,成为一个功能强大的综合应用信息平台,具备拦截不法汇款、监控可疑账户、封停涉案电话、建立庞大数据库等功能。该平台有效整合了公安、金融、电信等多方力量,不仅有利于侦查工作的顺利开展,而且有助于被骗钱款的及时追还,对打击和预防电信诈骗起到了较好的效果。目前,上海已借鉴这一经验,成立了反电信诈骗中心,通过建立银行先紧急止付,公安机关再送达相关法律文书的机制,在追回被害人财物方面取得了一定的成效。未来,应整合全市甚至全国公安、电信和银行的资源,简化对涉案可疑账号的监控、查询、冻结等手续,建立有利于调查取证、节约办案成本、减少受害人损失的深度合作办案机制。

2. 完善司法协作机制

与自然犯不同的是,目前公检法机关对很多法定犯,尤其是高科技背景下的法定犯尚未形成共识。案件诉讼环节的转换意味着风险的转换,因此,我们建议公检法三机关要避免仅从自我本位的角度看待问题,而应尽可能地多从对方的角度考虑问题,并通过典型案例,达成共识,增强刑事惩处力度,通过增强刑罚威慑力实现抑制电信诈骗高发的目标。

(1)积极建立犯罪信息交换机制。应当建立犯罪信息共享网络。实践已反复证明,"情报是侦查工作的生命线"。打击电信诈骗犯罪,更须发挥好侦查情报信息的重要作用。信息共享的内容可包括以下两个方面:一类是犯罪线

索，诸如涉嫌犯罪人员的真实身份、隐秘藏身处所、通信联络方式，或犯罪集团、成员活动情形与相关信息，包括社会关系、活动范围、作案模式、资金流向以及其他相关背景资料等具体的资料情报；另一类是宏观的犯罪信息，诸如某类犯罪的活动规律、犯罪的手法与新动向等宏观上的犯罪信息。

（2）建立电信诈骗犯罪信息通报、查证机制。侦查机关在日常侦查工作中可能会获取到涉及其他地区电信诈骗案的有关情报线索，应尽快通知对方，请求对方对有关涉嫌犯罪活动及相关人员信息予以查证，这样不仅有利于己方掌握在其他地区与案件相关的人员信息及后续的双方侦查合作，也有利于相关地区对本地区该类犯罪活动的打击及对在逃人员的抓捕。

（3）完善赃款追缴与移交机制。赃款追缴与移交机制的建立包括两个部分：一是赃款的追缴。移交赃款的前提是实际控制赃款，因此，它与财产的冻结、扣押的手段息息相关。一般来说，冻结和扣押的方法有两种：一种是间接方法，即财产所在地部门收到另一方有关冻结、扣押或没收犯罪所得的请求后，将这一请求提交执行。另一种是直接方法，财产所在地有关部门接到上述请求后，将此种请求视为本方的命令，并提交主管部门予以执行。二是赃款的处分。对于赃款的处分有两种方式：一种是移交，另一种是分享。赃款移交是区际间的司法合作最常见的方式。而赃款的分享，指的是合作破案方或地区对经合作而没收的犯罪财产进行分割占有。课题组认为，在跨区侦查合作中，可以在一定范围内认可犯罪所得分享的作法，这非常有利于提高被请求方合作的积极性。其具体限度以尽量不损害受害人利益为参照标准。

## 结　语

电信诈骗犯罪作为一种综合社会现象，影响其发生发展的原因很多，其治理和防范可以从犯罪学、社会学、法教育学等诸多方面进行，但"打防兼治，预防为主"的方针和原则，仍是治理电信诈骗犯罪的重要方法和原则。在犯罪预防上，可以借鉴国际经验，加大行业监管力度，建立完备的个人信用网络，保护公民电信安全，有效减少诈骗短信和诈骗电话泛滥。从斩断电信诈骗犯罪链条的源头做起，加强通信部门和金融部门的监管力度和责任，提高相关主体责任意识，切实承担起社会管理责任。建立统一、严格的电话实名制度完善电信通信监控系统，加强对通信数据、信息及网络的监管，加强对可疑信息及违法信息的筛选和监测，阻断违法信息的传播。规范金融部门监管职责，严格开户审查登记制度，规范银行发卡行为，限制公民个人银行开户的数量，压缩电信诈骗犯罪生存空间。公安机关应该积极与电信部门合作开发高科技的防诈骗系统，加强技术运用和预防，及时发现、制止犯罪摧毁电信诈骗活动的关键技术环节，及时有效地预防和制止电信诈骗犯罪。对公安机关的考核，不能单纯以破案率作为唯一标准，而要以发案数显著减少为终极目标，同时，加强防骗宣传，及时公布骗子的最新骗术，提高群众的防范意识和能力，强化个人安全保护意识，达到从源头上减少或遏制电信诈骗犯罪的目的。

# 轻刑案件非羁押诉讼实证研究[*]

### 上海市宝山区人民检察院课题组[**]

　　随着我国法治的不断发展，刑事司法体系中对人权的保障也日渐完善，并且取得了显著成绩，"尊重和保障人权""无罪推定"等原则已作为刑事诉讼的基本任务和要求纳入十一届全国人大五次会议通过的新修改后的《刑事诉讼法》（以下简称2012年《刑事诉讼法》），非羁押诉讼则是其应有之义，也是现代刑事诉讼制度的价值取向，而轻刑案件的非羁押诉讼在司法实践中更具有适用性。近年来，各级司法机关认真履行司法办案职能，围绕轻刑案件非羁押诉讼进行了有益的探索与实践，尤其是基层司法机关作为运用非羁押诉讼机制最广阔的平台，掌握着第一手实务资料。本课题就此展开具有实证价值的调查研究，力求客观展示现状，理性剖析问题，并提出对策建议。

## 一、轻刑案件非羁押诉讼的理论与立法

### （一）刑事诉讼与非羁押性强制措施概述

　　现代各国的刑事诉讼制度尤其是刑事审判制度，由于诉讼价值的观念不同，刑事诉讼程序设计不同，大致可以分为职权主义模式①和当事人主义模式②，前者适用大陆法系，后者适用英美法系。从世界各国的司法实践看，一个国家的司法制度推行哪种诉讼模式，与其历史、文化、传统和法律观念的价值取向有关，因此，每个国家都是根据自己的文化、传统、观念选择适合自己

---

　　\* 上海市检察机关2016年重点研究课题。

　　\*\* 课题组负责人：贺卫；课题组成员：肖亮、杨宏亮、谷晓丽、胡巧绒、胡图。

　　① 职权主义模式有利于查明案件事实和发现客观真相，查获罪犯，注重诉讼效率，在司法实践过程中强化安全利益，赋予司法机关较大的证明责任，认为控制犯罪、维护社会秩序是刑事司法的基本功能。

　　② 当事人主义模式注重保障犯罪嫌疑人、被告人的权利自由，在很大程度上防止了司法人员滥用职权，刑事审判以控、辩双方的积极活动为核心，案件的事实认定主要依赖于控、辩双方的举证调查。

国情的诉讼模式。但随着世界文化的交流，经济发展的全球化，大陆法系和英美法系在诉讼制度上已出现相互借鉴、相互融合的现象。因此，在价值利益上，安全保障利益与公民自由利益二者兼顾的诉讼模式和证明体系，已成为刑事司法体制的最佳选择。

我国所确立的刑事诉讼主要是指审判机关、检察机关和侦查机关在当事人以及诉讼参与人的参加下，依照法定程序解决被追诉者刑事责任问题的诉讼活动。其具有以下主要特征：（1）刑事诉讼是行使国家刑罚权的活动。刑事诉讼的中心内容是解决被追诉者（即犯罪嫌疑人、被告人）的刑事责任问题。（2）刑事诉讼由国家专门机关负责进行。刑事诉讼活动主要由公安机关、检察机关和审判机关负责进行。其中，人民检察院是唯一享有检察权的机关，在刑事诉讼中，检察权贯穿始终。而人民法院是唯一享有审判权的机关。（3）刑事诉讼必须有当事人和其他诉讼参与人的参加。在刑事诉讼中，诉讼主体除包括公安机关、人民检察院和人民法院外，还包括犯罪嫌疑人、被告人、被害人等诉讼参与人。（4）刑事诉讼必须依照法定程序进行。严格依照法律规定的程序进行，这是刑事诉讼的一个重要特征。与其他社会活动不同，刑事诉讼活动是刑事诉讼法的产物。只有符合刑事诉讼法规定的活动才具有法律效力。

毋容置疑，刑事强制措施是刑事诉讼活动中极为重要的制度，是刑事诉讼的重要组成部分。《世界人权宣言》第3条、第9条及《公民权利和政治权利国际公约》第9条第1款规定：人人有权享有人身自由和安全。任何人不得加以任意逮捕或拘禁。除非依照法律所规定的根据和程序，任何人不得被剥夺自由。可以说，现代刑事诉讼的建立是以人权保护作为突破口的。理论界通常将刑事强制措施区分为两种类型：一种是羁押性强制措施；另一种是非羁押性强制措施。刑事非羁押性强制措施的适用不仅直接关系到被追诉者的人身自由与民主权利，而且有助于诉讼活动顺利而有效地进行，及时地追究和惩罚犯罪，鲜明地体现出一个国家的民主程度和法治水平。我国2012年《刑事诉讼法》不仅将"尊重与保障人权"写入了总则部分，而且更重要的是从证据制度、强制措施制度①、辩护制度、侦查程序、审判程序、执行程序等各个方面进行了修改和完善②。其中，刑事诉讼制度中非羁押性强制措施的设置，突出体现了对犯罪嫌疑人、被告人人权保障的思想，是刑事诉讼追求惩罚犯罪与保障人权双重价值目标的有机结合。

---

① 羁押性强制措施以逮捕为代表，而非羁押性强制措施以取保候审为代表。

② 卢金：《浅谈新刑事诉讼法修正案对人权的保障》，载 http://www.chinacourt.org/article/detail/2013/08/id/1054736.shtml.2106年11月3日访问。

（二）我国非羁押性强制措施的立法现状

时至今日，我国刑事强制措施制度的立法走过了一个漫长的发展过程，不仅凝聚了古代法律文化的精髓，同时也吸取了改革开放后法治建设的成果。所谓非羁押性强制措施，是司法机关以刑事诉讼法为依据，运用国家强制力，迫使犯罪嫌疑人、被告人在不同程度上丧失行动自由权，不能完全按照个人的意志进行自由活动，使得原来宪法和法律所赋予的权利受到一定限制的特定强制方法。也有学者称之为"羁押替代性措施""羁押替代措施"等。与刑事强制措施逮捕所具有的强硬的一面相对照，非羁押性强制措施则主要表现了刑事强制措施柔性的一面，以多种替代性限制手段和较轻的强制力度来束缚犯罪嫌疑人、被告人，以保证刑事诉讼的顺利进行。

我国 2012 年《刑事诉讼法》规定了三种非羁押性强制措施，即拘传、取保候审和监视居住。仅就条文数量来看，1996 年刑事诉讼法在强制措施一章共规定了 27 个条文，2012 年《刑事诉讼法》在此基础上修改了 10 个条文，增加了 8 个条文，修改后强制措施一章的条文数量达到了 35 个。从具体内容来看，非羁押性强制措施中，由于拘传一般发生在案件侦查初期，且在法律上受到严格限制，因此，在替代未决羁押方面意义不是很明显，真正能起到替代未决羁押作用的强制措施主要是取保候审和监视居住。此次修改中，取保候审与监视居住作了较大的变动。其中，就取保候审来看，1996 年刑事诉讼法修改后，取保候审制度基本形成了比较完整的法律规范体系。但是立法以及司法解释的规定普遍缺乏可操作性，使得取保候审在适用过程中出现了一系列的问题。2012 年《刑事诉讼法》对于取保候审制度的完善主要体现在以下几个方面：（1）增加了取保候审的适用情形，扩大了取保候审的适用范围；（2）保证人保证义务的规定更加周延；（3）被取保候审人的义务多样化、个别化；（4）肯定了部分没收，保证金没收更加规范；（5）增加规定了取保候审变更为逮捕前的先行拘留程序；（6）明确了确定保证金数额时应当综合考虑的各种因素；（7）增加规定了保证金的缴纳与退还程序。2012 年《刑事诉讼法》的规定在向外界传递着一个积极的信号，即修改后取保候审的适用率有望提升，这对于改变长期以来困扰我国刑事司法中羁押率畸高的问题应该有所裨益。

就监视居住来看，其在我国现行强制措施体制中处于一种比较尴尬的境地。因此，2012 年刑事诉讼法修改过程中，对于监视居住的修改幅度是五种强制措施中最大的。2012 年《刑事诉讼法》对监视居住的修改主要体现在以下几个方面：（1）调整了监视居住在强制措施体系中的地位，这主要体现在两个方面：首先是确立了监视居住羁押替代性措施的地位，其次增加规定了监视居住独立的适用情形，使其与取保候审区别开来；（2）明确规定了监视居住的场所；（3）规定了指定居所监视居住中执行机关的告知义务；（4）明确指定居所监视居住的检察监督;(5)增加规定了指定居所监视居住期限的折抵;(6)完善了被监视居住人监视居住期间应遵守的规定;(7)增加规定了监视居住的执行措施。

此外,就羁押性强制措施中的拘留和逮捕来看,应该说1996年刑事诉讼法对于拘留的规定已经比较完善,实践中出现的问题多为办案机关操作不规范所引起。而与拘留相比,逮捕出现的问题就比较多。2012年刑事诉讼法作了有针对性的修改:(1)完善了逮捕的适用条件,这主要体现在三个方面:首先细化了"社会危险性"的情形,其次增加了"应当逮捕"的适用情形,最后将逮捕的适用区分为"应当逮捕"与"可以逮捕"两种;(2)增加了拘留、逮捕后立即将被拘留人、被逮捕人送看守所羁押的规定;(3)完善了拘留后通知家属的规定;(4)完善了审查逮捕程序,这体现在两个方面:一是增加了审查逮捕时讯问犯罪嫌疑人的规定,二是增加规定审查逮捕时证人、辩护律师的参与;(5)确立了逮捕后的羁押必要性审查制度,一定程度上实现了羁押与逮捕的分离。

总之,非羁押性强制措施虽然具有一定的灵活性,但仍然需要诉讼程序提供保障和支持。在刑事诉讼活动中,非羁押性强制措施还具有一定的调节机制作保障,如变更、解除和撤销制度。当适用的非羁押性强制措施的强度超出保证诉讼顺利进行的必要时,当法定适用期限届满时,当发现不应该追究刑事责任或不应该采用非羁押性强制措施时,都应当及时进行变更、解除或撤销非羁押性强制措施。同时,非羁押性强制措施虽然在手段和方式上相对温和,但仍然具有强制性特征。由于非羁押性强制措施作为一种国家行为,不可避免地会干预到公民一定的基本权利。因此,侦查中非羁押性强制措施的适用应当将对公民自由的侵害控制在最低限度内,不能造成不必要的损害。采用适当的非羁押性强制措施即可以防止其在诉讼过程中实施新的犯罪又可以保障其应有的合法权利,可谓一举两得。

(三)轻刑案件非羁押诉讼的司法价值

近年来,随着刑事案件数量的急剧上升,司法办案中案多人少的矛盾日益突出。同时,按照树立和落实科学发展观以及宽严相济刑事政策的要求,切实创新轻刑案件办理机制,已成为司法理论和实务界的共识。为此,通过适用轻刑案件非羁押诉讼以及快速办理等模式,切实将有限的司法资源集中到办理重大疑难复杂案件中去,从而提高诉讼效率,保证办案质量,对于保护当事人权益,及时化解社会矛盾,实现办案的法律效果和社会效果的有机统一,有效兼顾公正与效率的刑事诉讼价值目标,其意义深远。因此,轻刑案件非羁押诉讼具有丰富的价值内涵。

1. 体现以人为本、保障人权的司法理念

随着社会文明的不断发展,刑事诉讼活动在实现惩罚犯罪的同时,尊重人的主体价值，有效地保护人权，代表着人类文明进步的趋势①。在国家司法资源相对稀缺的前提下，只有将有限的资源进行合理的配置，才能不损害公正目标的实现。过长的诉讼羁押周期对当事人来说是一种难以忍受的精神和经济上的负担，并造成取证困难和证据的可信度降低，由此削弱当事人求诸诉讼的动机，损害法律秩序的权威以及社会对司法程序的信心。实践中，由于对轻刑案件无所区别地适用普通办案程序和诉讼期限，不仅使案件中犯罪嫌疑人的人身自由受到不必要剥夺的情况，个别案件中甚至还出现审前羁押期限与应判刑期之间倒挂的现象。采取轻刑案件非羁押诉讼模式，适度限定其人身自由，不是单纯地将犯罪嫌疑人、被告人置于国家刑罚权追诉对象的客体性位置，而是赋予其诉讼主体地位，保障其在刑事诉讼全过程中的权利，使司法工作真正体现以人为本的价值追求，在打击犯罪的同时，充分彰显司法对人权的保障，体现法治社会的文明与进步。

2. 体现司法公正、诉讼效率兼顾的价值目标

轻刑案件一般来说案情简单，犯罪事实清楚，证据确实、充分，犯罪嫌疑人（被告人）认罪，适用法律无争议，可能判处的刑罚也在三年以下有期徒刑等较轻刑种。对轻刑案件来说，打击犯罪的效率标准是在法定时限内"从快"，而这一标准同时也是轻罪案件的公正标准②。著名的意大利法学家贝卡利亚也曾指出："诉讼本身应该在尽可能短的时间内结束，这是因为惩罚犯罪的刑罚越是迅速和及时，就越是公正和有益。"通过对刑事案件实行简繁分流，采取轻刑案件非羁押诉讼模式，体现了对犯罪实行区别对待的政策精神，对大多数轻微犯罪，依法实行从宽处理，能快速办理的尽量快速办理，能争取的尽量争取，能挽救的尽量挽救，最大限度地化消极因素为积极因素，防止和减少社会对抗，有利于协调和充分体现公正与效率兼顾的关系，有利于保障当事人的合法权益，符合司法机关服从服务于构建社会主义和谐社会的要求。

3. 体现全面协调、统筹兼顾的工作方法

不同的刑事案件在复杂程度、重要性、社会危害性等方面存在着一定的差异，如果每个刑事案件都要以完整的侦查、羁押和审判程序来处理，将使任何刑事司法制度都不堪重负。一个国家的刑事政策是否适时适度，是否科学合理，直接影响着惩治和预防犯罪的总体效果，直接关系到社会的和谐稳定和国家的长治久安。采用轻刑案件非羁押诉讼模式，可以减少公安机关的报捕数量，缓解案多人少压力。同时，降低逮捕率能够减少羁押场所的关押量，缓解

---

① 陈卫东：《程序正义之路》（第二卷），法律出版社 2005 年版，第 14 页。
② 王秋宁、徐光岩：《和谐社会语境下的检察环节轻罪处理机制构想》，载《中国检察》（第 15 卷），北京大学出版社 2007 年版，第 281 页。

羁押场所的安全管理压力，其追求的最终效果是正义与经济、公正与效益的协调统一，也是宽严相济刑事政策的体现。宽严相济刑事政策的核心是区别对待、宽严并用，该严则严，当宽则宽，宽严互补。采用轻刑案件非羁押诉讼模式，一方面可以保障国家及时实现刑罚权，使宽严相济刑事政策落到实处，有效发挥司法机关在打击、惩治和预防犯罪中的职能作用；另一方面有利于司法力量的合理配置，节省司法资源，保证司法机关集中优势力量和主要精力办理重大疑难复杂案件，有效维护和促进社会的和谐与稳定。

（四）我国轻刑案件非羁押诉讼的立法与适用

从我国近年来的立法司法演变看，总体上呈现出对非羁押强制措施扩大适用的规范趋势，表现出对羁押性强制措施的严格限制态度。

1. 刑事诉讼法律法规的相关规定

从刑事诉讼法律法规的相关规定看，2012年《刑事诉讼法》对强制措施的适用作了大幅度的修改。如细化了逮捕必要性条件，使对逮捕的把握从自由裁量逐渐走向规则主义，进而防止羁押强制措施的滥用；完善了取保候审和监视居住两种非羁押性强制措施的适用条件，相较1996年刑事诉讼法将两者混同的规定，2012年《刑事诉讼法》分别在第65条和第72条将取保候审和监视居住作了区分，并增加了患有严重疾病、生活不能自理，怀孕或者正在哺乳自己婴儿的妇女、系生活不能自理的人的唯一抚养人、羁押期限届满、案件尚未办结等几种适用情形，进一步扩大了非羁押性强制措施适用的情形。此外，还增加规定了捕后羁押必要性审查的制度，扩大了犯罪嫌疑人、辩护人申请变更强制措施的权利，这都为扩大非羁押性强制措施的适用创造了条件。

2. 刑事司法解释的相关规定

从刑事司法解释的相关规定看，扩大了非羁押性强制措施的具体情形，特别对轻刑案件非羁押性强制措施适用作了多方面的规定。如2006年最高人民检察院《关于在检察工作中贯彻宽严相济刑事司法政策的若干意见》指出，要严格把握"有逮捕必要"的条件，慎重适用逮捕措施，能用其他强制措施的尽量适用其他强制措施，对于不采取强制措施或者采取其他强制措施不致于妨害诉讼顺利进行的，应当不予批捕。对于可捕可不捕的坚决不捕。这在原则上明确了非羁押性强制措施的优先适用。同时规定，对轻微犯罪中的初犯、偶犯依法从宽处理，对于初次实施轻微犯罪、主观恶性小的犯罪嫌疑人，特别是对因生活无着偶然发生的盗窃等轻微犯罪，犯罪嫌疑人人身危险性不大的，一般可以不予逮捕；对于轻微刑事案件中犯罪嫌疑人认罪悔过、赔礼道歉、积极赔偿损失并得到被害人谅解或者双方达成和解并切实履行，社会危害性不大的，可以依法不予逮捕。2011年最高人民检察院《关于办理当事人达成和解的轻微刑事案件的若干意见》中规定，对于公安机关提请批准逮捕的案件，符合本意见规定的适用范围和条件，即当事人达成和解的轻微刑事案件，应当作为无逮捕必要的重要因素予以考虑，一般可以作出不批准逮捕的决定。

3. 轻刑案件非羁押诉讼适用的条件

从轻刑案件非羁押诉讼适用的条件看，主要有以下几个方面：一是案件的范围。根据现行法律法规，通常意义上的轻刑案件，主要是指轻微刑事案件，适用于可能判处3年以下有期徒刑、拘役、管制或者单处罚金的案件。这是对非羁押诉讼制度的适用对象进行了限制①。二是案件的事实证据。基本上要求达到犯罪事实清楚，证据确实、充分，适用法律无争议。同时，公、检、法三机关对适用法律是否均无争议也是适用非羁押诉讼制度的必要条件。这是适用非羁押诉讼制度的前提，实质是对作为定罪根据的证据在质和量两方面的综合要求。三是涉案对象。要求犯罪嫌疑人、被告人如实供述自己的罪行，社会危险较小。主要限制在犯罪情节相对较轻，犯罪金额不大，犯罪嫌疑人、被告人系主观恶性较小的初犯、偶犯、从犯、胁从犯、过失犯；预备犯、中止犯、未遂犯；防卫或避险过当以及犯罪后有自首、立功表现，或犯罪嫌疑人、被告人在案发后积极退赃退赔或双方当事人已达成赔偿协议等情况的案件。此类案件往往存在法定、酌定从轻、减轻、免除处罚情节或可能判处缓刑的可能，此类案件适用非羁押诉讼制度可有效地规避捕后判轻刑问题的出现。

## 二、轻刑案件非羁押诉讼的运作样态

对于轻刑案件犯罪嫌疑人、被告人采用非羁押性强制措施，确保其在未羁押状态下参与诉讼，具有权利上的正当性和诉讼结构上的合理性。近年来，随着宽严相济刑事政策与现代司法理念的贯彻和落实，轻刑案件非羁押诉讼得到了明显改变。而2012年《刑事诉讼法》更充分彰显了现代诉讼价值理念，推进了轻刑案件非羁押诉讼的司法实践。基于检察机关作为法律监督机关在刑事诉讼中是唯一能够自始至终参与整个诉讼进程的机关，对轻刑案件非羁押诉讼状况的了解有延展性，因此，本课题以检察环节为重点，以近年来上海市以及B区检察院司法管辖范围内的办案为焦点，采取点面结合的数据采集和基本情况的实证分析，反映并透视轻刑案件非羁押诉讼的运行现状。

（一）轻刑案件非羁押诉讼的基本情况

在开展轻刑案件非羁押诉讼调研中发现，虽然刑事诉讼法规定了三种非羁

---

① 但从本课题研究的需要出发，我们以处理结果的角度，将免予刑事处罚以及检察机关作出不起诉、撤案的案件也纳入调研的范畴。

押强制性措施，但司法实践中，不论检察机关还是公安机关，对于拘传这一强制措施处于基本不用的状态。主要原因在于：一是犯罪嫌疑人、被告人一般经传唤均能到案，适用拘传的机会不多；二是时间较短导致适用意义不大。鉴于此，下文主要对取保候审、监视居住展开调查分析，行文中提及的非羁押性强制措施仅指取保候审和监视居住。

1. 审查逮捕环节

审查逮捕肩负着惩治犯罪和保障人权的重任，是检察机关的一项重要职能[①]。逮捕是一把"双刃剑"，对有逮捕必要的犯罪嫌疑人准确地适用逮捕措施，可以有效地防止其逃跑、自杀、毁灭证据或者继续危害社会。但如果把逮捕措施当成诉讼活动顺利进行的"保险箱"，那就偏离了审查逮捕客观公正的立场，甚至使得逮捕措施成为了侦查工作的附庸[②]。基层检察院审查逮捕工作处于打击刑事犯罪的前沿，切实把握好捕与不捕的宽严尺度，直接关系到轻刑非羁押诉讼案件数量和办案质量的高低。

据统计，2015 年 B 区检察院侦查监督部门没有受理过公安机关移送要求适用监视居住的审查案件。年内共受理审查逮捕案件 2634 人，其中，适用拘留强制措施的 2552 人，适用取保候审措施的 82 人，占受理总人数的 3.1%。经审查，作出不批准逮捕决定的 290 人，占受理案件总数的 11.01%，而同期全市侦查监督部门的不捕率为 18.3%。其中，不构成犯罪的 16 人，占不捕总人数的 5.52%；因证据不足不捕的 152 人，占不捕总人数的 52.41%；以无社会危险性为由不捕的 118 人（其中有 18 人因具有刑事和解情形而决定不捕），占不捕总人数的 40.69%，比全市此类案件占比高出 10.09%（图 1）。

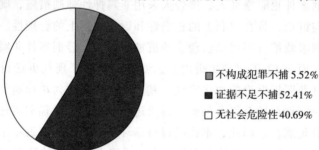

■ 不构成犯罪不捕 5.52%
■ 证据不足不捕 52.41%
□ 无社会危险性 40.69%

图 1：2015 年不捕案件原因比例分析

---

① 王永金：《正确认识审查逮捕在防止冤假错案中的作用》，载 http://legal. people. com. cn/n/2015/0701/c188502 - 27236075. html. 2016 年 11 月 3 日访问。

② 宁波市人民检察院课题组：《捕后判轻刑案件实证分析——以宁波市检察机关为样本》，载《河南司法警官学院学报》2015 年第 1 期。

以无社会危险性为由不捕的 118 人，均属于轻刑案件，主要集中于小额轻财、轻伤害、寻衅滋事、开设赌场等妨碍社会管理秩序类常发多发罪名。从不捕理由来看，盗窃、诈骗和掩饰隐瞒犯罪所得等案件主要是因为犯罪数额不大，且具有初犯、退赃等从轻情节；故意伤害和寻衅滋事等案件主要是主观恶性较小，认罪态度较好，且积极赔偿取得被害人谅解，或是被害人有过错在先，案件系家庭纠纷引发等，采取非羁押措施可以防止矛盾进一步激化；妨害公务等案件主要是情节较轻，系初犯、偶犯，且犯罪嫌疑人大多有固定工作及住所等。

此外，为提升审查逮捕工作质量，推进审查逮捕程序的诉讼化改造，增强适用逮捕措施与否的说服力，2015 年以来，B 区检察院按照上级院的部署和要求，积极开展逮捕公开审查试点工作，到 2016 年该项制度逐步进入了常态化运作。其中，2015、2016 年共组织公开审查逮捕案件 70 人，其中 2015 年 11 人、2016 年 59 人，这些案件均是常见多发的轻刑案件。70 人中，依职权启动的 31 人，依申请启动的 39 人；经听审，作出逮捕决定 29 人，相对不捕决定 40 人，绝对不捕决定的 1 人；系本地户籍的 11 人，外省市户籍的 59 人。59 人中，决定作相对不捕处理的 29 人，占外省市户籍总人数 49.15%（见图 2）。

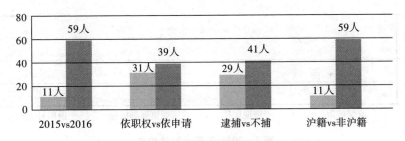

图 2：2015、2016 年公开审查案件数据对比图

以上相关数据情况可以看出，B 区检察院近年来能够始终坚持刑罚的谦抑性原则，在刑事案件总量处于高位运行的同时，较好地把握了打击犯罪、维护稳定与保障人权、依法行权的关系，初步实现了从"构罪即捕"到"必要才捕"的转变。通过准确适用逮捕措施，慎重和适度适用不捕，在轻刑案件非羁押诉讼方面，积极落实和努力实践了刑事诉讼要注重人权保障的司法价值。尤其是在无社会危险性轻刑案件不捕的把握上，在公安机关移送逮捕案件的公开审查上，在外省市户籍人员强制措施的适用上，为推进轻刑案件非羁押诉讼，积极作为，大胆探索，取得了一定的成效。近年来，还未出现过被害人因轻刑案件作出不捕决定而提出刑事申诉的情况，不捕案件质量比较稳定。

2. 审查起诉环节

检察机关审查起诉的主要任务是对公安机关和自行侦查部门移送的案件进

行全面审查，并依法作出提起公诉或者不起诉决定。这一阶段受理的非羁押性案件，司法实践中一般称之为直诉案件。它的最大特点在于，在刑事追诉进行的过程中，被追诉者未被逮捕。刑事直诉案件，从程序上说包含三种类型：一是经过审查批准逮捕环节，因犯罪嫌疑人涉嫌的罪行较轻，且没有其他重大犯罪嫌疑，具有《人民检察院刑事诉讼规则（试行）》（以下简称《刑诉规则》）第144条规定的六种情形而作出不批准逮捕决定后，移送检察机关审查起诉的。二是犯罪嫌疑人被批准逮捕后，又经过人民检察院羁押必要性审查程序后，对于不需要继续羁押的，变更强制措施后移送检察机关审查起诉的。三是公安机关没有经过审查批准逮捕环节，直接对犯罪嫌疑人采取取保候审、监视居住强制措施后，移送检察机关审查起诉的。因此，审查起诉阶段对于非羁押轻刑案件的处理具有承前启后的作用。

从受理的案件构成来看，据统计，2015年，B区检察院共受理公安机关移送的审查起诉案件3875人，内含直诉案件1448人，其中被采取取保候审强制措施的有1446人，被适用监视居住强制措施的有2人。年内，审查起诉阶段对犯罪嫌疑人变更为非羁押强制措施的共3人。其中64人因证据不足等原因被适用退回补充侦查程序（见图3）。

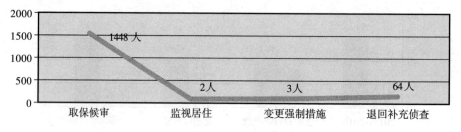

图3：2015年直诉案件构成

从适用的审理程序来看，2015年共向法院提起公诉非羁押强制措施的轻刑案件1142人，均建议适用简易程序或速裁程序，法院以普通程序审理的为20人。主要原因包括：第一，被告人或辩护人不同意适用简易程序；第二，法院因案件积压、指定管辖等原因致使案件不能在简易程序审限中审结；第三，证据发生变化。但可以看出绝大部分非羁押诉讼案件在庭审阶段适用略式程序。

从审查判决的结果来看，2015年，B区检察院共作出不起诉决定14人，其中因犯罪情节显著轻微被不起诉的有6人，6人中有4人是被适用取保候审措施的。年内，在非羁押强制措施状态下被提起公诉的1142人中，有777人被法院宣告缓刑。

从个别轻刑案件办理情况来看，2015年B区检察院共受理危险驾驶案件

514 人，经将 514 人危险驾驶案按照受理顺序依次编号，对个位数逢"3"和"7"抽取的 103 件样本分析显示，公安机关对犯罪嫌疑人直接拘留的 50 人，直接取保候审的 19 人，在公安阶段先拘留后转为取保候审的 34 人，取保候审的总人数占样本总数的 51.46%。103 件危险驾驶案检察环节平均办案天数 16天，最短 2 天，最长 216 天；直接取保候审以及拘留转取保候审的共 53 人，平均办案天数 24.7 天，最短 2 天，最长 216 天；判处拘役实刑的 56 人，拘役缓刑的 46 人，存疑不诉的 1 人（见图 4）。

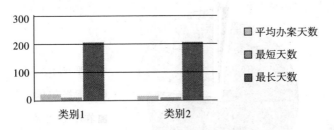

**图 4：103 件危险驾驶办案时间**

以上相关数据情况可以看出，公安机关是案件侦查的第一环节，也是适用非羁押强制措施的先导机关。审查起诉阶段在犯罪嫌疑人适用强制措施方面总体上具有一定的稳定性，检察机关一般不随意作出变更。对于事实清楚、证据确凿的轻刑非羁押案件，公、检、法三机关在办案期限和强制措施适用以及变更的权衡方面，总体上能够依法适用羁押和非羁押强制措施，做到快办、快审、快判，力争达到效率与公正的有机统一，尽可能维护和保障犯罪嫌疑人、被告人的合法权益。但也存在个别案件办案周期过长的情况。

3. 刑事执行检察环节

根据 2012 年《刑事诉讼法》和《刑诉规则》的规定，目前，刑事执行检察部门在非羁押案件诉讼方面具有对指定居所监视居住的犯罪嫌疑人、被告人的活动是否合法实行监督，对被逮捕后的犯罪嫌疑人、被告人进行羁押必要性审查的职能。切实开展好刑事执行检察工作，对于推进轻刑案件非羁押诉讼有效运行具有积极意义。

据统计，2015、2016 年，B 区检察院刑事执行检察部门未受理过对指定居所监视居住的犯罪嫌疑人、被告人的活动是否合法实行监督的案件。

两年内，共对 188 人启动羁押必要性审查程序，其中 2015 年 60 人，2016年 128 人。先后对 2015 年的案件采取单号抽样、2016 年的案件采取双号抽样的方式，分别抽取样本案件 30 人和 64 人进行分析。

从涉案罪名来看，分布较为广泛，共涉及刑法分则的侵犯财产、侵犯公民人身权利、破坏社会主义市场经济秩序、妨害社会管理秩序等 7 个章节的 28

个罪名，其中，较多的分别是寻衅滋事案 21 人、开设赌场案 14 人、妨害公务案 7 人、故意伤害案 6 人、盗窃案 5 人。

从启动程序的主体来看，系依职权启动审查的案件 22 人，占启动审查案件总数的 23.40%；律师提起申请审查的案件 70 人，占启动审查案件总数的 74.47%；在押人员申请审查的案件 1 人；看守所提起申请审查的案件 1 人（见图 5）。

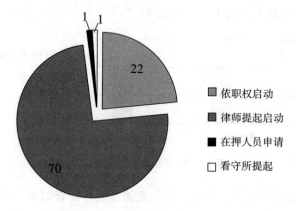

图 5：启动审查主体

从审查的情况来看，提出变更强制措施建议并得到采纳的案件 34 人，驳回申请的案件 59 人，中止审查案件 1 人。

从处理结果来看，仅以 2015 年 30 件样本案件为例，除 1 人被确定改变管辖移送其他区院办理外，其中被判处拘役的 5 人，判处缓刑的 14 人，判处有期徒刑实刑的 9 人，相对不起诉的 1 人（见图 6）。其中，审查后建议变更逮捕强制措施并被采纳的 12 人中，被判处缓刑的 11 人，判处有期徒刑实刑的 1 人。

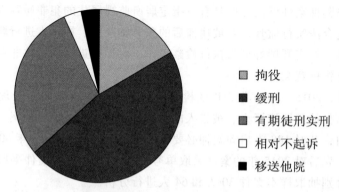

图 6：2015 年 30 件样本案件处理结果

以上相关数据情况可以看出，检察机关羁押必要性审查工作已引起案件当事人等各利益相关方的高度关注，保护犯罪嫌疑人合法权益的检察职能在基层检察院得到了充分有效履行。同时，也充分说明，羁押必要性审查工作的开展，对于大量轻刑案件的犯罪嫌疑人提供了有益的程序法保障，是推进轻刑案件非羁押诉讼的重要环节。

（二）轻刑案件非羁押诉讼存在的主要问题

在近年来我国优化立法、注重司法的大环境下，轻刑案件非羁押诉讼已在司法实务领域不断得到平稳运行、有效推进，但也不同程度地存在一些问题。

1. 外省市户籍犯罪嫌疑人适用非羁押措施较难

据统计，2015 年 B 区检察院侦查监督部门共受理非沪籍犯罪嫌疑人 1963 人，占全年受理总数的 74.53%；批准逮捕 1709 人，不批准逮捕 213 人，其中相对不捕 75 人，检察环节非沪籍人员非羁押诉讼率为 10.8%，因无逮捕必要而未被羁押的仅占 3.8%，而受理的本市户籍犯罪嫌疑人 671 人，采取非羁押的 135 人，比例达到 20.12%，远远高于非本市户籍犯罪嫌疑人被采取非羁押的比率。从本市的数据来看，也存在同样情况。2014—2015 统计年度内，共有 16.1% 的外来人员被适用逮捕措施。这些外来人员均为初犯、偶犯，且犯罪数额较小、情节较轻，认罪、悔罪态度较好，只因无固定住址和工作，保证人一时也无法确定而被逮捕[①]。

2. 公安机关对逮捕必要性和社会危险性的说明重视不够

2012 年修改刑事诉讼法之前，适用逮捕强制措施的条件之一是具有逮捕必要性。2012 年《刑事诉讼法》对适用逮捕提出了更高的标准，必须具有"社会危险性"才能适用逮捕，举证责任方是公安机关，即在移送审查逮捕时必须对逮捕的理由进行说明。《公安机关办理刑事案件程序规定》第 129 条第 3 款也规定，公安机关在根据第 1 款的规定（即具有社会危险性的案件）提请人民检察院审查批准逮捕时，应当对犯罪嫌疑人具有社会危险性说明理由。从实际执行情况看，据抽样统计，2013 年 1 月以前公安机关提请逮捕的 500 人中有 453 例未说明社会危险性，占 90.6%，说明刑事诉讼法修改前绝大部分侦查人员在提请逮捕时基本不考虑社会危险性。据对 2015 年公安机关移送的《提请批准逮捕书》抽样统计，500 人中未具体说明逮捕理由的比例大幅度下降，未具体说明社会危险性的仅有 76 人，占比 15.2%。同时，从说明的翔实程度和证据的充分程度来看，仍有相当一部分案件还是比较单薄，有的

---

① 参见上海市人民检察院案件管理处：《捕后判处拘役、缓刑案件情况分析》，载《案管业务交流》2016 年第 1 期。

在叙述中只是点到为止，对社会危险性的阐述和相关证据材料的收集工作重视不够。

### 3. 有无逮捕必要性的评估分析还不规范

从抽查的逮捕案件统一业务系统的信息以及审查终结报告文书看，目前检察统一业务系统规定承办人在审查案件时，必须对所办案件的执法风险进行评估，其要求评估的内容包括健康风险、身份风险、办案安全风险、舆情风险、信访风险和其他风险等6类，但其与2012年《刑事诉讼法》第79条所规定的5项"社会危险性"情形并不一致，前者偏重于信访矛盾和社会稳定，后者偏重于羁押必要性。但互相并不涵盖，又存在关联和交叉的情况，比如第6类"其他风险"中的第1项"有杀人、放火、爆炸等极端个人行为倾向"，就与第79条规定的"可能实施新的犯罪的"基本一致。此外，审查终结报告文书的格式中，有些承办人根据统一业务系统的文书样板使用的是"社会危险性分析"，而有的则使用的是"逮捕必要性分析"，也并不统一规范，更显示了办案人员对审查逮捕阶段开展此项工作价值定位认识上存在偏差。

### 4. 逮捕公开审查的实践还有待推进和完善

对于公安机关报送审查的轻刑案件是否可以适用非羁押措施，通过公开审查可以增强判断力和说服力。目前，逮捕公开审查工作还处于试行阶段，因此，适用的案件总量较少①。而且适用公开审查的案件也相对单一，一般局限于事实清楚、证据确实。对于存在社会危险性争议的案件，B区检察院2016年仅就一起可能不构成犯罪的案件，探索性地进行了逮捕公开审查的尝试。但此项工作对于轻刑案件具有较大的适用空间。同时，公开审查案件的双方当事人参与度不足。逮捕公开审查制度的设立的主要目的是维护和保障案件当事人的合法权益，但是从B区检察院的实践来看，犯罪嫌疑人、被害人等当事人的参与程度偏低，这势必将限制逮捕公开审查制度应有价值的发挥。此外，还缺乏相配套的当事人权利保障和救济机制。尽管逮捕公开审查制度在一定程度上通过兼听则明的方式保障了当事人的合法权益，但是却没有赋予当事人对于不服逮捕公开审查的决定的申诉或救济机制，当事人的权利无法得到充分的维护和保障。

---

① B区检察院2015、2016年共公开审查逮捕案件70人；从全市范围看，2015年度，本市17个区县院均开展了逮捕公开审查工作，共计公开审查178件212人（共受理审查逮捕案件23235件31730人），仅占受案总人数的0.67%。经听审，不捕150人，不捕率为70.7%，其中相对不捕143人，占95.3%。参见上海市人民检察院侦查监督处：《2015年侦监部门审查逮捕情况分析》，载《侦查监督业务交流》2016年第4期。

5. 犯罪嫌疑人妨碍诉讼顺利进行的情形时有发生

从审查起诉阶段了解的情况看,主要表现为脱逃和串供两个方面。被采取取保候审强制措施的犯罪嫌疑人不能及时到案并不鲜见。究其原因,主要有以下几个方面:一是犯罪嫌疑人主观上为了逃避刑事处罚故意脱逃;二是犯罪嫌疑人对非羁押性强制措施理解存在误差,认为非羁押等同于不处罚,对取保候审的要求和法律后果并不知晓;三是取保候审的执行机关执行不力,公安机关一旦采取取保候审决定后,基本不闻不问,对犯罪嫌疑人的监管不够,导致对被取保候审的犯罪嫌疑人约束力不强;四是办案机关对非羁押案件办理周期过长、久拖不决,也导致被取保候审的犯罪嫌疑人因流动而不能及时到案。

6. 非羁押强制措施的适用容易引发被害人的信访、质询

如 B 区检察院办理的犯罪嫌疑人鞠某某故意伤害一案中,公安机关对犯罪嫌疑人鞠某某进行取保候审后直接移送审查起诉,由于鞠某某未对被害人进行赔偿,被害人家属多次至检察院质询,要求将鞠某某逮捕。有的案件在对犯罪嫌疑人作出相对不捕决定后,也多有被害人至检察院信访、质询。工作中,还遇到有的案件未达成刑事和解,被害人频频上访甚至网民也参与评论时,公安机关往往把报捕作为缓解社会矛盾、促使犯罪嫌疑人交付赔偿费用的一种手段。此类案件往往公安与检察机关之间也难以协调,所以,检察机关在适用非羁押性强制措施的时候要考量更多的社会效果,从而使非羁押强制措施的适用步履艰难,不得不对这部分轻微刑事案件决定予以批捕。

7. 公安管辖的刑事案件"一押到底"的总量较高

从审查起诉环节看,据统计,从 2013 年到 2015 年,非羁押性强制措施的适用率呈逐年提升态势,但未超过 40%。从轻刑案件适用非羁押性强制措施的情况看,2015 年被判处 3 年以下有期徒刑刑罚的案件 2886 人,其中采取非羁押措施的为 1261 人,占 43.7%,可见轻刑案件的非羁押适用比率也并不高,超过一半以上的刑事案件还是适用羁押性强制措施,而且这类案件一般从侦查、检察到审判阶段都处于羁押状态。相比之下,检察院自行侦查的职务犯罪案件非羁押性强制措施的直接适用和变更比例要高得多。

8. 未适用非羁押性强制措施的案件被判处轻刑的情况较为突出

与"一押到底"直接有关联的问题就是,一些适用羁押性强制措施的案件最后的处理结果较轻。据统计,B 区检察院 2015 年批准逮捕 2250 人,其中捕后被判处拘役以下刑罚的 571 人(含判处缓刑),占 25.3%。从全市的统计数据看,也是如此。2013 年至 2015 年统计年度,本市批准逮捕犯罪嫌疑人 50967 人,其中捕后判处拘役 13918 人,判处缓刑 5018 人,共占批捕总人数的 37.2%。其中,2015 年此类案件共占批捕总人数的 40.2%。这些案件均为轻

刑案件，而在审查逮捕阶段大多数又具有刑事诉讼法规定的应当逮捕的情形①。

## 三、轻刑案件非羁押诉讼运行问题原因分析

按照 2012 年《刑事诉讼法》的规定要求，轻刑案件非羁押诉讼工作尽管取得了一定的成效，但非羁押性强制措施在刑事诉讼中的适用率仍然偏低，变相羁押、久押不决等侵犯犯罪嫌疑人、被告人合法权益的情况依然存在。这些问题产生的根源是多方面的，既有立法上的原因，又与司法理念、执法规范、执法环境等方面有着密切关系。

（一）轻刑案件非羁押诉讼的适用理念偏差

1. 非羁押诉讼的适用原则异化

刑事诉讼中，强制措施应仅有程序指向性。根据无罪推定的理念，在终局裁判前对被追诉人的权利进行处分，可以说是刑事诉讼过程中不得已的"恶"②。司法机关基于社会公共利益的需要，被赋予限制或剥夺公民人身自由的权力，可以有效地保证犯罪嫌疑人和被告人不逃避追诉或危害社会，保障诉讼程序的顺利进行，具体体现为：第一，保证被追诉人能够始终参与刑事诉讼程序以及法院裁判的结果能够得到执行，如果被追诉人拒不到案或者有自杀或逃跑可能的，则构成适用强制措施的事由；第二，保证司法机关能够依法顺利进行案件事实和证据的调查认定工作，如果被追诉人有毁灭、伪造、变造证据或者串供、干扰证人作证可能的，亦可构成适用强制措施的事由③。强制措施作为程序性的保障措施，保障刑事诉讼程序的顺利进行。程序指向性是刑事强制措施正当化的基础④。而强制措施的适用原则在立法中缺位导致长期以来少数司法人员片面强调打击犯罪，强调逮捕的严厉性，认为只有逮捕才能体现对犯罪分子的打击力度，使得原本只是为保证诉讼顺利进行的逮捕措施作为侦查手段而使用，更被一部分人当作处罚手段。另外，非羁押性强制措施被作为侦查手段，"诱惑"被追诉人认罪，再以非羁押性强制措施作为"奖赏"。不仅

---

① 参见上海市人民检察院案件管理处：《捕后判处拘役、缓刑案件情况分析》，载《案管业务交流》2016 年第 1 期；上海市人民检察院侦查监督处：《2015 年侦监部门审查逮捕情况分析》，载《侦查监督业务交流》2016 年第 4 期。

② 杨雄：《刑事强制措施的正当性基础》，中国人民公安大学出版社 2009 年版，第 35 页。

③ 卞建林：《我国刑事强制措施的功能回归与制度完善》，载《中国法学》2011 年第 6 期。

④ 杨雄：《刑事强制措施实体化倾向之反思——以预防性羁押为范例》，载《政法论坛》2008 年第 4 期。

造成逮捕措施的大量适用，也导致逮捕的功能偏离本应唯一的程序保障功能。此外，逮捕也不带有实体终局性，逮捕功能异化也表现在一旦逮捕就意味着很难作出不起诉的决定，捕后不诉在检察院内部是一个很难作的决定，涉及业绩考核、管理方式等问题。一旦逮捕往往就要定罪，逮捕后如果不定罪对法院而言也是一个难题①。

2. 非羁押诉讼的适用条件主观性较强

刑事诉讼法规定逮捕的三个条件中，有证据证明有犯罪事实是逮捕的事实要件，可能判处有期徒刑以上刑罚是法律要件，有逮捕必要是逮捕的决定要件。只有符合三个条件的，才予以逮捕。然而司法实践中，公安机关对犯罪嫌疑人只要是构成犯罪基本就报捕，检察机关只要确定法院不会判无罪就会大胆批捕。也就是说，对法律规定逮捕的三个条件，实践中基本上只把握了事实要件。虽然 2012 年《刑事诉讼法》对逮捕的适用条件进行了细化，亦对取保候审的适用条件作了规定。为进一步提高审查逮捕案件质量，依法准确适用逮捕社会危险性条件，最高人民检察院、公安部于 2015 年 10 月还联合制发了《关于逮捕社会危险性条件若干问题的规定（试行）》，但在实际运用中，由于对"社会危险性"条件判断主观性还是较强，导致自由裁量幅度较大，适用具有随意性。置于刑事诉讼流程前段的审查逮捕的办案人员对社会危险性的认定标准较后段办案人员更为保守，往往处于证据收集便利上的顾虑倾向认定具有社会危险性，进而作出逮捕决定。

3. 羁押性诉讼的习惯思维尚未根本改变

2012 年《刑事诉讼法》对逮捕必要性作了细化，使对逮捕条件的把握实现了从自由裁量模式向严格规则主义的转型。但司法办案人员在更为细化的证据规格方面，仍然掌握着较大的自由裁量幅度。在强制措施的适用倾向方面，也并未明显地体现出以非羁押性强制措施为原则、以羁押性强制措施为例外的适用顺序，导致在审查逮捕的证据审查过程中，办案人员较重视构成犯罪、定性证据，忽视从轻、减轻等量刑情节，同时，过于考虑维稳、被害人家属情绪等因素，更倾向于以适用逮捕强制措施为核心，一旦证据堆砌到符合逮捕条件即作逮捕决定，而往往忽略无逮捕必要性的相关证据审查及评估。

（二）轻刑案件非羁押诉讼的适用驱动力缺乏

1. 非羁押案件办理周期尚缺乏优势

通过调研访谈发现，一些非羁押诉讼案件办理周期长主要有两个原因：第

---

① 李昌林、夏阳、李寿伟、王洪祥、陈瑞华：《未成年人刑事案件审查逮捕程序改革探索专题》，载《人民检察》2010 年第 12 期。

一，非羁押诉讼案件通常是认罪案件，但在证据材料层面相比逮捕案件在完整性方面并无优势。尤其是直诉案件，由于失去了审查逮捕程序对于证据的初步把关，证据材料更容易存在缺陷，程序倒流频发。第二，非羁押诉讼案件在当前内部审查程序上并无明显简化，与法院的略式审理程序形成明显反差。而且因为取保候审案件审限较长，承办人会优先办理适用逮捕强制措施的案件，而将取保候审案件无节制地延长审查起诉期限、退回补充侦查。

2. 适用非羁押诉讼案件的工作量较大

在强制措施的变更方面，单纯以工作量为视角，羁押必要性审查程序、强制措施变更的执行程序以及轻刑案件刑事和解程序的适用，需要与各方面进行沟通协调，做决定前的告知以及决定后的释法说理工作，显然将导致承办人员工作量的剧增。所以，在规则允许的范围内，承办人的自由裁量必然会更倾向于工作量更小的一面。

3. 适用非羁押诉讼案件的风险较高

适用非羁押诉讼的风险体现在：一是被采取非羁押性强制措施的人员有脱逃风险；二是证据风险，即被追诉人被采取非羁押性强制措施后有更为便利的条件进行翻供、串证等；三是社会舆论风险，即非羁押性强制措施的适用易被曲解可能隐含着人情案、关系案。所以，司法办案中承办人员往往会产生不正常的趋"利"避"害"思维，以多一事不如少一事的原则，尽可能回避非羁押诉讼对自身及工作的影响。

（三）轻刑非羁押诉讼案件的适用程序及标准不完善

1. 适用非羁押诉讼案件的程序行政化较强

当前我国审查批准逮捕程序仍然主要是以检察院为审查主体进行书面审查，行政化的审查方式将承办检察官置于需要极高积极性，并且以超然的状态才能确保正确审查案件，但实践中却没有足够的动力或完善的程序调动审查人员的积极性，审查人员也会受到各种因素的干扰，作出有倾向的决定。虽然随着司法改革的推进以及司法责任制的落实，办案人员被授予了相当的决定权限，但改革初期仍然保留了一定的"审核"程序，层级审查方式的烦琐也会导致问题，比如批准逮捕案件由承办人交侦查监督部门领导审核，存疑不捕、附条件逮捕等案件则需三级审批，需报院领导做最终决定。承办人为了避免麻烦，或是利益驱动不足，往往会倾向于将处于捕与不捕临界点的案件作出逮捕的意见。此外，大多数案件的审查依据仍旧是公安机关递交的书面材料，极易导致偏听偏信和判断不准确。而羁押必要性审查程序也没有明显跳脱出行政化的审查模式。

2. 适用非羁押诉讼的审查程序还相对封闭

虽然目前检察机关正在推行逮捕案件公开审查试点工作，但是，大量轻刑案件还处于书面审查状态，案件适用非羁押诉讼审查程序的封闭性体现在：一是被追诉者参与程度不足。刑事诉讼活动中，被追诉者处于弱势地位，相关法律知识有限，对于权利知悉不足导致权利的行使缺乏前提。二是律师的参与程度不足。赋予犯罪嫌疑人接受讯问时的律师在场权是反对强迫自证其罪权利的衍生，目的在于防止侦查权的滥用。同时，公安机关受限于其控诉角色，更加注重收集不利于犯罪嫌疑人的证据。律师从有利于犯罪嫌疑人的角度收集证据，才能使审查人员在全方位的素材中，更容易发现真实。三是侦查人员、被害人等利害关系人参与程度不足，极易造成不满，引发争议及社会矛盾。

3. 逮捕阶段与法院判处轻刑的适用标准不同

客观上，逮捕程序对案件事实有实体上的保障作用。实践中，很多案件在批捕后案情仍有较大变化的可能，因此，承办人在批捕阶段主要考虑的是犯罪嫌疑人是否有证据证明有犯罪事实，其行为是否将判处有期徒刑以上刑罚，对犯罪嫌疑人具有自首、坦白等从轻或减轻处罚的情节虽有考虑但顾虑重重，担心这类轻刑案件一旦不批捕可能会放纵犯罪嫌疑人导致串供、毁灭证据，使更多的犯罪事实无法查清，甚至发生"无罪"情况。因此，对承办人来说，批捕是成本最低、风险最小、效果最好的选择。法院在量刑时，案件事实已经查清，主要考虑是否具有自首、立功、坦白等从轻、减轻处罚的情节，只要具备适用拘役、缓刑条件的一般均作此判处，不存在检察人员批捕时的顾虑。

（四）轻刑案件适用非羁押性强制措施的支持体系不健全

1. 非羁押性强制措施的担保措施不足

非羁押性强制措施担保措施的不足体现在：一是目前取保候审有保证人保证与保证金保证两种，立法对保证人的具体范围的规定较为空泛。对无足够的经济条件作保证金保证，又无亲无故来作保证人保证的，司法实践中办案人员也很无奈，只能对犯罪嫌疑人采取逮捕的强制措施。二是保证人在实务中仅充当了"紧急联络人"的角色，鲜有对未履行保证义务的保证人进行处罚的情况。立法对保证人违反规定的仅泛泛规定"构成犯罪的，依法追究刑事责任"，对保证人是否构成犯罪，在取证及定性上都存在一定的难度。实践中，也很少存在追究保证人责任的情况。三是保证金金额不能与被取保候审人的经济情况匹配，导致贫困者交不起保证金，而保证金对经济状况较好的人又不能产生强制性的情况出现。

2. 非羁押性强制措施的监管不到位

公安机关对于适用取保候审强制措施的人员没有预防性的监管措施，通常在被取保候审人无法联系后，才采取手段追查。取保候审缺乏对犯罪嫌疑人必要的监控和约束，犯罪嫌疑人一旦被取保候审，公安机关承办人员就会把此类案件放一放，一方面由于取保候审的期限有一年之久，另一方面办案压力不断增大的公安机关尚有大量逮捕案件亟须处理，而法律也没有规定对取保候审的犯罪嫌疑人需作任何管制，最后就很可能出现被取保候审的犯罪嫌疑人下落不明的情况，影响诉讼的顺利进行。而监视居住更是无操作性。法律规定被监视居住者未经批准不得离开指定的居所，不得会见他人。那么指定的居所究竟是何种场所？目前无论是立法还是司法实践，尚未确立专门的场所供监视居住。如果有专门的场所或者指定在犯罪嫌疑人的住所，那么是否需要专人看管？这种做法的司法成本显然是巨大的，所谓的监视居住就只能是"水中月、镜中花"，所以，实践中没有可操作性，也很少适用。

3. 特殊案件非羁押性措施适用上存在困惑

这类特殊案件包括：一是有前科的犯罪嫌疑人。2012年《刑事诉讼法》第79条第2款规定：有证据证明有犯罪事实，可能判处徒刑以上刑罚，曾经故意犯罪或者身份不明的，应当予以逮捕。由于对"可能判处徒刑以上刑罚"很难把握，司法实践中对曾经故意犯罪的嫌疑人，公安机关按要求都提请批捕，检察机关也基本都作出逮捕决定，如发现未报捕，有的还采取追捕的监督措施。这些案件诉至法院后，部分被判轻刑。二是审前拒不认罪的犯罪嫌疑人。即使犯罪行为刚达到立案标准，由于具有社会危险性，实践中都会对其采取逮捕措施。而在庭审阶段又承认犯罪事实的，法院一般都会判处轻刑。三是特殊性质案件的犯罪嫌疑人。比如，涉及危险驾驶犯罪的，虽然属于轻刑案件范畴，但相关司法解释规定，犯罪嫌疑人系醉酒驾驶机动车，发生交通事故、或曾因酒驾被行政处罚或追究刑事责任；或有妨害公务行为，或有无驾驶资格驾驶、驾驶营运车辆或校车等严重交通违法行为的，不适用缓刑，因此，即使是轻刑案件，一般也不予取保候审。

（五）轻刑案件非羁押诉讼的监督和追责方式不合理

1. 案件流程管理监督的效果有限

目前，检察机关的内部监督制约，主要是通过上级检察机关监督、设置中间环节、实行内设部门分权、建立办案流程和质量监督考核管理机制、实行错案责任追究制以及纪检监察部门查处违法违纪人员等途径进行的。尤其是案件管理部门作为办案业务流程管理的主管部门，由于人员力量和软件技术的开发配置不到位等原因，工作的重点还是放在案件审结后实体质量的评查，由于羁押强制性措施的适用与案件的实体把握相对紧密，从流程监督的角度讲，在案件受理时以及案件办理的过程中，案件管理部门也很难主动提出有针对性的建议，一般只有通过羁押必要性审查才能达到监督效果。

2. 社会舆论监督的介入不当

由于目前社会大众还是存在着对打击犯罪的要求更甚于对保障人权的追求，观念性的障碍深层次地反映了民众意识与现代刑事司法制度互相冲突的状况。社会大众将拘留、逮捕等当成是对犯罪嫌疑人的刑罚，使强制措施无形中承担了化解社会矛盾、促进刑事赔偿、促成认罪服法等法外功能，从而造成羁押强制措施的扩大适用。同时，司法因其特殊性质成为新闻富矿，个人媒体和专业媒体为了追求影响力，对司法狂热地关注，给司法办案造成较大的影响，有些轻刑案件羁押性强制措施的适用，正是迫于社会舆论的压力而采取的。

**3. 追责方式不尽合理**

实践中，绝大多数案件主要由公安机关决定是否采取取保候审的强制措施，这与其在刑事诉讼中处于第一个环节的地位有关。当刑事案件进入检察院审查起诉或者法院审判的诉讼环节，除非法律明确规定不适用某强制措施的情况出现，处于诉讼后续的机关一般都不会轻易变更强制措施。原因在于承办人员适用或变更适用了非逮捕的强制措施，一旦犯罪嫌疑人或被告人脱逃，就要承担全部责任。也就是说适用非逮捕强制措施的风险以诉讼程序是否顺利进行为唯一评价标准，并不考虑对符合条件的犯罪嫌疑人采取非逮捕强制措施的合法权益的保护。在这种不合理的风险分配机制下，公检法三机关以刑事诉讼是否顺利进行为采取何种强制措施的首要考量，而逮捕显然是最佳选择。

## 四、以审判为中心的轻刑案件非羁押诉讼制度完善

面对司法实践中轻刑案件非羁押诉讼的现状以及存在的问题和不足，既要以社会现实和执法环境为基础，又要以保障人权和刑事诉讼活动顺利进行为目标，在推进以审判为中心的刑事诉讼制度改革的过程中，切实重视轻刑案件诉讼活动的程序优化、法律适用和司法管理。

**（一）提高非羁押诉讼案件的审查工作质量**

为防止逮捕强制措施的滥用，切实保障犯罪嫌疑人的合法权益，让强制措施回归程序保障功能，应当继续深入贯彻落实宽严相济刑事政策，明确强制措施的适用原则、条件及证据审查要求。

**1. 把握无逮捕必要的适用原则**

准确把握逮捕的法定条件，正确及时行使逮捕权，有利于打击犯罪，提高工作效率，有利于促进司法公正，维护社会稳定。因此，在把握"有无逮捕必要"时，应切实坚持以下原则：

（1）保障诉讼原则。逮捕的根本目的在于保障刑事诉讼活动的顺利进行，无逮捕必要就是不采取逮捕措施也能保障刑事诉讼活动顺利进行，因此保障诉讼原则是适用无逮捕必要的首要原则，也是根本原则。

（2）罪行较轻原则。无逮捕必要是宽严相济刑事政策的直接体现。当宽则宽，该严则严，是宽严相济的精髓所在。轻刑案件往往意味着更小的社会危

害性，对此适用非羁押措施也更符合宽严相济的政策。

（3）认罪悔过原则。犯罪嫌疑人自身的真心悔罪、积极改过是对犯罪嫌疑人实行非羁押的前提和保障，这也是在采取非羁押状态下诉讼顺利进行的重要保障。

（4）矛盾化解原则。根据案件的性质、事实或当事人自愿谅解或被害人自愿要求对犯罪嫌疑人从轻处罚，从而不予逮捕不致激化矛盾，也不会产生对立或对抗情绪，有利于矛盾的化解，从而保障诉讼的顺利进行。

2. 把握无逮捕必要的审查方法和条件

根据刑事诉讼法的规定，所谓逮捕必要性就是采取取保候审、监视居住等强制措施不足以防止社会危险性，而社会危险性就是犯罪嫌疑人给社会带来新危害的可能性。实务中，一般可从以下几个方面进行审查：

（1）审查犯罪嫌疑人的主体条件。犯罪嫌疑人的主体条件主要是指犯罪嫌疑人犯罪前表现、犯罪后态度以及年龄、职业、住所、健康等情况。犯罪嫌疑人犯罪前表现和犯罪后态度在很大程度上反映了犯罪嫌疑人的主观恶性程度以及接受改造的可能性，也是衡量社会危险性大小的重要依据。人的思想和行为具有一定的连续性，平时工作积极、待人友善、做事稳重的人，其社会危险性一般较小；平时游手好闲、前科累累、劣迹斑斑的、沾染吸毒、赌博等恶习的人，其社会危险性显然就比较大。犯罪后自首、有立功表现或者认罪悔罪、积极退赃、赔偿损失，能取得被害人谅解的人，其社会危险性就较小；反之，犯罪后企图逃脱罪责、拒不认罪、扬言报复的人，其社会危险性就相对较大，很有可能继续实施危害社会的行为。年龄、健康状况往往是判断是否对犯罪嫌疑人采取羁押措施的参考依据，职业和住所也是考察犯罪嫌疑人是否会逃脱的重要依据。

（2）审查犯罪嫌疑人的犯罪性质。犯罪嫌疑人的犯罪性质是衡量社会危险性大小的重要依据。一般而言，犯罪性质严重、手段残忍、动机卑劣的，其社会危险性较大，如对于参加黑社会性质组织犯罪、恐怖犯罪、危害国家安全犯罪、有组织犯罪、严重暴力犯罪等严重危害社会治安和秩序的犯罪嫌疑人，如果采取非羁押的措施，就很可能继续危害社会。反之，对一些犯罪性质不严重、主观恶性不深的，采取非羁押的强制措施一般能防止社会危险性。当然，犯罪性质也不是判断有无逮捕必要的绝对标准，对于一些严重刑事犯罪，也需要结合犯罪情节和犯罪嫌疑人主体要件综合判断，如具有法定或酌定从轻、减轻、免除情节的，也可认定为无逮捕必要。

（3）审查嫌疑人的犯罪情节。犯罪情节一般也能反映社会危险性，如犯罪嫌疑人的犯罪目的、犯罪动机、作案次数、作案手段、犯罪形态、犯罪后果、在共同犯罪中的地位等。通常情况下，过失犯罪的社会危险性相对故意犯罪要小；从犯、胁从犯的社会危险性要比主犯小；预备犯、中止犯、防卫过当、避险过当的社会危险性也相对较小；而多次作案、连续作案以及动机恶劣、手段残忍的犯罪嫌疑人社会危险性就较大。综上所述，一般具有下列情形的，可认定为无逮捕必要：①主观恶性较小的初犯、偶犯；②属于预备犯、中止犯或从犯、胁从犯或防卫过当、避险过当；③过失犯罪或犯罪后有自首、立功表现或积极退赃、赔偿损失、确有悔改表现的；④邻里、亲友纠纷引发的伤害案件，取得谅解的；⑤已和解的轻刑案件；⑥未成年人、老年人、残疾人、重疾者。

3. 把握非羁押措施适用的证据审查要求

在涉及非羁押诉讼轻刑案件的证据审查方面，应注重把握以下几点：

（1）犯罪事实证据的审查要求。在司法实务中，办案部门往往注重犯罪事实的证据材料，"构罪即捕"的观念仍然存在。但在审查犯罪事实证据过程中，要防止"责备求全"的思想，要对采取非羁押强制措施后的继续侦查可能性进行评估，对主要犯罪事实已查清的，应当允许证据具有轻微瑕疵或量刑事实证据的缺失。同时，非羁押诉讼给予了犯罪嫌疑人足够的时间和空间，未被羁押的犯罪嫌疑人更容易获取到案件的信息，接触到案件的证人，出现翻供、串供的情况，也给司法人员提出了更高的要求。因此，对非羁押诉讼的案件要及时固定证据，防范诉讼风险。侦查办案人员除了要加强外围证据收集之外，主要手段是建立讯问同步录音录像的配套制度，为讯问过程提供客观的记录，证实被讯问人的自白任意性。目前在自行侦查案件中已经普遍实行了讯问全程同步录音录像，而上述同步录音录像已经成为应对翻供、翻证的重要手段。

（2）社会危险性证据材料的审查要求。公安机关提请批准逮捕的，应当提供社会危险性的相关证据材料。主要包括《刑事诉讼法》第79条规定的五种社会危险性之一或者曾经故意犯罪、身份不明，或犯罪嫌疑人、被告人违反取保候审、监视居住规定，情节严重的事由，应择一或择几项进行证明；同时公安机关也要收集犯罪嫌疑人不具有不适合羁押的特殊情形，如收集犯罪嫌疑人未患有严重疾病、生活能自理、非怀孕或正哺乳自己婴儿、非生活不能自理者的唯一抚养人等情形的证据材料。审查逮捕部门对公安机关未能提供相关社会危险性证据材料的，经要求提供而仍未能提供的，可以认定为没有社会危险性，而作出不批准逮捕的决定。需要注意的是，社会危险性证据作为程序性事实证据，其证据形式并不限于法定证据要求，如品格证据、电话查询记录等都可以作为社会危险性的证据形式。社会危险性证据的证明标准并不适用犯罪事实的证明标准，只要达到让人相信具有社会危险性的较大可能即可。

（3）没有社会危险性证据材料的审查要求。公安机关提请批准逮捕往往忽略犯罪嫌疑人没有社会危险性的相关证据材料的收集，检察机关在审查逮捕过程中应当对案件进行全面审查，通过讯问犯罪嫌疑人、听取律师意见、公开审查等方式，注意审查犯罪嫌疑人是否具有犯罪预备、犯罪中止、防卫过当、避险过当、从犯、胁从犯、自首、立功、或者系初犯、偶犯、过失犯、犯罪后积极退赃、退赔，取得被害人谅解、确有悔罪表现等情节的相关证据材料；当有社会危险的情形与无社会危险的情形同时存在时，应当确定社会危险性的程度。该社会危险性的程度不是数个"有社会危险性情形"的简单相加，也不是对"无或较小社会危险性情形"的简单抵扣，而应当对不同证明内容的证据材料进行比较、权衡，综合进行社会危险性评价，认为仍存在较大可能的社会危险性，则有逮捕必要；认为社会危险性的程度降低至一般可能或不大可能，则无逮捕必要。

4. 落实社会危险性证明责任及评估机制

逮捕案件审查的核心是要通过讯问、证据审查以及听取意见等形式，证明犯罪嫌疑人是否具有社会危险性，从而据此作出捕与不捕的决定。刑事诉讼法规定了社会危险性具有五种类型，主要是为诉讼提供程序保障和防止发生新的社会危险，这与其他国家和地区的规定方式基本一致①，但规定过于抽象，要准确适用还有赖于具体化。需要注意的是，社会危险性是一种可能、概率，这决定了它较多情况下很难由证据直接证明，而是要采取推定的方法。当然推定并不是排斥证据，只是拒绝用证据直接证明未知的社会危险性。社会危险性虽然是对未知的预测，但犯罪嫌疑人特定的"行为"就是社会危险性的重要载体，通过有证据证明此类"行为"推定有社会危险性的"危险"。从社会危险性的证明责任来讲，主要应强调以下几点：

（1）公安机关应承担社会危险性条件的证明责任。最高人民检察院、公安部《关于逮捕社会危险性条件若干问题的规定（试行）》第2条至第4条从"社会危险性"证据的收集、固定、移送以及举证不能责任承担等各方面，基本确立了公安机关对社会危险性的证明责任，且完整的包含了行为责任和结果责任。一是证据收集义务。公安机关侦查刑事案件，应当全面收集、固定犯罪嫌疑人是否具有社会危险性的证据；对于证明犯罪事实的证据不能证明犯罪嫌

---

① 例如我国台湾地区"刑事诉讼法"第101条规定，"被告经法官讯问后，认为犯罪嫌疑重大，而有下列情形之一，非予羁押，显难进行追诉、审判或执行者，得羁押之：1. 逃亡或有事实足认为有逃亡之虞者。2. 有事实足认为有湮灭、伪造、变造证据或勾串共犯或证人之虞者。3. 所犯为死刑、无期徒刑或最轻本刑为五年以上有期徒刑之罪者。"德国、日本等也有类似规定，例如德国规定犯罪嫌疑人有逃跑、掩盖真相的危险，以及所犯罪行比较严重均构成羁押的理由。参见宋英辉等：《外国刑事诉讼法》，北京大学出版社2011年版，第310、466页。

疑人具有社会危险性的，公安机关应当收集、固定犯罪嫌疑人具备社会危险性的证据；依据在案证据不能认定犯罪嫌疑人符合逮捕社会危险性条件的，人民检察院可以要求公安机关补充相关证据。二是证据移送义务。公安机关提请逮捕犯罪嫌疑人的，应当同时移送证明犯罪嫌疑人具有社会危险性的证据。对于继续收集、固定的犯罪嫌疑人具备社会危险性的证据，也应当在提请批准逮捕时移送。三是证据说明义务。对于证明犯罪事实的证据能够证明犯罪嫌疑人具有社会危险性的，应当在提请批准逮捕书中予以说明，说明的范围应当包括证据的名称、内容和证明事项。四是举证不能后果承担。检察机关经审查认为依据在案证据不能认定犯罪嫌疑人具有社会危险性，要求公安机关补充相关证据而公安机关没有补充移送的，应当认为犯罪嫌疑人不具有社会危险性，不予批准逮捕。有后果才有责任，只有切实让公安机关承担举证不能后果，才真正确立了公安机关对社会危险性的证明责任。

（2）检察机关应承担社会危险性条件的审查责任。对于有证据证明有犯罪事实、可能判处徒刑以上刑罚的犯罪嫌疑人，除《刑事诉讼法》第79条第2、3款规定的情形外，应当严格审查是否具备社会危险性条件。概言之，对于可能判处10年以下有期徒刑的犯罪嫌疑人，检察机关都需要考量社会危险性条件，而不局限于可能判处3年有期徒刑以下的轻刑案件。若彻底学习英美法，让公安机关承担社会危险性证明责任，则应当完全被动裁断，但事实上我国具有明显的职权主义纠问式的大陆法传统①。因此《关于逮捕社会危险性条件若干问题的规定（试行）》明确了检察机关办理审查逮捕案件时，应当以公安机关移送的社会危险性相关证据为依据，并结合案件具体情况综合认定。必要时，可以通过询问证人等诉讼参与人、听取辩护律师意见等方式，核实相关证据，才能作出不批准逮捕决定。

（3）检察机关应建立健全非羁押风险评估机制。对于检察机关办理的自行侦查案件，除了依申请启动非羁押性强制措施的审查外，重点应建立健全依职权启动的机制。为了保证评估结果的公正和权威，风险评估应当由评估小组进行，评估小组是有效开展评估的基础，而小组组成人员应该做到最大限度的超脱和中立。根据程序公正原理，与案件有利害关系的人员均应回避参与对犯罪嫌疑人变更强制措施决定的过程。根据不同案件的具体情况和需要，还可以邀请人民监督员参加。对于公安机关移送审查的案件，则应明确规定非羁押风险证据分析的评估规范以及无逮捕必要的论证要求，完善统一业务系统中执法

---

① 纠问式诉讼构造确立了实质真实原则，法官对案件事实负有查明真相的责任，所认定事实的依据不限于控辩双方提交的证据。参见陈瑞华：《刑事证据法学》，北京大学出版社2014年版，第279页。

风险评估的范围内容，建议将 2012 年《刑事诉讼法》第 79 条规定的 5 项情形全部纳入其中，对现有 6 类评估项目作适当的合并调整。同时，按照依据证据事实才能做出审查决定的逻辑关系，将"社会危险性分析"纳入"有无逮捕必要分析"中，规定承办人员在审查逮捕终结报告中统一用"有无逮捕必要性分析"这一项，必须在对执法风险的事实证据进行审查并评估后，再作出是否予以逮捕羁押的决定。

（二）扎实开展轻刑案件认罪认罚从宽制度试点工作

积极推进以审判为中心的刑事诉讼制度改革，能够在优化刑事司法职权配置、完善刑事诉讼程序、转变刑事庭审方式等方面实现全方位提升，尤其是对于轻刑案件的办理方面提供了更广阔的平台和机制保障。根据《全国人民代表大会常务委员会关于授权最高人民法院、最高人民检察院在部分地区开展刑事案件认罪认罚从宽制度试点工作的决定》，最高人民法院、最高人民检察院会同公安部、国家安全部、司法部于 2016 年 11 月制定发布的《关于在部分地区开展刑事案件认罪认罚从宽制度试点工作的办法》，对轻刑以及非羁押诉讼的案件办理作出了明确指引①。但从试行的角度看，建议司法实务部门，在把握《试点办法》的政策要求和法律适用原则的同时，应积极探索并完善轻刑非羁押案件的诉讼程序。

1. 完善并优化审查起诉阶段的办案程序

审查起诉部门应当以实施认罪认罚从宽制度为契机，借鉴轻微刑事案件的快速办理机制和刑事案件速裁程序的有益成果，将轻刑案件的办理程序作进一步简化。非羁押诉讼案件快速审查机制的推进同样仰赖于司法成本的维持甚至减少，在通过制度及行政命令推进的同时，可以作以下制度探索：

（1）轻刑非羁押诉讼案件集中办理。实务中，司法机关内部办案规则庞杂，专门办案团队更易熟悉相关领域法律及司法政策，提高审查效率。同时，也更易掌握相对统一的办案标准，避免同案不同判的情形。

（2）公安机关预通知程序。公安机关在"直诉"前应对采取非羁押强制

---

① 例如，第 6 条规定："人民法院、人民检察院、公安机关应当将犯罪嫌疑人、被告人认罪认罚作为其是否具有社会危害性的重要考虑因素，对于没有社会危险性的犯罪嫌疑人、被告人，应当取保候审、监视居住。"第 16 条规定："对于基层人民法院管辖的可能判处三年有期徒刑以下刑罚的案件，事实清楚、证据充分，当事人对适用法律没有争议，被告人认罪认罚并同意适用速裁程序的，可以适用速裁程序，由审判员独任审判，送达期限不受刑事诉讼法规定的限制，不进行法庭调查、法庭辩论，当庭宣判，但在判决宣告前应当听取被告人的最后陈述。适用速裁程序审理案件，人民法院一般应当在十日内审结；对可能判处的有期徒刑超过一年的，可以延长至十五日。"

措施人员进行复查，保证犯罪嫌疑人在案。审查起诉部门根据办案量确定每周相对固定的讯问时间，由公安机关在移送起诉前通知犯罪嫌疑人在规定的时间至司法办案中心等待，由办案团队按周期集中讯问。

（3）略式审查报告。审查阶段仅生成两份文书，即起诉书和表格式确认单，防止起诉书中未涵盖的内容在审查中出现遗漏（如是否有管辖、是否在追诉期、是否到达犯罪年龄等）。

（4）健全案件流转制度。非羁押诉讼案件承办人在审查过程中，发现有例如翻供、证据严重缺失的案件，可移交其他办案团队办理。

（5）羁押必要性审查。办理采取羁押强制措施轻刑案件的承办人，应将羁押必要性作为必须审查的项目，一旦羁押情形消失，应立即变更。

（6）批捕部门督促继续侦查机制。批捕部门认为没有逮捕必要性但证据存在重大缺失的案件，应以继续侦查提纲形式通知公安机关，对于微小瑕疵的内容可以口头告知。为减少行政程序损耗，继续侦查提纲可以以承办检察官个人签字形式制发。

2. 完善并优化审判阶段的办案程序

当前刑事诉讼程序对轻罪案件的处理存在程序过剩的弊端，其程序构造，主要是依照刑法"重罪重刑"结构设计的，相较于轻罪案件的处理而言，对轻罪案件的程序过滤功能没有实现，过往的刑事诉讼程序处理轻罪案件，不仅无法实现轻罪案件快速处理的效率要求，反而会由于"程序过剩"造成案件积压，浪费司法资源[1]。因而，为轻罪案件建构相匹配的诉讼程序具有必要性，但对于轻微刑事案件的快速办理机制和刑事案件速裁程序本身，依然存在制度优化的必要，例如，轻微刑事案件的快速办理机制和刑事案件速裁程序需通过法庭审理，尽管由一名审判员独任审判、检察人员集中出庭，却仍对司法资源产生一定消耗，具备进一步简化之空间。过往，我国没有对简易程序作出区分，形式单一，实务中，大量轻刑案件以简易程序审理，公诉人出庭宣读起诉书，出示证据，被告人不持异议，法官当庭判决，一旦被告人提出异议，则转为普通程序审理；现今，即便将简易程序与轻微刑事案件的快速办理机制和刑事案件速裁程序进行区分，事实上，两种程序之中，法官判决的依据依然是

---

① 梅传强：《论"后劳教时代"我国轻罪制度的构建》，载《现代法学》2014年第2期。

起诉时移送的全部书面材料。基于此，完全可以借鉴国外处刑命令程序①，进一步降低司法成本。因为，类似于处刑命令程序的书面审理显然比开庭审理更具效率。为此，在案件事实清楚、证据确实充分，被告人自愿认罪、当事人对适用法律没有争议，并尊重和保障被告人程序选择权、辩护权的前提下，尤其是对于轻刑非羁押诉讼案件，探索类似处刑命令的书面审理，可以进一步完善程序分流、节约司法资源的同时，也体现了对个人价值多元化的尊重，在公正和效率之间搭建多个落脚点，让公正趋向与效率趋向各得其所。

（三）深入推进审查逮捕诉讼化程序的构建和适用

打造以审判为中心的刑事诉讼格局，需要对审前程序进行诉讼化改造，以确保侦查、审查起诉的案件事实和证据经得起法律的检验②。非羁押诉讼适用审查程序的封闭性与行政化，一定程度上会导致逮捕强制措施适用上的恣意，犯罪嫌疑人、被害人、公安机关未充分参与逮捕决定的作出，也在一定程度上会导致对逮捕措施适用上的争议，进而又影响逮捕决定的正确作出。以审判为中心的诉讼制度改革，必然要求侦审前程序始终围绕庭审程序进行，为庭审认定事实、适用法律奠定基础，对非羁押诉讼的适用程序实行诉讼化改造，无疑能够充分发挥逮捕程序保障诉讼活动顺利进行与防止追诉权滥用的双重功能，这也是以审判为中心的诉讼制度改革的必然要求。

1. 适当扩大逮捕公开审查的案件范围

尽管从更好地发挥逮捕公开审查制度的作用和体现其价值的角度出发，逮捕审查应当以公开审查为主、以书面审查为辅，但是受制于各地司法办案资源的有限，案多人少的矛盾普遍存在，所有审查逮捕案件都适用听审式的公开审查缺乏实践基础，故对于明确限定逮捕公开审查的案件范围为理论界和司法实务界所一致认同。然而，关于逮捕公开审查范围究竟应当包括哪些案件，无论在理论界，还是在司法实务界，都是一个争论不休的问题。一种观点认为，应

① 以德国为借鉴，其刑事案件快速审理程序包括简易程序、保安处分和处刑命令（Strafbefehl），如果将我国轻微刑事案件的快速办理机制和刑事案件速裁程序与之比较，则更接近简易程序，尚未达到处刑命令的简化程度。根据德国刑事诉讼法第六部分第一章的相关规定，处刑命令程序是由检察官书面建议，法院根据检察官提出的证据及量刑作书面审理。法官经审查认为对签发处刑命令没有疑问时，则同意检察官的申请，签发处刑命令，送达被告人，若被告人在规定期限内没有提出异议，处刑命令等同于发生法律效力的判决；若有异议，则转入一般审理程序。上述处刑命令被限制在罚金或吊销驾驶执照等方面。但是在被告人有辩护律师或指定有辩护律师的情况下，也可以判处宣告缓刑的一定期限自由刑。参见［德］克劳思·罗科信：《刑事诉讼法》，吴丽琪译，法律出版社2003年版，第602页。

② 樊崇义、张中：《论以审判为中心的诉讼制度改革》，载《中州学刊》2015年第1期。

当将所有拟不批准逮捕的案件都纳入逮捕公开审查的范围；另一种观点则认为，逮捕公开审查的案件范围应当以是否适合公开为标准，适合则公开，不适合则不公开。

事实上，逮捕案件的审查公开与否，不应简单地以是否需要逮捕，或者是否适宜公开为区分标准，而应当在兼顾以上两种标准的基础上，以适用逮捕措施是否存在争议为判断案件是否适宜启动逮捕公开审查的标准。接下来的问题就是，是否所有适用逮捕措施存在争议的案件都应当采取公开审查的方式？从本市的司法实践来看，仅将事实清楚、证据确实，但犯罪嫌疑人是否存在社会危险性有争议的案件纳入了逮捕公开的案件范围。我们应当承认这一划分标准兼顾了是否存在争议和是否适宜公开两个方面，具有一定的合理性和可操作性，既考虑到社会危险性有争议的案件可能不批准逮捕的情况，又考虑到了事实清楚、证据确实的案件进行公开审查不会导致侦查秘密地泄露适宜公开的情况。但是，如果仅将逮捕公开审查的案件局限于事实清楚、证据确实，但不存在社会危险性争议的案件，逮捕公开审查的范围就显得过于狭小。为此，可以考虑将案件事实清楚、证据确实，但是否构成犯罪在法律适用上存在争议的案件也纳入逮捕公开审查的案件范围。这类案件事实清楚、证据确实，其公开审查不会导致侦查秘密的泄露，同时法律适用上有存在争议，也确有公开审查的必要。

2. 探索扩大逮捕公开审查的参与人范围

从以往的司法实践来看，逮捕公开审查的参与人主要包括检察官、书记员、侦查人员、犯罪嫌疑人及其辩护律师和被害人及其诉讼代理人。上述参与人一部分是参与侦查和审查的公安机关和检察机关的代表，他们对案件的各方面情况已经或者需要有较为全面的了解，另一部分是案件的当事人或当事人的代表，案件的处理结果事关其切身利益。然而，从逮捕公开审查的司法实践来看，犯罪嫌疑人、被害人的参与度较低，同时又缺乏人大代表、政协委员等侦查机关或检察机关以外人员的监督。为更为有效地发挥逮捕公开审查制度对于维护当事人合法权益及促进逮捕审查公开公正的作用，有必要从以下两方面扩大和提高逮捕公开审查的参与人范围及其参与度。

（1）提高逮捕公开审查中犯罪嫌疑人、被害人的参与度。犯罪嫌疑人是犯罪的亲历者，是案件的当事人，对案件最有发言权。逮捕公开审查关系着是否剥夺犯罪嫌疑人的人身自由，因此犯罪嫌疑人应当有权利参与逮捕公开审查并当场作出申辩。同时，检察官评价和判断犯罪嫌疑人是否具有社会危险性，也有必要当场考察犯罪嫌疑人的悔过表现、认罪态度等，故增加犯罪嫌疑人的参与度有利于检察官作出更为科学及合理的审查决定。

尽管有学者认为，被害人参与逮捕公开审查，可能导致逮捕率无法降低，从而损害犯罪嫌疑人的利益。事实上，被害人是否参与逮捕公开审查与检察机关是否批准逮捕犯罪嫌疑人之间没有直接的因果关系。被害人虽然不属于逮捕公开审查三方结构中的一方，但是如果案件有刑事和解可能，或者检察机关拟作出不批准逮捕的决定，则应当允许被害人参与。被害人有相对独立的利益，让被害人参与逮捕公开审查，可以提高其对是否逮捕决定的认同感，减少上访等情况的发生。

（2）邀请人大代表、政协委员等人员参与逮捕公开审查。对于人民代表、政协委员、人民监督员等人员，是否应当参与逮捕公开审查的问题，司法实务界和学者可谓莫衷一是。有学者主张，从人民代表、政协委员、人民监督员等人员中，挑选并建立一支相对固定的逮捕公开审查评议员队伍。检察机关开展逮捕公开审查时，应当从中抽取人员参与逮捕公开审查的评议工作。有的观点则认为，逮捕公开审查可以邀请人民代表、政协委员、人民监督员等独立第三方人士参与旁听，但是上述人员不是逮捕公开审查的参与人，不应对检察机关是否适用逮捕措施发表意见，其仅能对检察机关的逮捕公开审查工作及相关制度提出建议和意见。课题组赞同后一种观点。邀请人大代表、政协委员、人民监督员等人员参与旁听逮捕公开审查，的确可以监督并促进检察机关更好地开展逮捕公开审查工作，从而正确行使法律赋予的逮捕权，但是上述人员不具备专业的法律知识，法律也没有赋予他们审查逮捕权，故上述人员不应当参与逮捕公开审查的评议工作。

3. 完善逮捕公开审查的具体程序

在明确逮捕公开审查的案件范围包括事实清楚、证据确实，但是否构成犯罪存在争议以及是否具有社会危险性存在争议的两类案件的基础上，针对两类案件审查的内容不同、复杂性程度不同及主审检察官的权限不同，可以把逮捕公开审查的具体程序分为简易程序和普通程序两种不同的模式，从而优化程序设置，实现繁简分流，兼顾司法公正和诉讼效率。

（1）简易程序适用于事实清楚、证据确实，但是否具有社会危险性存在争议的案件。由于该类案件不涉及案件事实和证据，听审程序相对简单。同时，案件主审检察官对该类案件的批准逮捕与否具有决定权，故听审的主持人由案件主审检察官担任。具体步骤如下：①书记员核实参与人身份，宣读逮捕公开审查纪律，宣布参与人名单。检察官宣布逮捕公开审查开始，询问是否犯罪嫌疑人及其律师申请回避，说明逮捕公开审查的主要内容和要求，简述犯罪嫌疑人涉嫌犯罪的情况。②侦辩双方在主持人引导下，依次发表意见。一般先由侦查人员说明犯罪嫌疑人社会危险性情况，阐述提请批准逮捕的理由。随后，犯罪嫌疑人及其辩护律师针对犯罪嫌疑人是否具有社会危险性发表意见。③检察官可以根据案件需要，讯问犯罪嫌疑人，也可以对听审参与人发问，以查明犯罪嫌疑人是否具有社会危险性。经检察官许可，侦辩双方也可以互相提问。④书记员制作听审笔录，待听审参与人查阅后签字盖章，检察官宣布听审结束。⑤检察官在规定期间内作出是否逮捕的决定，并将决定和理由书面告知听审参与各方。

（2）普通程序适用于事实清楚、证据确实，但是否构成犯罪存在争议的案件。由于案件主审检察官对该类案件的批准逮捕与否不具有决定权，故听审的主持人应当由具有案件审批权的分管副检察长担任。此外，还应当选派一名检委会委员和案件的主审检察官共同参与听审。该类案件的公开审查涉及对案件事实和证据的审查，因此程序的设计较简易程序相对复杂。具体步骤如下：①在听审开始前，检察机关应当允许犯罪嫌疑人的辩护律师查阅并核实相关证据材料。②书记员核实参与人身份，宣读逮捕公开审查纪律，宣布参与人名单。主持人宣布逮捕公开审查开始，询问是否申请回避，说明逮捕公开审查的内容和要求，简述犯罪嫌疑人涉嫌犯罪的情况。③侦辩双方在主持人引导下，依次发表意见。一般先由侦查人员就犯罪嫌疑人是否构成犯罪及有无社会危险性发表意见并出示相关证据。随后，由犯罪嫌疑人进行申辩，其辩护律师就其是否构成犯罪发表观点。④侦辩双方就案件主要争议焦点进行质证和辩论。⑤经主持人同意，侦辩双方可以相互发问，主持人有疑问也可向侦辩双方发问。⑥若被害人参与听审，主持人亦可允许其发表意见。⑦书记员制作听审笔录，待听审参与人查阅后签字盖章，主持人宣布听审结束。⑧检察机关在规定期间内作出是否逮捕的决定，并将决定和理由书面告知听审各方。

（四）全面加强对轻刑案件非羁押诉讼的法律监督

大力推进以审判为中心的刑事诉讼制度改革，绝不是法院一己之力所能完成的，需要公检法三方的积极参与。从检察职能的角度来看，必须着眼于发挥检察机关法律监督的职能作用，完善人民检察院对侦查活动和刑事审判活动的监督机制。建立健全对强制措施的监督机制。加强人民检察院对逮捕后羁押必要性的审查，规范非羁押性强制措施的适用①，有效落实刑事诉讼所确定的以尊重和保障人权为主旨内容的现代司法价值。

1. 更新执法理念，调动执法主体积极性

理念是行动的先导。应加强检察人员尤其是检察官对非羁押诉讼的刑事法律政策的学习，牢固树立人权保障和惩罚犯罪并重理念，纠正办案人员"重打击、轻保护""构罪即捕"的思想误区，不断完善科学的司法业绩评价体

---

① 参见最高人民法院、最高人民检察院、公安部、国家安全部、司法部于2016年10月联合印发的《关于推进以审判为中心的刑事诉讼制度改革的意见》第16条。

系，完善非羁押诉讼的法律法规和工作规范，有效提升检察机关办理非羁押诉讼案件的能力和监督水平。同时，应通过执法办案，强化对侦查、审判活动的监督，尤其应重视构建新型侦捕、侦诉关系，运用释法说理、引导侦查取证以及类案和违法行为监督等各种途径，提高公安机关对轻缓刑事政策和轻刑案件非羁押诉讼重要性的认识，克服"就案办案"的思想，增强工作合力，有效确保案件办理的质量和效果。

2. 全面落实捕后羁押必要性审查制度

羁押必要性审查是检察机关贯彻落实"以审判为中心"刑事诉讼制度改革的一个重要抓手①，也已成为检察机关加强对内和对外羁押性强制措施实施监督的重要工作内容。应结合开展刑事案件认罪认罚从宽制度试点工作，认真学习高检院《人民检察院办理羁押必要性审查案件规定（试行）》和相关工作要求，结合所派驻场所在押人员的实际状况和结构特点，理顺办案机制，加强与办案部门、辩护律师的沟通协调和对在押人员谈话教育工作，及时跟踪掌握在押人员案情发展、涉案矛盾化解、悔罪表现、身体状况等羁押必要性变化情况，在做好依申请审查的同时，积极主动开展依职权办理羁押必要性审查案件。同时，检察机关在审查犯罪嫌疑人继续羁押必要性时，也应当充分听取公安机关和当事人等有关方面人员的意见，应积极利用远程视频系统，提高办案透明度，促进羁押必要性公开审查的规范化和常态化，提升检察机关维护司法公正、保障诉讼人权的社会影响力，实现办案法律效果和社会效果的有机统一。

3. 加强对非羁押诉讼活动的全方位动态监管

检察机关应严格按照互相配合、互相制约、加强监督的原则，从源头上、过程中改善非羁押诉讼的适用和运行状况。一是把好案件受理审查监督关。案件管理部门应在案件受理时强化轻刑案件非羁押状态的审查。并定期开展轻刑非羁押案件诉讼质量和办案情况的督查及通报。二是加强对存疑不捕、相对不捕案件的后续跟踪监督。尤其是加强对存疑不捕案件决定后的引导侦查，重视加强"社会危险性"证据材料的审查及评估工作。三是加强对移送起诉案件的监督。尤其是对移送审查起诉的直诉案件，需要补充侦查、改变定性或建议公安机关撤回起诉的，要主动向侦查部门说明理由和要求，运用好公诉引导侦

---

① 2016 年 9 月 29 日，国务院新闻办发布的《国家人权行动计划（2016—2020 年）》又一次明确了"健全刑事羁押必要性审查制度，发现不需要继续羁押或患有严重疾病不适宜羁押的，应当释放犯罪嫌疑人、被告人或变更强制措施"的羁押必要性审查工作要求，这是我国连续第三次在对外人权保障计划中表明国家通过羁押必要性审查"尊重和保障人权"的立场。

查机制，既尊重、体谅公安机关的意见和难处，也维护检察机关依法监督的权威性，从而达成共识，相互合作，保证案件质量。四是加强对审判活动的监督。对于审判机关将检察机关、公安机关已依法决定适用非羁押诉讼的被告人决定逮捕的，要进行全面审查监督。此外，还应加强沟通协调，建立公检法三机关联动办案机制，针对非羁押诉讼运行中出现的问题及时协商解决，畅通非羁押诉讼运行渠道。五是研究建立非羁押候审人信息查询档案，利用先进的计算机技术，构建全国联网的专门计算机管理系统，实行全方位动态监管，以保证非羁押诉讼的顺利进行。

**4. 强化对非羁押案件的释法说理工作**

推进轻刑案件非羁押诉讼，应当赢得当事人以及社会舆论的理解与支持。为充分维护犯罪嫌疑人的合法权益，应当改变现有的仅向公安机关说明不批准逮捕理由的单向说理机制，有效落实提请批准逮捕与不批准逮捕理由的双向说理机制。通过逮捕公开审查、羁押必要性公开审查、不服不批准逮捕申诉公开审查等方式和途径，使犯罪嫌疑人及其辩护律师、被害人等能直接了解检察机关对作出相关决定的具体理由，从而更好地维护和保障犯罪嫌疑人的合法权益，减少当事人的误解，减少不必要的信访矛盾。同时，也应加强对新媒体涉案舆情的回应和处置，通过典型案事例宣传和综合新闻发布会等形式，加强对轻缓刑事政策和保护人权工作的宣传，为非羁押诉讼的运行营造良好的社会舆论环境。

# 社区检察工作的理论与实践研究<sup>*</sup>

上海市奉贤区人民检察院课题组<sup>**</sup>

## 一、社区检察概述

### （一）社区检察的定义

社区检察最早出现于美国纽约曼哈顿地区的司法实践中，美国检察官研究所（APRI）将社区检察定义为"处置社区生活质量问题和犯罪问题的一种途径，是检察官与社区协作发现问题并解决问题的一种方式"。南非国家检察机关则将社区检察定义为：（1）社区检察是一个积极应对犯罪的综合途径；（2）与社区建立长期的合作关系；（3）使用刑事起诉之外的方式来预防犯罪；（4）鼓励社区参与。①

从司法实践来看，社区检察因受当地条件和社会背景的深刻影响，在不同的司法辖区内实施的社区检察都是有区别的，因此，社区检察并无规范统一的定义。有学者认为社区检察是被动的，旨在促进群众在司法活动中的参与度；而有学者认为社区检察是主动的，重点在于以深入社区的形式积极主动地解决问题，预防犯罪。尽管对其定义内涵尚无统一定论，但大多数学者都认为社区检察是传统检察的补充完善，以积极的态度应对社区中存在的数量众多的轻微刑事案件，达到事前防治的良好效果。②

### （二）社区检察的定义及特征——以上海为研究对象

我国社区检察实践起步较晚，司法理论界关于社区检察研究资料较为匮乏，实践中，各省市自治区对社区检察理念认识不同，导致工作模式并不相同，本文以上海社区检察工作为研究对象，以此来界定"社区检察"的概念

---

＊　上海市检察官协会 2016 年重点研究课题。

＊＊　课题组负责人：孙静；课题组成员：胡军妹、马鼎、陈皓、金梦、樊华中。

①　参见冯翠华：《社区检察初论》，中国政法大学 2011 年硕士学位论文。

②　参见张鸿巍：《社区检察制度刍议》，载《广西大学学报（哲学社会科学版）》2012 年第 4 期。

和特征。

根据上海检察机关对派驻社区检察室的发展规划及工作职能定位，上海社区检察"是本市基层人民检察院在街道、乡、镇等社区的派出机构，是基层人民检察院依法履行检察职能，加强对公安派出所刑事执法活动监督和非监禁刑罚执行（社区矫正）活动监督，受理社区群众来信来访，推进社会管理创新，树立检察机关良好形象，联系人民群众的工作窗口和重要通道。"

上海社区检察的特征表现为四个方面：（1）社区检察是基层检察院在社区的派出机构，是检察机关延伸法律监督触角，促进检力下沉的载体；（2）社区检察依托两大监督职能，即公安派出所刑事执法活动监督和非监禁刑罚执行（社区矫正）活动监督；（3）社区检察具有法律监督和公共服务双重属性，通过信访接待、法制宣传、法律咨询等方式，服务社区居民；（4）社区检察是检察机关参与社会综合治理的有益探索，通过法律监督发现并解决基层社会治理中的一类问题，达到预防惩治犯罪的最终目的。

综合上述分析，社区检察是城市社区新的司法组织形式，"以城市社区为组织架构基础，立足监督职能，参与法律服务，延伸检察机关法律监督触角、实现检力下沉的载体。"[①]

（三）社区检察实践探索的必要性

派驻社区检察室是社区检察制度在司法实践中的产物，是社区检察理念的体现，社区检察以检察室为载体，延伸法律监督触角，是对检察工作资源配置、结构功能、执法方式的大调整，社区检察实践探索的必要性主要表现在以下几点：

1. 强化法律监督的需要

人民检察院是国家的法律监督机关，其行使法律监督权主要通过两项职能来完成：一是对诉讼活动的法律监督，包括刑事立案监督、侦查监督、刑事审判监督、刑罚执行监督以及对民事行政审判活动的监督；二是行使办案权，包括职务犯罪侦查权、批准或决定逮捕权和审查起诉权。

（1）加强基层刑事执行监督的需要。近年来，随着公安机关刑事侦查体制改革，公安机关刑事侦查工作机制发生较大变化，侦查工作重心下移，基层派出所在办理治安案件之外还承担了大量的轻微刑事案件，以上海市奉贤区为例，奉贤区基层派出所承办的刑事案件占全区总案件的八成以上，基层派出所案多人少矛盾突出，程序性风险较大，需要引入第三方监管措施。因此，公安

---

[①] 参见朱文波、顾晓军：《社区检察工作研究》，载《2014 年上海市检察机关调研论文精选》。

机关的刑事执法活动延伸到基层，与之对应的检察机关法律监督必然要延伸到基层。

（2）加强社区矫正监督的需要。随着宽严相济理念的深入，以及实践中刑事速裁案件的增多，以缓刑为主体的社区矫正人员呈上升趋势，社区矫正主体由公安机关转变为基层司法所，社区矫正的日常监管灵活性较大，各司法所矫正干部及社工的人数与矫正对象的差距悬殊，监管空白较多。司法实践中，脱漏管、重新犯罪、延期宣告等违规现象时有发生，这就需要检察机关加强法律监督，确保刑罚执行活动的规范，真正实现良好的社区矫正效果。

（3）加强行政执法监督的需要。随着基层社会治理方式的转变，政府行政职能特别是行政执法职能逐步重心下移、资源下沉、权力下放，行政执法权由集权到分权，在提高效率的同时，因行政执法差异化增大，不可避免地带来权力监督难的隐患。派驻社区检察室对基层行政执法进行监督，尤其是限制、剥夺公民人身自由的行政强制措施和行政处罚合法性进行监督，是约束行政权力、防止权力滥用以及完善检察权配置的必然要求。

2. 完善基层司法体系的需要

当前，我国地方政府行政层级体制是以省—市—县—乡镇四级管理模式为主导的，乡镇一级是最基层的国家政权组织，同时也是公务员人数最多、执法环境复杂、工作任务繁重的一级，在乡镇（街）一级的司法组织结构中，公安机关有派出所，法院有派出人民法庭，司法行政机关有司法所，而检察机关在乡镇（街）级的司法组织系统中缺位，造成这一级的司法体系不健全，不利于防止公权力滥用和预防职务犯罪工作的开展。设置派驻社区检察室，把法律监督的触角延伸到街道、乡镇、社区，有利于完善基层司法体系，构成公安派出所、司法所、人民法庭三位一体的乡镇（街）一级的司法体制，形成各司其职、相互配合、相互制约的基层政法工作良性运行机制。

3. 维护基层群众利益的需要

随着我国社会经济的发展和法制的健全，基层群众的民主意识、法治意识日趋强烈，在社会主义市场经济活动中产生的利益诉求不断增多，面对基层行政执法和司法不公时，善于运用法律来维护自身合法权益，导致涉法信访案件大量增加。处在国家权力结构最基层的乡镇组织是我国民主法制建设的薄弱环节，其违法行政、执法不公是当前人民群众反映最为强烈的问题之一。检察机关作为维护基层社会稳定的重要力量，应当以社区检察室为载体，延伸法律监督触角，参与基层社会综合治理创新，发挥法律监督的职能作用，把法律监督延伸到最需要的地方和人群。

派驻社区检察室可以充分发挥其根植基层的地缘优势，利用法律监督职能，畅通群众举报、控告和申诉渠道，积极参与基层社会治安综合治理，运用政策、法律、教育等手段，把潜在的矛盾纠纷化解在萌芽和初始阶段。通过认真分析辖区高发案件、新型案件的特点规律，积极为地方政府决策提供参考，为地方经济社会发展营造良好的法制环境。通过开展法制宣传教育，积极引导基层群众运用法律化解社会矛盾，在基层促成学法用法遵法守法的良好氛围。

## 二、历史的分析与教训

我国的社区检察由来已久。20 世纪 80 年代初，全国检察机关陆续在一些重点乡镇设置了乡（镇）检察室，经过了一段蓬勃发展的过程后，检察室很快暴露出诸多问题，最后检察室全部被撤销。在历史发展表现上，当前的社区检察室与历史上乡（镇）检察室，虽名称不同，但在派出主体、机构设置上都具有极强的历史渊源关系。80 年代检察室衰落的过程，对我们今天检察室的推进应当有值得吸取的教训。

### （一）检察室的历史发展过程

#### 1. 从无到有

1979 年随着检察机关的恢复重建，向乡镇延伸检察职能迅速引起检察机关的重视。从 1982 年开始，检察机关陆续在一些经济发达、人口密集、交通便利的重点乡镇设置了派驻乡镇检察室。如江苏省常州市武进区在 1988 年成立湖塘镇乡镇检察室，该检察室以打击乡镇经济迅速发展中高发的贪污贿赂等经济犯罪案件为设置目的，仅具有单一的职务犯罪侦查职能。在 1988 设立当年，湖塘镇检察室的立案数就占到全院的一半。[①]

1988 年，全国已有 25 个省、自治区、直辖市的检察机关在基层设置了1103 个派出机构，15 个省市检察机关在农村重点乡镇设置了检察办事处。[②]

#### 2. 初步规范

为规范和推动检察机关派驻乡镇检察室的建设，1989 年 12 月最高人民检察院颁布了《人民检察院乡（镇）检察室工作条例（试行）》。经过两年多的探索，到 1993 年，"全国已在重点乡镇设置检察室 1020 个，设置税务检察室2613 个，检察机关派驻乡镇检察室工作取得比较大的发展。这些派出的基层检察室对加强检察机关与公安、法院配套办案，联系群众，反映信息，发挥了重要作用"。

---

① 莫纪宏：《派驻乡镇检察室的宪法基础》，载《法律监督向农村延伸的理论价值与实践探索》，中国检察出版社 2009 年版。

② 毛嘉：《检察机关加强基层基础建设，25 个省市已设千余派出机构》，载《人民日报》1988 年 9 月 9 日。

经过三年的探索，最高人民检察院于 1993 年 4 月颁布了《人民检察院乡（镇）检察室工作条例》，根据该条例明确乡镇检察室的任务是：受理辖区内公民的举报、控告和申诉，接受违法犯罪分子的自首；经检察长批准，对发生在本辖区内、属于检察机关直接受理的刑事案件进行立案前调查、立案后的侦查；对辖区内缓刑、假释、管制、剥夺政治权利和监外执行人员的管理教育工作进行检察；对人民检察院决定免诉的人员进行帮教；结合检察业务工作，参加社会治安的综合治理，开展法制宣传；办理检察长交办的工作。

3. 清理整顿

1997 年《刑事诉讼法》的修订实施，经济案件的管辖范围由此调整，涉税案件以及一些发生在企事业单位、村级组织的普通经济犯罪案件不再由检察机关管辖。以查办农村经济案件为设立初衷的乡镇检察室也开始面临"无案可办，无所事事"的困境。1997 年 9 月，高检院和国家税务总局联合下发了《关于撤销税务检察机构有关问题的通知》。

从 1998 年 2 月开始，全国政法机关开展了历时近一年的集中教育整顿活动。在此期间，各地开始对检察室设置的必要性进行反思。高检院于 1998 年发出通知，通知要求："对最高人民检察院明令撤销的税务检察室和设置在行政机关、企事业单位的检察室，以及侦查工作点等，尚未撤销或变相存在的，在 1998 年 7 月 1 日之前必须全部撤销。暂不新设派驻乡镇检察室，对现有派驻乡镇检察室中的非检察机关编制人员，要做好工作，予以清退"。尽管高检院文件没有明令撤销派驻乡镇检察室，但在教育整顿期间，全国大部分派驻乡镇检察室被撤销。

2001 年至 2005 年，各地检察院机关再也没有新设派驻乡镇检察室，并相继撤消了一些检察室，但保留未撤销的派驻乡镇检察室的问题仍然存在。2001 年 3 月中共中央明确要求："调整派驻乡镇检察室设置。为有利于法律监督，兼顾工作效率，各地要根据实际情况，合理调整乡镇检察室布局，作用不大的，予以撤销；确需设置的，由省级人民检察院批准，报最高人民检察院备案"。一些省、市、自治区据此重新批准设置了少量派驻乡镇检察室。

（二）对历史的分析：功能定位准确与否决定社区检察室的兴废

检察室之所以从兴盛到最终被撤销，主要的原因是当时的检察室职能定位出现了偏差，检察人员履职中执法不规范、越权、滥权现象严重。当初的乡镇检察室的任务包括"建设检察制度，完善基层法律监督，服务农村经济建设"三项。除建设检察制度、完善基层法律监督这两个职能还在检察机关的工作范围内，服务经济建设已经严重超越了司法机关的工作任务。这样的职能定位最后致使乡（镇）检察室工作出现了以下问题：一是偏离了检察机关的职能定位，二是更容易使检察室与基层党政机关联为一体，共同获利，法律监督职能被抛之于理念之外。据历史调研，当时的基层检察室的"职能异化，广泛介入基层行政事务管理，司法违法现象时有发生。如有的乡镇党政机关将检察室当作专政工具，随意支配检察室越权办案、征收提留、催粮催款、搞计划生育等，甚至违法关押违规的老百姓。"① 基层检察室的职能异化，最终使得最高人民检察院于 1998 年不得不下文要求暂不新设派驻乡（镇）检察室，清退既有乡（镇）检察室中的非检察机关编制人员。尽管《通知》没有明令撤销乡（镇）检察室，但在整顿期间全国大部分乡镇检察室被陆续撤销。自此，实际意义上的全国性乡（镇）检察室制度不复存在。

在历史发展表现上，当前的社区检察室与历史上乡（镇）检察室，虽名称不同，但在派出主体、机构设置上都具有极强的历史渊源关系。综观乡（镇）检察室的兴废，职能定位与职能的实际履行状况系关键因素，而关键因素中的关键则是职能定位问题。在中国机关的所有工作中，定位因素，无论是理念定位，职责定位，地理、人员、机构场所等硬件定位，对于机关工作的发展均影响深远。

乡（镇）检察室的兴起源于中国农村与城市等在人口与治理需求之间的缺口。因为在公安、法院、司法行政机关都在乡（镇）设置了派出机构行使行政权力的情况下，检察机关在对应的乡镇缺乏足够的监督力量，致使基层法律监督工作缺失。检察机关的控告、申诉职能也因乡（镇）与城镇的地理位置，而丧失地缘上的便利性。乡（镇）检察室的设置破解了法律监督的地缘性难题，有助于实现农村地区群众诉求的法律化、程序化。

但在探索后的发展过程中，乡（镇）检察室的职能转向配合乡镇政权、服务经济发展，使得越权、越位现象不断发生，检法一家亲、检府一家亲的现象日益突出，对地方政府的下属权力行为、派出所、法庭、司法所等执法行为监督逐渐沦为走过场。在当时的强行政化治理手段笼罩的背景下，基层行政权力没有被监督的法治理念，乡（镇）检察室无法在监督理念、监督内容、监督方法、监督程序上做出大的突破，只能因定位不清而衰落。

### 三、从历史的发展中吸取教训

当前中国基层司法制度中的社区检察室，是随着国内外"社区"概念的发展而不断深化的。随着中国城镇化的推进，"社区"在中国渐渐成型。虽然

---

① 周浩、张坤：《乡镇检察室设置现状及发展前景分析》，载《检察实践》2002 年第 2 期。

国外意义上的社区在中国并不一定存在①，但作为一种政治经济生活等组织化区域性意义的概念，社区在事实上确实已经存在。在社区中如何将司法机关的职能加以符合地域、职业特点的具体化，在具体职能定位上如何开展，无论在当时还是当前全国很多地方的基层检察室，都属于摸着石头过河。而现实经验表明，全国各地各个社区检察室的功能定位清晰与否将直接决定社区检察室的发展快慢。

在社区检察发展的过程中，应当避免检察触角延展的太长，进而超出检察机关的职权范围。脱离办案工作的服务地方经济，严格来说属于扩张检察权，与检察机关法律监督机关的整体定位不相符。检察室的功能定位应当以法律监督机关为基本属性，不能过于扩张，触角延伸不能过长。20 世纪 80 年代检察室的蓬勃发展到 90 年代走向衰落直至全部撤销，最根本的原因就是检察室的职能过于扩张并脱离了检察职能。当时的检察室并没有将主要的精力放在如何发挥检察职能、如何强化法律监督上，而是过于关注服务当地政府工作，最后导致检察室的功能出现异化，失去其存在的价值。历史的发展告诉我们：如果社区检察脱离检察机关法律监督性质而一味地追求服务基层，不以法律监督为依托与基础的服务基层，只会使社区检察变成空中楼阁，昙花一现。

## 四、域外的考察与借鉴

### （一）域外社区检察概况

1. 美国社区检察考察

美国是世界上最早进行社区检察实践的国家，其社区检察制度有效地弥补了传统检察的不足，以独特的运行方式聚焦社区生活质量，通过积极解决引发犯罪的问题来预防、减少犯罪，提升社区公共安全的理念和方法，对我国社区检察制度具有一定的启示意义。②

在 20 世纪六七十年代的犯罪高峰冲击下，美国刑事司法部门陷入了低效和不受公众信任的困境，以惩罚为中心的美国传统检察逐渐从消极应对向积极

---

① 关于中国社区的定位，能说服人的解释将其定位于居住性概念，治理意义的社区可能并不存在。随着中国当前经济社会的发展，对人员的组织与调动形式已经由过去的"单位人""组织人"变成了自由流动的"社会人"。虽然城镇化、工业化推动使得人们流动性变强，但在晚上总会在一个楼、村落落脚歇息成为社区中的一员作为"社区人"处于社区管理当中。可以说，"社区人"是当今社会人的一个鲜明特征和基本属性。陈东晨：《设立社区检察室探索"社区人"管理新路径》，载《法制博览》2013 年第 10 期。

② 参见张鸿巍：《社区检察制度刍议》，载《广西大学学报（哲学社会科学版）》2012 年第 4 期。

防范转变。20 世纪 80 年代末，美国开始探索实践社区检察，并建立社区检察小组，社区检察逐步被众多司法辖区所运用。目前全美近半数的地区检察院采用形式不同的社区检察，近七成的地区检察院采用不同于传统刑事检察的方法来应对社区问题。① 社区检察的定义虽然难以明确界定，美国的社区检察制度在各辖区也互不相同，但在具体的社区检察实践中，仍呈现出一些共性特征，主要体现在以下几个方面：

（1）以行政权为制度基础，自由裁量权大。美国是联邦制国家，实行立法权、行政权和司法权三权分立的政治制度，检察权隶属于行政权，检察机关是司法部门的内设机构，总检察长由司法部长兼任。美国的检察机关并不具有法律监督职能，仅仅作为公诉权与侦查权的结合体而存在，主要对警察的刑事侦查过程进行指挥、以公益代表人的身份对刑事犯罪提起公诉。在美国的社区检察制度下，检察官拥有较大自由裁量权，并且能够指挥警务工作。他们以社区为导向，并通过注重社区参与，解决轻微刑事案件。社区检察最大的特点就是将犯罪预防的侧重点置于对滋生犯罪的社会、环境或其他社区状况的调控上，在对上述方面进行调控的过程中，检察官不仅需要对案件进行处理，以更为广泛的措施解决犯罪问题，而且在某种程度上要通过案件的解决实现社会管理。因此，这就要求检察官不仅具有刑事侦查、刑事起诉等权力，而且必须拥有较大的自由裁量权，以应对处理在调控过程中出现的问题。检察官除有权决定起诉与否，还有权通过滋扰消减、无毒品与娼妓区、恢复性司法、社区法院、消减枪支、消减逃学及涂鸦清理等多种形式施加影响，以改善社区公共安全。

（2）以问题为导向，灵活主动解决问题。美国检察学者伊莱恩·M. 努金特认为检察官大体上扮演案件处理官、制裁二传手、问题解决者、机构建设者及战略投资者等五种角色。案件处理官角色侧重于以"个别化司法"实现最便捷的案件处理，制裁二传手角色则注重通过惩戒来实现威吓、报复和更生重建等惩罚目的，而问题解决者角色意在使用各种手段从根源上解决犯罪问题，机构建设者角色致力于扶持那些因犯罪给社区带来不稳定影响的社会机构，战略投资者角色则旨在弥补因增加或使用新刑罚而产生的问题。上述角色各有利弊，而社区检察作为美国检察角色之最新进展，意在引导检察官更积极、主动地适应社区所需。美国社区检察以问题解决为核心，以预防和减少犯罪为最终目标。传统的检察工作模式主要致力于推进诉讼程序，侧重惩罚重罪，并不关注犯罪的预防与减少。社区检察则创新工作模式，不仅注意案件本身的处理，

---

① 对美国的社区检察，我国有学者曾从检察制度的视角作过一定的介绍。参见张鸿巍：《美国检察制度研究》，人民出版社 2011 年版，第四章；王伟：《美国社区检察制度研究——兼谈对我国的借鉴意义》，载《天津法学》2014 年第 1 期。

更注重问题的解决，深刻分析犯罪背后的各种诱因，将具体犯罪作为系统工程来攻克，进而消解潜在的可能导致犯罪的各种因素。美国的社区检察官综合运用传统的与非传统的方式处理社区影响生活质量的问题和犯罪问题，取得了良好的实践效果。

（3）以社区为基础，强调公众参与及机构合作。美国社区检察又称"社区导向检察"，指检察院通过加强与所在社区的联络，整合刑事司法及社会各方面力量来推动预防违法犯罪。美国刑法学家安东尼·V. 艾法利认为，社区检察通过提供"公民与政府合作"和鼓励草根司法来推动公民社会发展；提升被害人、加害人与社区尊严。社区检察调配检察官及法律辅助人员于社区之中，评判社区居民公共安全关注点，通过与社区居民的合作，共同解决危及社区安全最急迫的隐患。社区检察以"社区导向"理念为基础。根据这种理念，检察机关要关注社区对犯罪的担忧，并强调要与社区紧密合作共同处理他们所关注的问题。长久以来，民众积极参与是美国刑事司法的优良传统，他们通过担任陪审员或治安法官，参与社区警务活动，参与罪犯社区矫正活动等发挥自己在保持司法公正中的作用。在美国刑事司法理论中，刑事司法制度的宗旨是为公众服务，没有社区的广泛参与，刑事司法制度根本无法实现高效运作。同时，积极构建与社区各机构的合作关系，综合整治轻微违法行为、影响社区生活质量行为和重罪行为。轻微违法行为、影响社区生活质量行为和重罪行为的发生很可能并不仅仅是法律问题，经常是社会问题，甚至是政治问题，是由各种法律的与非法律的原因综合导致的。因此，对这些不良行为的处理仅靠社区检察的工作难以彻底奏效，需积极构建与社区各机构、团体和个人的合作关系，立体性地综合整治往往更具实效。美国的社区检察官通过邀请不同机构、具有不同知识背景的人共同商讨预防和减少犯罪的综合途径，不断巩固和增强与社区各方的合作关系，通过构建分享信息和资源的平台等举措，共同为预防和减少犯罪做出努力。

2. 世界其他国家社区检察制度的发展情况

随着社区司法实践的广泛铺开，除了美国，社区检察也正逐步在其他英美法系国家兴起并走向繁荣，比如英国。在英国，2005 年英国皇家检察署明确提出了"社区参与战略"，该战略明确检察机关将在三个地区进行社区检察的试点工作，并以不同的方式实现社区广泛参与。英国的社区检察最开始在西约克郡、泰晤士河谷及达勒姆这三个地区进行试点。其中，西约克郡试点是将社区参与引入检察机关的日常事务中，以城市和农村这两个地域为重点，为社区提供与仇视罪相关的信息，并制定了一份计划书，该计划书考虑了社区及居民意见。而泰晤士河谷则以创新让本地居民及公司参与到检察工作中，并在多机构合作基础上改善城市中心地区、乡镇及中小型村落应对反社会行为的相关措施。达勒姆则探索加强本地社区对公共安全信心的方法，尤其是在那些受仇视罪影响的社区，鼓励更多的居民挺身而出，参与案件的处理。到 2009 年 4 月，英国一份由大法官、司法部长及总检察长提交给议会的报告指出：2009 年至 2010 年间，英国至少在 30 个地区建立社区检察试点，以提高英国皇家检察署（the Crown Prosecution Service，CPS）对社区、警察、法院和其他合作者的贡献。社区检察官将更多地参与到本社区的活动，更深入地了解本社区关注的问题，在制定这些问题的对策时更好地应对这些问题。

相比较英美法系比较成熟的社区检察制度，大陆法系国家似乎并没有发展出比较明确的社区检察的概念和制度。这或许跟两大法系的检察权属性有关。在英美法系国家，检察权偏行政权属性甚至直接就是行政权的组成部分，在社区检察工作中具有较大的主动性和自由裁量权，便于深入基层社区，鼓励社区参与，增强检察官与社区间的合作关系，系统预防及减少犯罪，改善公共安全，提高社区生活质量，因此社区检察发展得如火如荼。而在大陆法系国家，检察权偏司法权属性，自由裁量权较小，与民众有自然的距离感，且具有司法权的被动性特征。所以大陆法系的社区检察工作发展缓慢甚至没有明确的社区检察的概念和制度。

（二）域外社区检察对我国的启示

1. 要立足法律监督的权力属性

美国社区检察以行政权为制度基础，自由裁量权大。而大陆法系国家由于检察权偏司法权属性，自由裁量权较小，与民众有自然的距离感，且具有司法权的被动性特征，其社区检察工作发展缓慢。这也从另一个角度给我们以启示，提醒我国检察机关，要立足于司法机关的定位来开展与发展社区检察工作，避免功能异化。我国检察机关是司法机关，就要立足于法律监督的权力属性。我国的检察权本身无论是基于它法律监督权的一种定位，还是它具有行政权属性和司法权色彩，其和监督对象之间、和民众之间都是有一定的距离感的，检察权往往不直接参与纠纷解决，不对实体问题直接产生影响，而是通过"逮捕""公诉""监督"等方式启动对实体有实际影响的程序。但是在社区检察之中，这种保持相对距离的权力因物理距离的靠近降低了与监督对象、民众之间的距离感，但这并不意味着检察权的属性产生了变化。社区检察以执法程序的监督为重点，不参与到案件实体调处中，只是对程序上的规范开展监督，提出相应的意见和建议。① 我国检察机关自由裁量权相对较小。比如对于具备法定条件的案件，检察机关必须起诉。管辖权限上亦有限制。比如检察机

---

① 龚培华：《社区检察工作的发展与展望》，载《上海检察调研》2016 年第 6 期。

关追究违法行为有起点，对于具有社会危害性但不够刑事处罚的一般违法行为，由公安机关依据相关法律进行行政处罚，检察机关没有管辖权。社区检察工作应紧紧围绕法律监督权的定位，不能不切实际地试图对一切工作大包大揽，以避免社区检察功能异化现象。毕竟我国的检察机关并不承担美国检察系统的行政职能，具体到社区检察工作时，需立足检察职能寻求合作关系，切忌对社区的各项日常工作均予以介入，有所不为才能有所为。中国社区检察应选择相对稳健且最为严谨的发展路径，即立足现有检察职能，针对传统检察工作的短板，开展社区检察工作。比如派出所刑事执法活动监督和社区矫正监督，它们都是现有诉讼体系内的检察职能，具有刑诉法、刑诉规则等一系列法律、法规、司法解释的支持。以这些工作为核心推进社区检察，能够确保工作的合宪性、合法性，防止社区检察职能的泛化和异化。

2. 以非诉讼监督为主要工作方式

美国社区检察以问题为导向，灵活主动解决问题。我国的社区检察也应更为灵活积极地去解决问题，但要以非诉讼监督为主要工作方式。当前，我国检察机关的法律监督职能主要体现为诉讼监督，党的十八届四中全会"推进基层治理法治化"的要求强调"建立重心下移、力量下沉的法治工作机制"，可见，检察监督的拓展已经成为检察制度发展的趋势，非诉讼监督拓展将是检察改革中重点关注的内容。社区检察作为有别于传统检察工作的新生事物，应当起到弥补现有检察工作短板的功能，传统强势的诉讼监督不应当是社区检察的主要职能定位。而其积极近民、灵活能动的属性决定了非诉讼监督将是社区检察职能的主要拓展方向。[1] 作为法律监督触角的延伸，化事后监督为执法办案多环节的监督，化静态的监督为动态的、多种监督方式并存的监督。这种积极能动的做法一定程度上改变了检察和被监督者之间的关系，存在改变检察权运行方式的多种倾向，有时会为体现检察权而超越限度行使监督，有时会为"适应"基层工作而放弃职权，监督不足。为避免这些干扰，应将社区检察权的运行范围和运行方式加以控制。要构建柔性监督的理念，在社区检察工作中将监督频次增强，监督强度减弱。就监督形式来看，纠正违法通知、检察建议和类案通报应是中国社区检察监督的主要手段。并且根据检察改革的导向进行权责设计和改进，使得社区检察权的整体结构能继续保持在宪法和组织法的框架内，也不会和其他检察权的行使产生冲突。

3. 加强群众参与及机构合作

美国社区检察以社区为基础，强调公众参与及机构合作，英国"社区参与战略"让本地居民及公司参与到检察工作中，并在多机构合作基础上改善

---

[1]　参见龚培华：《社区检察实践探索与理论探究》，上海市人民检察院 2015 年专家课题。

城市中心地区、乡镇及中小型村落应对反社会行为的相关措施，尤其是在那些受仇视罪影响的社区，鼓励更多的居民挺身而出，参与案件的处理。我国社区检察也不可能在真空中运作，其一举一动牵扯着社会各个层面，在法律监督、预防犯罪等方面均须获得所在社区群众及机构的广泛支持。"人民利益至上"是我国司法工作的重要指导思想，且我国刑事诉讼法及检察院组织法等相关法律又一再强调"人民检察院进行刑事诉讼必须依靠群众"，因此，我国社区检察工作必须转变理念，深入社区，密切联系社区居民及社区组织，了解社区治安形势，及时对社区反映问题作出处理与反馈，为社区及居民提供更有针对性的防范措施。这样才有利于切实保障人民利益。① 社区检察室是连接基层检察机关与基层社区的桥梁和纽带，社区检察工作关键在于植根社区、嵌入社区，检力下沉的重要意义之一就是贴近大众。社区检察以社区为平台构建阳光检察，让大众在体会到个案公平正义的同时，真正了解检察、信赖检察、参与检察、支持检察。还要加强机构合作，构建多方联系平台，推进基层法治建设。与美国社区检察官应当主导社区问题化解不同，我国的社区检察应当依托社会管理综合治理的社区网格化平台，参与并发挥检察机关的优势，重点关注基层社会治理中的涉检问题、直接危害群众切身利益和生活质量的治安问题、违法犯罪及社区服刑相关重点人员的社会危害性等难点问题，掌控社区中可能对治安构成威胁的各种不稳定因素，寻求预防和减少犯罪的合理举措，建议并监督各基层执法主体、社会团体、社区居民自身采用行政的、民事的、柔性的方式，共同应对社区中存在的管理难题，尤其是违法犯罪隐患问题。

## 五、现实的变革与回应

### （一）基层社会治理方式的变革

在全面深化改革、推进国家治理体系和治理能力现代化的背景下，基层社会治理是改革全局的基石。党的十八届三中全会将"推进国家治理体系和治理能力现代化"确定为全面深化改革的总目标之一。上海是全国较早开展社区建设，自觉探索基层社会治理体制转型的城市之一。2015 年 1 月，上海市在 2014 年市委 1 号课题调研成果的基础上出台了《中共上海市委上海市政府关于进一步创新社会治理加强基层建设的意见》以及 6 个配套文件（简称"1+6 文件"），涉及街道体制改革、居民区治理体系完善、村级治理体系完善、网格化管理、社会力量参与、社区工作者管理和基层建设，聚焦社会治理和基层建设。

---

① 冯翠华：《社区检察初论》，中国政法大学 2011 年硕士学位论文。

上海坚持"社会治理核心是人、重心在城乡社区、关键在体制机制"的基本要求,牢牢把握"系统治理、依法治理、综合治理、源头治理"的基本方式,推动传统社会管理向现代社会治理转变,坚持重心下移、资源下沉、权力下放,加速推进社会治理体系和治理能力的现代化。目前基层社会治理方式转变尚处于试验阶段。

1. 重心下移,深化"大联动"体制机制——以闵行区为例

在上海的基层社会治理变革中,闵行区作为探索者之一,坚持"属地管理、重心下移、整合队伍"的原则,自 2014 年 7 月起,在全区范围内以深化"大联动"改革为突破口,进一步创新社会治理,加强基层建设。新的"大联动"体制的最大亮点在于基层,管理重心向街镇、村居下移,建立村居管理、街镇负责、区级监管三级平台,同时,执法力量也相应向基层下移,目前闵行区辖区内,规土所、房管办、城管执法中队、水务站、卫监所等 5 支队伍的编制、管理权限全部下落到街镇,其他执法力量也随着"大联动"体制的深化继续下沉至街镇。

2. 权力下放,推进基层社会治理创新——以奉贤区为例

与闵行区将规土所、房管办、城管执法中队、水务站、卫监所等 5 支行政执法队伍全部下放到基层街镇不同,奉贤区在基层社会治理改革过程中根据自身区情,坚持"能放则放,放而不乱"的目标,分步有序地推动管理力量下沉,探索将城管执法队伍先行下放到街镇。奉贤区城管局拥有执法权限 300 余项,自 2015 年 8 月 1 日起,各镇城管执法中队实行"镇属、镇管、镇用",人、财、物全部属地化后,奉贤区城管局执法队伍、执法权限全面下放。目前奉贤区城管执法局 14 个中队分为 8 个镇属中队(镇属、镇管、镇用)和 6 个直属中队(区属、块管、块用),镇属中队由奉贤区各镇政府直接调用,直属中队包括 5 个街道、旅游区执法中队以及 1 个机动中队。权力下放之后,奉贤区城管执法局工作模式发生较大变化,由指挥调度者转变为监督考核者,大部分执法队伍由地方镇政府直接调度,协助地方管理,完成街面管控及拆违等任务,奉贤区城管执法局更多的是提供执法指导、勤务指导以及保障服务。

(二)基层社会治理方式转变带来的新问题

从闵行区、奉贤区的基层社会治理方式的探索模式可见,基层社会治理方式的转变突出体现在将政府行政职能,特别是行政执法职能逐步重心下移、资源下沉、权力下放,队伍和权限由原先的区管区属,逐步转变到镇管镇属。行政职能,特别是行政执法权由集权到分权、扁平化管理提高效率的同时,不可避免地也带来了权力监督难的隐患。

以奉贤区城管执法为例,在属地化改革之前,奉贤区城管执法局已形成一套比较完善的巡查—立案—查处—调查终结的执法办案程序,各类违法违规现

象都有一套完整的自由裁量权行使制度，建立健全了一系列制度严防关系案、人情案、私自销案等违纪行为，执法办案质量、案件数和罚款额在全市处于前列，近两年来无一例投诉案件。实行"镇属、镇管、镇用"模式后，镇城管中队以镇政府的名义进行执法，区城管执法局只是行业指导，立案权、处罚权、销案权都由镇里主导，治理方式的转变必然带来新的问题。

1. 行政执法差异性将增大

实行属地管辖之后，原属区级的审批权划分为各个镇（社区、开发区）分头审批，但行政执法自由裁量权较大，处罚标准跨度大，在属地化管理后有很大的自由裁量空间。以各辖区城管中队为例，属地各类关系复杂、人员参差不齐，由于缺乏专业法律知识，对事件的性质缺乏正确的判断，对于触犯刑法应当移送的刑事案件作出不移送决定，从而放纵犯罪，或者相同的违法行为在各镇受到明显不同的行政处罚等违法现象，严重影响了国家刑罚权的行使和法律的权威性。

2. 行政执法监督会有所弱化

（1）原业务上级监管弱化。行政执法队伍下沉街镇之后，人事、财物均转交各街镇，具体行政执法行为由街镇管辖，区级条线主管部门对各街镇的行政执法仅提供执法指导、勤务指导以及保障服务，既无人事任免权，亦无奖惩权，建议性指导措施在监管力度上大打折扣，条线监管弱化。

（2）现有监管力量不足。以城管执法为例，2014 年，奉贤区城管执法局共审理案件 13987 件，停复机（中止违章通讯号码）1250 起，接待陈述申辩 196 次，举行听证会 67 次，接到行政复议案件 5 起、行政诉讼案件 2 起，向区法院申请强制执行 48 件，全部由城管大队法制科托底办理。权力下放之后，相关行政复议和诉讼具体事务均明确由镇、社区、开发区负责办理。权力下放后，由镇、社区、开发区的法制员进行审核，分管领导审批。行政执法专业性强，涉及的法律条文多，对法制业务能力要求很高，目前街镇的法制员、分管领导两者的专业能力都尚不能实现对行政执法的专业监管。同时，对行政执法复议、诉讼等，各街镇的法治力量也是捉襟见肘、无暇应对，当事人的合理诉求可能在行政程序中难以得到合法保护。

3. 属地固化易滋生贪污腐败

以城管为例，在属地化改革之前，各城管中队由区城管执法局统一指挥调度，执法人员在各街镇之间进行常规流动。户枢不蠹、流水不腐，有序的人员流动有效地防止了权力寻租现象，执法队伍廉洁自律性较强。然而，属地化改革之后，各街镇行政执法队伍因为专业需求会长期固定，人员流动性小，易在当地积累多种资源，极易发生权力寻租、钱权交易，滋生腐败。

4. 行政执法易受地方影响

行政执法受街镇直接管辖，不能超脱地方利益之上，街镇负责人往往会出于辖区、部门狭隘的利益驱动，直接干预行政执法行为，不惜以损害国家利益、全局利益，换取区域局部利益，难免会出现故意将触犯刑法的行政违法犯罪作为一般违法行为处理，以罚代刑，不移交刑事立案；或者为了地方管理需要，对某种违法行为加大处罚力度；等等。关系案、人情案、重违轻罚、轻违重罚等出现的可能性会有所增强。行政执法服从于地方意志，执法规范性将会大大弱化。

（三）检察机关应当对基层行政执法进行法律监督

我国基层行政执法长久以来处于自我监督状态，当事人对具体行政行为不服的可以提起行政复议或行政诉讼，行政复议作为内部监督机制缺乏独立性，难以作出客观、公正的裁决，同样，行政诉讼中，人民法院仅对具体行政行为的合法性进行审查，一般不对行政行为的合理性进行审查，而行政行为的问题大多表现为行政裁量不合理。检察机关对基层行政执法进行监督，尤其是限制、剥夺公民人身自由的行政强制措施和行政处罚合法性进行监督，是约束行政权力、防止权力滥用以及完善检察权配置的必然要求。

1. 检察机关对行政执法进行监督的合法性

党的十八届四中全会提出检察机关在履行职责中发现行政机关违法行使职权或不行使职权的行为，应当督促其纠正。最高人民检察院对此出台了更具体的指导意见，在《关于深化检察改革的意见（2013—2017年工作规划）》中明确提出，要建立检察机关在履行职务犯罪侦查等职责中发现行政机关违法行使职权或不行使职权行为的督促纠正制度。

（1）检察机关对行政执法进行监督的法理依据。检察机关的"法律监督"不是一种泛化的全面监督，有学者指出，根据检察机关在《宪法》第三章"国家机构"中的排列顺序，应当认为检察机关是在权力机关之下与行政机关、审判机关和军事机关并列的法律监督机关，它不是"独揽法律监督权"，而是权力机关授予的、独立于其他机关的监督机关。课题组认为，受制于人力、物力、财力和精力，检察权不可能泛化地全面监督，即对所有国家机关、企业、事业单位和公民行为的合法性进行监督，但也不能完全局限于诉讼监督中，成为一个纯粹的诉讼监督机关，将检察监督的外延适当拓展到行政执法领域，增加对行政执法机关关于限制、剥夺人身自由的行政强制措施和行政处罚的合法性进行监督，既是检察机关力所能及的，也是建设法治社会、完善检察监督权的需要。

（2）检察机关对行政执法进行监督的现实需求。在目前司法实践中，有法不依、违法行政的现象依然存在，乱收费、乱摊派、重复执法、粗暴执法时有发生，特别是基层执法方式变化后，行政权力具有扩张的天性，必须应当对其加强监督和规制，规范其合法运行，但是现有的行政执法监督并未落到实处，主要体现为：其一，权力机关监督缺乏操作性。各级人大及其常委会的监督本身具有间接性、抽象性的特点，加之立法未对人大监督的内容、程序作出具体的规定，亦未设立专门的行政执法监督机构，因此，人大监督缺乏可操作性。其二，司法监督片面被动。检察机关和法院仅对行政诉讼案件进行监督，且检察机关主动提起行政诉讼案件种类较少，加之行政权对司法权的不当干预，致使司法机关无法自主全面开展监督。其三，行政机关内部监督公信力不足。行政复议作为行政机关内部监督的主要形式，缺乏独立性，难以作出客观公正的裁决，而行政监察监督由于人事、财物等依托行政机关，同样缺乏公信力。其四，社会舆论监督未形成常态化机制。互联网媒体等社会舆论监督方式对热点个案较为关注，监督具有偶然性和夸大性，不能形成一整套规范的机制实现常态化监督。

2. 依托社区检察对基层行政执法进行监督

社区检察是基层人民检察院在街道、乡、镇等社区的派出机构，是基层人民检察院依法履行检察职能，加强对派出所等公安基层单位刑事执法活动和非监禁刑罚执行（社区矫正）活动监督，受理社区群众来信来访，推进社会治理创新，树立检察机关良好形象，联系人民群众的工作窗口和重要通道。由此可见，社区检察职权内容具有复合性，包括立案监督、侦查监督、审判监督、刑罚执行监督等内容，此外，社区检察工作贴近社区群众，除了开展对相应基层行政机构法律监督之外，还包括接受群众信访、化解基层矛盾，组织法律咨询、满足群众诉求，从事法制宣传、传播法治理念等服务基层的工作。因此，检察机关参与基层社会治理方向就非常明确了，即依托社区检察部门密切联系基层组织、群众，强化社区特性，积极参与基层社会治理工作，不断增强群众对检察工作的感受度和满意度。

（1）社区检察对外联系的便利性。社区检察作为检察机关延伸法律监督触角、深化检力下沉的基层派出机构，具有两大基本属性：检察属性与社区属性，同时具有深入基层、贴近执法一线的工作优势。当前社区检察工作职责范围日趋成熟，与辖区内各镇综治办、信访办等部门联系密切，定期参加辖区镇综治例会，对辖区整体情况较为了解。

以城管行政执法监督为例，权力下放以后，城管行政执法中队归属镇政府直接管辖，社区检察部门对其行政执法活动进行监督，既是补充区城管执法局监督片面宽泛的需要，也是完善检察监督权的必然要求。社区检察部门可以发挥其深入基层、贴近执法一线的工作优势，通过综合管理中心反馈的行政执法的违法问题，对辖区行政执法中队的执法活动进行补充监督，运用检察建议书的形式对违法行为进行监督纠正，并在每季度综治例会中予以通报，将公安派出所刑事执法活动监督中成熟的工作经验运用到行政执法监督工作中。

（2）社区检察对内衔接的便捷性。社区检察部门在派出所刑事执法活动监督和受理群众举报工作中，已经与本院侦监、公诉、反贪等部门形成一整套规范的线索移送机制，在已有的工作制度基础上，社区检察部门可以将行政执法监督纳入职权范围，加强与民事行政检察等职能部门的沟通联系，畅通线索移送渠道，重点关注征地拆迁、住房保障、食品药品安全监管、环境保护等领域发生的行政执法不规范行为，受理群众举报申诉，对发现的行政违法行为线索和其他犯罪线索，移送控申部门并进行相应分流处理。

## 六、发展的现状与问题

### （一）社区检察工作的发展现状

1. 在社区和乡镇设立检察室

2010 年高检院下发了《关于进一步加强和规范检察机关延伸法律监督触角促进检力下沉工作的指导意见》之后，全国各地多个省市开展社区检察工作探索，设立检察室。

2010 年 6 月，上海市检察院制定了《关于本市检察机关在社区（街镇）设立检察室的意见》，决定在奉贤等 5 家区县院开展试点工作。经过五年的探索，上海检察机关出台了多项社区检察《工作规划》《工作职责》《工作细则》，最终根据本市基层法治需求，将公安派出所刑事执法活动监督、非监禁刑罚执行监督、基层职务犯罪社会化预防、服务基层法治确定为社区检察的四项职能。目前，上海已建成社区检察室 43 个。上海社区检察坚持"高起点、高标准、高要求"，推进职能规范化、机构正规化、执法标准化、队伍专业化和保障现代化建设，成熟一个设立一个。顶层设计、一张面孔，利于职能履行，也便于老百姓了解社区检察、认识检察院。上海检察机关对社区检察室的选址设点、外观标识、用房面积、功能设置、岗位配备等均设定统一标准，并根据标准统一评定等级。为了加强对社区检察部门的业务指导和科学管理，上海检察机关探索建立了由处、科、室三级机构组成的独立条线，上海也成为全国唯一一家有完整派驻基层检察部门机构建制的省级单位。随着社区检察的工作发展，一支擅长法律监督，擅做群众工作，擅于基层职务犯罪预防的专业化队伍得到了锻炼，涌现出一批先进个人和单位。同时，上海检察机关制定了《社区检察诉讼监督案件办理工作细则》《上海检察机关派驻社区检察室窗口接待工作规范》等，目前已形成一、二、三等的规范化检察室序列。

天津 2010 年出台了《关于全市检察机关开展"法律监督工作向基层延

伸"活动的实施意见》，要求在城市社区和农村乡镇成立检察工作室，通过深入基层、深入群众，了解法律需求，化解社会矛盾，解决群众困难，维护社会稳定。至2012年，天津市各基层检察机关共设立检察工作室147个。

鄂尔多斯市人民检察院为畅通群众诉求渠道，及时掌握社情民意，全市检察室通过开通联系电话、设立检察信箱、发放检民联系卡、上门接访等方式，以联络站、联络员为基础，广泛收集社情民意，做到第一时间发现、摸清情况，及时反馈并协调解决，做好释法说理、矛盾调解等工作。

各地社区检察室发展因地制宜，尽管名称、编制和具体工作职责略有不同，但总体上都是延伸检察工作触角，通过日常接待、职务犯罪预防宣传、参与社会综合治理等多种方式，使人民群众更加了解、理解检察工作，畅通检民沟通渠道，增强了执法办案的社会效果，有利于社会和谐稳定。

2. 对基层执法活动开展监督

社区检察室对公安派出所开展执法监督，对派出所执法场所进行日常巡查，建立和完善派出所执法检查档案、建立联席会议和定期通报等制度，实现对公安派出所监督的制度化和常态化，促进公安派出所执法规范化。例如，上海社区检察室以派出所受理、立案、侦查的程序合法性为监督重点，加强了对刑事诉讼源头的监督。2015年，上海市社区检察先后开展书证物证收集合法性、办案区安全规范使用等全市性专项检察4个，随身物品处置、涉案物品扣押等区域性专项检察39个。通过分析派出所受案数据、接待当事人投诉、参与街镇综治例会等途径，获取未依法立案、不当立案案件线索，启动与侦监部门的协作联动机制，督促派出所依法处理。在日常监督中，社区检察室着重针对派出所办案中在处置当事人随身物品、扣押赃证物品、人身检查等容易产生程序不规范的环节开展检察，以维护当事人合法权益，推进派出所办案制度的执行和规范。

社区检察室对社区矫正活动监督，主要包括对被判处管制、被剥夺政治权利、缓刑、假释和暂予监外执行的判决是否合法以及相关执行活动进行监督。社区检察室通过监督列管和期满宣告、检察工作台账、开展个别谈话、监督日常管理等方式监督社区矫正工作依法进行，保障社区矫正对象的合法权益。如上海社区矫正工作构建了市矫正办、区县社区矫正中心、街镇司法所三级分层实施模式，而上海检察机关社区检察部门自上而下的三级机构设置（市院社区检察指导处、区县院社区检察科、区县院派驻社区检察室），正是为分层对应监督提供了保障。特别是社区检察室，对应监督司法所对社区矫正人员的日常管控和矫治工作，与基层司法所保持经常性的工作联系，全面、及时了解社区矫正工作动态，并通过文书审查、约见谈话、台账核查等手段，查纠社区矫正对象脱漏管，督促社区矫正职能部门严格执行社区矫正的各项措施。① 2012年以来，上海社区检察针对社区矫正常发易发环节，先后开展全市性专项检察7个、区域性专项检察53个，推动电子实时监管措施使用、境外人员违规出境等问题的解决。安徽省铜陵市狮子山区检察院在其下属6个镇与司法所相对应设立了6个社区矫正工作检察室；江苏省沛县在全县15个乡镇司法所设立"社区矫正检察官办公室"等。

3. 有选择地办理案件

浙江省瑞安市塘下基层检察室于2004年5月制定《塘下基层检察室工作条例》，明确塘下检察室直接受理辖区内自侦案件并开展初查，在其作为派出机构的十多年间，共办理自侦案件55件63人，占同期该市人民检察院立案总人数的16.2%，平均每年查办4人左右，最多一年查办14人，其中47件线索系自行发现并侦破。②

无锡市的派驻检察确立了结合辖区实际情况，根据区域性的条件和需要，走专业化、特色化建设道路的基本理念。在轻微刑事案件高发的地方设立主要办理轻刑案件的检察室，在高新企业或知识产权集中的地方设立知识产权检察室，在校大学生较多的就职教园区设立派驻检察室，当然还设立了致力于生态环境保护的检察室、办理职务犯罪案件检察室等。

2013年10月，江阴市检察院与江阴市法院会签文件，与派出法庭职能相对应，规定江阴派驻检察室办理可能判处3年以下有期徒刑、拘役、管制、单处或者并处罚金的且可以适用简易程序办理的公诉案件。该类案件实行相对集中起诉、法院相对集中审判和宣判，除特殊情况外应当当庭宣判，以达到"把群众身边的案件放在群众身边审理，用群众身边的案件教育身边的群众，在对群众开放的审理中主动接受群众监督"的目的。

基层检察室利用贴近群众的优势办理自侦案件和公诉案件，在发现职务犯罪线索，提高公诉案件社会效果等方面具有一定优势。

（二）存在的主要问题

1. 功能定位尚不清晰

功能定位不明是派驻检察室发展的瓶颈问题。人民法院派出法庭、公安派出所和司法所的职责都有法律法规的明确规定：人民法院组织法和民事诉讼法都有人民法院派出法庭的职责规定；治安管理处罚法规定派出所有警告和500

---

① 朱文波、吴伯华：《社区检察室：检力下沉新模式》，载《检察风云》2013年第19期。

② 周伟清、郭睿亭：《基层检察室职能定位的调查研究》，载《云南大学学报（法学版）》2013年第4期。

元以下罚款权；人民调解法及社区矫正实施办法都赋予了司法所相应的职责。基层检察室的职责暂无明确的法律、法规规定，检察院和检察室的职责权限划分是模糊的。有观点认为，凡是检察权的范畴，基层检察室都能行使。①

如重庆市检察机关派驻检察室分为派驻园区检察室、派驻乡镇检察室与派驻城市社区检察室三种类型；共承担受理举报、控告、申诉，发现职务犯罪线索，开展职务犯罪预防，监督基层执法司法活动，参与综合治理，监督帮教微罪、不起诉人员，搜集社会意见建议等七项职能。

如山东省检察机关派驻检察室由乡（镇）检察室延续发展而来，检察室以法律监督为核心职能，发挥检务公开平台作用，承担受理举报、控告、申诉，发现职务犯罪线索，协助查办职务犯罪案件，开展职务犯罪预防，监督诉讼违法问题，参与综合治理，监督社区矫正工作，审查起诉公安派出所办理的轻微刑事案件等八项职能。

如海南省于 2008 年启动乡镇检察室建设，在每个基层检察院设立 1 至 3 个乡镇检察室。乡镇检察室共承担受理举报、控告、申诉，排查化解矛盾纠纷，针对影响基层和谐稳定问题开展调查研究，发现职务犯罪线索及初查，对基层“两所一庭”开展法律监督，开展职务犯罪预防和法制宣传，协助派出院开展民事督促起诉等八项职能。海南省已设立乡镇检察室 37 个，覆盖 160 个乡镇、59 个农场。②

总体而言，对基层派出所执法情况的监督、对监外执行情况的监督是全国各个基层检察院的共通特点。但一些地方的社区检察工作中，出现了一些偏差，主要表现在以下几个方面：

一是因化解社会矛盾而将检察触角延展的太长，进而超出了检察机关应有的职权范围，在检察机关内部与外部都造成了些许困惑。这些困惑严格来说属于扩张检察权、形成新型法律监督功能定位与检察机关在现有法律体系下合法性遵守、如何理解外部监督与内部监督职能分工之间的矛盾。

二是社区检察代行了基层院侦查监督、公诉职责中，立案监督、提前介入引导侦查取证的职责功能，③ 将检察室打造成“小检察院”，造成了检察机关内部部门之间职责的模糊。

---

① 蒋文军、蒋毅：《派驻基层检察室的法律完善》，载《山西省政法管理干部学院学报》2016 年第 3 期。

② 龚培华：《社区检察实践探索与理论探究》，上海市人民检察院 2015 年专家课题。

③ 奕吟之、施坚轩：《社区检察室：检力下沉职能延伸》，载《解放日报》2011 年 2 月 12 日第 2 版。

2. 工作方式缺乏专业性

目前，各地检察机关对社区检察室进行了不同形式和程度的探索，主要工作模式有外派式、兼职式和聘用式。这些工作模式的多样化，其实都暴露出在探索初期对社区检察职能的不确定和模糊性，更多的仅仅是把社区检察室作为便民联系的工作途径，不能真正体现检力下沉的工作意义。尤其是兼职式和聘用式，由于人力资源有限，工作紧紧局限于检察机关控告申诉接待窗口的延伸，承担了控申工作"二传手"的角色。① 部分地区的检察室干警仍肩负本部的工作任务，有的干警认为抓业务、抓办案是"主业"，检察室是"副业"，反映在人员配备上，体现为兼职多、新手多；反映到检察室干警思想上，体现为自身主动性、独立性不够，影响了检察室优势的发挥。②

社区检察室的工作涉及对公安侦查活动的监督、社区矫正监督等，具有较强的专业性，对检察室干警的法律专业能力有较高的要求。同时社区检察室经常需要做群众工作，要求检察室干警有一定的群众工作经验，熟悉当地群众的语言，能够应对突发情况。新招录的检察干警需要经过一段时间基层轮岗积累经验后才能够完全胜任检察室工作。

## 七、新形势下社区检察工作功能定位

（一）把握两个关键点——非诉讼监督与基层社会治理

1. 非诉讼监督

我国宪法明确规定，我国的检察机关是法律监督机关。但当前，检察机关的法律监督职能主要体现在诉讼监督方面，工作重心也以诉讼监督为主。法律监督包含了诉讼监督和非诉讼监督两种不同方式。检察机关对非诉讼监督功能的忽略造成了检察权的萎缩。

党的十八届四中全会，一方面提出了建立"重心下移、力量下沉的法治工作机制"的要求，另一方面也明确了检察机关对行政机关违法行为进行监督的正当性。这样的大环境下，检察机关应当着力拓展非诉讼监督功能。社区检察作为有别于传统检察的新生事物，应当起到弥补现有检察工作短板的作用。从检察院内部设置而言，诉讼监督工作目前均有相应的职能部门，如立案监督由侦监部门负责、侦查监督由侦监和公诉负责、审判监督由公诉负责、执

---

① 张欣：《社区检察工作的发展模式困境与路径选择探析》，载《法制与社会》2013年第3期。

② 佘爱平、乔羽：《鄂尔多斯市基层检察室建设现状与问题研究》，载《中国检察官》2013年第4期。

行监督由刑事执行部门负责等，社区检察部门不宜参与过多，否则会造成检察机关内部职能划分的混乱。社区检察应当积极发挥贴近基层、灵活便民的优势，将非诉讼监督作为自身职能的主要拓展方面。

2. 基层社会治理

如前文所述，目前基层社会治理方式正在发生着较大的变革，检察机关应当对此作出回应。一方面，社区检察部门应当根据基层社会治理发生变革产生的现实需求，积极探索对基层行政执法的法律监督，推动基层社会治理朝着法治化方向发展；另一方面，在进行法律监督的基础上，充分发挥社区检察下沉基层的工作特点，延伸工作职能，提升工作实效，对法律监督中发现的问题积极地进行社会综合治理，促进基层社会治理的制度建设，推动基层社会治理朝规范化方向发展。

### （二）避免三种倾向

结合全国各地社区检察、派驻检察在探索期的各类经验，课题组认为，在工作职责或功能定位上，社区检察功能要避免三种倾向，确立两种特性思维。所谓避免三种倾向是指：一是避免将工作紧紧局限于检察机关的某一部门，如局限于检察机关控告、申诉、接待窗口的延伸，进而变成控申部门"二传手"，或局限于立案监督线索发现，而变成侦查监督部门的"二传手"。二是避免忽略自身的法律监督属性，越权、越位，进而因定位不准、职责不清、权限太广变成街道（乡镇）政府的职能部门。三是将工作全面铺开，将本院的工作全面下沉，与其他部门争权夺利，进而变成"小检察院"。

所谓确立两种特性思维，一是全国所有的检察机关派出检察室、社区检察室的各自功能具有一定的共性，但在具体职责或功能承担上必须存在差异，总体而言，各社区检察室的功能定位必须存在共性基础上的特性。二是各个社区检察室要根据所在区域、所在地的经济社会本身因地制宜、因时制宜、因业制宜地确立自己的功能。

### （三）拓展四项职能——新形势下社区检察"3＋1"功能定位

综合前文所述，本课题组认为，社区检察职能定位，一方面应当坚持检察机关的法律监督属性，立足于非诉讼监督工作；另一方面，应当结合目前基层社会治理方式正在转变的新形势，着力于基层社会治理。根据本课题前文的阐述，综合全国各地的社区检察工作的实践经验，社区检察工作职能可以概括为"3＋1"，即三项非诉讼监督实体职能和一项基层社会治理职能。

三项非诉讼监督实体职能为刑事执法监督、监外执行监督和行政执法监督，是社区检察工作的主要职能。在三项非诉讼监督实体职能上，社区检察为具有实际办案权的部门，可以直接办理监督案件，制发监督文书。基层社会治理职能是三项非诉讼监督实体职能上的延伸，也是社区检察工作立足于其监督职能而发挥其贴近基层、贴近社区的优势的着力点，进行社会综合治理工作。

1. 对基层刑事执法活动进行监督

社区检察部门通过现场查看、查阅执法记录等方式，对公安基层刑事执法情况进行检察。通过检察，了解公安派出所等基层执法部门执法概况、辖区内治安状况及执法办案中热点难点，协助解决类案问题、突出问题。对公安基层执法部门执法中突出的、常发的典型问题，开展专项检察，提出检察建议。根据当事人对公安基层刑事执法不规范行为进行举报、控告、投诉或者社会出现的重大舆情等对公安基层执法情况进行调查。

2. 对监外刑罚执行活动进行监督

社区检察负责对人民法院、公安机关、监狱管理机关监外执行判决、裁定、决定活动和交付执行活动进行监督。监督内容包括：宣告活动是否规范、合法，宣告是否延期；法律文书内容是否正确，法律文书送达是否及时、齐全；刑罚执行起止时间是否正确；有无脱漏管等情况；对服刑人员是否按规定执行；撤销缓刑、假释、收监执行及减刑、假释等活动是否合法，等等。

对司法部门的监外刑罚执行活动中突出的、多发的典型问题，开展专项检察，制发检察建议等。受理社区服刑人员及其家属的控告申诉，并进行相应的调查。

3. 对基层行政执法活动进行监督

社区检察对基层行政执法活动进行监督应当分步走，不宜一开始就将监督的范围铺得过开。在目前的状况下，社区检察对基层行政执法活动的监督重点应当放在维护国家利益和社会公共利益上，比如侵害公民人身权和财产权的行政强制行为，造成国家利益、社会公共利益严重损害的行政执法行为，行政执法中发现涉嫌犯罪案件应当移送而不移送行为等。

4. 参与基层社会治理

社区检察在基层社会治理方面，一方面不能丢弃基层社会治理的功能，把社区检察的功能缩减为纯粹的办案职能，否则无法发挥社区检察的功能优势。另一方面，社区检察在推进基层社会治理方面要把握好参与的尺度，触角不可延伸太多，重蹈上世纪检察室的覆辙。基层社会治理工作的主体承担者应当是政府有关部门。检察机关在基层社会治理方面所扮演的角色应当是一个监督者、协助者的角色。应当以前面的三项非诉讼监督职能为基础，进行基层社区治理的参与度应当以在非诉讼监督中发现的问题为限，不能无限制、无界限地全线参与政府的社会治理，避免纯粹地为服务基层而开展综合治理工作。社区检察的基层社会治理职能应当主要是对在进行监督过程中发现的社会治理一类问题提出检察建议，并进行跟踪、回访，确保检察建议落到实处。

（四）国家监察体制改革给社区检察职能带来的影响

2016 年 12 月 25 日，全国人大常委会通过了关于在北京市、山西省、浙江省开展国家监察体制改革试点工作的决定。关于国家监察体制的改革已经列入十二届全国人大常委会立法规划。

根据试点工作的决定，监察委员会行使的权利包括：对本地区所有行使公权力的公职人员依法实施监察；履行监督、调查、处置职责，监督检查公职人员依法履职、秉公用权、廉洁从政以及道德操守情况，调查涉嫌贪污贿赂、滥用职权、玩忽职守、权力寻租、利益输送、徇私舞弊以及浪费国家资财等职务违法行为并作出处置决定，对涉嫌职务犯罪的，移送检察机关依法提起公诉。

根据这一职责要求，原本属于检察机关的贪污贿赂、失职渎职以及预防职务犯罪等部门的相关职能也均整合至监察委员会。届时，社区检察的基层职务犯罪预防职能应当予以取消。

## 八、社区检察工作的完善与创新

（一）监督效力的合法化——立法确立对行政执法行为的检察监督

对于行政执法行为的法律监督，目前法律尚没有明确的规定，只存在一些间接的法律依据。我国宪法明确规定，人民检察院是国家的法律监督机关。这是我国宪法对检察院专门法律监督机关的定位与确认。目前，检察机关对刑事诉讼监督、民事诉讼监督和行政诉讼监督的体系已经相对比较完善，但对行政执法行为的监督目前还停留在理论研究和实践探索中。

对检察机关开展行政执法监督，虽有宪法的间接规定，但在国家层面，对于行政执法的检察监督尚未确立，社区检察如需对行政执法行为进行全面的监督尚需国家层面的立法。

1. 明确监督主体

目前对行政执法监督有人大的监督、审判机关的监督、行政机关内部监督及社会监督等监督途径，但对法律监督由谁来进行并未明确。党的十八届四中全会提出探索建立检察机关提出公益诉讼制度，在政治层面上确立了检察机关为行政执法法律监督的主体。检察机关作为行政执法监督的主体尚需要在国家立法层面得到确立。

2. 明确监督范围

行政执法活动种类较多，包括行政许可、行政征收、行政强制、行政检察等。检察机关对行政执法行为的监督的范围不宜过大，重点应当放在维护国家利益和社会公共利益上。检察机关对行政执法行为进行监督的范围主要包括以下几类：（1）侵害公民人身权和财产权的行政强制行为。（2）造成国家利益、社会公共利益严重损害的行政执法行为。包括行政许可，如采矿许可、金融许可、医疗卫生许可、烟草许可等涉及国家利益、社会公共利益的行政许可行为，如果行政执法部门的行政许可损害了国家或社会公共利益，检察机关应当监督。同时，对行政执法主体在行政执法中不作为或滥用职权等造成国有资产流失、生态环境和重要文化遗产遭受破坏等，检察机关可以代表国家提出行政公益诉讼进行监督。（3）行政执法中发现涉嫌犯罪案件应当移送而不移送行为的监督。

3. 明确监督程序

（1）受理有关人员提出的控告或依职权发现行政违法行为。一方面，检察机关应当受理行政相对人或行政相对人以外的公民、法人和其他组织向检察机关进行的控告、举报；另一方面，对一些损害国家利益、社会公共利益的行政执法行为，检察机关可以在检查中发现并将其纳入监督程序。

（2）审查行政行为是否违法。在审查行政行为是否违法的过程中，检察机关应当享有调查权。检察机关可以通过询问、查询、调取证据、查阅材料等方式进行调查，相关单位和人员应当予以配合。

（3）提出监督意见或提起行政公益诉讼。对于经过审查，认为行政执法行为存在不规范或违法的，检察机关可以通过制发检察建议书、纠正违法通知书，或提出行政公益诉讼等进行监督，对于发现的一类问题也可以通过制作监督情况通报等上报人大。

（二）监督途径的有效化——建立有效的监督机制与监督途径

1. 完善执法信息共享机制

近几年，全国行政执法与刑事司法信息共享平台（"两法衔接"信息共享平台）的建设取得飞速发展，全国已有25个省（自治区、直辖市）建成省级信息平台对接，为检察机关对行政执法行为进行法律监督奠定了基础。但从实践的情况来看，该平台尚存在以下问题：（1）信息数据的录入尚不及时、完整、准确。虽然目前的"两法衔接"平台已经将大部分的行政执法单位都纳入其中，但在实际的操作过程中，数据的录入依靠手动录入，增加了单位的工作量。同时因为缺乏强制性，很多行政执法单位出于不愿被监督的习惯思维以及人员配备不到位等情况，并没有很好的执行，行政执法信息录入不及时、不完整、不准确情况比较严重，导致该平台的作用大打折扣。（2）检察机关对信息录入无法进行监督。检察机关作为法律监督机关，对于纳入平台的行政机关是否及时、完整、准确地录入行政执法信息缺乏监督的力度，原因有二：一是缺乏监督的依据，目前对于行政执法机关不及时、完整、准确地录入行政执法信息的，检察机关也没有制约手段，只能通过协调等方式解决，没有更多的法律手段，也无法提出监督意见；二是缺乏监督的力量，"两法衔接"工作目前由侦监部门负责，但侦监部门的人员基本忙于办案，没有专门人员也没有条件对行政执法部门的信息录入进行日常检查。

对于"两法衔接"平台存在的以上问题，课题组认为可以通过以下途径予以解决：一是需要更高层面的组织和机构全面推进"两法衔接"平台的建设。二是平台数据的录入实现自动导入，研发"两法衔接"平台和现有各行政执法机关电子政务网络数据对接软件，实现行政执法机关的数据自动导入"两法衔接"信息平台，确保数据的录入及时、完整、准确。三是应当明确检察机关对行政执法单位不及时、完整、准确录入执法信息的应当予以监督，使该项工作得到真正的推动。在检察机关内部，该项工作应当由社区检察部门来负责更为合理，社区检察部门可以结合自身扎根基层能进行现场检查的优势，对行政执法部门是否及时、完整、准确录入执法信息进行日常检查，以推动行政执法部门及时、完整、准确地录入执法信息。

2. 执法行为日常检查机制

执法信息平台建设是检察机关对行政执法行为进行法律监督的第一步，但如果检察机关对行政执法行为的法律监督只停留在此，那么检察机关对行政执法行为的监督将变成形式化，无法落到实处。必须赋予检察机关对行政执法行为进行现场检查的权力，才能使检察机关对行政执法行为的法律监督真正落到实处。一是可以借鉴中国台湾的模式，检察官可以直接进入行政执法机关内部软件查看案件情况，实现无缝实时对接；二是检察官可以现场查看有关案件的书面材料。

3. 社区检察部门的调查权

社区检察部门对依职权发现或接受他人控告申诉受理的执法监督线索依法享有调查权，这是社区检察部门行使非诉讼监督职权的前提。具体方法的选择上，一般可以根据实际情况采取以下方式：询问相关证人；听取被监督部门和人员的陈述；调取证据或向执法部门查阅执法材料等。

需要注意的是社区检察部门的调查属于初查性质，尚未进入诉讼阶段，因此在调查中不得采取限制人身自由和查封、冻结、扣押财产等强制措施。

（三）监督方式的规范化——办案流程司法化与监督方式多样化

1. 工作流程司法化

长期以来，检察机关的非诉讼监督工作，包括社区检察工作在内，在办理非诉讼监督事项过程中存在一定的随意性，主要体现在：一是监督缺乏流程性。目前，关于社区检察部门在发现诉讼监督线索后，应按照何种流程开展监督工作缺乏制度性规定。实践中，承办人在发现线索后对于是否开展调查、如何调查以及整个监督过程应如何进行审批等均无相关规定可循，导致社区检察部门在行使检察监督权时缺乏审慎严肃性。二是监督缺乏规范性。社区检察部门发现确需进行检察监督的线索后，对于不同的监督线索应如何区分性地进行监督尚无明确规定，承办人往往依据自己的工作经验提出纠正意见。一方面易导致越位监督，即超越法律规定的权限行使监督权力；另一方面也易造成缺位监督，即行使监督职权不到位。三是监督缺乏痕迹性。在现有的社区检察监督机制中，仅检察文书是以文字形式进行留存，对于承办人如何发现监督线索、调查核实的过程、认定的事实、被监督单位违反的法律法规以及在办理过程中出现的问题等均未通过文字形式予以记录并留存，导致后期进行经验总结、案例分析或遇到相关当事人查询核实时缺乏书面依据。

社区检察的非诉讼监督事项应当坚持流程办案化管理，具体完善措施如下：

（1）完善制度。完善制度，规范监督程序。明确对基层刑事执法和刑罚执行过程中违法违规事项的监督，按照受理、立案、审查、调查核实、提出监督意见、答复反馈、案件归档的流程逐步推进，配套制作案件终结报告模板，并视违法违规情节制发情况通报、检察建议书、纠正违法通知书等，促进基层法律监督行为规范有序。

（2）细化办案流程。根据执法不规范问题是否影响实体和程序公正，将监督事项分为简易监督案件和普通监督案件，实行"一案一表"。对简易案件简化审批流程、缩短办案时间；对普通案件制作审查终结报告，详细载明审查经过、认定的事实和证据及审查意见，确保办案质量效率。如对某派出所取证不规范致犯罪事实难以认定的情况开展普通监督，后制发情况通报获采纳。

（3）跟踪落实。为防止监督工作流于形式，确保制发检察文书后，各项建议措施能够得到有效落实，及时跟进检察文书内容的落实反馈，确保监督工作落到实处。

（4）事项归档。坚持对已办结的诉讼监督事项做好归档工作，归档内容包括检察文书审批表、检察文书正本、被监督单位回复、审查终结报告以及调查所得的相关证据材料等，确保每一个监督事项都有案可循、有据可查。

2. 监督方式多样化

（1）移送相关职能部门进入诉讼程序。社区检察部门在履行监督职能过程中，发现以下情况应当移交本部相关职能部门：发现执法部门涉嫌犯罪应当移送而不移送监督事项的，应当移交侦监部门进行办理；发现存在行政公益诉讼监督事项的，应当移交民行部门进行办理；发现执法人员职务犯罪线索的，应当移送本部职务犯罪侦查部门进行办理。

（2）纠正违法通知。社区检察部门如发现执法主体实施的执法行为已经违法或损害了国家或社会公共利益，如不及时纠正会造成难以弥补的损失，应当依职权向执法主体发出书面的纠正违法通知，要求执法主体在规定的时限内予以纠正。

（3）制发检察建议书。社区检察部门在法律监督过程中发现执法部门在制度和程序上存在问题和缺陷，可能损害国家或社会公共利益的，应当向其发出检察建议，要求执法主体完善制度和规范程序。

（4）口头纠正。对于执法主体在执法中存在的轻微执法瑕疵，不影响当事人实体权益的，社区检察部门应当及时口头提出纠正意见，要求执法部门予以纠正。

（5）法律监督专项报告报人大。作为非诉讼监督部门，其监督的力度、方式方面均存在一定的柔性：对一些严重的违法行为，可以移送相关部门进入诉讼程序以及纠正违法的方式进行监督；对于一些较轻的执法不规范行为，可以适用检察建议和口头纠正的方式进行监督；而对于发现的一类问题需引起重视的、需要更高层面进行制度设计、存在问题但不属于检察机关监督范围的，应当报人大，由人大进行监督。

# 暴力恐怖犯罪刑事案件法律适用问题研究<sup>*</sup>

上海市人民检察院第一分院课题组<sup>**</sup>

## 一、暴力恐怖犯罪的概念和特征

### (一) 暴力恐怖犯罪的概念

国内理论界通常将法律概念定义为"反映法律规范所调整对象的特有属性或者本质属性的思维形式",按《牛津法律大辞典》的说法,法律概念是"法律思想家从对具体法规和案例研究中归纳性地作出的一般性和抽象性观念"。关于如何定义暴力恐怖犯罪却存在着重大的分歧,以至于仅在 1981 年之前影响西方理论界的代表性主张就有 109 种之多,我国学界也至少存在几十种观点。① 事实上,我们在对暴力恐怖犯罪下定义时不是简单地面对一种犯罪,而是要在一类犯罪中抽象出一般性标准,在这种情况下要确定一个大家都接受的概念显然存在难度,但是,在现有的观点中实现认识层面的最大公约数却并非不可能。荷兰著名的恐怖主义研究专家施密德·江曼就曾对其收集到的 109 种对恐怖主义的定义进行"要素化"分析,最后得出来的结论是大多数观点认为"暴力或武力""政治性""害怕或恐惧"(出现频率在 50% 以上)是暴力恐怖犯罪必须具备的要素。② 本文通过收集并研究新近暴恐犯罪的研究成果及官方定义,发现政治性主张、暴力等极端手段、地区性恐慌、重大损失或者伤亡等要素为诸多暴恐犯罪概念所认同(见表一)。

---

　* 上海市检察机关 2016 年重点研究课题。

　** 课题组负责人:顾海鸿;课题组成员:吴允锋、曹坚、张菁、江奥立、陆珋。

　① 参见胡联合:《当代世界恐怖主义与对策》,东方出版社 2001 年版,第 16 页。

　② 参见杨隽、梅建明:《恐怖主义概论》,法律出版社 2013 年版,第 11—12 页。

表一

| 概念 | 要素 |
|---|---|
| 恐怖活动犯罪是指以爆炸、劫机绑架、杀人等极端手段，针对不特定的多数人或公共财产，造成重大人员伤亡或财产损失，在一定地区引起社会性恐慌的犯罪行为。① | 1. 暴力等极端手段<br>2. 不特定多数人<br>3. 重大损失或伤亡<br>4. 社会恐慌 |
| 恐怖主义是为实现政治目的，通过对人身或财产非法使用暴力以恐吓、强迫政府和民众的行为。② | 1. 政治性目的<br>2. 暴力手段<br>3. 政府与民众 |
| 恐怖活动犯罪是指个人或单位基于意识形态方面的政治目的，针对不特定对象或某些政治、民族、宗教等象征意义的特定对象，以足以引起极大的社会恐慌的手段实施的危害行为。③ | 1. 政治性目的<br>2. 不特定对象<br>3. 极端手段<br>4. 社会恐慌 |
| 恐怖活动犯罪是指基于政治、社会或者其他动机，为制造社会恐慌、以恐怖性手段所实施的侵犯人身、财产等严重危害社会而依法应受到刑罚处罚的行为。④ | 1. 政治性等目的<br>2. 极端手段<br>3. 社会恐慌 |
| 恐怖主义是指暴力、破坏、恐吓等手段，制造社会恐慌、危害公共安全、侵犯人身财产，或者胁迫国家机关、国际组织，以实现其政治、意识形态等目的的主张和行为。⑤ | 1. 政治性等目的<br>2. 暴力等极端手段<br>3. 社会恐慌 |
| 恐怖活动是指以制造社会恐慌、危害公共安全或者胁迫国家机关、国际组织为目的，采取暴力、破坏、恐吓等手段，造成或者意图造成人员伤亡、重大财产损失、公共设施损坏、社会秩序混乱等严重社会危害的行为，以及煽动、资助或者以其他方式协助实施上述活动的行为。⑥ | 1. 社会性等目的<br>2. 暴力等极端手段<br>3. 社会恐慌<br>4. 重大损失或伤亡 |

① 参见张应立、周长康：《恐怖活动犯罪研究》，载《山东警察学院学报》2014 年第 5 期。

② 参见杨隽、梅建明：《恐怖主义概论》，法律出版社 2013 年版，第 10 页。

③ 参见高铭暄、张杰：《关于我国刑法中"恐怖活动犯罪"定义的思考》，载《法学杂志》2006 年第 5 期。

④ 参见赵秉志、阴建峰：《论惩治恐怖活动犯罪的国际国内立法》，载《法制与社会科学》2003 年第 6 期。

⑤ 2015 年 12 月 27 日通过的《反恐怖主义法》第 3 条。

⑥ 2011 年 10 月 29 日第十一届全国人民代表大会常务委员会第二十三次会议通过的《关于加强反恐怖工作有关问题的决定》第 2 条。

结合以上对暴恐犯罪概念的研究，课题组认为，无论对暴恐犯罪的概念如何进行描述，其中必须包含以下几个要素：

（1）为实现政治性、社会性、意识形态等目的。暴力恐怖犯罪的社会危害性之所以更加严重，就在于暴力犯罪对恐怖分子而言只是一种手段，为实现政治性、社会性、意识形态等目的，恐怖分子会进行长期的思想准备、充分的组织安排、积极的资金筹措，这种有预谋有准备的犯罪往往更具隐蔽性和突发性。

（2）实施暴力等极端手段。犯罪行为作为恐怖分子实现其政治性等目的的手段，其本质是制造社会恐慌、传播极端思想。

（3）犯罪对象的无差别化。暴恐犯罪对象的无差别化除了体现在对象政治属性方面，还表现在人身性和民族性，即无论男女老少、何种民族都有可能成为暴恐犯罪袭击的对象。

（二）暴力恐怖犯罪的客观特征

暴力恐怖犯罪的客观特征，一方面是该类犯罪社会危害性的直观表现，另一方面也是我们识别、追踪以至于最后认定暴恐犯罪的关键线索。因此，对其进行研究意义重大。

1. 犯罪行为

暴力恐怖犯罪的客观行为主要表现为行为类型多样化和行为方式多样化两大特征。一方面，暴恐犯罪是宣扬恐怖分子极端思想、意识形态的手段，由于这类犯罪行为的社会危害性极大，因此围绕暴恐犯罪进行的谋划、准备、帮助等行为也都纳入刑法规制的范围。具言之，暴恐犯罪的客观行为可分为直接危害行为和间接危害行为。直接危害行为主要有：（1）暴力行为；（2）破坏行为；（3）恐吓行为。间接危害行为主要有：（1）资助行为；（2）宣扬、煽动行为；（3）持有行为；（4）准备行为。另一方面，恐怖分子为了扩大恐怖活动的影响力，在多个时空同时进行恐怖活动犯罪，表现为：（1）线上线下同时展开；（2）境内境外同时展开。

2. 重大伤亡或损失

暴恐犯罪的一个突出客观特征就是，一旦犯罪实施得逞往往都会造成严重的人员伤亡和重大的财产损失。近几年发生的暴恐事件，就突出地表现了这一特点。

3. 对象特定与不特定

著名恐怖主义研究专家詹金斯有过一句名言："恐怖主义是一个剧场，恐怖分子想要很多的人看，而不是很多人死。"① 这句话一针见血地指出，暴力

---

① Brian M. Jenkins: International Terrorism: An New Kind of Warfare, California: Rand, 1974, p. 4.

恐怖犯罪虽然对特定的犯罪对象进行袭击，但是其在选择犯罪对象时是不特定的，受害对象在表面上是暴恐犯罪的犯罪对象，进一步则是那些"没有在恐怖行为现场、没有受到恐怖分子直接攻击但却受到恐怖行为影响的人"。①

受害对象的特定与不特定是暴恐犯罪区别于普通刑事犯罪的关键特征。在大多数情况下，绑架、爆炸等犯罪行为通常容易被人看作恐怖活动，这里的重要区别就在于，犯罪行为指向是单纯的犯罪对象，还是说除了犯罪对象外还有其他不特定的人。犯罪行为于恐怖分子而言只是一种手段，犯罪对象只是恐怖分子与其他间接受害对象产生关系的一种媒介。

4. 制造恐怖气氛

制造恐怖气氛是暴恐犯罪相较普通刑事犯罪最为独特的一个特征。在暴恐犯罪中，恐怖分子通过实施犯罪行为一方面希望引起社会关注，造成社会秩序混乱和安全危机，另一方面意欲推销自己的极端思想和意识形态，吸引更多的社会人员加入恐怖组织。因此，恐怖分子在实施暴恐犯罪前后非但不会隐藏自己的罪行，反而会设法进一步扩大犯罪的恐怖影响。由于营造恐怖氛围是恐怖分子实施犯罪行为的一个重要目的，因此，恐怖分子往往也会选择编造、传播恐怖信息、虚假信息的方式引起社会的混乱；在犯罪结束期，恐怖分子会大肆宣扬自己的犯罪行为，从而使民众的恐惧感升级。

（三）暴力恐怖犯罪的主观特征

暴力恐怖犯罪的主观特征是暴恐犯罪区别于普通刑事犯罪的关键。暴力恐怖犯罪虽然在客观上具有一定的特征，但是，该类犯罪通常以杀人、爆炸、绑架等方式表现出来，如果仅从其客观特征来区别暴恐犯罪和严重危害公民人身安全或重大财产安全的刑事犯罪事实上难度很大。恐怖分子相较普通犯罪分子之所以更具有打击的必要性，归根结底在于其反社会、反人类的目的，因此，从根本上来讲，暴恐犯罪的诸多客观特征仅是判断恐怖分子是否存在实施暴恐犯罪主观目的的线索，确定犯罪分子的主观内容才能真正有效区分暴恐犯罪和普通刑事犯罪。故归纳分析暴恐犯罪的主观特征便变得尤为重要。

从当今世界主要国家的反恐立法来看，恐怖活动犯罪的主观目的存在两种类型，一种为递进型，即恐怖分子先具备强迫、恐吓的意图，进一步再实现民族、宗教等社会性目的，英国、加拿大等英美国家大多采此规定方式。另一种为并列型，即恐怖分子在主观上包含若干并列的目的，包括制造社会恐慌、危害公共安全、破坏宪法秩序等要素，他们之间是择一的关系，这种类型实际上

---

① 杨隽、梅建明：《恐怖主义概论》，法律出版社 2013 年版，第 14 页。

是扩大了法益保护的范围，俄罗斯、丹麦等国家采此方式。① 我国则采取了兼具递进型和并列型内容的混合型，我国《反恐怖主义法》第3条规定，"恐怖主义是指通过暴力、破坏、恐吓等手段，制造社会恐慌、危害公共安全、侵犯人身财产，或者胁迫国家机关、国际组织，以实现其政治、意识形态等目的的主张和行为。"该规定一方面准确归纳出暴力恐怖犯罪复杂且多层次的主观特征，另外一方面扩大了对暴恐犯罪的打击范围，强化了对法益的保护。

暴恐犯罪的主观目的具有明显的"分层式"特征，具言之，在暴力恐怖犯罪中，恐怖分子存在三个层面的犯罪目的：第一层面的犯罪目的是指对犯罪直接损害结果的追求，即犯罪人明知自己的行为会造成人员伤亡、财产损失、社会秩序混乱等危害后果，仍积极追求或放任该种结果的发生。第二层面的犯罪目的是指对社会秩序混乱的追求，即犯罪人希望通过自己的犯罪行为引起社会秩序的混乱。第三层面的犯罪目的是指对政治、意识形态等特定目的的追求，即表达政治思想、宣传意识形态等是恐怖分子实施暴恐犯罪的最终原因。

暴力恐怖犯罪客观表现与普通刑事案件通常并无二异，但是前者社会危害性更加严重，最根本的原因就是犯罪人存在对政治、意识形态等目的的追求，鉴于我国没有单独的反恐刑事法律，该犯罪目的便成为了诸如杀人罪、绑架罪等暴恐犯罪的主观超过要素，即该犯罪目的是成立暴恐犯罪必须具备的主观要素，但其是否最终实现并不影响暴恐犯罪的成立。恐怖分子对政治、意识形态等目的的追求主要包括以下内容：（1）为实现政治目的。恐怖分子通常表现出对本国政治制度的不满，意图通过恐怖活动实现其追求的政治形态，表现出明显的反国家性。（2）为实现社会性目的。正如有的学者指出，当前一些恐怖主义事件表现出低政治性目的，特别是新出现的一些恐怖主义并不是以推翻现行社会制度、颠覆政权、制造分裂、反抗侵略、实现民族自决等严格意义上的政治目的，而只是希望改变社会某些微观政策。②（3）为实现极端的意识形态。在某些恐怖事件中，恐怖分子并非为了改变当前政治、经济等社会制度，而仅仅是为了表达自身的意识形态，其中最为典型的便是深受邪教蛊惑的恐怖分子为了传播邪教教义，虐杀异教徒。

## 二、暴力恐怖犯罪的刑事规制

### （一）暴力恐怖犯罪的罪名体系

暴力恐怖犯罪的罪名体系可以分为两大类，分别是核心罪名和边缘罪名。

---

① 参见杜邈：《恐怖活动犯罪的司法认定》，载《国家检察官学院学报》2014年第4期。

② 参见胡联合：《当代世界恐怖主义与对策》，东方出版社2001年版，第16—17页。

除此之外的相关罪名几乎涵盖了刑法的条文，此处不加赘述。核心罪名即为直接实施暴恐活动的实行类犯罪，如危害国家安全罪中的分裂国家罪，颠覆国家政权罪，武装叛乱、暴乱罪等，以及危害公共安全罪中的放火罪、爆炸罪、劫持航空器罪等，当然也涉及其余章节中的部分罪名，例如绑架罪、抢劫罪等，均可以因行为人主观的政治、意识形态等的意图而从重处罚。

边缘型恐怖主义行为是指虽未直接实施暴恐活动，但却为暴恐活动实施准备活动提供精神或物质支持的行为，通常表现为宣扬恐怖主义思想，组织恐怖活动培训，为恐怖活动准备工具、制造条件，为实施恐怖活动和境外联络，非法持有恐怖主义物品等。在恐怖主义的发展过程中，准备、帮助行为等边缘型恐怖主义活动是孕育暴恐犯罪的温床。《刑法修正案（九）》对边缘型恐怖主义行为进行了专门规制，其犯罪化体现在帮助行为的正犯化、预备行为的实行犯化，煽动、传播、持有型恐怖行为的犯罪化。这些罪名的设立旨在从精神源头上制止恐怖主义的渗透，削弱恐怖主义的破坏力。

（二）主要犯罪行为的解释与运用

1. 关于"宣扬"的理解

刑法语境中的"宣扬"，指的是对某种观点或认识加以散布。《刑法》第120条之三采用列举的方式将宣扬的行为规定为制作、散发、讲授、发布等方式。其一，宣扬的手段不影响本罪的构成。"等"字将宣扬行为不仅仅局限于制作、散发、讲授、发布四种行为，而是可以将宣扬采用平义解释方法[①]，延伸解释为包含类似上述四种方式之外的其他可以达到广泛传播、宣传的行为方式。其二，宣扬的方式不影响本罪的构成。无论通过什么媒介传播，只要行为人的行为能使得载有恐怖主义、极端主义信息的图书、音频等资料为更多的人知晓，都可以被认定为宣扬行为，即传播的方式也应采广义的理解，可以是通过线上互联网、线下实地发传单等。从司法实践中看，犯罪表现为直接故意的常见多发，间接故意的则相对较少。[②] 值得注意的是，本文认为从意志因素的角度来看暴恐犯罪存在间接故意的情形。就宣扬恐怖主义、极端主义罪而言，存在行为人希望或者放任危害结果的发生、对危害结果采取听之任之态度这一间接故意的情形。例如，当宣扬恐怖主义的恐怖分子租赁场所使用，场所的出租人明知恐怖分子租用其场所可能会用于讲课宣传，仍然予以出借，就其主观故意而言，应当被认定为间接故意，属于宣扬犯罪的帮助犯，同时还构成了帮

---

① 平义解释一般是针对法律中的日常用语而言，即按照该用语最平白的字义进行解释。参见张明楷：《刑法学》，法律出版社2011年版，第44页。

② 参见高铭暄、马克昌：《刑法学》，北京大学出版社、高等教育出版社2011年版，第108—111页。

助恐怖活动罪①，两罪想象竞合，从一重处。其三，宣扬的范围不影响本罪的构成。可以是大范围的公开宣扬，也可以是小范围的私底下传播。在司法实践中，更多宣扬的形式是行为人在非公共场所非公开地实施，比如在本院办理的新疆籍学生苏某等人煽动分裂国家案②中，行为人秘密组织维族同学参与地下讲经的方式，鼓吹、传扬恐怖主义、极端主义，行为人一般选定的场所是具有秘密性的地点，如寝室或是偏远郊外，这种非公开情形下实施的宣扬行为，仍然能使得更多的人知晓恐怖主义、极端主义，具有较大危害性，理应被认定为宣扬的行为，故是否在公共场所不是入罪与否的标准。另外，根据法律体系化的解释方法③，宣扬型犯罪在公共场所实施宣扬行为虽不关乎入罪与否，但关乎行为人犯罪情节的轻重程度④。参考其他罪名的罚则，需从宣扬行为的次数、宣扬的内容、实施的场所和产生的影响范围等方面综合评价⑤。其四，宣扬的结果不影响本罪的构成。宣扬对象是否因行为人的行为而认可恐怖主义、极端主义，不影响宣扬犯罪的构成。只要行为本身使得恐怖主义、极端主义为更多的人所知晓，使得恐怖主义、极端主义被传播，那么该行为就可以被认定为宣扬行为。

---

① 参见《关于办理暴力恐怖和宗教极端刑事案件适用法律若干问题的意见》规定："明知是恐怖活动组织或者实施恐怖活动人员而为其提供经费，或者提供器材、设备、交通工具、武器装备等物质条件，或者提供场所以及其他物质便利的，以资助恐怖活动罪定罪处罚。"

② 参见上海市人民检察院第一分院沪检一分诉〔2016〕28号起诉书、沪检一分诉〔2016〕56号起诉书。

③ 此处可以采用体系化的解释方式，参考刑法中对强奸罪、强制猥亵罪、强制侮辱妇女罪的情节把握。上述罪名规定行为人在公共场所当众强奸、猥亵或侮辱妇女的，法定刑升格，当众实施犯罪行为不仅是犯罪人蔑视公序良俗和社会秩序挑战公众神经和治安底线，更是对于被害人极大的伤害，加重了被害人的受辱受害心理，加重了行为带来的社会危害性。参见张明楷：《刑法学》，法律出版社2011年版，第947页。

④ 在研究《刑法》第120条之三宣扬恐怖主义、极端主义、煽动实施恐怖活动罪的情节轻重程度是在入罪的情况下考量的。结合《反恐怖主义法》第80条第1款规定，对于宣扬恐怖主义、极端主义或者煽动实施恐怖活动、极端主义活动的，情节轻微，尚不构成犯罪的，由公安机关实施行政处罚。这里的情节轻微，尚不构成犯罪，对应在《刑法》第13条的但书规定中，情节显著轻微危害不大的，不认为是犯罪。当行为的社会危害性尚未严重到构成犯罪，应当以行政手段进行处罚，仅以拘留、罚款等行政手段施以处罚的行政违法行为。

⑤ 参见皮勇、杨淼鑫：《论煽动恐怖活动的犯罪化——兼评〈刑法修正案（九）（草案）〉相关条款》，载《西北政法大学学报》2015年第3期。

2. 关于"煽动"的理解

刑法语境中的"煽动",指的是以语言、文字、图像等方式对他人进行鼓动、怂恿,意图使他人相信其所煽动的内容并且促使他人去实施所煽动的行为。《刑法》第 120 条之三规定了煽动实施恐怖主义活动罪,即是指以命令、敦促、建议、引诱等方式鼓动、怂恿他人实施恐怖主义犯罪的言论表达行为。其一,煽动的内容是实施恐怖活动。煽动的指向是"动",也即"实施"。"煽动"区别于"宣扬"的重要要素即是行为的目的不同。宣扬不追求受众实施暴恐犯罪,只是传播一种主义,但煽动追求被煽动者即刻实施恐怖犯罪,宣传的直接目的是促使受众实施具体的犯罪而非知晓其主张的主义。其二,煽动的结果不影响犯罪的构成。刑法中的煽动犯罪是一种行为犯[①],煽动者不需要与被煽动者发生主观或行为上的联系,即使煽动对被煽动者不产生任何影响,也可以成立煽动犯罪。此处与宣扬型犯罪一致。其三,煽动的内容是指向某一种概括的犯罪。煽动型犯罪与教唆犯罪有一定的区别,教唆犯罪教唆他人实施的是某一具体的犯罪行为,行为人教唆的内容可能会具体到某时、某地、用何种方法。但是煽动犯罪不需要产生具体的犯罪方法,只需要概括地指向某种犯罪即可。煽动的内容相较于教唆而言,是笼统抽象的,是煽动他人实施某一类犯罪行为。以分裂国家罪和煽动分裂国家罪为例,前者的法定刑最高可以处无期徒刑,后者最高只能处 5 年以上有期徒刑。如果行为人甲对他人实施了非常具体的犯罪手段、犯罪地点等的教唆以期他人能够分裂国家,而行为人乙只是非常笼统地煽动他人分裂国家,并没有给出任何具体的实施方案,对甲、乙如果都以煽动分裂国家罪处罚,会导致罪责刑不一致。行为人甲已经给出了具体的作案手段,其危险性更为紧迫、危害性更为严重,故而甲应认定为分裂国家罪的教唆犯。如果被教唆人实施了被教唆之罪,教唆人与被教唆人构成共犯。但在煽动行为中,被煽动者应行为人的号召实施了恐怖活动,不能认定为共犯,因为行为人在煽动时是指向概括的犯罪,并不知晓被煽动人具体会实施何种犯罪,没有形成统一的犯意,不应以共犯论处。其四,煽动方式可以是多样化的。此处与宣扬型犯罪一致,煽动可以是公然地针对不特定的受众,也可以是具体的针对小部分特定人群;既可以利用网络,也可以面对面以演讲的方式等。

3. 关于"穿戴"的理解

《刑法》第 120 条之五规定了强制穿戴宣扬恐怖主义、极端主义服饰、标志罪,其中的"穿戴"就是指穿着和佩戴,对应客体为服饰和标志。其一,

---

① 参见高铭暄、马克昌:《刑法学》,北京大学出版社、高等教育出版社 2011 年版,第 330 页。

构成本罪的环境要素必须是在公共场所。本罪设立的目的在于向不特定的公众宣扬和传播恐怖主义,使社会中具有恐怖氛围。所以在私密空间中强制他人穿戴极端恐怖主义服饰、标识的,不具有宣扬的特性,不能认定为该罪。若对他人人身自由予以限制,在符合非法拘禁罪要件下,可认定为该罪。其二,必须有强制的行为,例如暴力、胁迫,或者等同于前述行为的威慑度,强制的行为存在胁迫性,对他人的人身自由产生了威胁与控制,具有刑法保护的必要性。如果没有强制力,他人自愿穿上并在公开场合公开宣扬的,应认定为宣扬恐怖主义、极端主义罪,而非本罪。无论是强制他人穿戴具有宣扬恐怖主义、极端主义的服饰、标志,还是纯粹通过各种手段方式直接宣扬恐怖主义、极端主义、煽动实施恐怖活动,两罪的共性在于通过一种对外传播和扩散的方式,使得在不特定社会大众中形成一种恐怖氛围,恐怖活动有随时实施的可能性。可以说,行为人通过其宣扬、煽动行为,达到了制造社会恐怖的目的,当然并不排除其终极目的是某种政治、社会或意识形态。强制穿戴宣扬恐怖主义、极端主义服饰、标志是一种宣扬恐怖主义、极端主义的行为,但限于行为人不可能强制特别多的人穿戴某种具有特定意义象征的服饰和标志,行为的可实施性不及宣扬恐怖主义、极端主义。宣扬恐怖主义、极端主义罪的影响范围较之强制穿戴宣扬恐怖主义、极端主义服饰、标志罪更大。其三,穿、戴是选择关系而非并列关系。穿着服饰或者佩戴标志,只要具备其一即构成该罪。标志和服饰都能起到宣扬作用,造成被胁迫者人身处于危险、营造社会的恐怖氛围。其四,强制的行为人必须对恐怖主义、极端主义标识、服饰是明知的。强制他人穿戴的行为具有一定的自由限制性及人格侮辱性,违背了被强制者的意志自由,具有刑事可罚性。如果行为人不认识恐怖主义标示,只是为了逗乐而强制他人在公共场合佩戴的则不能认定为本罪。但如果符合侮辱的行为构成,仍应以侮辱罪认定。

4. 关于"持有"的理解

刑法语境中的"持有",是指在意识的支配下,对特定事物在一段时间内事实上的支配和控制,包含携带、藏匿、保管、占有、拥有等的持有状态。持有型犯罪是以行为人持有特定物品或财产的不法状态为基本构成要素的犯罪,是特殊的不法状态和罪责内涵。其一,持有人对持有是明知的。因为刑法规制的行为都具有社会意义、在人的意识和意志支配下的行为,无意识的行为不具有刑法意义,更不可能构成犯罪①。分析本罪的主观方面时,本罪要求行为人有故意。其二,行为人与法定物品之间具有控制、支配关系。持有的成立不以

---

① 本文采"统一说"而弃"客观说"的观点,追求主客观的统一,认为不存在所谓脱离主观意识的纯客观行为。

行为人对物品占有的意思为必要，不要求行为人对物品具有所有权，即使其没有占有该物品的意思，也成立刑法中的持有。如果行为人明知而代为持有含有恐怖主义内容的音频或视频，也可以认定为本罪，持有的时间长短不做考虑。持有型犯罪适用立法推定，采举证责任倒置，被证明存在的持有行为一般即推定持有人具有持有故意，除非持有人提出证据合理地予以怀疑。其三，持有人对所持有物品内容只需具有概括的认知。就《刑法》第 120 条之六的非法持有宣扬恐怖主义、极端主义物品罪而言，如行为人在持有恐怖主义视频时，应当认识到其持有的物品是什么，但无须对含有恐怖、极端的内容完全清楚，行为人也无须对自己行为会导致危害社会的结果有认识。其四，持有犯罪的情节轻重以持有物品的多少计算①。持有宣扬恐怖主义、极端主义的图书、音频视频资料或者其他物品，通过新闻局下的审读办公室②进行鉴定，对于电子文档材料，需要结合存储容量的大小、文件的多少、所承载的内容综合评判。非法持有宣扬恐怖主义、极端主义物品罪，如同其他持有型犯罪一样，具有一定的兜底意义。《刑法修正案（九）》将非法持有宣扬恐怖主义、极端主义物品入罪，目的在于提前保护，体现了国家追究实质预备犯的刑事责任而运用的一种立法设计，是对暴力恐怖主义从严打击、进行严格责任规范的政策目的。因为持有型犯罪与可能的关联犯罪具有密不可分的关系，可能是更为严重的先行犯罪的结果状态或是续接犯罪的过度状态抑或是目的犯罪的预备状态，有现实紧迫的危害性，例如非法持有宣扬恐怖主义、极端主义物品很容易成为宣扬恐怖主义、极端主义、煽动实施恐怖活动罪，甚至是准备实施恐怖活动罪的预备犯。

---

① 参考《刑法》条文中对持有类犯罪的规定。从持有型犯罪的立法设计来看，主要存在两种情况：一种是作为实质预备犯规定的持有特定犯罪工具或凶器的独立犯罪构成，如非法持有枪支、弹药罪；另一种是持有特定物的行为可能具有直接危害重大法益的危险，或者可能掩饰、隐藏重大犯罪行为，或者违反国家规定的特定刑事义务，如非法持有国家绝密、机密文件、资料、物品罪，非法持有毒品罪，巨额财产来源不明罪。参见张阳、孟鹤：《证据规则与持有型犯罪定罪考量》，载《检察日报》2013 年 1 月 24 日第 3 版。

② 参见《关于办理暴力恐怖和宗教极端刑事案件适用法律若干问题的意见》规定："对涉案宣传品的内容不作鉴定，由公安机关全面审查并逐一标注或者摘录，与扣押、移交物品清单及涉案宣传品原件一并移送人民检察院审查。因涉及宗教专门知识或者语言文字等原因无法自行审查的，可商请宗教、民族、新闻出版等部门提供审读意见，经审查后与涉案宣传品原件一并移送人民检察院审查。需要对涉案宣传品出版、印刷、制作、发行的合法性进行鉴定的，由公安机关委托新闻出版主管部门出具鉴定意见。人民检察院、人民法院应当全面审查作为证据使用的涉案宣传品的内容。"

在刑事政策上，这是一种堵截犯罪而非轻纵犯罪①，具有最后手段性。因为仅有在证据无法证明其触犯了其他暴力恐怖犯罪的前提下，从有利于控诉方指控的角度出发，通过改变刑事证明内容、降格证据证明要求、部分倒置举证责任，才会适用该条的有关规定。在体系解释上，正如在相似的法条中，巨额财产来源不明罪之于贪污受贿罪的意义所在。在刑事实体法上，持有型犯罪构成将刑法的触角延伸至犯罪预备行为以及单纯的法益侵害危险或义务违反行为，进一步严密刑事法网、严格刑事责任，发挥其强化法益保护、防止罪犯逃避刑事追究的堵截犯罪的功能。

（三）相关罪名的理解与认定

完善现有罪名体系，以利于更好地打击暴力恐怖犯罪是理论界的共识。目前，我国法律体系中存在的问题主要是刑事反恐立法与国际反恐公约对接不足。一是我国加入或签署的国际反恐公约确定的犯罪行为，在我国刑法中没有对应条款；二是对国际反恐公约被动应对明显，如在"9·11"之后，我国加入了1999年制定的《制止向恐怖主义提供资助的国际公约》，之后的《刑法修正案（三）》增设了资助恐怖活动罪，虽然这是我国对国际反恐公约的明确回应，但属被动应对，在立法上欠缺前瞻性；三是未能充分考虑构成特征上的差异，勉强纳入原有罪名，如我国与《反对劫持人质国际公约》对接的罪名是刑法第239条规定的绑架罪，将《反对劫持人质国际公约》中规定的犯罪行为归于绑架罪进行定罪的做法没有充分考虑二者在构成方面的差异。因此本文认为，首先应当将注意力放在刑法条款不能对接的国际公约所规定的犯罪行为的条款上；其次不能完全照搬照抄国外立法；再次在进行反恐立法活动中，应该充分考虑法律的前瞻性；最后不能在立法中大面积犯罪化，在立法中保持应有的理性。如果制定精神与我国刑法的立法本意基本一致，并且这些犯罪行为能够被我国刑法规制，就没有必要再对我国刑法作出修改和调整。更好地对接并不是要让国际反恐公约中的每一个具体犯罪行为在我国刑法中都有对应的罪名，刑法科学化②的程度在很大程度上取决于刑法关于犯罪构成的规定类型化的高低，只有类型化程度高，刑法关于犯罪的规定才会具有很高的涵盖面，从而使各种类型的犯罪行为难逃法网。本文将梳理部分罪名，以期在现有的立法框架下解决实务中罪名的理解和适用问题。

1. 危害国家公共安全类犯罪各主要罪名的界定与区分

就我国刑法而言，刑法分则的罪名能够涵盖国际公约所规定的大部分犯罪

① 中国著名刑法学家储槐植曾指出："根据有些国外的立法，设立持有型罪名的意义还在于以惩罚早期预备行为来防止严重犯罪的发生。"

② 参见张志辉：《提高刑法立法的科学化程度》，载《人民检察》2007年第19期。

行为。但在实务中往往难以对行为人的行为严格划分，使得各地的判决不一致，本文将对常用的暴力恐怖犯罪罪名加以厘定，以期在现有刑法框架内解决适用问题。

（1）"煽动实施恐怖活动罪"与"煽动民族仇恨、民族歧视罪"

两罪都属暴恐犯罪的边缘型类别，但仍有所区别，且民族分裂主义极易与分裂国家的恐怖主义活动相互交叠，在萨拉麦某①、吐尔洪某②、海力排某③、如则某某某④等人煽动民族仇恨、民族歧视案中尤为明显，有必要与马某龙⑤、彭某波⑥等案中纯粹的民族主义相区别，故而有必要厘清两罪的构成要素。首先，两罪保护的法益不同。煽动民族仇恨、民族歧视罪被规定在刑法分则第四章侵犯公民人身权利、民主权利罪之中，而煽动实施恐怖活动罪被规定在刑法分则第二章危害公共安全罪之中。公共安全的社会危害性相较于公民的人身权利、民主权利而言，其波及的范围更广，往往人数上也更多，也常包含了公民的人身权利、民主权利遭到侵害的现象，因此其危害性更加严重。其次，两罪行为指向的客体不同，前者行为人的目的是鼓动他人实施暴力恐怖犯罪，具有明确的政治、社会等意图。后者行为人的目的是挑起民族纷争，并且煽动他人实施的犯罪目的在于挑起民族间的仇恨和离间不同民族间的感情。当前部分宣扬宗教极端思想、煽动"圣战""殉教"的，其煽动内容并不针对具体哪个民族，则应考虑适用煽动实施恐怖活动罪。当行为人利用民族仇恨、试图通过民族仇恨来激起民众的愤怒以期民众实施恐怖活动，行为人属于利用已有的民族矛盾、民族问题来达到自己实施恐怖活动的目的，应当依照煽动实施恐怖活动罪来认定⑦。最后，两罪的法定刑不同，从本质上来说这也是由其社会危害性的不同而决定的。在法定最高刑的设置上，煽动民族仇恨、民族歧视罪的法定刑分为两档，较低一档的法定刑最高为 3 年有期徒刑，较高一档的法定刑最高为 10 年有期徒刑。而煽动实施恐怖活动罪的法定刑也分为两档，较低一档的法定刑最高为 5 年有期徒刑，较高一档的法定刑最高为 15 年有期徒刑。在法定刑的刑种设置上，煽动民族仇恨、民族歧视罪没有设置财产刑，而宣扬恐怖主义、极端主义、煽动实施恐怖活动罪设置了并处罚金甚至没收财产

---

① 参见浙江省玉环县人民法院（2014）台玉刑初字第 837 号刑事判决书。

② 参见浙江省慈溪市人民法院（2015）甬慈刑初字第 186 号刑事判决书。

③ 参见湖北省武汉市武昌区人民法院（2014）鄂武昌刑初字第 01219 号刑事判决书。

④ 参见西安市临潼区人民法院（2015）临潼刑初字第 00204 号刑事判决书。

⑤ 参见新疆维吾尔自治区乌苏市人民法院（2015）乌刑初字第 120 号刑事判决书。

⑥ 参见济南高新技术产业开发区人民法院（2015）高刑初字第 106 号刑事判决书。

⑦ 参见王汉斌：《关于〈中华人民共和国刑法（修订草案）〉的说明》，载《中华人民共和国全国人民代表大会常务委员会公报》1997 年第 2 期。

的财产刑和自由刑并施的法定刑。由此可以看出,煽动民族仇恨、民族歧视罪的法定刑比宣扬恐怖主义、极端主义、煽动实施恐怖活动罪要低。当然,如果行为人利用民族之间的差异,鼓动民族之间产生仇恨,进而实施恐怖活动的,同时构成煽动民族仇恨、民族歧视罪和煽动实施恐怖主义活动罪,此时应从一重处①,认定为煽动实施恐怖主义活动罪。

(2)"组织、领导、参加恐怖活动组织罪"与"(煽动)颠覆国家政权罪""(煽动)分裂国家罪"

"颠覆"是指倾覆、灭亡,一般是指国土面积不变,而更换统治者。"分裂"是指分散、从整体割开,一般是指国家一分为几,原有统治政权的地域面积变小,在新分裂出的地域面积上成立新的政权。煽动颠覆国家政权罪与煽动分裂国家罪的行为都是煽动,区分的关键在于行为人的主观目的是颠覆原有政权并重新建立新的政权,还是妄图分裂原有疆土,并在分裂后所得的疆土上建立新政权。这需要从行为人的主观目的及其客观行为加以分析。以北京某律师事务所主任周世锋颠覆国家政权一案②为例,其行为并非为分裂国家,其主观目的和客观行为均指向对现有政权、统治者及社会制度的不满,其意识形态是要颠覆国家现有政权③,符合颠覆国家政权罪的构成,需区别于买丽开·买提克热某案④、阿某案⑤。

我国刑事反恐立法将"组织"本身规定为犯罪,突破了以"行为"为基础的传统观念,将恐怖组织作为预防和惩治的重点。采取这种非常规的立法手段,是因为恐怖组织危害的严重性质。组织、领导、参加恐怖活动组织罪的主观目的是实施暴力恐怖活动,客观行为表现为成立组织、宣扬极端思想、发展招募成员、组织策划实施恐怖活动、与境外恐怖组织人员勾连、建立训练营、

① 参见最高人民法院、最高人民检察院、公安部 2014 年 9 月发布的《关于办理暴力恐怖和宗教极端刑事案件适用法律若干问题的意见》第 2 条。

② 参见《周世锋案一审当庭宣判判处有期徒刑七年》,载《检察日报》2016 年 8 月 5 日。

③ 具体案情:被告人周世锋因长期受反华势力渗透影响,逐渐形成了推翻国家现行政治制度的思想。2011 年以来,周世锋纠集少数"死磕"律师和一些没有律师执业资格的人员,专门选择热点案件、事件进行炒作,多次在网上网下发表攻击社会主义制度、一国两制基本国策、煽动对抗国家政权等颠覆国家政权的言论;勾结非法宗教活动成员、职业访民、少数律师和其他人员,共同策划颠覆国家政权,提出颠覆国家政权的策略、方法、步骤;组织、指使该所行政人员通过在公共场所非法聚集滋事、攻击国家法律制度、利用舆论挑起不明真相的人仇视政府等方式,实施颠覆国家政权、推翻社会主义制度的犯罪活动,严重危害国家安全和社会稳定。

④ 参见河南省南阳市中级人民法院(2014)南刑三初字第 00010 号刑事判决书。

⑤ 参见江苏省南京市中级人民法院(2015)宁刑二初字第 8 号刑事判决书。

组织实施犯罪体能训练、实施"伊吉拉特"① 活动等行为。组织、领导、参加恐怖活动组织罪中的"组织""领导"必然存在宣扬和煽动恐怖主义和极端思想的行为，但该罪的重点在于行为人不仅仅局限于言语的蛊惑和诱导，更付诸行动成立具有一定人员规模的恐怖组织。而该恐怖组织的目的可以是分裂国家或颠覆政权等。具体在实务中，要结合行为人的行为具体判断。若在组织者、领导者、参与者实施颠覆国家政权或者是分裂国家的暴力恐怖犯罪时，鉴于该罪名分属危害国家安全罪和危害公共安全罪，侵犯的法益不同，应按照数罪并罚的方式加重处罚。

（3）"组织、领导、参加恐怖活动组织罪"与"准备实施恐怖活动罪"

根据《刑法》第 120 条之二的规定，准备实施恐怖活动的行为包含采购工具、参加培训、联络境外人员、进行策划等的行为，而组织、领导、参加恐怖活动组织罪中一般包含组织恐怖活动培训的组织行为、积极参加恐怖活动组织培训的行为，但是这些均是在开展恐怖活动之前的准备行为，是否构成了准备实施恐怖活动一罪？该法条已经明确，行为人同时触犯组织、领导、参加恐怖活动组织罪与准备实施恐怖活动罪时，根据想象竞合从一重的规定，以组织、领导、参加恐怖活动组织罪论处。准备实施恐怖活动罪是暴恐犯罪的预备行为，《刑法修正案（九）》将预备行为实行犯化，是为了将犯罪打击在苗头时期。举一例说明，在阿卜都萨拉木·阿卜来某案②中，阿卜都萨拉木·阿卜来某及其他积极参与者的行为均构成组织、领导、参加恐怖组织罪，该罪名吸收了准备实施恐怖活动罪。

（4）"准备实施恐怖活动罪""帮助恐怖活动罪"与"非法制造、买卖、储存枪支、弹药、爆炸物罪""非法制造、买卖、储存危险物质罪"

"实施"的行为即为着手，是直接正犯。"准备实施"是为实施创造条件的行为，是抽象危险犯。从刑法来看，我国并没有规定暴恐犯罪的直接实行犯，即缺少"实施恐怖活动罪"。有的学者建议增设恐怖主义犯罪相关罪名，如单独规定恐怖主义行为罪，以作为恐怖活动犯罪的基本罪名，有利于惩治与防范恐怖活动；也有学者认为，应当将恐怖主义犯罪从普通刑事犯罪中剥离出来，增设恐怖活动罪③。课题组认为，没有必要增设上述罪名，如果行为人的

---

① 意为"迁徙"。

② 参见新疆生产建设兵团第十四师中级人民法院（2013）兵十四刑初字第 00001 号刑事判决书。具体案情：阿卜都萨拉木·阿卜来某接受宣扬"迁徙""圣战"思想的视频音频，听取了"泰比力克"（演讲）思想，同时向他人讲解该思想，并伙同他人一起学习阿拉伯语、聚集他人参加体能训练，购买塑料枪支和靶子进行训练，购买地图，为"迁徙""圣战"安排筹集资金，寻找路线。

③ 参见张小虎：《反恐怖活动的刑法立法分析》，载《法学评论》2002 年第 5 期。

行为可以被包括在现有刑法体系中，增设新罪名的价值就不大。实施恐怖活动犯罪可以通过其他的罪名加以分解，如组织、领导、参加恐怖活动组织罪可以有效打击以群体性方式参与暴恐犯罪的人员；面对独狼式的暴恐犯罪①，则可以按照其主观目的和客观行为细分为分裂国家罪、颠覆国家政权罪、宣扬恐怖主义、极端主义、煽动实施恐怖活动罪、利用极端主义破坏法律事实罪等具体犯罪。还有学者提出，有必要在现有刑法中增设入境发展恐怖组织罪和包庇、纵容恐怖组织罪②。课题组认为，恐怖活动罪实行罪名可以在分则中通过具体行为的罪名加以定罪处罚，同样，入境发展恐怖组织罪和包庇、纵容恐怖组织罪可以被认定为帮助恐怖活动罪。此处的"帮助"既可以是资金上的支持，也可以是行为上的帮扶，包括在境内外犯罪成员间帮助联络、运送、招募等行为。帮助恐怖活动罪是暴恐犯罪的帮助行为，《刑法修正案（九）》将帮助行为正犯化，是为了将助长促成暴恐犯罪的自然人或组织一并予以打击。另外，正因为暴恐犯罪所具有的终极犯罪目的，所以即使准备实施恐怖活动罪中也可能包含为实施恐怖活动准备危险物品这一行为，但仍不可能认定为非法制造、买卖、储存枪支、弹药、爆炸物罪或是非法制造、买卖、储存危险物质罪，而应根据行为人主观是为了自行实施暴恐犯罪和帮助他人实施暴恐犯罪活动而分别认定为准备实施恐怖活动罪和帮助恐怖活动罪。

（5）"煽动暴力抗拒法律实施罪"与"利用极端主义破坏法律实施罪""组织、利用会道门、邪教组织、利用迷信破坏法律实施罪"

利用极端主义破坏法律实施罪是《刑法修正案（九）》最新增设的罪名。相较于刑法原有的罪名设置，针对性更强，能够直接采用以应对现有的恐怖主义犯罪，适应我国新疆现有的形势。利用极端主义破坏法律实施罪与组织、利用会道门、邪教组织、利用迷信破坏法律实施罪都是为了破坏法律的实施达到宣扬自身、昭示所信奉内容的正确与强大、冲击国家机关、藐视法律制度。两者皆具有终极政治目的和意识形态目的，但两者的犯罪手段不同、行为人的信仰不同。考量其是否是暴力恐怖犯罪，不能从其行为的破坏程度来看，除了暴力、煽动、胁迫手段以外，后者还会采取蒙骗等迷信方式。利用者直接参与破坏法律实施的实行行为应然包含其中，也即如果行为人是利用了极端主义直接、亲自破坏法律实施的，也应该认定为利用极端主义破坏法律实施罪。相较

---

① 个体恐怖犯罪多数归为"危害公共安全""杀人罪""放火罪"等具体的罪名，对具有政治等多层动机，以胁迫国家机关或国际组织为目的的恐怖活动则是本文此处所指的独狼式的暴恐犯罪，其必须具有政治目的或对现有制度不满等的主观目的。

② 参见肖潇、李智：《我国刑事反恐立法罪名体系问题研究》，载《昆明冶金高等专科学校学报》2012年第4期。

之，煽动暴力抗拒法律实施罪主要是通过故意挑动、蛊惑他人采取暴力抗拒法律实施的行为，不带有任何政治意图和意识形态。

（6）"煽动分裂国家罪""煽动民族仇恨、民族歧视罪"与"宣扬恐怖主义、极端主义、煽动实施恐怖活动罪"

在最高人民法院、最高人民检察院、公安部 2014 年 9 月①发布的《关于办理暴力恐怖和宗教极端刑事案件适用法律若干问题的意见》中规定，将宣扬、散布、传播宗教极端、暴力恐怖思想等行为以煽动分裂国家罪定罪处罚。这一规定导致了实践中的混乱，传播宗教极端、暴力恐怖思想往往并没有破坏国家统一，而是在一定范围内进行暴力破坏，并不符合煽动分裂国家罪的犯罪构成。可见，当时由于没有宣扬恐怖主义、极端主义、煽动实施恐怖活动罪，法律的滞后性使得在应对实际案件时显得捉襟见肘。2015 年 3 月河南省南阳市中级人民法院审判的一起案件，被告人麦某在 2014 年 1 月至 3 月期间，利用手机聊天工具下载大量宗教极端思想的视频、文字、图片，然后上传在自己的百度云盘上以供他人分享，这起案件法院将被告人麦某的行为性质认定为煽动分裂国家罪，判处有期徒刑 10 个月。② 然而，同年同月在浙江省慈溪市人民法院审判的另一起类似案件中，被告人吐某在 2014 年 4 月至 6 月期间，通过手机 QQ 下载宣传宗教极端思想、宣扬"圣战"的反动宗教类、倾向性宗教类非法音频、视频、图片，后多次向其 QQ 好友和 QQ 群发送、传播，这起案件法院将被告人吐某的行为性质认定为煽动民族仇恨、民族歧视罪，判处有期徒刑 4 年。③

2. 危害国家公共安全类犯罪与其他犯罪间的界定与区分

有的学者提出暴恐犯罪作为一种带有政治目的的犯罪，最终侵害的是国家安全，建议在危害国家安全罪一章中增加恐怖主义犯罪一节④；也有学者认为应当将恐怖主义犯罪作为危害公共安全章中的一节来规定⑤，有观点认为只要反恐形势严峻，就增设罪名，加重刑罚，在立法中大面积犯罪化和重刑化，课题组认为这种做法不妥，会使得刑事反恐立法呈现出极强的工具性，与现代刑事法治理性化特征相悖。通观国外诸多的反恐怖主义立法，其中所涉及的恐怖主义活动罪行可以归纳为以下几种：劫持航空器罪、危害航空安全罪、非法武

---

① 此时《刑法修正案（九）》尚未出台，还没有设置煽动恐怖活动类的罪名。

② 参见河南省南阳市中级人民法院刑事判决书（2014）南刑三初字第 00011 号。

③ 参见浙江省慈溪市人民法院（2015）甬慈刑初字第 186 号刑事判决书。相似案例参见江苏省南京市中级人民法院刑事判决书（2015）宁刑二初字第 8 号。

④ 喻义东：《论恐怖主义犯罪在刑法分则中的地位》，载《法学》2005 年第 2 期。

⑤ 参见王秀梅：《论恐怖主义犯罪的惩治及我国立法的发展完善》，载《中国法学》2002 年第 3 期。

力夺取或控制船舶罪、危害船舶航行安全罪、海盗罪、危害大陆架固定平台罪、劫持人质罪、侵犯受国际保护人员罪、恐怖主义爆炸罪、资助恐怖主义罪、侵害核材料保护罪等。① 可见，恐怖主义犯罪分则中与一般刑事犯罪的界限并非完全隔断，从刑法体系化解释来看，根据暴恐犯罪的特点，同样可以运用分则的人身伤害类、扰乱社会管理秩序类罪名追究行为人的刑事责任，只需要量刑中突出恐怖主义犯罪的特殊性，即可起到对恐怖主义犯罪应有的评价，保障刑法作为最具强制力的社会行为规范，使得立法者在刑事反恐立法中保持应有的理性和谨慎，确保法律的稳定。

（1）危害国家安全、公共安全类犯罪与人身伤害、财产安全类犯罪的界限

诚如前文分析，暴力恐怖犯罪的主观特征具有多层次犯罪目的，一般恐怖活动犯罪具有三层目的：第一层是一般意义上的犯罪目的；第二层是使得恐怖主义、极端主义为更多人所知晓甚至接受，煽动他人实施恐怖活动，制造社会恐怖；第三层是实现其极端思想、政治、意识形态②上的终极目的③。一般意义上的犯罪目的，也就是本文所称的初级目的，如财产型犯罪的目的是非法占有财物，人身型犯罪的目的是侵害他人生命、健康，恐怖活动基础犯罪目的也是破坏财产、侵害他人生命健康。故而危害国家安全的暴恐犯罪与一般人身伤害类的普通刑事犯罪的区分在于第二、第三层，需要结合犯罪的主观要件、行为人的主观目的。以我国现有暴恐犯罪局势④分析，本文对喀什地区中级人民法院⑤认定的 2008 年 "8·4 暴力袭警案" 中的库尔班江·依明某和阿不都热合曼·阿扎某因长期受宗教极端思想的宣传、鼓动，后多次预谋、策划实施抢

---

① 参见赵永琛：《国际反恐怖主义法的若干问题》，载《中国人民公安大学学报》2002 年第 4 期。

② 参见《反恐怖主义法》，其将恐怖主义的目的界定为政治、意识形态等目的，从更广的意义上笼统地概括了恐怖主义背后的深层目的。

③ 参见杜邈：《试论恐怖主义的学理概念与法律表述》，载《中国反恐立法专论》，中国人民公安大学出版社 2007 年版，第 255 页。

④ 我国现有暴恐犯罪局势主要是指 "三股势力" 实施的一系列暴力恐怖行为，如 "3·7" 民航客机炸机未遂案、和田 "3·23" 煽动人员上街打砸抢未遂案、霍城县 "5·23" 袭击三宫派出所案、乌鲁木齐晨光花园 "7·8" 暴力抗拒公安机关执法案、喀什 "8·4" 暴力袭击公安边防支队案、库车县 "8·10" 连环爆炸袭击案、疏勒县 "8·12" 暴力袭击治安卡点案、乌鲁木齐 "7·5" 事件等一系列恶性事件。

⑤ 参见新疆喀什市 "8·4" 袭警案件一审宣判法律文书。判决书指出："二被告人为达到破坏北京国际奥林匹克运动会顺利召开和在国际上制造恶劣影响的目的，经事先预谋、多次观察武警出操路线和时间并准备犯罪工具，采用驾车冲撞、持刀砍杀和投掷爆炸装置等方法杀害武警官兵……"

夺枪支、袭击军警部队、爆炸、暗杀等恐怖活动的行为是非法制造枪支、弹药、爆炸物罪和故意杀人罪予以批驳。这些危害我国安全与稳定的分裂破坏活动构成了暴恐犯罪，其间行为可能同时参杂触犯了危害人身伤害、财产安全类犯罪，例如故意杀人罪、故意伤害罪、强奸罪、绑架罪、抢劫罪等。但对于具有本文第二及第三层目的的犯罪分子，应按数罪并罚处理，而没有政治目的的盲从者或者借助混乱实施犯罪活动的犯罪分子，方可按普通的刑事犯罪处罚，不认定为暴恐犯罪。

（2）危害国家公共安全类犯罪与扰乱社会管理秩序类犯罪的界限

准备凶器、危险物品等行为可能和违反枪支、弹药、爆炸物管理秩序犯罪发生关联，组织恐怖培训可能和传授犯罪方法罪发生关联，与境外人员联络准备实施恐怖活动可能和偷越国（边）境罪、故意泄露国家秘密罪等发生关联，暴恐犯罪与寻衅滋事罪[①]，编造、故意传播虚假恐怖信息罪[②]，非法集会、游行、示威罪相互交织，在司法实践中亟待厘清。实务中，犯罪嫌疑人一般都会辩解，例如否认偷越国边境是为了参与"伊吉拉特""圣战"等恐怖活动，而仅仅是出国旅行或为了偷渡。关键是要通过证据，分析行为人的主观目的和行为意图，结合罪前、罪中、罪后行为综合判断，并且判定行为人传播的内容是否属于恐怖主义、民族分裂主义、极端主义，剖析其思想根源及行动指向的本质。

## 三、暴力恐怖犯罪中证据的收集运用和认定

（一）政治、意识形态等主观犯意证据的收集运用和认定

暴力恐怖犯罪通常以杀人、爆炸、绑架等犯罪形态出现，从客观上与普通暴力刑事案件并无太大差异，二者区别的关键在于暴力恐怖犯罪存在特有的"分层式"主观内容，因此，在司法实践中，有效证明恐怖分子的主观内容便变得极其重要。在本文看来，要证实恐怖分子第一层面追求犯罪行为直接损害的主观内容、第二层面追求社会秩序混乱的主观内容较为容易，因为这两个层面的犯罪主观紧扣犯罪行为本身，只要查实犯罪过程，一般就能证实犯罪人存

---

① 参见《关于办理暴力恐怖和宗教极端刑事案件适用法律若干问题的意见》规定："以'异教徒'、'宗教叛徒'等为由，随意殴打、追逐、拦截、辱骂他人，扰乱社会秩序，情节恶劣的，以寻衅滋事罪定罪处罚。"

② 参见《关于办理暴力恐怖和宗教极端刑事案件适用法律若干问题的意见》规定："编造虚假信息，或者明知是编造的虚假信息，在信息网络上散布，或者组织、指使他人在信息网络上散布，造成公共秩序严重混乱，同时构成寻衅滋事罪和编造、故意传播虚假恐怖信息罪的，依照处罚较重的规定定罪处罚。"

在以上两个层面的主观内容，换言之，对第一、二层面犯罪主观内容的证明基本上通过考察犯罪构成要件要素就能实现。然而，恐怖分子第三层面追求政治、意识形态等目的的主观内容，单纯通过考察犯罪事实本身并不能有效的证实。这是因为，暴力恐怖犯罪只是恐怖分子实现其政治、意识形态等目的的一个环节而已，通过一个环节反证犯罪人存在政治、意识形态等方面的主观内容，其难度可想而知。另外，政治、意识形态等目的是暴力恐怖犯罪的主观超过要素，犯罪构成要件要素中并无与之对应的客观要素。因此，若想有效证明政治、意识形态等目的的存在需要综合考虑犯罪人罪前、罪中、罪后的表现。

第一，罪前表现。综观恐怖活动形成的原因，我们发现，没有天生的恐怖分子，一名普通人变成为一名恐怖分子同样不是一朝一夕的事情，恐怖分子只有经过较为长期的思想灌输和交换，才可能形成根生蒂固的极端思想，进而选择通过极端暴力手段实现自己的思想。另外，恐怖计划先于暴恐犯罪，即暴力恐怖犯罪只是恐怖分子恐怖计划中的一个环节，为了最终实现恐怖计划，恐怖分子势必会有前期的准备工作。因此，具体可以从以下几个方面对犯罪人的罪前表现进行考察：（1）犯罪人的受教育情况以及生活背景；（2）犯罪人是否曾经参与过恐怖活动；（3）犯罪人是否曾经向社会发布恐怖威胁；（4）犯罪人的社会关系，是否与境内外恐怖活动组织或人员有过接触；（5）犯罪人是否与境内外涉恐人员有过资金往来；（6）犯罪人是否通过计算机等电子设备浏览、下载涉恐视频、音频等。

第二，罪中表现。暴力恐怖犯罪能最直接的反映出恐怖分子的主观内容，由于犯罪行为对于恐怖分子而言只是表达自身极端思想的手段而已，因此，恐怖分子在犯罪时间、地点、手段、对象等方面存在一定的选择。具体来讲表现为以下几个方面的内容：（1）犯罪时间。为了扩大恐怖犯罪的影响力，恐怖分子大多选择重大的节假日、政治会议、国际文体比赛等特定的时间发动恐怖袭击，如 1972 年慕尼黑奥运会期间发生的以色列代表团被袭案，最终造成 11 人伤亡，又如 1996 年亚特兰大奥运会，即使组委会投入了 2.27 亿美元的安保费，奥运村附近仍受到了暴力恐怖分子的袭击，最终造成了 110 多人受伤、2 人死亡。（2）犯罪地点。同样是为了扩大恐怖活动的恐怖效果，恐怖分子多数会选择人员密集的场所，诸如公园、商场、机场等地点，试图通过大规模的杀伤来引起社会的关注。此外，恐怖分子还会选择社会舆论、媒体关注度较高的地点，如名胜古迹、标志性建筑等。（3）犯罪手段。恐怖分子通常会选择极端的暴力手段来进行犯罪活动，比如通过斩首、砍杀、虐杀等方式进行杀人、大规模爆炸等，这些暴力手段一般来讲存在以下两个特点之一，一是手段特别残忍，二是手段具有极强的杀伤性。另外，恐怖分子还会选择在同一时间不同地点发动恐怖袭击，或者在一段时间内连续实施恐怖袭击，以此来营造恐怖氛围，增加民众的恐惧情绪。（4）犯罪对象。虽然任何人都有可能成为恐怖袭击的对象，但是并不意味着恐怖分子会毫无计划地实施犯罪行为。为了引起社会秩序的混乱，恐怖分子要么选择具有特定身份的人员作为袭击的对象，如国家机关人员、宗教人士等，要么选择人员密集的地区进行无差别的袭击。

第三，罪后表现。暴力恐怖犯罪发生后，恐怖分子不会像一般犯罪分子试图掩盖犯罪事实、逃避法律追究，而是有计划地将犯罪事实予以公开，甚至夸大犯罪事实、伤亡后果，试图让更多的社会民众知晓其恐怖组织及人员的活动能力，进而扩大恐怖犯罪的影响力。通常有以下表现：（1）公开播放记录暴力恐怖犯罪过程的视频、音频；（2）公然承认其犯罪行为，宣布对罪行负责；（3）对抗抓捕，不惧法律惩处，继续宣扬极端思想。

（二）暴力恐怖犯罪中"明知"的认定问题

首先要明确的是，这里讲的"明知"并不是指刑罚总则中犯罪故意的"明知自己的行为会发生危害社会的结果"，而是指刑法分则中个别罪名特别强调的对犯罪对象的认知。诚然在所有的犯罪中犯罪人都必须对犯罪对象有所认知，但是在个别罪名中犯罪对象具备更丰富的社会属性和法律属性，诸如在奸淫幼女的场合中，犯罪人除了要认知到犯罪对象是一名女性以外，还要认识到对方可能是年龄不满 14 周岁的幼女。在这种情况下，犯罪人对犯罪对象认知的内容更多，实务中证明的难度自然更大。

问题在于，如何证明"明知"？相关司法解释，如 2013 年 10 月 23 日最高人民法院、最高人民检察院、公安部、司法部《关于依法惩治性侵害未成年人犯罪的意见》中，将"明知"解释为"知道或应当知道"。对此，有观点则认为，"明知"就是"知道"，司法解释之所以这样规定，主要是为了解决行为人的主观难以证明的问题，因而具有实践合理性。但是不能据此认为"明知"的含义就是"知道或者应当知道"。事实上，"明知"就是"知道"，而将"明知"解释为"知道或者应当知道"，属于扩大解释。① 课题组认为，上述观点具有启发性，即在无法了解客观上犯罪人"知道或者不知道"的情况下，通过证据的运用和认定，证实犯罪人在法律上是否知情，换言之，从法律事实层面上来讲，犯罪人只存在"知道"或"不知道"两种结果，但在证据的运用方面，则存在所谓的"知道或应当知道"，如在奸淫幼女案中，如果犯罪人被抓获后如实供述其犯罪事实，并承认知道对方是幼女，在有其他证据印证且无其他矛盾证据的情况下就能认定犯罪人知道对方是幼女（"明知"中的

---

① 参见邹兵建：《"明知"未必是"故犯"》，载《中外法学》2015 年第 5 期。

"知道"类型）。如果犯罪人被抓后承认其嫖娼行为，但辩称其根本不知道对方是幼女，然而，根据现有证据诸如被害人的发育情况、言谈举止、衣着特征、生活作息等内容，一般人都能判断出对方是幼女，这种情况也能认定犯罪人知道对方是幼女（"明知"中的"应当知道"类型）。简言之，"知道或者应当知道"只是证明犯罪人"明知"的两种证据运用和认定的方法，其最终得出来的结论是，在法律事实层面犯罪人"知道"或者"不知道"犯罪对象的内容和属性。通过上述分析发现，关于"明知"存在不同的证明方法，即在犯罪人承认自己知道犯罪对象的内容和属性的场合，只要存在相应证据的印证即可认定；在犯罪人不承认自己知道犯罪对象的内容和属性的场合，则需要考虑收集案件中的基础事实，根据社会人的一般经验推定犯罪人的主观内容。其中较难把握的是第二种证明方法。

推定，是指根据两个事实之间的常态联系，从已知的基础事实推导出未知的推定事实的逻辑思维活动。推定过程中涉及基础事实和推定事实两个事实，其中，基础事实的成立是推定事实成立的前提，但推定事实的成立，并不是举证方提出证据加以证明，而是通过推定机制完成的。在基础事实与推定事实之间，大多数存在着一定的逻辑联系，但这种逻辑联系并不是必然的因果关系。这也是推定和一般司法证明过程中的逻辑推理之间的区别。正是由于这种因果关系不具有完全的确定性，其盖然性就可能存在例外情况，因此允许当事人提供证据予以推翻。一般来说，推定事实适用的条件是：第一，基础事实已经得到证明；第二，基础事实与推定事实之间存在客观的、常态的联系；第三，不存在反证或者反证证明力不足。

在暴力恐怖犯罪中需要特别关注犯罪人"明知"主观内容的犯罪类型有参加恐怖组织罪、资助型恐怖活动犯罪、持有型恐怖活动犯罪以及宣扬、煽动型恐怖活动犯罪，那么如何在这些犯罪类型中运用推定的证明方法，事实上问题的关键就在于如何收集并认定可资推定的基础事实，具体来讲，第一，成立参加恐怖活动组织罪，必需要求犯罪人明知其所参加的组织是涉恐组织，对此，司法机关应着重查实以下内容，（1）犯罪人的生活经历，是否曾与恐怖组织或者人员接触；（2）犯罪人是通过何种方式与涉案组织接触的；（3）犯罪人如何看待其所参加的涉案组织；（4）犯罪人在涉案组织中承担何种角色；（5）组织中其他成员是否为涉恐人员，犯罪人与组织中其他人员之间的交流情况等。第二，成立资助型恐怖活动犯罪，必须要求犯罪人明知其所资助的对象是涉恐组织或者人员，对此，司法机关应该着重查实以下内容：（1）犯罪人的生活经历、社会关系；（2）犯罪人如何认识并接触涉恐组织与人员；（3）资金或其他物资的来源与去向；（4）犯罪人如何看待资助行为本身等。第三，成立持有型恐怖活动犯罪、宣扬、煽动型恐怖活动犯罪，必须要求犯罪人明知涉案物品包含恐怖内容，对此，司法机关应着重查实以下内容，（1）犯罪人的生活背景、社会关系；（2）犯罪人是否浏览、阅看过涉案物品的内容；（3）犯罪人是从何种渠道获取涉案物品的；（4）是否对所持有的涉案物品进行特别保存；（5）是否秘密进行宣扬、煽动，刻意选择躲避侦查的方式等。

（三）含有"恐怖主义、民族分裂、极端主义"内容物品的认定问题

无论是宣扬恐怖主义、极端主义，非法持有上述的物品的边缘型暴恐犯罪，抑或是直接组织、领导、参与恐怖组织，分裂国家的核心型暴恐犯罪，认定含有恐怖主义、民族分裂、极端主义的内容对行为人的罪前、罪中、罪后表现分析极为重要，是行为人的犯罪能否认定为暴恐类犯罪的重要一环，关乎暴恐犯罪证据的收集问题。实践中，对含有恐怖主义、民族分裂主义、极端主义内容的认定机构并非法定，导致认定结果可能存在分歧，认定结果的文书也为统一到某一法定的证据形式中去。课题组认为有必要论述鉴定中存在的问题及目前可以统一的操作方式，从而有效应对当前暴恐犯罪的多发态势。通过可行的建议，便于实务中的具体操作，全面综合地判断是否触犯暴恐罪名，使得刑法罪责刑相适应、罚当其罪。

1. 鉴定机构的确立

目前，在办理暴力恐怖犯罪案件中，对具有恐怖主义、民族分裂主义、极端主义等内容物品的鉴定均是通过新闻出版局审读委员会下设办公室①作为鉴定机构。同时，根据《刑事诉讼法》关于管辖的规定，暴恐案件均在中级人民法院审理，故而中级法院在审理案件的过程中对涉案物品是不是恐怖主义、民族分裂主义、极端主义同样具有认定权。如此，司法机关作为审查起诉及判决机构，被赋予了认定物品是否含有涉及上述内容的权力。实务中，对于鉴定暴恐内容的机构就存在审读办公室和中级法院两家。但审读办公室和司法机构的权责并非重叠，审读办公室出具的审读文书效力也并不等同于鉴定文书的证据类别，有待进一步探讨。

---

① 参见上海市人民检察院第一分院沪检一分诉〔2016〕28号起诉书、沪检一分诉〔2016〕56号起诉书。以新疆维吾尔自治区为例，根据新新出〔2009〕132号《关于成立自治区新闻出版局审读委员会的通知》以及《新疆维吾尔自治区新闻出版局审读委员会工作职能及审读工作制度》，新疆维吾尔自治区新闻出版局审读委员会下设办公室，办公室设在自治区新闻出版审读室，职能之一是"审读有关执法部门要求协助认定的各种出版物并出具审读认定意见"。根据《意见》规定："对涉案宣传品的内容不做鉴定……因涉及宗教专门知识或者语言文字等原因无法自行审查的，可商请宗教、民族、新闻出版等部门提供审读意见……"

根据办案流程，在前期侦查阶段，公安机关根据需要会将案件证据等涉案物品提交审读办公室，通过其对暴恐内容加以认定并出具审读意见。当案件进入审理阶段后，法院会全案审查并最终确定涉案物品的性质。若是法院的认定与审读办公室出具的意见相左，或者对其中涉案物品数量等影响案件量刑的情节认定出现分歧，实务中尚没有给出如何处理和解决的方法。课题组认为，法院是具有审查证据权力的终审司法机关，是社会的最后一道防线，其权威性也应比新闻出版局审读办公室更高，法院具有对审读意见采信、部分采信或者不予采信的权力，其应最终结合具体案情出具综合判断的意见。所以，若两方对鉴定的内容存在差异，应以法院审查认定的为准。审读意见的作用更多的是提供一种参考，帮助法院审判人员和其他诉讼程序中的司法人员更好地理解和掌握案情。这样的程序设置也能防止在认定上出现不统一造成的诉讼效率低下，以及各地审读办公室对涉案内容审读不统一的情况，将评价的程度和尺寸的拿捏统一归口到法院，确保同案同判，彰显司法权威。

2. 审读文书的证据种类

根据证据法理论，证据种类的规定具有法律上的约束力，只有符合法律规定形式的证据资料才能够作为定案的根据并在诉讼中出示和质证。我国《刑事诉讼法》对证据种类进行了分类，明确规定了证据形式有八类[①]。但审读文书应属于哪一类证据并没有明确规定和说明，根据审读文书的产生、作用及形式，其更符合鉴定意见[②]这一类别，但审读办公室在其工作职能及审读工作制度的文件中排除了审读文书作为鉴定意见这一证据种类，导致实务中为满足证据的法定性要求，司法机关多将审读文书列为书证后作为定案证据使用。但是书证是指以记载内容或表达思想来证明案件事实的物品[③]，一般认为的书证必须是在侦查阶段形成用以证明案件的发生过程、与案件的待证事实有关。而审读文书并非与案件本身的事实相关联，其关联的是对涉案证据的证明，例如对涉案的图书、图片、电子文档、视频等证据是否含有恐怖主义、民族分裂主义、极端主义的审查意见，所以对于审读文书归为书证这一证据种类是否合适存疑。课题组认为，证据法定即要求将证据种类进行合理归类，不应扩大书证的外延，对于目前无法明确归类的审读文书不应列入刑事诉讼法的证据种类之

---

① 《刑事诉讼法》规定的刑事证据种类：物证，书证，证人证言，被害人陈述，犯罪嫌疑人、被告人供述和辩解，鉴定意见，勘验、检查、辨认、侦查实验等笔录，视听资料、电子证据。

② 鉴定意见是指具备鉴定资格的鉴定人员在接受委托后运用专门的知识和利用科学技术手段遵循一定的程序对被鉴定事项进行观察、研究并得出结论的一种倾向性判断。

③ 参见何家弘主编：《新编证据法学》，法律出版社 2000 年版，第 202 页。

中，建议将之作为一份专业人员出具的参考意见附随在原始证据中，帮助司法机关在审查案卷时自由心证，形成内心确认。特别是在涉及目前常见的网络暴恐犯罪时，鉴于我国目前尚无法对音频提供审读文书，实务中面临了无法以容量大小来衡量情节轻重的问题，电子暴力恐怖物品的审读也均是由审读办公室对具体内容形成内心确认后形成审读意见提交司法机关，审读文书主要解决的是电子音频涉及维语、阿语等语言的翻译问题。因此，本文将审读文书作为涉案物品以外的参考意见而不直接列为证据并无不妥，也更符合实践需要。

3. 涉案证据的庭审开示

暴恐犯罪中涉恐怖主义、民族分裂主义、极端主义等内容的物品一般有视频、音频、文档、图书、图片、聊天记录等物证、书证、电子证据。在庭审证据开示的时候，应将上述物品通过多媒体播放等途经作为直接证据予以开示。而对审读文书则不予当庭开示，只作为解释和理解上述物品的辅助材料，可以作为每一部分证据开示后的总结予以当庭宣读。按此操作，既可以当庭直接开示原始证据材料，有力指控犯罪，又可以严肃刑诉法的证据法定原则，通过审读文书的辅助更好地厘清案情，帮助审判人员形成内心确认，也解决目前审读文书并不属于具体某类证据而无法作为证据直接使用的窘境。在最终形成判决的时候，审判人员可以综合全案，并结合当庭被告人的供述和辩解，再次确定其主观目的和意图，灵活有效地借助审读文书全面考量，公正判决。

## 四、暴力恐怖犯罪的程序构建

### （一）特殊证据的鉴定与运用

1. 技术侦查证据的转化与适用

许多恐怖组织是地下的，前期为准备犯罪的行为具有隐秘性，而暴力恐怖犯罪一旦触发后果又不堪设想，所以，为预防暴力恐怖犯罪必须从源头遏制，时刻掌握犯罪的萌芽状态。目前，使用传统的侦查手段难以达到事先预测犯罪的目的，技术侦查措施①的使用和开示能起到打击暴恐犯罪的重要作用。在司法实践中，我国已大量采取技侦手段侦查涉及重大毒品犯罪的案件，技侦措施的前期介入可以摸清犯罪人员的构成及犯罪可能的方式，有效打击犯罪，特别是在以审判为中心诉讼制度改革与刑事诉讼法均强调技侦证据有必要在庭审中使用的情势下，面对危害面大、人员复杂、结果恶劣的暴恐犯罪，亟待采用技

---

① 技术侦查措施，是指公安机关为侦查犯罪需要，根据国家有关规定，采取的一种特殊侦查措施。依照刑诉法规定采取侦查措施收集的材料在刑事诉讼中可以作为证据使用。

术侦查措施①这一有力武器，惩防并举。

采取技术侦查措施主要针对的是暴恐犯罪的罪前行为。首先，采取措施对曾经参与过恐怖活动、曾向社会发布恐怖威胁、曾下载或收看过恐怖主义等宣传内容物品、在社会关系网中曾经与恐怖组织或人员接触过的人员等进行监控，密切掌握他们的一举一动。其次，对进行犯罪联络、犯罪策划等的通讯记录内容予以掌控，并将涉及的相关人员一并控制，将暴恐犯罪从严从快地在源头准备阶段予以打击。最后，将取得的相关证据予以固定，便于证成犯罪。

在使用技术侦查证据时要遵循以下原则：第一，兼顾打击犯罪的需要及保障人权的现实。暴恐犯罪客观上存在侦查取证困难的现实，在使用技术侦查证据的时候，目的是准确定罪量刑，从主观和客观层面充分考量犯罪嫌疑人的犯罪主观目的和犯罪情节，根据罪刑法定的要求，区别暴恐犯罪与一般犯罪。第二，坚持证据裁判原则的底线。"证据裁判原则是现代刑事诉讼法的基石之一"，要遵守证据规则、按照证明标准来认定案件事实，对没有证据证明或根据在案证据不能证明的事实，依法不予认定。因保密需要不能公开的侦查资料，可由公安机关归入保密卷宗，供办案法官查阅，但未经质证的保密卷宗资料只能用于加强内心确信，不得用作定案依据。公诉机关指控暴恐犯罪不能成立的，依法降格适用其他普通刑事罪名。第三，最大限度地进行公开质证。例如，可采取侦查人员出庭作证的方式，由侦查人员出庭说明案件的侦查情况，并略去侦查的具体内容，以"根据情报线索""根据前期侦查经营"等方式证实涉案嫌疑人在主观上对恐怖主义等的明知，即以合理的案发经过证实侦查的基本过程。但为了保护技术侦查措施的保密性②，防止出现美国、韩国等国因为技术侦查措施的过分公开化带来的后续侦查难的问题，涉案的技侦证据系刑事诉讼法规定的法定证据，在必要时可以请求法庭庭外核实技侦证据。借助手机、电脑硬盘等介质使恢复的信息或材料与技侦内容相互印证，如以通话记录、短信、微信、QQ、地理位置、银行存取款短信等内容印证案件的相关事实，注重审查相关证据的对应关系，通过梳理犯罪嫌疑人的供述，以供述细节来印证技侦内容的相关性及真实性。上述方式，实务中主要用来证实共同犯罪嫌疑人主观上对暴力恐怖犯罪的明知。

---

① 参见《反恐怖主义法》第45条规定："公安机关、国家安全机关、军事机关在其职责范围内，因反恐怖主义情报信息工作的需要，根据国家有关规定，经过严格的批准手续，可以采取技术侦察措施。"

② 采取技术侦查措施后得到的证据，在使用时还应当遵循最后使用原则、必要性原则和区别使用原则。同时，由于技术侦查手段具有一定的保密性质，采取该措施时要确保侦查的可持续，故而不能过度依赖技侦证据，要更多借助其他证据，不能将技侦证据泛化。

2. 域外证据材料的调取与适用

暴力恐怖犯罪不受物理距离的限制，犯罪经常在跨省、跨境甚至跨国人员之间联系或者在异地操控进行。无论侵害对象是在境内还是境外，总会涉及境外的司法合作问题。涉及境外的，主要包括抓捕犯罪主体、扣押犯罪财产、犯罪证据的调取，上述行为均存在反恐合法性、管辖权、恐怖主义犯罪认定与程序、证据交换、境外侦查与引渡等现实难题。随着打击跨境恐怖势力的力度逐步加大，侦查人员开展跨国刑事司法合作，前往境外调查取证并执行拘捕任务成为新常态。对有管辖权的案件，如何通过调取境外或者异地的证据，成为是否能够有效打击犯罪的关键所在。各国关于证据种类和取证环节规定的不一致，我国刑事法定证据种类有八种，但这些证据种类是否与其他国家相同，能否被接受？在境外取得的证据如何在我国进行证据转化？例如在他国司法机关询问记录的材料可否直接转化为我国证据使用？

针对实践中存在的问题，2015年我国颁布实施的《反恐法》在第59条①和第71条②对涉及域外恐怖主义犯罪作出了相关规定。国际上针对全球反恐的大趋势，联合国成立了专门的反恐委员会，该委员会研究制定了反恐国际公约，用以协调各国在反恐方面的合作，且颁布了《制止恐怖主义爆炸的国际公约》《制止核恐怖主义行为国际公约》等多项反恐国际公约。截至2016年，我国③已经是联合国13项反恐公约签署国，对外缔结了39项引渡条约和52项刑事司法协助条约，且先后与欧盟、东南亚联盟、非洲联盟、阿拉伯联盟等区域组织在反恐和刑事司法方面达成多项共识，还依托上海合作组织在欧亚地区广泛开展反恐刑事司法协作，这为我国境外反恐奠定了多边条约的合法性。联合国通过的《第1373（2001）号决议》规定："成员国之间可以采取一系列措施打击恐怖主义活动，这些措施包括与其他国家分享关于实施或策划恐怖主义犯罪的任何集团的信息，同其他国家合作调查、侦查、逮捕、驱逐并起诉参与此类行为的此类集团，可以引渡他国恐怖主义犯罪嫌疑人。"以上规定在联合国成员国范围内合法有效，为全球联合反恐奠定了法律基础，促进了国际间的司法合作。

---

① 参见《反恐怖主义法》第59条规定："中华人民共和国在境外的机构、人员、重要设施遭受或者可能遭受恐怖袭击的，国务院外交、公安、国家安全、商务、金融、国有资产监督管理、旅游、交通运输等主管部门应当及时启动应对处置预案。国务院外交部门应当协调有关国家采取相应措施。"

② 参见《反恐怖主义法》第71条规定："经与有关国家达成协议，并报国务院批准，国务院公安部门、国家安全部门可以派员出境执行反恐怖主义任务。中国人民解放军、中国人民武装警察部队派员出境执行反恐怖主义任务，由中央军事委员会批准。"

③ 参见中国外交部官网 http://www.fmprc.gov.cn，最后访问时间：2016年8月31日。

### 3. 网络领域证据的固定与适用

在新时代下，借助网络进行犯罪的比重越来越大。借助网络的便捷性、受众广、隐秘性，网络恐怖犯罪呈现出高智能性、间接暴力性、高度隐蔽性、成本低廉性和主体多样等特性，成为了暴恐犯罪的高发地。网络恐怖犯罪[①]可以定义为"传统恐怖主义融合网络工具而产生的，以互联网为手段和目标的，为了实现某种政治目的而进行恐怖犯罪袭击，破坏国家政治稳定并威胁公民人身安全，试图以造成大范围人员恐慌的方式来扰乱国家人民生产生活稳定秩序的新型恐怖犯罪。"网络恐怖犯罪的主要表现形式为对计算机网络[②]进行恐怖袭击、利用网络传播恐怖信息、利用网络宣扬恐怖主义主张及宗旨。

值得注意的是，行为人若借助网络这一新型媒介实施上述暴恐犯罪以外的行为，或是行为人的行为在证据上无法得到主观多层次目的证实，对于预备犯和帮助犯则应以《刑法》第287条的准备网络违法犯罪活动罪和帮助网络犯罪活动罪降格处理，如果是纯粹的破坏计算机设备的实行行为，则按照第285条的相关规定论处。涉及的暴恐网络犯罪罪名除了规定在我国刑法中之外，还在《预防和控制有组织犯罪准则》《打击国际恐怖主义的措施》《联合国打击跨国有组织犯罪公约》《网络犯罪公约》，以及我国的《互联网信息服务管理办法》《互联网电子公告服务管理规定》等中得到了体现。

2012年《刑事诉讼法》第48条第2款第（八）项增加电子数据[③]作为独立的证据种类，审判实践中也越来越重视电子数据的使用及认证。但在网络犯罪案件中，由于网络犯罪的特殊性，要侦破网络犯罪案件，关键在于提取和固定犯罪分子遗留在网络中的电子证据。对电子数据的审查判断同样要注重关联性、客观性和合法性，对电子数据的审查要做到三个坚持：一要坚持原始介质优。在实务操作层面，大数据时代中的很多电子数据存储在国外网络服务商的存储介质上，原始存储介质难以提取，因此要特别注意有关数据下载过程的正当性、准确性、客观性，同时要求收集主体、收集程序、调取方式要符合法律规定。二要坚持义务提供。打击暴恐犯罪是每个公民应尽的义务，应加强网络服务商的安全管理义务和协助义务。日前审理判决的快播案带给我们的启示，互联网信息服务提供者应当承担网络安全管理义务，如果违反先行义务，还将触犯《刑法》第286条之一第3款的拒不履行网络安全管理义务罪。若情节

---

① 赵星、宋瑞：《论网络恐怖犯罪》，载《山东警察学院学报》2015年第2期。

② 参见《反恐怖主义法》第70条规定："涉及恐怖活动犯罪的刑事司法协助、引渡和被判刑人移管，依照有关法律规定执行。"

③ 电子数据是借助于现代信息技术（包括网络技术）形成的与案件事实有关的电子形式的证据，如邮件、即时通讯信息等。

显著轻微不认为是犯罪的，还可能触犯《反恐法》第84条的行政处罚①，应当多方位提示网络运营商的监管责任。三要坚持技术鉴定。司法实践中在采用电子证据时，还应按照电子数据的科技特点，借助于鉴定、检验等手段对电子数据的真实性进行判断，从而确定其是否被篡改、添加，以确定真实性。

另外，对于网络证据的固定要在程序上符合要求、技术上严格遵从规定以外，还应注重相关犯罪的事先预防工作，例如对网络、电信等用户采取实名制②的管理方式，这样便可提高后续侦查工作的针对性和打击犯罪的效率性。

（二）暴恐犯罪特殊程序的设置

我国2012年《刑事诉讼法》对暴力恐怖犯罪刑事特别程序的设置集中在该法第20条关于管辖法院的规定、第37条关于律师会见权的行使，第62条关于证人等的保护，第73条关于指定监视居住措施、第83条关于拘留的程序，第148条关于采取技术侦查的措施、第280条关于没收的程序。综观程序法律的设置，缺乏办理暴力恐怖犯罪案件具体操作细则，实务中办案权责不清、办案渠道不通畅等问题亟待解决。

1. 专案办理的程序设计

我国2012年《刑事诉讼法》欠缺打击和防范"三股势力"暴力恐怖犯罪的具体规定，在从快从重打击暴恐犯罪方面，还有诸多可改进的地方。正因此，促使了公检法在实务中根据实际需求各自制定了各家的操作细则。以上海为例，公检法在暴恐犯罪案件办理的对接上尚存问题，如目前具有暴恐犯罪管辖权的检察院仅金山区人民检察院、青浦区人民检察院两家，但是全市各辖区的公安、国安具有广泛的侦查权，如何做好案件移送审查起诉工作需要在制度上进行合理化设置，促进专案的办理、司法的效率和专业的审查。依照上海的实际操作，全市的暴力恐怖案件由各区公安分局侦查终结后根据一分院和二分院的片区划分，在一分院片区的市辖区公安将案件移送至金山区院，其余的则移送至青浦区院。由于暴恐案件均是由中级法院管辖，所以区检察院将案件直接移送对应的分院审查起诉，在案件的移送流程上作了明确。对于检察院改变公安定性的案件，则由一分院、二分院退回下属金山、青浦检察院，再退回各个区原来的侦查机关，由侦查机关按照普通刑事案件移送所对应的区检察院办

---

① 参见《反恐怖主义法》第84条规定："……（二）未按照主管部门的要求，停止传输、删除含有恐怖主义、极端主义内容的信息，保存相关记录，关闭相关网站或者关停相关服务的……"

② 参见《反恐怖主义法》第86条规定："电信、互联网、金融业务经营者、服务提供者未按规定对客户身份进行查验，或者对身份不明、拒绝身份查验的客户提供服务的，主管部门应当责令改正……"

理。除以上流程外，课题组认为应合理借鉴域外经验，参照联合国设立的专门反恐委员会。这在《反恐怖主义法》① 中确定了，但实际中仍未正式成立反恐怖主义工作领导机构，故而我国可在本国域内探索设置专门的反恐办案机构。在域内收拢各个公安部门的反恐分支，在域外对接联合国反恐委员会。相应的，同步设立省、县、市、区反恐怖主义工作领导机构，上级机关对下级机关开展业务指导、收拢信息、反恐协调等工作，使得信息渠道更加畅通、办案更加专业、实务操作更加合理、打击犯罪的法网更加严密。通过设立层级化的专属办案机构，形成专业化办案机制，在侦查阶段提前介入案件，适用特殊的办案手段，同时便于建立统一的情报信息数据库、收集各地信息，为恐怖主义组织及人员定性，采取直接的事前监控、事先侦查、介入预防、资金冻结等一系列反恐措施，在侦查终结后集中移送一分院、二分院办理，达到更好的办案效果。另外，根据我国部分省市的办案经验，可建立举报奖励机制，通过发动群众打击恐怖主义势力，设立的反恐举报悬赏需设立资金池，由专门的反恐办案机构设立发布悬赏通知、审核举报信息，共享各层级的情报信息系统，利用大数据进行追踪和打击犯罪分子，让犯罪分子无处藏身，将犯罪打击在初始阶段。

2. 跨国案件办理的程序问题

从我国暴力恐怖犯罪的主体来看，主要是经境外恐怖主义犯罪组织势力的渗透。一是来自南亚、中亚地区的恐怖势力，从内蒙古、新疆和西藏国境线渗透至我国境内，多次在新疆、西藏地区策划恐怖主义袭击事件。二是由东南亚地区从海上或从中越、中缅交界地带进入我国，在我国西南地区多次制造恐怖主义袭击事件。因此，境外反恐是遏制本土恐怖主义源头的根本措施。

在国际公约规定的恐怖主义犯罪的执行机制上，国际公约采取了间接管辖的方法，由各国国内法院管辖和惩治，即国际法院、国际刑事法庭等都不具有恐怖犯罪的司法管辖权。这在很大程度上依赖于参加公约的各国尽快地将国际公约转化为国内法②，以求更好地行使管辖权。然而，目前的境外反恐方式呈现出各自为战、地域性与封闭性较浓等特点，应对全球范围内的恐怖主义犯罪必须在联合国框架内建立新型的反恐刑事司法合作。

---

① 参见《反恐怖主义法》第7条规定："国家设立反恐怖主义工作领导机构，统一领导和指挥全国反恐怖主义工作。设区的市级以上地方人民政府设立反恐怖主义工作领导机构，县级人民政府根据需要设立反恐怖主义工作领导机构，在上级反恐怖主义工作领导机构的领导和指挥下，负责本地区反恐怖主义工作。"

② 参见《反恐怖主义法》第68条规定："中华人民共和国根据缔结或者参加的国际条约，或者按照平等互惠原则，与其他国家、地区、国际组织开展反恐怖主义合作。"

目前我国境外反恐及跨国案件的办理需解决的程序问题主要有以下几个：

一是域外证据合法化的调取问题。暴恐案件中的域外证据调取花费了大量的时间精力，目前域外证据调取的方式主要有联合侦查、协作查缉、查封冻结涉恐资金等。在收集境外恐怖主义犯罪物证、书证、视听资料以及证据的保全，委托冻结、查封、扣押并移交与犯罪有关的财产，对跨越国境的犯罪实施委托协助侦查、通缉和委托拘捕已逃往境外的犯罪嫌疑人等程序。课题组认为，虽然我国《反恐怖主义法》已对接国际公约，根据实际作出了相关规定，但还应和联合国反恐委员会建立沟通和工作渠道，根据联合国反恐委员会的统一部署，在签订国际公约的国家间采取相互派员的方式协同办案，力争通过双方国都同意和认可的方式调取证据①、引渡犯罪嫌疑人②。具言之，主办国应以暴恐犯罪所在地或犯罪嫌疑人国籍为判断管辖权的依据，若存在双方或多方均为主办国的纷争，则由联合国反恐委员会指定管辖国，其余方可被指定为协同办案国，协同办案国必须是与暴恐案件有关联的国家或区域，协助办理案件的国家需在提取证据等办案步骤上提供协助。涉案物品、书面材料等应采取实物留存、照片拍摄、书面记载并盖章多途径提取的方式形成证据，并移送主办国审查起诉并判决。有协同办案国的，需两国对所提取并形成的证据同时盖章并确认，确保证据的效率得到双方的认同，从而具有国际司法属性。委托对境外犯罪现场、犯罪团伙窝点、罪犯接头、藏匿、窝赃场所的勘验、清剿和搜查，为了具有可操作性，应根据属地原则管辖。同时，要将获取的证据分类，对哪些证据应该客观上排除在域外证据取证的范畴，哪些证据应该办理特别程序手续等应该予以明确。鉴于域外证据的特殊情况，对证据的调取存在瑕疵的，应该建立救济措施，防止缺失证据不可弥补的不可逆情况出现。建议建立并签署相关的国际公约，促使委托境外司法机关勘验、搜查成为协助国义务，并由主办国派员参与，通过国际合约和双边条约的签署促成跨国间的勘验、搜查和证据提取成为合作的应有之义。

二是对证人、鉴定人的委托调查或传唤出庭作证，引渡、起诉、审判犯罪嫌疑人的问题。除了通过国际合约和双边条约开展国际合作以外，课题组认为亦可探索证人、鉴定人远程视频出庭的模式解决路程遥远不便出庭等现实问题。必要时，可实行对追诉案件的移转管辖，从而避免无法引渡犯罪嫌疑人的情况出现。针对跨国案件的办理，可以进一步探索设立国际专门法庭或者特别

---

① 参见《反恐怖主义法》第72条规定："通过反恐怖主义国际合作取得的材料可以在行政处罚、刑事诉讼中作为证据使用，但我方承诺不作为证据使用的除外。"

② 参见《反恐怖主义法》第70条规定："涉及恐怖活动犯罪的刑事司法协助、引渡和被判刑人移管，依照有关法律规定执行。"

法庭的模式进行审判，统一安排解决犯罪嫌疑人、证人、鉴定人的出庭问题。目前国际上对恐怖主义案件的管辖，主要采取实行相对集权的审判管辖立法①，或对恐怖主义犯罪案件提高审判的级别，或在全国高等法院中指定几个法院审理恐怖主义犯罪案件，例如国际上特别严重的刑事案件可以在犯罪地组成特别法庭②进行审判。通过在国际上设立专门针对恐怖主义犯罪的审讯法庭，便于在国际间形成对抗恐怖主义犯罪的统一战线和联盟，并可通过国际法庭的判决贯彻适用到国内暴恐犯罪案件的审理。

三是对涉外暴恐案件相关法律文书的送达。可借鉴《海牙证据公约》的操作经验，以类似民商事案件的文书送达形式为参考，由法院通过外交部及使领馆对域外的机关送达相应文书，亦可探索采取电子邮件等网络送达或者宣告的方式。

四是亟待建立对他国犯罪侦查的信息共享③、资金监管合作。对此，我国在《反恐法》中作了回应④，授权国务院对外合作接洽，并明确了特别需要重点增强在反恐交流信息、执行快速侦查的请求、相互通报预防、查明和惩治恐怖主义罪犯方面的合作。交换各国反恐法律法规及实施情况，交流预防、惩治暴恐犯罪的经验，培养境外反恐人才。除了必要的合法程序以外，指挥和执行任务的侦查人员和司法人员应当熟悉有关国际法律和公约，要尊重所在国家的司法主权，通过沟通最大限度地争取当地司法部门的支持配合，确保侦查取证工作的合法性。同时熟练应用有关法律维护我国司法主权，特别是对有关案件的管辖权。

3. 社会综合治理方式

法律移植的关键并不是法律制度本身，而是法律制度中解决问题的法律手段和方法。除法律建制以外，课题组认为还应对法律的适用予以关注，在严厉

---

① 参见王燕飞：《恐怖主义犯罪立法比较研究》，中国人民公安大学出版社 2007 年版。
② 参考萨达姆谋杀、反人类一案，审判法庭为在伊拉克组建的特别法庭。
③ 参考《反恐怖主义法》第43条关于情报信息的规定，即："国家反恐怖主义工作领导机构建立国家反恐怖主义情报中心，实行跨部门、跨地区情报信息工作机制，统筹反恐怖主义情报信息工作。有关部门应当加强反恐怖主义情报信息搜集工作，对搜集的有关线索、人员、行动类情报信息，应当依照规定及时统一归口报送国家反恐怖主义情报中心。地方反恐怖主义工作领导机构应当建立跨部门情报信息工作机制，组织开展反恐怖主义情报信息工作，对重要的情报信息，应当及时向上级反恐怖主义工作领导机构报告，对涉及其他地方的紧急情报信息，应当及时通报相关地方。"
④ 参见《反恐怖主义法》第69条规定："国务院有关部门根据国务院授权，代表中国政府与外国政府和有关国际组织开展反恐怖主义政策对话、情报信息交流、执法合作和国际资金监管合作。"

打击境内外恐怖犯罪的同时，还应该规定一些犯罪的减免处罚情节，一方面是基于实际情况考虑，恐怖活动犯罪越来越高端化，单线联系、高科技手段使侦查暴力恐怖犯罪越来越困难，因此瓦解恐怖犯罪组织，借由有悔改表现的恐怖分子提前做好预防工作或快速瓦解恐怖组织具有很好的效果。另一方面，现在的恐怖分子的年龄越来越年轻化，有的行为实施者还是青少年，青少年的基本价值观还没有成熟，对于事物的认知能力有限，对于这部分能够通过教育改造使其顺利回归社会的，也应该考虑到其年龄问题而予以减免刑罚，这与我国是宽严相济的刑事政策相呼应，以实现良好的社会效果。

# 检察机关提起公益诉讼制度研究[*]

上海市青浦区人民检察院课题组[**]

公益诉讼制度是一个古老而年轻的制度，它源自古罗马，但兴起于工业革命以来的资本主义社会，以美国的公益诉讼制度最为发达。对我国而言，公益诉讼制度完全是一个"舶来品"，在20世纪90年代，我国检察机关开始参与和提起民事公益诉讼的司法实践，先后经历了蓬勃兴起、不断探索和逐渐消退的阶段。2014年党的十八届四中全会审议通过的《中共中央关于全面推进依法治国若干重大问题的决定》指出，"探索建立检察机关提起公益诉讼制度"。法系不同、国情不同，我们应当如何构建具有中国特色的公益诉讼制度？

2015年，本课题组成功申请到上海市检察官协会的检察改革重点课题——《检察机关提起公益诉讼制度研究》，我们侧重于对公益诉讼的基础理论问题进行探究，通过追踪公益诉讼制度的发展历程、域外法系中的公益诉讼发展概况、公益诉讼与传统诉权理论的冲突来把握现代公益诉讼制度兴起的条件和原因，分析出公益诉讼制度的三个核心要件，即案件范围、起诉模式和程序构建。结合中国国情和检察机关提起公益诉讼的既往实践，归纳出当代中国特色检察机关提起公益诉讼制度的基本内涵：检察机关是当代中国提起民事公益诉讼的首席原告，我国检察机关是行政公益诉讼的唯一适格主体，提起公益诉讼是检察机关救济权利的最后一种手段。

2016年，我们在去年的理论研究基础上，侧重进行实务性可操作性的研究。2016年9月22日至25日，本课题组受第六届中国检察理论年会的邀请，赴武汉就本专题进行了大会交流。2016年11月16日，本课题组专程赴全国首例民事公益诉讼的提起单位——常州市检院考察交流检察机关提起公益诉讼的实践问题。课题组认为，在法律规范层面，应当尽快完善立法体系证成检察机关公益诉讼的合宪性、合法性；在实务层面，尽管"两高"都颁布了实施

---

[*] 上海市检察官协会2016年重点研究课题。

[**] 课题组负责人：徐燕平；课题组成员：周红亚、刘根娣、张庆辉、郭艳萍、魏韧思。

— 378 —

办法，但各有侧重和优劣，"两高"的实施办法之间最大的分歧点在于检察机关提起公益诉讼中的诉讼权利，根源在于对公益诉讼人角色定位的理解。检察机关认为公益诉讼人的诉讼权利应当参照刑事公诉人，而法院则认为公益诉讼人的诉讼权利应当参照民事、行政诉讼的原告。检察机关充任的民事、行政公益诉讼人既非刑事公诉人的诉讼权利也非民事、行政诉讼的原告的诉讼权利，而是介于二者之间的一种状态，是以刑事公诉人的诉讼权利为基础，兼顾民事、行政诉讼原告特性的一种新型诉讼主体。检察机关对法院公益诉讼的监督主要是判决结果的监督和执行监督。检察机关对法院公益诉讼判决结果的监督，应多用上诉而非抗诉。检察机关对法院公益诉讼的监督重点是执行监督。

## 一、检察机关提起公益诉讼制度的基础性问题

### （一）公益诉讼制度的三个核心要件

公益诉讼制度的三个核心问题是"案件范围""起诉模式""程序建构"。即什么是公共利益？哪些公共利益需要借助民事公益诉讼、行政公益诉讼方式进行救济？谁可以代表公共利益出现在法庭？如何建构民事公益诉讼和行政公益诉讼的起诉模式？

1. 公共利益的界定

（1）公共利益概念内涵的不确定性

公共利益的特点主要有三：一是不可分性和公共性；二是非排他的相容性和相关性；三是不确定性、开放性、运动性。以约翰·罗尔斯为代表的新自由主义理论认为，公共利益和私人利益的区别是复杂细微的，但主要区别在于公共利益具有不可分性和公共性。所谓不可分性和公共性，是指这种利益不可能只提供给社群中某个人，而不提供给其他人，不能由个人按照他们的偏爱多要一点或少要一点。换言之，当把公共利益提供给某个人时，它必然也同时自动地为同一社群的其他成员所享有，例如城市卫生。所谓非排他的相容性和相关性，是指公共利益通过一般供给和特殊供给两种形式得以实现。一般供给是指整体的、普遍的公共利益，它不可能只为某些人享有，而不为其他人享有。特殊供给在绝大多数情况下表现为非排他性的个人利益，与完全排他性的个人利益不同，因为它从整体上有利于社群，因而事实上也是一种公共利益，例如对孤儿给与奖学金，既是个人利益又是公共利益。所谓不确定性是指开放性、运动性，是指公共利益不仅在某一时期、某一地域很难确定，而且，随着时间、地域不同而呈历史的、动态的特征。在这三个特征中，尤以不确定性最为明显，也最难把握。

公共利益概念是一个典型的"不确定性法律概念"，其不确定性可以表现

在利益内容的不确定性与受益对象的不确定性两个方面。分析公共利益概念的内涵，可以从两大部分入手：一者何为"公共"？二者何为"利益"？前者是利益主体范围的问题，后者牵涉到价值判断的标准问题。研究公共利益，如果仅注重于利益主体范围的界定，而舍弃利益的研究，那么由此所阐述的公共利益概念可能只是表面的。反之，如果仅注意到价值判断标准，而未顾及利益主体的范围与数量，那么仍然无法找到真正的公共利益。因此，利益主体的范围与利益价值判断标准是同等重要的。

第一，利益内容的"不确定性"。首先，利益的评判标准具有不确定性。所谓利益就是客体对主体带来的好处，利益的中心要素是价值，而价值又是经主体依据某一标准进行评估后而产生的。可以说，评价客体与评价标准相结合产生了价值。根据标准是否由评价主体自己设定可分为主观标准和客观标准。主观标准就是由评价主体自己设定的标准。客观标准就是由他人设定的，基于大多数人的评价而产生的评价标准。无论是基于哪种标准认定的某一客体的价值，总是与主体的主观相联系。所以，利益的内容必然是带有某种主观性，而并非客体本身固有的特性。其次，利益的形成及利益价值的认定，是被当时社会的客观事实所左右。公共利益内容的保障或形成，自然也必须随着发展的、变动的国家社会情形而有所不同。价值与利益是无法用一个一以贯之的标准来测定的，是弹性的、浮动的。利益是价值判断的结果，是人们以感觉肯定其存在的实益，也是民之所好的不确定对象。总之，利益具有不确定性与多面性。

第二，受益对象的不确定性。要确定"公共利益"，除了要界定利益的内容外，还必须确定何为"公共"或"公众"？"公共"是一个变化不定的构成体，无法进行简单的定义。首先，可以明确"公共"或"公众"不等于"全体国民"，也不要求全体国民才构成"公共"。同时个人肯定是公众的反面概念，个人或者说特定的人是公共利益主体在数量上的相反概念。其次，则以"多数人"来替代"公众"。但是，应当明确的是以个人作为相反概念并不十分恰当，因为个人不过是公众的基本单位，只是究竟多少人才构成公众，并没有清楚的认识。课题组认为公众至少应具备两方面的特征：一是非隔离性；二是在数量上必须达到一定程度的多数。所谓非隔离性，是指任何人在任何时候，可以自由进出某一团体。即作为公共利益主体的多数人，应该是任何人在任何时候，无须任何特别条件，皆能任意进入其中，该范围之多数人，不具有排他性。是故，"公众"之概念，可以概括为在任何时候，可以毫无阻碍地加入的多数人。

由上，课题组认为公共利益辐射范围具有广泛性，公共利益必须是在较大范围内为人们所共同认可的，对各方有价值的利益。公共利益必然是带有共性的，超越了任何个体的利益。对于公共利益的界定，需要根据不断变迁的社会政治、经济、文化等因素进行综合考量。

（2）公共利益的界定方法

课题组认为，公共利益作为典型的不确定性法律概念，希望仅仅通过立法明文规定解决，是不现实也是不可能的。但是，作为成文法国家，通过立法明确公共利益的基本内涵和确立判定是否公共利益的基本原则，不仅可能，而且也是非常必要的。要将公共利益具体化，可以采取立法、行政、司法三个层次立体式的机制。一是立法机关通过立法，将公益由抽象的价值理念转化为实在的法规范。有关公共利益的规定可以采取的方式有以下几种：①列举。认为公共利益经常被政府用来限制私权的工具，所以，对于公共利益必须采用明确列举的方式，以防止有关部门滥用公共利益原则，侵害公民、法人合法权益。如我国台湾地区"土地法"第208条（征收土地之要件）规定："国家因下列公共事业之需要，得依本法之规定征收私有土地。但征收的范围应以其事业所必须者为限：一、国防设备。二、交通事业。三、公用事业。四、水利事业。五、公共卫生。六、政府机关、地方自治机关及其他公共建设。七、教育学术及慈善事业。八、国营事业。九、其他由政府兴办以公共利益为目的之事业。"②反面排除。认为从正面给公共利益下定义很难，企图通过列举方式穷尽公共利益也不可能，所以，不妨从公共利益的对立面着手，通过排除法来界定哪些属于公共利益。③确立判断标准。认为公共利益很难抽象界定，更难具体穷尽，采用排除法也无法从本质上把握公共利益的本质。比如确定采用比例原则和利益博弈法供实践中司法机关等部门对公共利益进行判定。二是行政机关通过具体行政行为，使公益具体化，以达到防卫公益、实现公益的目的。三是司法机关通过司法实践，使公益在个案中得以具体实现。

（3）当代社会的公共利益

虽然，在立法上并未对对于何种利益构成我国公共利益的问题作出明确的解答，但是，结合我国所处经济社会发展阶段等具体国情，课题组认为我国现阶段公共利益至少应该包括以下几个方面：

第一，从我国社会主义国家的特殊国情出发，国有财产是牵涉公共利益的。我国是社会主义国家，公有制是我国的经济基础。公有制主要是全民所有制和集体所有制，集体所有制涉及的是特定的一群人的利益，而全民所有制是与国家全体公民整体利益相一致的，应当属于公共利益。

第二，社会成员良好的生存、发展环境，既包括自然环境，也包括经济、社会环境。我国实行的是有中国特色的社会主义市场经济，对市场秩序的维护也关乎公共利益。这里面包括维护社会成员安居乐业所必须的公共和平与安全、公共卫生与健康、公共教育、自然资源和环境、能源，同时也包括社会主义市场经济秩序的健康、安全、高效运行。

第三，社会公序良俗，如一夫一妻、不准近亲结婚等，前者是一种现代健康的婚姻制度，后者有利于高质量地繁衍后代。

第四，从保护弱者角度看，对于某些弱势群体基本权益的保护，如妇女儿童、残疾人、劳工等主体的基本权益保障。

2. 公益代表人与起诉模式

如果说公共利益的界定有助于公益诉讼案件范围的科学确定的话，那么，公益诉讼代表人解决的是"谁有权代表公共利益出席在法庭"的问题。从世界范围看，既有允许公民代表公益的立法，也有允许检察机关、行政机关代表公益的立法，在强调"有限政府""社会本位"的今天，公益团体作为一种介入公民与政府之间的中间组织，在民事公益诉讼领域发挥着越来越重要的作用。

从公益诉讼代表人的历史来看，公益代表人已经不再是官方公益代表人制度一枝独秀，公益代表人制度已经呈现专门的官方公益代表机构（包括检察机关和其他政府机构）和民间公益代表人（公益团体、公民个人）多元化发展的态势。而且，世界各国公益代表人制度的发展态势表现出两大特征：一是检察机关成为越来越专门的官方公益诉讼代表人，多数国家的检察机关是公益代表人，而且在大多数情况下由检察机关代表公益，尤其是在司法诉讼程序中，检察机关就是国家、社会公益的代言人。二是越来越多的国家允许社会公益团体、公民个人在某些情形下作为公益代表人，允许他们通过民事诉讼的方式来维护公益。而且，事实上，在某些领域，如美国环境保护领域，公民作为公益诉讼代表人发挥着比检察官等官方公益代表人更为重要的效用。

在公益诉讼中，有的国家实行提起主体一元化模式，多数国家实行提起主体多元化的制度。在实行提起主体多元化的国家，各类提起主体的地位也是有差别的。这种公益诉讼提起主体及各类提起主体的地位差异造就了不同的公益诉讼起诉模式。

3. 检察机关提起公益诉讼的程序构建

检察机关提起公益诉讼的程序建构内容包括检察机关在民事公益诉讼、行政公益诉讼中的角色定位、具体职权、诉前程序、工作机制等具有指引实务操作功能的规范。具体内容详见本课题第四部分的阐述。

（二）中外检察机关充任公益代表人制度及实践的启示

1. 检察机关是公益诉讼的重要提起主体

从各国立法来看，可以发现，自从法国设置检察机关以来，检察机关就一直在民事诉讼领域发挥着重要的作用。而且，不论是大陆法系，还是英美法系，不论是资本主义国家，还是苏联等社会主义国家，立法都明确规定了检察机关参与民事公益诉讼制度。其原因，一方面由于检察机关本身就是国家官僚体系发展进步的产物，检察机关作为专门法律机关，不仅具有训练有素的专业人才，而且也有比较充分的精力关注这方面问题；另一方面是检察机关的定位，从各国有关检察机关立法来看，检察机关都被定位为社会正义的守护神，具有维护法制统一的重任。公益诉讼的提起既是为了维护一国法制的统一，也是为了维护公共利益不受侵犯。所以，不管各国公益诉讼如何立法，检察机关总是提起公益诉讼的重要主体。

2. 检察机关提起民事公益诉讼在程序上具有特殊性

检察机关提起民事公益诉讼在程序上具有特殊性，一方面是由于公益诉讼的特性所决定的；另一方面是由于检察机关的特性所决定的。检察机关不同于一般的民事主体，也不同于行政机关，有的国家检察机关还是法律监督机关。检察机关提起民事公益诉讼在程序上的特殊性主要体现在和解、撤诉等方面。其原因主要是如果对公权力不加任何限制，不仅可能对私权干预过度，而且，公权力的滥用，可能使公共利益受损。所以，各国立法上一般对检察机关在民事公益诉讼中的和解权和撤回诉讼的权力加以一定限制，或者设置一定的监督程序。其他方面还是遵循普通民事诉讼的规定。

3. 检察机关参与民事公益诉讼的方式不限于提起诉讼

与政府机关参与民事公益诉讼一样，检察机关参与民事公益诉讼也不限于提起诉讼，还包括参加诉讼。而且，这是两大法系立法通例。应当说明的是，虽然各法系均有检察机关参与民事公益诉讼的立法，但在范围界定和职权设置上是有所区别的。如强调国家干预的苏联立法规定，检察机关可以参加任何民事诉讼的任何阶段。而大陆法系主要是介入人事诉讼、破产案件等非讼事件。英美法国家虽然在成文法上规定有很多检察机关可以参与公益诉讼的规定，但是，在现实中检察官的作用并没有发挥预期的作用，如美国检察官通常还是以维护狭义的国家利益为己任。

## 二、当代中国特色检察机关提起公益诉讼制度的基本内涵

2015 年，公益组织——中国生物多样性保护和绿色发展基金会起诉腾格里沙漠的排污企业，经过一审不受理、二审宁夏高院裁定维持不受理，最高法再审裁定才受理，"递状纸"都要惊动最高法。这折射出 2013 年起施行的新《民事诉讼法》明确规定的公益诉讼机制在实践中的举步维艰，也真实反映了当代中国社会的国情。

（一）检察机关是当代中国提起民事公益诉讼的首席原告

从世界公益诉讼的发展历程来看，公益诉讼代表人呈现出如下过程：由公民到国家行政机关；而后，随着国家官僚体制发展，检察机关产生并成为重要的公益诉讼代表人；随着社会发展，国家本位开始向社会本位发展，公益团体

在社会中作用越来越大，体现在民事公益诉讼领域，就是公益团体争取自身作为公益诉讼代表人出现民事法庭的斗争获取胜利。从发展阶段来看，当代中国刚处于社会本位的萌发阶段，整个社会从国家本位过渡到社会本位需漫长的时间段。所以，目前检察机关仍是重要的公益诉讼代表人。

为培育市民社会、鼓励公民关注社会公益，我国民事公益诉讼的提起主体应当多元化，给予公民主体资格。但从诉讼义务承担及防止滥诉的角度而言，现阶段公益诉讼的原告资格担当不宜寄希望于普通公民。公益诉讼证据的举证耗费大量的人力物力，许多问题涉及专业技术鉴定，普通个人往往无法承担。在我国，公民个体并不是自然资源的所有者，也不是管理者，也不是国有资产的直接管理者，公民个体滥用诉权的可能性要高于社会组织。与社会组织相比，检察机关和负有监督管理职能的机关在专业技术、人力、物力方面都具有明显的优势。在环境保护、消费者权益保护等方面，负有监督管理职能的机关在专业技术方面可能比检察机关具有优势，但检察机关的中立性、社会公益的代表性和诉讼技能更强。因此，在相当长的时期，检察机关应当是我国民事公益诉讼的首席原告。

与公民个体、社会组织、行政机关相比，检察机关提起民事公益诉讼，具有以下几个方面的优势因素：

第一，检察机关的职能定位与公益诉讼的价值追求相契合。法律监督机关的职能定位决定了检察机关在社会利益格局中的超然地位，与当代中国社会的任何公民个体、社会组织、行政机关相比，其中立性和社会公益的代表性更强，没有地方利益和部门利益的牵涉。

同时，检察机关提起公益诉讼，有助于中国特色的司法制度和检察制度的完善。通过公益诉讼的发动，检察机关对民事诉讼和行政诉讼的监督时间得以前移，监督视角发生转换，改变了检察机关在法律监督上一向所处的被动、滞后局面，形成了诉前监督、诉中监督和诉后监督的一体化格局，由此使检察机关的监督职能得以拓展，监督效应达至最大化，权威由此大幅度提升，中国特色的司法制度由此得以进一步完善。

第二，在所有民事公诉提起主体中，检察机关具有最优的诉讼能力。检察机关在我国法律上的优势地位为其介入公益诉讼提供了巨大的优势。从当前我国的司法实践现状来看，公民个人介入公益诉讼存在诸多障碍，而检察机关本身在法律上有着强势地位，一旦规定由检察机关介入公益诉讼，有利于解决一系列具体操作中的难题。检察机关的宪法定位，使其具备了提起公益诉讼的能力。①

---

① 杨三正、陈建敏：《检察机关参与民事公益诉讼的理由及立法建议》，载《湛江师范学院学报》2009 年第 4 期。

检察机关作为专业的法律监督队伍为其提起公益诉讼打下了坚实的基础。长期以来，我国检察机关依法独立行使检察权，通过办理民事、行政抗诉案件，对人民法院的民事审判活动和行政诉讼活动进行法律监督，维护国家利益和社会公共利益，维护司法公正和司法权威，保障国家法律的统一正确实施。此外，公诉实践为检察机关提起公益诉讼提供了手段优势。公诉作为检察机关的一项重要职能，长期公诉活动的经验积累可以为检察机关提起公益诉讼的制度设计提供参考。检察机关作为公益诉讼的原告提起公益诉讼是为了维护国家、社会公共利益，这与检察机关代表国家提起公诉要求惩罚犯罪行为以维护国家、社会公共利益的目的不谋而合。因此，在设计检察机关提起公益诉讼的提起方式和手段时大可借鉴公诉活动的经验，以一种最优的方式来提起公益诉讼。

第三，检察机关既往提起公益诉讼的实践证实了其无可比拟的主体资格。尽管我国现行立法尚没有明确赋予检察机关以民事公益诉讼权，但是基于对社会公平和正义的追求，维护国家利益和社会公共利益的义务和责任，面对近年来越来越多的侵害国家利益和社会公共利益的不法行为，检察机关立足于法律监督职能，从督促起诉、支持起诉等形式入手，积极探索预防和保护国有资产的新方法，从而切实维护了国家和社会的公共利益，取得了实践上的成效。此外，检察机关在公益维权中也探索出创造性工作方法，如上海市青浦区人民检察院督促起诉的五起水环境污染案①和山西省某市检察院以原告身份提起的国

---

① "2011年7月，上海市青浦区人民检察院刑检部门受理了顾某故意倾倒废油残液，造成青浦主要水流淀浦河污染的重大环境污染案。该案引起上海市委市政府的高度关注，公安、环保等部门立即介入调查，并对这起环境事故予以查处。该院民行科获悉该案后，跟踪事故的处理和案件的进展情况。刑事判决后，民行科随即开展工作，发现该案共造成公共财产损失38万余元，但是相关受损单位并未提起民事诉讼，检察机关有开展督促起诉的条件。为了查清涉案单位的具体损失数额，民行科通过大量的走访、调查、收集证据材料，确定了青浦区河道水闸管理所、青浦区朱家角镇环境卫生管理所、堤防（泵闸）设施管理处、青浦区夏阳街道办事处、青浦区交通运输管理局等五家单位为督促起诉单位，并制发了检察建议。上述单位收到后，相继向法院提起民事诉讼，要求被告顾某赔偿相关损失，五起案件最终均以调解方式结案，被告同意赔付五家原告单位共计人民币5万余元。"载于《首例环境污染案督促起诉期待形成"鲶鱼效应"》，载《上海法治报》2012年4月24日第A02版。

有资产流失案。①

上述案件中，在本质上都是公共利益受到侵犯的案件，并且都不同程度地存在无人起诉或无力起诉或不愿起诉的问题。面对此种情形，检察机关积极探索开辟了法律监督的新途径，切实发挥检察监督权的行使在环境保护等公共利益保护领域中应有的作用，防止了国有资产的流失，有效地保护了国家利益和社会公共利益。

### （二）我国检察机关是行政公益诉讼的唯一适格主体

我国检察机关是法律监督机关的定位继承于苏联，与现在俄罗斯的检察制度一脉相承，实质上其是护法机关，既有行政性、司法性，也有监督性。护法机关的属性决定了其可以在法律的框架下行使对行政机关的监督，那么，提起行政诉讼是检察机关运用法律方式监督行政机关依法行政的绝佳手段。在一个国家，立法机关是单一的，那么护法机关也相应是单一的。在检察制度的发源地——法国，检察机关介入民事公益诉讼的案件范围很宽，但其不介入行政公益诉讼，提起行政公益诉讼的职能是由行政监察使充任。

### 1. 检察机关提起行政公益诉讼是行政法律监督的题中之义

一般认为，法律监督专指国家检察机关依法定程序和法定权限对法的实施的合法性所进行的监察和督促，因为"法律监督不应以权利为基础，而应以权力为基础。权力赋予一定的主体总是作为职责出现的，权力的享有者在应当行使权力的时候不行使权力就是失职。只有以权力为基础，法律监督才具有'必为性'。同时，权力又是以国家强制力为后盾的，权力的享有者行使权力时，权力所及的对象必须服从。"② 从理论上分析，法律监督只要是对法律实施情况的监督，它就应当建立在权力的基础上，并以时效性作为检察监督发挥作用的主要标准。其中，法律监督中的法律当然包括行政法律，监督行政机关实施法律的行为，自然是法律监督的应有之义，也是社会主义法治的必备内

---

① 2002 年 3 月，山西省某市检察院通过调查得知，该市的中医院拥有 24 间（300 平方米）办公用房以及相关的附属设施，这些设施均属于国有资产，如果要对其进行转让，按照法律规定的程序，应取得市国有资产管理局的同意，并由其进行客观评估，但是该市中医院却私自以 20.5 万元的低价将这些国有资产转让给王欣有，变为其个人所有的财产。基于此种严重损害国家利益的违法行为，山西省某市检察院代表了国家公益以原告的身份向当地中级人民法院提起了民事诉讼。当地中级人民法院受理了此案，经过细致全面的法庭调查与审理，最终支持了由检察机关作为此公诉案件的原告的诉讼请求，判决某市中医院对国有资产的处分行为无效，并责令买卖双方恢复买卖发生前的状态，从而维护了国家和社会公众的利益。载于《山西检察机关尝试民事公诉遏制了国有资产流失》，载《新华社》2002 年 12 月 8 日。

② 张智辉：《法律监督三辨析》，载《中国法学》2003 年第 5 期。

容。此外，行政公益诉讼与一般行政诉讼相比的特殊性在于，它以保护公共利益为目的，这就与行政法律监督的目的之间具有高度一致性。

2. 其他主体提起行政公益诉讼违背无利益无诉权原则

在诉讼社会之下，滥用诉权的现象应当被禁止，以免侵犯他人权利、干预行政权力的正当运行及造成司法资源的浪费，《刑法修正案（九）》有关诉讼欺诈的禁止性规定即是对滥用诉权的最严厉惩治。公民、法人和其他组织如果与具体行政行为有直接利害关系可以提起行政诉讼，如果由没有直接利益关系的公民、法人或者其他组织提起公益诉讼，违反了无利益无诉权的原则，会带来诉权滥用的风险。

3. 即使公益组织根据诉讼信托理论获得诉权，但检察机关比其能够更好地履行行政公益诉讼的职能

由谁提起行政公益诉讼，有一个便利性、实效性的考量。行政公益诉讼针对的是行政机关的违法渎职行为，具有涉及范围广、专业知识要求高、诉讼时间长等特点，民众或者其他组织提起行政公益诉讼必然面临资金难、取证难和胜诉难等问题，从而带来行政公益诉讼的便利性与实效性供给不足。相反，检察机关具有专业的检察官队伍，能以其国家机关的特有身份在诉讼过程中更好地与被诉行政机关抗衡，更好地发挥司法权对行政权的制约，从而建立司法权制约行政权的"功能秩序"。

### （三）提起公益诉讼是检察机关救济权利的最后一种手段

权利救济是检察机关最深入人心的职能。综观全世界检察机关的三种实质职能定位：英美法系的国家或政府的法律顾问、大陆法系的社会正义的守护神和苏联及我国的法律监督机关，大陆法系检察机关——社会正义守护者的职能定位，既实现了创设检察制度的本意，也避免了监督者居高临下的空洞。权利救济是社会正义守护者的应有职能，我国检察机关理应具备。公共利益保护缺失时，检察机关应当采取措施保护公共利益。我国检察机关现有的刑事司法审查职权、受理刑事诉讼当事人的控告就是履行权利救济的职能。但检察机关的传统重心在刑事司法领域，检察机关提起的民事公益诉讼、行政公益诉讼相对于普通民事诉讼、行政诉讼而言，是一种非典型的诉讼形式。检察机关充当民事公益诉讼、行政公益诉讼的原告时，有异于普通当事人的权利和义务。因此，这种非典型的诉讼形式不宜作为常态化的诉讼形式。诉讼是化解矛盾的最后一种手段，同样适用于检察机关。检察机关应把提起诉讼作为救济权利的最后一种手段。

## 三、检察机关提起公益诉讼制度的法律规范完善

（一）检察机关提起公益诉讼制度的内容拓展

1. 建立以"检察机关为主导、社会民众和社会公益组织积极参与和行政机关适度参与"的民事公益诉讼模式

民事公益诉讼的提起主体的发展趋势是多元化，但提起主体多元化容易引发滥诉。因此，必须建立符合现阶段国情的起诉模式。我国民事公益诉讼应采取四元启动模式，起诉主体有四类：一是人民检察院；二是负有直接监督、管理职责的行政机关；三是公民个人；四是社会公益组织。但是这四类主体是否平等地享有民事公益诉讼提起权？如果不是平等地享有起诉权，那么，又该如何区分轻重，在制度设计上又该如何？课题组认为可以用一句话来概括："检察机关为主导、社会民众和社会公益组织积极参与，行政机关适度参与"的民事公益诉讼模式。

该模式包括以下主要内容：（1）检察机关作为维护社会公益的官方力量，在维护社会公益不受侵犯方面发挥不可替代的作用，特别是在维护有一定社会影响、疑难复杂、重大的侵权案件方面发挥主力军作用。（2）负有直接监督、管理职责的行政机关对环境污染、公害案件、国有资产流失案件、破坏自然资源与公共设施案件可以提起民事公益诉讼，但在其他领域应当保持谨慎的态度。（3）社会民众和社会公益组织作为检察机关维护社会公益力量的补充，以参与小型、小范围侵权的公益诉讼为主，及时、有效地维护社会公益不受侵犯。而且社会民众和公益组织在启动检察机关、政府机关作为原告的民事公益诉讼制度中，应该具有某种参与、监督的权利。

构建该模式的主要理由如下：（1）检察机关代表公益参与诉讼是世界通例，我国检察机关作为法律监督机关能够更好地完成维护社会公益的使命。检察机关具有调查取证等法定权力，可以有效保障其提起的民事公益诉讼的顺利进行和胜诉率。（2）由于行政机关与侵害企业的直接管理与被管理、监督与被监督关系，彼此之间存在投鼠忌器的嫌疑，如果让行政机关对这些侵犯社会公共利益的事件提起诉讼，显然会有很大难度。但是，由于其庞大的组织体制、优越的信息资源，相对于公民、公益组织和检察机关而言，其往往可能是最先知道公益受侵害的，而且基于其行政管理职责，对实施侵害行为的企业的相关信息也比较了解，可能在证据收集上存在一定优越性。所以，我们在不完全信任行政机关能够独立完成公益维护的基调上，应该赋予行政机关在行政救济无效果或无法进行行政救济的情况下，允许行政机关提起民事公益诉讼。（3）吸收社会公众和公益组织参与公益诉讼是最大限度维护社会公益的现实

需要。我国地域广阔，人口众多，侵害公共利益案件相对较多，检察机关力量有限，难以全面有效承担维护社会公益重任，需要广大人民群众和社会公益组织的合力参与。我国长久以来维护社会公益观念薄弱，让人民群众参与公益诉讼有利于增强法治观念，有利于实现依法治国方略。赋予社会公众和公益组织以民事公益诉讼提起权，其实也是赋予他们对检察机关和行政机关维护公益的监督权。

2. 逐步扩大检察机关提起公益诉讼的受案范围

案件范围的大小直接影响检察机关对民事公益诉讼领域的介入深度与广度。所以，要在我国确立检察机关提起公益诉讼制度，首先必须确定其案件范围。课题组认为，检察机关提起公益诉讼案件范围的确定，最终既要与维护国家、社会公益的客观需要相适应，又要考虑检察机关的机构、人员设置、职权配置等现实可能性；不仅要参考他国先进立法经验，更要斟酌我国现阶段具体国情。

在现阶段，在我国要确立检察机关提起公益诉讼的案件范围，应当遵循以下两个原则：（1）数量适度原则。对于国家、社会公共利益的维护而言，诉讼并非是唯一的救济途径，也未必是最佳的救济方法。检察机关提起公益诉讼一方面是通过个案直接维护国家、社会公共利益不受侵害，另一方面则是通过个案来激发国家机关、社会团体、社会公众的公益维护意识，抑制潜在侵权人对公共利益的侵害，具有很强的引领和宣示效应。而且，客观上检察机关自身力量有限，不可能、也没有必要参与全部公益诉讼。检察机关只需要参与部分公益诉讼案件即可。至于何谓数量适度，则必须根据检察机关的可承受能力和现实公益维护实际，以及社会公众的观念来确定，不同的时间、地点，其内涵也可能会发生相应变化。（2）重大危害原则。检察机关以参与重大危害国家公益法治秩序的案件为主，以参加其他小型公益诉讼案件为辅；公民和公益组织以参加小型公益诉讼案件为主，重大复杂案件为辅；政府机关提起公益诉讼只限于与其本职有密切联系，无法行政救济或者行政救济无效果时才能提起公益诉讼。哪些案件属于重大危害国家公益法治秩序，可以参照以下标准确定：①受害人人数众多、地域范围广泛（包括跨不同省、市等行政区域）的案件；②社会影响恶劣（如被新闻媒体报道、影响恶劣等）的案件；③侵权人是集团公司或者有其他社会背景，势力强大，公民、公益团体起诉难以胜诉的案件；④侵害国家利益和国有资产经营安全的案件；⑤在一定历史时期需要在法律上给予特殊保护的案件，如侵害弱势群体公共利益案件。

目前，《人民检察院提起公益诉讼试点工作实施办法》（以下简称《最高检实施办法》）和《人民法院审理人民检察院提起公益诉讼案件试点工作实施办法》（以下简称《最高法实施办法》）均规定了检察机关提起民事公益诉讼、行政公益诉讼的案件范围。结合目前的国情，课题组认为，检察机关行政公益诉讼制度的关键是检察机关要敢于提起行政公益诉讼，同时受案范围可以略微扩张。受案范围过窄不能达到公众对公益诉讼的期待。一是食品安全管理不作为行为应纳入行政公益诉讼的范围。食品安全与每个人息息相关，"民以食为天，食以安为先"，食品安全关系到国家和社会的稳定发展，关系到公民的生命健康权利。而公民的生命权、健康权是享有其他一切权利的前提，是公民的基本人权，当前食品安全问题层出不穷，普通民众对食品安全产生了极大的质疑和恐慌。食品安全不仅涉及不特定多数人的利益，还是民众日常最关心的利益，行政机关如果不能加强行政监管为公民提供健康安全的饮食即侵犯了公益，是政府相关部门的失职，理应成为公益诉讼的被告。二是行政公益诉讼不能排除对抽象行政行为的监督，其中对于规章以上的抽象行政行为不宜纳入，因为这类行政行为属于行政立法权，依法由人大予以监督，对于规章以下的抽象行政行为违反公益的，可以谨慎地提起行政公益诉讼，因为如果此类抽象行政行为被反复适用，可能导致损害公益的后果更为严重。

随着检察机关提起公益诉讼制度的推开，民事公益诉讼的案件范围可以在原有实践和公认的基础上稳步扩展。一是对法律规定的特定弱势群体公益诉讼案件，如侵犯被监护人人身、财产权益的，违反义务教育法侵犯未成年人接受教育权利的。人身公益诉讼是大陆法系国家公益诉讼的主要内容。检察机关对涉及社会公序良俗的人身关系案件提起民事公益诉讼有助于塑造良好社会氛围。二是反垄断、反不正当竞争案件。众所周知，竞争作为市场经济基石性运行机制，是推进经济与社会发展的首要动力。"垄断及不正当竞争行为的深刻化，使我国刚刚建立的市场竞争机制遭受严重侵害，已成为制约我国经济发展、影响社会稳定的一个重要因素。"实践中，因垄断及不正当竞争导致侵害消费者侵益的案件时有发生，且其造成的社会影响十分广泛，如"作为垄断性营业行为为主体的公用事业组织（主要包括铁路公司、城市公共交通公司、电信公司、供热公司、电力公司、自来水公司、邮政局、国营粮油供应公司、盐业公司、有限电视公司、航运公司等）……它们已经像现代化大公司企业一样，采用规范化服务方式，面对成千上万的用户，而它们经营所具有的垄断性——独占、排他、政府财政担保——使它们的经济效益有保障……难免使公共事业组织形成一种官僚主义习气与官商作风，加之经济实力上与消费者个人之间的对比悬殊，侵害消费者利益之行为会在自觉与不自觉中发生。"若不对此进行及时有效的制止，对于市场竞争秩序的破坏、国家经济发展的损害将是难以预计的。因此，反垄断、反不正当竞争案件应当纳入检察机关的受案范围。

（二） 完善立法体系证成检察机关公益诉讼的合宪性与合法性

检察机关参与公益诉讼的合法性是构建公益诉讼制度的基础，其合法性来源于《宪法》、《人民检察院组织法》、全国人民代表大会常务委员会《关于授权最高人民检察院在部分地区开展公益诉讼试点工作的决定》（以下简称《授权决定》）、《检察机关提起公益诉讼改革试点方案》 （以下简称《试点方案》)、《最高检实施办法》《最高法实施办法》等，其合法性是毋庸置疑的，但其权威性和明确性仍稍显不足。一方面《宪法》和《人民检察院组织法》虽然规定了检察机关作为国家法律监督机关的性质，并将这项功能延伸到公益诉讼中。但没有明确说明检察机关可以作为原告参与公益诉讼，也没有概述在公益诉讼中处于何种地位。另一方面《授权决定》《试点方案》和《实施办法》虽然明确检察机关可以参与公益诉讼，并规定了相关权限和诉讼请求，但严格意义上全国人大的决定和最高检的规定都不是法律，其位阶低权威性不足，缺乏权威法律明确赋予检察机关提请公益诉讼的权力，存在立法休眠司法躁动的情景。

为使公益诉讼从试点走向常规，构建完善的法律体系不可或缺。目前，应当尽快把《最高法实施办法》《最高检实施办法》构建的程序等内容上升为法律规范。一是推动立法机关通过修改民事诉讼法、行政诉讼法明确检察机关提起公益诉讼的主体地位、受案范围与基本程序。建议修改后的民事诉讼法、行政诉讼法设立 "公益诉讼""检察机关提起行政公益诉讼" 的专章。二是推动立法机关通过修改人民检察院组织法明确检察机关有提起公益诉讼的职权。

## 四、检察机关提起公益诉讼制度的具体程序完善

2015 年 12 月 16 日，最高人民检察院第十二届检委会第四十五次会议通过了《最高检实施办法》，明确了检察机关提起民事公益诉讼、行政公益诉讼的案件范围、诉前程序、角色定位，以及检察机关在提起民事公益诉讼中可以和解、不被反诉等细节性程序问题。2016 年 2 月 28 日，最高人民法院也发布了《最高法实施办法》，规定了人民法院审理检察机关提起公益诉讼的受案范围、起诉材料、诉讼请求、诉讼地位、案件管辖、反诉、陪审制、调解、撤诉、二审和再审、司法公开、司法建议、诉讼费用等内容。

（一）"两高" 实施办法的主要内容及差异

《最高检实施办法》主要规定了民事公益诉讼的案件范围、案件管辖，民事公益诉讼案件的办理部门及立案程序、办理期限，民事公益诉讼的调查核实方式，诉前程序，人民检察院在提起民事公益诉讼中的角色定位、诉讼请求、起诉材料、财产保全，检察机关在民事公益诉讼中的检察监督，民事公益诉讼

案件的和解、调解,检察机关的撤回起诉、抗诉和二审开庭;检察机关提起行政公益诉讼的案件范围、案件管辖,行政公益诉讼的办理部门及立案程序、调查核实方式、办理程序及办理期限,诉前程序、角色定位、诉讼请求、诉讼材料、举证责任,行政公益诉讼案件不适用调解,可以撤回起诉,检察机关的抗诉及二审开庭。

《最高法实施办法》主要规定了检察机关提起民事公益诉讼案件的受案范围、提交的诉讼材料、诉讼请求,检察机关的角色定位及诉讼权利,案件管辖,检察机关不被反诉,和解协议需公告公开,可以撤诉,上诉和抗诉依照民事诉讼法执行;检察机关提起行政公益诉讼的受案范围、提交的诉讼材料、诉讼请求,检察机关的角色定位及诉讼权利,案件管辖,行政公益诉讼案件不适用调解,可以撤诉,上诉和抗诉依照行政诉讼法的规定执行,司法建议,检察机关免交诉讼费。

比较"两高"实施办法的内容,二者共同的地方是案件范围、检察机关角色身份及可以撤回起诉的规定。案件范围是十八届四中全会《中共中央关于全面推进依法治国若干重大问题的决定》规定的内容,检察机关公益诉讼人的身份定位也是理所当然,可以撤回起诉是任何诉讼原告应有的权利。《最高检实施办法》侧重规定了公益诉讼案件的办理部门、立案程序、办理期限、调查核实方式、诉前程序、民事公益诉讼的财产保全、检察监督等属于诉讼提起方的内容。《最高检实施办法》关于检察机关在公益诉讼中的调查核实权、诉前程序、申请财产保全等内容规定都具有创新意义且符合检察机关慎重介入民事、行政诉讼的原则。《最高法实施办法》侧重规定了公益诉讼的诉讼请求、需提交的诉讼材料、检察机关提起民事公益诉讼不被反诉、检察机关免交诉讼费等属于审判范畴的内容。《最高法实施办法》最大的亮点在于第 8 条,人民检察院与被告达成和解协议或者调解协议后,人民法院应当将协议内容公告,公告期不少于 30 日。这是对检察机关滥用诉权的一种规制方式,符合公益诉讼的原理要求。"两高"实施办法之间最大的分歧点在于检察机关提起公益诉讼中的诉讼权利,根源在于对于公益诉讼人角色定位的理解。检察机关认为公益诉讼人的诉讼权利应当参照刑事公诉人,而法院则认为公益诉讼人的诉讼权利应当参照民事、行政诉讼的原告。本课题组认为,检察机关充任的民事、行政公益诉讼人既非刑事公诉人的诉讼权利也非民事、行政诉讼的原告的诉讼权利,而是介于二者之间的一种状态,是以刑事公诉人的诉讼权利为基础,兼顾民事、行政诉讼原告特性的一种新型诉讼主体。检察机关在提起公益诉讼时应享有刑事公诉人的地位,也就是说检察机关在充任公益诉讼人时,在地位上是与法院具有同等地位的国家机关,而不是公民、法人或社会组织,不能使用传票通知其参加庭审,只能采用通知的方式到庭;同时又必须遵照民事、行政诉讼的本质特征，以民事、行政诉讼的本质特征来限制检察机关的权力。民事诉讼的本质特征是原被告双方在诉讼中地位平等，这就要求法院在庭审过程中要对双方的诉讼主张、证据要求一视同仁，坚持"谁主张，谁举证"，不存在一方举证的证据效力高于另一方的情形。行政诉讼的本质特征就是实行举证责任倒置原则，被告需要就自身行政行为合法性提出证据，否则要承担败诉的法律责任。在行政公益诉讼中，检察机关是原告，检察机关只需要提供被告行政机关的法定职责、履行了诉前程序、损害事实的初步证据、行政机关违法作为或不作为的证据即可。

（二）完善检察机关提起公益诉讼制度的几个具体问题

着眼于制度的实际运行以及试点以来实践中显现出来的具体问题，检察机关提起公益诉讼制度还应在以下几个方面予以完善：

1. 公益诉讼人的内涵把握

根据《试点方案》，检察机关在公益诉讼中分别担当民事公诉人和行政公诉人的角色。目前，许多人仍在讨论检察机关在公益诉讼中应当充任什么角色，课题组认为更为重要的问题是"民事公诉人"和"行政公诉人"应当具有哪些基本内涵。刑事公诉人在刑事诉讼中的特殊身份并不能直接成为民事公诉人和行政公诉人身份的样本，因为它们在诉的对象、证明标准、权限、责任人承担的后果等诸多方面均存在较大差别。课题组认为，确定检察机关担当民事公诉人或行政公诉人在公益诉讼中的身份，要把握好三个基本维度：一是协调民事诉讼、行政诉讼与公益诉讼特殊性之间的关系；二是协调参加诉讼与代表国家之间的关系；三是协调检察权的法律监督属性和诉讼规律之间的关系。

具体而言，检察机关在公益诉讼中应当遵循如下基本要求：（1）无论是民事公诉还是行政公诉都是民事诉讼和行政诉讼的一种，检察机关在诉讼中应当具有相应的法律地位，不能因为检察机关的身份、属性不同，就忽视其在诉讼中的法律地位。检察机关应与民事诉讼或行政诉讼当事人一样，享有诉讼权利、承担诉讼义务，应当尊重法院依法行使审判权。（2）与传统意义上的私益诉讼中的原告相比，检察机关所代表的是国家，其本身与被侵害的公共利益并没有直接的、实体上的利害关系。鉴于这种特殊属性，检察机关也应当有一些特殊的诉讼权力（权利），如诉前完整的调查权、诉讼中特殊的程序性保障权利，对诉讼结果的监督权力。但也应当限制检察机关对私益诉讼当事人享有的自决性诉权（撤诉权、和解权）进行限制，以防止检察机关滥用诉权。（3）既应充分尊重检察机关的法律监督属性，又不能以检察机关的特殊身份影响法院审判主导地位。如果对检察机关监督权的行使不加以适当规制，可能产生不良后果，破坏诉讼平衡。

2. 检察机关在公益诉讼中具体诉讼权利（权力）分析及举证责任

检察机关与民事诉讼或行政诉讼的原告一样，享有相类似的诉讼权利。在诉讼过程中，检察机关与被告人在法官的主导下，程序上平等享有当事人诉讼权利，承担当事人举证责任和义务，与被告身份平等。起诉的范围、程序和条件必须符合法律规定。

检察机关提起公益诉讼的国家性使得检察机关与普通原告又有不同之处。首先，检察机关代表国家起诉，既是权力也是法律义务，遇有法定起诉事由，必须履行起诉的法律义务，不能放弃。其次，检察机关按照法定条件起诉后，必然引起法院审判程序的启动，不得被不予受理和驳回起诉，法院只能通过判决来决定是否支持检察机关的主张。最后，检察机关在诉讼程序中应当享有一些特殊的诉讼权利。如检察机关享有刚性的调查收集手段；在诉前可以免担保申请法院采取保全和禁令的方式；出庭检察人员是检察机关的代表，是依法行使国家权力，无须检察机关委托；无须受到诉讼时效的限制；撤回起诉无须得到法院的许可；检察机关提起诉讼无须缴纳诉讼费。

检察机关在公益诉讼中，不是诉讼所保护的实体权利的享有者，对于起诉所保护的利益不享有完全的实体处分权。基于此，检察机关可以败诉但不承担败诉结果的法律责任；检察机关不能被反诉。同时，为了防止检察机关滥用诉权，对检察机关提起公益诉讼时的和解权、撤诉权应当进行一些程序性限制。例如，和解或调解协议应当向社会公众公开，检察机关提起公益诉讼后决定撤诉的，应当向社会公众公开撤诉理由或召开听证会。检察机关提起公益诉讼的行为本身是履行法律监督职能、保护社会公益的行为，在履行职责过程中给予社会公众以知情权，更有利于提升检察机关的公信力。

在实践中，遇到检察机关提起民事公益诉讼的被告人上诉时，二审开庭是由一审提起诉讼的检察机关出庭还是由提起一审检察机关的上级检察机关出庭？本课题组认为，应当遵照民事诉讼法的规定，由提起一审检察机关出庭应诉。被告人提起上诉不同于检察机关提起的抗诉，所以应当遵循民事诉讼的既有规定，由原一审人民检察院出庭。

检察机关提起公益诉讼时，分别遵守民事诉讼原告和行政诉讼原告应当承担的举证责任。民事诉讼中的一般举证原则是"谁主张，谁举证"，一些特殊类型的民事案件则实行举证责任倒置。对于检察机关提起民事公益诉讼案件，考虑到检察机关提起诉讼属于公诉性质及司法机关的特殊地位，拥有较为广泛的调查取证权，在收集证据方面处于有利地位，在举证能力、技术水平等方面均比普通的原告、被告要高，所以在举证责任分配上，检察机关当然应对自己提出的主张负举证责任。检察机关提起行政公益诉讼是行政诉讼的一种，其实质仍然是特定主体针对行政机关的不作为或乱作为而进行的一种司法救济和法律监督。在举证责任方面，仍应当实行举证责任倒置，即检察机关只需向法院提交提供被告行政机关的法定职责、履行了诉前程序、损害事实的初步证据、行政机关违法作为或不作为的证据即可。

3. 诉前程序的完善

（1）检察机关应积极协调与其他社会组织在诉讼中的衔接

随着经济发展社会物质条件的变化，当前很多法律纠纷越来越复杂，有时需要专业组织参与以提供技术支持。在我国未来相当长的时期内，公益性社会组织建设进程缓慢，一些公益性组织可能具有专业技术能力，但缺乏提出公益诉讼的勇气和魄力。在未来的公益诉讼立法中，鼓励其他社会组织参与检察机关提起的公益诉讼是十分必要的。检察机关具备丰富的法律知识精于诉讼实践，其他组织则有相当高的技术水平和业务能力，二者合作有利于促进资源整合、保护公共利益。如在环境污染案件中，环保组织相对其他主体来说具有专业的环保知识，对污染程度的测算、污染物品的采集等更为熟悉，即便环保组织尚不能直接参与诉讼，通过与检察机关密切配合提供帮助，同样有助于公益诉讼案件的解决，至少能增加诉讼中的民主成分。

（2）完善检察建议使其作为常规手段以节约司法成本

检察建议是检察机关行使法律监督权的重要手段，通过检察建议的形式，促进法益得到保护，能节约宝贵的司法资源。检察建议多运用在刑事诉讼中，不具有强制性，更不是前置程序。根据《试点方案》，检察建议是公益诉讼的前置程序。作为公益诉讼程序的一部分必须规范检察建议的行使权限和内容，试点地区通过提出检察建议，督促行政机关、有关组织纠正行为或提起诉讼，取得了较好的效果。一般而言，行政机关和有关组织接到检察建议后，基本能按照建议的内容，及时处理违法行为，防止公共利益继续受损，这也是当前公益诉讼难以进入诉讼阶段的重要原因。

在检察机关参与公益诉讼中不仅要把检察建议作为一项前置程序，更应成为一种常规手段，将公益诉讼作为备选方案。实践中，如何使检察建议发挥最佳效果仍然值得深入思考。检察建议公开宣告制度是上海检察机关检察建议工作的最新实践，也是能较好地发挥检察建议作用的举措。司法公开，不仅有助于树立司法公信力，也能借助社会舆论有力地推进工作，取得良好的社会效果。借鉴刑事诉讼中的检察建议公开宣告制度，往往能够实现不动用诉讼手段而达到保护公共意义的效果。

（3）完善调查程序

《最高检实施办法》第6条规定了检察机关调查的主要手段有询问、调阅卷宗、咨询等非强制性措施，同时规定了检察机关调查核实时，有关行政机关以及其他单位和个人必须配合。但该规定不是法律，无法规定公民和相关机关不配合的法律责任。后续的制度跟进至少应当做到如下几点：一是建立调查的保障性制度。我国《宪法》规定"中华人民共和国公民必须遵守宪法和法律，保守国家秘密，爱护公共财产，遵守劳动纪律，遵守公共秩序，尊重社会公德"，同时规定"中华人民共和国公民有维护祖国的安全、荣誉和利益的义务"。检察机关代表国家起诉，维护公共利益，公民应当予以配合，这是公民的基本义务。应当在国家法律中明确，对于检察机关的调查，相关机关和个人必须配合，并明确不予配合的法律责任。二是对于国有资产领域的特殊案件，应在立法中设定检察机关冻结有关单位账户的制度。三是在调查阶段，还应当建立检察机关在行政主体或其他诉讼参与人阻碍其执行职务或拒绝执行其决定而依法采取紧急处置的制度。四是在发现违法行为严重污染环境或者造成其他严重后果的，而行政机关又不作为时，应规定检察机关有权申请法院先予执行，责令有关单位停止侵害，采取防治措施，避免公益损害的扩大。

### 4. 检察机关诉讼监督权在公益诉讼领域的行使

检察机关以公益诉讼人的身份提起公益诉讼，公益诉讼人不同于普通诉讼当事人，检察机关与诉讼并无直接的利害关系，而是代表公共利益。然检察机关代表公益提起诉讼只是一种应然的理想状态，并不能说明检察机关的任何诉讼请求都符合公共利益的需要，更不能以保护公益为借口侵犯合法私益。实践中，检察机关为了胜诉会借助公益诉讼人的身份，并以行使法律监督机关的职责为由对法院审判造成影响。检察机关虽然具有公益诉讼人和法律监督机关的双重身份，但此时二者有主有次，公益诉讼人的身份是主要的、第一性的，法律监督机关是补充的、第二性的。首先必须明确公益诉讼人的定位，检察机关基本上是以公益诉讼人的身份参与诉讼，这是实现公益目标的主要手段。检察机关的法律监督权能是隐形的、备用的权能，不能恣意对个案审判施加额外影响，主要监督审判工作中审判人员违法行为和执行活动中的违法情形。且法律监督机关的身份只是享有诉讼权能的前提，并不是以法律监督机关的身份提起诉讼，故在公益诉讼过程中，检察机关暂时"忘却"法律监督机关的身份，反倒有可能取得好的效果。简言之，检察机关在提起公益诉讼的庭审中，应当"忘却"甚至不行使诉讼监督权，即使审判人员出现违法行为，也宜在庭审结束后向法院提出。

检察机关对法院公益诉讼的监督主要是判决结果的监督和执行监督。检察机关对法院公益诉讼判决结果的监督，应多用上诉而非抗诉。根据检察机关充任公益诉讼原告的首要角色定位，检察机关应当谨慎行使检察监督权。上诉是一般诉讼参与人不服判决结果时都会选择的权利救济路径，而抗诉是检察机关行使检察监督权的特有方式。所以，检察机关对法院公益诉讼判决结果不认同时，应首先选择上诉的救济路径。

检察机关对法院公益诉讼的监督重点是执行监督。检察机关担当民事诉讼的原告或行政诉讼的原告，若经过诉讼程序而胜诉，但行政机关或民事公益诉讼被告人拒不执行生效判决，则公共利益仍会受到损害，不符合公益诉讼的初衷。公益诉讼不同于私益诉讼，普通当事人提起诉讼胜诉后会时刻关注，强烈要求执行判决，但公益诉讼因代表不特定的公共利益，缺乏明显的受害人或受益人，故判决生效后，如何履行是不得不考虑的问题。虽然从目前试点地区案件进展情况来看，还没有出现行政机关或民事公益诉讼被告人不履行公益诉讼生效判决的情况，一方面是目前公益诉讼案件生效判决总量较少，不履行的机率相对较低；另一方面当前公益诉讼处于试点阶段关注度高，行政机关或民事公益诉讼被告人一般不会公然不执行生效判决。但缺乏制度约束，强大的行政机关或民事公益诉讼被告人今后仍有可能不履行或者怠于履行生效判决。在公益诉讼的执行阶段，有人认为，作为原告的检察机关可以针对行政机关或民事公益诉讼被告人不履行公益诉讼生效判决的情况，向法院提出强制申请执行。课题组认为，在公益诉讼的执行阶段，检察机关以法律监督者的身份向法院制发检察建议，督促法院执行部门来强制执行。执行程序本身是一个行政程序，而非司法程序，不存在因检察机关的特殊身份影响裁判者居中裁判的问题。反而通过制发检察建议的方式可以督促法院执行，实现及时保护法益的社会效果。

5. 当前检察机关开展提起公益诉讼的工作建议及务实举措

（1）工作重心应放在提起行政公益诉讼上

我国民事公益诉讼在经历十多年的实践探索后，当前面临最大的诉求是把实践探索中形成的经验上升为法律规范。在制度层面，民事公益诉讼的重点是要赋予多元化主体的提起资格。民事公益诉讼要有国家干预的成分，但一定要把握有限干预的原则。检察机关是所有民事公益诉讼提起主体中后盾最强、资源最雄厚、力量最庞大的。而且，通常也能居于中立的地位。但是，现代民主社会，"有限政府"的理念已经深入人心，体现在民事公益制度建构上，就是国家机关不能无限制地全面直接介入民事公益诉讼。因为我们还要清醒地意识到与要预防公共利益不受侵害一样，预防公权力对私权的侵害也是同样值得关注的，我们要努力把握检察机关对公益诉讼介入的"度"。能够通过督促起诉和支持起诉实现对公共利益的救济，就一定不要提起民事公益诉讼。相较于民事公益诉讼，检察机关是行政公益诉讼的唯一适格主体，且检察机关提起行政公益诉讼契合了中国特色检察制度的本质特征。因此，当前检察机关提起公益诉讼工作的侧重点更应放在提起行政公益诉讼上。

赋予我国检察机关行政公诉权，实质上是明确了检察权对行政权的监督，通过权力分配达到制衡效果。从我国宪法确认的根本政治制度来看，检察权监督行政权具有应然性。我国国家权力构建为立法权在上，行政权、检察权、审判权分离的配置模式，国家机关之间除各自对人大负责之外，相互独立，互不隶属，不具有西方国家三权分立结构的制衡关系。实践证明，现行制度完全符合国情并体现民主的时代主题。但随着社会结构的转型，权力失衡现象也不容忽视，最为明显的是"大行政、小司法，强管理、弱平衡"。实践中行政权滥用，甚至干扰审判权和检察权的现象突出。而检察机关作为法律监督机关，专门监督审判机关、行政机关具体执行法律的情况，以权力制约权力，是具有现实意义且符合国情的，是我国治理模式下权力分立制约体制的应然选择。

司法并非万能，法院不能解决行政主体与公民、法人或者其他组织之间的所有行政纷争。但是，确保行政行为接受司法审查是十分必要的，尤其对于行政主体作出地损害公共利益的行政行为。行政公益诉讼实际上是一个倒逼机制，促使行政机关增强依法行政意识，保障社会公共利益与公民合法权益。①政府守法是法治的关键，司法控制就是促使政府守法的一项节制而必不可少的保证，而行政公诉权正是权力制衡的重要力量。

行政公益诉讼可以补强检察权对行政权的法律监督。当前，检察机关对行政权行使的监督主要有诉内和诉外两种方式，尽管取得一定效果，但存在极大的局限性。一是在诉内监督方面，立法赋予检察机关的权力只是对生效行政裁判的抗诉权，实际上被严格限定在一个极为狭小的范围，对于诉讼启动、诉讼进程均无权决定和有效参与；二是在诉外监督方面，在职务犯罪侦查方面，针对的是国家工作人员利用职务实施的犯罪行为，检察权对一般违法行政行为的制约是一种软监督，仅具有软法的效力，以至于行政机关在实践中往往对检察建议置之不理。相较而言，行政公益诉讼是一种硬法的约束。

（2）拓展诉讼案件线索来源渠道

《试点方案》没有明确说明公益诉讼的线索来源，但试点范围限定为检察机关在履行职责中发现危害公共利益的案件才能提起诉讼。对试点省份来说，如何发现和收集案件线索成为开展试点工作的瓶颈。虽然不是每个案件线索都会引发诉讼，但案件线索是办案的前提和基础，没有线索就不会有后续各项程序。从试点省份案件线索收集的情况来看，案源匮乏还比较严重，最高检的数据显示，试点工作开展近 10 个月以来，行政公益诉讼案件线索只有 554 件，平均每个省每个月只能发现 5 条左右线索，其中能转化为诉讼的线索更是少之又少，长此以往将使行政公益诉讼陷入无案可办的窘境，不利于该制度的健康发展。

---

① 黄庆畅、杨子强：《破除行政公益诉讼的"门禁"》，载《人民日报》2014 年 3 月 26 日。

《试点方案》关于案件线索的表述，排除了其他主体自行收集线索的可能性，无形中会妨害其他主体参与的积极性。在今后的实践中应该逐步拓展案源渠道，将检察机关履行职责发现案件线索做扩大解释。履行职责中发现的线索，不仅包括检察机关履行自身业务，如犯罪侦查、决定逮捕、审查起诉等职责中发现的线索，还包括人大、政协、党委、政府等机关移送的案件线索和公民、法人、其他组织控告申诉中发现的线索。因为检察机关的重要职能是法律监督，接受以上主体转交的线索是履行法律监督职能的体现，也是履行职责的应有范畴。

（3）做好行政公益诉讼与公务员法、刑事诉讼法的衔接

如果检察机关提起行政公益诉讼胜诉，意味着行政机关违法行使职权或不履行法定职责导致公共利益受到侵害。此时，会出现行政机关责任人的后续处理问题。若是违法行为严重，涉及犯罪会牵涉行政公益诉讼与刑事诉讼的衔接问题。根据当前检察机关的职权，检察机关职务犯罪侦查部门可以直接立案侦查，但随着国家检察委员会的成立，职务犯罪侦查权不隶属于检察机关后，需要做好行政公益诉讼与刑事诉讼法的衔接。若是轻微违法违纪行为，应根据行政机关内部惩戒措施，依法追究责任。但为了对行政机关产生强有力的威慑，避免行政公益诉讼胜诉却难以追究行政机关相关人员责任的现象，《试点方案》应当对检察机关提起行政公益诉讼胜诉后，明确写明依照公务员法、刑事诉讼法追究行政机关相关人员责任。

# 检察环节认罪认罚从宽处理制度研究<sup>*</sup>

上海市黄浦区人民检察院课题组<sup>**</sup>

## 一、检察环节认罪认罚从宽处理制度的内涵

认罪认罚从宽制度一词出现于中央决策和司法机关的文件中，并没有充分阐释。鉴于目前没有法律文件对认罪认罚从宽制度进行充分阐释，课题组对检察环节认罪认罚从宽处理制度内涵界定和分析，将从字面意思、制度提出、设计者的初衷和相关文件的描述去加以概括提炼。

显然，合理地配置、利用有限的司法资源，提高刑事诉讼效率是认罪认罚从宽制度提出和设计者的初衷。"两高三部"《关于在部分地区开展刑事案件认罪认罚从宽制度试点工作的办法》（以下简称《试点办法》）规定，犯罪嫌疑人、被告人自愿如实供述自己的罪行，对指控的犯罪事实没有异议，同意量刑建议，签署具结书的，可以依法从宽处理。由此，结合字面意思和相关文件的描述，课题组认为，所谓认罪认罚从宽制度，是指在刑事诉讼中，犯罪嫌疑人、被告人承认对其所提起的犯罪指控并愿意接受刑事处罚，进而与国家追诉力量达成一致，最终获得相对较轻惩罚的一种制度安排。认罪认罚从宽制度包含一种程序安排的意思，更多意义上是一种机制，内含实体处理、程序设计和诉讼参与者关系的协调等，不能仅从程序层面对其进行理解。检察环节的认罪认罚从宽制度本质上是一种机制设计，可以从广义和狭义两个层面加以理解。从广义层面看，检察环节认罪认罚从宽程序是指检察机关参与适用认罪认罚从宽制度的程序和机制。从狭义层面看，检察环节认罪认罚从宽程序是指案件审查起诉阶段，检察机关依照相关法律规定适用认罪认罚从宽制度的相关程序和机制。有鉴于认罪认罚从宽制度概念的复合性，在理解这一制度时，必须对之作系统分析，而系统分析的前提在于准确把握相关概念。

---

* 上海市检察官协会 2016 年重点研究课题。

** 课题组负责人：陈明；课题组成员：王戬、王喆骅、顾忠长、薛莉萍、邹积超、袁雪娣。

（一）对"认罪"的理解

对于"认罪"的理解，学界存在不同的看法。有学者指出，依据我国刑事诉讼法的规定，认罪不仅包括承认自己所犯罪行，对指控的犯罪事实没有异议，还包括对适用简易程序没有异议。① 有研究者认为，认罪必须获得程序法上的意义才能对诉讼程序的进程和形式产生影响，认罪可能发生在侦查、审查起诉和审判各个诉讼阶段，但犯罪嫌疑人在侦查、审查起诉阶段的认罪不应具有程序法上的意义，能够对诉讼程序和形式产生影响的认罪只能是被告人在审判前阶段的认罪。② 但也有学者认为，所谓认罪，仅指被告人在正式的法庭上承认控方提出的指控。③ 此外，还有研究者指出，认罪包含着主观与客观两方面的要求，在主观上，必须坦诚地述说自己的犯罪事实，是真心实意的，而不是被逼迫的、被动承认；客观上，被告人须将所犯客观事实如实交代。主客观相结合才是认罪。④ 事实上，"认罪"从主观角度可判断罪犯已认识到自身错误，通过对犯罪事实的供认以达到改过自新的目的，从客观角度则体现在罪犯对自身的恶劣行径真正做到供认不讳。

（二）对"认罚"的理解

所谓"认罚"，则是一个比较新的概念，它在形式上表现为犯罪嫌疑人、被告人在认罪的基础上愿意接受刑事处罚或处理。它包括两个层面的含义：首先，犯罪嫌疑人、被告人对面临的刑罚或者刑事处理决定是清楚的、理解的；如果犯罪嫌疑人、被告人对面临的刑罚或者刑事处理决定不清楚、不明白，而是通盘全吃——无论怎么处罚，怎么处理，他都表示接受——那就不是认罪认罚从宽制度意义上的认罚。其次，犯罪嫌疑人、被告人自愿接受已明晰的刑罚或刑事处理决定，亦即不存在法律层面外胁迫、欺骗等迫使犯罪嫌疑人、被告人接受刑罚或者刑事处理决定的情形。

（三）对"从宽"的理解

所谓"从宽"，是指被告人能够在量刑或者处理上获得优惠。量刑优惠是从宽处理的最一般表现形式，包括从轻或者减轻处罚，在实践中还包括作出不起诉决定、缓刑判决以及免除刑罚判决等。当然，从一个更加宽泛的角度而

---

① 张建国：《论对被告人认罪之确认亟需解决的几个问题》，载《赤峰学院学报》2005 年第 4 期。

② 郭明文：《被告人认罪案件的处理程序研究》，西南政法大学 2007 年博士学位论文，第 1 页。

③ 马贵翔：《刑事诉讼结构的效率改造》，中国人民公安大学出版社 2004 年版，第228 页。

④ 余胜：《认罪从宽制度刍议》，湘潭大学 2009 年硕士学位论文，第 11 页。

言，从宽还可能包含罪名的选择。需要特别指出的是，从宽必须是制度上的、经验上的，而不是个案上的——尽管个案上确实存在相当大的差别，但制度层面上讲，从宽是相对稳定的，被告人对量刑结果能够形成合理预期。此外，从宽还是一个动态过程，实践中它有一个协商合作、达成一致、从宽建议和最终确认的过程。

综上，课题组认为，在理解认罪认罚从宽这个概念时，需要注意以下几点：(1) 认罪认罚应确保其自愿性。犯罪嫌疑人、被告人是自愿承认其所犯罪行，而不是在强大的证据面前被迫承认其犯罪事实。(2) 认罪的时间段不宜局限于某个诉讼阶段，但应保证其连贯性。在犯罪发生后，只要犯罪嫌疑人、被告人自愿承认相关犯罪事实并且随后不存在翻供的情形，就可以认定为认罪。(3) 将认罪限定为主、客观的结合固然有助于查明案件事实，但从程序运作和逻辑发展的角度来看，这一限定未必合理。因为被告人是否如实交代是需要经过审理来查明和验证的，它是审查的对象而非前提。(4) 要准确理解认罪认罚从宽制度的内在逻辑，即认罪认罚与从宽的关系。课题组认为，认罪认罚可能导致从宽处罚，但二者并不存在必然联系。为了确保量刑的合理性、科学性，应当综合考虑每个案件的具体情况。

需要指出的是，检察机关的法律监督职能贯穿于刑事诉讼的始终，故而检察环节认罪认罚从宽制度似乎应该作宽泛的理解，即从检察机关所有职权所及范围来看待认罪认罚从宽制度。但也应该看到，认罪认罚从宽制度的核心内容集中于公诉阶段。由此，本课题也将检察环节认罪认罚从宽制度限定在公诉阶段，并在相关诉讼阶段展开必要的研究论述。

## 二、上海市检察机关速裁程序实践考察——以黄浦区人民检察院为例

### (一) 基本框架

刑事案件速裁程序试点工作开始后，上海市委政法委多次召集公检法司领导及相关部门研究试点工作，并提出具体工作要求。上海市法院、检察机关及有关部门也进行了大胆探索，目前速裁程序的基本框架已经建立起来。

1. 上海试行刑事案件速裁程序的基本规范

为保证速裁程序顺利实施，根据中央有关刑事案件速裁程序试点工作部署和要求，上海作为刑事案件速裁程序试点城市之一，由市委政法委下发了《关于在刑事案件速裁程序试点工作中适用有关法律文书的会议纪要》《关于本市试行〈适用速裁程序办理相关刑事案件证据指引（试行）的会议纪要》《适用速裁程序办理相关刑事案件证据指引》等文件，上海市高级人民法院发

布了《上海法院速裁程序案件适用范围及量刑指导意见（试行）》，上海市人民检察院发布了《上海检察机关开展刑事案件速裁程序试点工作的指导意见》。这些规范性文件不仅对刑事案件速裁程序作了比较明确的规定，也为检察机关量刑建议的提出和法院的审查确认提供了指导。综合上述规定，速裁程序的主要内容有：

（1）速裁程序的适用。对于速裁程序的案件范围，从罪名上看，主要包含 11 种罪名，即危险驾驶、交通肇事、盗窃、诈骗、抢夺、伤害、寻衅滋事、非法拘禁、毒品犯罪、行贿犯罪及在公共场所实施的扰乱公共秩序犯罪。从刑罚上看，要求情节较轻，依法可能判处 1 年以下有期徒刑、拘役、管制或者单处罚金的案件。速裁程序只有在罪名和刑罚上满足上述两个条件才能适用；同时，适用速裁程序的案件还有一定的条件要求，即必须是对事实认定、适用法律、程序选择均无异议的案件才可适用。此外，以负面清单形式对速裁程序排除适用情形作出了具体规定。

（2）具体程序的设计。在审查起诉阶段，速裁程序的启动者主要为检察机关、公安机关和辩护人；检察机关一般应当在受理案件后 8 个工作日内审结案件；对于可适用速裁程序的案件，检察机关应当提出明确的量刑建议，包括具体的刑罚、种类、量刑幅度及执行方式，其中建议适用缓刑或者管制的，必须取得司法行政机关的社会调查评估反馈意见。在法律文书简化方面，检察机关也发布了相关参考简化模板。在审判阶段，速裁案件采取独任制，由审判员一人对案件进行审理；刑事诉讼法规定的传票和通知书送达期限在速裁程序中不受限制；对于被告人当庭认罪，同意量刑建议和适用速裁程序的案件，不再进行法庭调查、法庭辩论；适用速裁程序审理案件，一般应当在受理后 7 个工作日内审结并当庭宣判，并使用格式裁判文书。

（3）诉讼的保障制度。上海的试点规范要求适用速裁程序案件原则上尽可能采用非羁押性强制措施，但应明确告知其违反取保候审、监视居住规定将面临被逮捕和通缉的后果。同时，值班律师制度是上海速裁程序的一大亮点，即试行速裁程序的案件，通过在人民法院、看守所派驻法律援助值班律师，为犯罪嫌疑人、被告人提供法律帮助，切实保障犯罪嫌疑人、被告人合法权益。为准确把握适用速裁程序办理相关刑事案件的证明标准，上海市委政法委发布的《适用速裁程序办理相关刑事案件证据指引》，对适用速裁程序的盗窃、非法拘禁、故意毁坏财物、故意伤害、交通肇事、危险驾驶、寻衅滋事、诈骗、零包贩毒等九类刑事案件证据问题进行了规定，要求做到"全案证据无矛盾、排除合理怀疑，犯罪嫌疑人认罪、对适用速裁程序无异议"，并以通用证据和分类证据的形式对上述犯罪的证据规格作了规定。

2. 上海检察机关试行刑事案件速裁程序的基本情况

检察机关在速裁程序中处于关键地位。根据市委政法委的部署,上海检察机关的速裁程序试点工作分两个阶段进行。第一阶段自2014年8月至2015年6月底结束,首先在黄浦、长宁、杨浦、普陀、浦东和闵行区6家基层单位进行试点;第二阶段从2015年6月26日起,在先行试点的基础上,在全市基层院全面推开。本着"迈小步、走快步、不停步"的原则,6家试点单位均选择适合的案件进行大胆实践探索,积累了相关经验。

以上海市黄浦区人民检察院为例,该院因地制宜开展刑事案件速裁程序试点工作,在规范运行基础上,逐步探索机制创新,稳步提升办案效率,有效缩短办案期限,同时加强法律监督及权益保障,使速裁程序试点工作得到有序推进。自2014年11月26日至2015年11月25日,共受理速裁案件367件372人,分别占总受理案件数的35.8%和31.4%。速裁案件平均审查起诉用时6天,经审查,按速裁要求提起公诉的353件358人,分别占速裁受理案件数的96.1%和96.2%,退出速裁程序的14件14人,占速裁受理案件数的3.9%和3.8%。适用速裁程序案件涉及的案由为:盗窃案189件192人,危险驾驶案92件92人,贩卖毒品案57件58人,容留他人吸毒案9件9人,妨害公务案3件3人,寻衅滋事案1件2人,掩饰隐瞒犯罪所得案1件1人,非法持有毒品案1件1人。经法院审理,一审已经判决的353件358人,其中按速裁程序开庭的339件344人,占速裁起诉案件的96.1%;改为简易程序开庭9件9人,占速裁起诉案件的2.5%;改为普通程序开庭5件5人,占速裁起诉案件的1.4%。一审判处拘役的317件322人,占93.5%和93.6%,其中缓刑20件20人;判处有期徒刑21件21人,占6.2%和6.1%;判处管制1件1人。共有7件7人提出上诉,占判决案件的2.1%;所有上诉案件二审均已驳回。

上海检察机关开展刑事案件速裁程序试点总体情况如下:第一,速裁试点的框架基本形成,相关制度建设工作较为扎实,基本形成符合速裁程序特点的办案流程,办案规范上要求严格,重点注意对犯罪嫌疑人基本权利的保障和证据规则的规范。第二,办案流程较简易程序等有了进一步集约简化,审查周期普遍缩短,文书得到简化,诉讼环节进一步集约。第三,重点内容的探索逐步丰富,表现为:一是办案组织形式渐趋多元。各单位在总结"繁简分流""简案专办"经验的基础上,结合实际,优化办案组织结构,充实人员配置。① 二是具体量刑建议渐趋精准。大部分试点单位都推出了相对精细化的量刑标准。

(二)黄浦区院的主要做法和成效

黄浦区位于上海的中心区域,也是上海市确定的速裁程序试点区域之一。

---

① 主要形成两种模式:一是集中和分散相结合的模式;二是集中办理模式。

在速裁程序的试点工作中，黄浦区院立足于自身情况和诉讼规律，进行了卓有成效的工作，可以作为考察上海检察机关速裁程序试点工作的一个范本。

1. 具体做法

（1）注重规范性，构建量刑建议机制。针对细化量刑建议的工作要求，黄浦区院准确把握刑法量刑规定，结合最高法量刑指导意见、上海高院量刑指南及相关司法解释，制定了《关于刑事速裁案件常见罪名的量刑标准操作细则》，以电子表格的方式列明犯罪数额（情节）、对应量刑及法律依据，并针对犯罪情节制定刑期浮动比例，辅助案件审查。以盗窃罪为例，区分普通盗窃、扒窃、入户盗窃等不同类型，梳理盗窃数额及对应的基准刑，并附法律依据予以说明；同时，针对实践中从轻、从重量刑情节，详细列举既遂、未遂并存等 9 种盗窃罪浮动情节，设定基准刑浮动比例，便于实践操作。该机制的确立，一方面便于办案人员在案件初审阶段根据量刑标准直接进行程序启动筛选，另一方面为在起诉书和具结书上提出明确的量刑建议夯实基础。

（2）注重创新性，探索表格式起诉书。为进一步提高办案效率、节约诉讼成本、实现有效推进速裁程序简化优化的目的，黄浦区院结合办案实际，以零包贩毒案件、部分危险驾驶案件为模板，在对外公开文书上，探索以表格式起诉书提起公诉。简化起诉书主要是考虑到零包贩毒、危险驾驶两类案件的特殊性，一是情节轻微，刑格为 1 年以下有期徒刑、拘役、管制或单处罚金刑罚，符合速裁案件的量刑范围；二是当场人赃俱获或交警当场处警，事实清楚、证据充分，被告人认罪且对量刑建议、适用速裁程序无异议，在案件无争议的前提下，可以适当简化起诉书的表述；三是零包贩毒案件、危险驾驶案件无被害人，无须考虑人身伤害、物损赔偿等问题，社会维稳压力较小；四是被告人及其家属一般不聘请辩护律师或明确表示不申请法律援助，在减少律师阅卷等诉讼环节的基础上，诉讼程序推进较快，有利于提高办案效率。表格式起诉书以表格形式保留了起诉书中被告人基本情况、公诉机关指控罪名、事实、证据部分（简要列明），被告人意见、量刑建议及法律依据，整个文书简明清楚，一目了然。表格式起诉书涵盖了法律文书的全部要素，又与法院的表格式判决书相呼应，形成一套统一的审结报告、起诉书、判决书速裁案件专用文书，因此，更能凸显速裁程序区别于简易程序、普通程序的办案特色，有效优化了诉讼资源配置，体现了在规范运行的前提下对速裁程序工作机制的探索创新。

（3）注重协作性，实现公检法司联动。黄浦区院通过强化外部协作、创建内部机制，确保各执法环节顺畅衔接，实现诉讼效率的提高。一是召开联席会议，凝聚各方共识。由分管检察长牵头，与公安、法院、司法局召开"速裁程序适用范围及流程系列专题研讨"，经多次磋商，率先以联席会议方式制定《黄浦区法院、检察院刑事案件速裁程序操作细则（试行）》，确立起诉"四集中"原则，即"集中受理、集中提审、集中起诉、集中出庭"；审判"三集中"原则，即"集中排庭、集中开庭、集中审判"，着力凸显速裁程序降低司法成本、提高诉讼效率的优势特点。二是检法有效配合，建立速裁专门通道。通过选优配强成立速裁专办组，在工作模式上采用受理、审查、出庭、诉讼监督一体化办案模式，并与法院速裁专办组建立速裁案件对接通道，实现办案人员、案件类型、办案时间的专业对接。三是检司通力合作，化解办案难点。与司法局就速裁案件社会调查评估工作达成共识，对建议判处缓刑的刑事速裁案件，由黄浦区院于案件受理 2 日内寄送《被告人审前社会情况调查表》，司法局于 5 日内完成调查评估、出具评估意见，向检察院或法院作出回复，减少因法律文书寄送等中间环节造成时间久、易遗漏等弊端。

（4）注重维稳性，促进法律效果与社会效果的统一。对于涉及被害人经济赔偿类的案件，如故意伤害未赔偿而未取得被害人谅解、危险驾驶造成物损人伤、盗窃犯罪尚未退赃退赔等有可能影响社会稳定的案件，需特别关注与被害人的协商。如被告人李某某为泄愤故意殴打致被害人张某某轻伤，虽投案自首且有向被害人作出经济赔偿的意愿，但在审查起诉阶段无能力实际履行，尚未取得被害人谅解，考虑到与被害人无法达成民事赔偿调解协议，故在办理中及时决定将本案退出速裁程序，以简易程序提起公诉。鉴于此类案件中被害人的意见在不同阶段都可能有所变化，即使在审查起诉阶段同意谅解的，在庭审阶段仍有可能改变想法，故要求办案人员在审查过程中更需采取谨慎态度，若被害人不同意适用速裁程序的，则应视情况退出速裁程序或及时向法院提出不予适用的建议。

2. 主要成效

（1）办案工作集约简化，诉讼效率提高。表格式诉讼文书的适用、社会调查的便捷、集中提审、集中开庭等形式的探索，使得案件的处理工作得到进一步简化，诉讼效率得到了切实提高。据测算，一般案件在受理后 8 日内即能完成审查起诉工作。

（2）案件处理接受率高，社会影响良好。在全面推进速裁程序期间，在已判决的速裁案件 339 件 344 人中，一审判决生效率达 97.9%；仅 7 件 7 人提起上诉，上诉率为 2.1%，且所有上诉案件均被裁定驳回上诉、维持原判。速裁案件办案周期短，诉讼效率高，被告人认罪态度良好、认罪表现积极，通过家属退赃退赔，也较易取得被害人的谅解等，因而有利于化解冲突纠纷，缓解社会矛盾，保障社会管理秩序和谐稳定，实现法律效果和社会效果的统一协调。

（3）精准量刑建议，基本达成诉判一致。以高院速裁案件量刑指导意见为基准，确立了 1—2 个月的量刑幅度，力求提出精准量刑建议。从实际情况来看，法院在开庭审判过程中，对起诉书中的量刑建议采纳率高达 96.1％，实现了诉判高度一致。对于检察院以速裁程序提起公诉的 353 件 358 人案件，法院因审查或庭审过程中出现不宜用速裁程序的情形而转为简易程序 9 件 9 人，转为普通程序 5 件 5 人；同意适用速裁程序开庭的为 339 件 344 人，占起诉案件的 96.1％，较好地促进了检法两家分工配合、统一协调、有序衔接，实现了速裁案件诉讼程序高效运转的良性循环。

（4）保障律师介入，切实保护人权。保障当事人的合法权利，是黄浦区院推进速裁程序试点工作的一项基本原则，绝不能以牺牲当事人合法权利为代价实现提高诉讼效率的目的。在公检法司刑事速裁案件协调会上，黄浦区院与有关单位及时沟通协商，确定稳定的工作机制，保障当事人特别是犯罪嫌疑人或被告人的合法权利。一方面，与司法局等单位对法律援助工作签订协议，保证法律援助工作能够跟上速裁程序的推进节奏；另一方面对适用速裁程序案件严格执行案件信息公开要求，并设置辩护律师阅卷会见"绿色通道"，有力保障律师能够及时介入诉讼，为犯罪嫌疑人或被告人提供及时的法律帮助，从而有效保障了犯罪嫌疑人、被告人的相关诉讼权利。

（三）实践中遇到的问题

1. 精确量刑尚难把握

速裁程序要求检察机关提出明确的量刑建议，且对有期徒刑的建议幅度一般不超过 2 个月；拘役、管制的建议幅度一般不超过 1 个月。但由于《上海法院速裁程序案件适用范围及量刑指导意见（试行）》仅就 11 种速裁罪名的量刑进行了说明，但未规定具体情形，如犯罪嫌疑人构成自首的，如何对这一法定从轻、减轻情节进行量刑，该指导意见没有明确作出规定。按照《上海市高级人民法院关于常见犯罪的量刑指导意见实施细则》的规定，该自首情节可以减少基准刑的 20％—40％；但究竟是采用 20％ 还是 40％，属于法官的自由裁量权。这一较大的量刑幅度，则可能使检察机关的量刑建议幅度精确到有期徒刑 2 个月或拘役、管制 1 个月以内有了难度。

2. 办案时间优化受限

这主要表现在三个方面：一是证据问题。速裁程序对侦查阶段证据的要求明显提高，要求 8 个工作日内对案件事实证据审查完结，这意味着侦查机关搜集证据材料需一步到位。实践中，由于侦查机关内部分工不同，基层派出所制作并移送的证据材料往往需要进一步补充。这就导致了大量时间不可避免地消耗在证据补充上，由此也迟滞了诉讼节奏。例如因暂时无法厘清量刑问题，检察机关对《具结书》中的量刑建议就无法提出，审结报告表、起诉书中的相关内容也就停滞，从而影响了速裁案件的审查效率。二是相关权利告知问题。

速裁程序须于受理案件后 3 日内告知《刑事案件速裁程序告知书》《犯罪嫌疑人权利义务告知书》，并在审查起诉阶段由犯罪嫌疑人签字认可《具结书》，由于《具结书》中须详细列明各种具体的量刑情节，而有些情节需要通过讯问犯罪嫌疑人后进行核实，从而导致权利告知、讯问犯罪嫌疑人、签字认可《具结书》这三种情况需要分别与犯罪嫌疑人当面确认。试点阶段，速裁案件的适用比例尚小，案件难以集中处理，往返看守所耗时较大，速裁的"速"字难以实现。三是跨区域的社会调查难以在短时间内完成。根据规定，对建议宣告缓刑或者判处管制的犯罪嫌疑人必须进行调查评估。目前对本市的犯罪嫌疑人只要在上海市社区矫正信息管理平台上填写《审前社会情况调查表》，对应的司法行政机关一般在 3 日内就会反馈意见；但对户籍地或居住地不在本市的犯罪嫌疑人，则难以在 5 日内完成调查评估，进而无法落实在 8 个工作日内审结案件的规定。

3. 出庭缺乏统一规范

按照上海有关规定，检察机关应当派员出庭支持公诉，可以摘要宣读指控事实、证据和量刑建议。但具体采用何种模式，仍未列明。例如摘要宣读指控事实是指直接简述罪名，还是指将何时、何地、何事均进行表述？摘要宣读证据是指摘要宣读证据目录、还是可以对主要证据进行宣读？摘要宣读量刑建议是否需要表述其所有的量刑情节？基层院在出庭时，依照法院要求，采取的模式是起立宣读事实部分及所有证据目录，再将起诉书最后一段经审查查明的定罪量刑部分予以宣读，但这与快办程序中"摘要宣读起诉书节录部分"完全一致，简化效果并不明显。

4. 通用证据及规格不够统一

实践中，大部分退出速裁程序的案件均是因为证据规格不够统一，导致在审查起诉期间需要补充相关证据，从而延缓了办案期限。

5. 社会调查存在疑虑

对于可能判处缓刑的刑事案件需要结合社会调查，但现实中对非沪籍犯罪嫌疑人的社会调查一直存在困难，并且极易滋生寻租腐败行为，对社会调查的准确度也难以把控。

6. 速裁程序适用率不高

根据 2015 年 10 月 15 日发布的《最高人民法院、最高人民检察院关于刑事案件速裁程序试点情况的中期报告》，从 2014 年 8 月 26 日至 2015 年 8 月 20 日，各地确定基层法院、检察院试点 183 个，共适用速裁程序审结刑事案件 15606 件 16055 人，仅占试点法院同期判处 1 年有期徒刑以下刑罚案件的 30.70%。在上海的试点中，速裁案件适用率也同样不高。速裁案件与轻案快办案件相比，简易程度、庭审程序相差无几，办案期限还多于轻案快办案件。

另外，试点中有个问题亟待关注，即部分符合速裁条件的犯罪嫌疑人为留所服刑而拒绝适用速裁程序。因为根据有关法律规定，判处有期徒刑的罪犯在被交付执行刑罚前余刑超过3个月的须送交监狱执行。一些犯罪嫌疑人便选择放弃速裁，尽量拖延诉讼，以达到留所服刑的目的。

### 三、国外认罪相关制度的考察与评析

尽管对辩诉交易或者控辩协商有各种各样的争议，但一个明显事实是，辩诉交易制度及其衍生品正在为越来越多的国家所引用和借鉴，并在不同的国家发展成势。实际上，在犯罪率不断上升、司法成本越来越大的今天，各国都在致力于以最小的司法资源投入换取最大的司法效益。正是在这样的背景下，辩诉交易或者控辩协商以其特有的优势获得了包括英美法系、大陆法系国家的青睐。当然，各国模式选择是不一样的，这其实是多方面原因造成的。对于我们来说，探究各国移植和借鉴辩诉交易的规律是极为重要的，对于我们加深对辩诉交易的理解以及设计认罪认罚从宽制度极富意义。或者更进一步讲，如果将我国的认罪认罚从宽制度看作对美国辩诉交易制度或其他认罪诉讼制度的移植和借鉴时，对经验和教训的梳理分析，可以更为辩证地看待我们的处境，便于作出科学的决策。

#### （一）认罪诉讼制度的基本规律

在各国丰富多彩的认罪诉讼制度中，我们仍可以看到这些制度受到某些特定规则的规制。这些规则其实就是认罪诉讼制度内质的反映，也是其生存和发展之本。

1. 认罪的自愿性规则

美国辩诉交易制度的自愿性不必多言，对于强职权主义的大陆法系国家（地区）而言，控辩双方的平等地位还未能够达到真正的平等。但在协商的过程中，控辩双方仍至少在形式上维持着一种平等，并把自愿性因素加入其中。对于被告人及其辩护律师而言，自愿性至少有两方面的权利：一是被告人必须有权利明白并正确理解辩诉交易程序的性质、程序和后果；二是检察官一方不得以任何引诱、胁迫等方式逼迫被告人进行辩诉交易。对于检察官而言，自愿性则主要体现为检察官可以根据所掌握的证据与被告人及辩护人达成协议，以检察官放弃部分事实的追诉或轻罪起诉等获取被告人的认罪。在协议达成之后，法官都会对这种自愿性进行审查，实践中大陆法系国家的审查更为严格。因此，自愿性是辩诉交易达到诉讼公正的决定性环节，自愿性审查也应该成为辩诉交易的必要环节。

### 2. 交易性规则

《易·系辞下》记载："日中为市，致天下之民，聚天下之货，交易而退，各得其所。"所谓"交易"指物与物的交换，延伸到刑事诉讼中就应该表现为某种权利的交换。在这个交易体系中，检察官与被告人及其辩护律师之间就案件处理经过协商达成一致，检察官通过被告人的认罪高效准确地赢得官司，节省了诉讼资源，也打击了犯罪，使公众的社会安全得到满足；被告人通过认罪获得宽大处理，可以避免长时间的诉讼压力，也获得了部分自由，能够逃避较为沉重的处罚。因此，在认罪诉讼制度中，给予犯罪嫌疑人或者被告人特定的权利优惠是必要的。我们注意到，这种优惠具体表现是不统一的，有的允许不起诉，有的仅允许减轻处罚，有的允许降格起诉或者选择起诉。这种优惠的幅度是与一国（地区）的司法制度和传统紧密相连的，但与之最有关的是检察官的地位和自由裁量权。

### 3. 保障性规则

我们必须承认认罪诉讼制度对传统的诉讼制度是一个突破，这使得认罪诉讼制度在各国的扎根发展存在各种各样的阻力，而且认罪诉讼制度与实体法中的罪责关系、诉讼法上的正当程序和证据制度都有形式上的背离。但我们看到，认罪诉讼制度在各国司法制度中的生命力是强盛的，原因就在于认罪诉讼得到了其他诉讼制度的保障。比如，认罪诉讼制度的事实必须有完备的辩护制度，否则我们无法确保被告人有罪答辩的自愿性，无法使被告人"明知"和"明智"地作出有罪答辩，无法与检察官展开有效的协商以确保被告人的权利不受到侵害。又如，认罪诉讼制度应该有司法审查制度对之进行监督，保证它不偏离人们最朴素的公正观。这些保障性规范对认罪诉讼制度的生存和发展起到了至关重要的作用。认罪诉讼制度的移植和借鉴不仅仅是一种制度的简单嫁接，在成本允许的前提下要对相关制度进行适当的修正。

### 4. 规范性规则

认罪诉讼虽然有各种各样的表现形式，而且交易中充满了协商，但这绝不意味着认罪诉讼程序可以肆意妄为，它仍然受到了一定的规制。认罪诉讼程序要满足程序公正的一般要求，需要法律条文赋予法律拘束力，以规范所谓交易活动。在适用认罪诉讼的国家中，无一不对其适用范围、程序、内容、审查机制等事项作出明确的法律规定。认罪诉讼制度的法律规范化，使得它与国家的其他法律规范形成一个结构严谨、标准统一的整体，同时得到国家强制力的保证。在认罪诉讼移植和借鉴中，我们注意到的一个现象是这一制度往往作为一种特殊程序规定于诉讼法之中，这实际上是个有趣的现象，即意味着认罪认罚诉讼制度仅仅是普通程序的一种补充。

### （二）移植与借鉴的规律

在讨论认罪制度时，我们经常与美国辩诉交易制度相比较，实际上，各国（地区）的认罪制度的构建都或多或少受到美国辩诉交易制度的影响，有的甚至是完全的移植。尽管我们研究和构建的认罪认罚从宽制度意图锁定于我国刑事诉讼机制下，但这并不排斥对其他国家（地区）相关制度的借鉴，甚至移植；不仅如此，其他国家（地区）借鉴或移植相关诉讼制度的经验和教训对我们更为珍贵。

1. 注意与司法文化和环境的适应与协调

现代比较法研究揭示出这样一个规律："法律是特定民族的历史、文化、社会价值观念和一般意识与认识的集中表现，没有两个国家的法律体系是确切地相同的。法律是文化表现的一种形式，而且如果没有经过某种本土化的过程，一种文化是不可能轻易地移植到另一种文化里面的。"① 也就是说在法律改革或移植的过程中，必须充分认识和评估本国及外国的法律传统及其可能对本国法律所产生的影响，应在本国法律传统所能接受的范围内进行制度设计，以期本国的法律改革或移植能获取支持和实施的可行性。

但另一个问题我们也必须认识到，即法律移植本身所包含的适应性——法律移植，哪怕是过量或者不恰当的法律移植也基本不会导致认同感的丧失。② 当法律移植成为一种客观需要的，作为法律文化这类主观的、心理的事物，它本身就包含了接纳的倾向。比如德国人尽管有极为保守的法律文化和对本国法律制度高度的荣誉感，仍在借鉴辩诉交易制度时体现了灵活性，而没有完全加以排斥。因此，这个问题向更深层面推进就是：法律的移植需要法律文化的包容，但法律移植也塑造了新的法律文化。因此，在考虑法律移植时，如果在文化是否能够接纳新制度产生动摇时，我们不妨先做一下试验——将这种法律制度先吸纳进来尝试一下是否能够引导我们法律文化的转变。

在法律移植改造法律文化的过程中还会涉及司法环境的适应问题。法律文化是一个主观认识上的问题，但司法环境却是一个客观性问题。历史上，英国的辩诉交易移植就出现过这样的问题。从表面上看，英国对辩诉交易的引入应该比其他大陆法系国家有更大的优势，因为英国与美国在法律文化上是极为相近的。但是，在司法环境上英国辩诉交易的引入却遭受了空前的阻力——斯卡曼勋爵（Lord Scarman）就认为："辩诉交易在英国的刑事法律上没有任

---

① ［美］M. A. 道格拉斯：《比较法律传统》，中国政法大学出版社 1993 年版，第 7 页。

② 参见黄金兰：《法律移植研究——法律文化的视角》，山东人民出版社 2010 年版，第 220 页。

何位置。"① 这使得英国的辩诉交易制度至今没有得到正式的承认。但这并没有阻止辩诉交易在英国的实际引入及其在司法实践中的大量存在，英国人通过判例的智慧依靠其固有的有罪答辩制度实现了对辩诉交易的引入和适用，这值得我们认真思考。如果我们面临的司法环境并不完全适应法律制度的移植，而我们却有移植的强烈愿望，那么采取的措施不应该是消极无为的。如果我们在法律上不能为其谋取明确的地位，则可以尝试通过制度的变通来改造我们的司法环境，并在这种制度引入之后继续改造这种司法环境。从辩证和发展的角度看，没有任何司法环境是不能改变的，也没有任何司法环境是值得去固守的。

2. 注意与原有司法制度的融合

诉讼制度在各国和地区移植或借鉴的过程中，均考虑了与本国原有法律制度的融合问题。上文中，一些大陆法系国家在构建各自认罪诉讼制度时都或多或少借鉴了辩诉交易制度，这种法律融合问题显得非常突出。这是因为大陆法系国家诉讼制度与英美法系诉讼制度有着本质的区别，因此，辩诉交易制度作为一种英美法系国家的诉讼产物如何与大陆法系的母体进行嫁接是非常有意思的问题。这一点上，意大利的认罪交易程序中体现的较为明显。意大利虽然强调全面引入英美法系当事人主义，但在其认罪交易中并没有取消法官的积极作用。这对我们是极具启示意义的：当面对一项法律制度的移植时，特别是对一种完全陌生甚至与我们的价值观念可能背离的制度时，不能只看到这一制度与原有制度的排斥性；或许我们更应该看到某种"融合性"，这一"融合性"可能会带来"创造性"，进而使得我们在花去较小的成本后获得更大的成果。

当然，制度的移植与本国制度的融合是存在困难的。但这种困难往往是技术性的困难。从本质上看，如果在价值观层面能够坚定选择移植的决心，在技术层面总会有解决的办法——这无非取决于价值观层面到底能够形成多大的决心。此外，在相关诉讼制度移植的过程中一个很重要的特点在于对其内质的移植，这是常常会被忽视的一个问题。曾有阶段，我国在讨论辩诉交易移植时，常常将焦点放在"交易"上，经常反复在这个问题上争来争去。但我们应该看到，认罪制度的内质是契约和合作——它包含协商、合意以及民主、人性等诉讼精神。相关诉讼制度移植或者借鉴的关键就在于此，无论我们把这一制度称为"交易"也好，叫作"协商"也好，抑或其他称呼也好，关键是能够将这一内质引进嫁接。因为这一内质本身存在合理性，也代表刑事诉讼的发展趋向。不管我们是否真的是为了解决诉讼成本和效率问题，内质的移植都应该受到重视。

---

① Peter Hungerford - Welch, Criminal Litigation and Sentencing (6<sup>th</sup> edition), Routledge - Cavendish, 2004, p. 449.

3. 注意对司法改革趋势的顺应

从各国相关制度的移植和借鉴来看，尤其是大陆法系国家，借鉴、移植或引入的过程往往与司法改革是同步的，甚至可以说是借力于司法改革的。如上文所述，相关诉讼制度在技术环节的融合实际上并不难，难就难在文化和习惯上的抵制。制度在移植的过程中在每个国家都遭遇过强烈的质疑。但我们应该看到，这并没有阻断认罪（交易或协商）制度在各国的兴起和发展。这似乎说明了两个问题：一是在法律移植的过程中，首先应该考虑的是这一制度的引入是否存在必要性；二是在法律移植的过程中，面对各种争议，应当学会借助司法改革的力量。

在上述的比较研究中，我们能够发现辩诉交易制度的移植和借鉴表征原因在于司法效率的低下。尽管公正与效率的问题很复杂，但公正、专业化和职业化都至少部分隐含了效率问题。虽然还不能笼统地说有效率的司法就一定公正，但可以肯定的是不公正的司法就总体而言不可能是有效率的。[①] 因此，如果我国也考虑借鉴或者移植某一制度的话，那么有必要对当前的刑事诉讼进行一番考察，查看其效率如何。这实际上也是一种实证性的考察，或者说应该多一些实证性的考察。

而对于第二个问题有必要指出的是，在考虑借鉴或移植某一诉讼制度时，应该对当前的刑事诉讼发展趋势进行一番研究，把握住刑事司法改革的方向。辩诉交易或其他认罪协商制度在各国和地区都表现出强大的生命力，这意味着它代表了一种具有活力的发展方向，代表了一种实际有效的诉讼模式，因此，它可以借助司法改革的力量使得自己生存和发展下去，并且在刑事诉讼中发挥越来越大的作用。

## 四、检察环节认罪认罚从宽制度设计

在我国刑事诉讼制度中，自首和坦白从宽、公诉案件刑事和解和刑事简易程序等均体现了认罪认罚从宽制度的内核。因此，党的十八届四中全会提出的是"完善刑事诉讼中的认罪认罚从宽制度"，而非"建立"这一制度。如何统一协调我国刑事诉讼中的认罪认罚从宽制度和程序，发掘这一制度的潜力，探求检察机关在适用这一制度中的能动边界是本课题研究的重心所在。

（一）检察环节认罪认罚从宽程序的启动

1. 依职权启动

美国辩诉交易制度和其他国家的控辩协商制度中，检察机关对相关程序的

---

① 苏力：《道路通向城市——转型中国的法治》，法律出版社 2004 年版，第 185 页。

启动具有绝对的主动权。课题组认为，在我国认罪认罚从宽制度中，由检察机关掌握该制度的启动权也较为适宜，且相关程序的启动在检察机关的审查起诉阶段比较合适。因为在侦查阶段，对有关犯罪事实等情况还未完全掌握，控（侦查机关）辩（犯罪嫌疑人）双方对自己手中的筹码尚不甚了解，对围绕什么问题展开合作也不甚明确，所以在这种情况下贸然启动认罪认罚从宽程序并不合适。如果将该程序的启动延后至审判阶段，则难以避免法官对控辩协商的直接介入，也不利于诉讼效率的提高。而在审查起诉阶段，基于侦查机关已将犯罪事实基本或全部查清，检察机关在对案件事实和证据初步审查并综合分析后，则可以就是否启动认罪认罚从宽程序作出决定。此外，认罪认罚从宽程序的启动并不需要所谓"三方同意"原则，检察机关作为法律监督机关，在审查起诉阶段应该综合法律和社会影响起到"准司法裁决"的作用，成为"审前法官"，能够对是否启动这一程序作出司法决定。而如果采用所谓"三方"同意原则，则势必会影响认罪认罚从宽处理制度的适用率。

需要指出的是，司法实践中，检察机关对刑事案件的介入并非起于审查起诉阶段。刑事案件在被侦查机关提请审查批捕时，检察机关对案件情况已有所了解；如果在此阶段即对部分案情简单的案件提前作出认罪认罚从宽处理的意见或建议，无疑将有利于侦查活动的开展，有利于提高诉讼效率。因此，课题组认为，对于侦查机关提请批准逮捕的刑事案件，检察机关侦监部门在受理后认为可能符合认罪认罚适用条件的，应在 5 日内审查完毕，并制作《适用认罪认罚从宽制度预备建议书》连同相关法律文书送达侦查机关，提示该案具有认罪认罚从宽的可能性，建议其加速办理，并在侦查中创造后续认罪认罚从宽处理的条件。同时，应将《适用认罪认罚从宽程序预备建议书》抄送本院公诉部门。侦查机关在收到人民检察院《适用认罪认罚从宽程序预备建议书》后，一般应在 20 日内侦查终结，并在《起诉意见书》中提示该案具有适用认罪认罚从宽处理的条件，连同案卷一并移送审查起诉。公诉部门受理后应审慎审查决定是否启动认罪认罚从宽程序。

2. 依申请启动

"尊重和保障人权"是我国刑事诉讼法的重要原则，在认罪认罚从宽程序适用中亦应充分保障犯罪嫌疑人权利。对犯罪嫌疑人而言，适用这一程序既可使其获得从宽处罚的机会，也可减少其在刑事诉讼中停留的时间。"尊重和保障人权"原则在认罪认罚从宽程序中的重要体现，就是要保障犯罪嫌疑人的上述实体性和程序性利益，应尽量避免犯罪嫌疑人非自愿的情形，赋予其适用该程序的自主选择权。因此，该程序的启动可以借鉴法国庭前认罪协商制度，由犯罪嫌疑人向检察机关主动表示认罪，并出具具结书要求使用该程序。当然，在审查起诉阶段，犯罪嫌疑人和经授权的辩护律师都可以提出认罪认罚从宽的申请。检察机关对相关申请进行审查后，可以作出是否启动认罪认罚从宽程序的决定。

在这一阶段，应当注意对诉讼当事人进行认罪认罚从宽的权利告知。根据刑事诉讼法规定，检察机关在受理侦查机关移送审查起诉案件后3日内，应当告知犯罪嫌疑人、被害人诉讼权利和义务，此时也应当告知其有关认罪认罚从宽处理的权利。

（二）认罪认罚从宽制度的参与主体

如果将认罪认罚从宽制度看作合作型司法的一种，那么，除检察官、犯罪嫌疑人作为控辩双方是参与主体外，究竟还需要让哪些人参与到这个合作之中呢？从速裁程序的试点情况来看，对被害人、辩护人的参与要求尚不突出；而《试点办法》的规定没有聚焦协商性，被害人、辩护人和犯罪嫌疑人缺乏彼此沟通协调的机制。课题组认为，我国的认罪认罚从宽制度及程序不应该仅局限为控辩双方的协商，而应该将受到诉讼结果影响的人都吸纳进来，尤其要注重被害人和辩护律师的参与性。这源于合作型司法必须保证诉讼的民主、诉讼的参与性，只有这样的程序才能保证各方利益，并使得最终达成的协议能够兼顾各方意见，体现最大程度的相对正义，并保证协议的有效执行。

当然，对于参与主体还要注意以下几种特殊情况：一是对于涉及未成年人（无论是被告人还是被害人）的案件，原则上不能适用认罪认罚从宽程序的量刑建议（对未成年人认罪认罚的，应另设未成年人特殊程序处置）。二是对于被害人死亡、丧失诉讼能力的案件，应该由被害人的亲属或者监护人参与协商。三是对于有被害单位的，应当由被害单位授权的代表人参与协商。四是对于单位犯罪的案件，应该由诉讼代表人参与协商，如果没有诉讼代表人，则应当听取被告人对单位的处理意见。五是由于认罪认罚从宽协商的时间要求比较紧张，故而在聘请辩护人或者辩护人来不及参与协商的情况下，可以通过值班律师来为有关当事人提供法律上的帮助。

（三）检察环节认罪认罚从宽的协商程序

如前所述，检察官、犯罪嫌疑人及其辩护人、被害人及其诉讼代理律师可以参与到认罪认罚从宽协商的具体程序中来。如果犯罪嫌疑人放弃参与而授权辩护律师参与的，应当准许；如果被害人放弃参与的，也应当准许。协商之前，应满足辩护律师、诉讼代理律师的阅卷要求，并对证据情况进行初步交流。具体开展协商之前，应进行证据开示。证据开示可以由控辩双方提出，以在检察机关开示为宜。检察官先向辩护律师开示，辩护律师再向检察官开示，然后双方就开示的证据进行简要讨论，发表各自意见。

认罪认罚从宽协商程序应该在启动后7日内进行完毕。在进行具体协商之前，检察机关应当告知参与各方协议达成以后将产生的法律后果，主要是：（1）法庭不再进行完整的正式审判；（2）相关证据材料将可能不再提交到法庭上进行质证和辩论；（3）法庭将可能依据量刑建议直接作出判决等；（4）救济的权利。英美法系辩诉交易的范围包括罪名协商、罪数协商和量刑协商，大陆法系一般只认可量刑协商，基于我国目前的司法现状，课题组认为将协商范围限定为量刑协商更为妥当。检察官与犯罪嫌疑人及其辩护律师进行协商应当包含以下内容：（1）犯罪嫌疑人认罪认罚；（2）犯罪嫌疑人对被害人赔礼道歉、赔偿损失；（3）对犯罪嫌疑人作出不起诉的决定或者提起公诉的量刑建议；（4）对案件程序从简处理的建议。除上述内容外，认罪认罚从宽协商还包括对犯罪嫌疑人变更强制措施和犯罪嫌疑人悔罪的具体方式方法。在协商过程中，公诉部门检察官可以提出实体从宽、程序从简的处理意见；犯罪嫌疑人、辩护律师可以提出实体从宽、程序从简的处理请求或者建议。

通过协商达成协议的，检察人员应当根据协商结果制作协商笔录，由参与各方签字确认。同时，犯罪嫌疑人签署《认罪认罚从宽处理具结书》，应载明程序进行的时间、地点、人员及犯罪嫌疑人已经知悉认罪认罚协商程序的内容和法律后果，同意检察机关的处理决定，以及检察机关提出的从宽处理的量刑建议、适用程序的建议。如果协商中公诉方与辩护方双方达成一致意见，而被害人反对的，检察官仍可以与辩护方达成协议，但应当将被害人的意见写入协商笔录的附件中，并由被害方签字盖章；被害方拒绝签字的，检察官应当写明原因。如果协商中参与的各方未能达成协议的，则应该由检察官制作协商笔录，注明相应情况，并将该案件恢复至普通程序进行审查起诉。

需要特别关注司法实践中一项不可避免的事实是，在共同犯罪案件中，可能出现与一部分犯罪嫌疑人达成协议，与另一部分犯罪嫌疑人不能达成协议的情况。对于这种情况，检察官应当恢复对该案件的普通审查程序，但可以将协商的笔录及已达成的相关协议随附起诉书提交法院，以提示法院在量刑中予以考虑（定罪时不得考虑）。当然这里有一个前提，检察官应当对每一起共同犯罪案件认罪认罚从宽处理的必要性和可能性作出正确评价；对于一部分犯罪嫌疑人认罪认罚，另一部分犯罪嫌疑人不认罪认罚的案件，检察官有权拒绝启动认罪认罚从宽程序。

协商达成协议之后，检察机关应在 3 日之内向法院提起公诉，随附全部案卷、证据材料、协商笔录、《认罪认罚从宽处理具结书》等有关文件。起诉书中应当直接明确量刑建议，起诉书认定的犯罪事实、量刑情节、适用法律、量刑建议等应当与协商笔录、《认罪认罚从宽处理具结书》载明的情况一致。如果不一致的，人民法院可以认为检察机关违反相关协议，并作出相应的处理。如果协议拟作出对犯罪嫌疑人不起诉决定的，在犯罪嫌疑人已履行协议中的内容（如履行了作证义务，或对被害人进行了赔偿等）后，检察机关即应及时作出不起诉的决定。

（四）参与人的权利保障

认罪认罚从宽制度兼具实体从宽与程序从简两大功能，因此，确保犯罪嫌疑人、被告人认罪认罚的自愿性和真实性，防止出现被迫认罪、不明认罪和"花钱买刑"等问题，并有效保障诉讼参与人的权利，是推行与完善这项制度必须守住的底线。

"无论是从保障被告人权利的角度，还是从与刑事司法内在的真实主义相协调的角度，被告人的程序处分权都必须正确而公正地行使"。[①] 因此，犯罪嫌疑人在参与认罪认罚从宽协商程序中应享有以下权利：（1）请求权，即犯罪嫌疑人有权要求开展认罪认罚从宽协商；（2）知情权，即犯罪嫌疑人有权要求检察官充分说明认罪认罚从宽协商程序的内涵、适用条件和法律后果；（3）参与权，即犯罪嫌疑人有权参与从宽处理方案的协商，并提出具体从宽处理的请求。

在认罪认罚从宽制度中，辩护律师的参与是不可或缺的。一方面，辩护律师需向犯罪嫌疑人、被告人提供有关认罪认罚制度的法律咨询，解释并说明选择该制度对其利益的得与失；另一方面，则突出体现在辩护律师在控辩双方达成认罪认罚从宽协议以及为犯罪嫌疑人争取最大限度从宽处理方面提供专业性的意见。对没有聘请律师的认罪嫌疑人，检察机关应为其指定从事法律援助的律师，这一点在《试点办法》中亦有规定。辩护律师在认罪认罚从宽协商程序中应享有以下权利：（1）为犯罪嫌疑人提供是否选择认罪认罚从宽协商的法律意见；（2）代理犯罪嫌疑人参与从宽处理方案的协商，提出从宽处理的具体建议和申请变更强制措施；（3）对认罪认罚从宽协商程序中检察官存在的可能影响犯罪嫌疑人合法权利的行为提出异议或申诉、控告。

被害人作为刑事犯罪的受害主体，其利益亦应得到充分的尊重，这既有利于防止协商过程中暗箱操作、"花钱买刑"等情况的发生，也有利于缓释与平息被害人的情绪。被害人在认罪认罚从宽协商程序中应享有以下权利：（1）参与权，即应保障被害人参与到对犯罪嫌疑人、被告人的刑事追责程序中；（2）提出异议权，即应当听取被害人的意见，并允许被害人就协商内容提出异议。

（五）认罪认罚从宽处理的幅度

犯罪嫌疑人实施犯罪行为后，尽管所造成的结果是一定的，但是其认罪的

---

① ［日］田口守一：《刑事诉讼的目的》，张凌、于秀峰译，中国政法大学出版社2011 年版，第 217 页。

态度却是待定的、有差别的。因此，应依据其认罪认罚的不同阶段和程度，考虑其量刑幅度。在我国刑法中，对犯罪嫌疑人认罪认罚从宽的原则和给予一定的从宽幅度一直有所体现。第一，从犯罪嫌疑人认罪认罚从宽的原则看，一是根据刑法总则规定，对于自首的犯罪分子，可以从轻或者减轻处罚；其中犯罪较轻的，可以免除处罚。对于中止犯，造成损害的，应当减轻处罚。二是根据最高人民法院《关于常见犯罪的量刑指导意见》规定，被告人当庭自愿认罪、退赃、赔偿经济损失等体现被告人人身危险性的事实，可作为影响量刑适用的情节予以考虑。第二，从犯罪嫌疑人认罪认罚从宽的幅度看，一是最高人民法院《关于常见犯罪的量刑指导意见》根据被告人自首、坦白的阶段和程度，分别规定了不同档次的从宽比例。同时还规定，被告人当庭自愿认罪相比其他阶段认罪所减基准刑的幅度为最小。二是最高人民法院《关于审理抢夺刑事案件具体应用法律若干问题的解释》《关于办理诈骗刑事案件具体应用法律若干问题的解释》等均规定，财物达到数额较大的，认罪、悔罪，主动投案的或一审宣判前全部退赃、退赔的，可以免于刑事处罚。基于此，课题组建议可从司法可操作性的角度和节省司法成本的程度出发，在认罪理论框架下对当前的认罪认罚从宽体系作进一步的整合，建立并完善量刑逐级减让规则。即"行为人在侦查阶段认罪，其认罪态度往往最为积极，悔罪态度也最为明显，不仅再危害社会的可能性大大降低，而且侦查机关根据犯罪嫌疑人供述所提供的线索收集证据材料，无疑会事半功倍，极大的节约了司法资源，也更有利于弥补被害人的经济损失和精神损害，在量刑时从宽处理的幅度也应该最大。"[1]此外，还应针对犯罪嫌疑人是否主动投案、认罪内容的完整性、供述的稳定性等诸方面考虑相应的量刑从宽幅度。

从速裁程序的试行实践看，一般只赋予检察机关在基准刑基础上减轻10%—20%的量刑幅度，这显然是不够的。为了鼓励犯罪嫌疑人认罪认罚，有效提高诉讼效率，应适当提高对自愿认罪认罚犯罪嫌疑人的量刑从宽幅度，以充分体现我国刑法罪责刑相适应的基本原则。从更为长远的角度考虑，尤其是对于那些在自愿认罪认罚基础上有积极退赃退赔、达成和解协议的案件，可以赋予检察机关改变刑罚种类的裁量权，如将死刑立即执行改为死刑缓期二年执行，将死刑改为无期徒刑，将有期徒刑实刑改为缓刑等。[2]

检察官在审查起诉过程中，对于符合提起公诉条件的案件，应当按照量刑

---

[1]　朗胜、刘宪权、李希慧：《刑法实践热点问题探索》，中国人民公安大学出版社2008年版，第325页。

[2]　陈瑞华：《"认罪认罚从宽"改革的理论反思——基于刑事速裁程序运行经验的考察》，载《当代法学》2016年第4期。

规范意见将涉案罪名的量刑情节按照刑事责任年龄、犯罪完成情况、共同犯罪中的地位和作用等一般情节和相应犯罪的具体实施、犯罪后果等个案情节梳理成条目，制作成量刑菜单，并在讯问犯罪嫌疑人时根据其具体案情进行讲解，告知其相关量刑依据。

此外，从宽处理并不排除控辩双方通过协商达成检察机关放弃提起公诉，选择相对不起诉方式的协议结果。课题组认为，应当根据案件的具体情况加以设计，如对于可能判处 1 年以下有期徒刑、拘役或者管制的轻微刑事案件，犯罪嫌疑人若认罪认罚的，可以以检察机关不起诉终结处理；除此之外，检察机关在认罪认罚从宽程序中一般不得作出不起诉决定。对于特殊情况的案件确实需要作出不起诉决定的，《试点办法》规定可以报最高人民检察院批准，作出不起诉决定。但不起诉决定不同于死刑判决，课题组认为在特定条件下，部分案件也可以考虑由最高人民检察院授权省级人民检察院批准不起诉。

### （六）适用认罪认罚案件的证据标准

当前，对于适用认罪认罚案件的证明标准存在两种不同观点。一种观点认为可以降低证明标准，只要达到排除合理怀疑即可，如果一概适用"犯罪事实清楚，证据确实、充分"的证明标准，认罪认罚协商的空间不大，不利于诉讼效率的提高。另一种观点认为，对认罪认罚案件降低证明标准，与现行法律不符。刑事诉讼法规定的证明标准应适用于所有刑事案件，不应把认罪认罚案件排除在外。[1] 还有观点认为，对速裁案件，全国人大常委会《关于授权最高人民法院、最高人民检察院在部分地区开展刑事案件速裁程序试点工作的决定》（以下简称《速裁试点决定》）提出的证明标准是"事实清楚、证据充分"，而不是"证据确实、充分"；"两高两部"联合印发的《刑事案件速裁程序试点工作座谈会纪要（二）》（以下简称《纪要（二）》）也指出："被告人自愿认罪，有关键证据证明被告人实施了指控的犯罪行为的，可以认定被告人有罪"。这说明速裁案件的证明标准已有所放低。[2] 但《试点办法》规定，坚持证据裁判，依照法律规定收集、固定、审查和认定证据，这似乎又把证据标准提高回来。

课题组认为，长期以来，因受"重口供、轻其他证据"等传统观念的影响，司法实践中时有出现自觉或不自觉地降低证明标准的现象。这是违背我国刑事诉讼法精神的。我国刑事诉讼法从 1979 年制定到 1996 年、2012 年两次

---

① 张相军、顾永忠、陈瑞华：《检察环节认罪认罚从宽制度的适用与程序完善》，载《人民检察》2016 年第 9 期。

② 参见曹红虹、鲍键：《刑事案件速裁程序试点相关问题的思考——以公诉环节为视角》，载陈国庆主编：《刑事司法指南》（总第 65 集），法律出版社 2016 年版，第 62 页。

修改，"案件事实清楚，证据确实、充分"是其一贯坚持的证明标准。这一证明标准要求司法机关对主要事实、关键事实的证明要达到结论唯一性、确定性，客观上符合事实真相。由于认罪认罚案件中的犯罪嫌疑人或被告人已经认罪，但为了防止其"被迫认罪"或"替人顶罪"，特别是冤假错案的发生，必须对犯罪事实已经发生、犯罪分子是谁等主要事实的证明达到确定无疑的程度。[①] 人大常委会的《速裁试点决定》和"两高两部"的《纪要（二）》都是对刑事诉讼法规定的证明标准在特定情况下的具体释明，而不是对法定证明标准的降低。

基于此，检察机关在刑事诉讼中不仅承担指控犯罪的职能还承担法律监督的职能，这就要求检察人员在处理犯罪嫌疑人、被告人认罪案件中能跳出公诉人的诉讼立场，客观、理性地对待犯罪嫌疑人、被告人的认罪，既要充分保障其认罪的自愿性，又要认真审查其认罪的基础事实是否存在、是否构成犯罪及是否达到确实充分的证据标准。对于缺乏基础事实或虽然有基础事实但依法不构成犯罪或未达到法定证据标准的案件，即使犯罪嫌疑人、被告人自愿认罪也不能简单予以接受，与其达成定罪量刑协议。

对于认罪认罚案件的证明标准，要坚持在定罪标准上认真审查把关，不能因为犯罪嫌疑人、被告人是自愿认罪就放弃从证明标准上审查把关。当然，认罪案件和不认罪案件在证明标准的审查把关方式上有所不同。在认罪案件中，既然犯罪嫌疑人、被告人是自愿认罪的，因而能如实供述犯罪事实，检察人员也不需要在庭上充分履行举证责任，故其审查把关主要表现为在庭前或庭下认真审查认罪供述与其他证据之间的真实性、关联性，客观评估、理性判断已有证据是否达到法定证据标准。对于证据不足的案件，应该补充相关证据直至达到法定证明标准，然后视案件的不同情况作出与此相适应的"从宽"处理决定或提出相关量刑建议。

（七）认罪认罚案件的出庭模式

公正与效率是刑事诉讼的两大价值目标，检察环节认罪认罚从宽案件的程序作为刑事诉讼的组成部分，理应体现这两大价值。但公正和效率的冲突性又必然要求在构建程序时首先必须满足最低限度的公正要求，[②] 并在此前提下，尽量降低程序运作成本，减少司法资源消耗。《试点办法》中规定了基层法院适用认罪认罚从宽制度的两种程序：速裁程序和简易程序。值得注意的是，

---

① 陈光中、马康：《认罪认罚从宽制度若干重要问题探讨》，载《法学》2016 年第 8 期。

② 孙洪坤、程晓璐：《论正当法律程序下的最低限度公正》，载《中国刑事法杂志》2005 年第 3 期。

《试点办法》规定的速裁程序比"两高两部"《关于在部分地区开展刑事案件速裁程序试点工作的办法》规定的范围更大，突破了1年以下有期徒刑的限制。课题组认为，《试点办法》中的规定是基本恰当的，可考虑作略微的调整。

1. 集中审理

适用速裁程序审理的认罪认罚从宽案件实践中可以考虑集中审理。符合集中审理条件的认罪认罚从宽案件，法庭可以对同一批案件的被告人集中提押到庭，集中询问，逐一审判。开庭时，法官当庭询问被告人对指控的犯罪事实、适用法律、量刑建议及适用认罪认罚程序的意见。开庭过程中，公诉人仅宣读起诉书的事实部分和结论部分，不再宣读基本情况和证据部分。

2. 简化审理

适用简易程序审理的认罪认罚从宽案件可以再进行适当简化。具体为：一是由公诉人宣读起诉书。二是由审判长询问被告人是否承认起诉书所指控的犯罪。被告人如果是认罪的，则可以不再就起诉书指控的犯罪事实进行供述；公诉人、辩护人、审判人员对被告人的讯问、发问亦可适当简化或省略。三是控辩双方出示全部证据。但可以仅列举证据的名称并对所证明的事项作出说明，不再展开法庭调查和辩论。四是检察机关提出量刑建议。五是被告人最后陈述。六是当庭宣判。

# 未成年人犯罪法律适用及保护处分机制研究[*]

上海市长宁区人民检察院课题组[**]

## 一、未成年人犯罪法律适用及保护处分机制的概念及起源

（一）未成年人犯罪法律适用的历史沿革

1. 各国未成年人犯罪法律适用的历史沿革

在古代，人们尚未发现儿童与成人有着根本的不同。16 世纪，教育改革运动在欧洲兴起，承认少年、儿童是在精神和认知能力方面尚未成熟的人。到 19 世纪，对于未成年人的司法处置有了重大改革，即开始将未成年犯与成年犯分开处置、将未成年人放到具有教育性、治疗性的社区中而非监禁等司法改革。

从未成年人犯罪刑罚设置的历史看，伴随着对未成年人社会地位以及未成年人触犯刑罚法律行为性质的认识，人类对于未成年人犯罪法律规定大致经历了以下三个阶段：

（1）第一阶段：认为未成年人触犯刑罚法律的行为的性质和成年人的犯罪行为没有不同，因而对未成年人的犯罪行为和成年人犯罪不进行任何区别，同样对待和处理。"都在刑事法庭审判犯罪的青少年，虽然年龄被当作决定青少年是否应对其行为负刑事责任的因素，但他们所受的待遇完全与犯罪的成人相同。他们与成人犯罪者拘押在同一拘留所，在同一法庭受审，被送往同一劳教所。"[①]

---

* 上海市检察官协会 2016 年重点研究课题。

** 课题组负责人：李健；课题组成员：姚建龙、郑利群、郭晶、曲姣姣、杨于佳、尤丽娜。

① ［美］马丁·R.哈斯科尔、路易斯·雅布隆斯基：《青少年犯罪》，耿佐林等译，群众出版社 1987 年版，第 13 页。

直到 19 世纪，英国、美国还存在未成年人因犯罪被判处死刑的现象。①

（2）第二阶段：认为未成年人触犯刑罚法律的行为和成年人犯罪存在着量的差别，但在本质上没有不同，因此，在对待上仅是将未成年人触犯刑罚法律的行为在处理上比照成年人从轻或减轻处罚。如古罗马制定的《十二铜表法》第八表第 9 条就有"……如果成年人于夜间在犁耕的田地上践踏或收割庄稼，则处以死刑……犯同样罪行的未成年人，则根据最高审判官的处理，或给以鞭打，或判处加倍赔偿使人遭到的损害"的规定。②

在上述两个阶段中，对未成年人和对成年人触犯刑罚法律的处理方式基本相同。总的来说，就是用刑罚作为惩罚少年触犯刑罚法律行为的手段。

（3）第三阶段：认为未成年人触犯刑罚法律行为的性质和成年人犯罪有本质的不同。由此本质不同论为出发，对于未成年人触犯刑罚法律行为的处理完全不同于成年人犯罪的司法秩序，如量刑标准。即"以一套完全区别于成人刑法的规则来处理少年案件"③ 成为现代少年刑法的标志。19 世纪后期，古典学派所倡导的自由意志论和报应刑论受到了刑事实证学派的强力挑战。实证学派否认犯罪是人的自由意志的结果，认为犯罪行为是诸如生理的、心理的、文化的、社会的和环境的等外部因素控制在犯罪人身上的反映。同时，刑事实证学派认为刑罚的目的并不在于遏制犯罪人"犯罪的自由"，而在于以刑罚为手段对犯罪人进行教育和矫正，以防止他们再次实施犯罪。因此，适用刑罚应当和犯罪人的具体情况相适应，以帮助犯罪人重新回归社会。在刑事实证学派这一理论倡导下，保安处分、教育刑、刑罚个别化等被引入刑事法律制度之中，各国对未成年人犯罪认识产生了深刻的变革，开始建立与成年人相分离的未成年人司法制度，以特别方法处理犯罪的未成年人。1899 年美国伊利诺斯州颁布世界上第一个《少年法院法》，未成年人司法制度首先在美国建立，其后迅速在世界各国推行，成为独立的司法制度。

2. 我国未成年人犯罪法律适用的历史沿革

我国古代少年刑法主要是由政治统治命令、行政管理规定和儒家伦理文化上升而来的。早在奴隶社会就有年龄影响人的刑事责任的规定。根据《周礼·秋官·司刺》规定，对于年满 70 岁、80 岁、90 岁以上的老人和不

---

① 爱德华一世（Edward I）年代（1274—1307 年），一名 12 岁的孩子因夜盗罪被判处死刑；1629 年，8 岁的儿童约翰丁（John Dean）因犯放火罪而被判处死刑。在美国，1828 年，新泽西州一个 13 岁的孩子，因在 12 岁时所犯的罪而被处以绞刑。这种形态直到 19 世纪依然零星存在。

② 《十二铜表法》，法律出版社 2000 年版，第 37 页。

③ 《少年法庭法》，该译文见康树华、郭翔等编：《青少年法学参考资料》，中国政法大学出版社 1988 年版，第 703—709 页。

满7岁、8岁的幼年人，虽然其行为触犯刑法构成犯罪，也要赦免其罪，不予刑事处罚。①《周礼·秋官·司刺》中规定了"三赦"，其中"一赦曰幼弱"，《尔雅·释文》对此解释"哀其无知，故令赦宥也"。我国第一部成文法《法经》中规定："罪人十五岁以下，罪高三减，罪卑一减。"《唐律·名律例》第30条规定："诸年七十以上，十五以下及废疾，犯流罪以下，收赎。八十以上、十岁以下及笃疾，犯反、逆、杀人应死者，上请；盗及伤人者，亦收赎。余皆勿论。九十以上、七岁以下，虽有死罪，不加刑。"第31条规定"犯罪时幼小，事发时长大，依幼小论"等。这些法律规定显示出我国很早就对未成年人触犯刑法法律的行为和成年人犯罪存在一定的区别有所认识，因而对未成年人触犯刑法法律行为的处理在方式上也和成年人有一定的区别。

近代刑事责任年龄的划分规定不仅建立在人道主义的基础上，更重要的是建立在生理学、心理学等科学研究的基础上。如《大清新刑律》是我国近代第一部刑法典，该法第11条规定："凡未满12岁人之行为，不为罪，但因其情节，得施以感化教育。"第50条规定："未满16岁或满80岁人犯罪者，得减本刑一等或二等。"1928年《中华民国刑法》第18条规定："未满14岁之行为，不罚。14岁以上未满18岁人之行为，得减其刑。满80岁人之行为，得减轻其刑。"② 我国新民主主义革命时期，一些革命根据地制定的刑事法规中，也有刑事责任年龄的规定。如规定年龄在16岁以下的未成年人犯罪，减轻处罚；如为14岁以下的幼年人，得交教育机关实施感化教育。③

我国对防治未成年人违法犯罪的立法与司法经历了一个逐步深化的认识和完善过程。针对未成年人的专门立法和司法实践工作始于20世纪80年代，1991年制定了《未成年人保护法》，1999年颁布了《预防未成年人犯罪法》。《未成人保护法》和《预防未成年人犯罪法》不依附于任何一部成年人法律，属于独立的少年法。我国未成年人司法制度已经走过了30年的发展历程，随着《刑法修正案（八）》和刑事诉讼法的修改，为未成年人司法的发展提供了更多的机遇。目前，在司法实践领域，我国一些地方展开了诸多主动探索，国外的一些对犯罪未成年人的处遇方式被入，其中具有代表性的有上海市长宁区人民法院对未成年犯罪人适用的监管令和社会服务令。除此之外，上海高院开展的观护回访工作，广州中院从社会群众中聘请社会观护员、社会调查员，北京市海淀区人民法院开展亲职教育工作等一系列的举措，都丰富和发展了我国

---

① 郭翔：《未成年人的刑事责任》，载张智辉主编：《国际刑法问题研究》，中国方正出版社2002年版，第244页。

② 《基本六法》，台湾三民书局2002年版，第669页。

③ 赵秉志：《犯罪主体论》，中国人民大学出版社1989年版，第83—84页。

未成年人司法制度。

（二）保护处分机制的概念

1. 保护处分机制的理念

保护处分渊源于英美普通法上的 Parents Patriae（国家之父母）的监护观念，脱胎于保安处分。"保护处分是针对具备非行危险性表征的少年以及儿童，为保证其健康成长而提供具有福利教育内容的处分。"① 保护处分的概念脱胎于保安处分制度，是基于保安处分适用对象细化基础上的一种区分，它拥有自己遵循的法律原则，例如处分法定、处分优先以及处分相称等原则。保护处分在法国、德国以及我国澳门地区等地又被称为"教育处分"，而在日本和我国台湾地区则称其为"保护处分"。

目前对于保护处分制度类型的设计以及适用，各个国家基本上都采取了社区类矫正措施为主、拘禁类矫正措施为辅的态度。因为"当代刑罚的主要形式是以剥夺或者限制犯罪人人身自由的自由刑为核心，如果保护处分依然保持自由刑的主要特征，那么这种所谓的保护处分只不过是徒有虚名而已"。② 不难看出，保护处分是以保护未成年人免于和成年人适用同样或类似的刑罚处遇这样的保护思想为基础，以未成年人的良性发展和回归社会为出发点，避免过多地以及不加选择地将刑罚加套在未成年人身上而设立的。"它同时兼备了福利政策和相关刑事政策的二重性，是一种直接对连了犯罪对策和相关的福利政策的一种中间性处分制度。"③

2. 保护处分的理论基础。保护处分制度的形成和发展，并不是偶然的，也不是一蹴而就的，它有其特定的理论基础和历史发展脉络，其理论基础主要有以下几个方面：

（1）保护者理论和人格权理论的调和。保护者理论（protectionist theory）和人格权理论（personhood theory）都来源于古罗马法，在各国未成年人保护制度中都有不同程度的反映。所谓保护者理论，是指少年不能自由选择结婚对象，也被禁止订立相关合同，甚至自己合法劳动获取的收入都无法自由支配，在古代的普通法体系下，这些权利由父母或者监护人基于实现少年的最大利益而予以掌管。而人格权理论则认为，每个人都应得到平等的尊重，每个人都拥有追求和选择自己生活方式的权利，每一个能够做到理性判断和自我约束的个体都应被当作成年人来对待，自主权是核心。这就在一定程度上排斥了家长对少年行为的干涉。据此，少年应该是作为一个独立的个体而存在的，家长对少

---

① 许福生：《刑事政策学》，中国民主法制出版社 2006 年版，第 265 页。

② 姚建龙：《少年刑法与刑法变革》，中国人民公安大学出版社 2005 年版，第 176 页。

③ ［日］大谷实：《刑事政策学》，黎宏译，法律出版社 2000 年版，第 79 页。

年生活的管制范围理应随少年年龄及智力的发增长而逐渐缩小直至完全不予干涉。在未成年人的立法和司法中，正是上述两种理论相互作用、相互影响，一定程度上催生了少年保护理论的设立和发展。

（2）教育刑理论的推动。刑事实证学派产生于19世纪后半期，在早期极力主张目的刑，认为对犯罪人处以刑罚，其目的不在于同态报应，而是为了实现刑罚的预防功能，防止不法行为对社会法益的侵害以及规戒他人不要重蹈覆辙。刑事实证学派的学者们认识到单凭通过报应刑来实现刑罚的社会价值和预防功能作用并不大，改造犯罪人的效果也不明显，菲利在评述报应刑主义时曾说："迄今为止一直被认为是救治犯罪疾患最好措施的刑罚的实际效果比人们期望于它的要小。"① 李斯特也提出："尽管刑罚是应对犯罪的有力方法，但却并非唯一的方法，也并非最有力的方法。"② 有鉴于此，刑事实证学派发展出了教育刑观念。

教育刑与报应刑的区别之一就在于其将人作为经验人对待，而非报应刑理念下的理性人，教育刑重视少年犯罪，主张刑法应有两个层次，即将少年刑法与成人刑法区分开来，将少年犯罪进行区别对待，注意关注不同层次的犯罪原因以及区别于成年人的犯罪情景模式，对其的防治对策也应与成年人不同。该理论认为人的性格是具有可塑性的，这也决定了每个个体本身的可改造性，教育刑的作用在于矫正恶行、抑制再犯，让犯罪人在改造过程中改善自我、重归社会，而这背后彰显的则是强烈的人道主义色彩和对人权保障的诉求。尽管从教育刑产生之日起，对其实际效果的质疑之声便没有停止过，但"矫正失败所能够证明的恰恰是教育刑的实现不充分，以矫正失败来否定教育刑不过是为矫正失败提供了安慰和逃避责任的理由"，③ 再者，教育刑传达的是一种正面积极的信念，其改造效果也不可能立竿见影，短期内是看不出来的，而且"古典学派与现代派之间的争论，并没有决定性的胜负，然而只有李斯特的思想，在少年刑事法领域之中，居于领导地位"。④ 教育刑中的矫治理念契合了少年保护处分制度的内在价值诉求，在一定程度上推动了保护处分制度的兴起和发展。

（3）国家亲权与儿童最佳利益的结合。国家亲权主义思想，可以追溯至

---

① ［意］菲利：《实证派犯罪学》，郭建安译，中国政法大学出版社1987年版，第45页。

② ［日］大塚仁：《刑法概说（总论）》，冯军译，中国人民大学出版社2003年版，第40页。

③ 姚建龙：《少年刑法与刑法变革》，中国人民公安大学出版社2005年版，第65页。

④ 沈银和：《中德少年刑法比较研究》，台湾五南图书出版公司1988年版，第7页。

罗马法中的亲权思想。国家亲权"从社会福利的视角看家庭功能不彰的问题，认为未成年人并非家长的私人财产，而是国家的未来资产"。[①] 其含义在于父母或者监护人无法保护未成年人的合法权益之时，例如出现了家庭沟通障碍、父母矛盾、隔代养育隔阂等情形时，国家有责任和义务去保护未成年人。在该理论下，未成年人和成年人的违法犯罪行为不仅只在量的方面存在差异，在质的方面也存在差别，国家亲权学说的最深层次理念就是其在非行少年保护处分领域确定了保护措施优先于刑事处罚措施的观念。由国家亲权延伸开来，保护儿童最佳利益已被各国（地区）作为处理少年类案件采取何种处遇措施时必须先于考虑的一项置顶原则，儿童最佳利益又称儿童福利（welfare of the child），是指"未成年人不应为其不当行为接受惩罚，相反，鉴于其年幼无知的现实，各国政府提供高效的儿童保育、矫正、教化等措施来纠偏"。[②] 该原则也在《儿童权利公约》中得到明确的规定："关于儿童的一切行为，不论是由公私福利机构、法院、行政当局、或立法机关执行，均应以儿童的最佳利益为首要考虑。"

19 世纪末到 20 世纪初，各国处理少年类事件的措施或者手段均以福利模式为主，强调保护和教育，这和国家亲权以及儿童最大利益原则是分不开的。

3. 保护处分与保安处分的区别

未成年人保护处分源自教育刑理论及保安处分，但鉴于其适用于未成年人的特点，因此关于保护处分与保安处分二者之间的关系问题，目前学界主要存在以下三种观点："一元论"认为保安处分包含于保护处分，并将保护处置于保安处分制度之下进行讨论；"二元论"则认为保安处分和保护处分是两种截然不同的制度，两者不能并处；而在"折中论"看来，二者虽然在性质上有所差别，保安处分是补充刑罚而适用，保护处分在未成年人犯罪处遇措施中具有替代刑罚，它具有超越刑罚的鲜明特点，但保护处分的实施能够使得潜在的非行少年以及将来有犯罪危险的少年，消除自身犯罪的危险性，自此也不难看出，保护处分自身是内含了保安处分因素的。同时，保护处分有不限于"保安"的因素，它还具有自身独立的内涵，即促进少年健康成长为目的，以矫正性格、调整生活环境等福利性措施为内容的培养教化处分。在对罪错少年适用保护处分的过程中，必须遵循一定的原则，否则，保护处分不仅不会达到保护少年的目的，反而会侵害少年的合法权利。保护处分应当遵循三大基本原则，即处分法定原则、处分优先原则和处分相称原则。

---

① 刘晓东：《儿童教育新论》，江苏教育出版社 1999 年版，第 5 页。

② 张鸿巍：《少年司法通论》，人民出版社 2008 年版，第 275 页。

## 二、世界各国未成年人犯罪法律适用及保护处分机制的比较研究

（一）大陆法系国家及地区少年保护处分机制和法律适用实践

1. 德国

德国《少年法院法》充分体现了保护处分优先原则，其对于犯罪少年有三种处遇措施：教育处分、禁戒处分和少年刑罚。而其中教育处分与禁戒处分均属保护处分的范畴，不具有刑罚效力。

教育处分包括给予指示和教育帮助两种。前者是为了确保对少年的教育，使其回归正常的生活，符合正常少年所具有的品质，而调整和规范其生活的各项要求与禁令，如禁止进入某些场所、禁止与特定人交往、参加课程学习等；后者主要是对少年的父母或监护人提供帮助与支持，以辅助他们完成对少年的教育。惩戒处分主要有警告、规定义务和少年禁闭三种。警告是最轻的惩戒处分，根据少年的罪责轻重，对其加以谴责，让其认识到自己行为的不正当。规定义务在于使少年为一定的行为或者支付一定的金钱，主要是恢复损害、赔礼道歉和赔偿损失。而少年禁闭是最严厉的惩戒处分，分为假日禁闭、短期禁闭和长期禁闭。此外，还有矫治和保安处分，由普通刑法规定，如安置于精神病院或戒除瘾癖的机构，行为监督或吊销驾驶执照。

2. 日本

日本《少年法》的基本理念是关注少年健康成长，保护处分是其替代刑罚、应对非行少年的重要措施。该法规定了保护观察、移送教养所或养护所和移送少年院三种少年保护处分。

保护观察是将少年放在社会上，由保护观察所进行监督和指导的处遇方式。保护观察属于"社会内处遇"① 之一，也被称为"一号观察"，指的是不对少年处以监禁刑罚，而是由专门的保护观察官和保护司在社会中进行管教监督和援助辅导，使其自我改善，迷途知返，避免重新犯罪。保护观察"一方面基于司法权威而带有权力色彩，另一方面又基于人际关系而带有教育刑和社会福利性的机能"。②

在上述三种保护处分措施中，使用保护观察措施的概率是最高的，保护观察的适用期间一般到非行少年年满 20 岁为止，但若保护观察之日起算到 20 周

---

① 社会内处遇是与设施内处遇相对应的概念，是一边让罪犯在社会上过着自律的生活，一边帮助其改造自新的制度。参见［日］森本益之、上田宽：《形势政策学》，戴波译，中国人民公安大学出版社 2004 年版，第 171 页。

② ［日］西原春夫：《日本刑事法的形成及特色》，李海东等译，法律出版社 1997 年版，第 200 页。

岁不满 2 年的，则按 2 年计算。遵守事项、指导监管和援助辅导构成保护处分的主要内容，其中遵守事项一般包括"居有定所，从事正当行业""不与品行不良者结交""离开住所地或者更换住所，需事前取得保护观察监管者同意"等。援助辅导的措施主要有职业规划教导、教养训练以及就职援助。从中可以看出，保护观察属于典型的社区类保护处分措施。

移送教养所或养护所是使少年置身于机构中过一种教育气氛的共同生活。移送教养所用来收容三种少年，即不良行为少年、有实施不良行为之虞的少年和来自不适合其生活的环境需要生活援助和指导的少年儿童。通过营造一种和谐、互助、友爱的生活环境，对少年儿童进行"生活指导、课程指导和职业指导"。养护所是用来收容无父母或监护人的以及遭受虐待的少年儿童并帮助其自立的设施。

而移送少年院是将少年收容于少年教养院并对其进行教育辅导的处遇措施，其实质是针对每个少年的个体区别化、锻炼、培养其重回社会的决心。移送少年院的处分是最严厉的一种保护处分。根据接收对象的不同，将少年院分为初等、中等、特别少年院以及医疗少年院，接收对象的标准以年龄和身心条件为参考，例如年龄主要有 14 周岁、16 周岁、23 周岁以及 26 周岁几个分界点，身心条件则以是否有疾病隐患为基本标准，这种有区别但无缝衔接的划分方式，可以最大程度地发挥保护处分机制的作用。移送少年院是以阶段处遇和分类处遇为基础的。阶段处遇是指将处遇按照由低到高的顺序划分为不同的阶段，以成绩的提高为参考，低级阶段对少年自由等的限制相比高级阶段严格，以此激发少年向上发展，提高其改善和复归的效果；分类处遇是根据对少年品格、成长环境、个体差异和行为倾向等方面的事前科学调查，将具有共性的少年置于同一设施中进行有效处遇的制度，其一般分为短期和长期处遇两种。

**（二）英美法系国家及地区少年保护处分机制和法律适用实践**

1. 英国

英国少年司法制度是由儿童少年法（1933 年、1963 年、1969 年）、刑事审判法（1948 年、1961 年、1967 年）构成。又以 1972 年的《刑事司法条例》（*the Criminal Justice Art*）（1972 年、1991 年、2003 年）为补充。

英国对犯罪少年的处遇措施具有非监禁化和轻缓化的特点，其法律规定的保护处分有两类：拘禁性保护处分和社区性保护处分。拘禁性保护处分是将犯罪少年置于专门的场所进行看管，而社区性保护处分是将少年送回其所在社区进行教育、管理。

拘禁性保护处分是对违反刑法法规并判处监禁刑的少年进行的处分。社区性保护处分则是非拘留处分，大致有：社区感化令、社区惩罚令、罚款、补偿令等，同时可附加宵禁令、父母令和戒毒令。①

在英国，随着社区矫正制度的实施，社会越来越多地参与了少年罪犯的矫治工作，"监狱访问者"（Prison Visit）和"自愿者协会"（Voluntary Associates）还组织其成员利用业余时间探访少年犯，积极参与对少年犯的矫正工作。为了帮助少年罪犯重回社会做一些必要的心理准备，同时为了向少年犯提供对社会做有意义的事情的机会，英国允许并支持少年犯参加社区服务。在一些封闭的少年犯管教所，监狱允许快要刑满释放的少年犯参加由"社区服务志愿者"（Community Service Volunteers）组织的为期四周的为无房者、心理疾病者、嗜酒者访问的活动。

此外，英国的一些非政府组织也积极参与少年犯的矫正工作，并监督少年司法的运作过程，对完善少年司法体系发挥了一些作用。在英国目前有三个涉及刑事罪犯监管、改造和教育方面的委员会：第一个是为监狱改革做工作的英国监狱改造委员会；第二个是名为故意罪犯安置帮教组织的安置帮教委员会，其是英国最大的一个非政府组织；第三个是名为刑事感化委员会，又叫霍华德刑事感化委员会的组织，其是英国最古老的一个非政府组织。

2. 美国

美国 50 个州及华盛顿特区均有少年司法制度。由于美国各州均有权制定法律，因而少年法规也不完全相同，但对于少年的保护处分大致有以下几种：少年向被害人道歉并支付赔偿金；交付保护管束；保护观察；原家庭外的安置；拘禁于公立训练学校（一般作为最后手段适用）。其中罚金只有少数州的少年法中有所规定。

以少年法院为核心的少年司法的共同特点是针对犯罪不是采用报应理念，而是重视少年的再社会化理念；少年法院从国家亲权思想出发，管辖着包括犯罪少年，以及虞犯少年和放任少年（被亲属虐待、家庭没有保护和监督能力的少年）。美国少年处罚的审判程序，并不十分在意审判的结构、证据法则等，而是采用更加适合少年的非程式化、弹性的审判方法。在处理上，根据少年个体特点及其所生活的环境，采用有区别的、多样化的处遇方式。

美国少年司法认为，一个人犯罪时的年龄越小，继续犯罪的可能性就越大。对于少年的连续犯罪干预的越早，其变为严重的少年罪犯的可能性就越小，其在成年时继续犯罪的可能性也就越小。少年司法执法体系的一个艰巨而重大的任务是试图对每一个罪犯的适当的处置。②

---

① 沈玉忠：《未成年人犯罪特别处遇研究》，中国长安出版社 2010 年版，第 195 页。
② 刘强编著：《美国犯罪未成年人的矫正制度概要》，中国人民公安大学出版社 2005 年版，第 17 页。

（三）我国港澳台地区少年保护处分机制和法律适用实践

1. 香港特区

我国香港特区并没有保护处分的称谓，其对少年适用的处遇措施一般列入特别刑罚范畴，[①] 大致有如下几种：签保守行为、接受感化、接受教导、罚款、损害赔偿等。

2. 澳门特区

我国澳门特区对少年的保护处分有教育制度与社会保护制度两种。前者包括训诫、命令为一定行为或履行义务、教育、半收容与收容。后者包括六种措施，可单处或并处，包括父母或监护人的辅助、另一家庭的辅助、交予第三人、自立的辅助、交予家庭、交予适当机构。

3. 台湾地区

根据"少年事件处理法"第42条规定，我国台湾地区的少年保护处分可分为收容性处分和非收容性处分两种，前者包括安置辅导、感化教育；后者包括训诫、假日生活辅导、交付保护管束等。具体为：

（1）训诫，必要时可以附加假日生活辅导。训诫，是少年法院做出的最轻微的保护处分措施，由少年法官当庭指明少年的不良行为，通过言语予以训诫、谴责、劝告、指导，告知其应遵守的规定事项，要求其立悔过书。而假日生活辅导，是少年法院对将少年交付少年保护官或其他合适的机关、团体或者个人，在假日期间，对少年进行道德教育、学业指导，并做劳动服务，纠正少年的不良行为习惯、培养其品质和知法守法观念。

（2）保护管束，必要时可以附加劳动服务。保护管束在于管束少年的不良行为举止，使少年能够自律自制，回归正常的社会生活。保护管束或劳动服务，通常是由少年法院经过审理，将那些不适宜受刑事处分，也不适宜其他保护处分措施的少年，交付给少年保护官或其他适当的机关、团体和个人，加以监督、管束、教育、指导。

（3）安置辅导。这是介于保护管束和感化教育之间的中间性保护处分。由少年法院根据少年的身心状况、学业程度、家庭环境、行为缘由及其他必要事项，交付适当的福利、教养机构执行。[②] 安置辅导执行期限为2个月以上2年以下，若执行2个月以上后成效显著，认为无须继续执行的，可以申请少年法院免除后续执行。

---

① 我国香港学界将刑罚分为普通刑罚与特别刑罚，普通刑罚即是正常意义上的刑罚处罚，而特别刑罚是指为特定年龄或特定对象而特别设定以及特别适用的刑罚，包括劳役、接受教导、接受感化等。

② 沈玉忠：《未成年人犯罪特别处遇研究》，中国长安出版社2010年版，第201页。

（4）感化教育。这是针对不适宜刑事处分，但具有犯罪危险性的少年，为消除其不良的行为举动，改善其品质，培养其复归社会的能力，将其收容于特定场所，实施有助于其改善现状的特殊教育。感化教育由少年法院交付少年矫正学校或少年辅育院执行。执行期限不得超过 3 年，至多执行至 21 岁。此外，若少年身体、精神有明显缺陷，或者染有毒瘾、酗酒成性，那么少年法院可命令其至专门机构实施禁戒或治疗。禁戒处分与治疗处分虽然是保护处分的一种，但就其性质而言，它并不是独立的保护处分。我国台湾地区少年保护处分种类多样，且各处分之间转换灵活，根据规定，保护管束、安置辅导在执行期间没有效果或少年在此期间违反规定事项则可以转换为感化教育，而感化教育在执行过程中却有成效，则可转换为保护管束。

（四）各国及地区的未成年人保护处分机制的评判和借鉴可能性分析

由各国、各地区的规定可总结出未成年人保护处分具有以下特点：

1. 保护处分具有替代刑罚，而不是补充刑罚的性质

这和保安处分有一定的区别，正如姚建龙教授所说，"保护处分是对保安处分的超越：从保安处分补充刑罚的角色，转变为替代刑罚、避免刑罚的角色，从保安处分的社会本位转变为着眼于少年保护和福利的权利本位，相比保安处分，保护处分将使用范围扩展至虞犯少年"。[①] 这种超越在很多国家、地区的少年刑法中已有不同程度的实现，且呈现出延伸于普通刑法中的趋势。比较我国，目前并无保护处分制度，现有的适用于罪错少年的非刑罚性措施，如收容教养、收容教育、工读学校等基本不具有保护处分的性质，因为它们均不具有替代刑罚的功能，且报应性的色彩过浓。

2. 处分的种类、适用条件及程序等均由独立的未成年人法予以明确规定

如德国的《少年法院法》、日本的《少年法》、我国台湾地区的"少年事件处理法"等，这些国家和地区的少年刑法中都明确归类了保护处分，以及在何种条件和情况下适用哪一类保护处分措施。对比我国，虽有《未成年人保护法》及《预防未成年人犯罪法》，但未明确保护处分的具体类别、适用条件以及完备的配套。

3. 适用对象上，保护处分不仅适用于犯罪的未成年人，还将未成年人虞犯纳入适用范围

在很多国家，少年虞犯已纳入未成年人保护处分机制当中，以期使其完善自我，纠正不适当的行为，遏制其犯罪的苗头，预防其踏上犯罪的道路。比较

---

① 姚建龙：《犯罪后的第三种法律后果：保护处分》，载《法学论坛》2006 年第 1 期。

我国，少年犯的非刑罚化处置措施仍在探索，工读学校等处遇措施在实施中遇到颇多问题，对于少年虞犯，更是仅有概念性的讨论与涉及，未纳入保护处分的适用对象范畴。

4. 处分的适用一般要经过司法程序，由专门的审理机构，即少年法院做出决定

比较我国，从针对少年犯的非刑罚措施来看，其适用的机构上大多是由行政机关按照行政法的规定适用的，并没有经过严格意义上的司法审查。

## 三、我国未成年人犯罪法律适用中的限缩及保护处分机制现状

### （一）保护处分在我国的基本形态

在刑法意义上，我国的未成年人犯罪是 14 周岁以上 18 周岁以下的人实施的犯罪，这主要体现在《刑法》第 17 条。对于未成年人犯罪的处理，我国《刑法》采取了"应当从轻或者减轻处罚"的态度，对于不满刑事责任年龄而不予处罚的，"责令他的家长或者监护人加以管教；在必要的时候，也可以由政府收容教养"，依此，我国刑法意义上的未成年犯不包括"不予刑事处罚"的 14 周岁或 16 周岁以下"犯罪"情况；对于这类未成年人实施的破坏社会基本秩序行为，我国刑法并未通过刑罚加以控制，而是采取一定方式的"保护处分"，比如收容教养。如果从犯罪学的角度来讲，对于这类不良少年，也应当纳入犯罪学意义的"未成年犯"来处理，以有利于综合地对青少年犯罪进行治理和控制。

我国并没有严格意义上的保护处分，正式的规范性法律文件中也没有明确提出和使用保护处分的概念。但是，一些学者在论及保安处分时，往往将保护处分作为保安处分的一种特殊情况来对待。而对于保安处分，有学者认为在我国的法律体系中早已存在，因此，作为保安处分之一种特殊情况的保护处分在我国也早已存在，如社会帮教、工读教育、收容教养等就具有保护处分的性质。上述这些措施虽然在预防和控制青少年犯罪过程中起到了一定的积极作用，但认为它们属于特殊性质的保安处分（保护处分）则值得商榷。第一，我国一些法律法规中确实存在着类似于国外保安处分的措施和方法，但认为这些措施和方法就是国外所说的保安处分却不妥当。在保安处分制度中，保安处分法定主义是一项基本原则，保安处分的适用只有在法律明确规定的情况下才能进行，而且只能由司法机关按照一定的实体性和程序性规则才能做出，即使是最轻微的保安处分，也必须经过诉讼程序才能适用，这样做的目的在于防止保安处分的滥用而对公民权利造成侵害；而我国上述的强制措施，从其适用的机构来看，大多是由行政机关按照行政法的规定适用，并没有经过严格意义上

的司法审查，例如收容教养是由政府决定，工读教育由教育行政部门审批，在这个意义上，上述强制措施从其性质来看是一种行政强制措施，距离只能由司法机关适用的保安处分相去甚远。第二，如前所述，从保安处分和保护处分二元论的立场出发，认为保护处分属于保安处分的一种特殊情况也并不妥当，因为保护处分和保安处分无论是其制度背景还是存在的基础都有诸多差异，保护处分的目的在于保证少年的健康成长，而保安处分的目的则在于防止具有一定人身危险性的人侵害社会。上述措施很难说具有保护少年的特征，更多的是出于防卫社会的需要，而且，即使是保护处分的适用同样需要经过严格的司法审查，只有少年司法机关按照特定的程序在确定少年违法犯罪的事实和确实需要对少年进行特殊保护的基础上才能适用。

（二）我国未成年人保护处分的种类

我国现行法律上没有"保护处分"一词，所以我国没有法定的保护处分制度，但是事实上，我国存在一定的适用于青少年的保护处分的基本形式，但是在名称上并不称为"保护处分"，这些基本形式包括行政处罚、收容教养制度、收容教育制度、工读学校制度，用于替代普通刑罚。采用这些制度的法定宗旨是和《未成年人保护法》和《预防未成年人犯罪法》所规定的"教育、感化、挽救"方针和"教育为主，惩罚为辅"原则大致吻合的，其功能也主要在于替代刑罚的使用，使未成年人在刑法上"获益"，故而这些保护处分之基本形式大多为非刑措施，而且基本上从属于行政手段。严格地说，这些制度并非保护处分，因为其惩罚性过强，而保护处分基本上必须侧重于保护，也就是说，须剔除这些基本形式中的多余惩罚性的内容，才可以将之归入"保护处分"讨论的范畴。我国"保护处分"大致可分为以下几种类型：

1. 警告训诫

警告训诫是最轻的保护处分，适用于行为性质比较轻微的违法犯罪少年。由法官当庭作出，以言语的方式对未成年人进行训诫、谴责，必要时可整理成书面形式，使未成年人意识到其行为的社会危害性与违法性，警诫其不得再犯，并引导其复归正常的社会生活。

2. 家庭管教

对于初犯、偶犯或在校学习的违法犯罪未成年人，如果其父母或其他监护人有实际的监护管教能力，可责令家长严加管教。家庭强化管教的前提是违法犯罪少年的父母或其他监护人有实际的监护能力，能够使未成年人品行向善、健康成长。

3. 义务负担

由法官责令未成年人为一定行为、履行一定义务，如向被害人赔礼道歉、赔偿损失、承担一定的劳务工作等。

### 4. 强制戒毒和强制医疗

强制戒毒，是指对吸食、注射毒品成瘾人员，在一定时期内通过行政措施对其强制进行药物治疗、心理治疗和法制教育、道德教育，使其戒除毒瘾。强制医疗，是非自愿性强制治疗，是指国家为避免公共健康危机，通过强制对患者疾病的治疗，达到治愈疾病、防止疾病传播、维护公众健康利益，具有强制性、非自愿性、公益性的特点，一般包括性病、吸毒、精神障碍、严重传染疾病等。较为常见的是对精神病人的强制医疗、有关部门对吸毒人员采取的强制戒毒措施等。对于吸毒成瘾、酗酒成瘾、患有精神病并妨害社会秩序的未成年人，可以决定对其采取强制医疗措施，在作出其他保护处分之前或者与其他保护处分同时作出，可以将强制医疗措施作为一种附加性的保护处分。

### 5. 工读学校

自 20 世纪 20 年代起，苏联教育家马卡连柯为了收容"一战"中的孤儿并预防其犯罪，创办了高尔基工学团和捷尔仁斯基儿童劳动公社。我国工读教育受其启发，结合中国实际情况，于 1955 年创办了我国第一所工读学校——北京温泉工读学校，即现在的北京海淀工读学校。1987 年国务院转发国家教育委员会、公安部、共青团《关于办好工读学校的几点意见》将工读教育的对象概括为"12 周岁至 17 周岁有违法和轻微犯罪行为，不适宜留在原校学习，但又不够劳动教养、少年收容教养或刑事处罚条件的中学生（包括那些被学校开除或自动退学、流浪在社会上的 17 周岁以下的青少年）"。依《预防未成年人犯罪法》第 35 条的规定，目前工读教育的适用对象是有严重不良行为的少年。工读学校除按照义务教育法的要求，在课程设置上与普通学校相同外，应当加强法制教育的内容，针对未成年人严重不良行为产生的原因以及有严重不良行为的未成年人的心理特点，开展矫治工作。2004 年 11 月 29 日，中央综治办、共青团中央、中央宣传部、教育部等 20 个部委共同启动了"为了明天——预防青少年违法犯罪工程"，力争在 3 年至 5 年的时间里在所有大中城市至少建立 1 所工读学校。工读学校是少年司法体系转处分流的目的地之一。

### 6. 收容教养

收容教养是我国政府专门为教育矫治已满 14 周岁、未满 16 周岁而免予刑事处罚的未成年人，对他们进行教育挽救的（强制性的）制度。收容教养既不是刑事处罚，也不是行政处罚。① 根据《预防未成年人犯罪法》第 39 条规定，未成年人在被收容教养期间，执行机关应当保证其继续接受文化知识、法

---

① 冯云翔、娄鸿雁：《未成年人犯罪及预防》，哈尔滨工业大学出版社 2003 年版，第188 页。

律知识或者职业技术教育；对没有完成义务教育的未成年人，执行机关应当保证其继续接受义务教育。这是少年教养管理所的法定义务。

### 7. 收容教育

收容教育的对象是有卖淫嫖娼行为，但尚不够实行劳动教养条件的人，期限为6个月至2年。根据《卖淫嫖娼人员收容教育办法》（1993年10月）规定，年满14周岁的少年可以被收容教育。实践中，被收容的未成年人中有很多九年义务教育尚未完成，但因为人力问题，对他们难以进行文化教育，而大部分只能是思想教育和技工劳动。

### 8. 监管令和社会服务令

一些地方法院在未成年人司法领域展开了积极、有益的探索，在借鉴国外先进经验的基础上，引进了一些和国外的保护处分具有相似性质的对少年犯罪人的处遇方式，其中具有代表性的是上海长宁区法院对少年犯罪人所适用的监管令和社会服务令。

监管令是少年法庭在少年刑事案件的判决或暂缓判决的决定生效后，对符合一定条件的少年犯及其监护人发出的，要求他们在一定期限内必须遵守和履行某些限制性的书面指令。监管令的适用对象具体包括两类：一类是少年被告人，具体包括免予刑事处分的少年被告人、暂缓判决的少年被告人、单处罚金的少年被告人、判处缓刑或管制的少年被告人、刑期与关押期相同可立即释放的少年被告人。另一类是少年被告人的法定代理人或其他监护人。监管令的期限一般为3个月到6个月，缓刑、管制、暂缓判决的监管令期限与其相对应的缓刑考验期、管制期间、暂缓判决考察期间相同。监管令向适用对象送达时，同时可以附送至负责帮教考察的单位或部门，向少年和其法定代理人送达的，应在当天进行。在监管令生效期内，审判人员应当进行有效的考察活动，制定具体的考察方法，努力发挥监管令的监督管教作用，促使监管令对象认真履行监管令中的限制性规定。少年法庭可要求监管令的适用对象制定具体的行为规范，定期向少年法庭汇报。少年法庭可会同有关单位的考察组织或当地的公安机关、居民委员会对监管令的适用对象进行考察。[①]

社会服务令是在少年刑事案件中，对已经构成犯罪的少年被告人，责令其至某一指定场所，完成一定期间且为无偿社会服务劳动的书面指令。其适用范围仅限于少年被告人，具体包括三种情况：暂缓判决的少年被告人、免刑的少年被告人、缓刑的少年被告人。适用社会服务令的条件为：审理时已年满16周岁；家庭有管教条件；身体健康；法定代理人同意。社会服务的时间一般为

---

① 姚建龙：《长大成人：少年司法制度建构》，中国人民公安大学出版社2003年版，第154页。

1 至 3 个月，最长不超过 6 个月。提供服务劳动的少年应每月向少年法庭汇报一次，少年法庭每月检查一次。暂缓判决的少年被告人如果在服务劳动的期限内，没有按照有关要求完成规定的事项，经教育没有效果的，可撤销暂缓判决决定，作出判决。①

（三）当前未成年人保护处分存在的问题

虽然我国在未成年人权益保护方面取得了很多成绩，司法上也加大了对未成年人的保护力度，但侵害未成年人权益的违法犯罪仍时有发生，通过实证分析可以看出，虽然近年来我国未成年人犯罪人数以及未成年人犯罪占刑事犯罪的比率持续下降，但低龄化和重复作案的发展趋势明显。总的来说，我国目前少年保护的理念先行，但立法明显滞后，司法实践有反映，但地区不平衡且做法各异，未形成一套统一的未成年人司法保护机制。

1. 少年保护优先理念落实不到位

虽然目前我国大多数群众已有了未成年人保护的思想，司法机关对于未成年人犯罪也更加关注，但在父母或者监护人和孩子权益发生矛盾时，大家却往往自动忽略了对孩子的保护。我国传统君君臣臣、父父子子的思想观念，导致很多父母都将孩子作为自己的私有财产，觉得管教孩子天经地义；而亲戚、邻里、朋友也往往觉得外人管不着别人的家事。因此，遇到父母侵犯孩子权益的情况，大部分人的态度都是不闻不问。目前，我国的少年刑事法律体系主要由《刑法》《刑事诉讼法》《未成年人保护法》及《预防未成年人犯罪法》等法律法规和相关的司法解释构成。而这样的法律体系过于分散，缺少系统整合，各种措施之间配合度不高，重叠适用问题严重，助长了保护处分适用中的随意性。而在这些法律规范中规定的针对少年的处遇措施并不能替代刑罚的适用，这也容易导致保护优先的价值理念得不到真正的贯彻落实。在非刑罚化、非监禁化理念逐渐占据主流地位的今天，保护制度的缺失无疑会增加司法机关的司法风险。

2. 地区经济发展不平衡

地区经济发展不平衡是我国的基本国情，各地区在自然资源、地理位置以及人口素质等方面存在着极大的差异，同时受各个时期国家政策的影响，加上历史、投资取向等方面的因素，造成了地区经济发展不平衡的现状。这样的不平衡，也体现在司法资源上。在北上广以及一些沿海发达城市，许多法院、检察院在未成年人司法领域展开了诸多主动探索，如上海对触犯刑律的未成年人

---

① 姚建龙：《长大成人：少年司法制度建构》，中国人民公安大学出版社 2003 年版，第 155 页。

已建立阳光教育基地、上海市长宁区人民法院对少年犯罪人适用的社区服务令和监管令等。但在其他经济欠发达地区，在基本司法资源还不完备的情况下，开展创新型的未成年人保护无疑是空谈。

3. 预防少年犯罪的效果不理想

少年司法制度具有改善"特殊"少年行为与预防其犯罪的功能。但从目前我国少年司法制度的适用对象来看，我国少年司法制度只是包含对犯罪少年的转化。对那些具有犯罪倾向的少年，我国尚未将其纳入少年保护的整体考量，而是将其分置于公安机关、民政部门、法院等处理。这种分散的处置方式是否有利于矫正这些少年，不能一概而论。如果处置不当，增加司法负担的同时，还可能导致矫正效果适得其反，反而促发那些有不良行为的少年走上犯罪的道路。同时，目前在我国，对于预防少年犯罪社会力量投入不理想，社会及公众参与很少。

4. 国家监护制度的缺失

未成年人国家监护制度缺位，会使得整个未成年人保护机制失去支柱。家庭监护是人类社会抚养未成年人、履行监护职责的普遍形态，在立法上应给予充分的肯定。但是，从有效保护未成年人利益的角度来看，在充分尊重家庭自治的前提下，也应重视国家在未成年人监护中的作用，对那些没有家庭监护或者监护严重不良的未成年人，应当加强政府功能的发挥。从中国的历史与现实来看，以家庭自治为主，鲜有公权干预，但在新形势下，要加强公权力对未成年人监护的渗透，建立健全未成年人保护机制。在国家亲权理念下，国家公权力逐步介入未成年人监护领域，是世界各国立法的趋势，强化我国政府在国家监护制度中的主导作用是大势所趋。一个国家如何对待孤残儿童，反映了该国的道德责任底线与社会福利水平，目前我国在这方面尚有许多不足。

5. 司法化情况有待改善

我国目前的保护处分措施基本上由行政机关决定适用，而这些措施在实际运用中不可避免地容易出现擅断和重叠现象，这不仅浪费政府资源，也很容易侵犯未成年人的合法权利。对于可能限制或剥夺公民人身自由的处罚，当今世界各国的通行做法是由专门的司法官员依据正当的司法程序去决断。其他国家和地区的保护处分一般由法官、检察官或特定的司法官员宣告。在我国，像收容教养这类的可能长时间限制或剥夺人身自由的措施，其决定权都由行政机关掌控，这不得不让人担忧行政权过大而产生的负面效应。由于立法及制度建设上的缺陷，相应的监督机制不完善，教罚不明、侵犯少年合法权利的情况大量存在。而我国少年法庭的组织形式与其他国家和地区的"少年法院""少年法庭""家事裁判所"不尽相同，独立性也有所欠缺。同时，我国社会转型期的现状、流动人口的无法控制性，表明司法化是解决问题的唯一途径。

6. 少年保护制度的工作体系不完善

这里所说的少年保护制度的工作体系大体上是指，在少年保护处分实施过程中所涉及的机构设置、组织体系以及相关的专业司法机构与工作人员等。其他国家和地区的少年保护处分制度往往依据"保护优先、以教代罚"等司法理念，针对触法少年与虞犯少年设置了专门的少年法院，设有审前调查程序并由专门的少年调查官进行调查，由专门的福利、教养机构、少年辅育院或少年矫正学校等专门机构执行，至于司法工作人员的选拔与任用也有比较严苛的专业性要求。而目前我国还未有完善的少年保护的工作体系，司法机关分工不明，之后的处遇措施在实施过程中也极易断档和缺位，各个流程不能做到无缝衔接，少年保护的工作开展缺乏统一步调。

## 四、未成年人犯罪法律适用及保护处分的实例分析——以基层院检察实践为视角

我们以上海某基层院未检科 30 年未检工作的实践和探索为背景，对未成年人保护处分机制在我国的初创、发展历程作一剖析。同时，以期从实践的角度，对未成年人犯罪法律适用及保护处分机制的现实性作一分析。上海某基层检察员未检科是全国未成年人特殊检察制度的发源地。1986 年 6 月，全国首个"少年起诉组"在该院建立，标志着中国未成年人检察制度的诞生。30 年来，该院未检科的办案工作模式先后经历了三个阶段：第一阶段是 1986 年 6 月在起诉科内设立了"少年起诉组"，开创了未成年人刑事案件专门审理的办案模式；在此基础上，又建立了"少年起诉科"。第二阶段是 1994 年正式更名为"未成年人案件刑事检察科"，实行了"捕、诉、防"一体化的办案机制，结合办案开展了未成年人犯罪预防工作。第三阶段是 2007 年下半年开始，该院未检科与区法院少年综合庭统一办理刑事、民事案件改革同步，不仅办理未成年人刑事案件，还办理被害人是未成年人的刑事案件，并对刑罚执行进行监督，同时试点开展了未成年人民事行政检察工作，在全国首次确立"捕、诉、监、防"一体化办案模式，实现了对未成年人的全程性司法保护。

（一）未成年人保护处分的开创及尝试

1. 法庭教育

1990 年 6 月，该院未检科与区法院少年庭密切配合，首次在徐某盗窃案件的法庭审理过程中增加教育环节。法庭教育，是指在法庭辩论结束后，专门增设一个"教育程序"，由公诉人、辩护人、监护人共同在法庭上、从不同角度对未成年犯进行法制和道德教育，取得了良好的效果。

2. 观护机制

为使未成年犯在免诉以后的考察期或暂缓起诉对象在考验期中有一个良好的改造环境，该院运用社会力量和检察机关专门力量相结合的优势，加强对犯罪青少年的监管与教育，并借鉴国外在青少年保护上的有益经验，于 1992 年 5 月开始在案件中试行"观护员"制度。所谓"观护员"，是指具有一定政治思想文化素质，热心于下一代教育，在检察机关指导下，按居住、学习或工作地对违法犯罪的未成年人进行观察，并施以矫治措施，以保护其健康成长的人员。1993 年 6 月，该院总结了观护工作经验，制定了《观护员制度》《观护员工作条例》，进一步明确观护程序、观护员条件、来源、职责等。2009 年起，该院逐步建立起"就地观护、跨区协作、异地委托"三层立体式观护体系，落实对原籍有观护条件的来沪涉罪未成年人的社会化观护。2012 年以来，为了解决对"三无"流浪（即在沪无监护人、无固定住所、无经济来源，原籍也没有观护条件的）涉罪未成年人进行社会化观护这一瓶颈问题，该院牵头推动建立政府出资，提供食宿的两个"阳光基地"，进一步加强和完善涉罪未成年人管理服务体系的全覆盖、全落实。

3. 法律援助

20 世纪 90 年代的法律规定，被告人只有在被提起公诉至法院决定开庭前，才有权聘请辩护律师。但未成年人由于其特殊的生理、心理特点，决定了只有尽早地获得法律援助才能真正维护他们的合法权益。为此，该院于 1992 年 7 月首次在未成年人刑事案件中实行辩护人提前介入程序，从程序上保障了未成年人的合法权益，同时也有利于检察机关主动接受监督。

4. 心理测试

犯罪心理是犯罪人实施犯罪的内在因素。能否正确了解未成年犯的犯罪心理是进行教育、感化、矫治犯罪行为的前提。以往，在分析未成年人犯罪的主观原因时，往往是通过卷宗和凭承办人与其接触两次来加以判断分析，这样难免存在片面性。为了较全面地了解未成年犯的犯罪心理及犯罪后的心理活动，1993 年，该院与上海市青少年心理行为门诊部合作，利用科学的测试手段对涉罪未成年人进行心理测验，测试的结果以及心理治疗、行为矫治的方法与手段，为掌握了解、矫治未成年犯心理障碍和行为偏差提供了较为科学的参考依据。

5. 法定代理人到场

检察工作人员在办案中发现，涉罪未成年人被羁押后，往往存在对监护人依赖及害怕被抛弃的情况。1994 年 2 月，该院开始试行监护人参与未成年人刑事检察案件制度，通过让监护人参与讯问、举行亲情会见、开通亲情热线等形式，架起一座座爱心呼唤浪子回归的桥梁，鼓励未成年人早日回归社会。

6. 合适成年人参与

在实践中，有些未成年犯罪嫌疑人的法定代理人无法通知、不能到场或者是共犯的，为了实现对未成年人的平等保护，2004年11月，该院开始尝试通知未成年人的其他成年亲属、所在学校、单位、居住地基层组织、未成年人保护组织的代表到场，担任"临时家长"来维护未成年人的合法权益。因为这一做法主要是借鉴了英国《1984年警察与刑事证据法》，英文直接翻译是"合适成年人"到场，所以这些"临时家长"被统称为"合适成年人"。

7. 考察教育基地

针对一部分免诉、取保对象因在犯罪前已脱离学校或犯罪后被除名等原因，无法落实观察保护单位的情况，1994年，该院建立区未成年人帮教考察基地，落实对本市闲散涉罪未成年人的社会化观护；1995年，与区社会福利院签约成立了检察系统第一个特殊青少年考察基地。涉罪未成年人在基地中参加一定的社会公益劳动，检察院定期赴基地对未成年人进行回访，并协助福利院对未成年人进行教育考察。福利院指定专人带教，并进行相应的考察，最后做出评定，为检察机关作出最终处理决定提供参考。

8. 社会调查

1995年9月11日，该院在杨某盗窃案中首次试行社会调查，即承办人员均与未成年人的监护人见面，与学校老师见面，与居委会干部见面，通过广泛的社会性调查，详细了解、掌握未成年人的成长过程、道德品质、个性特征、社交状况及家庭结构、家教方法等第一手资料，为教育、感化、挽救工作打下基础。1997年将这一方法形成制度，建立了未成年人犯罪嫌疑人社会调查制度，并与区法院合作将这项工作纳入制度化轨道，得到了区青保办的大力支持。自2000年1月开始完全由区青保办承担社会调查工作，同时区检察院还制定了《特邀社会调查员工作规定》，进一步规范该项工作的开展。

9. 非刑罚处置措施

为了加强对不捕、不诉未成年人的教育、感化和挽救，2011年，该院开始探索对涉罪未成年人运用训诫等非刑罚处置措施，同时设立了专门的未成年人训诫室，并根据训诫教育所需的特殊环境，在色调、灯光、窗帘、桌椅、检徽悬挂、字幕布置等方面进行了专门设计，较好地实现了展现司法权威和教育感化的双重功效。在对未成年人进行训诫时，尝试了多种信息技术手段，如用PPT进行展示教育、用截录影音视频进行震撼教育、用录音录像进行感化教育等方式，并引入《弟子规》等传统文化巩固教育效果。办案人员可根据涉罪未成年人涉嫌犯罪原因、个性特点和家庭环境，有针对性地制作和播放有利于教育、感化、挽救涉罪未成年人的法制教育片，争取最大限度地触动和震撼涉罪未成年人及其法定代理人的心灵；公安承办人可通过回放犯罪事实，强调涉罪行为的社会危害性和可能造成的严重后果,通过列举相关案例,举一反三,震慑涉罪未成年人避免类似犯罪,提醒家长加强预防监管。举行训诫会时,检察工作人员还会与公安承办人、帮教人员、老师、律师、被害人等进行沟通协调,通知他们共同参与训诫,并要求他们对未成年人进行各有侧重的教育,提高针对性和有效性。社工、青保老师、帮教志愿者、心理咨询师、律师可结合各自参与案件的社会调查、考察帮教、担任合适成年人、进行心理干预、提供法律帮助等相关工作,分析涉罪未成年人的优缺点,对涉罪未成年人今后的学习、工作和生活提出希望和建议,分析家庭环境因素对涉罪未成年人的影响,对涉罪未成年人的法定代理人提出正确履行监护职责的建议等。同时,在不起诉后的跟踪帮教阶段引入传统文化教育,帮助涉罪未成年人通过规范日常行为,逐步树立良好的价值观和人生观,预防再次犯罪,取得了较好的教育矫治效果。

通过30年的实践,该院在未成年人保护处分机制的探索中取得了可贵的经验,形成了一套完整的体系。其中非机构性的处分机制,如训诫、观护帮教、救助保护、法庭教育等都充分发挥了作用。该院未检科在处理未成年人案件时是采取少捕慎诉少监禁的办案模式,2013年至今,该院未成年人案件逮捕、起诉逐年下降,不捕率为51%,不诉率为53%。有超过半数的未成年人案件通过公安、检察院、法院、社区等各方的努力,在非刑事化轨道上解决,在保护处分机制范畴内受到了惩戒教育。

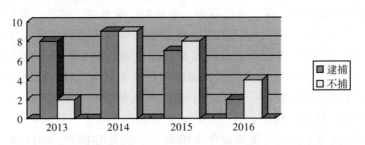

该院 2013—2016 年审查批捕情况

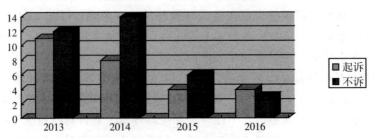

该院 2013—2016 年审查起诉情况

（二）未成年人保护处分机制探索实践中的困难分析

1. 非机构性保护处分已经逐渐形成格局，但相对而言，区别于拘禁的机构性保护处分却面临一定的困难

实践中对于一些罪错相对严重的犯罪未成年人往往存在一种过宽或者过严的困局。对于主观恶性较大、犯罪手段残忍的未成年犯罪分子，将他们送进监狱还是放回社会，难以取舍，而且这些未成年人可能还处于监护人缺位的状态下，检察官往往处于两难境地，缺乏有效的处理机制。

2. 对于未成年人保护处分缺乏立法支撑

目前，全国层面的法律对于未成年人保护处分没有直接规定，各项关于观护帮教、救助保护、配合衔接等方面的规则都散见于"两高"、民政部、全国妇联、共青团中央、中央综治委预防青少年违法犯罪工作领导小组等单位、部门单独或者联合制定的《意见》《通知》《批复》《备忘录》等多种形式的文件中。地方上制定的也大多是类似形式的文件，形式不同、效力不一。由于没有全国层面法律上的明确规定，各项保护处分机制的探索总有些缺乏立法依据。希望能够早日出台相关法律规定，使得保护处分机制能够师出有名。

3. 各地方由于经济发展、城市文明等软硬件水平不同，导致可以实施的未成年人保护处分措施差距较大

该院未检工作一直走在全国前列，所以常年都有全国各地的检察院未检部门前来学习借鉴。在沟通过程中，该院也发现，之所以上海能够更好地落实未成年人特色检察工作，进行各项保护处分机制的先进探索，与上海这个国际化大都市所具有的财政支持、文化程度、制度文明密不可分。全国各地想要完全照搬上海模式，几乎不具有操作性，只能根据各个地方的具体情况，有选择性地开展保护处分工作。

4. 未成年人保护处分工作应当加强地方各部门的通力合作

从目前出台的多项未成年人保护处分文件可以看出，多部门联合制定是常态，这也客观反映了当前保护处分机制需要各部门的通力合作，比如考察基地的建立、工读学校的管理、观护场所和观护人员的实现，这都需要民政、教育甚至更高级别的部门进行协作，保护处分机制的实现是多方面共同努力的成果。

5. 行政主管机构职责应当进一步明确

合作的另一面就是职责的明确。保护处分工作需要有一个部门牵头，其他部门予以支持配合。只有各司其职，明确责任，才能在具体落实过程中不相互推诿，才能"力往一处使"。

总的来说，该院未成年人保护处分机制通过不断地探索实践，虽仍存在重重困难，但其在基础架构、制度探索、配套环节、处理结果等方面都呈现出好

的态势，实例证明未成年人保护处分机制在我国的司法领域实践可行。

## 五、我国未成年人犯罪法律适用及保护处分机制的构建设计

### (一) 综合性立法保障

我国是成文法国家，因此要确立保护处分制度首先必须在立法领域有所突破。我国目前只规定了青少年犯罪适用单一的刑罚处罚模式，无法承载对于犯罪少年"教育、感化、挽救"的美好愿景，主要还是我国一直以来都没有形成独立的少年法律体系，有关未成年人罪错的处置措施主要规定在刑法以及相关司法解释之中。从少年保护的发展方向看，在未来建立单独的少年法是必然的趋势，在少年法当中规定保护处分是最优的立法方式，这是因为单独的少年法可以将少年司法的基本原则、实体、程序、措施等予以集中规定，有利于实现少年法的系统性与法典化，可以将保护处分以专门章节的形式置于少年法之中，有利于少年法的完整性，同时也有利于避免立法的前后矛盾。

### (二) 启动性程序设计

只有具备合理完善的程序给予保障，保护处分才能有效运作，借鉴其他国家和地区的保护处分的适用程序，建议我国少年保护案件的基本程序如下：首先，出现非行少年案件后，应当由专门的少年警察开展调查工作，调查完毕后制作调查报告后全案移送负责少年案件的检察官，检察官通过审查移送来的调查报告，同时启动委托2个以上社区矫正工作人员对非行少年进行背景调查，主要调查非行少年的家庭环境、人际关系、学习情况、身心条件、犯罪诱因等事项，社会调查员要从家庭、学校、单位、社区等多渠道了解情况，尽可能做到全面客观，调查完毕制作该少年的社会调查报告交于少年检察室，少年检察官根据事实及社会调查制作审查报告，认为应当提起公诉追究刑事责任的制作起诉书并移送全部材料至少年法庭，少年法庭收到案子后，根据两份调查报告，结合检察官意见建议，综合审查后可作出以下决定：一是按照保护处分案件审理；二是认为该犯罪少年社会危害性强，构成严重刑事犯罪的，按照公诉案件审理。

少年法院（庭）为保障犯罪少年的合法权利，审理保护处分案件时按照不公开原则，少年可以聘请律师，没有条件自行聘请律师的，法庭应当为其指派律师，少年的父母或监护人应该出席法庭，没有监护人或未能找到监护人的犯罪少年，少年法庭应当挑选合适成年人（老师、社区调查员或者所在街道工作人员等）在场，审理宜采用"寓教于审""圆桌审判"等方式，积极营造和谐的庭审氛围，审理完毕，少年法庭可作出以下裁定：一是不予保护处分；二是决定单处或并处保护处分措施。

（三）国家监护制度的确立

我国现行立法中并未对未成年人国家监护制度进行专门的单独规定，而是分别散见于《民法通则》《婚姻法》等多部法律之中。1991 年颁布的《未成年人保护法》也没有对未成年人的监护制度作出基础性的专门规定。我国现行的未成年人监护制度是以家庭监护为主、国家监护为辅，但在这一架构下，国家监护制度却存在着明显的结构上的断层和操作性上的欠缺。

综观我国未成年人监护制度的现状，立法的滞后性无疑是最大的问题。如果能对我国法律体系中有关未成年人监护的内容进行一次彻底清理，借鉴西方国家已有经验，制定一部特别法——《未成年人监护法》，对未成年人监护问题的操作流程、条件作出系统、具体、详细的规定，真正具有现实的操作性，建立起以家庭监护为常态和国家监护为补充的未成年人监护制度将会是非常理想的状态，这是我国国家监护的目标。但在目前我国总体经济和社会发展尚不能达到发达程度的情况下，可以截取刑事诉讼这一段期间，对其中面对国家刑法调查，又缺失有效监护的未成年人给予相对适当的国家监护，以保障其权益的实现和身心发展，是目前的当务之急。应当明确未成年人刑事诉讼期间国家监护的主体，立法应明确在未成年人父母或者其他亲属没有能力监护时由国家出资，民政部门代表承担监护责任，便于对不适格监护人的评判以及撤销监护资格程序的启动；建立不适格监护的撤销制度，可以由检察院提起剥夺监护权，法院批准，由检察院代为执行。对于不适格的家庭监护人，要坚决撤销他们的监护权，避免对未成年人的进一步伤害；实行诉讼临时监护制度，所有的未成年犯罪嫌疑人，在未找到适格的法定监护人之前，都应归入代表国家的特设机构（如未成年人救助保护中心、儿童福利院）的临时监护之下；完善合适成年人介入制度，对刑事诉讼期间，未成年犯罪嫌疑人的父母往往难以通知或无法到场的情况下，通知有关的机关或团体指派未保干部、团干部、教师、专业社工等，作为诉讼参与人到场参与讯问或审判；健全未成年人社会观护机制，检察机关与综治、预防、青少年保护、社区矫正等职能部门协作配合，通过政府购买服务、组织专门社团、吸纳志愿者、发动有社会责任感的企事业单位等途径，整合派出所、矫正组织、居（村）委会等基层组织，共青团、妇联等人民团体，工读学校、企事业等单位，社工组织、志愿者团体等社会力量，在各区县的街道（镇）、社区设立观护点，并形成工作体系，开展对涉罪未成年人的监管、帮教、考察、矫正等工作。

（四）综合社区性保护处分体系设置

社区性保护处分，即非机构性保护处分，是指"以开放式社区为执行载体的,不以少年人身自由的剥夺或者限制为主要形式的保护处分。"① 将罪错未成年人置于其所生活的社区内进行的保护处分,为了适应少年裁判个别化的需要,社区处分宜多样化,我国现有的处置罪错少年的非刑罚措施中,有多种可以在社区性保护处分中加以改造适用,同时可以参照其他国家或地区社区保护处分的种类,设置一些新的社区性保护处分措施,用以加大对未成年人的保护力度。

根据案情的不同情况,可以选择不同的非刑罚性处置措施。这些非刑处置措施也同时在我国《未成年人保护法》和《预防未成年人犯罪法》等相关法律中有所体现,这些非刑处置措施都可以继续作为社区性保护处分的内容加以适用,这不仅符合我国的未成年人保护实际,也符合社区性保护处分的精神内核,因此可以为我国的保护处分所用。

此外,我国还可以新增社区性保护处分措施,对我国一些地区总结的好的未成年人司法探索经验和其他国家或地区的保护处分措施经过改善调和,引入我国的保护处分体系,如社会服务令、保护观察和社会帮教制度等。社会服务令,即法院责令少年到指定的场所从事一定期限的无偿社会服务劳动。我国法律目前并没有社会服务令的明确规定,仅在一些地方法规和主动探索中有所体现,如河北省人大制定的《河北省预防少年人犯罪法实施办法》,将社区服务令以法规形式明确下来,以及安徽省来安县法院出台的《关于推行社会服务令的暂行规定》等。尤其在上海,长宁区法院早已开始对未成年犯罪人适用社会服务令,并对适用范围、适用条件、服务时间、服务场所进行了规定,就目前来看,获得了很好的社会效果。罪错少年在经过一段时间的社区服务,以无偿劳动补偿其之前的不良行为给社会造成的损失,同时经过社区干部和司法人员等的沟通、教育、指导,让罪错少年认识到自身的错误,在劳动中忏悔自己的罪过,改过自新,建立正确的人生观和价值观,能够更好地回归社会。

保护观察在日本是针对非行少年最重要的处遇措施,即由特定的少年保护机构对罪错少年进行监督、接受咨询以及提供服务和帮助等。我国正在探索的社区矫正,即带有保护观察的色彩,但是目前却存在依据不足、衔接不顺畅、负责部门不明确、社会参与力量薄弱、适用率低等问题,可以在目前我国社区矫正改革的基础上,建立少年保护观察制度。由少年法庭决定适用的对象,设立专门的观护官,组建具有良好专业性的观察员队伍,并在全社会招募愿意积极参与保护观察的志愿者队伍,并进行相关的培养,以促进保护观察工作的顺利开展。保护观察作为保护处分的一种,可以替代刑罚,也可以与其相结合使用,适用的对象可以是犯罪少年,也可以是具有严重不良行为的少年。同时结

---

① 姚建龙:《犯罪后的第三种法律后果:保护处分》,载《法学论坛》2006 年第 1 期。

合我国近年来在未成年人司法领域的一些先进探索，采用缓处、缓诉、缓判、缓刑的"四缓"制度，通过这些举措来实现我国关于罪错少年的"教育、感化、挽救"的方针和"教育为主，惩罚为辅"的原则。具体实施流程可以是：建立保护观察委员会，在公安机关作出缓处决定、检察机关作出缓诉决定、法院作出缓判和缓刑决定后，根据这三个机关的决定依据以及该决定对象的社会调查报告，研究该对象的症结所在，制定区别化的有针对性的保护观察方式指派少年观护官，少年观护官接到指派后，根据少年的类别特征，采用个别或集体的形式进行具体的执行，同时对执行过程进行记录并向委员会按期汇报，具体的观察内容可以分为遵守事项、指导监督和辅导帮助，期限可以为 3 个月至 1 年，在保护观察期间，罪错少年若能做到遵守纪律与规定，积极向上，改过自新，则各承办机关可选择作出不再处理、不予起诉、结束观察、重新审判等决定。反之，若保护观察期间，罪错少年不思悔过，行为恶劣，再次违纪甚至犯罪，则各承办机关可以撤销"四缓"决定，采取其他更为严厉的措施进行处理。

社会帮教制度，出现于我国 20 世纪 80 年代，帮教对象为 13 周岁到 18 周岁的未成年人，是一种具有社区性、群众性特征的矫正制度。1983 年 4 月，公安部等 7 个单位联合发出《关于做好有违法或轻微犯罪行为的青少年帮助教育工作的几点意见》是该制度的主要依据，帮教的参与者可以是家长、亲友、单位、街道、志愿者甚至在必要时可以吸收民警。由于社区帮教制度并没有正式的法律依据，所以我国可以在考虑吸收台湾地区"少年事件处理法"第 42 条中所规定的假日生活辅导措施的内容，吸收其经验内核，改造我国的社会帮教制度，推出一个更加符合我国国情、适合我国司法实践的社会帮教制度。可以明确规定少年假日辅导的次数，由少年法庭来监督并指派帮教的少年保护官，明确帮教的内容，如品德教育、学业教育、习惯教育等。少年保护官根据辅导的成效、少年的表现来决定辅导的次数。

对于社区服务令、保护观察和社会帮教制度，我国一些地方已经开始主动探索并实践，但由于存在法律依据不足，导致该类措施普及性不强、实施不畅等问题，因此，若能将该类措施系统地规定在少年法中，明确其法律地位，才能使其进一步推广适用，完善一体化的运作。

（五）机构性保护处分体系设置

机构性保护处分是指"以封闭或者半封闭机构为主要执行载体的保护处分，这种保护处分以剥夺或者限制少年的人身自由为主要特征"。① 剥夺或限

---

① 姚建龙：《犯罪后的第三种法律后果：保护处分》，载《法学论坛》2006 年第 1 期。

制罪错少年人身自由，是最严厉的保护处分措施，它是在罪错少年的人身危险性比较大，适用非机构性保护处分不足以达到教育保护的目的时实行的。我国的一些非刑罚性的措施中，具有拘禁性质的处分有收容教养、收容教育、工读学校等，这些措施惩罚性比较强，与非监禁化、轻刑化理念多有背离，应当慎用。对于这些机构性保护处分，不必存在的可以废止，考虑保留工读学校、强制医疗和强制戒毒等。

强制医疗是将有精神问题的罪错未成年人强制管制于精神病院或者将那些具有吸毒成瘾、酗酒成性等恶习的非行少年强制送往相关医疗机构予以治疗的处遇措施。该类措施具有一定的强制性、封闭性，需要将罪错未成年人置于机构中，因此纳入机构性保护处分类型之中。强制医疗目的是使非行少年在治疗中戒除不良习惯，重获心理的更生，这就要求强制医疗后期有完善的测评系统，由专业的医疗机构人员对强制对象进行完整的评测，形成心理评估报告来认定该对象是否还具有社会危险性。

## 六、机构性保护处分的实例探讨——工读学校的探索设计

从世界各国实践看，机构性保护处分是应对未成年人犯罪较为理想、不可或缺的处遇机制。未成年人犯罪往往具有偶发性，但并不意味着恶性小。在三观尚未成型的年纪，"以教代刑"，辅以正确的引导，责虽切，却给了未成年人更加光明的未来。20 世纪 80 年代，我国具有机构性保护处分性质的工读学校曾大放光彩，但随着强制入校变为自愿性质后便逐渐陷入发展困境。

（一）工读学校的现实困境

目前工读学校内忧外患，基本面临名存实亡的局面。内忧表现在：一是工读学校数量减少，在我国人口不断增长的趋势下，数量较 20 年前下降一半；二是工读学校学生饱和度不高，根据 2003 年 10 月一项针对全国 72 所工读学校的调查表明，在校生 100% 饱和度的学校仅占 26.6%，不到 50% 的为 33%，而由于工读学校在社会上的负面舆论以及教师教学成就感低等原因，较少有教师愿意接受工读学校的聘用。外患表现在：一是工读学校的相关法律缺失；二是特殊补充性的尴尬，工读学校无法成为刑罚的替代，而只能刑罚的补充，家长或者其他监护人往往不愿意提出申请；三是封闭性质疑，我国的工读学校普遍是封闭性、半封闭性的准军事化管理，带有一定的限制人身自由的性质，但例如在上海地区，入读工读学校同时需要派出所同意、学校初审、区县教育行政部门批准，工读学校的行政性、封闭式审批特点有违"正当法律程序原则"。

（二）保护处分视野中工读学校的改造运用

工读学校的全面改革涉及高位立法，对于现今的未成年人犯罪来说是望梅

止渴。以改革的思维，以上海地区为试点，破旧立新。上海地区工读学校的相关改革可以从以下几个方面入手：

1. 招生范围

虽然《上海市工读教育暂行规程》并未规定工读学校招生的户籍限制。但由于《预防未成年人犯罪法》及《未成年人保护法》对未成年人入读工读学校的程序限制，学校生源缺少，收入了外地生源学生，出现了"吃空饷"的现象。上海市教委因此收窄了招生范围，非上海市户籍的未成年人不得送入工读学校接受教育。然而，近年来，上海地区非上海户籍未成年人犯罪比例持续上升，据 2014 年统计数据显示，非上海户籍未成年人犯罪占上海全市未成年人犯罪的比率高达 80％。[1]

一方面是工读学校招生不足，另一方面是非上海户籍未成年人犯罪率占比较高，要解决此种两难困境，我们不妨借鉴《刑事诉讼法》关于法院管辖权的规定，取消工读学校的户籍限制，实行以行为实施地为主、居住地为辅的招收政策。将在上海地区实施了严重不良行为的未成年人、未达刑事责任年龄的触法少年收入工读学校，阻断其不良社会交往[2]，矫正其行为。

2. 招生程序

《预防未成年人犯罪法》第 35 条第 3 款规定"对未成年人送工读学校进行矫治和接受教育，应当由其父母或其他监护人，或者原所在学校提出申请，经教育行政部门批准。"在此条规定下，父母或其他监护人或原所在学校的申请成为工读教育的第一步。而令人遗憾的是，其他监护人及该未成年人所在学校极少提出申请，孩子在中国的社会关系下依然属于"家务事"的内部关系，外人不便插手。由于对工读学校存在偏见，未成年人的父母较少自愿将孩子送入工读学校。当这些具有严重不良行为甚至触法的未成年人已不能适应普通学校的正常秩序，家庭的监管亦处于缺失状态时，如何帮助未成年人矫正行为、重返社会，成为未成年人司法要考虑的问题。

《关于依法处理监护人侵害未成年人权益行为若干问题的意见》提出了七种人民法院可以判决撤销其监护人资格的情形。我们探寻该条意见设立的原意是为了保护未成年人的利益，促使父母更好地履行监护职责。因此，当未成年人触法或者实施严重不良行为，父母监护不力，无法帮助其矫正行为，从另一方面来说恰恰是对未成年人利益的损害。对因未达刑事责任年龄而不作犯罪处

---

① 《沪八成未成年人犯罪为外来青少年 智力型犯罪比重增加》，载 http://sh. eastday.com/m/20140515/u1a8088225.html，最后访问时间：2016 年 4 月 10 日。

② 王平、何显兵：《论工读教育的历史发展与完善设想》，载《预防青少年犯罪研究》2012 年第 8 期。

理的未成年人以及实施严重不良行为的未成年人,监护人未履行其监护权,不妨参照该《意见》关于剥夺监护权的条件。国家作为未成年人最后的监护人,可以获得未成年人父母的监护权,以《预防未成年人犯罪法》第35条中"其他监护人"身份作出申请,具体如下:

第一,当学校或者公安派出所发现未成年人实施严重不良行为,通知其监护人一次,监护人失联或者不积极配合学校的情况下,由学校报送公安派出所,公安机关通知社工跟进社会调查,经社会调查发现监护人确实履行监护权不利,则视为监护人同意,将未成年人送入工读学校进行工读教育,接受检察院未检监督;对于监护人口头积极配合的情况,安排社工不定期回访,经回访发现监护人未履行其监护职责的,则视为监护人同意,将未成年人送入工读学校进行工读教育,并报检察院未检部门备案并接受其监督。

第二,未成年人已经触法但因未达刑事责任年龄不作犯罪处理,由公安机关通知未成年人监护人一次,若其监护人依然不积极履行监护职责,本地区的可直接由本地区公安机关通知社工跟进社会调查,异地的则由公安机关发函监护人户籍地所在公安派出所问询相关情况。经调查发现,监护人履行监护职责不力或者无能力履行监护职责的,视为监护人同意,由公安机关将未成年人送入工读学校进行工读教育,并报检察院未检部门备案,接受未检监督。

3. 专项补贴

《上海市工读教育暂行规定》规定"工读学校按照本市有关规定收取学生学习期间的食宿、生活用品及管理所需费用,所受费用由学生监护人负担"。虽然学杂费可以按照《关于印发〈上海市中小学生学杂费分期付款和减免及实行助学金制度的办法〉的通知》分期付款或者减免或免除,但其他费用依然是一笔较大的支出。

为了使工读学校能够最大范围地辐射到实施严重不良行为的未成年人和触法未成年人。对于工读学生所需的学杂费、食宿及其他费用可由政府统筹安排,分别纳入地方教育事业费用预算,政府对此提供专项补贴,其补贴的标准由教育部门和财政部门制定。特别是家庭人均收入低于本市最低保障生活标准的家庭可予以全部减免。

(三)保护处分视野中工读学校的设计规划

1. 立法保障——《专门学校教育法》

工读学校是我国的专用称谓,不同国家和地区对此种类型学校的称法不同。如我国香港特区就称其为"群育学校",日本及韩国为"少年院",美国为"替代性学校(Alternative school)"。这些学校的功能不尽相同,共同之处在于对未成年人不良行为的矫治和教育。全美50个州和哥伦比亚特区中,已有48个州颁布了不同形式的替代性学校相关法律法规,对入学标准、教师资格、课程评价等方面进行了界定，从制度层面保障了替代性学校的健康可持续发展。①

在未成年人司法体系和未成年人犯罪预防中，工读学校因其教育的特殊性成为矫治未成年人犯罪和严重不良行为的最佳选择。然而，在我国工读依然处于尴尬的地位。除了在《义务教育法》《预防未成年人犯罪法》和《未成年人保护法》中提及，针对工读教育的专门文件也就是 1987 年国家教委、公安部、共青团中央共同发布的《关于办好工读学校的几点意见》，尚未出现国家层面的高位立法。工读教育作为一项专门教育，根据未成年人的不同特点找到适合他们的教育方式，提供针对性的教育。出台《专门学校教育法》来专门学校要得到彻底的落实和显效成为人大立法亟待解决的一个问题。立法应在工读学校的这些问题上作出回应：

一是专门学校的地位、任务。专门学校在整个未成年人预防犯罪的体系中，是对已经触犯刑法却因刑事责任年龄而不负刑事责任的未成年人、实施严重不良行为的未成年人进行教育和矫治的特殊教育机构。专门学校的任务是教育和矫治触法未成年人、有严重不良行为以及有不良行为的未成年人，保障其继续接受教育的权利，培养其守法意识，因材施教，使其成为合格的社会主义建设者和接班人。

二是专门学校的招生程序。在目前的立法状态下，入读工读学校须学生监护人或所在学校提出申请，教育部门同意。分析工读学校目前面临困境的原因而言，工读学校的招生强调一定的强制性。对于已经触法而因未达刑事责任年龄的未成年人以及严重不良行为的未成年人必须接受工读教育；对于不良行为的未成年人则可先由所在学校或者其监护人教育，在无效，或者不良行为向严重不良行为甚至触法行为发展的情况下，亦必须强制性地送入工读学校。在未达刑事责任年龄触法少年、严重不良行为少年就读的工读班是少年司法体系转处分流的目的地之一。

三是工读学校的经费及管理体制。国家将专门学校全面纳入财政保障范围。国务院及当地人民政府按照教师编制、当地工资标准、学校建设所需费用足额拨付。对于在工读学校就读学生的学杂费、生活费、住宿费、管理费等费用依照学生家庭经济状况予以减免，对家庭人均收入低于当地最低生活标准的家庭予以全额减免，以保证每一个"问题少年"都能够受到教育和保护。作为少年司法体制下的转处分流基地，其管理权应脱离教育行政部门，仿照监狱的管理体制，收归司法部。

---

① 王波、包峰，《美国替代性学校及其对中国教育的启示》，载《中国青年研究》2001 年第 1 期。

2. 未成年人越轨行为的发现机制

作为未成年人越轨行为矫治的开端，首要的是行为的发现机制，否则后续的一切矫治措施都无从谈起。未成年人的越轨行为主要有未达刑事责任年龄而触法行为、严重不良行为、一般偏差行为以及普通中学中的不良行为。

一是未成年人触法行为。根据《刑法》的规定不满 16 周岁的未成年人触犯刑法的，不作刑事处罚，必要时，收容教养。未成年人触法行为是未成年人越轨行为中社会危害性最大的，公安机关作为一线执法者必然是第一接触者。当公安机关发现犯罪嫌疑人未达刑事责任年龄时，应当及时通知检察院。检察机关未检部门移送少年法庭，由少年法庭决定是否强制送入工读学校。

二是严重不良行为。《预防未成年人犯罪法》中所称的"严重不良行为"包括纠集他人滋事、扰乱治安；携带管制刀具、屡教不改；多次拦截殴打他人或者强行索要财物等。这些具有严重不良行为的未成年人主要有两部分，一部分是社会闲散少年，另一部分是在学校中就读的学生。作为社会闲散少年，实施这些严重不良行为，受害者或者旁观者正常的反应是报警，寻求警察的帮助。至此，公安派出所即成为这一部分未成年人严重不良行为的发现者，承担起移送少年法庭审批是否入读工读学校的责任。在校未成年人，学校是除了父母之外其接触时间最长、最为亲密的暂时"监护人"，学校在发现学生具有严重不良行为，屡教不改的情况下，便可报至少年法庭裁定。

三是一般偏差行为以及普通中学中的不良行为。一般偏差行为以及普通中学中的不良行为从性质上说是违背社会公德的行为，较之触法行为和严重不良行为的社会危害性较低。此类未成年人一般都在学校就读，因此学校往往是该类行为的发现者。

3. 工读学校入读审批机制改革

《预防未成年人犯罪法》中规定，将严重不良行为的未成年人送入工读学校需教育行政部门批准。工读学校作为保护处分中重要的一环，是少年司法体系的重要组成部分。将工读教育审批权剥离教育行政部门势在必行。

一是工读班。工读班的目标学生是有严重不良行为、极端不良行为以及未达刑事责任年龄的触法未成年人。将已经具有犯罪前兆甚至已经实施犯罪行为的未成年人收入工读学校进行教育和挽救是最适宜的措施。《预防未成年人犯罪法》中规定，将严重不良行为的未成年人送入工读学校需教育行政部门批准。《上海市工读教育暂行规程》亦要求获得区县行政部门批准。针对这一部分未成年人，对于其的工读教育必须有一定的强制性，也会限制人身自由，这就涉及审批的合法性问题。在中国整个少年司法体系中，法院有少年法庭，检察院有未检部门，公安机关也有专门处理未成年人案件的工作部门。工读学校的入校审批权在去行政化后，由谁来执掌？法院作为案件的审判者，"明事理，辨是非"。少年法庭是人民法院审判体系的重要组成部分，承担着保障未成年人的合法权益、帮助触法未成年人教育改造的任务。因此，入校的审批权由教育行政部门转移至少年法庭，使得具有封闭、半封闭色彩的工读教育更具有程序合法性。检察院作为国家的法律监督机关，依法监督法院审判过程。检察院未检部门对少年法庭入校审批权进行监督，对审批过程中的违法行为提出纠正意见。

二是托管班、职业班、普职渗透班。《上海市工读教育暂行规程》规定工读学校可招收在 12 周岁至 17 周岁有不良行为的学生进入正常教育背景下的班级，如托管班、职业班、普职渗透班。《上海市工读教育暂行规程》亦规定对这些不良行为学生的入校审批需学生家长或其他监护人提出申请，工读学校批准即可。在去行政化、工读学校审批权收归少年法庭背景下，工读学校对这些不良行为学生的入校审批权一并转移，否则会产生权力混乱。

4. 学生的转处、分流机制

学生经过工读学校的教育和矫治后，要重新回到普通学校或者踏上社会，这就涉及学生的转处、分流机制。

当工读学校教师认为该名学生已经达到出校标准，工读学校通知原作出审批的少年法庭，少年法庭组织社工人员、普通学校教师以及专业心理咨询师三方评估，评估合格后，少年法庭可裁定该少年离校，同时报送检察院未检部门备案。

对于在工读学校学习的档案，可参照刑事诉讼法的未成年人犯罪记录封存制度。将相关档案资料封存，除司法机关为办案必要依法查询外，不向任何人提供。以此最大限度减少知情之人，保护未成年人免受社会歧视。

当犯罪低龄化，未成年人案件恶性越发程度高，社会舆论掀起要求降低最低刑事责任年龄，要求严惩实施严重暴力行为的未成年人触法犯，甚至将《未成年人保护法》称为"未成年人犯罪分子保护法"时，我们不妨将目光重新聚焦于工读学校。工读学校以其教育性、矫正性、保护性的平衡姿态为现今的少年司法处遇指明一条道路。

# 互联网易发金融、证券、知识产权犯罪研究<sup>*</sup>

## 上海市浦东新区人民检察院课题组<sup>**</sup>

互联网时代，科技的高速发展与创新业态不仅驱动着社会转型与生活方式的演进，也促进了金融、证券、知识产权等专业领域的改革式发展。在金融领域，新型互联网金融业态的跃进式发展，第三方支付平台基本占领我国支付市场，P2P网络借贷平台充分满足资本市场的资金流动需求。在证券领域，互联网证券的技术变革与发展，高频交易与程序化交易的兴起，互联网时代新型交易方式对证券市场产生了巨大影响。在知识产权领域，借助互联网，知识产权得到了快速传播与迅猛发展。然而，任何事物又都是辩证的，互联网在给金融、证券、知识产权带来发展契机与活力的同时，也不可避免地造成一些负面影响，其中之一就是如影随形的互联网犯罪的猖獗。互联网与金融、证券、知识产权犯罪相互结合，令传统犯罪呈现出复杂性、多样性、创新性等特征。为因应互联网犯罪中的新情况、新问题，本课题拟对金融、证券、知识产权三个领域的互联网犯罪分别展开研究。

## 一、互联网金融犯罪研究

### （一）互联网背景下金融犯罪的实务剖析

互联网产生的犯罪涵盖多种罪名，比如第三方支付平台的沉淀资金容易引发职务犯罪，资金流转环节也易引发洗钱犯罪，从互联网技术角度来看，也可能引发计算机犯罪等。本课题着重探究互联网背景下的几类常见易发的金融犯罪。

1. 破坏金融管理秩序犯罪

以非法吸收公众存款罪为例。根据相关司法解释，构成非法吸收公众存款罪，必要满足四个条件，即公开性、社会性、利诱性和非法性。从目前司法实

---

   * 上海市检察机关 2016 年重点研究课题。

  ** 课题组负责人：张锦潮；课题组成员：崔欣、陆明明、何俊。

务来看，P2P 网贷是集中爆发非法吸收公众存款罪的重灾区，比如，e 租宝、大大宝、泛亚日金宝，被人冠之"吉祥三宝"的统称。曾有人提议，废除非法吸收公众存款罪，主要理由是中小企业融资太困难，该罪严重影响了企业自身的发展。其实，该观点是对非法吸收公众存款罪的理解不到位造成的。中小企业融资困难是一种社会问题，不会因为取消非法吸收公众存款罪而解决，而是要从解决金融机构发放贷款的要件入手。此外，从该罪名的设立初衷来看，恰恰是为了保护投资者，保护中小企业投资者和公共投资者的利益。

2. 金融诈骗犯罪

必须承认，在金融创新的背景下，不可避免地会出现金融欺诈的危害社会行为，从广义上讲，所有的互联网金融犯罪均是欺诈行为，从狭义上讲，以非法占有为目的的欺诈行为应纳入金融诈骗犯罪的范畴。集资诈骗罪不仅要求具备非法吸收公众存款罪的"四性"，还要求主观具有非法占有的目的。例如，拆东墙补西墙、携款跑路、虚设投资标的等庞氏骗局，明显体现出非法占有的目的。但不可否认，非法占有目的，属于行为人的主观内心活动，往往具有隐蔽性，司法实务中需要结合客观行为和行为人的辩解是否合理来推定。

2012 年发生的著名网贷平台"优易网"非法集资案，围绕案件的定性，公安机关先以诈骗罪立案，又以非法吸收公众存款罪移送检察机关审查起诉，检察机关最终以集资诈骗罪提起公诉。这也反映出此类案件的主观要件的认定，虽然已经出台了相关的司法解释，但实务中围绕具体案件往往存在争议。课题组认为，要充分关注两个方面，一是有无进行虚假宣传，二是资金有无用于增值投资及灭失性处置。

3. 扰乱市场秩序犯罪

以非法经营罪为例。一些非金融机构以基金理财、证券经纪、保险销售名义开展金融业务，因为没有经过国家有关主管部门的批准，根据《刑法》第225 条的规定，未经国家有关主管部门批准非法经营证券、期货、保险业务的，情节严重，构成非法经营罪。

非法经营罪属于行政犯，违反了行业准入制度。2015 年 12 月 28 日，银监会会同工信部、公安部等部门研究起草的《网络借贷信息中介机构管理暂行办法（征求意见稿）》明确规定，P2P 网贷只能从事中介服务业务，即为出借人和借款人提供信息搜集、信息公布、资信评估、信息交互、借贷撮合等中介服务，不得提供增信服务，不得设立资金池等。司法实践中，一些互联网金融平台通过销售或者转让基金份额方式公开募集资金，或者在借贷活动中通过理财产品形式融募资金，或者担任担保人，由于平台自身不具有相应经营范围，很容易触犯非法经营罪。需要注意的是，2010 年最高人民法院《关于审理非法集资刑事案件具体应用法律若干问题的解释》明确规定了，"违反国家规定,未经依法核准擅自发行基金份额募集基金,情节严重的,依照刑法第二百二十五条的规定,以非法经营罪定罪处罚"。

此外,虽然非法经营罪属于行政犯,但是根据 2014 年最高人民法院、最高人民检察院、公安部《关于办理非法集资刑事案件适用法律若干问题的意见》,行政部门对于非法集资的性质认定,不是非法集资刑事案件进入刑事诉讼程序的必经程序。行政部门未对非法集资作出性质认定的,不影响非法集资刑事案件的侦查、起诉和审判。

### (二) 互联网金融监管的具体对策建议

当前世界各国对互联网金融的监管基本以宽松型监管为主,我国也应当从鼓励金融创新和保护投资者利益出发,积极探究适应当前互联网金融发展趋势的监管对策。

#### 1. 完善立法

我国现有的金融法律体系是建立在传统金融模式的基础上,但是有些规定也制约着互联网金融的发展,总体上无法满足互联网金融的快速发展,比如 P2P 网贷利率必须遵守最高人民法院《关于审理民间借贷案件适用法律若干问题的规定》,即借贷年利率不能超过 24%。法律法规的不完善也导致一些互联网金融企业野蛮生长和越界经营。目前,应当结合互联网金融的特点修订现有的金融法律法规,制定专门的《互联网金融法》,完善互联网金融配套制度和行业标准,比如实行金融实名制登记,明确规定 P2P 网贷的法律地位、资格条件、经营模式、信息披露、组织形式等,进一步明确各方的责任和义务。

#### 2. 明确监管主体

在网络金融时代,技术与制度的整合与扩散使得金融机构业务界限日趋模糊[1],目前我国金融监管机构主要有中国人民银行、银监会、保监会、证监会等,应明确这些机构对互联网金融的监督职责和范围,实施分类分项监管,构建全面覆盖常态化的监管体制,培养一批专业素养高的监管人员,负责针对具体的互联网金融业务进行监管。

#### 3. 加强互联网金融监管合作

在分业监管的格局下,构建金融监管部门、信息主管部门、财税部门、市场价监督管理部门、商务部门、政法部门等在内的监管协同系统,推进监管的无缝衔接。通过成立互联网金融监管协调小组,将上述部门纳入成员单位,统一协调解决实践中的监管问题。

---

① 参见李海芳、康京平:《网络金融监管理论初探和实践选择分析》,载《商场现代化》2005 年第 26 期。

4. 开展投资者风险教育

我国互联网金融刚刚起步，参与互联网金融的投资者大多数没有专业的金融知识，进一步增加了互联网金融的潜在风险。作为政府机构，应当有责任组织开展投资风险教育活动，提高投资者的风险识别能力，结合金融案例宣传法制，牢记"投资有风险"。

5. 强化行业自律

行业自律组织是金融监管机构的有益补充。目前我国已经成立了中国支付清算协会、互联网金融协会、互联网金融行业协会、互联网金融专业委员会等，行业组织影响力逐步扩大，但仍处于初级阶段，应进一步完善互联网金融行业自律组织的注册登记制度，明确合法地位、注册条件、行业规范、管理形式等。

6. 打击犯罪与维护社会稳定并重

当前出现在互联网金融领域的经济犯罪不仅侵犯了不特定公众的经济利益，而且严重影响了社会稳定，大量投资人群访、闹访、网络舆情事件时有发生。据调查表明，80%的网络舆情热点事件涉及政法机关①。因此，司法机关在打击涉互联网金融犯罪的同时，也应当及时制定涉众型互联网金融犯罪的风险防控意见、信访接待工作的意见、群众来访告知指南等配套制度，公、检、法等政法机关应制定工作联动机制，加强协作、及时通报办案风险，在必要时可以启动提前介入机制，在办案过程中一方面为投资人积极追赃，另一方面也及时引导舆论、化解矛盾，确保经济社会大局稳定。

## 二、互联网证券犯罪研究

近年来，受多种因素综合影响，我国经济犯罪形势较为严峻，特别是证券等专业领域大案、要案频发，影响范围广、涉及人员多、社会关注度高。证监会也向公安部集中移送了多起涉嫌操纵市场、内幕交易、利用未公开信息交易犯罪的案件。互联网的迅猛发展与科学技术的不断创新使得互联网证券犯罪手段愈加先进、隐蔽，犯罪数额呈指数式增长。因此，如何治理互联网证券犯罪是当下亟待解决的问题。

互联网证券犯罪的治理核心与规制理念是研究证券市场犯罪的基本立场，基于互联网时代与证券法修订的特定背景，互联网证券犯罪研究应当以贯彻规制理念为核心，进行类型透视与分析。深入研究相关证券犯罪罪名的法律适用

---

① 方成军：《应对涉检网络舆情的措施与实践思考》，载《法制与经济》2011年第9期。

与司法认定问题，包括信息要素的认定，利用未公开信息交易罪的若干问题，高频交易的监管与认定等，并结合最新的互联网证券犯罪案例进行分析，包括"伊士顿案""光大乌龙指"等。

（一）互联网证券犯罪的治理核心与规制理念

1. 规制理念基于的背景：互联网发展与证券市场监管转型

由于传统的证券市场监管已经无法应对互联网金融时代快速发展的证券市场业务，互联网对证券市场的冲击直接导致了现有的监管体制的不适应，监管转型也由此而来。监管转型的主要任务为：一是进一步精简行政审批备案登记等事项；二是推进股票发行注册制改革；三是确立以信息披露为中心的监管理念；四是理顺监管与执法的关系；五是强化派出机构职责；六是促进证券期货服务业提升竞争力；七是提高稽查执法效能；八是推进资本市场中央监管信息平台建设；九是建设法律实施规范体系。证券市场监管转型在激发互联网金融创新的基础上，发挥证券市场的自有机制，实现对资本市场参与者的利益保障。

同样地，其对证券犯罪的规制理念也有着举足轻重的作用与影响。互联网金融时代背景下，创新与风险并存，特别是网络信息既表现出利于优化资源配置、妥善协调市场与政府关系的特点，也存在虚假信息严重扰乱资本市场秩序的重大风险。与此同时，互联网与科技的协同发展下，科技创新对于互联网证券的交易行为产生了变革性的影响，诸如高频交易等新兴技术正是证券期货领域的监管空白，随之而来的则是刑事认定上的疑难问题。互联网的高速发展也促进了包括股权众筹平台在内的互联网金融工具，这些准证券业务平台由于其创新性，行走在违法犯罪与合法合规的灰色地带，需要法律法规予以明确。

2. 治理核心与规制理念：机制创新与风险控制

互联网金融创新不仅能够有效降低证券交易成本、减少证券市场的信息不对称性、提升信息传输的效率，而且可以使得更多的投资者以更为自由的方式和更加充分的信息参与到证券发行与交易活动中。证券经营机构以及其他证券市场服务提供者均能够利用互联网开发以前难以触及的客户群、利用大数据有针对性地激发潜在的资产管理需求、利用手机移动业务推送低成本的信息。但是，互联网金融业务运营者不仅缺乏传统受监管市场的风险控制能力，也存在着产品不成熟、监管与执法机制未及时介入等互联网金融市场固有缺陷，以致于资本市场参与者对抗内幕交易、利用未公开信息交易、市场操纵等风险的能力十分有限。互联网金融推进的证券市场信息的高度发达与我国进一步深化资本市场改革共同要求证券犯罪刑法规制的科学化运作，而其规制的根本理念在于风险控制，与此同时保障一定的资本投机空间和创新发展空间；治理核心就在于确保证券市场运作的合规与效率。

（二）互联网证券犯罪类型透视

互联网金融与证券市场的结合，最为基本的功能在于促进证券市场投资与融资信息传播。由于互联网信息传播的隐蔽性与互联网证券犯罪取证的困难性，证券市场信息效率与信息安全的刑法保护正面临着极大考验。证券市场信息效率与信息安全，无疑成为互联网证券犯罪刑事立法与司法的治理核心。归结起来，互联网证券犯罪主要有以下几种类型：

1. 信息欺诈型证券犯罪

利用网络信息欺诈、诱骗证券市场参与者投资、实施交易、骗取证券发行等是非常典型的证券犯罪模式，其又表现为以下三种行为类型：

（1）信息欺诈骗取投资。行为人通过互联网融资平台等发布公司证券已经通过海外证券监管机构注册或者国内证券监管机构核准，骗取投资者购买公司股票、债券等，但实际上公司证券根本无法上市交易，相关公司根本没有投资价值。

（2）信息欺诈骗取证券公开发行。融资者披露虚假的、不完整的、不全面的公司业绩、项目计划、财务报告、募资方案等通过互联网金融平台股权众筹来吸收投资者资金。此类行为可能涉嫌构成的罪名有擅自发行股票、公司、企业债券罪、诱骗投资者买卖证券、期货合约罪等。

（3）信息欺诈诱骗客户交易。证券经营机构的经纪或者研究部门向特定客户发送邮件、手机应用推送研究报告等，传递虚假证券交易信息，持有巨额资金的客户根据邮件中发布的虚假信息从事相关交易，由于资金量巨大而引发市场波动，自营业务部门事先建构仓位，从这种预期的市场效果中谋取巨额交易利润。此类行为可能涉嫌构成的罪名有编造并传播证券、期货交易虚假信息罪等。

2. 信息操纵型证券犯罪

我国《刑法》第182条明确列举的三种市场操纵行为类型（连续买卖、相对委托和洗售）都是典型的资金操纵。即通过资金、持股、持仓等资金型资源优势扭曲市场行情，谋取巨额利润。然而，互联网时代的市场操纵行为呈现出了新形式、新特点。我国证券市场已迈入全流通时代，每一只股票的流通市值是改革前的三至四倍，以传统的资金优势操纵市场势必难以奏效。操纵市场行为正逐步由原来的"资金型"向"信息型"转变，出现了以汪建中"抢帽子交易"、武汉新兰德"抢先交易"为代表的操纵方式，"虚假申报""尾盘拉升"等新手法操纵市场的行为也不断显现。行为人通过编造或散布虚假性、误导性信息，向投资人明示或暗示某只金融工具的涨跌前景，诱使其做出行为人预期的投资决定，进而改变供求关系扭曲市场行情，再通过抛售或回购金融工具获得巨额利润的行为。与资金型市场操纵行为不同的是，该种市场操纵行为的实施需要行为人在金融市场具有一定的话语权和权威性,即占据信息优势。2012 年 3 月"汪建中操纵证券市场案"是首次认定信息操纵为"以其他方法操纵证券、期货市场"的司法裁判。我国司法实践所认定的信息操纵型证券犯罪主要表现为虚假信息操纵、"抢帽子"交易等。

(1) 虚假信息操纵,亦称为蛊惑交易操纵。主要表现为:①编造、传播或者散布不真实、不准确、不完整或不确定的重大信息;②与信息有关的金融商品交易价格或者交易量发生波动;③利用上述信息从事相关金融交易,即在编造、传播或者散布不真实、不准确、不完整或不确定的重大信息之前或者之后进行证券交易。网络的兴起与发展为蛊惑交易操纵提供了成本更低、速度更快、效应更强的虚假信息传递空间。随着移动互联网、云计算等信息技术不断深入社会与经济生活,微博、推特、轻博客等自媒体成为主要社交网络,"股吧"、门户网站、专业金融网站的财经论坛等成为投资者重要的信息获取渠道,虚假金融信息可以随时随地且更为精准地"投放"给市场参与者。操纵者通过网络传播有关特定上市公司的虚假利好信息、投资者接受该信息并通过网络交易作出投资决策,金融商品价格基于错误的信息以及受到误导的投资者买入而上升,操纵者卖出证券等一系列行为能够在极短的时间内完成。相应地,市场操纵者同样可以快速传递虚假利空信息蛊惑投资者卖出金融商品做空市场,并从人为制造的下跌趋势或者虚假的市场价格变动中获取利润。网络信息传递可以使市场操纵者在人力操作成本极低的基础上瞬间向全球资本市场潜在投资者滥发成千上万的虚假、误导性市场信息。基于信息受众基数的庞大性,即使对市场操纵者控制的信息做出有效反应的概率极低,操纵者对与信息所指向的金融商品的资本配置的影响力仍然是不容忽视的。例如,史玉柱关于民生银行的微博引发了"传播虚假信息影响股价"的质疑;美联社推特账户被黑客侵入发布虚假信息,致使道琼斯工业指数瞬间暴跌。

(2) "抢帽子"交易。2010 年最高人民检察院、公安部《关于公安机关管辖的刑事案件立案追诉标准的规定 (二)》以立案标准的形式原则性地规定了"抢帽子"交易操纵犯罪的基本构成特征,即证券公司、证券投资咨询机构、专业中介机构或者从业人员,违背有关从业禁止的规定,买卖或者持有相关证券,通过对证券或者其发行人、上市公司公开作出评价、预测或者投资建议,在该证券的交易中谋取利益,情节严重的行为。

对"抢帽子"交易操纵行为的认定主要考虑三个方面:一是提供信息的主体并不一定是操纵者,可能是操纵者所控制之人;二是不同于蛊惑交易操纵行为,在"抢帽子"交易中所提供的信息是客观、真实、可能的;三是"抢帽子"交易是信息提供行为与证券交易行为的结合体,信息提供行为为操纵手段，证券交易行为为获利手段。

根据《证券市场操纵行为认定指引（试行）》第 35 条的规定，"抢帽子"交易操纵行为的责任主体包括：证券公司、证券资讯机构、专业中介机构及其工作人员。但关于"抢帽子"操纵行为责任主体的限定过于狭窄。随着互联网技术的发展，信息的传播和取得变得更加迅捷与便利，与此同时也为不法之徒提供了利用网络公开推荐股票的途径。一些网红股评家利用其影响力，发布免费的投资建议和荐股信息，该行为会对证券交易价格和交易量的异常变动产生影响。但是，依照当前的规定，此类主体不属于法定的"抢帽子"交易操纵证券市场行为责任主体，只能借助于《证券法》第 77 条第 1 款第（四）项和《证券市场操纵行为认定指引（试行）》第 30 条第 1 款第（六）项关于操纵证券市场行为的兜底条款来追究行为人的法律责任。虽然可以通过编造并传播证券、期货交易虚假信息罪进行规制，但其操纵证券市场的本质行为与其后的证券交易非法获利行为都没有得到充分的评价。因此，应当适当扩大"抢帽子"交易型操纵证券、期货市场犯罪的主体范围。

3. 信息滥用型证券犯罪

（1）内幕交易。知情人员或者其他非法获取信息的人员，利用上市公司本身的信息，如公司的重组计划、公司高管人员的变动、公司的重大合同、公司的盈利情况等对该公司证券、期货的市场价格有重大影响，按照有关规定应及时向社会公开但尚未公开的信息，从事相关证券交易获取非法所得。内幕交易包括三个方面的内容：尚未公开；价格敏感；信息重大。

（2）利用未公开信息交易。随着我国资本市场的发展，除证券公司、基金公司等传统的机构投资者外，商业银行、保险公司、信托公司、私募证券投资基金等机构进入资本市场的力度不断加大。上述机构的从业人员在投资过程中，利用未公开的信息从事证券交易的行为已经成为市场关注的焦点。《刑法》第 180 条对特定主体利用未公开信息交易的行为进行了规制，但却未对"未公开信息"的范围和"未公开信息"的认定主体进行规定。而《证券法》也未将利用未公开信息交易列入禁止交易行为，不能与刑法衔接，难以全面保护投资者的合法权益。值得注意的是，在《证券法》一审修订草案中已经明确提出，利用"未公开信息"交易等同内幕交易。此外，《刑法》第 180 条和《证券投资基金法》第 97 条规定的责任主体均是特殊主体，对于利用未公开信息从事交易的非从业人员是否处罚、应当如何处罚，目前缺乏明确的法律规定。

4. 股权众筹平台的风险边界

股权众筹，是指股权众筹融资者出让一定比例股份，利用互联网和 SNS 传播的特性向普通投资者募集资金，投资者通过投资入股公司以获得未来收益的一种互联网融资模式。由于互联网金融的高速发展，互联网证券平台在经营内容上属于证券发行的融资与投资中介等服务，但又无法纳入传统证券经纪范畴，也无法获得证券监督管理机构的审批，导致新型业态往往会触及《证券法》禁止的非法网络证券活动和《刑法》规制的擅自发行股票、公司、企业债券罪、非法经营罪、非法吸收公众存款罪的危险区域。

虽然在《证券法》修订的背景下，互联网金融平台将适用注册豁免制，但其仍旧需要证券监管机构进行以信息披露为核心的程序性审查和实质性内容审核，本质上仍需行政许可。因此，未经批准的股权众筹平台可能涉嫌擅自发行股票、债券罪。

（三）互联网背景下证券犯罪的司法适用问题

1. 信息要素的司法认定

（1）"内幕信息"与"信息优势"的"信息"区分。内幕交易行为离不开"内幕信息"，而许多操纵证券、期货交易价格行为与"信息优势"有关，而且两行为所利用的信息均可能影响证券、期货的交易价格。二者的主要区分表现在两个方面：其一，操纵信息的性质不同。内幕交易行为人所涉及的信息是指实际存在且对证券、期货价格走势有重大影响的未公开信息。而操纵证券、期货交易价格行为人所涉及的信息则通常是操纵者自己制造的信息，而且这些信息往往是虚假的。其二，利用信息的方式不同。内幕交易行为人是在信息尚未公开之前，利用投资大众不知内幕信息的情况进行证券、期货的交易，其特点是利用信息公布中的时间差。而操纵证券、期货价格的行为人则是通过联合或连续买卖、虚买假卖、自买自卖等非法交易行为，利用某些自己制造出来的信息，将自己的意志积极地体现到某种证券、期货合约的行情变化中，让价格随着自己的意愿上扬或者下跌。

（2）虚假信息之"虚假性"的司法认定。如何确立新闻媒体从业人员发布证券期货投资报道等市场信息的虚假性判断标准一直以来是司法实践中的疑难问题。课题组认为金融市场中的虚假新闻报道应当从信息内容、行为主体、主观认知等角度进行区别于一般虚假信息认定标准的甄别。其一，信息内容上，使用诸如"看好""看空"等推测、估计、推断和臆测的新闻信息发表方式是较为常规的新闻手段。虽然事后的金融真实发展与新闻内容不相符合，但也不能据此认定其属于虚假信息。因为新闻记者对信息进行发布、对新闻事件进行推测或者评价，本来就不可能形成统一口径或者精准符合事件客观情况。如果要求新闻报道的结论、评价、意见均符合事件的性质与过程，新闻自由也就丧失了存在的基础与价值。但是，如果媒体从业人员在新闻报道中编造证据、材料支撑其错误的评价与猜测的，该信息则超越了失实报道的界限而具备了虚假信息的客观特征。其二，在媒体从业人员对其进行的新闻报道的主观认识上，即使其不能证明报道、言论所内含的信息是真实的，但只要根据自己拥有的资料和自主判断能够合理相信信息是真实的，就不能认定其散布虚假信息与利益冲突信息进而构成"抢帽子"交易操纵或者编造并传播证券、期货交易虚假信息罪。

（3）虚假信息之"重大性"的司法认定。我国《证券法》和《刑法》中内幕信息与未公开信息所覆盖的证券、期货法律规范已经内含了相对全面的信息重大性判断规则。在编造并传播证券信息、市场操纵、虚假陈述等证券犯罪中，作为行为对象的虚假信息也应当具备重大性，即行为人编造、传播、散布不真实、不完整和不确定的欺诈性与虚假性信息，必须可能对证券市场的投资者造成重大影响，或者可能对特定金融商品的市场价格产生重大影响。虚假重大信息是能够对具有一般资本市场知识的普通投资者的决策产生重大影响的事实或事件内容的信息化反应，只是这种反应是证券市场中人为编造的、虚幻失实的干扰性价格信号。作为证券犯罪行为对象的信息，在内容上通常与上市公司资产、财务、经营、管理等重大事项有关，故信息重大性判断一般不存在很大争议。但是实践中相对困难的司法适用问题是：信息内容虚假性颇为明显、信息所内含的事件发生概率非常低、信息实际上很难令人相信，但是相当数量的市场参与者受到信息影响改变了决策，相关证券的市场价格基于虚假信息所指的方向进行了明显调整，此时应当如何判断信息的重大性。

应当看到，信息的重大性确实受到了信息内容虚假性程度的制约。虚假信息之所以会对证券市场参与者产生影响进而引发金融商品市场的价格波动，本质上是因为信息存在不确定性。如果信息内容具有显而易见的荒谬性或者非理性，信息属性趋向于确定虚假性，或者说丧失了不确定性，理论上也就不应该对资本市场参与者以及金融商品市场价格产生影响，这也是绝大部分在互联网上广泛传播的虚假信息传播行为没有被作为证券犯罪处理的主要原因。因为虚假信息根本无人相信，所以也就没有对信息市场效率产生现实损害或者损害风险。虚假信息丧失了具备重大性的客观基础，但是，投资者在实际的证券市场操作中往往是非理性的，绝大多数的证券交易通常表现出很强的随机性与混沌性。基于显而易见的甚至是荒唐的虚假信息而引发市场参与者关注，并导致金融商品价格波动或者金融资产出现高度投机性泡沫，这种现实风险也不应当在证券市场刑法保护体系中予以彻底且绝对的排除。当然，在互联网金融时代的刑法制度安排上，不应遏制市场淘汰虚假信息的自主能力，也没有必要为纯粹是市场参与者的无知而产生的非系统性损害而触发刑法介入机制。有人提出，如果基于常识即可辨别普通投资者接触到相关虚假信息时不会予以关注，也不会基于该信息对证券投资决策予以调整的，则该信息就不能被认定为重大信息。但如果证券犯罪行为针对并利用市场参与者的非理性、易受操控性、交易行为的混沌性等金融行为心理，传播显而易见的虚假信息却引发市场参与者高度关注、证券资产价格剧烈波动并制造系统性风险危机的，则应认定相关虚假信息具有重大性。上述标准一方面支持了虚假信息的确定虚假或极度虚假以致于无法对证券市场产生影响，进而排除其信息重大性；另一方面以结果作为指引，即便是极度虚假的信息，只要能够对证券市场产生较大的波动、实现对价格的操纵，即可认定该极度虚假信息的重大性。由此可见，虚假信息的重大性判断应以虚假信息的虚假程度区分作为判断前提，虚假信息虚假程度较低的，信息重大性判断与普通信息无异；虚假信息虚假程度较高，资本市场参与者普遍不会、基本不会相信的，应以是否扰乱证券市场作为判断标准。这样既可避免对于互联网上广泛传播的极其荒唐的证券信息过度处罚，也可以杜绝对虚假信息处罚的遗漏。

（4）未公开信息的司法认定。目前我国的法律或是行政法规都没有明确"未公开信息"的定义，理论界对于未公开信息的范围与特性也多有争议。但基于刑法的体系性与金融刑法的特点，未公开信息应当具有以下特点：①独立性。由于利用未公开信息交易罪独立于内幕交易罪，所以从范围上来说，未公开信息应当独立于内幕信息，而没有必要混同致使法条竞合。②价格敏感性。未公开信息应当是涉及证券发行、期货交易或者对其有重大影响的信息。信息重大性的判断一般是遵循"理性投资人"的标准，在诸多证券法律法规与刑事法律法规中也早已明确规定。③未公开性。未公开性是未公开信息的核心特点。信息公开的标准一般认为有三个：一是在全国性的新闻媒介上公布的；二是通过新闻发布会发布的；三是市场已经消化了该消息的。需要注意的是，并不是信息一旦公开，交易即合法。证监会也强调信息一经披露后，市场仍然需要一定时间消化与反应。刑法的认定不应机械地仅适用刑法条文，而偏离前置行政规定，也即应当与证监会的认定一致，给予市场一定的反应时间。④真实性。未公开信息必须是正确、客观的信息，不能是虚假、编造的。

一般而言，未公开信息的主要类型有：一是证券交易所、期货交易所中股票和期货交易账户的交易信息；二是证券公司、期货公司、基金管理公司、保险公司、商业银行等金融机构拟投资或者已经投资但尚未公开的证券、期货持仓信息或者资本运作信息；三是托管或者存管银行、期货保证金安全存管监控机构、登记结算公司的相关证券、资金及交易动向的信息；四是正在讨论、审批、核准等行政管理或者自律管理环节涉及相关企业、行业发展的信息；五是其他内幕信息以外的未公开信息。

2. 利用未公开信息交易罪的若干问题

（1）"光大证券乌龙指"案的新解读。2013 年 8 月 16 日的"光大证券乌龙指"① 事件搅乱了证券市场的秩序，引发了资本市场的震动。中国证监会认为，"光大证券异常交易不仅对光大证券自身的经营和财务有重要影响，而且直接影响了证券市场的正常秩序和造成股票价格的大幅波动，影响了投资者对权重股票、ETF 和股指期货的投资决策，属于《证券法》第 75 条、《期货交易管理条例》第 82 条规定的证券、期货市场内幕信息。14 时 22 分公告前，光大证券知悉市场异动的真正原因，公众投资者并不知情，在此情况下，光大证券本应戒绝交易，待内幕信息公开以后在合理避险。光大证券在内幕信息依法披露前即着手反向交易，明显违反了公平交易的原则。"关于光大证券异常交易信息是否属于内幕交易有很大的争议。大部分人认为其下单信息并不属于《证券法》第 75 条规定的内幕信息，因此不属于内幕交易。课题组持同样的观点，内幕信息一般是上市公司内部的重要信息，一般仅涉及单一的某只股票，可以是上市公司或企业的运营质量、发展前景以及公司治理结构等实业内容方面的多种信息，属于上市公司经营领域。所以，光大证券的下单信息属于未公开信息更为妥当。

虽然利用未公开信息交易罪设立的初衷是打击"老鼠仓"，即基金公司等金额机构的从业人员利用职务之便获取相关未公开信息进行提前交易的行为。但从罪状的表述来看，光大证券的异常交易行为完全可以被纳入利用未公开信息交易之中。根据《刑法》第 80 条的规定，单位也可以构成利用未公开信息交易罪，也即光大证券可以构成利用未公开信息交易罪。这不是典型的"老鼠仓"行为，虽然表面上是光大证券的止损商业行为，但其异常下单导致证券市场波动后，尚未披露便进行反向交易，损害了广大资本市场投资者的利益，也破坏了金融管理秩序。因此，"光大证券乌龙指"事件中，光大证券可能构成利用未公开信息交易罪。

（2）利用未公开信息交易罪的犯罪形态。利用未公开信息交易罪是否存在未遂对此理论上也存在不同观点。例如，张某在担任基金经理期间利用职务便利获取该基金的投资与研究信息，并操作他人控制的×账户，先行买入某股票，投资金额达 400 多万元。但在建仓过程中，引起了证券监督管理机构的注意和警惕。相关部门跟踪掌握了张某的具体行为后，在张某准备"跑仓"前，将其行为禁止。根据计算若相关部门未予以禁止，张某成功卖出该股票可获利200 多万元。对于张某行为的定性主要存在两种意见：第一种意见认为，张某虽未实际获利但其行为违反了刑法的规定，属于既遂；第二种意见认为，张某

---

① 2013 年 8 月 16 日光大证券公司自营业务部门的 ETF 套利程序出现错误，巨量下单。光大证券在异常交易事件发生后，信息依法披露前转换并卖出 ETF 基金、卖空股指期货合约，获利 8000 多万元，造成资本市场紊乱。

已着手实施犯罪行为未实际获利是因意志以外原因造成的,属于利用未公开信息交易罪的未遂。两种意见的争议焦点在于"跑仓"与获利是否在构成要件内。从条文的表述来看,"跑仓"与获利并不是成文的构成要件要素。此外,该罪设置在第三章第四节破坏金融管理秩序罪当中,既然条文上没有设置关于非法占有或者违法所得的构成要件要素,那么也不应当把"跑仓"与获利作为构成要件。值得注意的是,内幕交易罪的选择性构成要件满足也无须"跑仓"与获利。《关于公安机关管辖的刑事案件立案追诉标准的规定(二)》也规定了利用未公开信息交易罪的构成要件是选择性的,包括成交额、获利额和交易次数。基于加强打击金融犯罪力度的政策背景下,对于只有建仓行为的行为人,我们同样可以认定其已经对金融管理秩序造成了侵害。因为不是只有"跑仓"行为会对金融市场产生波动,"建仓"同样会对金融市场产生影响。只不过"跑仓"行为能够实现最后的获利而已。因此,没有"跑仓"和获利不能成为利用未公开信息交易罪的未遂根据。但是,违法所得、"跑仓"数额等都可以作为量刑情节予以考虑,以实现罪刑均衡。

3. 高频交易的监管与司法认定

互联网时代证券交易最显著的特征与趋势就是高频交易、程序化交易。这种由强大的计算机系统和复杂的运算所主导的股票交易能极为快速地自动完成大量买、卖以及取消指令。交易周期以毫秒(一秒的千分之一)为单位,高频周转申报产生海量数据,并通过计算机的精准控制实现微量波动套利模式在大量产品、持续时期内的不断重复应用,轻易突破了旧有人工下单时代的市场监测发现防线与分析视角。高频交易本身作为科技发展的产物并不违法,但是利用高频交易进行市场操纵等行为则会触碰警戒线。市场操纵已成为证监会查处的违法类型中立案数量增长最快的案件种类,其中较为突出的是利用高频交易进行市场操纵的案件。自 2015 年 11 月公安部门侦破伊士顿国际贸易有限公司(以下简称"伊世顿")通过高频交易操纵股指期货的案件,是监管层对高频交易类的市场操纵行为的一次打击。从查处的案件来看,操纵市场违法违规行为正逐渐呈现出新的特点。这些新的特点包括账户关联隐蔽化、操作手段多样化、操纵期间短线化、操纵行为跨境化、技术策略复杂化等,另外,目前相关的法律、执法权限、监管资源仍存在相对不足的情况。

(1)国外高频交易的监管。2010 年,美国时任总统奥巴马签署《多德-弗兰克(Dodd Frank)金融改革法案》中,"幌骗"被明确为违法行为。德国 2013 年 5 月 15 日实施新《高频交易法》,正式将程序化、高频交易列入了监管范围。新法规的核心内容,就是提出了高频交易资质与组织结构的义务,并对"操纵市场"做出明确界定,即借助于程序化交易的部分交易参与者,无论他们的交易策略是否是通过程序化交易方法，还是通过高频交易途径，只要其买入与卖出的订单被认为是错误的或是有错误导向的，都被认为是市场操纵者。自 2009 年下半年开始，美国陆续出台了一系列针对高频交易的监管措施，美国商品期货监管委员会（CFTC）重新成立技术顾问委员会，以深入理解技术进步对市场的深刻影响。美国证监会（SEC）发布了程序化交易市场接入规则和综合审计跟踪规则，提高了资本金监管要求，实行流量控制，对不适当行为采取暂停交易措施，以防暴跌一幕重演。美国商品期货监管委员会（CFTC）规范了交易所主机托管服务以防范市场不公平。

高频交易条件下出现了新的市场操纵形态，或者说高频交易便利了包括"幌骗"和"塞单"等在内的市场操纵行为。2010 年的道琼斯指数"闪电崩盘"事件据美国商品期货监管委员会和美国证监会的联合报告，其主要祸因是高频交易中的"塞单"行为。

（2）"幌骗"与"塞单"——"伊士顿"案的认定。随着高频交易在我国的发展，幌骗、塞单等行为在我国也相继出现。虽然我国法律法规没有明确规定"幌骗"行为，但是国外对此类行为早有明确界定。美国证监会认定的四种典型"幌骗"操纵行为包括：①使注册交易实体的报价系统超负荷地提交或撤销买卖单；②使他人的交易执行延迟地提交或撤销买卖单；③为制造一个虚假的市场深度表象提交或撤销多个买卖单；④为故意制造虚假的价格涨跌而提交或撤销买卖单。"江某市场操纵案"① 中的操纵手法就是"幌骗"。我国《证券法》第 77 条、《期货交易管理条例》第 71 条以及《刑法》第 182 条分别规定了证券市场操纵违法行为、期货市场操纵违法行为以及"操纵证券、期货市场罪"。这三个条文关于市场操纵的行为类型的规定是一致的。"塞单"和"幌骗"的共同点在于以极快的速度进行申报与撤销交易，但关键区别在于"幌骗"行为还包括反向交易进行牟利的行为。对照这些规定，"塞单"行为则可以纳入"集中资金优势、持股优势或者利用信息优势"操纵市场的行为，而"幌骗"行为则只能归属到"以其他手段"的市场操纵行为。

近期，"伊士顿"案引发了司法界的一些争议。伊士顿公司通过计算机程序高频次大批量地申报虚假买单和卖单，在其他投资者看到这些巨量的买单和

---

① 江某利用融券交易 T + 0 日内回转机制，集中持股优势，在 2015 年 6 月 15 日至 7 月 31 日期间，连续交易"国元证券"和"吉林敖东"股票，并以明显高于市场同时刻买一档数量的卖单频繁委托，部分单笔委托卖出数量较同期市场行情显示的买一档数量呈多倍放大，且快速大量撤销委托，影响"国元证券"股票和"吉林敖东"股票的交易价格和交易量，反向交易获利约 11 万元。

卖单，重新调整自己的买卖价位之时，他们则迅速撤单，反手以其他投资者的报价成交，从而达到欺骗其他投资者的目的。也就是说，他们通过技术手段，获得了欺骗其他普通投资的资格和能力，操纵了证券、期货市场。具体来说，该公司账户组平均下单速度达每 0.03 秒一笔，一秒最多下单 31 笔，且申报价格与市场行情的偏离度显著高于其他程序化交易者，以较小的资金投入反复开仓、平仓，使盈利在短期内快速放大，非法获利高达 20 多亿元人民币。这是典型的利用高频交易策略进行幌骗行为。虽然我国尚未有专门针对程序化交易或者高频交易的法律法规，但针对这种行为，中国证监会《证券市场操纵行为认定指引（试行）》（2007）规定了"虚假申报操纵"，即"行为人做出不以成交为目的的频繁申报和撤销申报，误导其他投资者，影响证券交易价格或交易量。"《证券法》修改草案第 94 条也增加了"不以成交为目的的频繁申报和撤销申报"这一"虚假申报操纵"行为。针对程序化交易的法规，《证券期货市场程序化交易管理办法（征求意见稿）》第 18 条也规定了，程序化交易者参与证券期货交易，不得有下列影响交易价格或交易量的行为："（一）在属于同一主体或处于同一控制下或涉嫌关联的账户之间发生同一证券的交易；（二）在同一账户或同一客户实际控制的账户组间，进行期货合约的自买自卖；（三）频繁申报并频繁撤销申报，且成交委托比明显低于正常水平；（四）在收盘阶段利用程序进行大量且连续交易，影响收盘价；（五）进行申报价格持续偏离申报时的市场成交价格的大额申报，误导其他投资者决策，同时进行小额多笔反向申报并成交；（六）连续以高于最近成交价申报买入或连续以低于最近成交价申报卖出，引发价格快速上涨或下跌，引导、强化价格趋势后进行大量反向申报并成交。"从这些草案来看，利用高频交易进行市场操纵的幌骗等行为已经引起监管层的重视，并加以规制。

在刑法没有修改明确增加虚假申报操纵条款的背景下，幌骗行为可以被认为是"虚假申报操纵行为"，并被解释到操纵证券、期货市场罪的兜底条款中。但是程序化交易和高频交易时代对新型市场操纵行为的规制，有必要在刑法条文中明确规定幌骗与塞单等市场操纵行为，即增加"连续申报或大量申报订单后迅速撤销申报，或撤销申报后进行相反申报，操纵市场价格的行为"，以此来消解对于适用兜底条款的无限膨胀。

4. 最新形势与我国选择

美国 2010 年《多德 - 弗兰克华尔街改革和消费者保护法案》及欧盟 2013 年《反市场滥用条例》均显著降低了市场操纵、内幕交易的认定标准，以"轻率"①

---

① 轻率是美国刑法中主观罪过的一种，其范围大致等于我国的过于自信的过失与间接故意的一部分的组合。

取代"故意"，把"企图操纵市场"行为纳入监管范围；在高频交易规制方面，对利用高频交易从事幌骗行为予以明确禁止，美国期监会 2013 年解释性文件明确幌骗行为的核心要件是"成交前故意撤销申报"，加拿大 2013 年发布的《涉嫌操纵和欺诈的若干交易行为指引》则明确规定了幌骗、分层、塞单等五种涉嫌操纵和欺诈的交易策略，这些策略的共同特征是，借助高频、程序化交易进行并无真实意图的申报，制造某只证券的供给或需求假象，意图影响证券价格变动趋势。

我国的高频交易监管应当控制的是以高频交易技术为手段的市场操纵违法犯罪行为而非高频交易技术本身。作为市场策略的高频交易虽然存在频繁申报与撤销申报、捕捉市场流动性等疑似短线交易操纵的特征，其本质上在于为市场提供流动性并获取流动性回扣。同时这种高频交易机制的所有交易数据均由交易所控制与管理，不存在市场操纵犯罪风险与系统性风险。其原则上属于交易技术竞争与市场优势体现，但这种技术本身完全可能为市场操纵犯罪所用。所以我们应当关注的是，防控全新的市场交易技术为市场操纵者所用，而非直接禁止新型高频交易策略与高速交易技术。

## 三、互联网知识产权犯罪研究

传统的知识产权侵害仅限于现实环境下的物理性接触，但是，信息技术使通过网络对知识产权进行虚拟的接触成为可能，带来了脆弱的知识产权更容易被侵害的客观现实。如何应对网络时代知识产权的刑法保护，正视网络时代知识产权刑法保护所面临的挑战，积极地进行理论研究，进而指导刑事立法和刑事司法实践，及时填补网络环境下知识产权犯罪所造成的刑法制裁真空，是目前知识产权保护中最迫切需要解决的问题。

（一）网络知识产权犯罪的含义与特征

1. 网络知识产权犯罪的含义

网络知识产权犯罪并不是一类独立罪名，而是网络犯罪和知识产权犯罪交叉的一种新型犯罪形态。网络知识产权犯罪，是指在互联网环境下的知识产权犯罪，或者说是网上知识产权犯罪，主要包括以互联网为工具实施的侵犯他人知识产权的行为，也包括以承载知识产权内容的网络为犯罪对象和目标的犯罪活动。①

2. 网络知识产权犯罪的主要特征

网络知识产权犯罪的衍生与泛滥，不仅使知识产权犯罪呈现出新的特点，

---

① 参见刘行星：《网络知识产权犯罪研究》，载《兰州学刊》2006 年第 6 期。

同时也给相关犯罪的司法认定带来若干挑战。相对于传统知识产权犯罪,网络知识产权犯罪基于自身的特点,对传统的司法认定提出诸多难题。

(1)犯罪手段方面,网络环境的虚拟性使得犯罪手法更加隐蔽。传统的知识产权客体的载体都是有形可见的,这些有形载体在知识产权的确认、处分、转移等诸多环节中,具有直观性和可见性。但在网络环境中,知识产权的载体表现为数字信息,人们可感知的只是数据和影像,数字信息资源的无形性和不确定性导致对知识产权的确认、使用、侵权监管以及实施保护都带来一定难度。与传统的知识产权犯罪相比较,网络知识产权犯罪的主要特点是通过互联网实施犯罪行为,在虚拟的网络空间里建立犯罪链条,比如,利用互联网进行销售假冒注册商标的商品行为,可以采取网店销售、在互联网或通过电子邮件的形式发布广告、推销产品等形式,在网络的虚拟世界里实现信息传递。这不仅扩张了犯罪分子的犯罪能力,使犯罪方式更为隐蔽,而且使侵权者更加容易"金蝉脱壳",给监管与打击带来挑战。

(2)犯罪管辖方面,网络环境的无地域性使得知产犯罪呈现出跨地域性特征。传统的知识产权只在所确定和保护的地域内有效,只有参加国际协定或国际申请时,才具有一定国际性。但在网络空间,智力成果可以以极快的速度在全球范围内传播,网络空间的虚拟性、开放性和无国界性给传统知识产权的"地域性"概念造成了巨大冲击。这种网络空间的一体化和无地域化,以网络为技术支撑和时空条件的新型知识产权犯罪,超越了传统知识产权犯罪的地域性限制,更容易形成规模较大的跨地域犯罪。这种跨地域性不仅使犯罪对象、受害人更为广泛,同时也给传统刑事司法管辖带来冲击。网络知识产权犯罪的地域涵盖世界上任何一个连接网络的角落,这就造成了传统的刑法空间管辖原则适用的困难。

(3)犯罪主体方面,网络环境的智能化、年轻化使得知产犯罪呈现出相同趋势。根据2016年《中国互联网络发展状况统计报告》,中国网民量超过7亿,18—24岁的人是网民的主体。以计算机网络为作案工具或对象的知识产权犯罪,需要行为人具有一定的科学文化水平和较高的专业知识和技能,并且能够运用网络等科技手段。某种意义上,每一个网民都是潜在的"侵权者"。在网络时代,行为人的动机具有多元化,许多人实施侵权犯罪的目的并非是营利,比如,而是基于竞争意识、个人声望、精神空虚、自我满足等娱乐价值的内在驱动。比如网络游戏的"私服、外挂",该种行为即为较高科技含量的侵权,需要专业知识为基础,且以年轻的网络玩家为主体。

(4)犯罪对象方面,网络环境的迅速发展使得知识产权犯罪的外延不断扩充。互联网环境里的知识产权与普遍意义里的知识产权相比,其内容更加丰富、涵盖面更广。我国法律明确规定的知识产权主要包括商标权、著作权、专利权、商业秘密权等四种。知识产权犯罪侵犯的不仅仅是具有物理形状的知识产权产品，更是蕴含在有形产品中的知识产权。网络环境下，其侵权范围与传统侵犯知识产权犯罪相比呈现出新的内容。如今，网络数字化多媒体作品、网络数据库和软件的著作权保护已经成为新的版权保护内容；计算机软件程序、电子商业方法的专利属性日益受到各国的关注与重视；域名成为新的商标权保护对象。例如，在传统情景下，商业方法并非专利权保护对象，但在网络环境下，通过与互联网的结合，它在电子商务中得到广泛运用，并逐渐成为网络知识产权犯罪侵犯的对象。传统著作权法保护对象仅限于他人的作品，但随着网络的发展，传统形式的作品被更多的转化为数字作品，这些作品如何保护尚未规范。因此，网络环境下知识产权内涵的变化与扩充，必然要求刑法保护的范围与对象作出相应地调整。①

（二）网络知识产权犯罪的类型与典型案例

1. 网络环境下侵犯著作权犯罪

侵犯著作权犯罪，主要包括《刑法》第 217 条的侵犯著作权罪和第 218 条的销售侵权复制品罪。网络环境下的侵犯著作权罪，主要是指以营利为目的，未经著作权人许可，通过网络向公众传播其作品，包括文字作品、音乐、电影、电视、录像作品，计算机软件等作品，或者未经录音录像制作者许可，在网络上传播其制作的录音录像，违法数额较大或有其他严重情节的行为。

网上侵犯著作权犯罪的典型表现是"在线盗版"，由于数字化技术使作品更方便、迅速、低成本、高品质地被复制，提高了对作品操控、传播和改变的能力，比如在网络上复制发行盗版软件、非法下载音乐、文学作品等，这对传统知识产权的制度安排带来了巨大的冲击，提出了全新的挑战。网络著作权犯罪案件主要有以下几种表现形式：（1）将他人作品上载到互联网上，供互联网用户下载或浏览。一般来说，是指未经著作权许可擅自将以传统介质形式承载的作品通过数字化过程上载到网站上供他人使用；（2）将已在互联网上的作品进行转载或复制，或为互联网上非法复制、发行作品提供辅助性服务的行为；（3）利用超链接技术，将其他网站的网页内容链接在自己的网页中，损害其他网站权益；（4）未经允许，网站间相互转载版权作品；（5）未经许可去除或改变权利管理信息，如冒用作者信息或篡改作品许可使用的条件等；（6）非法破解技术措施的解密行为，使保护版权的技术屏障失去了作品。②

---

① 参见杨辉：《试论侵犯网络知识产权犯罪》，载《法制与社会》2008 年第 8 期。

② 杨瑛：《我国网络环境下的著作权法律保护之思考》，来源于中国法院网。

2. 网络环境下侵犯专利权犯罪

侵犯专利权犯罪，是指《刑法》第 216 条规定的假冒专利罪。在互联网上，假冒他人专利，主要有以下几种表现形式：（1）未经许可，在其制造或者销售的产品、产品包装上标注他人专利号的；（2）未经许可，在广告或者其他宣传材料中使用他人的专利号，误导他人将所涉及的技术误认为是他人专利技术的；（3）未经许可，在合同中使用他人的专利号，使人们将合同涉及的技术误以为是他人专利技术的；（4）伪造或者变造他人的专利证书、专利文件或者专利申请文件的。①

3. 网络环境下侵犯商业秘密犯罪

侵犯商业秘密犯罪，是指《刑法》第 219 条规定的侵犯商业秘密罪。在网络环境下，侵犯商业秘密的行为更加便利，且降低了犯罪成本与门槛。网上侵犯商业秘密的行为主要有以下两种方式：（1）利用网络窃取商业秘密，通常是黑客行为或网管人员的行为。黑客行为是指通过互联网，破解企业内部的安全系统，非法侵入计算机信息系统，窃取系统中的有关资料和数据，或者非法攻击企业网络，对信息数据进行删除、修改等，造成侵害商业秘密的行为。网管人员行为是指利用管理网站的优势，窃取、泄露或者利用企业的商业秘密。（2）利用互联网披露非法获取的商业秘密或者违反约定披露商业秘密。比如，行为人出于报复或者其他目的，在计算机互联网中的电子公告栏上公开商业秘密，或者出于牟利目的，采用发送电子邮件、复制商业秘密数据的方法将商业秘密非法转让给他人等。②

（三）网络易发知识产权犯罪的司法认定

1. 网络知识产权犯罪与相关罪名的区分

（1）侵犯著作权罪与非法经营罪的竞合与适用。这两个罪名的区分，最为典型的就是网游"私服"与"外挂"的区别认定。根据国务院新闻出版总署等有关单位联合发布的《关于开展对"私服"、"外挂"专项治理的通知》，"私服"与"外挂"均被行政机关认定为"非法互联网出版活动"。根据司法解释规定，非法从事出版物的出版、印刷、复制、发行业务，严重扰乱市场秩序，情节特别严重的，可以非法经营罪定罪处罚。此类行为可能构成侵犯著作权罪，也可能构成非法经营罪，实践中也存在分歧。在选择适用罪名时，首先，从技术特征与行为性质上考察，网游"私服"与"外挂"是否属于"复制发行"行为，是否侵犯了著作权人的复制发行权。虽然两者均被行政机关

---

① 参见刘行星：《网络知识产权犯罪研究》，载《兰州学刊》2006 年第 6 期。

② 参见魏洪涛：《网络商业秘密的刑法保护》，载《辽宁警专学报》2009 年第 6 期。

定义为"非法互联网出版行为",但两者的技术特征是不同的,"私服"行为属于著作权法中的"复制发行"行为,而"外挂"并不符合"复制发行"的构成要件。其次,侵犯著作权罪与非法经营罪两者构成特别法与一般法的法条竞合关系,应当优先适用特别法的规定。从罪名的设置体系来看,如果一种行为既符合侵犯著作权罪,又符合非法经营罪,应当优先适用前者。因此,"私服"行为既构成非法经营罪又构成侵犯著作权罪时,应以侵犯著作权罪处罚。

(2)侵犯商标权犯罪与生产、销售伪劣产品罪的区分。实践中假冒、销售类侵犯商标权的犯罪往往与生产、销售伪劣产品犯罪结合为一体。生产、销售未经品牌授权的商品侵犯知识产权的同时,其产品以假充真、以次充好、以不合格产品冒充合格商品,又构成生产、销售伪劣商品类的罪名。如果依据刑法理论中的罪数理论,或以想象竞合犯为据,或依照牵连犯原理,从一重罪处断。因为侵犯商标权的犯罪最高刑为 7 年有期徒刑,而生产、销售伪劣产品罪最高刑为无期徒刑,一般以后者定罪。但在司法实践中,此类行为一般认定为假冒注册商标罪或销售假冒注册商标的商品罪。区分两者的关键是侵害法益与罪质的不同。制作、销售假冒名牌服装、手表的行为,其主要侵害的是他人的商标权和市场经济秩序,是为了冒名牟利的目的,这是制假、售假的罪质所在。相对而言,上述伪劣产品对公民消费利益的侵害性居于次要地位,因此,实践中一般认为侵犯商标权的犯罪是适当的。但是,如果危害行为不再为侵犯商标权犯罪及其法定刑所容纳,主要是对公民消费利益的严重侵害,比如生产、销售假药、劣药、化肥、种子或者有毒、有害食品等,则应认定与其罪质相当的生产、销售伪劣产品罪等罪名。①

(3)计算机信息系统犯罪与侵犯商业秘密罪。网络知识产权犯罪大多属于网络犯罪,在犯罪实施的过程中,必然借助或者利用网络空间的资源,而这种利用网络计算机技术实施的严重侵害知识产权的行为,其利用网络计算机技术的行为本身就有可能单独成立刑法分则第六章第一节的计算机犯罪罪名,比如侵犯商业秘密罪中的"黑客行为",可能构成破坏计算机信息系统罪、非法获取计算机信息系统数据、非法控制计算机信息系统罪等。侵犯商业秘密是犯罪目的,计算机犯罪是犯罪手段,属于手段与目的的牵连犯,应当从一重处罚。

2. 网络知识产权犯罪的司法认定疑难问题

(1)共同犯罪问题。网络知识产权犯罪需要一定的技术支持,帮助行为

---

① 参见黄祥青:《侵犯知识产权犯罪司法认定的几个问题》,载《法学》2006 年第 7 期。

的类型主要有：一是间接网络服务的提供商。常见的有网站搭建服务、网络信息存储服务、搜索引擎服务等，网络知识产权犯罪大多无法脱离网络服务商而存在。例如，在网络中发行侵犯著作权的作品，往往需要一个宣传的网络平台和存储侵权作品电子信息的存储空间，几乎所有行为人都不会使用自己的主机实施上述行为，而是通过网络服务提供商来实现。二是直接侵害技术的提供者。部分网络知识产权犯罪行为除了需要网络服务提供商提供的一般网络技术支持外，还需要特殊的技术支持，犯罪行为才能得以实现，例如计算机软件往往都存在一定的技术措施，限制软件被任意复制或仅限于特定授权主机使用，此时行为人想非法复制、传播计算机软件，就必须获得破解技术措施的技术支持，而明知他人意图破解技术措施侵害软件版权所有人的权益，依然提供技术支持的行为人，就属于为网络知识产权犯罪提供直接侵害技术的帮助行为人。网络知识产权犯罪中提供技术支持的帮助行为人，同直接实施侵害知识产权的实行行为人之间，往往并不成立共同犯罪，主要理由如下：第一，行为人之间主观上并不具有必然联系。在互联网时代，网络空间中的主体都是虚拟的，他们各自独立的利用网络共享资源，实施帮助行为的行为人只是网络空间中无数提供帮助行为个体中的一个，获得技术帮助实施侵害知识产权的行为人，在绝大多数情况下对向其提供帮助的主体没有任何认识，不需要有主观上的联系。第二，行为人之间的目的不要求一致性。虽然帮助行为和实行行为客观上共同促成了侵害知识产权的事实，但是二者的目的和动机往往不同，实行行为人的目的一般是非法利用相关的知识产权权益，而帮助行为的行为人则可能出于牟利、炫耀技术等多种目的。第三，行为人的客观行为并不必然统一。在信息高度发达的现代，有时实行行为人是同时寻找多种技术帮助，从中选择最为适合自己的方式。因此，由于网络知识产权犯罪中技术帮助行为和实行行为之间往往是分离的，双方行为人无法成立紧密的共同犯罪，无法对帮助行为进行有效的刑事制裁。① 因此，如何界定网络行为参与者的过错责任以及入罪标准，如何划分行为者的民事责任与刑事责任是司法实践中的难题所在。

（2）犯罪数额的认定问题。为了应对网络空间中以点击量和会员制为主要侵权手段的犯罪行为，《关于办理侵犯知识产权刑事案件适用法律若干问题的意见》在网络侵犯著作权犯罪中引入了点击量和会员数量这两个具有网络特色的入刑标准。司法解释虽然规定点击量可以作为侵犯著作权罪的量化标准，但是没有明确获得点击量的技术依据和具体标准，这可能导致司法实践操

① 参见于志强：《我国网络知识产权犯罪制裁体系检视与未来建构》，载《中国法学》2014 年第 3 期。

作的混乱。例如，一部完整的侵权作品可能有几十万字、十几个章、几十个节，侵权人可能对每个节都设置一个链接，也可能对单独的一章设置一个链接，这两种不同的链接设置可能导致点击量差异非常大。但是，无论点击量差异多么大，行为人可能都只是看了一部作品，对著作权的实际侵害又是完全一致的。有一个真实的案例可以形象地说明点击量标准司法认定的尴尬。2007年1月1日至5月9日期间，北京一家电信技术公司的4名员工，为了保住公司的手机WAP业务，冒险上传淫秽信息，通过在页面中刊登有诱惑力的图片，提高自己服务的吸引力，提高点击率。公诉机关认定其淫秽信息的点击量达25万余次，最后法院认定的点击量为超过8万次。在本案中作为案件基本事实的点击数问题上，公诉机关提起公诉的点击数同法院最后认定的点击数相差达17万余次之多，这是由于公诉机关将每点击照片浏览一次视为一次点击，共计25万余次。而法院根据特定手机型号及特定互联网IP以及请求发送时间，据此计算得出了页面点击数量为8万余次，这个数字最终成为法院定罪量刑的依据。可见，计算方式的不同会导致犯罪数量的认定差异巨大，司法机关应当对点击量的计算作出进一步的明确规定。①

（3）电子证据收集问题。电子证据，是指在计算机或计算机系统运行过程中产生的以其记录的内容来证明案件事实的电磁记录物。电子证据是网络知识产权犯罪中最重要和最关键的证据种类。互联网是一个虚拟空间，网络犯罪给取证技术提出了更高要求。有些知识产权侵权犯罪行为部分或者全部发生在虚拟空间里，用于揭示、固定其犯罪行为的电子证据在取证、保存以及法庭认定上存在诸多困难。首先，电子证据容易被篡改和伪造，甚至毁灭，具有技术才能的犯罪行为人更容易设置侦查障碍、甚至消除犯罪痕迹。其次，电子证据本身具有虚拟性、且容易被复制，认定最初实施犯罪的嫌疑人并不容易，尽管嫌疑人不可能在网络上销毁所有痕迹，但却可以利用技术手段在电子证据上作出修改。因此，网络知识产权犯罪的查获需要相当的技术支持。比如，相对技术含量最低的网上售假行为，在现实中可以通过库存数量、销售数量来认定已销售、待销售数额，但在网络虚拟世界里却很难准确确定。因为所有的数据都在网络上，而这些数据的真假性有待鉴别，犯罪嫌疑人在经营过程中出于各种目的有可能虚构、删除部分数据，导致现有的电子数据不具备真实性，对定罪量刑带来困难。就受害人的损失而言，物理世界里可以从库存、销售等方面查明盗版、假冒的数量，由此计算损失额，而在网上却很难，有时根本就不可能查清损失到底有多少，因为证据的不充分，使得对犯罪嫌疑人的刑

---

① 参见于志强：《网络空间中著作权犯罪定罪标准的反思》，载《中国法学》2012年第2期。

罚有失客观和公正。

## (四) 网络知识产权犯罪的防控要点

### 1. 完善立法与司法解释

从国际上互联网知识产权保护的历程来看,法律的更新与互联网的技术发展,司法实践走在立法之前是共性问题。我国现有的网络知识产权法律体系,仅仅是对网络知识产权犯罪的某一方面作出规范,没有专门针对网络知识产权犯罪的系统性法律规范。随着网络技术的迅猛发展,现有的法律体系在应对中逐渐显现出法律缺失与滞后。因此,应从以下予以加强:一是尽快出台和完善互联网知识产权的相关立法,明确网络知识产权保护的主体、范围、处罚等,使诸多问题能够在一个统一明确的框架内得到有效解决。二是进一步完善司法解释,提升现有法律的适用性。针对互联网知识产权犯罪的特殊个性与发展趋势,必须进行适当补充,以实现刑法适应网络环境下打击知识产权犯罪的要求。刑法解释和刑事立法在完善网络知识产权刑法保护的过程中有着不同的价值,刑法解释具有经济性和及时性的特征,而刑事立法则能保证对新型权益的保护和对新型犯罪行为的有效制裁。要构建顺应信息时代的网络知识产权刑法保护体系,需要刑事司法解释的充分运用和刑事立法更新共同协作,二者不可或缺。[①]

### 2. 提高司法能力

在司法实践中,充分发挥司法活动的实践性与前沿性,提高司法能力,有效打击网络知识产权犯罪。有效惩治网络知识产权犯罪,法律的准确、高速实施是关键,所以,发达国家如美国、欧盟等正在把工作的重心从知识产权立法转向建立有效的法律实施机制,即有效的司法机制上来。针对网络知识产权犯罪技术性强、隐密性高、侦破难的特点,公安机关应建立专门的网络执法机构,探索针对网络犯罪特点的侦查模式,加强电子证据固定与转换、跨区域侦查协作等,提升网络技术能力,提高侦破能力。在司法实践中,总结此类案件的办理经验,梳理新问题、新情况,在犯罪目的认定、犯罪数额计算、犯罪行为认定、危害后果等定罪量刑情节方面,司法机关积极探索新思路与方法,为网络知识产权犯罪的惩治提供最后的屏障。

### 3. 综合治理

网络知识产权犯罪的治理是一项系统工程,需要立法、执法、司法等多方力量综合治理。一是加强网络平台提供者的自律与监督,提高网络企业的安全

---

① 参见于志强:《网络空间中著作权犯罪定罪标准的反思》,载《中国法学》2012 年第 2 期。

责任义务。如涉及商业秘密犯罪中，不乏来自系统内部的员工。为此，应建立企业内部的安全监管制度，通过强化企业监管，形成自律机制，预防和控制网络侵权犯罪案件的发生。二是构筑安全防范体系。积极引导网络基础服务提供商、网络应用服务提供商、金融、电信等众多企业主体，通过建立健全内部监管制度，积极落实必要的安全保护技术措施，切断网络知识产权犯罪背后的利益链和技术通道。三是加强技术研究，堵塞技术漏洞。目前，从技术上预防网络犯罪主要是设法限制恶意进入网络程序系统以及对计算机网络的非法操作。为此，政府机构、各企业单位、广大用户在电脑的使用和网络维护中，也应加大对提高技术水平和防范设备的投入，进行有效技术防范。四是调动社会公众参与网络知识产权犯罪的预防，形成多方参与、协作共赢的社会防控机制。

# 司法改革背景下民行检察监督工作研究[*]

## ——民行检察监督权的困境与出路

上海市人民检察院第六检察部、
上海市杨浦区人民检察院联合课题组[**]

## 一、检视：司法改革背景下民行检察工作的现状考察

（一）新形势下民行检察监督工作的目标设定与价值需求

1. 党中央的政策精神为民行检察工作指明方向

党的十八届四中全会以全面推进依法治国为主题，通过了《中共中央关于全面推进依法治国若干重大问题的决定》，两次具体涉及民行检察工作："加强对司法活动的监督，完善检察机关行使监督权的法律制度，加强对刑事诉讼、民事诉讼、行政诉讼的法律监督"和"探索建立检察机关提起公益诉讼制度"。不仅对民行检察工作法律监督的属性予以强调，也为民行检察工作的未来发展提供了公益诉讼这一新的途径。同时，《决定》提出要"明确各类司法人员工作职责、工作流程、工作标准，实行办案质量终身负责制和错案责任倒查问责制，确保案件处理经得起法律和历史检验。"这一要求也是对司法改革核心目标的表述，反映了司法人员的权责一致性。民行检察作为法律监督的重要组成部分，案件质量终身负责制和错案责任倒查问责制也必将成为今后工作的基本要求。

2. 司改相关文件对民行检察工作设定的任务和要求

（1）司法改革总的目的和目标。在党的十八大以后，以十八届三中全会和四中全会为标志，我国开启了司法运行机制和司法体制两个层面并行的改革局面，一系列确保司法权独立行使、优化司法职权配置、保障司法队伍建设的具体司法改革措施在全国各司法改革试点落地，深层次司法改革的大幕已经拉

* 上海市检察官协会 2016 年重点研究课题。

** 课题组负责人：何艳敏；课题组成员：王洋、贾楠、邵旻、王晓伟、郭勇辉、郭大磊、王烨。

开。完善司法责任制是一项综合性改革，涉及检察人员分类管理、检察官员额制、完善职业保障等多个方面的改革举措，系统性、关联性很强，需要统筹协调推进。其中推行检察官职业化、加强检察官职业保障是法治社会发展和司法改革的必然趋势，对于实现司法公正有着重要作用，是提高检察队伍素质的重要途径，是检察工作适应发展新形势的迫切需要。

（2）司法改革中与民行工作相关的内容。司法改革过程中，完善司法人员分类管理和完善司法责任制这两个方面与民行工作休戚相关。

一是完善司法人员分类管理制度。检察院实行上级领导下级、检察长领导检察工作的基本原则。检察院办案组织分为独任检察官和检察官办案组，此轮司法改革中，检察院在检察官办案组中设立主任检察官，赋予其部分原属于检察长的职权。完善司法人员分类管理是建立司法责任制的前提条件。检察司法人员分为检察官、助理检察官、书记员三大类。针对检察官，目前上海采取员额控制、统一任免、等级管理等方式进行管理。检察官主要从检察官助理中统一、择优遴选，还可以从优秀的律师、法律学者及其他法律工作者等专业法律人才中公开选拔。实行全市检察官"统一提名、分级任免"制度。市检察官遴选（惩戒）工作办公室统一组织考试考核，择优提出初步遴选人选，报市法官、检察官遴选（惩戒）委员会审核，市法官、检察官遴选（惩戒）委员会经审核后提出遴选建议名单，经市院党组研究决定后，由各级院检察长提请同级人大常委会依法任命。实行单独职务序列管理，建立以检察官等级为基础的管理制度。

二是完善司法责任制。近年来，司法改革的提出和众多冤假错案的涌现，使司法公正的问题日益受到人民群众的重视。除了一些广为人知的刑事案件，冤假错案更存在于数量庞大的民事案件中，严重影响司法公信力，因此司法责任制受到各界的高度重视。完善司法责任制，既对于检察机关遵循司法规律，增强检察官司法办案的责任心，促进检察人员依法履职，确保公正司法具有重大意义，也对于保障检察机关依法独立行使检察权，完善具有中国特色的社会主义司法制度，努力让人民群众在每一个司法案件中感受到公平正义，树立司法权威具有深远意义。完善司法责任制是深化司法体制改革的核心任务，在司法体制改革中居于基础性地位。完善司法责任制是一项综合性改革，涉及检察人员分类管理、检察官员额制、完善职业保障等多个方面的改革举措，系统性、关联性很强，需要统筹协调推进，而其中非常重要的一环就是案件质量终身责任制。随着司法改革的推进，目前上海检察机关已出台了错案追究、终身负责、司法人员过问案件记录等配套机制。这给民行检察监督工作既带来了机遇，也带来了挑战。如何在新的办案模式下开展民行检察监督工作，依照职权挖掘有价值的监督案源，发挥好公益诉讼的职能都是现阶段民事行政检察监督部门需要思考的内容。

（二）民行检察监督权的现状考察

2011 年最高人民法院和最高人民检察院会签的《关于对民事审判活动与行政诉讼实行法律监督的若干意见（试行）》《关于在部分地方开展民事执行活动法律监督试点工作的通知》两个重要的司法改革文件，其内容涵盖将损害国家利益和社会公共利益的调解书纳入抗诉范围、人民检察院向同级人民法院提出再审检察建议及检察机关对人民法院执行活动的法律监督权等，上述两个文件的颁布为 2013 年《民事诉讼法》对检察机关民事检察监督权的扩充奠定了基础。

2013 年颁布的《民事诉讼法》初步建立了民事检察制度的基本体系，这就是"一个中心，两个基本点"。"一个中心"是指第 14 条规定的检察监督原则，即"检察机关有权对民事诉讼实行法律监督"；"两个基本点"分别是民事检察的基本职责和民事检察的基本程序，前者包括监督对象、监督措施和监督条件等，后者包括立案程序、调查程序和审查程序等。

1. 民行检察监督权的启动

（1）受审分离制度的确立

目前民事行政检察类案件采取"受审分离"制度。2013 年 11 月颁行的《人民检察院民事诉讼监督规则（试行）》调整了 2001 年《人民检察院民事行政抗诉案件办案规则》第二章受理的规定，取消了立案环节，代之以"民事诉讼监督案件的受理、办理、管理工作分别由控告检察部门、民事检察部门、案件管理部门负责，各部门互相配合，互相制约"。目前检察机关明确控告检察部门负责受理案件，民事检察部门负责审查案件并作出审查结论。大部分民事监督案件的程序源头由民事检察部门转移到控告检察部门。控告部门决定受理的民事监督案件，在决定受理之日起 3 日内制作《受理通知书》，发送申请人，告知其权利义务。控申部门还应当在决定受理之日起 3 日内将案件材料移送本院民事检察部门，同时将《受理通知书》抄送本院案件管理部门。

由于民行监督部门与控申部门所处立场不同，控申部门与民行部门对于是否符合受理条件的理解也不同。因此受审分离制度确立后，针对当事人提交材料不全面的案件及容易息诉的案件，控申部门多做息诉工作而并非将案件收进。这就导致一部分可以申请监督的案件无法进入受理环节，减少了民行部门整体的案件来源。

受审分离制度确立时间较短，控申部门对民事行政申诉案件业务并不熟练。导致控申部门在受理案件时，无法更好地引导当事人补充相关申诉材料，以维护当事人合法权益。加之民事行政类申请监督案件涉及范围较广，控申部门干警难以在短时间内全面掌握相关知识。以至于经常出现"一案一问"的情况，很多案件实质是民行科决定案件是否受理，在现实状况中受审无法完全分离。

（2）民事检察监督受理范围的限制

由于修改后的《民事诉讼法》的颁布实施，民事检察监督的案件受理范围受到较大限制。依据《民事诉讼法》及民事检察监督的性质和原则，《人民检察院民事诉讼监督规则（试行）》针对不同监督对象，分别规定了几种限制受理条件。这些规定进一步限制了传统案件来源，导致检察机关受理的案件数量减少。①

（3）监督范围的转变

2011 年最高人民检察院与最高人民法院会签了《关于在部分地方开展民事执行活动法律监督试点工作的通知》司法改革文件，规定了五种自此人民检察院有权对民事执行活动进行监督。② 此后，根据 2012 年修改后的《民事诉讼法》规定，检察机关对民事诉讼活动的监督范围已经由"民事审判"变为"民事诉讼"全过程。根据 2013 年 9 月 23 日最高人民检察院颁发的《人民检察院民事诉讼监督规则（试行）》第 24 条规定，有下列情形之一的，当事人可以向人民检察院申请监督：①已经发生法律效力的民事判决、裁定、调解书符合《民事诉讼法》第 209 条第 1 款规定的；②认为民事审判程序中审判人员存在违法行为的；③认为民事执行活动存在违法情形的。在原有的对于生效判决、裁定的监督职责基础上，增加规定了对于生效调解、审判人员的监督职责，以及对民事执行活动的监督职责。

（4）民事行政检察监督中依职权监督的情况

《人民检察院民事诉讼监督规则（试行）》第 23 条对检察机关民事诉讼监督案件的受理作出了详细规定，该条规定了检察机关民事诉讼监督案件的三种来源：一是当事人申请监督；二是当事人以外的公民、法人和其他组织控告、举报；三是人民检察院依职权发现。

现阶段检察机关受理案件以当事人申请监督为主。依职权监督在司法实践

---

① 原文部分业务数据根据保密要求予以删除。

② 《关于在部分地方开展民事执行活动法律监督试点工作的通知》第 2 条规定："人民检察院可以依当事人、利害关系人的申请，对下列民事执行活动实施法律监督：（一）人民法院收到执行案款后超过规定期限未将案款支付给申请执行人的，有正当理由的除外；（二）当事人、利害关系人依据《中华人民共和国民事诉讼法》第二百零二条之规定向人民法院提出书面异议或者复议申请，人民法院在收到书面异议、复议申请后，无正当理由未在法定期限内作出裁定的；（三）人民法院自立案之日起超过两年未采取适当执行措施，且无正当理由的；（四）被执行人提供了足以保障执行的款物，并经申请执行人认可后，人民法院无正当理由仍然执行被执行人其他财产，严重损害当事人合法权益的；（五）人民法院的执行行为严重损害国家利益、社会公共利益的。"

过程中依然存在许多问题。《人民检察院民事诉讼监督规则（试行）》限定人民检察院依职权监督的案件有三类：损害国家利益或者社会公共利益的；审判、执行人员有贪污受贿、徇私舞弊、枉法裁判等行为的；依照有关规定需要人民检察院跟进监督的。因此，依照上述规定人民检察院依职权监督案件适用范围较窄，并未明确指出检察机关可依照职权监督未经申请损害他人合法权益的案件，且现实中检察机关较少启动依职权监督功能。根据《民事诉讼法》规定，以调解方式结案的民事案件中，如有侵害案外人合法权益的发生，检察机关只能根据案外人申请，以审判人员违法来进行监督向法院提出检察建议，而不能直接依职权受理进行监督。

2. 民行检察监督权的手段

（1）调查核实权的相关规定

《民事诉讼法》第210条规定："人民检察院因履行法律监督职责提出检察建议或者抗诉的需要，可以向当事人或者案外人调查核实有关情况"，从而在立法上赋予了检察机关在民事案件中的调查核实权。《民事诉讼法》规定，检察机关在需要时，可以向当事人或案外人调查核实有关情况。《人民检察院民事诉讼监督规则（试行）》在第五章第三节中规定了检察机关行使调查核实权的情形和调查措施。① 其中第66条采用列举的方式规定了以下五种调查核实的具体措施：查询、调取、复制相关证据材料；询问当事人或者案外人；咨询专业人员、相关部门或者行业协会等对专门问题的意见；委托鉴定、评估、审计；勘验物证、现场，采用兜底条款的方式规定了查明案件事实所需要的其他措施。《人民检察院行政诉讼监督规则（试行）》规定了检察机关在行政监督案件中可以向当事人或案外人调查核实有关情况。②

（2）调查核实权的启动

在案件审查过程中，是否需要对案件进行调查核实，完全是由检察机关自行决定的。但由于目前法律法规规定得不够具体全面，对于哪些情况由"当事人申请"启动调查程序，哪些情况下检察机关可以"依职权调查"，并没有进行明确区分。由于来自申请人的维权压力，检察机关在对案件的调查过程中

---

① 参见《人民检察院民事诉讼监督规则（试行）》第65条至第73条规定。

② 《人民检察院行政诉讼监督规则（试行）》第13条规定："人民检察院因履行法律监督职责提出检察建议或者抗诉的需要，有下列情形之一的，可以向当事人或者案外人调查核实有关情况：（一）判决、裁定、调解书可能存在法律规定需要监督的情形，仅通过阅卷及审查现有材料难以认定的；（二）审判人员可能存在违法行为的；（三）人民法院执行活动可能存在违法情形的；（四）其他需要调查核实的情形。人民检察院不得为证明行政行为的合法性调取行政机关作出行政行为时未收集的证据。人民检察院通过阅卷以及调查核实难以认定有关事实的，可以向相关审判、执行人员了解有关情况，听取意见。"

容易过度关注对申请人一方的私权保护，调查范围甚至会超过法定范围，往往取代了申请监督方的举证责任，打破了民事诉讼中双方当事人的控辩平衡机制，偏离了检察机关"居中监督"，以至于存在不少检察机关为了提出抗诉或者检察建议的工作需要，过于积极地启动调查程序导致调查核实权行使不能以"必要性"为限。此外，实践中还存在有的检察机关民行干警力量配置不足，无力开展案件调查核实工作；有的案件承办人存在多一事不如少一事的想法，怠于行使法律赋予的调查核实权。

（3）调查核实的手段

与公安、法院等单位相比，检察机关信息化监督手段相对不足。检察机关民行部门与邮政、房地产交易中心、银行、鉴定机构等单位部门尚未形成有效的信息共享机制，这就导致检察机关在案件调查时获得信息相对滞后，从而导致办案期限的延长，增加了检察机关民事案件监督周期。

《人民检察院民事诉讼监督规则（试行）》规定检察机关必须在三个月内完成受理、立案、调卷、审查、作出决定等全部工作。[①] 从实践中来看，由于信息共享机制建立的滞后及相关规定的不完善，若检察机关启动鉴定、审计程序，则难以在三个月期限内将案件全部审查终结。2016 年 4 月 15 日最高人民检察院颁布的《人民检察院行政诉讼监督规则（试行）》中则规定，调卷、鉴定、评估等时间不计入审查期限，且特殊情况审查期限可由检察长批准延长。[②] 相比较而言，《人民检察院行政诉讼监督规则（试行）》中对于审查期限的规定更为合理。《民事诉讼法》虽然规定检察机关有向法院调阅卷宗的权利，但并未强制规定法院不向检察机关提供相关卷宗的后果，因此在实际办案过程中有时也存在法院长时间不将案件卷宗提供给检察机关的情况。若长时间无法调取到案件卷宗，承办人只能对案件作中止审查处理，从而影响了办案周期。实际工作中常有被调查核实对象不予配合甚至严重妨碍检察机关调查核实的情况，极大阻碍了案件的审查办理及检察监督职能的顺利实现。

3. 民行检察监督权的效果

（1）监督措施的法律效果

第一，抗诉的法律效果。抗诉作为检察机关监督民事审判工作最重要的方

---

[①] 《人民检察院民事诉讼监督规则（试行）》第 56 条规定："人民检察院受理当事人申请对人民法院已经发生法律效力的民事判决、裁定、调解书监督的案件，应当在三个月内审查终结并作出决定。"

[②] 《人民检察院行政诉讼监督规则（试行）》第 12 条规定："人民检察院受理当事人申请监督的案件，应当在三个月内审查终结并作出决定，但调卷、鉴定、评估、审计期间不计入审查期限。有特殊情况需要延长的，由本院检察长批准。"

式,具有一定的强制性效力。其作为法律监督的手段之一可以督促法院纠正审判违法行为、正确地解释和适用法律,维护国家法制统一、正确实施。

第二,检察建议的法律效果。除抗诉这一主要的监督方式外,《民事诉讼法》明确将检察建议作为监督方式进行了规定。《民事诉讼法》规定了检察院可以采取检察建议的方式对司法活动进行法律监督。检察建议相比于刚性的抗诉方式而言,较为缓和,检察机关如果发现法院在民事审判过程中有不法行为发生,或者对具体案件的处理存在错误,可以采用该种监督方式向法院提出监督意见,有利于法院纠正错误,但检察建议这一监督方式也有一些缺陷,如,检察院仅能针对同级法院及相关单位提出检察建议,① 且检察建议的制发有较为严格的情形规定,尤其是执行检察建议及再审检察建议的制发都必须经过本级检察机关检察委员会讨论决定后才可制发。

对于检察建议的法定效力以及人民法院应如何处理检察机关向其发出的检察建议,2013 年上海市高级人民法院施行的《上海市高级人民法院关于检察建议办理的暂行办法》规定法院自收到检察建议后应当在一个月内回复,但在实际工作当中法院并不能严格执行,导致检察建议监督效力较差。除去检察机关提出再审检察建议后,法院若不采纳不启动再审程序时检察机关可以提请上级检察机关抗诉外,其他种类的检察建议并没有相应的跟进监督措施。课题组认为检察机关依法履行法律监督职责,所提出的检察建议应有强制性的效力,检察建议的提出能够必然启动相应的后续改进程序,这就要求检察建议这一监督措施是一种有约束力的"要求",而非仅供参考的"建议"。目前各基层检察院普遍存在案件数量少的问题,且受理的案件中真正存在法律适用错误、错判漏判的情况较少,更多的是法院在案件办理过程中具体操作不规范的问题,由于并非违反相关法律,基层检察机关针对审查时发现的此类情况,多采取不制发检察建议的处理方式,导致法院此类问题得不到重视及纠正。

(2)民事行政检察监督的社会效果

人民检察院对民事审判活动、行政诉讼活动实行法律监督,能切实解决执法不严、司法不公等问题,适应形势发展和人民群众的司法需求。但根据调查发现,现阶段民行工作存在以下几个问题:

第一,民行检察监督工作在群众中知晓度较低。本次调研在微信平台中共收集了 237 份调查问卷,其中仅有 152 人了解检察机关现在有民事行政监督工作。这就说明,群众大多对民事行政检察监督工作不了解。其一,群众对民事行政检察监督工作的职能大多不了解。因此在实际生活中遇到需要检察机关监

---

① 《人民检察院民事诉讼监督规则 (试行)》第 112 条规定有关单位的工作制度、管理方法、工作程序违法或不当,需要改进的,人民检察院可以提出改进工作的检察建议。

督的情况时至检察机关申请监督的群众更少。其二，曾向检察机关申请监督的当事人，对检察机关监督效果的认可度偏低。由于民事行政检察监督案件多存在向法院调取材料不顺畅的问题，导致案件办理周期长，无法快速解决当事人的问题。检察机关若选择以检察建议的方式监督法院，则监督力度普遍较弱，不具有强制力，针对无法律适用明显错误或审判人员明显违法的案件，检察建议往往不能改变判决实质内容，无法满足当事人的部分需求。其三，检察机关民行部门的宣传力度不足。152 份填写了解检察机关现在有民事行政监督工作的调查问卷中，仅有 68 人选择了民行部门宣传这一途径。这就说明检察机关在平时工作当中对民行工作的宣传较少。以往的宣传方式多为进小区摆放宣传板、街道活动时开设咨询摊点等。根据调查问卷显示，了解民事行政监督工作的人年龄阶段多在 30—45 岁，18—30 岁的公民了解民事行政监督工作的所占比重较少，仅为 56 人。这从一个层面反映出目前检察机关对民事行政监督工作的宣传手段较为陈化。随着互联网时代的到来，检察机关正在逐步拓展宣传渠道，利用微信、微博等多种新兴宣传渠道，以更为活泼、生动易懂的方式向群众介绍民行检察监督工作。扩大民事行政监督工作在各个年龄层次、各个知识阶层中的知晓度，让每一个人在遇到实际问题时都能够想到检察机关民事行政监督部门。

第二，监督工作在律师中效果不明显。民事行政检察工作的推进历经了许多过程，多地检察机关曾尝试向当地律师事务所宣传民行工作职能。宣传初期，律师的积极性较大，前来申诉案件数量有所增加。但由于前来申诉的案件多为久拖不决的案件，息诉难度大，监督效果并非完全理想。基层检察机关民行部门现以执行监督为主，而法院本身执行工作就存在执行难、执行规范不统一的问题。检察机关在对法院的执行过程进行监督，虽然能够促进法院执行工作的规范开展，但并不能从根本上解决执行难的问题。久而久之，律师前来申请监督的案件数量便有所下滑。

第三，案件息诉难度较大。《人民检察院民事诉讼监督规则（试行）》规定，检察机关在办理民事诉讼监督案件过程中，当事人有和解意愿的，可以建议当事人自行和解。在实际办案中一方有和解意愿而另一方拒绝和解的情况常有发生。检察机关在促进双方和解、引导当事人息诉罢访时，无法带给当事人足够的威慑力，针对错误判决得利一方当事人往往将最后希望寄托于法院，等待法院再审判决，因此检察机关在民事诉讼监督过程中较难开展和解工作。

4. 民事检察监督权的拓展

（1）对行政权力的监督

十八届三中全会、四中全会把检察机关的法律监督作为加强对行政权力监督的重要手段，要求探索检察机关提起行政公益诉讼制度、对行政违法行为和行政强制措施实施法律监督。

我国检察机关在监督行政行为监督方面具有独特的优势。一是检察机关独立且不依附于行政机关，这就可以保证检察机关在监督上的客观性和公正性。二是检察机关的威信和声望适合承担监督任务。在各类监督主体中，检察机关的监督具有较好的威信，监督效果较佳。虽然目前还较少有检察机关对行政权力监督的具体案例，但长期以来检察机关始终与惩治职务犯罪紧密相连，因此检察机关具有较大的威慑力。而如今，检察机关介入了对行政强制措施的监督，出于对追究犯罪的惧怕，被追究的单位往往很重视并自觉纠正违法的行政行为，监督效果较好。三是根据本次问卷调查发现，生活中多数人都遇到过行政机关不作为、行政机关滥用职权的行为。在本次调查问卷采集的样本中，曾遇到过行政机关不作为情况的占样本的87.76%，曾遇到行政机关滥用职权的占样本的54.85%。这就意味着检察机关行政监督方面有着很大的拓展空间。在党号召大力推进依法治国、建设法治国家的时代背景下，检察机关更应当积极发挥自身职能，探索出切实有效的监督路径。对行政权力的监督试点工作开展以来，全国范围内对行政权力监督的案件虽然较少，检察机关对行政权力的监督虽仍在探索阶段，但也已取得初步成效。2015年12月16日，山东省庆云县检察院因县环保部门不依法履行职责，依法向庆云县法院提起行政公益诉讼，这是全国人大常委会授权检察机关提起公益诉讼试点工作后，全国首例行政公益诉讼案件。另外，2016年1月19日，安徽省蚌埠市淮上区人民检察院因蚌埠市国土资源局不依法履行职责，依法向蚌埠市淮上区人民法院提起行政公益诉讼，该案是全国首例判决环保部门败诉的行政公益诉讼案例。

（2）民事公益诉讼的推进

检察机关参与民事公益诉讼具有诸多优势，具体表现为：一是不牵涉自身利益，适合代表国家提起诉讼。二是检察机关拥有法定的调查核实权，有利于调查取证和解决举证困难问题。三是能够从大局出发，审慎地行使公益诉权，避免影响到正常的行政秩序。四是具有专业法律监督队伍，可以大幅度降低司法成本。2012年《民事诉讼法》的颁布，首次在法律上确立了民事公益诉讼制度。① 根据这一规定，民事公益诉讼的案件范围主要包括国有资产流失案件、破坏自然资源案件、环境污染纠纷案件、消费者合法权益保护案件、证券纠纷案件等。2014年，党的十八届四中全会《决定》明确要求：探索建立检察机关提起公益诉讼制度。2015年6月，全国人大常委会正式授权检察机关开展公益诉讼试点。此后，最高人民检察院发布了《检察机关提起公益诉讼

---

① 《民事诉讼法》第55条规定："对污染环境、侵害众多消费者合法权益等损害社会公共利益的行为，法律规定的机关和有关组织可以向人民法院提起诉讼。"

试点方案》，最高人民法院出台了《人民法院审理人民检察院提起公益诉讼案件试点工作实施办法》，为检察机关依法提起民事公益诉讼和人民法院依法审理人民检察院提起的公益诉讼案件提供了相关规定。

（三）民行检察工作现状的原因分析

1. 法律修改影响基层案件数量、案件共享渠道不畅

（1）法律法规的修改

法律法规的修改是导致目前基层检察机关民行检察监督部门案件数量较少的最重要原因。《人民检察院民事诉讼监督规则（试行）》第32条规定，无特殊理由民事诉讼类案件非经上诉不能至检察机关申请监督。[①] 而民事案件一经上诉，案件便由上级法院移转，申请监督的案件也自然向上级检察院移转，这就导致了基层民事行政检察监督工作中，传统裁判类案件数量下降的现象出现。

检察机关民事执行活动的监督工作占基层院工作的比重较大，但民事执行监督工作的局面尚未打开。虽然《民事诉讼法》第235条明确规定："人民检察院有权对民事执行活动实行法律监督"，表明人民检察院具有法定的法律监督权，与人民群众的监督、新闻媒体的监督具有不同的意义。但由于法律对民事执行活动监督工作的规定不具体，使得检察机关开展监督工作时难以找到具体的法律规范作为其履行法律监督职能的具体支撑。以往针对法院民事执行工作的监督多以法院内部监督为主，法律规定检察机关对民事执行活动进行监督，难免引起法院的抵触情绪，这就导致检察机关和法院执行局沟通不畅，阻碍了民事执行活动监督工作的开展。同时，民事执行工作拥有自身独特的特点，这也是民事执行活动监督工作开展不畅的重要原因之一。首先，法院的民事执行工作历来存在着"执行难"的现实情况。执行案件与审判类案件相比，需要考量的现实因素更多更为繁杂。实际执行过程中被执行人转移个人财产、被执行人确无偿还债务能力的情况多有存在，这些情况均是阻碍民事执行工作

---

① 《人民检察院民事诉讼监督规则（试行）》第32条规定："对人民法院作出的一审民事判决、裁定，当事人依法可以上诉但未提出上诉，而依照《中华人民共和国民事诉讼法》第二百零九条第一款第一项、第二项的规定向人民检察院申请监督的，人民检察院不予受理，但有下列情形之一的除外：（一）据以作出原判决、裁定的法律文书被撤销或者变更的；（二）审判人员有贪污受贿、徇私舞弊、枉法裁判等严重违法行为的；（三）人民法院送达法律文书违反法律规定，影响当事人行使上诉权的；（四）当事人因自然灾害等不可抗力无法行使上诉权的；（五）当事人因人身自由被剥夺、限制，或者因严重疾病等客观原因不能行使上诉权的；（六）有证据证明他人以暴力、胁迫、欺诈等方式阻止当事人行使上诉权的；（七）因其他不可归责于当事人的原因没有提出上诉的。"

的"拦路虎"，导致法院的民事执行工作开展困难，久积不决的民事执行案件数量较多，且在我国现行条件下，确实缺少有效的方法解决此类问题。这就给检察机关监督民事执行活动带来很大困难。其次，法院执行工作存在法律规定少、内部规范多的特点。在《民事诉讼法》赋予检察机关对民事执行活动监督权的初期，法院执行局又相对不配合检察机关的监督工作的情况下，检察机关很难深入、全面地了解民事执行的具体工作。在对民事执行工作没有全面深入了解的情况下，检察机关往往仅能通过询问当事人、查阅执行案卷材料等手段对民事执行案件进行审查，很难触及民事执行过程中真正存在的问题。最后，多数法院均存在执行案件案卷归档不规范的问题。在调阅到的执行案件案卷不完整，甚至是难以调阅到案件相关卷宗的情况下，检察机关更加难以对民事执行活动进行监督。因此，在现阶段检察机关对执行活动开展监督困境较为明显。另外，由于检察机关对执行案件监督不到位，使人民群众及律师对检察机关民事执行监督工作的满意度较低，也是间接导致当事人针对民事执行类案件向检察机关申请监督的数量减少的重要原因。

（2）案件移送、共享渠道不畅

案件移送、共享渠道不畅，是导致案件数量普遍偏低的另一重要原因。检察机关内部并未建立起与案件移送相关的考核激励制度，导致了职权交叉的案件移送、共享机制并未建立。检察机关内部各部门之间案件移送的情况较少，各部门承办的案件多为独立办理。自侦部门和公诉部门办理的与民事行政监督有关的案件很少能够移送至民行部门，民行部门在办理案件过程中发现审判人员违法情形，需要移送本院自侦部门进行进一步审查时，部门之间衔接不畅，这就延长了司法办案周期，导致效率低下。各级检察院民行部门之间对于案件的交流也鲜有出现。这就导致各级院之间缺乏相互沟通交流的机会，优秀的监督方法和方向无法第一时间得到推广。由于各级院之间案件沟通、交流机制不完善，根据现有办案规则，基层院民行部门对抗诉类案件审查后，要提请上级院进行抗诉，上级院决定抗诉到法院决定再审，再到再审结束的时限较长，对于申请人来说维权的时间成本过高，从而导致检察机关法律监督形象大打折扣。

检察机关与信访局、人大、政协之间没有建立起相关的案件共享平台。而信访局等许多窗口单位的性质决定了其掌握着大量的案件来源。案件移送、共享机制的缺乏导致检察机关缺少了一个重要的案件来源渠道，从而导致民行部门可受理的案件数量总体偏少。

2. 对监督手段限制较多、保障机制缺乏规定

调查核实权是民事行政检察监督工作中行之有效的证据收集方式。鉴于民事行政检察监督权的特殊性，检察机关的调查核实手段和方式必然有其特殊性。我国立法在规定检察机关享有调查核实权的同时，为了防止这种权力的滥

用，对其作出了较多的制约。尽管法律已经针对检察机关的调查取证权做出了一些规定，但还有很多方面存在立法漏洞，如检察机关行使调查核实权的具体程序和权力边界，法律对此并没有做出具体的规定。检察机关在监督民事审判和民事执行类案件中针对可能存在违法行为，可能无法通过简单审查案卷材料、询问当事人来了解全部案情的案件，如涉及回避、送达、怠于执行等需要询问法官方可查明的，检察机关是否可以就这些违法行为向法官进行询问，要求其说明具体情况，若法官拒绝配合检察机关的调查核实应当承担怎样的后果，相关法律并无明确规定。

相关法律法规也没有规定检察机关行使调查核实权时相应的保障措施，存在一定立法上的不足。虽然《人民检察院行政诉讼监督规则（试行）》中对此作出了明确规定，人民检察院通过阅卷以及调查核实难以认定有关事实的，可以向相关审判、执行人员了解有关情况，听取意见。但由于没有明确规定不利后果，检察机关在实际适用调查核实权的时候会遇到重重阻碍。

3. 队伍专业化水平不高、检法协作配合机制不健全

（1）民行检察监督的立法尚有不足

完备的法律是实现监督效果的前提和基础。以检察建议为例，其法律效力不明其实源自立法者赋予其的柔性法律监督手段的性质定位，也就是说这一定位是一把"双刃剑"，一方面它赋予了检察建议以加强沟通交流、降低对抗性和运行成本等优点，另一方面其也使得检察建议在实效性方面的缺陷比较明显。例如，检察机关与法院针对民事执行检察建议的适用范围就有不同的理解。法院针对检察机关就《民事执行活动法律监督试点工作的通知》规定的五种执行违法情况以外的情况制发的检察建议，多采取"经查该《检察建议》所提出的问题不在《民事执行活动法律监督试点工作的通知》规定的五种范围之内"的模式化回复。这种认识上的差异根本原因在于《民事诉讼法》中对于民事执行检察监督的规定并未明显否定之前检法两家对民事执行监督的协定，而最高检颁布的《人民检察院民事诉讼监督规则（试行）》对于法院明显缺乏制约力。

（2）民行检察监督权的权威、人员素质有待提高

民行检察监督权的权威性是实现监督效果的重要保障。司法实践中以下两个方面对于民行检察监督的权威性有着重要影响：

一是民行办案人员业务素质有待提高。办案人员业务素质是影响检察监督权威性的首要原因，民行检察人员业务素质是运用法律进行监督的关键，也是发现问题寻找突破点的关键。相对被监督对象法院的办案人员，民行办案人员的业务能力自始是存在差距的，导致这种差距的原因有诸多方面：一方面是案件办理，基层民行检察部门的人均办案量远远低于法院，首先导致办案经验的

积累较弱，而民事案件所涉及的法律法规面广、民事法律关系纠纷复杂，对法律知识及理论要求高，业务素质不够，工作经验不足，则会导致无法正确地判断案件，找出法院判决存在的问题，也就无法取得较好的监督效果。其次因为案件数量较少，很难实现案件的分类办理，这一点在基层民行部门尤为明显，这就导致民行检察监督大多停留在比较浅显的层面，在特定类型案件上难以实现更深入的研究。另一方面是人才培养，相对公诉、侦监、自侦部门，检察系统对民行检察工作重视程度尚有不足，导致优秀人才难以进入民行部门，而受制于民行部门本身规模较小，很难形成部门人才相互促进的效应，例如，在案件讨论环节，基层民行部门通常只有二到三人进行讨论，难以产生思路的碰撞，案件讨论常常流于形式，不利于办案思路的拓展和办案经验积累。在人才培训方面，除每年集中进行的条线业务培训外，缺乏常态化、专业化的优质培训资源，也不利于民行办案人员业务能力的提高。

二是厘清社会效果与法律效果之间的关系。近年来，一些案件当事人因不满法院作出的正确裁判，通过正常司法救济途径以外的各种手段谋求自身利益，缠访闹访现象时有发生。民行检察监督作为最后的司法救济途径，也是缠访闹访现象的多发环节，严重影响了民行检察监督工作的正常开展，为了实现法律效果与社会效果的统一，对办案人员释法息诉工作提出了更高要求。近年来注重社会效果的呼声也与日俱增，但厘清二者的关系是实现二者统一的前提条件。社会效果是法律效果的目标和价值追求，是检验执法活动是否符合社会发展、满足人民群众对公平正义的期待及构建和谐社会要求的标志。诚然，民行检察监督职能的发挥不仅要考查作为规范的法律是否得以实施，也要看执法活动是否促进了社会的良性运转，是否维护了社会公众的实际利益，但更应当认清，法律效果是社会效果的基础和必要条件，社会效果的实现有赖于法律的严格执行。这样，法律才能被信仰、被遵守，法治才能有坚硬的基石。

（3）对监督效果的认知存在误区

民行检察监督作为司法行为有其自身的客观规律，这些规律常常与主观认知存在区别，例如对于民行检察监督效果的评价体系，通过抗诉、检察建议等关键数据反映工作实绩，若仅以目前的考评体系来评判监督效果容易陷入以下误区：

一是重数量、轻质量。只有办案数量而没有办案质量的评价，只有冰冷的数字而缺少鲜活具体的案例说明，尤其是不能对社会影响大的案件作出反应，使得检察职能履行的实际效果大打折扣。另外，过度提倡和要求数量的增长，将法律监督案件数量的多少和增长率的高低作为评价工作优劣的标准，虽然在一定程度上有助于法律监督职能作用的发挥，但违背了检察机关的法律监督工作与社会发展状况、社会秩序状况相适应的规律。法律监督案件数量的多少，往往不是以检察机关的意志为转移的，而是取决于社会的政治、经济和法治化水平，取决于某地区经济结构和发展状况等。

二是重结果、轻过程。一方面，由于目前的考评体系都是对监督结果进行考量，而实际办案过程中，会发现一些对实体影响不大却较为普遍的问题，因为对此类问题进行个案监督有小题大做之弊，而单个民行部门又很难就此形成类案监督，因此这些问题往往在监督过程中流失。另一方面，虽然办案规则明确规定了民行申请监督案件的办案周期为三个月，但由于办案周期会受到向法院调阅案卷等因素的影响，且审查过程不影响法院裁判的执行，相对冗长的办案周期也会导致当事人，尤其是法人主体及代理律师等因申请监督程序的效率较低而放弃选择检察监督。

三是重监督、轻息诉。追求法律效果与社会效果的统一是法治发展中司法活动的总趋势，息诉工作是民行检察监督社会效果的重要体现。对于存在监督价值，同时又具有监督可能性的案件，若以制发检察建议结案则会导致息诉工作难以开展，若和解后作终结审查的案件再制发检察建议又与现行办案规则规定相悖，故选择其中一种作为结案方式，往往结果顾此失彼，不利于监督效果的实现。加之对息诉工作的要求缺乏稳定性，使这项工作带有较强的应急性和阶段性。且上级院对下级院工作考核的主要标准还是采取监督措施数量的多少，而对息诉工作的考核比重较低。

4. 新职能处于探索阶段、尚未形成合力

近年来，行政检察工作在高检院的统一部署和各地检察机关的努力推进下取得了明显成效，加强了对行政诉讼和行政违法行为检察监督的力度，初步构建了行政检察工作的多元化监督格局，但仍然存在不少问题，主要集中在以下几个方面：

（1）行政违法行为监督缺少明确的法律制度支撑

修改后行政诉讼法，从宏观上强化了行政检察监督的职能，提升了行政检察监督的地位，促进了行政检察监督以及整个检察工作内容的进一步发展。但是当前检察机关在行政监督工作实践中存在问题的原因是多方面的，期待立法的进一步完善和细化是最根本的解决方法。尽管各地人大、党委相继出台不少有关加强行政违法行为监督工作的决议，检察机关也与有关行政管理部门会签了一些文件，同时开展了行政违法行为监督的有益尝试，但毕竟还处于探索开展阶段。相比诉讼监督，行政违法行为监督的正当性仍显不够，监督的依据、范围、方式、程序均不明确，造成监督工作要么刚性不足，要么难以避免多头监督的乱象，许多地方开展此项工作主要依靠个案协调，少数行政机关对监督持消极态度，认为检察监督干扰执法，对检察机关的监督不予理睬或敷衍了事，以致监督效果打了折扣。

（2）行政监督效果不突出

全国民行二次会议后，检察机关的民事行政诉讼监督格局从以往偏重对生效裁判监督的一元化监督格局转变为对生效裁判监督和审判人员违法行为监督、执行监督等全面发展的多元化监督格局。在行政检察监督工作中，对审判程序监督、执行活动的监督和对行政违法行为的监督已经成为与对生效裁判监督同等重要的工作内容。但在实践中，不少检察机关未能根据形势任务的变化及时调整工作思路和监督理念，仍然把工作重点放在对生效裁判监督上，对于行政审判程序、行政执行活动监督力度不够，对于行政违法行为监督能力不强、深度不够、程序不规范。尤其在基层院，对一审生效裁判监督数量大幅减少后，出现传统案件没有了、新型案件又不会办的尴尬局面，工作陷于停滞境地。从全国范围看，行政检察的多元化监督格局尚未全面形成。

（3）民行检察人员配备及能力存在不足

修改后的民事诉讼法和行政诉讼法扩展了民行检察监督的范围，十八届四中全会提出的对违法行政行为的监督及公益诉讼等改革内容也需要开展调研工作。一方面，这些工作内容庞杂、任务繁重，人员配备不足影响了各项工作全面开展。民行检察队伍年龄结构不合理，人员流动性较大，这个问题在基层院尤其突出。另一方面，行政检察队伍业务能力普遍比较薄弱，履职能力有待提高。现阶段基层行政检察队伍中具有行政法专业知识背景的人员基本没有，大幅度接受业务轮训的机会较少，普遍反映知识更新和能力提高极其有限。省、市级院近年来队伍素质有了很大提升，也大力引进了一些行政法学专业人才，但由于办案总量少，办案经验较为欠缺，在业务水平方面较法院行政审判人员还是有差距。在有的地方，虽然分设了行政检察机构，但由于人员队伍素质不强、行政检察监督能力不足，工作没有得到有效开展，已经分设的机构面临被重新合并的尴尬境地。

## 二、基础：民行检察监督制度的基本理论

（一）民行检察监督制度的历史变迁

1. 历史发展的脉络分析

（1）恢复重建阶段（1978—1987年）

"文革"以后，1978年恢复重建了检察机关，人民检察院的各项检察职能都在不同程度上得以恢复。1979年2月2日，最高人民检察院公布《人民法院审判民事案件程序制度的规定（试行）》，对人民检察院提起诉讼和参与诉讼的民事案件审理程序都作了明确规定。这是在"文革"之后，司法机关第一次以司法解释的形式，对检察机关参与民事诉讼作出规定，对民行检察事业

的发展具有重要意义。但是在此之后的 1979 年《人民检察院组织法》中却没有规定民行检察制度。人民检察院成了具有单一职能的"刑事检察院"。① 这种情况在 1982 年通过的《民事诉讼法（试行）》中得到了一定程度的改变，该法第 12 条规定，"人民检察院有权对人民法院的民事审判活动实行法律监督"，检察机关对民事审判活动有权实施法律监督的基本原则得到了诉讼法上的确认，因此从规范层面看，我国民行检察监督制度最早产生于 1982 年的《民事诉讼法（试行）》中，但也仅是原则规定并无具体的程序设计，这导致我国民事行政检察重新起步时就面临重重困难。

（2）试点起步阶段（1988—1994 年）

从 1988 年起，检察机关在 1982 年《民事诉讼法（试行）》规定的基础上，对如何行使民事行政审判监督权进行了探索。1988 年 4 月，最高人民检察院决定设立民事、行政诉讼监督研究小组。1988 年 6 月，最高人民检察院向各省发出《关于开展民事、行政诉讼监督调查研究和试点工作的通知》。1988 年 9 月，最高人民检察院设立民事行政检察厅。行政诉讼法颁布后，最高人民法院、最高人民检察院于 1990 年 9 月联合发出《关于开展民事、经济、行政诉讼法律监督试点工作的通知》，分别在四川、河南、天津、吉林、广东、湖北六省（市）开展民事、行政诉讼监督试点工作。② 1991 年 4 月 9 日，修改后《民事诉讼法》开始施行，民事抗诉制度由此产生。全国各级检察机关依照《民事诉讼法》的规定，在总结试点工作经验的基础上，大胆实践，受理民事、经济申诉案件，对符合法定抗诉条件的生效裁判，依法向人民法院提出抗诉。也正是从 1991 年开始，检察机关就民事裁判和行政裁判提出抗诉的实践步伐开始迈出。1992 年，最高人民检察院发布了《关于民事审判监督程序抗诉工作暂行规定》，民行检察的抗诉工作程序开始逐渐规范起来。③ 随着民行检察制度和程序的确立与规范，民行检察监督实践也取得了一定的进步，截至 1994 年底，全国各级检察机关向人民法院提出民事行政抗诉案件 1031 件。④

（3）快速发展阶段（1995—1999 年）

1996 年 5 月，最高人民检察院召开了全国检察机关民事行政检察工作座谈会，总结了民事行政检察工作经验，部署了一个时期的工作任务，突出强调

---

① 杨立新：《民事行政检察教程》，法律出版社 2002 年版，第 35—36 页。

② 杨立新：《民事行政检察教程》，法律出版社 2002 年版，第 40 页。

③ 王志坤、黄笔镜：《民行检察的面相——一个研究性述评》，载《法学家》2010 年第 3 期。

④ 王鸿翼：《民事行政检察工作的发展历程》，载《人民检察》2008 年第 20 期。

了要加强民事行政检察工作的规范化建设。高检院民事行政检察厅先后于1996 年 8 月和 1997 年 3 月两次召开部分省级检察院民事行政检察处处长座谈会，提出"以办理民事行政抗诉案件为重心，全面抓好办案效率、办案质量和办案效果三个基本环节"的办案指导思想，推动民事行政检察工作的发展。全国检察机关和广大民事行政检察干部统一思想，提高自觉性，加大办案力度，狠抓机构建设和队伍建设，加强干部培训，建立和完善各项制度，民事行政检察工作呈现出了蓬勃发展的态势。① 1994 年，全国检察机关提出民事行政抗诉案件 576 件；1995 年提出抗诉案件 1507 件；1996 年，提出抗诉案件 3316件；1997 年，提出抗诉案件 6163 件；1998 年，全国检察机关提出抗诉 8438件；1999 年，提出抗诉案件 14320 件。② 民事行政检察工作已经引起各方面的关注。

（4）发展缓慢阶段

2000 年开始，由于检、法两机关和学术界关于民事行政检察制度的存废、加强或削弱等出现争议，民事行政检察工作的发展缓慢下来。2000 年提出抗诉 16944 件，2001 年提出抗诉 16488 件。③

（5）巩固和深入发展阶段

2001 年 8 月，全国检察机关召开了第一次全国民事行政检察工作会议，会议总结了十余年来民行检察工作的经验，提出了"维护司法公正，维护司法权威"的民行监督执法思想，既解决了民事行政检察工作的定位问题，又引发了人民法院的共鸣，有利于理顺与审判机关的关系。这次会议极大地推动了民事行政检察工作的开展。会后学术界关于民事行政检察制度存废的争议基本消失，人民检察院与人民法院的沟通联系增强，民事行政检察工作得以深入健康发展。④ 2001 年 9 月，最高人民检察院通过了《人民检察院民事行政抗诉案件办案规则》，为民行检察监督的司法实践提供了基本准绳。2002 年 9 月，最高人民法院在《全国审判监督工作座谈会关于当前审判监督工作若干问题的纪要》中明确指出：人民检察院对个案提出检察建议书的，如符合再审立案条件，可依职权启动再审程序。由于再审检察建议没有明确的法律规定，最高人民法院通过座谈会纪要的形式肯定了最高人民检察院司法解释的效力，使各级检察机关的再审检察建议有法可依，再审检察建议在规范制度层面的明确

---

① 杨立新：《民事行政检察教程》，法律出版社 2002 年版，第 40 页。

② 赵晓耕：《论中华人民共和国检察监督职能的形成与发展》，载《法学家》2006 年第 3 期。

③ 王鸿翼：《民事行政检察工作的发展历程》，载《人民检察》2008 年第 20 期。

④ 王鸿翼：《民事行政检察工作的发展历程》，载《人民检察》2008 年第 20 期。

推动了实践的发展。此外，地方各级检察院也纷纷出台各种细则规范，加强了检察机关规范建设能力，促进了《民事诉讼法》《行政诉讼法》等相关法律法规的修订。① 2010 年 7 月全国检察机关第二次民事行政检察工作会议召开，要求各级检察机关准确把握民事行政检察工作的法律监督属性、职能定位和基本要求，真正推动民行检察工作实现跨越发展。

2. 特点与规律的提炼与总结

1978 年后，我国民行检察监督工作呈现出以下三点规律：

（1）检察理论的争论和误区导致实践的停滞或缓慢发展

从上述对民行检察监督制度变迁的描述可以看出，在 2000—2001 年，我国民行检察监督工作发展缓慢，从 1995 年到 1999 年以来年均增长 94.91% 下降到 2000 年增长 18.32%，2001 年甚至出现负增长，出现这种情况的主要原因是 2000 年开始出现的民行检察权的存废之争的公开论战。虽然论战没有最终动摇检察机关的民行检察监督权，但是检、法机关和学术界关于民事行政检察制度的存废、加强或削弱的种种争议，导致了 2000 年和 2001 年民事行政检察工作的发展缓慢下来。

（2）检法关系的博弈影响民行检察监督制度的发展进程

回顾我国民行检察监督制度的发展历史可以发现：司法系统内部，也即检察机关和法院在运行上的不和谐，也是造成民行检察遭遇困境的原因之一。这是因为民行检察监督的主要对象就是人民法院，检法关系问题是我国民行检察监督工作不可回避的重要问题之一，这一问题在我国现行的权力配置体制以及民行检察监督制度下显得愈加突出。从民行检察监督领域看，我国检法关系发展的分水岭是在 2001 年 8 月，在 2001 年以前最高人民法院通过一系列批复和司法解释形式限制检察机关民行检察监督抗诉的范围，甚至对民行检察建议这一监督方式不予认可。最高人民法院对于民行检察监督范围的观点最为集中地反映在《全国审判监督工作座谈会关于当前审判监督工作若干问题的纪要》（法〔2001〕161 号）第 14 条中。② 最高人民法院的上述一系列批复和司法解释导致了检察机关民行检察监督工作困难重重，并引起了检法两家对民行检察

---

① 汤维建：《挑战与应对：民行检察监督制度的新发展》，载《法学家》2010 年第 3 期。

② 该文件第 14 条规定："人民法院依照民事诉讼法规定的特别程序、督促程序、公示催告程序、企业法人破产还债程序审理的案件；人民法院已经决定再审的案件；以调解方式审结的案件；涉及婚姻关系和收养的案件；当事人撤诉或者按撤诉处理的案件；执行和解的案件；原审案件当事人在原审裁判生效二年内无正当理由，未向人民法院或人民检察院提出申诉的案件；同一检察院提出过抗诉的案件和最高人民法院司法解释中明确不适用抗诉程序处理的案件，人民检察院提出抗诉的，人民法院不予受理。"

监督理论上的争论，最终使得 2000 年至 2001 年民行监督工作发展缓慢。这是检法关系不和谐阻碍民行检察工作发展的典型例证。相反，从 2001 年 8 月起，最高人民检察院召开第一次全国民事行政检察工作会议，会上提出的"维护司法公正，维护司法权威"的民行监督执法思想，引发了法院的共鸣，并在一定程度上理顺了检法关系，从而极大地推动了民事行政检察工作的开展。

（3）地方检察机关的探索性实践具有重要意义

在 2012 年修改后民诉法实施以前，民行检察监督存在的最大问题就是法律框架不完善，表现在监督方式单一、监督程序不完备、监督模式没有突出民事行政诉讼特色等，这种立法上的不完善，必然使得检察机关在实践中自行探索能够满足实践需求的运行模式。十多年来，各地检察机关民行检察部门通过实践探索，逐步形成了一些做法，推动了民行检察工作的发展。比如，再审检察建议、督促起诉、民事公益诉讼、民事执行监督、检察机关提起刑事附带民事诉讼等措施。最高人民检察院应实践的强劲需求，也通过司法解释的方式将一些实践中较成熟的措施纳入司法解释中，创设了新型的监督方式。比如，2001 年 9 月最高人民检察院通过的《人民检察院民事行政抗诉案件办案规则》第 25 条对再审检察建议作出了具体规定，并于 2002 年 9 月得到了最高人民法院《全国审判监督工作座谈会关于当前审判监督工作若干问题的纪要》第 17 条的肯定和确认。再审检察建议在制度规范层面的明确推动了实践的发展，2001 年，检察机关提出再审检察建议 2942 件，2008 年这一数字攀升至 5220 件，不仅提出再审检察建议的数目有了大幅度攀升，采纳率也稳步递增，比如，2003 年再审检察建议的采纳率为 36.4%，2008 年上升为 75.7%，再审检察建议与抗诉一起，被比作民行检察部门实施监督的"两条腿"。[①]

（二）民行检察监督制度的最新发展

2012 年及 2014 年相继修订的《民事诉讼法》《行政诉讼法》在检察监督方面有较大突破，既总结和吸纳了近年国内最新的理论研究成果，又充分考虑了中国特色的司法制度和检察制度，是理论与实践结合的范例。此次《民事诉讼法》《行政诉讼法》修改对我国民行检察监督制度进行了重要的补充与完善，主要包括以下内容：

1. 扩大监督范围，从审判监督到诉讼监督

（1）将民事行政检察监督的范围扩展至整个诉讼过程。修改后《民事诉讼法》第 14 条规定："人民检察院有权对民事诉讼实行法律监督"，第 235 条规定"人民检察院有权对民事执行活动实行法律监督"。这一规定使得检察机

---

① 张立：《再审检察建议：推行八年何时入法》，载《检察日报》2009 年 5 月 4 日。

关对于民事执行领域的监督有法可依。

（2）增加规定了对调解书的监督。修改后《民事诉讼法》第208条第2款规定，"发现调解书损害国家利益、社会公共利益的，可以向同级人民法院提出检察建议，并报上级人民检察院备案；也可以提请上级人民检察院向同级人民法院提出抗诉"。修改后《行政诉讼法》第93条也作出了相同的规定。由于在司法实践中，特别是在民事诉讼中，有大部分案件是以调解方式结案的，有的基层法院的调解结案率甚至高达80%。在调解过程中，违反国家利益、社会公共利益等情形并不少见，增加对调解书的监督可以有力地抑制法院违法调解、强制调解的现象。

（3）增加对审判人员违法行为的监督。修改后《民事诉讼法》第208条第3款、修改后《行政诉讼法》第93条第3款规定："各级人民检察院对审判监督程序以外的其他审判人员的违法行为，有权向同级人民法院提出检察建议"，新增加了对审判人员渎职违法行为的监督。这里的违法行为主要是指在诉讼过程中违反民事诉讼法等程序法的行为，包括诉讼程序和非诉程序，也包括执行程序中所出现的违法行为。

2. 规范监督方式，建立抗诉和检察建议互补的监督模式

（1）增设检察建议监督方式，与抗诉相补充。修改后《民事诉讼法》第208条至第210条、修改后《行政诉讼法》第93条及第101条对检察建议适用主体、适用情形及配套机制进行了规定。再审检察建议的确立，可以强化同级监督，合理配置上下级检察院的资源；也可以减少提起抗诉、建议抗诉等环节，节约司法资源，提高监督效率，共同实现司法公正。

（2）缩短了检察机关的审查期限，提高了检察监督的效率。修改前的《民事诉讼法》《行政诉讼法》从检察院受理、立案审查到提请抗诉、提出抗诉等环节都未具体规定期限，使得检察机关办案效率相对较低。修改后《民事诉讼法》第209条明确规定"人民检察院对当事人的申请应当在三个月内进行审查，作出提出或者不予提出检察建议或者抗诉的决定"。修改后《行政诉讼法》也参照适用此项规定。

（3）规定一次性审查原则保障诉讼终结。修改后《民事诉讼法》规定检察机关作出决定后"当事人不得再次向人民检察院申请检察建议或者抗诉"，一次性审查原则的规定限制了当事人反复申请监督，既有助于节约司法资源也有利于提高办案效率。修改后《行政诉讼法》也参照适用此项规定。

3. 强化监督手段，赋予人民检察院调查核实权

修改后《民事诉讼法》第210条规定："人民检察院因履行法律监督职责提出检察建议或者抗诉的需要，可以向当事人或者案外人调查核实有关情况。"修改后《行政诉讼法》也参照适用此项规定，从而使行政检察监督具备

调查核实权，强化了检察监督手段。调查取证主要通过向法院阅卷、向有关单位调取证据、询问当事人和证人以及要求法官说明相关理由等方式进行。法院的卷宗内容包括全案的整个过程，赋予检察院调卷权，有利于检察院全面了解案件的状况，这是顺利实施检察监督的前提。需要注意的是，调查核实不能超出需要了解情况的必要范围，不能替代当事人的举证责任，也不能理解为类似刑事诉讼中的侦查。

（三）民行检察监督制度的路径转向

随着民事行政检察实践的不断深化和司法体制改革的推进，民行检察监督理性、中立、谦抑的理念已逐渐为检察人员所认知并接受。然而，实践中就如何把握监督的定位，如何平衡权利救济与权力监督、实体监督与程序监督等多方面问题仍然存在许多模糊认识，以致影响民事行政检察监督权的正常运行。因此，结合民行检察监督制度的自身定位与价值目标，对民行检察监督制度的路径转向进行分析研判，以进一步厘清民行检察监督制度的现实需求与发展方向就成为亟待解决的问题。本文拟根据检察实践理性、司法规律和诉讼原理，从公权力监督本位出发，提出民事行政检察监督未来的三条路径转向，即从权利救济转向权力监督、从实体监督转向程序监督、从诉讼监督转向法律监督。

1. 保障权利救济，强化权力监督

受传统司法理念的影响，民行检察监督领域的首要目标一直被认为是对民事行政诉讼当事人的权利进行全面充分地救济和保障，尤为突出地体现在民事诉讼领域。在《民事诉讼法》修改前，民事裁判生效后，经当事人申诉，检察机关即可介入监督。然而这一全面充分的权利救济模式也存在不可忽视的缺陷，最突出的一点就是忽略了民事诉讼当事人两造"诉辩平衡""地位均等"的要求，并由此带来了为一方当事人所利用、成为实现当事人利益的工具，国家全面介入私权争议，检察机关身陷缠讼困境，损害司法裁判权威等风险。①作为回应，修改后《民事诉讼法》改变了以往全面充分的权利救济模式，对民事检察监督规定了一些限制条件。一是除了检察机关依职权启动监督程序以外，原则上当事人申请监督以一次为限，以平衡生效裁判既判力与当事人正当利益的救济。二是对"一审直抗"严格限制，即当事人对一审判决、裁定不服，原则上应当上诉，不应放弃上诉而直接申请抗诉，除非有正当事由。三是限制检察机关介入私权纠纷的领域，充分尊重当事人意思自治和处分权的行使。

---

① 参见张卫平：《民事诉讼检察监督实施策略研究》，载《政法论坛》2015 年第1 期。

应当认为,《民事诉讼法》《行政诉讼法》修改后,审判救济先行,追求抗诉数量和规模效应的监督模式已不可持续。民事行政检察应当遵循司法规律和诉讼原理,以公权力监督为本位,将监督重心从私权救济向公权力监督转移,强化对民事行政审判权的监督,使民事行政检察成为监督法官违法行为之重器;透过裁判不公的表象,发现审判不廉、司法腐败问题,从源头上、根本上维护司法公正,以充分发挥民行检察监督制度的应有作用。

2. 保障实体监督,强化程序监督

程序正义逐步显现出其独立价值。由于司法过程常常在遵循法律和平衡社会利益之间处于两难境地,加之法律概念的不确定性,法官在适用法律过程中注重解释法律,以法律原则和法学理论解释审判行为蕴含的法理,使得法院裁判获得公众和官方的认可。在此基础上,法官只要遵循正当程序和职业操守,裁判"正确"与"错误"的边界会趋于淡化。[①] 因此,检察人员应当改变那种只关注裁判结果而忽视审判过程的观念,充分尊重程序的独立价值,善于发现审判程序违法,纠正程序错误。应当认识到,程序正义是实体正义的本源,民事行政检察监督的重心应当从偏重实体向实体、程序并重转变,进而确立程序优先的监督理念。当前社会反响强烈的司法不公案件的源头往往是程序问题,如涉及审判人员应回避而不回避、违法送达、合议庭组成人员不合法、剥夺当事人诉权等。尤其是当案件涉及地方保护和行政干预时,法院往往通知当事人不予受理,对案件不出裁定书,让当事人诉讼无门,其实质是剥夺当事人的起诉权,是严重的程序违法。对此,检察机关应当依法加强监督,纠正程序违法,保障当事人的正当诉讼权利,通过监督促进法官遵守职业纪律、职业伦理,正本清源。

3. 保障案件监督,强化法律监督

从当前的检察实践来看,检察机关监督职能履行的重点放在了诉讼监督上,对于诉讼之外的法律监督十分有限,这与检察机关作为法律监督机关的宪法定位存在一定的差距,检察机关监督职能的发挥还存在很大的扩展空间。以对行政行为的监督为例,目前,对行政行为监督作原则性规定的只有《治安管理处罚法》和《人民警察法》,监督的范围也仅限于公安机关、人民警察的执法活动,监督的空间非常有限。尽管最高人民检察院与有关部门联合会签过文件就检察机关对行政执法活动的监督作出了规定,但这主要是针对刑事诉讼中涉及的行政违法问题的监督,监督范围狭窄,局限于刑事诉讼中,主要解决行政执法与刑事司法的衔接问题,原则上不涉及行政管理中大量的严重损害国家利益、公共利益的违法问题。

---

① 傅郁林:《民事司法制度的功能与结构》,北京大学出版社 2006 年版,第 284 页。

### 三、完善：对完善民行检察工作的系统建议

（一）转变民行检察工作的理念

1. 从权力本位到服务本位的转变

随着我国社会经济的不断发展，信息传播技术越来越发达，人民群众对检察机关工作信息量以及信息获得渠道的需求越来越多，对司法为民、司法公正的要求和期盼也越来越高。民行检察监督部门可以通过拓展涉诉民意沟通渠道，以充分保障公民的权利。检察机关在办理人民群众申请监督类案件时，应当积极主动倾听民声，准确把握民意，充分保障人民群众对检察工作的知情权、表达权。各级检察机关在最高人民检察院的号召之下，积极推进法律文书公开化等信息公开工作，增进群众对检察工作的了解。

由于民行检察监督部门承办案件均为非刑事犯罪类案件，且具有多有争议、息诉难度较大等特点。与检察机关其他部门相比，民行检察监督部门更应当转变观点，做到由权力意识向服务意识的转变。新时期民行检察工作要履行职能、有所作为，必须坚持以人民满意为标准，积极构建全覆盖的工作体系，向人民群众做好释法说理工作，努力把民行检察监督部门打造成检察机关服务型标杆部门。

2. 从被动受理到主动监督的转变

（1）提高依职权受理案件数量。检察机关受理民事行政监督类案件的案件来源多为当事人申请监督，且案件数量普遍较少。根据《人民检察院民事诉讼监督规则（试行）》的规定，检察机关只要发现损害国家利益或社会公共利益、法院审判执行人员有违法行为等相关案件时，则应当依职权予以监督。[①] 检察机关应当转变传统观点，根据法律法规主动依职权发现可监督案件，拓展案件来源，主动监督法院审判权和执行权的运行，提高检察机关法律监督成效，维护司法公正。

（2）检察机关主动行使调查取证权。由于民事行政检察监督的性质是公权力对公权力的监督，监督对象主要是法院审判权和执行权以及行政权力的运

---

① 《人民检察院民事诉讼监督规则（试行）》第41条规定："具有下列情形之一的民事案件，人民检察院应当依职权进行监督：（一）损害国家利益或者社会公共利益的；（二）审判、执行人员有贪污受贿、徇私舞弊、枉法裁判等行为的；（三）依照有关规定需要人民检察院跟进监督的。"第117条规定："有下列情形之一的，人民检察院应当按照有关规定跟进监督或者提请上级人民检察院监督：（一）人民法院审理民事抗诉案件作出的判决、裁定、调解书仍符合抗诉条件的；（二）人民法院对人民检察院提出的检察建议未在规定的期限内作出处理并书面回复的；（三）人民法院对检察建议的处理结果错误的。"

行。检察机关民行监督部门是站在法律监督代表的立场而非诉讼的一方。除公益诉讼外，检察机关不代表任何当事人，对民事、行政案件中的实体权利亦无自身诉求，而民事行政公益诉讼仍处于试点推进阶段，案件数量少之又少。因此，在现实案件办理过程中，民行监督部门很少主动对承办的案件行使调查核实权。课题组认为，检察机关在办理民事行政监督类案件过程中，针对案件中事实不清、证据不足的情况，检察机关应当及时行使调查核实权，查明案件事实真相，及时纠正案件中可能存在的错误，维护当事人的合法权益和司法公正性。在案件数量相对较少的背景下，积极运用法律赋予民行检察监督部门的调查核实权不仅能够及时查明案件事实，还可以提高检察干警的业务能力，为今后全面开展公益诉讼打下良好的队伍基础；不仅能够提高检察机关的抗诉率，还能够使检察机关在人民群众心目中树立起良好的法律监督形象。但检察机关在行使调查核实权时必须保持中立，不能为了片面追求抗诉、制发检察建议而滥用权力。

（3）改变固有思维模式提升对公益诉讼工作的关注度。各级检察机关民行部门应当响应党中央号召，转变固有思维模式提升对公益诉讼工作的关注度，努力拓展公益诉讼相关工作。检察院作为代表社会公正的司法机关，担负着保护社会公共利益之重任，在十八届四中全会提出完善检察机关行使监督权的法律制度、探索建立检察机关提起公益诉讼制度的时代背景下，检察机关更应发挥主观能动性，积极探索提起公益诉讼的可行路径，将公益诉讼作为今后民行工作的一个新的重点和亮点。相关法律也应当细化公益诉讼主体资格，《民事诉讼法》与《行政诉讼法》中应当明确规定检察机关可以作为公益诉讼的适格主体。只有最终以法律形式确立检察机关提起公益诉讼的主体资格，检察机关提起公益诉讼才能在全国范围内普遍推广开来。另外，非公益诉讼试点省份的检察机关应加强学习力度，化被动为主动，有选择地组织民行干警至试点省份学习先进的公益诉讼办案经验。学习好的开展公益诉讼做法，总结称公益诉讼办案经验，慢慢形成办理公益诉讼案件的体系。

3. 从单点思维到整体思维的转变

各级检察机关尤其是基层检察机关民行检察监督部门，应当转变"单独作战"的思想，树立大局意识，将民行检察监督部门看作一个整体，加强民行条线的沟通和交流。针对监督过程中发现的较为多发的问题，各级检察机关民行检察监督部门应当注意积累和收集相关案例，及时将其总结、汇总，由本院或上级院针对多发、常见的问题，向同级法院以及其他单位制发类案检察建议，从而促进法院改进相关工作。通过对其他检察院提供的精品案例的分析、学习，民行检察监督部门的工作人员能够逐步积累起相关的工作经验，提升办理民事行政检察监督案件的敏锐度，提高业务水平。

由个人积累办案经验到部门规章制度的建立。经过司法改革后，民行检察监督部门也采取了"检察官＋检察官助理＋书记员"的办案组模式。因此不同的办案组之间的沟通交流较以前减少许多，这就导致各办案组之间积累的经验无法互通。民行检察监督部门应当定期召开讨论会议，并做好会议记录，促使各办案组之间沟通办案经验，好的做法可通过讨论会议固定为科室内的规章制度。根据个人办案经验建立起部门规章制度，一方面有利于规范办案程序，提高办案效率，丰富办案经验；另一方面可以调动科内工作人员的积极性，促使检察官、检察官助理、书记员都能够不断地在日常工作中摸索新的工作方法，改进现有工作。

（二）坚持民行检察工作的原则

1. 合法性原则

检察机关对民事行政活动的监督性质是法律监督，作为法律监督机关，检察机关在履行监督职能时应当严格依照法律法规。既要保证在法律授权范围内监督，又要保证严格依照法律规定的方式和程序进行监督。合法性原则一方面要求检察机关在开展民行检察工作时，准确把握案件性质，依法查明案件事实和真相，依据相关法律法规对案件作出正确的判断和处理。合法性原则另一方面还要求检察机关在开展民行工作时应当保证工作程序法定。工作程序法定是指民事行政检察监督活动进行的方式、步骤、顺序、时限要符合法律的规定。程序法定是我国民事、行政诉讼活动最基本的原则之一，也是检察机关在进行法律监督工作时必须遵循的原则之一。坚持程序法定要求检察机关民行案件监督的启动程序法定、监督的过程法定、监督的终结程序法定。

检察机关民事行政检察监督部门转变工作观点，由权力意识向服务意识过渡时，更应当遵循合法性原则，在法律规定的范围内按照法定程序有序地开展民行检察监督工作。

2. 有限监督原则

检察机关开展民事行政检察监督工作，并非是对所有的民事活动、行政行为都能够进行监督，检察机关的监督应有合理的边界范围。

从当事人的角度而言，检察机关对案件进行过度审查，有可能与当事人处分权发生冲突，有违私法自治之嫌。检察机关作为国家公权力的一种象征，如果可以任意加入民事诉讼或行政诉讼中，双方当事人力量将过于悬殊，破坏原有的审判秩序。因此，相关法律以及检察机关内部颁发的规章均对检察机关参与民事、行政诉讼设置了严格的参与条件。在监督民事行政诉讼活动的过程中，检察机关必须严格依据法律规定，审查当事人申请是否符合检察机关的监督条件。对于依职权受理的案件，要严格加强受理前审查环节，确定案件中确有损害国家利益、社会公共利益或其他应当依职权受理的情形的，检察机关方可依法受理监督。

从法院的角度来看，如果检察机关不分边界地对案件进行监督，将与法院的自由裁量权发生冲突，有干涉审判独立之嫌。有限监督原则是保障法院审判权独立的一项重要原则。法院享有独立的审判权，法官对案件在法律规定的范围内有一定的自由裁量权。检察机关不任意启动监督程序，有助于维护法院审判权的权威性。检察机关在受理案件后，应当在法律监督的限度内审查案件，将法官的自由裁量权与判决、裁定的正确性区分开来。审慎使用对民事行政诉讼监督的权力，针对确有适用法律错误、程序错误的案件才作出监督决定，是维护法院审判权权威的一项重要途径。

此外，民事行政检察监督程序的启动，必然要进行相应司法资源的投入，在我国现有司法资源相对缺乏的情况下，检察机关更应当坚持有限监督原则。一方面有助于增强法院判决的权威性，降低案件的上诉率，节约司法成本，维护社会稳定。另一方面维护检察机关作为法律监督部门的神圣性，不做任何当事人"代理律师"。

3. 维护公益原则

维护公益原则是指检察机关在行使民事行政检察监督权时应当维护国家利益和社会公共利益。国家利益包括国有资产的处分、收益等与国家有关的利益。社会公共利益，则包括社会生活的基础条件、环境、秩序、目标和道德准则以及良好的风俗习惯。表现于法律之上，就是公共秩序和善良风俗，也称公序良俗。① 近年来，检察机关被法律赋予了公益诉讼的职能，与此同时检察机关也代表公权力的运行，这就使得国家利益和社会公共利益得到了一定的保证。检察机关作为法律监督机关，在遇到国家资产或社会公共利益遭遇侵害时，应当以检察建议等手段督促相关单位和部门向法院起诉，以维护国家利益不受侵害，或直接向法院提起公益诉讼以维护国家利益和社会公共利益。只有在工作当中坚定不移地维护国家利益、社会公共利益，才能够保证检察机关民事行政检察部门的法律监督工作不偏离原有立法目的，在法治轨道上正常前行。

4. 司法独立原则

司法独立原则是检察机关落实"检察官办案责任制"的先决条件。只有坚持司法独立原则，在工作中去地方化和去行政化，才能够使"检察官办案责任制"和"终身负责制"成为有水之舟。《中共中央关于全面深化改革若干重大问题的决定》指出，改革司法管理体制，推动省以下地方法院、检察院人财物统一管理，探索建立与行政区划适当分离的司法管辖制度，保证国家法

---

① 摘自胡玉：《论我国民事检察制度的完善》，吉林大学 2006 年硕士学位论文。

律统一正确实施。① 这就要求检察机关在今后的工作，应当大力推进司法体制改革，坚持检察机关民行工作去行政化和去地方化，坚持落实检察官办案责任制。之前，"地方化"一直是影响检察权依法独立公正行使的重要因素，并广受社会诟病。检察机关的人财物受制于地方，使国家设在地方的检察院变成了"地方的"检察院，检察院作为一个整体在抵御来自地方的外部干预时明显乏力。② 由于检察机关一直坚持"双重领导"制，检察机关既要向同级人民代表大会负责，也要向上级检察机关负责，便导致检察机关"行政化"现象较为突出。检察机关"行政化"导致检察官在办理案件时须经多层领导审签批准，检察官在办理案件时缺乏独立性，使得"办案者无决定权、有决定权的不办案"成为常见现象，使检察权的依法独立公正行使无法落实。"去地方化"可以通过改革司法管理体制的顶层设计一步到位的实现，而"去行政化"的实质则是要求掌握管理权乃至决定权的检察长、检委会委员、部门负责人交出手中的权力，还要为自己尚能保留权力划出明确的边界。可以说，"去地方化"是检察机关的"维权"和"扩权"，自然乐而为之；"去行政化"则是检察机关领导的自我"限权"和"制权"推行起来更为困难。基于以上种种现实困境，检察机关民行部门应当响应司法改革号召，坚持司法独立原则，严格按照"检察官＋检察官助理＋书记员"的办案组模式进行案件审理，切实保障检察官在办理承办案件时排除外界干扰，从而使检察官办案责任制落到实处。

（三）完善民行检察工作的路径

1. 畅通渠道、打通平台，拓展案件来源

（1）建立检察机关内部的案件移送机制

畅通与自侦、刑检部门之间的案件移送渠道，拓展审判人员违法、公益诉讼和行政违法类案件来源。与多部门之间建立健全检察机关内部配套协作机制，不断完善信息资源共享、案件线索移送的工作模式，形成工作合力。与反贪、公诉等部门之间建立起相关案件移送机制，反贪、公诉可在审查本部门案件时将有民行监督价值的案件移送民行部门，以此拓展案件来源。民行干警可每周至社区检察室值班，深入群众了解群众需求，促进社区检察室积极转介民行案件线索。可定期与案件受理部门开展联席会议，力争控申部门对于当事人未上诉的申请监督案件不是简单地作出不受理决定，而要加强审查力度，对于有理由未上诉的案件与民行部门沟通后作出受理决定。

增强不同区县院之间及上下级检察院之间的案件转接移交工作，在制度

---

① 参见《中共中央关于深化改革若干重大问题的决定》。

② 摘自《检察权运行应去"地方"、"行政"色彩——以上海市闵行区人民检察院的改革实践为主线》，载《东方法学》2015年第5期。

层面减少案源流失现象出现，从而加强类案监督，促进法院改进工作。一方面加强案件转接移交工作，可将无管辖权案件移转给有管辖权的检察机关，保障有监督价值的案件不流失，从而保障案件数量。另一方面由于针对法院在案件办理过程中具体操作不规范的问题，基层检察机关多采取不制发检察建议的处理方式，导致法院此类问题得不到重视及纠正，法院很多操作瑕疵得不到改正。检察机关之间应当建立起案件交流机制，将存在同一类问题的案件汇总后，针对这一问题出现的原因，向法院制发检察建议，督促法院整改相关工作。

（2）加强民行部门与其他单位之间的沟通与联系

在自觉接受人大、政协法律监督部门监督的同时，增强与人大、政协之间的联系，及时向人大和政协汇报民行监督工作，交流相关工作经验。建立"专职联络员"制度，派专人与人大、政协、政法委等法律监督部门沟通。及时将民行监督案件报送相关部门，一方面接受法律监督部门对民行监督案件的监督，另一方面可以通过人大、政协部门的宣传，进一步扩大民行监督工作在政府机关和社会上的影响力。

增强与行政部门之间的联系，并建立"案件线索双向移送，处理结果双向反馈"机制，以促进检察机关与政府部门间的协作配合。首先，近年来十八届四中全会确定了民行部门有权对行政权力进行监督，对损害公共利益的事件有权提起民事、行政公益诉讼。这就要求检察机关加强与相关政府部门的联系，要与环保局、国土资源局建立案件双向移送、反馈机制，将经环保局、国土资源局等部门处理后仍损害国家利益、社会公共利益的，及时向法院提起公益诉讼。其次，检察机关之间仅针对行政诉讼进行监督，其原因是对行政执法行为接触较少，业务知识不熟练。因此，从另一方面而言，检察机关可安排民行干警至政府部门进行挂职锻炼，熟悉政府相关部门行使行政权力的流程和规章制度，从而对政府部门行使行政权力进行监督。

（3）加强民行对外宣传工作

借助司法局、律师协会等相关部门、组织，加强对律师的宣传工作，扩展民行工作在律师和群众中的影响力，从而拓展案件来源。司法局与律师联系较为密切，检察机关可加强与司法局联系，通过司法局组织律师与民行干警交流工作、向律师发放民行宣传册等方式加强与律师的沟通。律师掌握案件数量较多，检察机关面对律师作有针对性的宣传可以较快增加案件数量，收到较好的宣传效果。并且借助司法局、律师协会等相关平台，可以将律师有效地组织起来，避免出现检察机关单独邀请律师接受宣传时出现出席率低等较为尴尬的情形。

借助办公室的宣传窗口及微信公众平台将民行检察工作推向社会和群众。

针对不同的年龄层次，检察机关在做宣传工作时可采取传统媒体与新兴媒体相结合的方式，一方面依托传统宣传渠道如检察机关报刊、网站、广播电视等；另一方面可借助微信公众平台等新型传播媒体向广大年轻群众宣传民事行政监督的相关职能及典型案件。利用微信公众平台等新型传播媒体可拥有传播速度快、传播成本小、传播对象年龄结构年轻化等多种优点。另外，根据调查问卷显示，群众最希望通过微信、微博等新型网络媒体形式了解检察院的民事行政监督工作，其次才是较为传统的电视节目和法律宣传手册。因此，检察机关应当借助新型媒体，扩大民事行政监督工作在群众中的影响。宣传民事行政监督的相关职能及典型案件可以加深群众对民事裁判类监督、民事执行监督及行政监督的认识，从而使法院在行使立案权、审判权、执行权时能够采取更加审慎的态度，减少案件办理过程中的错误，推动法院民事裁判、民事执行及行政裁判类案件的健康发展，维护司法公正和司法权威。

2. 强化职权、细化规定，增强监督手段

检察机关拥有适当的调查核实权有利于提高办案效率和办案质量。调查取证权的确立为提升检察机关民事行政检察监督形象提供了契机，一定程度上扭转了民事行政检察监督力量薄弱的局面。但检察机关对于调查取证权的运用仍存在许多问题。可从以下几个方面入手，增强调查取证权的运用：

（1）推进检察调查核实权操作细则的立法

完善立法对调查取证权启动条件、行使方式的规定。一方面可以促进检察机关民事行政检察权力制约机制的建立。不仅使检察机关行使该项权力时有法可依，更能提高检察机关办理民事行政检察监督案件时的规范程度，使检察机关办理的监督案件经得起人民和法律的监督。另一方面建立完备的调查取证权的法律规定，有助于增强检察机关在其他单位和人民群众中的公信力和权威性。检察机关民事、行政检察监督中便有对民事诉讼、行政诉讼、具体行政措施中审判机关、行政机关行为是否规范的监督。以立法的形式将调查取证权的具体形式规范固定下来，有助于检察机关依照法律规定在办案过程中行使调查核实权，作为法律监督者的角色更应当严格依照法律来行使权力，长此以往才能够确立起检察机关的公信力和法律监督的权威性。应当注意以下几点：一是立法中应当明确检察机关调查取证权的适用范围。不仅应当包括当事人、案外人和有关单位，还应当包括人民法院及法院内与案件相关的工作人员。二是相关立法应当强化有关单位和个人对检察机关行使调查核实权的配合义务。我国相关立法应当规定不配合检察机关落实调查核实权的相关法律后果，以立法形式保障检察机关调查核实权顺利开展。三是立法中应当对检察机关调查取证权的启动条件、行使方式等作出详备的规定。立法对人民法院等其他单位调查收集证据做了较为详细的规定，① 相较而言，对检察机关进行民事行政检察监督工作行使调查取证权的规定却少之又少。

（2）形成良好的对话机制和信息共享机制

在立法尚未完善的现阶段，检察机关可通过人大、政法委牵头，在调查取证方面与法院形成良好的对话机制和信息共享机制。建立良好的法检对话机制，有助于检察院在法院收集到与案件相关的证据，如相关案卷材料、审判人员及相关工作人员的证言等；有助于检察机关了解法院内部规章、流程，降低沟通成本，提高工作效率。由于现阶段法院针对民事、行政案件的调查核实能力强于检察机关民事行政检察部门。检察机关应当竭力促进法检两院信息共享机制的构建。法检两院通过人大、政法委牵头建立起信息共享机制后，检察机关行使自身调查取证权时便可借助法院与其他单位搭建的信息平台，更为快捷地查询到案件办理过程中需要的证据材料，提高工作效率。

（3）检察机关在实行调查核实权时应当加强对技术手段的运用

民行部门通过和各行政单位、鉴定单位、检察机关内部技术部门之间的配合，在配合中不断地对协调合作工作加以具化与完善，提高对于行政类证据、笔迹、信息网络类证据等证据的收集、研判能力，从而提高检察机关调查核实权的运用能力、运用效率。

3. 结合实际、提升素能，确保办案效果

（1）完善法律法规保障监督效果

由于现行法律对民行检察监督规定的条文较少，使民行检察工作开展比较困难，特别是对于民事调解、民事执行、虚假诉讼等新的监督类型尤为突出，为使基层检察机关有效开展监督工作，充分发挥基层检察监督职能，确保民行检察监督权的全面履行，有必要完善民行检察监督有关立法工作。例如，对于民事调解监督的启动方式在立法层面上规定不明确，大量民事调解案件若都通过检察机关依职权的方式进行启动，从现实情况看，尤其是基层检察院不能做到逐一监督而不疏漏。相反，如果是作为亲历案件的当事人在调解过程中发现调解情况的出现，从而启动检察监督的程序，更能在事中对不当调解进行纠正。因为在调解的过程中进行检察监督，当事人对现有证据能够更好地进行固定，对保证监督程序结果实现条件更充足，因此立法者可以进一步明确当事人对程序的启动权利，从而更好地发挥调解监督的效果。

（2）建立民行检察监督的权威性

建立民行检察监督的权威不仅有助于解决监督过程中检法矛盾，也是做好

---

① 参见《民事诉讼法》第129条至第130条；《最高人民法院关于民事诉讼证据的若干规定》第二章"人民法院调查收集证据"。

息诉服判工作、实现监督效果的必要条件，提升民行检察监督的权威性应当由内而外，应当注重以下几个方面：

一是提高民行检察人员的素质。提高民行检察人员的素质是加强民行检察监督效果的基础。一要加强政治理论和业务知识学习，不断提高自身的综合素质。二要经常性地对民行检察优秀典型案例进行学习。对全国办理的典型案件应该多加学习分析并领会掌握，以便办理同类案件时心中有数，迅速及时结案，让当事人双方对检察工作满意。

二是保证法律文书说理质量。提升抗诉书说理质量是加强民行案件监督效果的核心。一要对抗诉书说理有足够的认识。通过对案件的全面审查，了解全案的基础事实，通过查阅案件所涉及的有关法律法规，从而分析判断出法院判决、裁定的问题所在，找到基点，从事实、证据和法律上阐明法院的判决、裁定问题所在，阐明抗诉理由，逐步实现抗诉的目的和效果；二要运用科学的方法和技巧制作抗诉书。制作抗诉书应该合理安排内容和结构，做到层次分明、思路清晰、说理充分、论证周密、富有逻辑性，确保制作一份成功的抗诉书，真正体现抗诉书的作用。

三是正确看待社会效果。民行检察监督案件的社会效果表现在多个方面，如果以法律的严肃性、权威性为代价，片面地追求法律的社会效果，不仅不能使社会矛盾得到有效解决，反而会积累叠加，陷入一种恶性循环，破坏法治建设的生态环境。只有尊重法律和维护司法权威，才能真正有利于公正司法，才能在此基础上讲求执法的社会效果。

（3）改善监督方法和监督环境

第一，改进监督的方法。改进监督的方法是加强民行检察监督效果的有效途径。一是对于监督过程中发现的对实体权利影响不大但又具有普遍性的问题，应及时通过信息、汇报等方式向上级院报备，集中汇总后可就此向法院制发类案检察建议，以促使法院改进审判、执行等业务工作。二是正确适用再审检察建议。再审检察建议是一种比较温和的监督方法，容易协调检、法两家的关系，提升办案效率，促使检法之间、与当事人之间、当事人相互之间的关系更加和谐，最终达到共同实现司法公平的目标。三是适时促成当事人和解。和解是现阶段处理民事关系的一种平和而较好的方式，民事和解也是体现当事人意思自治的法律原则，是实现法律效果与社会效果的有效途径。

第二，创造良好的外部环境。虽然民事行政检察工作的目的是促进实现公平、正义和维护社会稳定，但每改判一件案件，必然会影响到审判人员的形象和威信。因此，一方面需要加强与法院的联系，沟通思想，统一认识，争取法院对民事行政检察工作的理解和支持，在充分协商的基础上，进一步细化民事行政检察的操作规程，使民事行政检察工作逐步走上规范有序的轨道，使民行检察工作与审判工作既相互监督又互相配合。另一方面要进一步自觉接受党委领导和人大监督，建立定期汇报制度，主动向党委和人大汇报民行检察工作目标、工作部署和工作情况，特别是对办案中遇到的重大问题和困难要及时向党委和人大汇报，寻求党委、人大的领导和支持，使党委、人大成为检察机关依法履行民事行政检察职能的坚强后盾，从而使民事行政检察监督的职能得到充分发挥。

4. 积极探索、善于创新，顺应时代需求

（1）总结现有经验，稳步探索检察机关提起公益诉讼制度

十八届四中全会决定提出："探索建立检察机关提起公益诉讼制度"。高检院在深入调研、论证并广泛征求意见的基础上，起草了《检察机关提起公益诉讼试点方案》。2015 年 7 月 1 日，十二届全国人大常委会十五次会议作出《关于授权最高人民检察院在部分地区开展公益诉讼试点工作的决定》，授权最高人民检察院在 13 个省、自治区、直辖市开展提起公益诉讼改革试点工作，高检院随后发布了试点方案。在此背景之下，检察机关应当从以下五个方面提升公益诉讼的运用能力：

一是增强获取公益诉讼案件线索能力。最高人民检察院可以通过各种途径突出强调收集公益诉讼线索的重要性，要求各试点检察院深入人民群众生活中去，从影响群众生产生活、社会反映强烈的方面入手发现适宜提起公益诉讼。同时，上级院应加强对线索收集工作的督促和指导，高检院民行厅赴各试点省份，重点听取线索情况汇报，对重点案件线索及时批转督办。民行部门应加强与侦监、公诉等业务部门的联系，形成检察机关提起公益诉讼的合力。

二是丰富调查取证的手段。一方面对客观事实进行调查核实。如通过调阅行政执法的卷宗材料、联合环保部门到污染现场进行实地查看、询问相关人员等方式，全面掌握案件事实，搜集固定证据材料。另一方面结合评判标准进行研判分析。把相关民事活动、行政机关所应履行职责的范围，与民事、行政法律法规结合起来对其行为进行准确界定。

三是突出前置程序的作用。一方面在提起诉讼之前先行督促有关机关履行职责，有助于提高检察监督的效率，节约司法资源，发挥行政机关履行职责的能动性。另一方面诉前程序中检察机关在对案件的事实和法律问题进行全面分析的基础上，找准解决问题的切入点，增强检察建议的可操作性和有效性，有利于有关单位、组织采纳建议，客观上促进行政机关依法纠错或履行职责。在民事公益诉讼的前置程序中，要尽可能发挥其他公益诉讼主体的作用，依法督促和支持其他主体提出公益诉讼，其中包括建议、支持符合条件的民间公益组织提起民事公益诉讼。此外，加强对整改情况的跟进监督，确保诉前程序的实效。实践中，被监督的行政机关针对检察建议的回复有的内容针对性不强、整

改措施不具体;有的即使整改措施很全面,但在具体整改中并没有落到实处。针对上述问题,检察机关对已发出的检察建议的回复及整改情况进行跟进监督,不定期对行政机关的整改情况进行调查,对污染企业进行回访,对污染区域进行复查,确保诉前程序发挥实效。

四是充分利用各方资源。一方面要畅通检察机关内部通道。发挥检察一体化的优势,上级院加强对下级院的指导与支持。另一方面要加强检察机关与其他单位间的协作关系,加强内外沟通协调,形成监督合力。试点单位要加强请示报告和沟通协调,积极争取地方党委、人大、政府和有关部门的支持。建立与人民法院的协调配合机制,对公益诉讼案件起诉、审理等程序问题达成初步共识,可就检察机关提起公益诉讼适用法律相关问题与法院会签规范性文件。

五是注重经验积累和创新探索。探索建立检察机关提起公益诉讼制度是高检院贯彻落实四中全会重要改革措施的重要内容,接下来一个阶段,开展公益诉讼的试点工作要做好经验积累和创新探索。做好经验积累工作,就要加强各级检察院向最高人民检察院的信息报送工作,以便高检院及时掌握全国公益诉讼的总体情况。高检院对各地层报的优秀案例和办案经验在全国检察系统内予以推广学习。

(2)积极探索开展对行政违法行为的监督

当前,我们应将行政违法行为检察监督作为检察机关民行检察部门的一项重要工作来拓展。检察机关对行政机关违法行为的监督既包括对违法行使职权的监督,也包括对行政机关不作为、怠于行使职权的监督。在对行政机关进行检察监督的时候,检察机关应做好以下几个方面的工作:

一是突出监督重点。加强对社会影响大、群众关注度高的行政违法行为的监督。根据本次调查问卷显示,生活中群众遇到行政机关不作为的情况最为常见,其次为行政机关滥用职权,最后是非法限制人身自由、侵犯财产权益等行政强制措施。

为了更好地发挥检察监督职能,应当集中力量对有重大影响的行政违法行为进行监督,对群众关注度高,关系群众切身利益、容易发生行政违法行为的领域主动监督,提高行政违法检察监督的社会影响力。这就要求检察机关要加强发现对行政违法行为监督案件的能力。

二是找准监督切入点。民行检察部门要通过受理的行政诉讼监督案件这一切口,对于办理诉讼监督案件过程中发现的相关问题进行深挖深究,发现行政机关在日常工作中存在的违法行为,从而进行监督。有些监督案件还来源于刑事案件的衍生,很多公司存在抽逃出资、违法融资的违法行为,往往跟工商部门失查等有关。因此检察机关也可以从刑检部门既有案件中深挖行政违法行为监督线索。检察机关还要拓展思路,从其他履行法律监督职责的过程中,对行

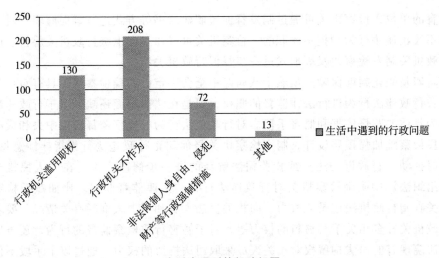

生活中遇到的行政问题

政违法行为进行监督。可以通过社区走访等深入群众，发现相关的行政违法行为类监督案件线索并行使调查核实权，对群众提供的检察机关认为有初审价值的线索进行先期调研、排查。在日常生活中，要充分利用微博、微信等互联网新媒体收集案件线索。监督案件线索的来源不仅仅依赖于群众的举报，还需要检察机关提升线索发现能力，发挥主观能动性从媒体报道、网友热议中发现相关案件线索。检察机关可以通过参与、追踪行政机关工作发现行政机关日常工作中存在的违法行为。在与行政机关共同开展工作的过程中，总结规律，找出行政违法行为易发多发部门、领域和环节，在之后的工作中可以有针对性地进行监督。

三是要积极争取权力机关和主管部门的支持与配合。借助各地人大已经制定的有关加强检察机关法律监督工作的决定或决议，积极争取各级党委、人大、政府对行政违法行为检察监督工作的支持，为行政违法行为监督创造良好的外部环境。检察机关应主动与行政主管部门沟通，争取获得理解与支持，通过开展联席会议，就检察机关在日常工作中发现的相关问题进行沟通交流，并由法制办共同督促行政部门改正。针对检察机关自侦部门将要剥离检察系统并归入国家监察委员会这一趋势，民行检察部门在未来的监督工作中要以此变革为契机，通过将自侦部门作为联动纽带，对于行政机关工作人员可能涉嫌犯罪的，及时将案件信息移送监察机关，借助其侦查的职能和手段，最大程度地发挥行政违法行为检察监督的效果。在收集到确切证据后，检察机关可通过前期单位间沟通交流等多种方式，督促行政机关改正。对于行政机关日常工作中存在的不作为现象，可能造成严重后果，危害国家利益、社会公共利益的，检察机关可以通过警示危害后果，督促行政机关履职。对于无故拖延、不接受宣传教育的单位,检察机关可通过制发督促履职建议书等方式进行督促履职。对于拒不改正违法行为和拒不履职的,检察机关可以通过向上级行政机关层报、向行政机关制发检察建议等形式进一步督促行政机关纠正。

四是强化制度保障。虽然十八届四中全会决定已明确检察机关具有对行政机关行政违法行为进行法律监督的职权,但是在法律层面还缺少对于行政违法行为具体的监督依据和监督手段。对行政违法行为的检察监督既要中央和最高人民检察院加强顶层设计,制定检察机关督促纠正行政违法行为指导性意见,适时推动《行政诉讼法》或相关司法解释的进一步修改完善,在《人民检察院组织法》中明确检察机关对行政违法行为的法律监督职权。比如赋予检察机关查阅行政执法记录的权力、向相关执法人员和当事人询问有关情况、要求行政机关补全相关手续材料的权力等,对于妨害行政检察监督的行为,还可比照法院现有的司法拘留权对相关人员采取司法拘留的权力。通过以上手段不仅增强检察机关的调查能力,也便于检察机关在跟踪行政执法工作和调查过程中固定证据。民行检察部门可以根据掌握的线索情况及时层报给最高人民检察院,便于最高人民检察院掌握行政违法案件线索,进一步从顶层设计方面,制定检察机关督促纠正行政违法行为指导性意见,为更多地区开展行政违法行为监督提供操作依据。最高人民检察院可以通过各地汇总上来的线索情况及相关摸排情况安排各地检察机关之间互相学习和交流。

**图书在版编目（CIP）数据**

检察实务前沿问题研究．七/张本才主编．—北京：中国检察
出版社，2019.7
ISBN 978 - 7 - 5102 - 2287 - 0

Ⅰ．①检…　Ⅱ．①张…　Ⅲ．①检察机关 – 工作 – 研究 – 中国
Ⅳ．①D926.3

中国版本图书馆 CIP 数据核字（2019）第 064345 号

**检察实务前沿问题研究（七）**

张本才　主编

| | |
|---|---|
| **出版发行：** | 中国检察出版社 |
| **社　　址：** | 北京市石景山区香山南路 109 号　（100144） |
| **网　　址：** | 中国检察出版社（www.zgjccbs.com） |
| **编辑电话：** | (010)86423704 |
| **发行电话：** | (010)86423726　86423727　86423728 |
| | (010)86423730　68650016 |
| **经　　销：** | 新华书店 |
| **印　　刷：** | 鑫艺佳利（天津）印刷有限公司 |
| **开　　本：** | 710 mm×1000 mm　16 开 |
| **印　　张：** | 32.75 |
| **字　　数：** | 618 千字 |
| **版　　次：** | 2019 年 7 月第一版　2019 年 7 月第一次印刷 |
| **书　　号：** | ISBN 978 - 7 - 5102 - 2287 - 0 |
| **定　　价：** | 98.00 元 |